Hilfsbuch

für den

Religionsunterricht

in den oberen Klassen.

Von

Professor R. Heidrich,
Geh. Regierungsrat, Königl. Gymnasial-Direktor a. D.

Vierte, verbesserte
und durch ein Quellenbuch erweiterte Auflage.

Berlin 1915.
J. Guttentag, Verlagsbuchhandlung,
G. m. b. H.

Vorwort.[1]

Nachdem es mir mit Gottes Hilfe gelungen ist, mein Handbuch für den Religionsunterricht in den oberen Klassen (3 Bände: Heilige Geschichte, Kirchengeschichte, Glaubenslehre) zu vollenden[2]), so erlaube ich mir nunmehr, das bereits angekündigte, für den Schüler der oberen Klassen bestimmte Hilfsbuch folgen zu lassen [und nunmehr in einer vierten Auflage herauszugeben], welches es dem Schüler erleichtern soll, den ihm im mündlichen Unterricht dargebotenen Stoff zu behalten und zu wiederholen.

Auch bei diesem Unterricht ist natürlich, wie bei allem Unterricht, die Hauptsache der mündliche Unterricht des Lehrers; wo der Lehrer seiner Sache nicht gewachsen ist, da ist auch mit den schönsten Anordnungen der Vorgesetzten und mit den besten Büchern, die der Schüler in der Hand hat, nicht zu helfen. Aber auch bei diesem Gegenstande bedarf der Schüler nicht bloß des mündlichen Unterrichts, sondern es sind auch hier Bücher erforderlich, welche der Schüler in der Hand haben muß.

Das Hauptbuch für den Religionsunterricht in den oberen Klassen ist die Bibel, in welche der Schüler durch die Darstellung der heiligen Geschichte wie auch der Glaubenslehre eingeführt werden soll. Für den Primaner des Gymnasiums tritt aber zur Lutherbibel, an welche sich der Unterricht zunächst und vornehmlich halten muß, für einige Abschnitte auch der Grundtext des Neuen Testaments hinzu, der dem des Griechischen kundigen Schüler noch ein tieferes Eindringen in die Gedanken der Bibel ermöglicht oder wenigstens erleichtert[3]).

Außer der Bibel (und dem N. T. graece) braucht nun aber der Schüler noch ein Hilfsbuch, welches erstens die Hauptergebnisse des Unterrichts zusammenfaßt, welches zweitens die wichtigsten außer der Bibel im Religionsunterricht zu lesenden Schriften darbietet, und welches drittens den Memorierstoff enthält. Diesen Bedürfnissen sucht das vorliegende Hilfsbuch gerecht zu werden, und zwar in folgender Weise.

Dasselbe zerfällt jetzt (in der vierten Auflage) in fünf Teile, welche ich nach ihrer Hauptbestimmung mit kurzen Worten charakterisiert und von-

[1]) Für die neue Auflage sind diesem Vorwort wiederum, wie schon bei der dritten Auflage, einige Zusätze beigefügt worden. [2]) Die drei Bände sind bereits in dritter Auflage erschienen. [3]) Auch für die Schule dürfte besonders zu empfehlen sein: Novum Testamentum graece et germanice. Mk. 1,60. Württemb. Bibelanstalt.

einander gesondert habe: Lehrbuch, Kirchenbuch, Quellenbuch, Liederbuch — wozu dann als fünfter Teil Übersichten und Gebete hinzukommen.

Das Lehrbuch enthält in kurzer, aber zusammenhängender Darstellung den Hauptstoff der drei Gebiete, mit denen es die oberen Klassen zu tun haben: heilige Geschichte, Kirchengeschichte, Glaubenslehre.

Für die Bibel, nach welcher die heilige Geschichte dem Schüler der oberen Klassen vorgeführt wird, bietet das Hilfsbuch weder Inhaltsangaben der einzelnen Bücher, noch Einleitungen in diese Bücher — beides ist nicht die Aufgabe des Unterrichts — sondern einen Überblick über die Entwickelung der heiligen Geschichte, damit der Schüler, der Forderung der Entlassungsprüfung gemäß, „Inhalt und Zusammenhang der heiligen Schrift" erfassen lerne, indem er in die Hauptgedanken der heiligen Schrift im Zusammenhange eingeführt wird.

Für die Kirchengeschichte bietet das Hilfsbuch eine kurze Darstellung der Haupttatsachen der Kirchengeschichte, wobei alles Nebensächliche und Unwichtige ferngehalten wird.

Für die Glaubenslehre endlich, an welche sich die Sittenlehre anschließt, wird dem Schüler zunächst eine Darlegung geboten, welche als Einleitung zum Römerbrief anzusehen ist (die Lehren von Gott, vom Menschen, von Christus). Darauf folgt in kurzer Zusammenfassung der Inhalt des (mit den Schülern zu lesenden) Römerbriefes, an welchen sich die Darstellung der christlichen Sittlichkeit und die Lehren von der Kirche und der Vollendung des Reiches Gottes anschließen.

Dem Lehrbuche für die heilige Geschichte, die Kirchengeschichte und die Glaubenslehre habe ich nun als zweiten Teil des Hilfsbuchs ein Kirchenbuch angefügt, welches einige Hauptstoffe des Unterrichts, die der Lehrer bei verschiedener Gelegenheit besprechen kann und immer aufs neue wiederholen mag, zu einem Ganzen zusammenfaßt, als dessen besondere Aufgabe es sich darstellt, den Schüler in einige wichtige Seiten des Lebens der evangelischen Kirche einzuführen. Das Leben der evangelischen Kirche beruht aber auf der heiligen Schrift, und darum ist der Bibel der erste Platz im „Kirchenbuch" gewidmet. Das Leben unserer Kirche ist aber ein Leben des Glaubens, wie er sich in ihren Bekenntnissen ausspricht, und deshalb sind diese Schriften im zweiten Abschnitte des „Kirchenbuchs" besprochen, und der Text derselben (der Augsb. Konfession und des Katechismus) ist für den Schüler abgedruckt und mit einigen Erläuterungen versehen. Das Leben unserer Kirche stellt sich endlich in ihrem Gottesdienste dar, und deshalb sind im „Kirchenbuch" Gottesdienst, Gesangbuch, Kirchenjahr und Gotteshaus für den Schüler behandelt und dargestellt.

Der Lehrer wird nun die im „Kirchenbuch" behandelten Stoffe behandeln, wo und wann er es für das Beste hält; ich habe dieselben deshalb vom „Lehrbuch" gesondert, um die drei im „Lehrbuch" behandelten Gegenstände auf das kürzeste Maß einzuschränken, und um dem Lehrer eine größere Freiheit in der Verteilung des Stoffes zu ermöglichen. Wo diese Stoffe behandelt werden sollen, zeigt dem Lehrer der Lehrplan; über die Ausführung desselben kann sich der Lehrer orientieren durch meinen „Lehrplan" (Beilage zum Programm von Nakel, 1903), durch die betreffenden Abschnitte der Einleitung zu den drei Bänden des Handbuchs und durch die Einleitung zu meiner Christenlehre.

Der vierten Ausgabe des Buches ist als dritter Teil ein kleines Quellenbuch beigegeben, welches es dem Lehrer ermöglicht, auch ohne Einführung eines besonderen Buches, beim Unterricht auf wichtigere Quellenstücke genauer einzugehen[1]).

Den vierten Teil des Hilfsbuchs bildet das Liederbuch.

Hinter dem Liederbuch steht, als fünfter Teil, ein dem Buche beigegebener Anhang, enthaltend Übersichten und Gebete, und zwar:

Biblische Bücher,
Zahlen zur heiligen Geschichte,
Zahlen zur Kirchengeschichte,
Fremdwörter in Bibel und Kirche,
Liederverzeichnis,
Gebete für Schule und Haus.

Mein Hilfsbuch ist so gearbeitet, daß es dem Lehrer durchaus freie Hand läßt bei der Verteilung des Lehrstoffs. Zur Bequemlichkeit für den Lehrer sind den einzelnen Abschnitten des Hilfsbuchs die zugehörigen Nummern des Handbuchs beigeschrieben (z. B. II, 7 d. h. Band II, Nr. 7)[2]). Das Hilfsbuch enthält natürlich nicht alles, was das Handbuch darbietet, sondern nur die Hauptstoffe des Unterrichts.

Daß ich nun dieses Hilfsbuch meinen geehrten Amtsgenossen darbiete — dazu haben mich manche Aufforderungen ermutigt, welche ein solches schon nach dem Erscheinen des ersten Bandes des Handbuchs und seitdem immer aufs neue von mir begehrt haben. Es schien mir aber wünschenswert, zuerst das Handbuch zu vollenden, und das Hilfsbuch demselben erst nachfolgen zu lassen, da ich dem Religionslehrer mit dem Handbuch mehr nützen zu können glaubte, als mit einem Hilfsbuch; die Benutzung eines Hilfsbuchs für den Unterricht wird erst dann leicht und vorteilhaft, wenn auch ein ausführliches Handbuch zu demselben vorhanden ist.

In der vierten Auflage sind die angeführten Bibelsprüche dargeboten nach dem Texte der neuen Bibel von 1913; die geographischen Zahlen sind revidiert nach Perthes' Taschenatlas für 1914 und anderen neuen Büchern.

Endlich sei noch darauf hingewiesen, daß neben der Gesamtausgabe des ganzen Hilfsbuchs fortan auch Sonderausgaben ausgegeben werden, deren Titel am Ende des Buches angegeben sind.

Nakel, den 9. Januar 1893.
Berlin W. 15, den 20. März 1915.

R. Heidrich.

---

[1]) Vgl. auch: Heidrich, Quellenbuch für den Religionsunterricht. I. Luthers Person und Werk. 1902. II. Evangelisches Kirchenbuch. 1900. Leipzig, Teubner. [Mk. 1,20 und Mk. 0,80.]

[2]) In der neuen Ausgabe bezieht sich diese Hinweisung auf die dritte Auflage des Handbuchs.

Inhaltsverzeichnis.

	Seite
Vorwort	III
Inhaltsverzeichnis	VII
Übersicht über sämtliche Quellenstücke in meinen Schriften: beigegeben jedem der drei Bände meines Handbuchs für den Religionsunterricht	
Druckfehler und Berichtigungen	

I. Lehrbuch.

Erster Teil. Heilige Geschichte.

Nr. 1—70 . . . . . 1—108

Zweiter Teil. Kirchengeschichte.

Nr. 1 (71)—45 (115) . . . . . 109—214

Dritter Teil. Glaubens- und Sittenlehre.

Nr. 1 (116)—25 (140) . . . . . 215—262

II. Kirchenbuch.

A. Die heilige Schrift.

1. (141.) Einteilung und Entstehung der heiligen Schrift 263
2. (142.) Die Übersetzung der Bibel 266
3. (143.) Die Verbreitung der Bibel 268

B. Der Glaube der evangelischen Kirche und die Bekenntnisschriften.

4. (144.) Die Bekenntnisschriften der verschiedenen Kirchen 269
5. (145.) Der Katechismus 271
6. (146.) Der Glaube der evangelischen Kirche im Unterschiede vom katholischen Glauben 275
7. (147.) Die Augsburgische Konfession 280

8 A. (148 A.) Luther's Kleiner Katechismus mit Anmerkungen und Bibelsprüchen 311

8 B. (148 B.) Anhang zum Katechismus 337

C. Der christliche Gottesdienst.

9. (149.) Der evangelische Sonntags-Gottesdienst 341
10. (150.) Das christliche Gesangbuch 345
11. (151.) Das christliche Kirchenjahr 348
12. (152.) Das christliche Gotteshaus und der Kirchhof 351

Seite

III. 153. Quellenbuch 353

IV. 154. Liederbuch 393

V. 155. Übersichten und Gebete.

1. Die Bücher der heiligen Schrift 463
2. Zahlen der heiligen Geschichte 464
3. Zahlen der Kirchengeschichte 465
4. Fremdwörter in Bibel und Kirche 468
5. Liederverzeichnis 471
6. Gebete für Schule und Haus 473

Druckfehler und Berichtigungen.

Zu S. 9 c vgl. Handb. II, 24 c und 100 d. Wenn Jerusalem etwa 90 000 Einwohner hat, so sind etwa 60 000 Juden, 17 000 Christen, 13 000 Mohammedaner.

S. 48 Z. 2 v. u. lies: in den Reden Elihu's

S. 173 m und 280 unten lies: Wittenberger Konkordie

S. 192 letzte Zeile lies: gefährden

S. 249, Anm. 1: Dolmetschen; vgl. Nr. 153 C, 1 d; Quellenbuch . . .

S. 254, Anm. 2: der Schüler unten in Nr. 153 C, 1 d und . . .

S. 267: Zu 2 a hinzuzufügen als Anm.: Das gotische Vaterunser ist unten (Nr. 148) beim dritten Hauptstück abgedruckt.

S. 275 D und E lies statt 153 D, 2: 153 C, 2

S. 310 d, Abs. 3, Z. 3 lies: [lassen] um . . .

S. 317, Anm. 6 lies: (Nr. 146 a und S. 303, Anm. 2).

S. 319, Anm. 1 lies: sensus, rationem

S. 330, Joh. 17 lies: Wahrheit; dein

S. 356, letzte Zeile lies: seiner, und keines

S. 364 b Abs. 2 lies: meinem lieben Sönlin

S. 398, Anm. 3, Z. 6 lies: merkwürdige

S. 431, Lied 53 b, Z. 12 lies: Der Herre Zebaoth!

S. 450, Lied 79 b, Str. 2 lies: hülle

I. Lehrbuch.

Erster Teil[1]).

Heilige Geschichte[2]).

Einleitung.

Das Volk und die Religion der Offenbarung.

1. Die Abstammung des Volkes Israel. (II, 6.)[3])

Unsere Religion verdanken wir nicht unseren Vorfahren, auch nicht einem anderen Volksstamme der Indogermanen, zu denen ja auch das deutsche Volk gehört[4]), sondern dem zwar kleinen, aber darum nicht unbedeutenden Volke Israel, welches zum Volksstamme der Semiten gehört.

Die Semiten zerfallen aber in Ostsemiten und Westsemiten, da der Urstamm der Semiten sich zunächst in zwei Teile geteilt hat, aus welchen dann allmählich die einzelnen semitischen Völker entstanden sind. Zu den Westsemiten gehören die Kanaaniter (Phönizier, Hebräer, Moabiter), die Aramäer und die Araber. Zu den Ostsemiten gehören die Babylonier und die Assyrer, von denen in vorhistorischer Zeit die Ägypter (und die Abessinier) ausgegangen sind. Für uns kommt hier nur das Volk Israel in Betracht, andere (sowohl semitische als auch nicht-semitische) Völker nur insoweit, als sie in Israels Geschichte eingreifen[5]).

[1]) Der Unterricht in der Heiligen Geschichte: Lehrplan für den Religionsunterricht (Nakel 1903): II, 4b. Christenlehre (1912): IIbcd. Handbuch II[3]: S. XLVII—XLIX u. S. LIV—LXV—LXXIII.

[2]) Die zur heiligen Geschichte gehörenden Abschnitte: Die heilige Schrift, Die biblischen Bücher, Zahlen der heiligen Geschichte, sind — um sie für den Schüler leichter auffindbar zu machen — in den Anhang des Lehrbuchs verwiesen worden: Nr. 141—143, 155, 1 u. 2.

[3]) In der Klammer ist der betr. Abschnitt des Handbuchs (3. Aufl.) angegeben.

[4]) Inder, Perser—Griechen, Italer, Kelten—Germanen, Slawen.

[5]) Über die Sprache der Israeliten vgl. Nr. 9e und Heil. Gesch.[3] Nr. 14 A, II.

2. Die Religion des Volkes Israel und die weltgeschichtliche Bedeutung Israels. (II, 7—9.)

5. Mose 4, 5—14 u. 32—40. Ps. 42 u. 43. Hebr. 11.

a. Unter den Völkern des Altertums spielt das Volk Israel, äußerlich angesehen, nur eine unbedeutende Rolle; im Staate haben die Israeliten es niemals zu einer der athenischen oder der römischen auch nur im entferntesten ähnlichen Verfassung gebracht; eine Weltherrschaft haben sie niemals geübt; in Kunst und Wissenschaft stehen sie hinter den anderen Völkern des Altertums zurück. Aber dies kleine, unbedeutende Volk spielt in anderer Beziehung eine große Rolle. Während nämlich die anderen Völker dem Polytheismus verfallen und ihre Religionen schließlich zugrunde gegangen sind, hat das Volk Israel den Glauben an einen Gott festgehalten, obwohl es damit Jahrtausende allein stand in der ganzen Welt. Und aus diesem Volke ist nun, als die Zeit erfüllet war, das Christentum hervorgegangen, die eine der drei Weltreligionen, welche nach unserer Meinung schließlich nicht bloß die anderen weniger bedeutenden Religionen, sondern auch die beiden anderen Weltreligionen, den Buddhismus und den Islam, überwinden wird.

b. Der Glaube an den einen Gott — das ist das große Gut, welches Israel vor den anderen Völkern voraushatte; mit dem Volke Israel kann sich kein anderes Volk vergleichen (5. Mose 4, 5—14 u. 32—40); nach dem einen Gott dürstet des Israeliten Seele (Ps. 42 u. 43), und des Israeliten Eigentümlichkeit ist der Glaube an den einen Gott (Hebr. 11).

c. Die Entstehung, die Fortbildung und die Vollendung der israelitischen Religion beruht aber nicht auf einer rein menschlichen Entwicklung der geistigen Anlagen des Volkes Israel, sondern auf der Offenbarung Gottes, welcher sich dem Volke Israel immer aufs neue und immer vollkommener geoffenbart hat.

3. „Inhalt und Zusammenhang der heiligen Geschichte." (II, 10—12.)

Hebr. 1, 1—2. Röm. 10, 2. Matth. 28, 19.

a. Wie „Gott zu den Vätern manchmal und mancherleiweise durch Moses und die Propheten und zuletzt zu den Menschen durch seinen Sohn Jesus Christus geredet hat" (Hebr. 1, 1—2) – das ist der Hauptinhalt der in der heiligen Schrift erzählten Geschichte des Volkes Israel. Dieser Hauptinhalt der Bibel bildet nun zwar, wie der angeführte Spruch aus dem Hebräerbriefe zeigt, ein zusammenhängendes Ganze, aber es werden doch verschiedene Stufen und Perioden der Offenbarung unterschieden, und erst in Jesus Christus hat Gott sich den Menschen vollkommen geoffenbart. Als die Hauptträger der Offenbarung sind aber nach dem angeführten Bibelspruche Moses (in den „Propheten" enthalten), die Propheten und Christus anzusehen, an welche alles übrige sich als Ergänzung oder als Fortführung anschließt.

b. Hiernach ergeben sich also folgende Perioden der Geschichte des Volkes Israel, deren Überschriften im Anschluß an den genannten Spruch (und an Röm. 10, 2 und an Matth. 28, 19) also lauten:

1. Wie Gott die Israeliten aus Ägypten geführt und durch Moses zu ihnen geredet hat.

2. Wie Gott das Königtum im Volke Israel begründet und manchmal und mancherleiweise durch die Propheten zu seinem Volke geredet hat.
3. Wie die aus dem Exil zurückgekehrten Juden um Gott eiferten, aber mit Unverstand.
4. Wie Gott, als die Zeit erfüllet war, durch seinen Sohn Jesus Christus zu den Menschen geredet hat.
5. Wie die Apostel hingegangen sind in alle Welt, um alle Menschen zu Jüngern Jesu Christi zu machen.

c. Die heilige Schrift. Vgl. Nr. 141—143 und 146b; Heil. Gesch.³ Nr. 13—15. Die Urkunde der Offenbarung aber, in welcher aufgezeichnet ist, wie Gott zu den Israeliten manchmal und mancherleiweise durch Moses und die Propheten und zuletzt durch seinen Sohn Jesus Christus zu allen Menschen geredet hat, ist die Bibel; von ihrer Gliederung und Entstehung, Übersetzung und Verbreitung, wie auch von ihrer Bedeutung wird unten ausführlich gesprochen werden.

d. Die Bücher der heiligen Schrift: Nr. 155, 1.

e. Die Zahlen der heiligen Geschichte: Nr. 155, 2.

Erster Teil.

Die Geschichte des Alten Bundes.

Erster Abschnitt.

Das Volk Israel in der Urzeit und im Zeitalter des Moses.[1])

Wie Gott die Israeliten aus Ägypten geführt und durch Moses zu ihnen geredet hat.

I. Die Geschichte des vormosaischen und des mosaischen Zeitalters.

4. Urgeschichte des Volkes Israel. (II, 16 u. 17.)

1. Mose 11, 27—32; 12, 1—9. Psalm 105, 1—23. Apg. 7, 2—16.

a. Als Stammvater des Volkes Israel wird in der Bibel Abraham genannt, ein Sohn des Tharah (eines Nachkommen des Sem), welcher bereits auf der Wanderung nach Westen begriffen war. Aber nicht in Tharah und auch nicht in Jakob, auf den doch die zwölf Stämme des Volkes zurückgeführt werden, sondern in Abraham erblickt das Volk Israel seinen Stammvater, weil es besonders an ihm denjenigen Zug wahrnimmt, welcher für das Volk Israel charakteristisch ist, den Glauben an den einen Gott. Von seinen Verwandten sich trennend, verläßt näm-

[1]) Über die Geschichtsquellen für dieses Zeitalter (die fünf Bücher Mosis und das Buch Josua) vgl. Nr. 10c. Von den fünf in den genannten sechs Büchern behandelten Gegenständen (Urgeschichte der Menschheit — Urgeschichte des Volkes Israel — Erlösung aus Ägypten — Gesetzgebung — Eroberung Kanaans) werden hier nur die vier letzten behandelt, der erste in der Glaubenslehre (Nr. 125—128).

lich Abraham sein Vaterland (Babylonien, vielleicht um das Jahr 1900) im Vertrauen auf Gott, der ihm eine neue Heimat bescheren werde, die er freilich noch nicht kannte, und er hat das Vertrauen, daß sein Glaube der Glaube seines Volkes, ja aller Menschen werden müsse.

b. Auf seiner Wanderung dem Zuge der Vorfahren nach Westen folgend, kam nun Abraham nach Kanaan; obwohl bereits bewohnt, sollte doch dies Land einst der Besitz seiner Nachkommen werden. Zunächst war Abraham ein Fremdling in Kanaan, aber ein angesehener und mächtiger Mann, der mit seinen 318 Knechten auch wohl im Kriege die Entscheidung gab (K. 14), jedoch von den Landesbewohnern geschieden durch seinen Glauben. Diesen Glauben an den einen Gott hat Abraham gepflegt als das Heiligtum seiner Familie, und aus seiner Familie hat sich dasjenige Volk entwickelt, welches allein unter den Völkern den Glauben an den einen Gott festgehalten hat; Moses hat diesen Glauben zum Grundgesetz des ganzen Volkes erhoben; Jesus hat denselben verkündet und mit seinem Tode besiegelt als das Panier, um welches alle Völker gesammelt werden sollen. So glauben denn noch heute an einen Gott die Nachkommen Abrahams, die Israeliten, und monotheistische Religionen sind ebenfalls die auf dem Glauben Israels beruhenden Religionen, das Christentum und der Islam.

c. Das Zeitalter Abrahams und seiner beiden Nachkommen, Isaak und Jakob, welche im Westjordanlande an verschiedenen Orten gewohnt hatten, schließt mit der durch Jakobs Sohn Joseph veranlaßten Wanderung der bereits zahlreich gewordenen Familie nach Ägypten, wo sie zum Volke heranwachsen unter einem fremden Volke, von demselben geschieden vornehmlich durch ihren Glauben.

5. Moses' Geburt und Berufung. (II, 18.)

2. Mose 2—4.

a. Als nun später das Volk Israel in Ägypten schwer bedrückt wurde, da wurde ihnen in Moses der Befreier aus der Knechtschaft in Ägypten und der Begründer des unter ihnen zu errichtenden Gottesstaates geschenkt. In trüber Zeit, von Eltern aus dem Stamme Levi geboren, welche bereits zwei Kinder hatten, Aaron und Mirjam (= Maria), sollte er als Kind (wie alle neugeborenen Knaben) nach des Königs Befehl im Nil ertränkt werden. Als die Mutter das Kind nach drei Monaten endlich aussetzen mußte, wurde das schwimmende Schilfkästchen von einer Tochter des Königs bemerkt, und das Kind aus Mitleid von ihr gerettet und erzogen.

b. Aber „durch den Glauben wollte Moses, da er groß ward, nicht mehr ein Sohn heißen der Tochter Pharaos, und erwählte viel lieber mit dem Volke Gottes Ungemach zu leiden" (Hebr. 11, 24–25). Aber als er nun eigenmächtig seinem unterdrückten Volke helfen wollte, da mußte er vor des Königs Zorn aus Ägypten fliehen, und er begab sich nach der benachbarten Sinaihalbinsel, wo er bei einem Priester der Midianiter Aufnahme fand; es schien so, als hätte er darauf verzichtet, seinem Volke helfen zu wollen, nachdem ihm der erste Versuch mißlungen war.

c. Aber als er nun schon alt geworden war, da fühlte er sich von Gott berufen, sein Volk aus der Knechtschaft zu erlösen, und nun ist ihm dies Werk gelungen.

6. Die Erlösung des Volkes Israel aus Ägypten. c. 1320. (II, 19.)

2. Mose 14, 30—15, 21.

a. Als Moses, dem Rufe Gottes folgend, nach Ägypten zurückkehrte, da freuten sich seine Landsleute, als sie von der ihnen zugedachten Erlösung aus Ägypten hörten. Als aber der König das Verlangen Moses', daß das Volk einmal in der Wüste ein Fest feiern dürfe, entschieden zurückwies, ja das Volk nun noch mehr bedrückte, da wollten sie von Moses nichts mehr wissen; doch Moses gab darum seinen Plan nicht auf. Hatte der König der Bitte des Moses nicht nachgegeben, so mußte er jetzt vor den Plagen Gottes, die über sein Land kamen, sich beugen und endlich doch Israel ziehen lassen. Durch zehn Plagen, welche über das Land kamen, zum Nachgeben gezwungen, ließ endlich der König das Volk ziehen, und von den geängsteten Ägyptern gedrängt, zogen die Israeliten aus dem Lande.

b. Den König reute es aber bald, daß er die Israeliten hatte ziehen lassen; er setzte ihnen mit einem starken Heere nach, und im Westen des (damals noch weiter nach Norden hinaufreichenden) Meerbusens von Suez kam er in ihre Nähe. Als nun Israel verzweifelt an seiner Rettung verzagte, da führte sie Moses glücklich mitten durch das Meer; die ihnen nachsetzenden Ägypter aber wurden von der zurückkehrenden Flut überrascht und vernichtet. Dieser Tag war der Tag, an welchem Israel eigentlich zum Volke Gottes geworden ist; an ihm erfuhren sie, was das erste Gebot sagt: „Ich bin der Herr, dein Gott, der ich dich aus Ägyptenland, aus dem Diensthause, geführt habe“; alljährlich wurde das Volk durch die Feier des Passahfestes an seine wunderbare Erlösung aus Ägypten erinnert.

7. Der Zug zum Sinai und die Bundschließung. (II, 20.)

a. Aber zunächst nicht nach Kanaan, welches damals ebenfalls noch den Ägyptern untertan war, hatte Moses sein Volk zu führen beschlossen, sondern er führte sie auf die Halbinsel Sinai zu; das Ziel ihrer weiteren Wanderung war der „Berg Gottes“ (schon damals als solcher geltend), der Sinai, an dem sie unter manchen Schwierigkeiten, die Moses mit Gottes Hilfe überwand, im dritten Monat nach dem Auszuge glücklich anlangten.

b. Am Sinai wurde nun ein längerer Aufenthalt gemacht; hier sollte der Bund Gottes mit dem Volke Israel geschlossen werden, durch welchen dasselbe noch fester an Gott geknüpft wurde, als seine Stammväter. Aber das Volk Gottes konnten sie nur werden, wenn sie seiner Stimme gehorchen wollten; und das Volk erklärte sich auf Moses' Anfrage bereit, alles, was der Herr fordere, zu tun. Nachdem nun das Volk durch Reinigungen für den feierlichen Akt der Bundschließung vorbereitet worden war, erfolgte die Bekanntmachung des Grundgesetzes des Bundes, der zehn Gebote, und darauf die feierliche Bundschließung zwischen Gott und dem Volke, durch welche Israel zum Volke Gottes wurde. (Nr. 12.)

c. Aber als Moses wieder auf dem Sinai verweilte, beging sein Volk eine schwere Sünde, indem es Moses' Bruder Aaron nötigte, ihm ein Bild Gottes zu machen. Der Bilderdienst war aber dem Volke kurz vorher verboten worden, und so erging über das Volk durch die Leviten, Moses' Stammgenossen, ein strenges Strafgericht. Moses aber betete zu Gott, daß er das Volk trotz seines Abfalls doch nicht verstoße, und gab dem Volke, da er die ersten Tafeln beim Anblick des goldenen Kalbes zerbrochen hatte, zwei neue Tafeln mit den zehn Geboten; auch empfing das Volk in dieser Zeit eine Gottesdienstordnung und den Grundstock der Gesetzgebung, welche später immer weiter ausgebaut worden sind[1].

8. Vom Sinai zum heiligen Lande; Moses' Tod. (II, 21.)

5. Mose 29; 31, 1—8; 32, 48—52. K. 34.

a. Nachdem Israel etwa ein Jahr lang am Sinai verweilt hatte, brach es unter Moses' Führung auf, um nach dem Lande Kanaan zu ziehen; es gelangte auch bald an die Südgrenze des Landes, zur Stadt Kades Barnea. Von hier aus wurden nun Kundschafter in das Land geschickt; als diese aber bei ihrer Rückkehr von den starken Bewohnern und den festen Städten Kanaans erzählten, da wurden die Israeliten mutlos, und bald darauf wurden sie auch bei einem Angriff auf die Amalekiter zurückgeschlagen. Nun erkannte Moses, daß diese Generation nicht geeignet sei, den neuen Wohnsitz zu erobern; ein neues, besseres und tüchtigeres Geschlecht mußte erst heranwachsen, ehe an die Eroberung Kanaans zu denken war.

b. Als nun Moses die Zeit gekommen glaubte, um aufs neue die Eroberung Kanaans zu versuchen, da gedachte er durch das Gebiet der Edomiter zu ziehen, um von Osten her in Kanaan einzudringen. Da aber die Edomiter den Durchzug nicht gestatteten, so mußte das Volk bis zum Golf von Akaba zurückziehen, und nunmehr zog es im Osten von den Edomitern und darauf ebenso an der Ostgrenze des Moabiterlandes hin bis zum Flusse Arnon, welcher, in das Tote Meer mündend, die Südgrenze des Landes der Amoriter bildete. Der König dieses Volkes, Sihon, welcher ihnen feindlich entgegentrat, um ihnen den Durchzug durch sein Gebiet zu verwehren, und bald darauf auch der König des weiter nördlich gelegenen Landes Basan, namens Og, wurden besiegt, und so war das Ostjordanland in die Hände der Israeliten gefallen – eigentlich wider ihren Willen, nur infolge der Feindseligkeit seiner Bewohner; die Israeliten hatten es zunächst nur auf das Land im Westen des Jordan abgesehen. Da sie aber das Ostjordanland einmal eingenommen hatten, so haben sie es auch behalten, und die Stämme Ruben, Gad und halb Manasse haben sich daselbst angesiedelt.

c. Moses schien nun dem von ihm ins Auge gefaßten Ziel, der Eroberung des eigentlichen Landes Kanaan, ganz nahe gekommen zu sein; aber es war ihm nicht beschieden, sein Volk ins Land Kanaan zu führen; erst seinem Nachfolger Josua ist es gelungen, das Werk des Moses zu vollenden; Moses ist vor der Vollendung seines Werkes gestorben.

9. Die Eroberung Kanaans durch Josua. (II, 23.)

Josua 1, 1—9. 21, 43—45. K. 23 u. 24.

a. Der Nachfolger des Moses, Josua, begann alsbald zu unternehmen, was dem Werke des Moses erst seinen Abschluß geben sollte, die Eroberung des Landes Kanaan. Nachdem die Israeliten den Jordan über-

[1] Der Inhalt des Gesetzes ist in Nr. 10—19 dargelegt.

schritten und die nächstgelegene feste Stadt Jericho erobert hatten, kam es zu zwei großen Schlachten, in denen das Schicksal Kanaans entschieden wurde. Die Könige des mittleren Landes schlossen nämlich, um dem weiteren Vordringen Josuas zu wehren, ein Bündnis, wurden aber bei Gibeon geschlagen in einer Schlacht, von der es im Buche Josua nach einem alten Liede (im „Buche des Frommen" — (Josua 10, 13) heißt, daß Gott auf Josuas Gebet Sonne und Mond habe stillstehen lassen, um ihm einen vollständigen Sieg über die Kanaaniter zu verschaffen. In einer zweiten Schlacht, am See Merom, wurden auch die verbündeten Könige des Nordens besiegt. Den Süden des Landes hatte der Stamm Juda selbständig erobert.

b. So waren nun die Kanaaniter besiegt, aber noch lange nicht unterworfen, selbst abgesehen davon, daß es den Israeliten niemals gelungen ist, bis ans Mittelmeer vorzudringen und die an der Küste wohnenden Philister und Phönizier zu unterwerfen. Viele Städte des Landes und ganze Gebiete blieben noch lange in den Händen der alten Bewohner und sind erst später unter die Herrschaft der Israeliten gekommen. Welche Folgen dieser Zustand für das Volk Israel gehabt hat, zeigt die spätere Geschichte. Trotzdem aber wurde das Land alsbald unter die einzelnen Stämme verteilt; Ruben, Gad und halb Manasse blieben im Osten vom Jordan; der Stamm Levi erhielt als Priesterstamm kein zusammenhängendes Gebiet; die anderen Stämme wurden im Westen vom Jordan angesiedelt.

c. Nunmehr war das Werk des Moses durch Josua zum Abschluß gebracht.

II. 9B. **Das heilige Land.** (II, 24 u. 6.)

a. Zwischen dem Mittelmeer im W. und der Syrischen Wüste im O. erstreckt sich vom 31.—37. Breitengrade die Landschaft Syrien (mit Kanaan), im N. durch Zweige des Taurus von Kleinasien geschieden, im S. teils (im W.) in die Sinaihalbinsel, teils (im O.) in die Halbinsel Arabien übergehend. Syrien ist eine Hochebene, zum Teil mit hohen Bergketten besetzt, etwa 650 km lang und 100—150 km breit. Diese schmale Hochebene ist aber durch eine von N. nach S. gehende Spalte in eine östliche und eine westliche Hälfte geteilt. Der Norden der ganzen Landschaft ist das eigentliche Syrien, der kleinere Süden das Land Kanaan. In Syrien ist die Spalte von den Flüssen Orontes (der nach N. fließt und im W. von Antiochia mündet) und Leontes (der nach S. fließt und bei Tyrus mündet) ausgefüllt. Im südlichen Teile des eigentlichen Syriens erheben sich zu beiden Seiten der Spalte zwei Bergketten, im W. der Libanon, im O. der Antilibanon. Der Libanon ist etwa 150 km lang und endet bei Sidon; seine Kammhöhe beträgt 2000 m, die höchsten Gipfel gehen etwas über 3000 m hinaus; fast das ganze Jahr hindurch ist das Gebirge mit Schnee bedeckt (daher auch sein Name: weißer Berg); von den Zedernwäldern im Libanon haben die Türken nicht viel übrig gelassen. Der dem Libanon im O. parallel laufende Antilibanon ist nur 1500 m hoch, erhebt sich aber im S. zu dem 2760 m hohen Hermon, mit welchem er an der Grenze von Kanaan endet.

b. Der Süden des Landes Syrien ist das Land Kanaan oder Palästina. Dasselbe ist im N. vom Libanon und Antilibanon, im W. durch das Mittelmeer (welches aber die Israeliten nicht erreicht haben, da sie die Philister an der Küste nicht zu überwältigen vermochten), im O. von der Syrischen Wüste begrenzt, und geht im S. allmählich über in die Halbinsel Sinai (im W.) und in die Halbinsel Arabien (im O.). Kanaan reicht vom 31.—33. Breitengrade und ist etwa 520 Quadratmeilen groß (wovon ein Drittel im O. des Jordan). Auch in Palästina setzt sich die von N. nach S. gehende syrische Spalte fort; aber während dieselbe in Syrien etwa 1000 m hoch ist, senkt sie sich in Palästina, vom Jordan durchflossen, endlich so tief unter den Meeresspiegel hinab, daß das Tote Meer, dessen Spiegel 394 m unter dem des Mittelmeeres liegt, die tiefste Stelle der ganzen Erde ist. Südlich vom Toten Meere setzt sich die Spalte, aber wieder emporsteigend (nur im S. zum Meerbusen abfallend), bis zum Busen von Akaba fort; die Wasserscheide in dieser Fortsetzung der Spalte liegt 240 m über dem Mittelmeer.

Diese Spalte im Lande Kanaan, heute das Ghor genannt, ist nun bis zum Toten Meer von dem Hauptflusse des Landes, dem Jordan, durchflossen. Derselbe entspringt auf dem Hermon, der Südspitze des Antilibanon, in drei Quellen, welche sich in einem Seebecken, dem Chulesee, sammeln, der nach N. in einen Sumpf von wechselndem Umfang ausgeht; dieser See liegt noch 2 m über dem Meeresspiegel. Aus diesem See fließt der Jordan in vierstündigem Laufe mit starker Strömung in den See von Genezareth (oder das Galiläische Meer), welcher bereits 208 m unter dem Meeresspiegel liegt. Und immer mehr senkt sich nun das Ghor, so daß der Jordan in raschem Laufe in das Tote Meer gelangt, dessen Spiegel jetzt 394 m unter dem Meere liegt; in das Rote Meer ist der Jordan aber niemals abgeflossen. Das Wasser des Toten Meeres enthält sechsmal so viel Salz als der Ozean, so daß kein Meerfisch darin leben kann; sein spezifisches Gewicht ist schwerer als das des Menschen, so daß derselbe darin nicht untersinkt.

Auf beiden Seiten der vom Jordan durchflossenen Spalte erheben sich nun Hochländer, welche im S. in Wüste und Steppe auslaufen. Das Ostjordanland, früher Gilead, später Peräa genannt, ist wasserreicher als das Land im Westen, und hat deshalb prächtige Wälder und reichen Graswuchs und eignet sich trefflich für Ackerbau und Viehzucht; nach Osten geht das Land allmählich in die Syrische Wüste über. Das Westjordanland, welches steil zum Jordan abfällt (wie auch das Ostjordanland), aber sanfter nach Westen, wo ihm ein flacher Küstensaum, das Land der Philister, vorliegt, zerfällt in drei Landschaften, Galiläa, Samaria und Judäa. Galiläa, die nördlichste Landschaft, ist eine Hochebene, zur Viehzucht geeignet, von einzelnen Bergen überragt (Tabor 562 m, angeblich der Berg der Verklärung Jesu). In Galiläa liegt Nazareth (Nasra); dagegen sind von Kapernaum nicht einmal die Trümmer sicher nachzuweisen (es lag am Galiläischen Meer). Die größten Städte waren zur Zeit Jesu Cäsarea und Tiberias. Galiläa ist im S. durch die Tiefebene Jesreel begrenzt, in welcher der Kison zum Mittelmeer fließt. Südlich von der Ebene zieht ein Höhenzug ans Meer, welcher mit dem Vorgebirge Karmel endigt (180 m); dasselbe bildet die Grenze zwischen den Gebieten der Phönizier (im N.) und der Philister (im S.). Südlich von Galiläa erheben sich die Hochländer von Samaria (Gebirge Ephraim) und Judäa (Gebirge Juda), beide jetzt unbewaldet, mit spärlichem Graswuchs für die Herden. In Samaria war zuerst die Hauptstadt Sichem (das heutige Nabulus), wo noch jetzt ein kleiner Rest der Religionsgemeinde der Samariter zu finden ist (etwa 170 Seelen); die spätere Hauptstadt war Samaria. In Judäa zieht sich durch das Land von N. nach S. noch ein höheres Plateau, auf welchem die größeren Orte liegen, namentlich Jerusalem. Eine Meile südlich von Jerusalem liegt Bethlehem, weiter südlich Hebron. Der Hafen für Jerusalem ist Joppe oder Jafa, heute mit Jerusalem durch eine Kunststraße und durch eine Eisenbahn verbunden; nördlich davon lag am Meere Cäsarea, in der römischen Zeit die Hauptstadt von Palästina, jetzt ein kleines Dorf. In der Nähe des Toten Meeres lag Jericho, früher durch seine Palmengärten berühmt, in dessen Nähe heute ein armseliges Dorf in öder Umgebung liegt.

c. Die Hauptstadt des Landes ist heute, wie früher, Jerusalem, c. 780 m über dem Mittelmeer, aber 1160 m über dem Toten Meere liegend, von jenem 12 Stunden, von diesem 8 Stunden entfernt. Rings um die Stadt ziehen sich Täler, welche sie im Altertum gegen feindliche Angriffe sicherten; nur im Nordwesten hängt die Stadt mit dem Hochlande zusammen, auf welchem sie liegt. Da nun die Täler auch in die Stadt hineinziehen (oder doch früher hineinzogen, während sie heute zum Teil ausgefüllt sind), so zerfiel die Stadt in vier Teile: den südöstlichen, Zion[1]) oder die Stadt Davids, den nordöstlichen mit dem Tempel (Moria), den südwestlichen mit der Oberstadt, den nordwestlichen, die Bezetha. Das heutige Jerusalem ist nicht ganz das alte, sondern teils darüber hinausgreifend (Grabeskirche), teils dahinter zurückbleibend.

Seit dem J. 637 befindet sich Jerusalem in den Händen der Mohammedaner, und sie nannten die Stadt, die ihnen nächst Mekka als der heiligste Ort der Welt gilt, el Kuds d. h. das Heiligtum; auf dem alten Tempelplatze steht heute eine Moschee, der sogen. Felsendom. Aber die Mehrzahl der Bewohner bilden noch heute die Juden (45000), neben denen nur 10000 Mohammedaner und 15000 Christen vorhanden sind. Unter den Christen sind am zahlreichsten die Griechen (Hauptkirche und mehrere von ihr getrennte Parteien: 8000 Seelen); römische Christen sind etwa 4000 vorhanden, Evangelische 1600. Die Evangelischen haben neben fünf Kirchen (darunter die im J. 1898 von Kaiser Wilhelm II. eingeweihte Erlöserkirche) mehrere Schulen und Wohltätigkeitsanstalten (darunter auch eine Diakonissenanstalt). Als gemeinsames Heiligtum aller Christen gilt die Kirche des heiligen Grabes (den Griechen und Lateinern gehörig), welche angeblich alle Stätten des Leidens und der Auferstehung Jesu einschließt: im O. die Schädelstätte (Golgatha), im W. das heilige Grab; alle christlichen Parteien (außer den Evangelischen) halten in dieser Kirche abwechselnd Gottesdienst.

d. In das von den Kanaanitern (Semiten — in verschiedenen Stämmen) bewohnte Land Kanaan sind nun (im 14. Jahrh. vor Chr.) die Israeliten eingewandert, und sie haben sich im Lande, nach ihren Stämmen zusammenwohnend, angesiedelt; nur der Stamm Levi hat kein zusammenhängendes Gebiet erhalten. Wenn nun die Israeliten schon mit den von ihnen zwar

---

[1]) Heute wird Zion der Westen der Stadt genannt.

unterworfenen, aber doch nicht ausgerotteten Kanaanitern viele Kämpfe zu bestehen hatten, so haben sie erst recht kämpfen müssen gegen die ihnen benachbarten Völker, die im O. von ihnen wohnenden Moabiter und Ammoniter, die im S. wohnenden Edomiter, die im W. wohnenden Philister und die im N. wohnenden Syrer oder Aramäer.

e. Die Sprache, welche die Israeliten gesprochen haben, das Hebräische (eine semitische Sprache), ist stets auf einen kleinen Raum beschränkt gewesen; nach dem Exil ist aber das Hebräische verdrängt worden durch das Aramäische, die Sprache der im N. von den Israeliten ansässigen Syrer oder Aramäer, welche um die Zeit Jesu im ganzen Lande die herrschende Sprache war[1]). Heute haben die Juden zwar noch eine gemeinsame Religion, aber nicht mehr eine gemeinsame Sprache, sondern sie sprechen die Sprache desjenigen Landes, in welchem sie ihren Wohnsitz haben.

III. Die Gesetzesreligion nach ihrer Begründung und in ihrem Wesen.

10. Einleitung; die Bücher Mosis und das Buch Josua.

(II, 50—51 u. 57, u. 25—29.)

a. Nicht um seiner äußeren Geschichte, sondern um seiner Religion willen ist das Volk Israel für uns von Bedeutung; seine Religion ist nämlich, nachdem sie durch Moses begründet und durch die Propheten weiterentwickelt worden ist, die Grundlage des Christentums geworden. Im folgenden Abschnitte soll nun diese Religion in derjenigen Form, welche sie durch Moses und seine Nachfolger erhalten hat, dargestellt werden.

b. Dieser Abschnitt, welcher die Religion Israels in ihrer gesetzlichen Form, die Gesetzesreligion, darstellt, zerfällt aber in drei Hauptteile. Im ersten Teil wird die Begründung der Gesetzesreligion dargestellt; Moses, als der Begründer des Glaubens an Jehovah, als Mittler des Bundes mit Gott, als Urheber des Gesetzes wird hier dargestellt. Der zweite Teil zeigt, wie Gott mit dem Volke Israel in Gemeinschaft tritt, indem er in diesem Volke herrscht als sein König, wie er sich gegenwärtig zeigt in seinem Heiligtum, und wie er dem Volke nahekommt an den von ihm eingesetzten Festen. Der dritte Teil zeigt, wie das Volk mit seinem Gott in Gemeinschaft tritt. Israel ist ein heiliges Volk, aber es tritt mit seinem Gott nicht in eine unmittelbare, sondern in eine durch Priester und Opfer vermittelte Gemeinschaft.

Drei Hauptgedanken sind es also, die uns in jedem der drei Hauptteile dieses Abschnittes entgegentreten, zuerst: Name Gottes, Bund Gottes, Gesetz Gottes; sodann: Gottes Gegenwart in Israel, das Heiligtum Gottes, die Feste des Herrn; endlich: die Heiligkeit Israels, das Priestertum, das Opfer.

Im folgenden soll nun die Gesetzesreligion nach der hier angedeuteten Gliederung dargestellt werden.

c. Unsere Kunde von der durch Moses begründeten Gesetzesreligion und von der älteren Geschichte des Volkes Israel beruht aber auf den fünf

---

[1]) Heute ist in Palästina die herrschende Sprache das Arabische.

Büchern Mosis (dem Pentateuch) und dem als Anhang zu denselben anzusehenden Buche Josua — einem großen, allmählich entstandenen Werke. Das unzweifelhaft von Moses selbst herstammende und aufgezeichnete Zehngebot nebst einigen anderen Gesetzen ist nämlich später durch einen Propheten und einen Priester zu einem großen Gesetzbuch erweitert worden. Wie nun das Gesetz erst im Laufe der Zeit weiter entwickelt worden ist, so hat auch die gesetzliche Frömmigkeit des Volkes Israel nur allmählich diejenige Gestalt erhalten, welche im folgenden dargestellt ist. Die Darstellung des Gesetzes Mosis in seiner (allerdings erst in der Zeit nach Moses) allmählich entwickelten Gestalt, vereinigt mit der Erzählung vom Werke des Moses (Erlösung des Volkes aus Ägypten und Gesetzgebung), welchem als Einleitung die Geschichte der vormosaischen Zeit (die Urgeschichte der Menschheit und die Urgeschichte des Volkes Israel) vorangeschickt und die Geschichte von seinem Nachfolger Josua (Eroberung Kanaans) angefügt ist, ist enthalten in dem großen „Buch des Gesetzes", wie die Israeliten sagen, d. h. in den fünf Büchern Mosis, für welche das Buch Josua als Abschluß anzusehen ist.

A. Die Begründung der Gesetzesreligion.

11. Der Gott Israels und sein Name. (II, 52 u. 58.)

„Du sollst nicht andere Götter haben neben mir." 2. Mose 20, 3.
„Der Herr unser Gott ist ein einiger Herr." 5. Mose 6, 4.
„Ich bin der allmächtige Gott, wandle vor mir und sei fromm!" 1. Mose 17, 1.
(Lesen: Psalm 29.)
„Ich bin erschienen Abraham, Isaak und Jakob als der allmächtige Gott; aber mein Name Herr (Jehovah) ist ihnen nicht offenbart worden." 2. Mose 6, 3.
„Ihr sollt heilig sein, denn ich bin heilig, der Herr, euer Gott." 3. Mose 19, 2.

a. Die Religion Israels ist auf der Grundlage der Religion der Stammväter des Volkes durch Moses begründet worden. Moses war nun zwar ein großer Prophet, aber nicht vornehmlich durch die Predigt hat er seine Religion gestiftet, sondern durch die großen Taten, die er vollbracht hat: einerseits durch die Erlösung Israels aus Ägypten und seine Führung nach Kanaan, andererseits durch die Bundschließung am Berge Sinai.

b. Schon die Patriarchen haben den einen Gott verehrt, und die Israeliten waren zu Moses' Zeit zwar in Gefahr, zu „andern Göttern" abzufallen, aber sie waren im ganzen doch dem einen Gott treu geblieben. Zwar sind später die Israeliten immer wieder zum Götzendienst abgefallen, aber wenigstens seit dem Exil „eiferten sie um den einen Gott, wenn auch mit Unverstand", und die Neigung zum Götzendienst war seitdem bei ihnen für immer beseitigt. Moses hat also nicht an die Stelle der von den Stammvätern verehrten vielen Götter den einen Gott gesetzt, sondern er hat die Israeliten nur in dem von ihren Stammvätern verehrten allmächtigen Gott, von dem auch die Heiden wissen, auch den heiligen Gott erkennen lassen; aber daß Gott für jeden einzelnen Menschen ein Vater sei, das hat erst Jesus den Menschen verkündigt; für den Israeliten ist Gott nur der Vater seines Volkes.

c. Für seinen Gott hat nun das Volk Israel seit Moses' Zeit auch einen besonderen Namen, welcher ausschließlich von dem Gotte Israels gebraucht wird, nämlich den Namen Jehovah[1]), d. h. der Seiende oder der Ewige, und in diesem Gotte hat das Volk Israel, während es früher jedem Volke eine besondere Gottheit zuschrieb, später immer deutlicher den Gott aller Völker erkannt.

12. Der Bund Gottes mit dem Volke Israel. (II, 59.)

„Ich will euer Gott sein, und ihr sollt mein Volk sein." 3. Mose 26, 12.
2. Mose 19, 1—20 und 24, 1—8. 5. Mose 4, 23—40. K. 29. 3. Mose 26.
Josua 1, 1—9; 24, 1—28. Richter 2, 6—13.

a. Mit dem Volke Israel, welches sich Jehovah durch die Erlösung aus Ägypten zum Eigentum erworben hatte, hat nun Gott durch Moses am Berge Sinai einen Bund geschlossen, durch welchen Jehovah als der Gott des Volkes Israel in besonderem Sinne und das Volk Israel als sein besonderes Eigentum anerkannt wurde. Der Bund beruhte zunächst auf Gottes Entgegenkommen, aber Israel mußte auch willig sein, in den Bund einzutreten (3. Mose 29, 12). Auch dieser Bund wurde nun nach der Sitte des Altertums unter Darbringung eines Opfers geschlossen, und außerdem wurde er noch durch eine besondere Handlung bekräftigt. Das Blut der geschlachteten Opfertiere wurde nämlich zur Hälfte an den Altar gesprengt (wie das beim Opfer stets geschah), sodann aber wurde mit der andern Hälfte das Volk besprengt mit den Worten: „Das ist das Blut des Bundes, den der Herr mit euch macht auf Grund aller dieser (im Bundesbuche aufgezeichneten) Worte" (2. Mose 24, 8). Durch diese nur hier vorkommende sinnbildliche Handlung wurde angedeutet, daß das Volk mit Gott in Gemeinschaft trete.

b. Die Idee der Bundesgemeinschaft zwischen Gott und Israel ist nun die Hauptidee der alttestamentlichen Religion; ihr Wesen wird aber am deutlichsten bezeichnet durch das Wort: „Ich will euer Gott sein, und ihr sollt mein Volk sein" (3. Mose 26, 12). Gottes Volk ist aber Israel nur, wenn es Gottes Gebote hält; wenn es gottlos ist, so hat es die strengsten Strafen von Gott zu erwarten. Aber Gott wird sein Volk auch dann nicht für immer verstoßen, sondern es nur züchtigen, damit es sich bekehre, und dann ist die Bundesgemeinschaft wiederhergestellt.

c. Aber die Wirklichkeit hat der Idee zunächst und für lange Zeit nicht entsprochen, und als das Volk nach dem Exil das Gesetz Moses wirklich streng hielt, da versank es in die Knechtschaft des Buchstabens, von welcher es erst durch Christus befreit worden ist.

13. Das Gesetz Gottes; der Dekalog. (II, 60—61.)

„Ihr sollt heilig sein, denn ich bin heilig, der Herr, euer Gott." 3. Mose 19, 2.
5. Mose 4, 5—14 u. 32—40. 2. Sam. 7, 23—24. Ps. 19. Röm. 2, 17—29.
2. Mose 20, 1—17. 5. Mose 5, 6—21. 3. Mose 19, 1—18 u. 30—37.

a. Wenn nun das Volk mit Gott in eine Bundesgemeinschaft trat, so mußte es heilig sein, wie Gott; was es aber zu tun und zu lassen habe, um heilig zu sein, das erfuhr Israel aus dem Gesetz.

---

[1]) Da die Hebräer in ihrem Alphabet keine Vokale haben, so können wir nicht sicher erkennen, wie dieses Wort ausgesprochen worden ist. Die heutigen

b. Im Gesetz Mosis sind nun einerseits die höchsten Ideen zwar schon ausgesprochen, aber im Leben des Volkes wurden sie noch nicht verwirklicht; das war erst die Aufgabe des Christentums; aber andrerseits hatte das Gesetz und die Frömmigkeit nach dem Gesetz auch noch ihre Schranken, und auch diese sind erst im Christentum überwunden worden.

c. Das Grundgesetz des Volkes Gottes enthielten die beiden Tafeln, auf welchen die zehn Gebote, der Dekalog, verzeichnet waren. Der Wortlaut derselben ist uns nicht genau bekannt (2. Mose 20 und 5. Mose 5 stimmen nicht buchstäblich mit einander überein)[1]), und über die Verteilung des Dekalogs auf die beiden Tafeln sind die verschiedenen Kirchen verschiedener Meinung (griechisch-reformierte Teilung: fünf und fünf Gebote; katholisch-lutherische Teilung: drei und sieben Gebote). Den Inhalt des Dekalogs bilden die Grundforderungen des religiösen (die erste Tafel) und des sittlichen Lebens (die zweite Tafel). Die andern mosaischen Gesetze sind teils eine Ausführung des Sittengesetzes, teils Religionsgesetze, teils Staatsgesetze. Daß diese Gebote aber nicht alle den gleichen Wert für die Frömmigkeit haben, das ist im Gesetz nur angedeutet (5. Mose 30, 11—14), von den Propheten zwar bereits deutlich ausgesprochen (Jer. 31, 33), aber erst im Christentum zur Geltung gebracht worden.

B. Die Gemeinschaft Gottes mit dem Volke Israel.

14. Gottes Gegenwart im Volke Israel. (II, 62.)

„Ich will unter ihnen wohnen und will ihr Gott sein." 3. Mose 26, 11—12. Hesek. 37, 27. Offenb. 21, 3.

„Du sollst dir kein Bildnis . . . Bete sie nicht an, und diene ihnen nicht!" 2. Mose 20, 4—5.

a. Der Gott, der sich dem Volke Israel unter einem neuen Namen geoffenbart, der mit ihm einen Bund geschlossen und ihm ein Gesetz gegeben hat, ist nun auch mit seinem Volke in eine dauernde Gemeinschaft getreten. Zwar wird ja Gott auch bei den Israeliten als im Himmel wohnend gedacht, aber damit ist schon in der alten Zeit nur der Gedanke der Erhabenheit Gottes über die Welt ausgesprochen, und der Gott des Himmels offenbart sich auf Erden. Gott ist nun aber ein Geist und darf nach dem Gesetze nicht unter einem Bilde dargestellt werden (2. Mose 20, 4—5); der nach Salomos Tode im Reiche Israel eingeführte Bilderdienst verstieß gegen das Gesetz. Aber darum ist Gott dem Volke nicht ferne, sondern er wird als in seinem Volke wohnend gedacht, zwar noch nicht, wie die Propheten und Christus lehren, im Herzen der Gläubigen (so daß man an jedem Orte zu Gott beten kann), aber wohl in der Bundeslade, in der Stiftshütte und im Tempel, also im Nationalheiligtum.

b. Der im Volke Israel wohnende Gott ist nun der König dieses Volkes (2. Mose 15, 18), aber erst nach den Propheten auch der König aller Völker (Jer. 10, 7). Es gibt aber in Israel zunächst kein ständiges Amt,

Gelehrten sprechen diesen Namen Jahveh und übersetzen ihn „Der Ewige". Luther hat diesen Gottesnamen übersetzt mit HERR, den Gottesnamen Adonaj mit HErr, den Gottesnamen Elohim mit GOtt.

[1]) Die eigentlichen 10 Gebote ohne Erläuterungen bestehen im Grundtext aus 28 + 26 = 54 Wörtern.

welches der Träger der Königsgewalt Gottes wäre; bisweilen gibt es gar keine einheitliche Leitung des Volkes; wenn es eine solche gibt, so sind die Träger derselben nur Stellvertreter Gottes; ein erbliches Königtum ist eigentlich ein Widerspruch gegen das Königtum Gottes. So ist Israel eine Theokratie, aber nicht ein hierarchischer Staat; das Priestertum hat den Kultus zu leiten, aber nicht das Volk zu regieren.

c. Das Königtum Jehovahs ist nun zwar in der Gesetzesreligion auf das Volk Israel beschränkt, aber dadurch ist der Verkehr mit anderen Völkern nicht ausgeschlossen; es gilt jedoch noch nicht als Israels Aufgabe, die anderen Völker dem Gotte Israels zu unterwerfen; nur im Volke Israel wird zunächst das Reich Gottes aufgerichtet.

15. Die Bundeslade, die Stiftshütte und der Tempel. (II, 63 u. 64.)

„Von dem Gnadenstuhl, der auf der Lade des Zeugnisses ist, will ich mich dir bezeugen und mit dir reden." 2. Mose 25, 22.

„In der Hütte des Stifts will ich mich den Kindern Israel bezeugen, und will unter den Kindern Israel wohnen und ihr Gott sein." 2. Mose 29, 43 u. 45.

2. Mose 25, 10—22.

a. Wenn auch Gott unsichtbar ist und durch kein Bild dargestellt werden darf, so will er doch im Volke Israel wohnen. Als der sinnbildliche Ort der Gegenwart Gottes gilt aber dem Volke Israel zunächst die Bundeslade. In der Bundeslade sind nämlich die beiden Gesetzestafeln enthalten, im Gesetz aber hat Gott sich geoffenbart, und in dieser Offenbarung ist Gott im Volke Israel gegenwärtig. Aber da Israel seinen Bundespflichten nicht vollständig nachkommt, so kann Gott in Israel nur wohnen, wenn er dem Volke als gnädiger Gott seine Sünde vergibt. Und auch dieser Gedanke, daß der im Gesetz sich offenbarende Gott ein gnädiger Gott ist, ist sinnbildlich ausgedrückt, nämlich in dem Deckel der Bundeslade; derselbe heißt vielleicht „Sühngerät", und bei dem größten Feste Israels, am großen Versöhnungstage, wird gerade dieser Deckel vom Hohenpriester mit Opferblut besprengt, um dem ganzen Volke Vergebung seiner noch ungesühnten Sünden zu verschaffen.

b. Für die Bundeslade wurde nun die Stiftshütte angefertigt, welche dem Israeliten (aber nur um der in ihr aufbewahrten Bundeslade willen) als Stätte der Offenbarung Gottes galt; sie heißt deshalb in der Bibel „das Zelt der Zusammenkunft", nämlich Gottes mit seinem Volke; „Stiftshütte" heißt sie bei Luther, wie eine Kirche eine „Stiftskirche" heißen kann, eine zu gottesdienstlichem Zwecke gestiftete Hütte. Dieses Zelt (oder bewegliche Haus) war aber in folgender Weise gebaut.

In einem Hofe, dem sogenannten Vorhof, der nur nach Osten einen Eingang hatte, stand das Zelt der Stiftshütte. Vor derselben stand im Vorhof der Brandopferaltar, an welchem die von den Israeliten in den Vorhof gebrachten Tiere Gott geopfert wurden. Die Stiftshütte, deren Wände aus hölzernen Bohlen bestanden (nur die Ostseite war durch einen Vorhang gebildet), zerfiel in zwei Teile, das Heilige und das Allerheiligste. Im Heiligen standen der Räucheraltar, auf welchem durch die Priester die Rauchopfer dargebracht wurden (Sinnbilder des Gebetes), der Schaubrottisch, auf welchen an jedem Sabbath zwölf Brote als Dank für das von Gott geschenkte tägliche Brot gelegt wurden, und der siebenarmige Leuchter (das Volk Israel ist ein von Gott erleuchtetes Volk, die Heiden wandeln in Finsternis). Im Allerheiligsten befand sich nur die Bundeslade.

Die Kostbarkeit der zur Stiftshütte verwendeten Stoffe und die Kunst ihrer Bearbeitung machte sie zu einer würdigen Wohnung Gottes. Aber jeder Israelit durfte Gott nur so weit nahen, als ihm Gottes Gnade dies gestattete. Das Volk durfte zwar in den Vorhof eintreten, aber der Priester brachte das Opfertier zum Altar; nur die Priester durften das Heilige betreten; das Allerheiligste durfte nur der Hohepriester, und auch nur einmal im Jahre, betreten. Für das Volk gab es also noch keine vollkommene Gemeinschaft mit Gott; so wies die Stiftshütte sinnbildlich auf die Zeit hin, wo Gott mit den Menschen in eine vollkommene Gemeinschaft treten werde (Offenb. 21, 3).

c. Als Salomo in Jerusalem statt der bisherigen Stiftshütte für die Bundeslade einen Tempel baute, nahm er für diesen Bau die Stiftshütte zum Vorbilde; nur wurde der Tempel noch einmal so groß und mit größerer Pracht gebaut; die Stiftshütte wurde in den Obergemächern des Tempels untergebracht; später ist sie zugleich mit dem Tempel zugrunde gegangen. Aber wenn auch der Tempel das vornehmste Heiligtum des Volkes war, so ist er doch die einzige Kultusstätte erst seit der Zeit des Königs Josia geworden, da früher auch die frommen Israeliten Gott auf den Höhen anbeteten und nach dem (ältesten) Gesetz (2. Mose 20, 24) auch anbeten durften. Dagegen waren der Bilderdienst und der Götzendienst von Anfang an im Gesetz verboten.

16. Die heiligen Zeiten. (II, 65.)

2. Mose 20, 8—11. 5. Mose 5, 12—15. 2. Mose 31, 12—17 und 35, 2—3. Ps. 92. 2. Mose 23, 14—17. 3. Mose 23; 25, 1—7 und 18—22; 25, 8—17 und 23—55. 2. Mose 12, 1—13, 10. 3. Mose 16.

Wie es für den Gott Israels trotz seiner Allgegenwart einen besonderen Ort gibt, wo er in Israel wohnt, das Nationalheiligtum, so gibt es auch, obwohl das ganze Leben des Israeliten ihm geweiht sein soll, in der Woche einen besonderen Tag, den Sabbath, an welchen sich die Feier des siebenten Jahres und des fünfzigsten Jahres anschließen, und im Jahre ebenfalls besondere Feste, welche Gott besonders geweiht sind. Diese besonderen heiligen Zeiten des Volkes Israel sollen im folgenden dargestellt werden.

a. Schon bei ihrer Trennung von ihren Stammesgenossen, den anderen Semiten, haben die Israeliten, wie andere Überlieferungen der Vorzeit, so vielleicht auch die siebentägige Woche und vielleicht auch schon eine Auszeichnung des siebenten Tages als eines Ruhetages in die neue Heimat mitgenommen. Aber erst durch Moses ist die Sabbathfeier für das Volk Israel zum Gesetz geworden. Seitdem war der Sabbath ein dem Herrn angehöriger, also heiliger Tag, an welchem das Volk sich aller Arbeit enthalten sollte, um sich immer aufs neue Gott zum Eigentum zu ergeben.

b. An die Feier des siebenten Wochentages schließen sich die Feier des siebenten und des fünfzigsten Jahres, des Sabbathjahres und des

Jubeljahres, an. Nachdem das Land sechs Jahre getragen hatte, sollte es im siebenten Jahre, dem Sabbathjahre, brach liegen, und was von selber wuchs sollte den Armen und den Tieren des Feldes gehören; auch sollte den Armen das geliehene Geld im Sabbathjahr nicht abgefordert werden. Nachdem aber das Sabbathjahr siebenmal gefeiert worden war, sollte am Schluß der ganzen Periode das fünfzigste Jahr, das Jubeljahr oder Halljahr, gefeiert werden, in welchem ebenfalls der Acker nicht bestellt werden, außerdem aber die Leibeigenen freigelassen und jedes verkaufte Grundstück an die Familie des ursprünglichen Besitzers zurückgegeben werden sollte.

c. Diesen Festen des siebenten Tages und des siebenten und des fünfzigsten Jahres stehen nun die Jahresfeste gegenüber, wohl zum Teil ursprüngliche Erntefeste, welche später mehr zu Festen geschichtlicher Vorgänge geworden sind: das Passah-, das Pfingst- und das Laubhütten Fest. An diesen drei Festen sollten alle männlichen Glieder des Volkes Israel zum Nationalheiligtum kommen und an dem gemeinsamen Gottesdienste teilnehmen.

α. Das Passahfest war ursprünglich vielleicht ein Frühlingsfest, an welchem die Erstlinge der Herde Gott geopfert wurden. Aber dieser Gedanke trat bald völlig zurück gegenüber der historischen Bedeutung des Festes, als des Gedächtnisfestes zu Ehren der Erlösung aus Ägypten. Am 14. Nisan (im Frühlingsmonat) sollte daher jeder Israelit für sein Haus gegen Abend ein fehlerfreies einjähriges Lamm (oder eine Ziege) schlachten und dasselbe (ohne ihm ein Bein zu zerbrechen) mit ungesäuertem Brot und bitteren Kräutern verzehren. Dieses Lamm (2. Mose 12, 27) galt fortan als ein Opfer zum Gedächtnis des Vorübergehens, d. h. der Verschonung (Pesach) des Herrn, der an den Kindern Israels in Ägypten vorüberging, als er die Ägypter plagte; daher der Name Passah. Das Blut des Tieres sollte den Israeliten mit Gott versöhnen. Das Passahmahl ist aber ein Opfermahl, in welchem Gott mit jedem israelitischen Hause aufs neue in Gemeinschaft tritt, weshalb eben diese Mahlzeit nicht von einzelnen, sondern familienweise genossen wird. Das Essen des Passahlammes eröffnete aber das siebentägige (also im ganzen achttägige) Fest der ungesäuerten Brote — ursprünglich ein Dankfest für die neue Ernte, weshalb auch die Erstlingsgarbe der zuerst von den Getreidearten reifenden Gerste dem Herrn dargebracht wurde, und das Brot ungesäuert, wie es in der alten Zeit üblich war, genossen wurde — dann aber gefeiert zur Erinnerung an den Auszug aus Ägypten, wo die Israeliten den Brotteig ungesäuert mitnehmen mußten.

β. Mit dem Pfingstfeste wurde die durch das Passahfest eröffnete Getreideernte abgeschlossen. Dies Fest fiel auf den 50. Tag nach Ostern und wurde früher an einem, später an zwei Tagen gefeiert; an ihm wurden zwei Weizenbrote, als Erstlingsgaben der nunmehr vollendeten Ernte, dem Herrn dargebracht. Eine historische Bedeutung haben diesem Feste die Juden erst nach der Zerstörung Jerusalems gegeben, indem sie es als Fest der Gesetzgebung betrachteten, da ja Israel im dritten Monat nach dem Auszuge an den Sinai gekommen war.

γ. Das letzte der drei Jahresfeste ist das Laubhüttenfest. Dasselbe wurde im 7. Monat sieben (später acht, heute sogar neun) Tage lang gefeiert, zunächst ebenfalls ein Erntefest, das Fest der nunmehr ebenfalls vollendeten Obst- und Weinernte, wobei man im Weinberge oder im Obstgarten in Zelten wohnte; dann aber wurde es ebenfalls auch ein historisches Fest, gefeiert zum Gedächtnis daran, daß Gott die Kinder Israels während ihres Wüstenaufenthalts in Hütten wohnen ließ; durch das Wohnen in zu diesem Zwecke errichteten Hütten sollte man an diese Zeit erinnert werden.

d. Eine besondere Stelle unter den jüdischen Festen nimmt der Versöhnungstag ein, am zehnten Tage des siebenten Monats gefeiert, der einzige Tag, an welchem das Fasten geboten war. An diesem Tage wurde nämlich durch den Hohenpriester alle noch ungesühnte Sünde des Volkes vom letzten Jahre gesühnt. Zu diesem Zwecke mußte der Hohepriester erst seine eigene Sünde sühnen, dann erst konnte er die Sünde des Volkes sühnen. Zuerst ging er deshalb mit dem Blute des für ihn selber, dann mit dem Blute des für das Volk geschlachteten Tieres in das Allerheiligste und besprengte damit den Deckel der Bundeslade und das Allerheiligste. Dann wurden auch das Heilige und der Rauchopferaltar durch Besprengung mit Opferblut entsühnt, da sie ebenfalls durch die Sünde Israels befleckt waren. Endlich aber fand noch eine ganz besondere Handlung statt. Für das Volk waren nämlich zwei Ziegenböcke zur Sühne gestellt worden; aber nur der eine wurde geopfert, der andere wurde vom Hohenpriester, indem er seine Hand auf ihn legte und dabei ein Sündenbekenntnis ablegte, in sinnbildlicher Weise mit der Sünde des ganzen Volkes vom letzten Jahre beladen und nach der Wüste geführt. Durch den ersten Bock wurde die Sünde gesühnt, durch den zweiten hinweggeschafft — beides wurde sonst durch eine einzige Handlung, das Opfer, ausgedrückt; hier sind beide Momente besonders dargestellt.

Dieses Fest nimmt also unter den Festen eine besondere Stelle ein, indem der Hohepriester dabei fungiert, indem das Allerheiligste von ihm betreten wird, und indem das Volk Gottes mit seinem Heiligtum und seiner Priesterschaft von der Sünde des ganzen Jahres entsündigt wird. Aber auch diese Sühne war doch nur eine sinnbildliche Sühne; die wirkliche und dauernde Versöhnung ist erst durch Jesus Christus den Menschen zuteil geworden.

e. Zu den im mosaischen Gesetz verordneten Festen sind später noch einige neue hinzugekommen, und so ergab sich für das jüdische Volk folgender Festkalender. Im Monat Nisan, dem ersten des gottesdienstlichen Jahres (also im Frühjahr), wird das Passahfest acht Tage lang gefeiert. Im dritten Monat wird das Pfingstfest zwei Tage lang gefeiert. In den vierten und fünften Monat fallen die Feste der Eroberung Jerusalems und der Zerstörung des Tempels. Der eigentliche Festmonat ist der siebente Monat (im Herbst); auf seinen ersten und zweiten Tag fällt das Neujahrsfest, auf den zehnten Tag das Versöhnungsfest, auf den 15.—23. Tag das Laubhüttenfest. In den neunten Monat fällt das Tempelweihfest (gefeiert zum Andenken an die nach der Entweihung durch Antiochus Epiphanes erfolgte neue Einweihung des Tempels durch den Makkabäer Judas), in den zwölften das Purimfest (gefeiert zum Andenken an die im Buche Esther berichtete Errettung der Juden).

An den jüdischen Festkalender hat sich das christliche Kirchenjahr mit seinem Festzyklus angeschlossen.

C. Die Gemeinschaft des Volkes mit Gott.

17. Die Heiligkeit des Volkes Gottes. (II, 66.)

„Ihr sollt mir ein heiliges Volk sein." 2. Mose 19, 5.
„Ihr sollt heilig sein, denn ich bin heilig, der Herr euer Gott." 3. Mose 19, 2.

Wenn nun zunächst Gott mit dem Volke Israel in Gemeinschaft tritt, so muß doch auch das Volk mit Gott in Gemeinschaft treten; das geschieht aber dadurch, daß Israel ein heiliges Volk wird. Wie geschieht das?

a. Gott hat sich das Volk Israel zu seinem Eigentum erwählt, aber eben das Volk als Ganzes, nicht die einzelnen Israeliten, deshalb wird man durch die Geburt ein Glied des Reiches Gottes, nicht durch eine Bekehrung. Aber zu der Aufnahme in das Reich Gottes wird doch für den einzelnen Israeliten noch ein besonderer Weiheakt erfordert, nämlich die am achten Tage nach der Geburt an jedem Knaben zu vollziehende Beschneidung, ein sinnbildlicher Reinigungsakt, durch welchen der einzelne Israelit dem Volke Gottes persönlich einverleibt wurde und persönlich Anteil an dem Bunde Jehovahs mit seinem Volke erlangte.

b. Das Volk Gottes sollte aber „ein heiliges Volk" sein (2. Mose 19, 5—6). Heilig ist aber nur, wer von jedem sittlichen Makel frei ist; indes im Volke Israel galten auch gewisse äußerliche Verunreinigungen als sittlich befleckend, aber allerdings erst dann, wenn man die im Gesetz gebotene Reinigung unterließ. Eine solche Verunreinigung zieht sich der Israelit zu durch den Genuß des Fleisches der unreinen Tiere oder auch der reinen Tiere, wenn sie nicht regelrecht geschlachtet, sondern umgekommen waren. Ebenso verunreinigt die Berührung eines Leichnams, ja, auch schon der Aufenthalt in seiner Nähe; endlich auch der Aussatz. Wer aber unrein geworden ist, der muß sich bestimmten Anordnungen unterziehen, um nicht seine Unreinheit auf andere zu übertragen, und um selber wieder rein zu werden; aber diese Reinigung wird bewirkt durch äußerliche Handlungen, nicht durch eine Reinigung des Herzens.

c. So steht auch in dieser Beziehung die Gesetzesreligion noch auf dem Standpunkt einer äußerlichen Frömmigkeit, und erst im Christentum ist dieser Standpunkt überwunden.

18. Das Priestertum im Volke Gottes. (II, 67.)

„Der Herr hat den Priester erwählt, daß er stehe am Dienst im Namen des Herrn." 5. Mose 18, 5.
2. Mose 19, 5—6. 4. Mose 16, 5b. 2. Mose 28, 1. 4. Mose 6, 22—27.

a. Als Gottes erwähltes und als heiliges Volk ist Israel auch ein Volk von Priestern, ein „priesterlich Königreich", welches seinem Gott nahen darf und soll. Daher gab es in der alten Zeit noch kein besonderes Priestertum.

b. Da aber des Volkes Heiligkeit noch mangelhaft war, und deshalb das allgemeine Priestertum den Israeliten um seiner Sünde willen noch nicht zur vollen Gemeinschaft mit Gott führte, so bedurfte es noch eines besonderen Priestertums. Wie das Volk durch Gottes Erwählung zum allgemeinen Priestertum gelangt, so beruht das besondere Priestertum ebenfalls auf Gottes Erwählung (4. Mose 16, 5b). Zwar nimmt schon der ganze Stamm Levi eine gewisse Mittelstellung zwischen Gott und dem Volke ein, aber das besondere Priestertum ist doch nur auf die Nachkommen Aarons übertragen. Ihr besonderes Priestertum beruht aber freilich nicht auf einer besonderen inneren Heiligkeit, die sie doch eigentlich haben sollten, sondern auf einer größeren äußeren Heiligkeit, die von ihnen gefordert wird, und auf einer äußeren Weihe, die ihnen zuteil wird. Die strengsten Anforderungen dieser Art werden an den Hohenpriester gestellt. Die Vermittelung des Priesters wird aber nur für den Gottesdienst am Nationalheiligtum gefordert, um das Opfer Gott darzubringen und um das Volk zu segnen[1]. Außerdem haben die Priester (und auch die Leviten) die Gesetzesüberlieferung zu wahren und die richtige Erklärung und Beobachtung desselben zu überwachen. Aber eine Predigt hat es im Gottesdienste Israels zunächst nicht gegeben; dieselbe ist erst im Synagogen-Gottesdienste aufgekommen, und von der Synagoge ist sie in die christliche Kirche gekommen.

c. Die Vorrechte des Stammes Levi und der Priesterschaft waren, obwohl sie kein besonderes Stammgebiet besaßen, nicht gering. Als Wohnsitz wurden ihnen in 48 Städten Häuser und Viehtriften zugewiesen; außerdem wurden ihnen der Zehnte und die Erstlinge nebst manchen anderen Einkünften, namentlich auch bei den Opfern, überwiesen. Aber weder der Hohepriester, noch die Priesterschaft überhaupt hat in Israel jemals eine große politische Rolle gespielt; Israel war zwar eine Theokratie, aber keine Hierarchie. Nach dem Exil haben die Priester ihr Ansehen sogar bald an die Schriftgelehrten abtreten müssen, und seitdem der Tempel zerstört ist, gibt es im jüdischen Volke überhaupt kein Priestertum mehr.

19. Das Opfer im Volke Gottes. (II, 68.)

„Es soll niemand leer vor dem Herrn erscheinen." 5. Mose 16, 16.

„Die Seele [Das Leben] des Fleisches ist im Blute, und ich habe es euch auf den Altar gegeben, um eure Seelen zu versöhnen; denn das Blut versöhnt mittels der Seele". 3 Mose 17, 11.

„Ohne Blutvergießen geschieht nach dem Gesetz keine Vergebung." Hebr. 9, 22.

a. Zum Gebet, durch welches der Israelit, wie der Christ, seine Gemeinschaft mit Gott betätigt, kommt bei jenem noch das Opfer hinzu, als ein Mittel, um mit Gott in Gemeinschaft zu treten, und das Gesetz erklärt ausdrücklich, daß sich Gott nicht mit dem Gebet begnüge, sondern auch ein Opfer von dem Betenden fordere. Wenn nun zwar auch private Opfer dargebracht werden, so hat das Opfer doch vornehmlich eine Bedeutung für den Gottesdienst des ganzen Volkes gewonnen, indem die ununterbrochene Gemeinschaft Gottes mit seinem Volke auf dem ununterbrochenen Opferdienst beruht, welcher aber an das Nationalheiligtum und an die priesterliche Vermittelung gebunden ist. Der einzelne Israelit betätigt

[1]) Die Segensformel besteht im Grundtext aus 3 + 5 + 7 Wörtern.

seine Teilnahme an diesem Gottesdienste seines Volkes durch seine Anwesenheit beim Opfer im Vorhof des Heiligtums, und wenigstens an den drei großen Festen ist es seine Pflicht, beim Opfer des Volkes zugegen zu sein.

b. Gott bedarf nun zwar nicht der Nahrung (Ps. 50, 8–13), wie die Heiden und natürlich auch die Israeliten in der alten Zeit und manche gewiß auch noch später glaubten, sondern der Mensch opfert, weil Gott an der Gesinnung des Opfernden Wohlgefallen hat. Damit das geschehen könne, muß man Gott etwas ihm Angenehmes opfern. Wenn man nun ursprünglich Menschen opferte, so wurden später nur Tiere oder Feldfrüchte als Opfer dargebracht, und zwar nur bestimmte Tiere und Früchte.

Die Opferung findet aber im allgemeinen in der Weise statt, daß der Opfernde das Tier oder eine andere Gabe in die Nähe des Altars bringt, womit er erklärt, daß er diese Gabe Gott darbringen wolle. Dem Tiere legt er aber seine Hand auf, um dasselbe sinnbildlich zum Träger seiner religiösen Gesinnung zu machen, welche darauf gerichtet ist, diese Gabe Gott darzubringen. Diese Absicht bringt aber der Opfernde zur Ausführung durch die Schlachtung des Tieres, wodurch dasselbe Gott übergeben wird, indem es ganz oder zum Teil an den Altar gebracht wird.

Diesem Tun des Menschen entspricht nun als Tun Gottes die Annahme des Opfers, welche sich am deutlichsten dadurch vollzieht, daß dasselbe von dem als heilig geltenden Opferfeuer verzehrt wird und im Rauche zum Himmel, dem Wohnsitz Gottes, emporsteigt. In dem Emporsteigen des Opferrauches zum Himmel fand der Mensch eine Gewähr für die Annahme seines Opfers seitens der Gottheit.

c. Die Opfer entspringen aber entweder dem Bewußtsein, der Sündenvergebung und der Heiligung noch zu bedürfen (meist blutige Opfer), oder dem Bewußtsein, schon geheiligt zu sein (meist unblutige Opfer); erst auf Grund blutiger Opfer werden dann unblutige Opfer seitens der durch jene als geheiligt geltenden Gemeinde dargebracht. Unblutige Opfer sind aber die Speiseopfer der einzelnen Israeliten, und seitens der Gemeinde die durch die Priesterschaft im Heiligen dargebrachten Rauchopfer und auch die im Heiligen beständig aufgelegten Schaubrote.

d. Durch sittliche wie auch durch körperliche Verunreinigung wird nämlich der Mensch ein Sünder. Der Sünder aber hat Schuld auf sich geladen und hat Strafe zu erwarten, bei äußerlicher Verunreinigung allerdings erst dann, wenn er die im Gesetz gebotene Reinigung unterläßt. Um nun die Gemeinschaft zwischen dem Sünder und dem heiligen Gott wiederherzustellen, bedarf es der Sühne, welche aber nur möglich ist bei Sünden, welche nicht „mit erhobener Hand" (d. h. in geflissentlicher Widersetzlichkeit gegen Gott), sondern „in Verirrung" begangen worden sind. Durch die Sühne wird aber nicht etwa die für ein Unrecht gesetzlich feststehende Strafe aufgehoben, sondern nur die Gemeinschaft mit Gott für den Sünder wiederhergestellt. Das Mittel der Sühne ist aber für das Volk Israel das Opfer.

e. Zunächst zur Entsündigung des einzelnen Israeliten, dann aber auch des ganzen Volkes wurden daher Sündopfer dargebracht, und zwar zunächst an jedem Neumond und an den drei großen Jahresfesten. Die umfassendste Entsündigung des ganzen Volkes aber fand am großen Versöhnungstage statt. Wie das Passahfest die jährliche Erneuerung der Bundesgemeinschaft für den einzelnen Israeliten ist, so ist der Versöhnungstag die jährliche Sühnung des ganzen Volkes. Diese Sühnung durch Opfer kann aber nur vom Priester bewirkt werden, und Opfern und Sühnen ist gerade die Hauptaufgabe des Priestertums.

f. Daß nun aber Gott dem Sünder um des Tieropfers willen seine Sünde vergibt, hat seinen Grund einerseits in der auch gegenüber dem Sünder fortdauernden Gnade Gottes und in der beim Sünder vorausgesetzten Reue, aber, wie der Heide und der Jude meinen, doch auch in dem Gott dargebrachten Opfer, denn „ohne Blutvergießen geschieht nach dem Gesetz keine Vergebung" (Hebr. 9, 22). Um aber die Gnade Gottes durch das Opfer zu erlangen, dazu schien das Tieropfer besonders wirksam zu sein, denn mit der Hingabe eines Tierlebens nähert sich der Mensch am meisten dem wahren Opfer, welches Gott vom Menschen fordert, der Hingabe seines eigenen Lebens in den Dienst Gottes. Auch schon im Alten Testamente ist es nämlich allmählich zur Anerkennung gekommen, daß das Opfer des Herzens das Wesentliche des Gottesdienstes sei, und daß Gehorsam besser sei als Opfer. Aber erst das Christentum hat auf das sinnbildliche Opfer ganz verzichtet, um nur noch das Opfer des Herzens an Gott zu verlangen.

g. Das vom Priester im Tempel dargebrachte Opfer bildete nun den Hauptinhalt des israelitischen Gottesdienstes; zu demselben sind erst durch den König David Gesang und Musik, und erst in den seit dem Exil entstandenen Synagogen auch die Schriftvorlesung und Schriftauslegung hinzugekommen. Seitdem es aber keinen Tempel mehr gibt, gibt es auch kein Opfer mehr, und das Gebet muß das Opfer ersetzen.

Zweiter Abschnitt.

Das Volk Israel im Zeitalter des Königtums, der Untergang der beiden Reiche und die Wiederherstellung des Reiches Juda.

Wie Gott das Königtum in Israel begründet und manchmal und mancherleiweise durch die Propheten zu seinem Volke geredet hat.

I. Die Geschichte des Volkes Israel von den Richtern bis zur Zeit des Esra.

20. Die Geschichtsbücher des Zeitalters von den Richtern bis Esra.

(II, 30 u. 45.)

Wie die Geschichte des mosaischen Zeitalters in einem zusammenhängenden großen Geschichtswerke dargestellt ist (Pentateuch und Josua), so ist auch die Geschichte der Zeit von den Richtern bis zum Untergange der beiden Reiche und der Wiederherstellung des Reiches Juda zusammenhängend dargestellt, nämlich einerseits in den Büchern der Richter, Samuels, der Könige und der Chronik, welche die Geschichte der vorexilischen Zeit zusammenhängend darstellen (und zwar die Zeit der Richter im Buche der Richter und in dem ersten Abschnitte des ersten Buches Samuels, die Zeit der Könige und des Untergangs der beiden Reiche in den Büchern Samuels und der Könige, wozu die Bücher der Chronik eine Ergänzung bilden), andrerseits in den Büchern Esra und Nehemia, welche die Geschichte der nachexilischen Zeit darstellen. Zu diesen beiden großen Geschichtswerken der vorexilischen und der nachexilischen Zeit treten zwei kleinere Schriften (Ruth, Esther) ergänzend hinzu. Von den apokryphischen Büchern treten als Ergänzungen zu dem Geschichtswerke der nachexilischen Zeit noch die Bücher Tobias und Judith hinzu; auch haben die in der nachexilischen Zeit entstandenen Bücher (Chronik und Esther, wie auch das Buch Daniel) in der griechischen Bibel noch einige Zusätze erhalten, welche Luther, sie von den ursprünglichen Büchern absondernd, unter die Apokryphen gestellt hat (Gebet Manasse, ein Zusatz zur Chronik; außerdem Zusätze zum Buche Esther, wie auch zum Buche Daniel).

21. Die Zeit der Richter. (II, 31.)

Richter 2, 6—3, 6.

a. Das Land Kanaan war erobert und verteilt, aber die einzelnen Stämme hatten die Aufgabe überkommen, die Kanaaniter, jeder in seinem Gebiete, vollends zu unterwerfen. Das ist nun nicht genügend ausgeführt worden, und an manchen Orten gewannen deshalb die Kanaaniter wieder die Oberhand über die Israeliten; dazu kamen feindliche Einfälle der Nachbarvölker, namentlich der Philister.

b. In solchen Zeiten des Druckes, der auf einzelnen Stämmen lastete, erhoben sich, von Gott erweckt, Männer, welche sich an die Spitze der Bedrängten stellten und die Feinde bekämpften; dies waren die sogenannten Richter, nicht dazu bestimmt, in Streitsachen das Recht zu finden, sondern dem Volke gegen seine Feinde sein Recht zu schaffen, da ja die Kanaaniter von Gott zum Untergange, die Israeliten zur Herrschaft bestimmt waren. Von den zwölf Richtern, welche das Richterbuch vorführt, sind nur wenige bedeutend, namentlich die Heldin Debora und der ihr zur Seite stehende Feldherr Barak[1]), die Richter Gideon und Jephtha; Simson hat trotz seiner großen Stärke seinem Volke wenig Nutzen gebracht. Wenn nun von diesen Richtern einige auch bedeutende Taten vollführt haben, so ist doch von ihnen ein dauernder Einfluß auf ganz Israel nicht ausgeübt worden; das Bewußtsein der Zusammengehörigkeit war den einzelnen Stämmen fast abhanden gekommen; „ein jeglicher tat, was ihm recht deuchte" (Richter 21, 25).

c. In die Zeit der Richter gehört auch die Geschichte von Ruth, einer Heidin, welche in das Volk Gottes eingetreten und zur Stammmutter des Königs David geworden ist.

---

1) D. h. Blitz, wie in dem Namen Hamilkar Barkas.

22. Der Prophet Samuel; das Königtum im Volke Israel. (II, 32.)

1. Sam. 8; 10, 17—11, 15. K. 12. 1. Sam. 9, 1—10, 16.

a. Der Wendepunkt der Richterzeit liegt in dem Auftreten des Propheten Samuel und in der Begründung des Königtums in Israel. Immer schwerer lastete das Joch der Philister auf den Israeliten; aber der erste Versuch des Volkes, dasselbe zu brechen, endete mit einer furchtbaren Niederlage, bei welcher sogar die Bundeslade in die Hände der Feinde fiel. Zwar erhielten die Israeliten die Bundeslade zurück, aber dieselbe trat fortan im religiösen Leben des Volkes mehr in den Hintergrund; das Volk fand jetzt seinen Mittelpunkt nicht in dem an der Bundeslade waltenden Priester Eli, sondern in dem in dieser Zeit auftretenden Propheten Samuel, welcher bald das Volk zum Siege über die Philister führte und als Prophet und Priester und Richter in Israel waltete. Aber als nun Samuels Söhne nicht in des Vaters Wegen wandelten, und als immer neue Kriege das Volk bedrohten, da begehrte das Volk, nicht bloß einen Richter an seiner Spitze zu sehen, sondern einen König.

b. Im Volke Israel gab es damals noch kein menschliches Königtum; Jehovah selber galt als der König seines Volkes, welcher allerdings durch menschliche Organe (Moses, Josua, Richter) sein Volk leitete. Aber dieselben hatten keine selbständige Gewalt und kein königliches Recht über das Volk; darum war ihre Würde auch nicht erblich, und manchmal stand niemand an der Spitze des ganzen Volkes. In der Errichtung eines menschlichen Königtums in Israel lag also ein Herabsteigen von der idealen Höhe des mosaischen Gottesreiches; statt durch die Geistesmacht der Idee sollte das Volk fortan durch ein ständiges menschliches Regiment geleitet werden. Es war daher kein Wunder, daß Samuel von der Einsetzung eines menschlichen Königs zunächst nichts wissen wollte; aber schließlich hat er sich doch der Forderung des Volkes gefügt.

c. Es gelang aber nicht sofort, einen für Israel passenden König zu finden; Saul geriet bald mit den beiden anderen gottbegründeten Institutionen in Israel, mit dem Priestertum und dem Prophetentum, in Konflikt. Erst in David war „der Mann nach dem Herzen Gottes" gefunden (1. Sam. 13, 14), und nun erst wurde (2. Sam. 7) von dem Propheten die Erblichkeit des Königtums in dem Hause Davids proklamiert.

23. Der König Saul. c. 1000. (II, 33.)

2. Sam. 1, 17—27.

a. Durch Samuel, den ein zufälliges Ereignis (Verlust der Eselinnen) mit dem zukünftigen König zusammenführte, wurde Saul (ein Mann aus dem Stamme Benjamin) zum König des Volkes Israel bestimmt, aber erst durch eine große Tat wurde Saul wirklich zum König. Die Bewohner der Stadt Jabes in Gilead nämlich, welche von den Ammonitern schwer bedrängt wurden, wandten sich in ihrer Not nach Gibea, dem Geburtsorte Sauls, um Hilfe. In der Weise der Richter seine Landsleute zum Kampfe aufbietend, schlug Saul die Ammoniter, und nunmehr wurde, indem Samuel sein Richteramt öffentlich niederlegte, Saul allgemein als König anerkannt.

b. Sauls ganze Regierungszeit war von Kriegen ausgefüllt, besonders gegen die Philister; er war ein kraftvoller Herrscher, aber es gelang ihm nicht, sich in die Schranken zu finden, welche dem Königtum in Israel gezogen waren, sondern er geriet in Konflikt mit Samuel, und der König mußte vernehmen, daß Gott ihn verworfen und das Königtum einem anderen bestimmt habe.

c. Als sich nun der Krieg mit den Philistern wieder erneuerte, da wandte sich der König, von Schwermut verdüstert, an eine Totenbeschwörerin, um von dem heraufbeschworenen Samuel, der inzwischen gestorben war, die Zukunft zu erfahren. Aber die Kunde, die er erhielt, erregte ihn so heftig, daß er wie tot zur Erde fiel. Die Schlacht fiel in der Tat unglücklich aus, und der König fand im Kampfe seinen Tod.

24. Die Könige David c. 970 und Salomo c. 950. (II, 34.)

A. David und Saul.

1. Sam. 16, 14—23; 18, 1—9. 19, 9—17. Ps. 22.

a. Durch einen Zufall (als Saitenspieler — Sieg über Goliath) war David, der jüngste Sohn des Isai in Bethlehem (im Stamme Juda), an Sauls Hof gekommen, und bald hatte er durch seine Tüchtigkeit eine angesehene Stellung am Hofe gewonnen, so daß ihn Saul zum Befehlshaber der Kriegsleute machte. Bald war des Königs tüchtiger Sohn Jonathan sein innigster Freund; ja, David wurde sogar des Königs Schwiegersohn.

b. Aber der schwermütige König geriet auf den Gedanken, sein Sohn und sein Schwiegersohn beabsichtigten, ihn vom Throne zu stoßen, und so sah sich David genötigt, um sich den Nachstellungen Sauls zu entziehen, den Hof zu verlassen und sich in der Einsamkeit zu verbergen. Ja, als er sich in seinem Vaterlande nicht mehr halten konnte, begab er sich zu den Philistern, wo er, als der Feind Sauls, vom Könige derselben aufgenommen wurde.

c. Als nun der Philisterkönig gegen Saul den Krieg begann, der dem Saul das Leben kostete, wollte er sogar David und seine Schar seinem Heere einreihen; aber das Mißtrauen der anderen Philisterfürsten bewahrte David vor der üblen Wahl zwischen dem Kampfe gegen Saul oder Verrat an den Philistern, und ohne Davids Mitwirkung wurde Saul von den Philistern besiegt und getötet.

B. David als König.

Ps. 18 (= 2. Sam. 22).

a. Nachdem Saul und alle seine älteren Söhne im Kampfe umgekommen waren, wurde durch das Betreiben von Sauls Oheim, dem Feldhauptmann Abner, Sauls einziger noch lebender Sohn, Isboseth, zunächst vom Ostjordanlande als König anerkannt. Bald gelang es, auch den Norden des Westjordanlandes für Isboseth zu gewinnen. Dagegen hatte sich David im Stamme Juda eine eigene Herrschaft gegründet, und nach einiger Zeit kam es zum Kampfe zwischen den beiden israelitischen Königen. In diesem Kampfe erlag Isboseth, und David wurde auch von den anderen Stämmen als ihr König anerkannt. So war die Spaltung Israels nach einer Dauer von 7½ Jahren glücklich beseitigt; darauf hat David noch 33 Jahre über ganz Israel geherrscht.

b. Was David als König von Juda notgedrungen gewesen war, ein Lehnsmann der Philister, das wollte er als König Gesamtisraels nicht mehr bleiben; daher kam es zu Kämpfen Davids mit den Philistern, in welchen David die Philister so gründlich besiegte, daß ihre Oberherrschaft über Israel seitdem für immer zu Ende war. Auch andere benachbarte Völker wurden von David besiegt und untertänig gemacht; das Reich Davids umfaßte zuletzt das Gebiet vom Libanon bis zum Roten Meer, und im Osten reichte es bis an die Syrische Wüste. So mächtig wie unter David ist das Volk Israel niemals vorher oder nachher gewesen.

c. Auch in anderer Beziehung war David ein großer König; er hat Jerusalem erobert und zum politischen und religiösen Mittelpunkte des Landes gemacht (Nr. 25); er hat das Kriegswesen geordnet und gefördert; selber ein Meister in Musik und Gesang, ist er der Begründer der religiösen Dichtung in seinem Volke geworden, und wie das ganze Gesetz dem Moses, die Spruchdichtung dem Salomo, so wurde die Psalmendichtung dem David zugeschrieben (Nr. 35—36). Trotz seiner Schwächen und Fehler erschien David den späteren Zeiten als das Ideal eines Königs, und nach seinem Bilde zeichneten die späteren Propheten den Messias, dessen Kommen sie verkündeten (Nr. 34).

C. Davids Sünde und Unglück.

1. Sam. 13, 14. 2. Sam. 12, 1—14; 16, 5—14; 15, 12; 16, 23; 17, 23. Ps. 51 u. 32.

a. „Ein Mann nach dem Herzen Gottes" (1. Sam. 13, 14) ist der König David gewesen; aber auch er blieb nicht frei von Sünde und Schuld, und auch ihm blieben Leid und Trübsal nicht erspart, freilich zumeist hervorgerufen durch eigene Schuld.

b. Als nämlich David einst ein schönes Weib vom Dache seines hoch gelegenen Hauses erblickte, Bathseba, die Frau des eben im Feldzuge abwesenden Uria, da unterdrückte er seine sündliche Leidenschaft nicht, sondern verband sich heimlich mit dem Weibe; ihren Mann ließ er im Kriege durch den Oberfeldherrn Joab („Uriasbrief") an einen verlorenen Posten stellen, und bald war Uria gefallen. Nunmehr nahm David des Gefallenen Witwe zur Frau, und sie gebar ihm einen Sohn. Aber die Tat wurde ruchbar, und der Prophet Nathan brachte den König zum Bewußtsein seiner Sünde und zum Bewußtsein seiner Schuld; in einem herrlichen Bußpsalm (Ps. 51) hat David seine Sünde bekannt zur Warnung für sein Volk und für uns. Aber freilich blieb trotz seiner Buße die Strafe nicht aus; das Kind der Bathseba starb, und erst ihr zweiter Sohn, Salomo, ist am Leben geblieben. Bald sollte der König noch schwerer für seine Sünde büßen.

c. Ein Sohn Davids, Absalom, versuchte nämlich, den Vater vom Throne zu stoßen, und fand dabei viele Anhänger; namentlich trat auch Davids kluger Rat Ahitophel auf seine Seite. Jedoch dessen kluger Ratschlag, David sofort zu bekämpfen, wurde vereitelt; deshalb ging Ahitophel in sein Haus und, ein Vorbild des Verräters Judas, erhängte er sich in seinem Hause, da er den üblen Ausgang der Sache Absaloms voraussah. Bald war es nämlich mit Absaloms Königtum vorbei: er wurde von Davids Feldherrn Joab besiegt und getötet. Auch später traf David noch manches Herzeleid, welches sein Alter trübte.

D. Der König Salomo.

1. Kön. 3, 5—45; 4, 25—34; 10, 23—29.

a. Als David, etwa 70 Jahre alt, schon sehr schwach geworden war, da versuchte sein ältester Sohn Adonia, sich noch bei Lebzeiten des Vaters die Krone aufs Haupt zu setzen; aber Bathseba erreichte es mit Unterstützung des Propheten Nathan, daß David, wie zur Sühne für sein Unrecht gegen Uria, den Sohn der Bathseba, Salomo, als König ausrufen ließ. Bald nach Salomos Einsetzung ist David gestorben.

b. Salomo hatte von seinem Vater ein großes Reich überkommen, aber er hat die Grenzen desselben nicht erweitert, ja, nicht einmal die Herrschaft über alle unterworfenen Völker zu behaupten vermocht; nicht als Kriegsfürst, sondern als Friedensfürst (was auch sein Name bedeutet) ist er groß gewesen, und wie nach dem Bilde der davidischen, so wird auch nach dem der salomonischen Zeit das vollkommene Gottesreich der Zukunft von den späteren Dichtern und Propheten gezeichnet.

Zunächst gewann Salomo großen Reichtum für sich und seine Untertanen, indem er sich an dem Handel beteiligte, den seine Nachbarn, Ägypten und Phönizien, betrieben, dessen Straßen durch sein Land führten. Aber Salomo war nicht bloß reich an irdischen Gütern, sondern auch reich an Weisheit. Dieselbe bewährte er sowohl als Richter (im Streite der beiden Weiber über das Anrecht an ein Kind), als auch im Gespräch und Rätselkampf (vgl. die Erzählung von der Königin von Saba in Südarabien) und auch durch Lieder und Sprüche, die von ihm herstammten; wie an David die Psalmendichtung, so hat sich an Salomo die Weisheitsdichtung angeschlossen. Die größte Bedeutung für Israel aber gewann Salomo durch den Bau des Tempels in Jerusalem, von welchem alsbald genauer gesprochen werden wird.

c. Aber die Pracht an Salomos Hofe und die Kosten seiner Bauten konnten nur bestritten werden durch eine starke Besteuerung der Untertanen, welche trotz des einträglichen Handels im Lande schwer empfunden wurde. Noch mehr aber als der Steuerdruck schadete dem Ansehen des Königs der von ihm gestattete Götzendienst seiner vielen Frauen, deren er gegen tausend besessen haben soll. Diese falsche Nachsicht gegen seine Frauen mußte dem Könige die Propheten entfremden, und so hat ihm denn auch ein Prophet das Schicksal seines Reiches unter seinem Sohne drohend vorherverkündigt; ja, schon bei Lebzeiten versuchte ein Empörer, der spätere König Jerobeam, ihm die Herrschaft zu entreißen; aber Salomo hat seine Herrschaft bis zu seinem Tode gegen seine Gegner behauptet.

25. Jerusalem und der Tempel. (II, 35.)

2. Sam. 7. 1. Kön. 8, bes. V. 12—30 u. 41—43.

a. Solange David nur König von Juda war, hatte er in der alten Patriarchenstadt Hebron gewohnt; Isboseth wohnte in Mahanaim im Ostjordanlande. Als nun David König über ganz Israel wurde, da konnte er nicht mehr in dem entlegenen Hebron bleiben, sondern er mußte sich eine neue Hauptstadt suchen. Und mit genialem Scharfblick hat er sie gefunden. Mitten in Kanaan, wo die Straßen von Süden nach Norden, wie vom

Meer zum Jordan sich schneiden, lag zwischen den Stämmen Juda und Benjamin, noch immer den Kanaanitern gehörig, die feste Stadt **Jerusalem**. Mit dieser Stadt, die er eroberte, gewann David für sein Reich einen festen Platz, welcher nicht leicht in die Hände der Feinde fallen konnte. Auf dem Berge Zion baute sich nun David auch einen Königspalast, und die Stadt wurde durch starke Bauten noch mehr befestigt, als sie es schon von Natur war. (Nr. 9 Bc.)

b. War nun die Stadt Jerusalem mit dem Berge Zion für das Volk Israel schon darum ein bedeutender Ort, weil hier fortan **der politische Mittelpunkt des Landes** und die Wohnung des Königs David und seiner Nachfolger war, so gewann die Stadt Jerusalem für den Israeliten bald noch eine größere Bedeutung: Jerusalem wurde auch **der geistliche Mittelpunkt des Reiches Gottes**. David brachte nämlich auf den Berg Zion das alte Nationalheiligtum der Israeliten, die Bundeslade, und dieselbe wurde zunächst in einem Zelte untergebracht. Aber schon David dachte daran, für sie ein festes Haus, einen **Tempel**, zu bauen; jedoch erst Salomo hat diese Aufgabe gelöst. Auf einer durch alte Erinnerungen geweihten Anhöhe auf der Ostseite der Stadt, nördlich vom Berge Zion, auf dem Moria (744 m hoch, höher als der Zion) wurde der Tempel errichtet, und nach seiner Vollendung veranstaltete Salomo eine glänzende Einweihungsfeier, bei welcher er den Herrn, den weder der Himmel noch dieser Tempel fassen könne, anrief, die Gebete, welche die Israeliten und auch die anderen Völker in diesem Hause an ihn richten würden, zu erhören (vgl. Nr. 14a). So war nun Jerusalem wie der politische so auch der geistliche Mittelpunkt des Volkes Israel.

26. Von der Teilung des Reiches bis zur Berührung der beiden Reiche mit der assyrischen Weltmacht c. 925—738; der Bilderdienst und der Götzendienst. (II, 36.)

1. Kön. 12, 26—33; 16, 29—33; 18, 17—19, 18; 2. Kön. 10, 18—29; 11, 18.

a. Als Salomo starb, folgte ihm zwar alsbald, da das Königtum in Davids Haus bereits erblich war, sein Sohn **Rehabeam** auf dem Throne; aber die meisten Stämme fielen bald von ihm ab, weil er sich weigerte, die von ihnen geforderte Erleichterung der durch den kostspieligen Hofhalt und die vielen Bauten seines Vaters gesteigerten Lasten zuzugestehen, und nur der Stamm Juda (nebst dem mit demselben bereits verschmolzenen Stamme Simeon), aus dem das Königshaus herstammte, blieb ihm untertan; die anderen Stämme wählten sich einen anderen König. So gab es also fortan ein kleineres Reich, nach dem Stamme **Juda** genannt, mit der Hauptstadt **Jerusalem**, in welchem Davids Dynastie weiter herrschte (neunzehn Könige, wie in Israel, aber in weit längerer Zeit), und ein größeres Reich, welches den Namen **Israel** für sich in Anspruch nahm, mit der Hauptstadt **Samaria**, unter verschiedenen Herrscherhäusern (neunzehn Könige aus neun Herrscherhäusern). Beide Reiche standen einander meistens feindlich gegenüber; nunmehr waren die Israeliten ihren feindlichen Nachbaren auf die Dauer nicht mehr gewachsen.

b. Als sich Israel von Juda trennte, wurde auf den Thron des ersteren ein Mann Namens Jerobeam erhoben, der schon gegen Salomo eine Empörung angestiftet hatte, aber von ihm vertrieben worden war. Jerobeam hielt es für vorteilhaft, um den Bestand seines Reiches zu sichern, seine Untertanen von dem Tempel in Jerusalem fernzuhalten, und deshalb errichtete er zwei heilige Stätten in seinem Lande, Dan im Norden und Bethel im Süden, und ließ an jedem dieser beiden Orte ein Bild der Gottheit aufstellen, und zwar ein Stierbild, wie einst schon Aaron ein solches aufgestellt hatte. Aber im Gesetz Moses' war der Bilderdienst untersagt.

c. Jerobeams Dynastie, wie auch die folgende, fanden schon im zweiten Gliede einen gewaltsamen Untergang; der fünfte König, Simri, regierte sogar nur sieben Tage. Dagegen hat das vierte Herrscherhaus, das von Omri begründet wurde, für das Reich Israel eine größere Bedeutung gewonnen, indem durch dasselbe in Israel, wo bereits der Bilderdienst bestand, auch noch der Götzendienst eingeführt wurde. Omris Sohn nämlich, der König Ahab, heiratete eine Tochter des Königs von Tyrus Ethbaal, Namens Isébel, und durch diese Königin kam nun auch die Verehrung des phönizischen Hauptgottes, des Baal, nach dem Reiche Israel.

d. Als sich nun der Götzendienst immer mehr verbreitete, da trat ein Prophet Namens Elias dem König Ahab entgegen und forderte ihn auf, durch ein Gottesgericht auf dem Berge Karmel entscheiden zu lassen, ob Baal oder Jehovah der mächtigere Gott sei. Elias blieb Sieger in dem Gottesgericht; dadurch gewann das Volk den Mut, die vom Könige beschützten Baalspriester dem mosaischen Gesetze gemäß zu töten, und so schien der Götzendienst ausgerottet zu sein. Aber bald mußte Elias vor der energischen Königin fliehen, und der Götzendienst bestand weiter.

e. Der König Ahab, der auch bei einer anderen Gelegenheit (Naboths Weinberg) die Strafpredigt des Elias vernommen hatte, fand in einem Kriege mit dem Nachbarreiche Syrien seinen Tod. Auf ihn folgten nacheinander seine beiden Söhne Ahasja und Joram; unter Joram wurde das Haus Ahabs durch Jehu, den Oberfeldherrn, den der Prophet Elisa, der Nachfolger des Elias, dazu aufforderte, gestürzt und ausgerottet, und Jehu begründete in Israel eine neue (die fünfte) Dynastie, aus welcher fünf Könige geherrscht haben, so viele, wie aus keiner anderen. Aber das Geschlecht Ahabs bestand, nachdem es in Israel gestürzt worden war, noch eine Zeitlang in Juda.

f. Im Reiche Juda hatten Rehabeam und seine ersten Nachfolger in beständiger Feindschaft mit den Königen Israels gestanden; aber seitdem Ahab in Israel regierte, waren die Königshäuser einander befreundet; ja Ahabs Tochter, Athalja, hatte sogar den König von Juda, Joram, geheiratet. Als ihr Mann gestorben war, regierte in Juda ihr Sohn, Ahasja; derselbe fand seinen Untergang, als Jehu das Geschlecht Ahabs ausrottete, da er sich gerade damals bei seinem Verwandten, dem Könige von Israel, aufhielt. Da machte sich Athalja selber zur Königin von Juda und rottete das ganze Geschlecht Davids aus; nur ein kleiner Sohn des letzten Königs entging ihrem Wüten. Nach sechs Jahren gelang es aber dem Hohenpriester, die Königin zu stürzen und den rechtmäßigen König auf den Thron seiner Väter zu setzen. Wie in Israel durch Jehu, so wurde auch in Juda der durch Athalja eingeführte Baalsdienst wieder ausgerottet[1]).

g. Die Regierung des Königs Jehu von Israel entsprach aber nicht den Erwartungen, mit welchen der Prophet Elisa ihn auf den Thron gebracht hatte, da er zwar den Götzendienst, aber nicht den Bilderdienst ausrottete. Erst unter seinem Enkel und namentlich unter dessen Sohn Jerobeam II. begann wenigstens äußerlich wieder eine bessere Zeit für das Reich Israel, indem dieser König wieder die Nachbarvölker demütigte und die unter den früheren Königen verloren gegangenen Gebiete wiedergewann. Aber der Sohn Jerobeams II. wurde nach einer kurzen Regierung gestürzt, und sein Nachfolger glaubte nicht anders seine Herrschaft behaupten zu können, als wenn er eine Stütze für dieselbe in einer fremden Macht gewinne. Diese fremde Macht aber war Assyrien, welches sich um diese Zeit zu einer Weltmacht entwickelte.

27. Das Reich Israel von der ersten Berührung mit der assyrischen Weltmacht bis zu seinem Untergange. 738—722. (II, 37—38.)

2. Kön. 17, 7—23.

a. Hatten die bisherigen Könige Israels viele Kämpfe mit ihren Nachbarn im Norden, den Königen des Landes Syrien (mit der Hauptstadt Damaskus), zu bestehen gehabt, so begann nunmehr eine andere, viel bedeutendere Macht, Assyrien, für Israel (wie auch für Juda) gefährlich zu werden. Den Beistand des Königs von Assyrien, Phul oder Tiglatpilesar, erkaufte sich nämlich der König Israels, Menahem, der den Sohn Jerobeams II. vom Throne gestürzt hatte, durch einen jährlichen Tribut, den er dem assyrischen Könige zu zahlen versprach; damit war bereits die Selbständigkeit des Reiches preisgegeben. Schon der Sohn Menahems wurde durch einen Empörer, Pekah, gestürzt. Als sich dieser, statt mit seinen Nachbarn, den Reichen Juda und Syrien, vereint den Assyrern entgegenzutreten, mit Syrien gegen Juda verbündete, da wandte sich der König von Juda, Ahas, an den König von Assyrien (Tiglatpilesar), wie das früher der König Menahem von Israel getan hatte, und dieser erschien sofort mit einem gewaltigen Heere, eroberte Damaskus und führte die Einwohner von Syrien als Gefangene in sein Reich; dem Könige von Israel wurde die Hälfte seines Landes genommen, und die Bewohner dieser Gegenden wurden als Gefangene abgeführt; über den Rest des Landes herrschte Pekah nur noch kurze Zeit als zinspflichtiger Unterkönig des Königs von Assyrien.

b. Als Pekah nämlich durch Hosea vom Throne gestürzt wurde, da wollte dieser letzte König des Reiches Israel, im Vertrauen auf Ägypten, welches das weitere Vordringen der Assyrer fürchten mußte, seine Freiheit wiedererringen. Aber Salmanassar, der Nachfolger von Tiglatpilesar, rückte sofort mit einem Heere gegen Israel, und der König mußte sich ihm ergeben. Doch die feste Stadt Samaria widerstand noch drei Jahre dem assyrischen Heere, welches sie umlagerte, und erst, als bereits Salmanassars

---

[1]) Vgl. Racine, Athalie.

Nachfolger, Sargon, auf den Thron gekommen war, ist Samaria im Jahre 722 erobert worden. Die vornehmsten Einwohner wurden in das assyrische Reich als Gefangene weggeführt, und neue Ansiedler wurden in das Land gebracht.

c. Aus der Vermischung dieser nicht sehr zahlreichen heidnischen Ansiedler mit den im Lande gebliebenen Israeliten ist das Mischvolk der Samariter entstanden, welches zwar mit Überwindung des Heidentums der neuen Ansiedler später nur den einen Gott Israels anbetete, aber von den Juden doch nicht als rechtgläubig angesehen wurde. Ein geringer Rest dieses Volkes (etwa 170 Seelen) hat sich bis auf den heutigen Tag erhalten. Dagegen sind die in die Gefangenschaft weggeführten Israeliten unter den anderen Völkern verschwunden; in das heilige Land sind später nur weggeführte Bewohner des Reiches Juda zurückgekehrt.

28. Das Reich Juda bis zum Tode des Königs Hiskia 925—697; der Prophet Jesaias. (II, 39—40.)

Jes. 6, 1. 2—4. 5. K. 36—37. 29—33. K. 8, 23—9, 6; 10, 5—12, 6; 19, 16—25.

a: Nr. 26 f.

b. Nach der Ermordung der Athalja bestieg das Haus Davids wieder den Königsthron von Juda, und unter dem dritten Könige nach Athalja, Usia (770), gelangte das Reich Juda zu großer Blüte, wie sie auch dem Nachbarreiche in derselben Zeit unter Jerobeam II. zuteil wurde. Aber unter Usias zweitem Nachfolger, Ahas (730), schien sogar, wie schon oben gezeigt, Judas Untergang nahe zu sein, indem sich Israel und Syrien verbündeten, um Juda zu erobern. Da wandte sich Ahas an den König von Assyrien und versprach, ihm untertan zu sein, wenn er ihm gegen seine Feinde beistehe. Tiglatpilesar kam ihm zu Hilfe, vernichtete Syrien und schwächte Israel; aber Ahas war nunmehr den Assyrern untertan. Als das Reich Israel durch den Anschluß an Ägypten das assyrische Joch abzuschütteln suchte, fand es (722) seinen Untergang; das Reich Juda aber blieb den Assyrern untertan, und dadurch entging es dem Schicksal des Nachbarreiches.

c. In dieser Zeit starb der König Ahas, und ein besserer König, sein Sohn Hiskia, wurde König von Juda. Als der König Salmanassar von Assyrien und auch sein Sohn Sargon gestorben waren, und als ihr Nachfolger Sanherib die Eroberungszüge der Assyrer nach Westen fortsetzte, da beschloß auch Hiskia, auf Ägypten vertrauend, von Assyrien abzufallen und seine Freiheit wiederzuerringen. Als Sanherib von Hiskias Abfall hörte, schickte er sofort (701) ein großes Heer nach Juda, welches das Land verwüstete und die Städte eroberte. Nunmehr beschloß Hiskia, den Zorn des assyrischen Königs zu versöhnen; er zahlte die verlangte Buße; aber das assyrische Heer zog nicht ab, sondern der König forderte die Übergabe Jerusalems, damit er nicht beim Zuge nach Ägypten im Rücken angegriffen werden könne. Eine Unterredung des Gesandten von Hiskia mit dem assyrischen Gesandten blieb erfolglos. Durch den Propheten Jesaias ermutigt, weigerte sich aber Hiskia, die Stadt Jerusalem zu übergeben (Jes. 37, 33—34), und das Verheißungswort des Propheten, daß

Jerusalem nicht in die Hände der Feinde fallen werde, ging bald in Erfüllung; Sanheribs Heer wurde so geschwächt, daß der König nach der Heimat zurückkehren mußte.

d. Um die Zeit, wo eben die Stadt Rom gegründet worden war (c. 720), wirkte nämlich im Reiche Juda, und zwar in Jerusalem, der größte Prophet von denen, deren Schriften uns erhalten sind, der Prophet Jesaias. Derselbe hat nicht bloß im allgemeinen seinem Volke Buße gepredigt, sondern er hat auch in die Zeitgeschichte eingegriffen. Zwei große Ereignisse hat er erlebt und mit seiner Weissagung begleitet: zuerst den Krieg der Syrer und der Israeliten gegen Juda unter Ahas, und dann den Einfall der Assyrer in Juda unter Hiskia. Der Tag der Rettung Jerusalems aus der Hand der Assyrer, welche Jesaias vorausgesagt hatte, war der Ehrentag im Leben des Propheten.

Aus großer Drangsal hatte Gott sein Volk wunderbar errettet; aber über Assyrien soll nun, wie der Prophet erwartet, das verdiente Strafgericht kommen. Jesaias hat dasselbe nicht erlebt, erst fast hundert Jahre nach seinem Tode (606) ist Ninive zerstört worden. Nach dem von ihm vorausgesagten Gericht über Assyrien sollte nun, wie er hoffte, alsbald das vollkommene Gottesreich aufgerichtet werden. Jesaias hat den Anbruch des von ihm verkündeten Gottesreiches nicht erlebt; er ist nach dem Jahre 700 gestorben; eine spätere Sage erzählt, er sei von dem gottlosen Könige Manasse zersägt worden; auf diese Sage wird wohl im Hebräerbriefe (11, 37) hingedeutet.

29. Der König Josia und die Reform des Gottesdienstes. (II, 41.)

2. Kön. 22, 1—23, 29.

a. Auf den frommen Hiskia folgte der König Manasse, welcher das Heidentum wieder in Juda einführte. Diese Zeit des herrschenden Heidentums nahm ein Ende, als nach der kurzen Regierung eines Sohnes Manasse's der König Josia im Jahre 640 den Thron bestieg. Als unter diesem Könige im Jahre 621 das etwas vorher abgefaßte fünfte Buch Mosis im Tempel gefunden und dem Könige überreicht wurde, da beschloß derselbe, diesem Gesetzbuche entsprechend den Götzendienst auszurotten und den Gottesdienst genau nach dem Buchstaben des Gesetzes zu ordnen. Der Tempel wurde vom heidnischen Wesen gereinigt, und alle heiligen Orte des Götzendienstes wurden zerstört, ja, jetzt wurde auch der seit alter Zeit übliche Höhendienst des Gottes Israels untersagt und alle Heiligtümer der Höhen zerstört. Nunmehr kam erst der Buchstabe des Gesetzes zur Geltung, was vorher niemals der Fall gewesen war. Nunmehr wurde auch erst der Tempel zu Jerusalem zu dem, wofür er den späteren Juden galt: das einzige wahre Heiligtum Jehovahs.

b. Doch der fromme König fand nur zu bald einen traurigen Tod. Zu seiner Zeit war Assyrien seinem Untergange nahe, und die Ägypter, seit kurzem den Assyrern untertan, schüttelten das Joch der Fremdherrschaft ab und begannen ihre Herrschaft über Syrien auszudehnen, um für die Zukunft ein Vordringen einer asiatischen Macht nach Ägypten unmöglich zu machen. Diesem Vordringen der Ägypter, durch welches die Unabhängigkeit seines Reiches gefährdet war, glaubte Josia entgegentreten zu müssen; aber als er nun dem Könige der Ägypter Necho bei Megiddo in Galiläa entgegentrat, da wurde er besiegt und verwundet, und nur seine Leiche konnte nach Jerusalem zurückgebracht werden (608).

30. Der Untergang des Reiches Juda 586; der Prophet Jeremias.

(II, 42—44.)

2. Kön. 17, 7—23 u. 34—41. Jerem. K. 1; 16, 1—13; 20, 14—18 u. 7—13. K. 27; 28; 21. K. 50, 1—3; 30, 1—3 u. 18—22; 23, 1—8; 24; 31, 31—34; 3, 14—18; 33, 14—18. Klagel. 1 u. 5; Hesek. 19.

a. Als der König Josia gestorben war, folgte ihm zunächst sein jüngerer Sohn Joas als Herrscher. Aber der ägyptische König nahm denselben gefangen und führte ihn mit sich nach Ägypten und setzte den älteren Sohn Josia's, Jojakim, auf den Thron von Juda, und derselbe mußte nun an Ägypten Tribut zahlen. Als nun das assyrische Reich im Jahre 606 durch die verbündeten Meder und Babylonier zerstört wurde, da konnten die Babylonier, als die Hauptererben der assyrischen Macht, es nicht dulden, daß Syrien in den Händen der Ägypter blieb, und so sandte der bereits kranke König Nabopolassar seinen Sohn Nebukadnezar gegen den König von Ägypten Necho; in der Schlacht bei Karchemisch am westlichen Ufer des Euphrat wurde Necho geschlagen 605, und Syrien wurde dem Könige von Babel untertan.

Als aber Nebukadnezar die Ägypter aus Asien verdrängte, da schien auch bereits das Reich Juda in die Hände der Babylonier geraten zu sollen; aber Nebukadnezar sah sich durch die Verhältnisse in der Heimat zur Rückkehr genötigt, und erst drei Jahre später (602) zog er, nunmehr König von Babylon, aufs neue nach Westen, um seine Herrschaft daselbst auszudehnen und zu befestigen. Nunmehr wurde Juda den Babyloniern untertan. Als aber nach drei Jahren der Kampf zwischen Ägypten und Babylonien aufs neue begann, da zog Nebukadnezar alsbald gegen Ägypten und besiegte dasselbe. Da aber der König von Juda auf Ägyptens Seite getreten war, so wurde auch Juda bekämpft und bezwungen. Als der jüdische König in dieser Zeit starb, hielt es sein Sohn Jojachin für das Beste, sich dem König von Babylon zu ergeben, und derselbe führte ihn mit vielen Vornehmen gefangen nach Babel, der Tempel und der Königspalast wurden geplündert und das Volk entwaffnet (597). Darauf setzte Nebukadnezar einen jüngeren Sohn Josia's, Zedekia, als König in Jerusalem ein, und derselbe war ihm natürlich untertan.

b. Als aber Zedekia im Vertrauen auf Ägypten auf Abfall sann, da zog Nebukadnezar mit einem großen Heere gegen Juda, eroberte das Land, und Jerusalem wurde nach zweijähriger Belagerung erobert; der König entrann zwar zunächst im Getümmel des Kampfes, aber bald wurde er eingeholt und vor Nebukadnezar geführt. Derselbe ließ vor seinen Augen seine mitgefangenen Söhne hinrichten; darauf wurde er selber geblendet und in Ketten nach Babel geführt, wo er im Gefängnis gestorben ist. Die Stadt wurde geplündert und zerstört, der Tempel wurde vernichtet, viele Einwohner wurden auch jetzt wieder ins Exil abgeführt. Über den Rest der Bewohner wurde ein Jude, Gedalja, als Statthalter des babylonischen Königs gesetzt.

Als derselbe aber bald ermordet wurde, da flohen viele Juden vor Nebukadnezars Rache nach Ägypten.

So hatte auch das Reich Juda im Jahre 586 seinen Untergang gefunden, Jerusalem war zerstört, der Tempel war vernichtet; aber das Reich Gottes ist nicht zugrunde gegangen.

c. Auch in der Zeit, wo Assyriens Macht sank und unterging, wo Babel emporkam und Juda unterging, sind unter den Juden Propheten aufgetreten, besonders Hesekiel (Ezechiel), welcher unter den bereits vor der Zerstörung Jerusalems ins Exil abgeführten Juden wirkte, und Jeremias, der größte unter diesen Propheten.

Jeremias, welcher vornehmlich in der Zeit des Untergangs des Reiches Juda bedeutsam hervortrat, erklärte es für eine eitle Hoffnung, daß es der Stadt Jerusalem und dem Reiche Juda, in welchem unlängst durch die Reformation des Josia der rechte Gottesdienst wiederhergestellt worden war, um dieser äußeren Frömmigkeit willen nicht schlecht gehen könne; auch das Reich Juda mit Jerusalem und dem Tempel werde zerstört werden. Als nun die Babylonier Jerusalem belagerten, wußte Jeremias keinen anderen Rat, als sich denselben zu ergeben (K. 21). Diese Predigt des Propheten gefiel freilich niemandem, und so wurde er als schlechter Patriot geschmäht und schließlich in eine Schlammgrube geworfen, aus der er nur durch die Verwendung eines königlichen Kämmerers noch beizeiten wieder herausgezogen wurde; er blieb aber gefangen.

Als Jerusalem erobert wurde, wurde Jeremias aus dem Gefängnis befreit, und es wurde ihm freigestellt, ob er nach Babel auswandern oder im jüdischen Lande bleiben wolle; Jeremias blieb in seiner Heimat, wo als babylonischer Statthalter ein Jude, Namens Gedalja, waltete, der sich seiner Landsleute nach Kräften annahm. Als aber bald darauf Gedalja von einem fanatischen Juden ermordet wurde, flohen die noch übrigen Juden gegen Jeremias' Rat vor der Rache der Babylonier nach Ägypten und zwangen auch den Propheten, mit ihnen zu ziehen; wahrscheinlich ist er dort auch gestorben.

Als Jerusalem zerstört worden war, da klagte Jeremias (wie auch die ihm zugeschriebenen „Klagelieder" und Hesekiel in Kap. 19) über den Fall der Stadt Gottes; aber er wußte doch nicht bloß zu klagen, sondern auch zu trösten; denn er war erfüllt von der Hoffnung auf ein neues, besseres Gottesreich, als durch die Babylonier zerstört worden war. Das mächtige Babel wird, wie Jeremias predigt, später selber zerstört werden, und nach 70 Jahren kehrt dann Juda, mit welchem Israel wieder vereinigt wird (was nicht geschehen ist), nach der Heimat zurück, und dann wird alsbald, wie Jeremias gleich allen anderen Propheten erwartet (ohne die neuen Entwicklungsstufen des Gottesreiches zu kennen), das vollkommene Gottesreich aufgerichtet werden (30, 1—3 und 18—22), beherrscht von einem König aus dem Hause Davids, der das sein wird, was Zedekia nur hieß: ein gerechter König, der aufs innigste mit Gott verbunden ist.

Die Hoffnung des Jeremias hat sich erfüllt, aber nicht so schnell, wie er erwartete, auch nicht so, wie er erwartete, jedoch noch viel herrlicher, als er dachte; aber das vollkommene Gottesreich ist noch heute ein Gegenstand der Hoffnung.

31. Die Juden im Exil; die Weissagung des zweiten Jesaias.

(II, 46—47.)

Ps. 137; Jes. 13, 1—14, 23. Hesekiel 34 u. 36—39.
Jes. 40, 1—11; 42, 2—9; 43, 1—7; 44, 6—23; 44, 24—45, 8.
Jes. 52, 1—12 (52, 13—53, 12); 54; 57, 15—21.
Jes. 63, 7—64, 12; 65 u. 66.

a. Seit den Jahren 597 und 586 lebten die von dem König Nebukadnezar weggeführten Juden im babylonischen Reiche im Exil; dieselben bildeten zwar nur einen Teil des jüdischen Volkes, während die beiden anderen Teile desselben in Juda (dieser ebenfalls unter babylonischer Herrschaft) und in Ägypten lebten; aber nur die weitere Geschichte der babylonischen Verbannten ist für die Geschichte des Reiches Gottes von Bedeutung. Die im Jahre 722 von den Assyrern weggeführten Bewohner des Reiches Israel sind nicht mehr in ihre Heimat zurückgekehrt.

b. Ihren Glauben hielten die Verbannten auch im Exil fest, obwohl ja der Kultus fast ganz aufhörte, da er zum großen Teil an den Tempel gebunden war, und obwohl doch ihr ganzes Leben in der Fremde ein Zustand der gesetzlichen Unreinheit war. Gerade diese Gebundenheit an den Tempel und an Jerusalem war es nun, welche die Juden im fremden Lande nicht heimisch werden ließ. Ihre Gedanken waren daher stets auf die Rückkehr nach dem heiligen Lande gerichtet, und ihre Hoffnung ging dahin, daß Babel zerstört (Psalm 137; Jes. 13, 1—14, 23) und alsdann in der wiedergewonnenen Heimat ein neues, vollkommenes Gottesreich gegründet werden solle.

c. Ihre Hoffnung auf Erlösung fand ihren Ausdruck zunächst durch den Propheten Hesekiel (Kap. 34 und 36—39), sodann aber besonders in den Weissagungen eines unbekannten Propheten, welche dem Buche des Jesaias angehängt sind (Jes. 40—66), und welche dessen würdig waren, daß sie an die Reden dieses großen Propheten angeschlossen wurden. Der Verfasser derselben wies in der Zeit, als Cyrus auftrat, darauf hin, daß durch Cyrus Babel zerstört werden und dadurch für die Exulanten die Erlösung kommen werde. Diese Erlösung ist in der Tat gekommen; aber das vollkommene Gottesreich, welches der Prophet bald nach der Rückkehr aus dem Exil erwartete, ist noch heute ein Gegenstand der Hoffnung.

32. Die Rückkehr aus dem Exil (538) und das neue Gottesreich; Esra und Nehemia; der Prophet Maleachi. (II, 48—49.)

Nehem. 1, 1b—7, 5a („das schönste Stück der historischen Literatur aus der nachexilischen Zeit", Kautzsch[3]). 8. 9, 1—8 u. 32—37; 10, 1 u. 29—30. Ps. 126. Mal. 3, 1—4 u. 19—24.

a. Als das babylonische Reich durch den Perserkönig Cyrus seinen Untergang fand, da gab dieser König alsbald den Juden die Erlaubnis, in ihre Heimat zurückzukehren und den Tempel wieder aufzubauen (538). Unter Anführung des Davididen Serubabel, des Stammfürsten von Juda, eines Enkels des Königs Jojachin, und des Hohenpriesters Jesua, eines Enkels des letzten Hohenpriesters in Jerusalem, zogen (48 Jahre nach der Zerstörung Jerusalems) über 40000 Juden nach Kanaan zurück und siedelten sich in Jerusalem und einer Anzahl benachbarter Städte an. Bald begann in Jerusalem auch der Tempelbau. Aber als die Zurückgekehrten die im Lande zurückgebliebenen Juden zu dem neuen Tempel nicht zulassen wollten, verleumdeten dieselben die Zurückgekehrten bei Cyrus, und so wurde der Weiterbau des Tempels untersagt; erst Darius erlaubte die Fortführung des Baues, und der neue Tempel wurde im Jahre 516 eingeweiht. Die ausgeschlossenen Juden haben sich später zu einer besonderen Gemeinde, der der Samariter, vereinigt und einen besonderen Tempel auf dem Berge Garizim erbaut.

b. Zu mancher äußeren Drangsal, welche die Juden in dieser Zeit traf, kam bald auch ein innerer Verfall, der sich in der Annäherung an das Heidentum zeigte. Diesem Verfall wurde abermals von Babylon her, dem Mutterlande des neuen Judentums, durch einen Priester und Schriftgelehrten namens Esra, welcher im Jahre 458 mit einer zweiten Schar von Exulanten aus Babylon heimkehrte, und durch einen Mundschenk des Königs Artaxerxes Longimanus, namens Nehemia, welcher zweimal (445–433 und 432) nach Jerusalem kam, gewehrt. Durch Nehemia wurde die Befestigung Jerusalems vollendet, durch Esra wurde eine innere Reformation vollzogen. Durch seinen Einfluß wurden nämlich zunächst die Mischehen der Juden mit den Heiden gelöst, und sodann das kurze Zeit vorher entstandene Priestergesetz, eine Weiterentwicklung des im fünften Buche Mosis enthaltenen Gesetzes, zur strengen Norm für das Leben des Volkes gemacht, indem er nach dem Vorbilde des Moses und des Josia das ganze Volk im Jahre 444 feierlich auf das Gesetz verpflichtete.

c. Die Verpflichtung des Volkes auf das Gesetz Mosis durch Esra ist der Abschluß der Geschichte des alten Israel; aber mit der Herrschaft des Gesetzes war doch nur die Grundlage für das vollkommene Gottesreich gewonnen, das vollkommene Gottesreich selbst war damit noch nicht begründet. So richtete sich denn auch jetzt wieder die Hoffnung der Juden auf die Zukunft; der Prophet Maleachi, der, wie auch die Propheten Haggai und Sacharja, in dieser Zeit lebte, wies deshalb auf die Zukunft hin, wo das vollkommene Gottesreich gegründet werden solle; aber seine Hoffnung hat sich erst in Jesus Christus, nach einem Zeitraum von vierhundert Jahren, erfüllt, und zwar auch nur dem Anfange nach erfüllt; wir Christen haben ja zwar durch Jesus Christus eine vollkommene Religion erhalten, aber auch wir warten noch des vollkommenen Gottesreiches, wo alle Gottesverheißungen erfüllt sein werden, indem alle Menschen Gott anbeten, alle den rechten Glauben haben, und alle vollkommen fromm sind.

II. Die Hoffnung der Frommen des Alten Bundes; die Propheten und die Weissagung.

„Wie vor Zeiten Gott manchmal und mancherleiweise zu den Israeliten durch die Propheten geredet hat.“

33. Einleitung. (II, 70—77,1.)

a. Die Entwickelung des Reiches Gottes[1]. Hebr. 1, 1–2. Röm. 10, 2. Matth. 28, 19.

[1]) Vgl. Nr. 1—3.

b. Die Gesetzesreligion nach ihrer Begründung und in ihrem Wesen[1]).

c. Die Propheten und die Weissagung. Jes. 6. Jerem. 1. 1. Kön. 22.

Die Bedeutung der Propheten für die Entwicklung des Reiches Gottes.

Durch einen Propheten, Moses, war das Reich Gottes im Volke Israel gegründet worden; durch Propheten (z. B. Elias) wurde dasselbe, wenn es in seinem Bestande bedroht war, aufrechterhalten; durch Propheten wurde das Reich Gottes in Israel auch in seinem Wesen vervollkommnet und auf seine Vollendung, welche in der Zukunft erfolgen sollte, hingewiesen. Nur die zuletzt genannten Propheten haben ihre Predigten aufgezeichnet, da dieselben nicht bloß für die Gegenwart, sondern auch für die Zukunft berechnet waren.

d. Übersicht über die Bücher der Bibel[2]).

e. Die Schriften der Propheten des A. T. folgen in der Lutherbibel auf die geschichtlichen und die dichterischen Bücher, und zwar zunächst die der vier sogenannten großen Propheten: Jesaias, Jeremias, Hesekiel und Daniel, wegen des Umfangs ihrer Weissagungsbücher so genannt, sodann die Bücher der zwölf kleinen Propheten. Wie die großen, so sind auch die kleinen Propheten (wenigstens ungefähr) chronologisch geordnet, so daß unter ihnen drei Gruppen zu unterscheiden sind: Propheten der assyrischen Zeit (Hosea bis Nahum — dazu Jesaias), der babylonischen Zeit (Habakuk und Zephanja — dazu Jeremias und Hesekiel) und der nachexilischen Zeit (Haggai, Sacharja und Maleachi). Daniel ist der Prophet der makkabäischen Zeit.

Auch das N. T. enthält noch ein prophetisches Buch, die Offenbarung Johannis, in welchem darauf hingewiesen ist, daß auch für den Christen das vollkommene Gottesreich noch ein Gegenstand der Hoffnung ist.

34. Die messianische Weissagung. (II, 77.)

I. Übersicht.

a. Das Reich Gottes im Volke Israel.

1. Mose 1, 27. Gott schuf den Menschen ihm zum Bilde, zum Bilde Gottes schuf er ihn.

Röm. 3, 23. Sie sind allzumal Sünder und mangeln des Ruhms, den sie bei Gott haben sollten.

1. Mose 3, 15. Gott der Herr sprach zur Schlange: Ich will Feindschaft setzen zwischen dir und dem Weibe, und zwischen deinem Samen und ihrem Samen; derselbe soll dir den Kopf zertreten, und du wirst ihn in die Ferse stechen.

1. Mose 9, 18—27. Noah sprach: Gelobet sei der Herr, der Gott des Sem, und Kanaan sei sein Knecht. Gott breite Japheth aus und lasse ihn wohnen in den Hütten des Sem, und Kanaan sei sein Knecht. (V. 26—27).

---

[1]) Dieser Abschnitt ist oben behandelt: Nr. 10—19.
[2]) Vgl. Nr. 142, a—d (bez. Nr. 142—144 und 147b).

1. Mose 12, 1—3. Der Herr sprach zu Abraham: Gehe aus deinem Vaterlande und von deiner Freundschaft und aus deines Vaters Hause in ein Land, das ich dir zeigen will. Und ich will dich zum großen Volke machen, und in dir sollen gesegnet werden alle Geschlechter auf Erden.

2. Mose 19, 5—6. 3. Mose 26, 12. Der Herr sprach zu Mose: So sollst du sagen zu den Kindern Israel: Werdet ihr meiner Stimme gehorchen und meinen Bund halten, so sollt ihr mein Eigentum sein vor allen Völkern, und ihr sollt mir ein priesterlich Königreich und ein heiliges Volk sein. Ich will euer Gott sein, und ihr sollt mein Volk sein[1]).

b. Die Hoffnung auf die Gründung eines vollkommenen Gottesreiches.

α. König und Priester.

2. Sam. 7. Der Herr sprach zu David: Wenn nun deine Zeit hin ist, daß du mit deinen Vätern schlafen liegst, will ich deinen Samen nach dir erwecken, und ich will den Stuhl seines Königreichs bestätigen ewiglich; ich will sein Vater sein, und er soll mein Sohn sein (V. 12—14).

Lesen: Jes. 9, 1—6 (2—7); 11, 1—10; 2, 2—4.

Jes. 9, 5—6 (6—7). Uns ist ein Kind geboren, ein Sohn ist uns gegeben, und die Herrschaft ist auf seiner Schulter; und er heißt Wunderbar-Rat, Kraft-Held, Ewig-Vater, Friedefürst, auf daß seine Herrschaft groß werde und des Friedens kein Ende auf dem Stuhl Davids und in seinem Königreich.

Micha 5, 1. Und du Bethlehem Ephrata, die du klein bist unter den Städten in Juda, aus dir soll mir der kommen, der in Israel Herr sei, welches Ausgang von Anfang und von Ewigkeit her gewesen ist.

Lesen: Jerem. 23, 1—8; 33, 14—26; Hesek. 34.

Sach. 9, 9. Du Tochter Zion, freue dich sehr, und du Tochter Jerusalem, jauchze; siehe, dein König kommt zu dir, ein Gerechter und ein Helfer, arm, und reitet auf einem Esel und auf einem jungen Füllen der Eselin.

Lesen: Psalm 2. (Psalm 72 u. 45.)

Lesen: Psalm 110. (1. Mose 14, 14—20.) Sach. 6, 9—13.

Psalm 110, 4. Du bist ein Priester ewiglich nach der Weise Melchisedeks.

β. Prophet und Knecht Gottes.

5. Mose 18, 9—22. Moses sprach: Einen Propheten wie mich wird der Herr dein Gott dir erwecken aus dir und aus deinen Brüdern; dem sollt ihr gehorchen (18, 15).

Jerem. 31, 31—34. Siehe, es kommt die Zeit, spricht der Herr, da will ich mit dem Hause Israel und mit dem Hause Juda einen neuen Bund machen: ich will mein Gesetz in ihr Herz geben und in ihren Sinn schreiben, und sie sollen mein Volk sein, so will ich ihr Gott sein.

Lesen: Joel 3.

Jes. 49, 6. Es ist ein Geringes, daß du mein Knecht bist, die Stämme Jakobs aufzurichten und die Bewahrten Israels wiederzubringen,

[1]) Vgl. Nr. 12.

sondern ich habe dich auch zum Licht der Heiden gemacht, daß du seist mein Heil bis an der Welt Ende.

Lesen: Psalm 22. Sach. 12, 9—11. Jes. 52, 13—53, 12.

Jes. 53, 4—5. Fürwahr, er trug unsre Krankheit und lud auf sich unsre Schmerzen; wir aber hielten ihn für den, der geplagt und von Gott geschlagen und gemartert wäre. Aber er ist um unsrer Missetat willen verwundet und um unsrer Sünde willen zerschlagen; die Strafe liegt auf ihm, auf daß wir Frieden hätten, und durch seine Wunden sind wir geheilt.

γ. Das Kommen des Herrn.

Lesen: Jes. 40, 1—11. Mal. 2, 17—3, 4 u. 3, 19—24 (= 4, 1—6). Ps. 96. 97. 98.

Mal. 3, 1. Siehe, ich will meinen Engel senden, der vor mir her den Weg bereiten soll, und bald wird kommen zu seinem Tempel der Herr, den ihr suchet; und der Engel des Bundes, des ihr begehret, siehe, er kommt! spricht der Herr Zebaoth[1]).

c. Die Erfüllung der Weissagung.

Joh. 4, 22. Das Heil kommt von den Juden.

Hebr. 1, 1—2. Nachdem vor Zeiten Gott manchmal und mancherleiweise geredet hat zu den Vätern durch die Propheten, hat er am letzten in diesen Tagen zu uns geredet durch den Sohn.

2. Kor. 1, 20. In Christus sind alle Gottesverheißungen Ja und Amen.

1. Joh. 3, 2. Wir sind nun Gottes Kinder, und es ist noch nicht erschienen, was wir sein werden.

Lesen: Off. Joh. 21 u. 22.

Off. Joh. 21, 1—3. Und ich sah einen neuen Himmel und eine neue Erde, und die heilige Stadt, das neue Jerusalem, von Gott aus dem Himmel herabfahren. Und ich hörte eine große Stimme von dem Stuhl, die sprach: Siehe da, die Hütte Gottes bei den Menschen, und er wird bei ihnen wohnen, und sie werden sein Volk sein und er selbst, Gott mit ihnen, wird ihr Gott sein.

II. Ausführung.

A. Das Reich Gottes im Volke Israel. (Vgl. Nr. 12.)

Gott hatte den Menschen „ihm zum Bilde" geschaffen (1. Mose 1, 27), und die ganze Menschheit sollte ein Reich Gottes werden; aber die Menschen waren Sünder geworden (Röm. 3, 23). Doch Gott gab darum seine Absicht mit der Menschheit nicht auf, und wenn schon die Heiden geahnt haben, daß dereinst ein besserer Zustand der Menschheit zu erwarten sei, so haben die Propheten Israels es deutlich verkündigt, daß dereinst die Sünde in der Menschheit überwunden sein werde. Also verheißt ja schon die erste Weissagung, die wir in der heiligen Schrift lesen (1. Mose 3, 15): Die Sünde ist in die Welt gekommen, und die ganze Menschheit wird sündig; aber die Menschheit ist der Sünde dennoch feind und haßt sie wie die Schlange; dereinst wird aber die Sünde von der Menschheit auch wieder überwunden werden.

---

[1]) Vgl. II B f, Anm. 1.

Aber der Verlauf der Geschichte der Menschheit zeigt zunächst kaum etwas vom Siege über die Sünde, sondern Gott hat zunächst alles beschlossen unter die Sünde. Die Menschheit entfernt sich immer mehr von Gott, und es entsteht das Heidentum, und mit der Religion gerät auch die Sittlichkeit in Verfall. Damit ihn nun dereinst auch die Heiden finden möchten und mit seiner Hilfe die auch von ihnen gehaßte Sünde überwinden könnten, hat sich Gott zunächst einem Volke in besonderer Weise geoffenbart, dem Volke Israel.

Schon der Volksstamm, welchem das Volk Israel angehört, der Stamm der Semiten, wird in der heiligen Schrift vor den andern den damaligen Menschen bekannten Stämmen durch eine besondere Verheißung ausgezeichnet (1. Mose 9, 26—27). Aber erst in einem zweiten Worte tritt das Volk Israel, welches dort zwar gemeint, aber noch nicht genannt ist, bereits deutlich hervor. Als sich nämlich die übrige Menschheit von Gott immer mehr abwandte (1. Mose 11, 1—9), da wählte sich Gott in Abraham, einem Nachkommen Sems, den Mann aus, welchen er durch besondere Führung und Erziehung zum Stammvater eines dem wahren Gotte treu bleibenden Volkes, und damit zum Grundstein eines zu bildenden Gottesreiches in der ganzen Menschheit machen wollte (1. Mose 12, 1–3).

Daß nun aber das von Abraham herstammende Volk Israel eine so große Bedeutung für die Welt erlangt hat, das verdankt es nicht seiner weltlichen Bildung und Macht, sondern das verdankt es seiner Bundesgemeinschaft mit Gott, welche durch Moses begründet worden ist. Als nämlich Moses die Nachkommen Abrahams mit Gottes Hilfe glücklich aus Ägypten herausgeführt hatte, da weilten sie eine Zeit lang am Berge Sinai, und hier wurde nun zwischen Israel und seinem Gotte ein Bund geschlossen, durch welchen dieses Volk zum Volke Gottes wurde, dessen ganze Geschichte darauf hinzielte, daß das Reich Gottes, allerdings zunächst nur im Volke Israel, aufgerichtet werde (2. Mose 19, 5–6; 3. Mose 26, 12); das ganze Volk soll Gottes Eigentum werden, indem es heilig wird wie Gott durch Befolgung der göttlichen Gebote, und das ganze Volk soll ein Volk von Priestern sein, welches sich seinem Gotte zum Opfer hingibt in reinem Wandel und mit reinem Herzen. „Ich will euer Gott sein, und ihr sollt mein Volk sein“ — das war das Ziel, welches dem Volke Israel vorgehalten wurde, und das ist das höchste Ziel, wonach überhaupt ein Volk streben kann.

B. Die Hoffnung auf die Gründung eines vollkommenen Gottesreiches.

a. Das höchste Ziel war dem Volke Israel von Gott bezeichnet worden, aber erreicht wurde dieses Ziel zunächst nicht: Israel sollte das Volk Gottes werden, aber die Wirklichkeit entsprach auch bei diesem Volke nicht der Idee; in allen seinen Gliedern und zu allen Zeiten war Israel nicht das Volk Gottes, da nicht alle Israeliten wirklich fromm waren, da ja die Religion Israels noch nicht eine vollkommene Religion war, und da das Gottesreich ja nicht bloß das Volk Israel, sondern alle Völker umfassen sollte. Deshalb traten immer wieder Männer in Israel auf, die Propheten, welche, gleich Moses von Gott erleuchtet, in Wort und Schrift auf eine Zeit hinwiesen, wo das Reich Gottes in Israel in ein vollkommenes Gottesreich umgewandelt werden würde.

Als nun im Volke Israel das Königtum begründet worden war, und namentlich, als in David ein König erstanden war, der es auch um seiner Frömmigkeit willen verdiente, an der Spitze des auserwählten Volkes zu stehen, und der nicht bloß in seinem Volke das Reich Gottes förderte, sondern auch die Herrschaft Israels über eine Anzahl benachbarter Völker ausdehnte, da schien es, daß das im Volke Israel gegründete Gottesreich sich nunmehr zum vollkommenen Gottesreiche weiterentwickeln werde. Zu diesem Zwecke faßte David den Plan, wie er für sich selber einen schönen Palast gebaut hatte, so auch dem Herrn ein würdiges Gotteshaus zu bauen, und der Prophet Nathan billigte sein Vorhaben. Aber, von Gott eines andern belehrt, befiehlt Nathan am andern Tage dem Könige, vom Tempelbau abzustehen, und verkündet ihm (2. Sam. 7), daß Gott ihm ein erbliches, unvergängliches Königtum über Israel zugedacht habe (während Sauls Geschlecht vom Throne ausgeschlossen worden war); er werde sterben, aber immer werde ein Nachkomme von ihm auf dem Thron Israels sitzen; wenn sich etwa seine Nachkommen auch an Gott versündigen sollten, so würden sie doch von Gott nicht verstoßen, sondern nur gezüchtigt werden; der Davidische König Israels solle fortan das in höherem Sinne sein, was ganz Israel war, nämlich der Sohn Gottes, und Gott wolle sein Vater sein.

Mit diesem Worte Nathans an David war der Grund gelegt zu der Hoffnung aller späteren Propheten, daß Davids Geschlecht unvergänglich sein und an der Spitze des Volkes Gottes bleiben werde. Als nämlich David gestorben war, da erwarteten die Propheten Israels von einem zukünftigen, von David herstammenden und dem David ähnlichen Könige, daß er das vollkommene Gottesreich aufrichten werde, und aus dem geschichtlichen Königtum Davids im Volke Israels erwuchs im Geiste der von Gott erleuchteten Propheten Israels die Hoffnung und Weissagung von dem Könige der Zukunft, dem Messias, und von dem vollkommenen Gottesreiche der Zukunft. Was nun diese gotterleuchteten Männer von diesem vollkommenen Gottesreiche gepredigt haben, soll im folgenden dargelegt werden.

b. Zunächst schildert der Prophet Jesaias[1]) diesen von David abstammenden König der Zukunft als einen Herrscher, auf welchem der Geist Gottes ruht, der infolgedessen das vollkommene Gottesreich aufrichtet, ein Reich des Friedens und ein Reich für alle Völker (Jes. 9, 1–6 [2–7]; 11, 1—10; 2, 2—4). Nachdem nämlich das Volk in großes Elend geraten ist (durch die Assyrer), erbarmt sich der Herr (alsbald, wie der Prophet erwartet) seines Volkes; die Feinde des Volkes werden vernichtet und dem Kriege ein Ende gemacht. Das geschieht aber durch den dem Volke Israel von Gott geschenkten König, einen Herrscher besonderer Art, welche die ihm beigelegten Namen bezeichnen: Wunder-Rat (d. h. ein Wunder von einem Berater), Kraft-Held (oder richtiger: starker Gott — der Messias ist ja Gottes Sohn), Ewig-Vater (d. h. ein ewiger Versorger der Seinen), Friede-

[1]) Vgl. Nr. 27a und 28.

Fürst. Dieser König wird seine Herrschaft immer weiter ausdehnen und ein Reich des Friedens und der Gerechtigkeit aufrichten.

Ähnlich wie Jesaias predigt auch Micha von dem Könige der Zukunft. Derselbe verkündigt (K. 5, 1), daß aus Bethlehem, das zwar eine Tausendschaft (einen Bezirk, eine Stadt mit tausend Familien) in Juda bildet, aber doch nur einen kleinen Bezirk, der Herrscher Israels geboren werden solle, dessen Ausgang weit in die Vorzeit zurückreicht. Und die Erfüllung hat diesen Spruch (durch die Geburt Jesu in Bethlehem) genauer bestätigt, als ihn wohl der Prophet selber gemeint hat. Aber weder Jesaias noch Micha haben die Gründung des von ihnen geweissagten vollkommenen Gottesreiches erlebt.

Dieselben Gedanken von dem vollkommenen Gottesreiche der Zukunft haben auch die Propheten Jeremias (K. 23, 1—8 und 33, 14—26) und Hesekiel (K. 34) ausgesprochen[1]), und zwar zu der Zeit, wo nach dem Untergange des assyrischen Reiches das babylonische Reich die herrschende Macht in Vorderasien geworden war. Diese Propheten erwarteten die Gründung des vollkommenen Gottesreiches alsbald nach dem Untergange des babylonischen Reiches; aber auch ihre Hoffnung hat sich nicht erfüllt.

Wenn so die Propheten meist von einem herrlichen Könige der Zukunft predigen, so haben dieselben doch auch schon von einem Könige in Niedrigkeit geweissagt, wie es Jesus gewesen ist. Ein Zeitgenosse von Jesaias und Micha, dessen Predigt dem (erst nachexilischen) Sacharjabuche angefügt ist (K. 9—11), sieht nämlich ebenso, wie Jesaias, den zukünftigen König des Reiches Gottes bereits kommen; aber dieser König zieht nicht auf stolzem Rosse oder auf einem mit Rossen bespannten Wagen (wie das seit Salomos Zeiten üblich war) in Jerusalem ein, sondern auf einem Esel, entsprechend der Einfachheit des früheren Lebens, und nicht seine äußere Herrlichkeit schildert der Prophet, sondern eine innere Herrlichkeit, welche mehr wert ist als äußere Pracht; er ist zwar ein König, aber arm und gerecht und ein Helfer den Armen und Gerechten, und seine Herrschaft wird eine Herrschaft des Friedens sein.

So haben die Israeliten auf Grund der Weissagung einen König aus Davids Geschlecht erwartet, welcher das vollkommene Gottesreich aufrichten werde, und diese Hoffnung wird nun auch festgehalten von den späteren Propheten[2]), und wir finden dieselbe namentlich auch ausgesprochen in den Psalmen, von denen hier besonders Psalm 2 in Betracht kommt (vgl. auch Ps. 72 und 45).

Aber die Weissagung vom Könige Israels geht auch noch einen Schritt weiter. Indem der 110. Psalm den König Israels als den König des Gottesreichs preist, dem auch die Heiden untertan werden (vgl. Ps. 2), zeichnet der Dichter dieses Liedes den König Israels nicht bloß als König, son- auch als Priester, indem er ihn anredend sagt: „Du bist ein Priester ewiglich nach der Weise Melchisedeks." Wie Melchisedek, ein Zeitgenosse von Abraham, König und zugleich Priester war (1. Mose 14, 14—20), soll auch der König des Reiches Gottes König und Priester sein.

---

[1]) Vgl. Nr. 30c.
[2]) Vgl. Nr. 31c und 32c.

c. Aber wenn nun vornehmlich die Hoffnung auf einen künftigen König des vollkommenen Gottesreichs (der zugleich Priester sein werde) die Predigt der Propheten durchzieht, so ist neben dieser Hoffnung doch noch eine zweite Form der prophetischen Predigt (ja sogar noch eine dritte, wie unten gezeigt werden wird) vorhanden, welche zwar ebenfalls ein künftiges herrliches Gottesreich verkündet, aber dasselbe nicht von einem König, sondern von einem Propheten erwartet, da in der späteren Zeit nicht mehr die Könige, sondern die Propheten für das Reich Gottes von Bedeutung waren. Moses hatte den Bund zwischen Gott und Israel gestiftet, und wenn derselbe auch eigentlich in mancher Beziehung schon über sich hinauswies, so kam es doch zunächst nur darauf an, diesen Bund Gottes aufrechtzuerhalten. In diesem Sinne hat Moses (5. Mose 18, 15) gesprochen von einem Propheten, den Gott den Israeliten (immer aufs neue) erwecken werde, und dem sie gehorchen sollten.

Wenn nun Israels erster Prophet, Moses, den Alten Bund gestiftet hatte und von späteren Propheten die Aufrechterhaltung desselben erwartet, so predigt dagegen Jeremias (K. 31, 31—34) von einem Neuen Bunde, dessen Ziel dasselbe ist, wie das des Alten; die Kinder Israels sollen Gottes Volk sein und er will ihr Gott sein; Kinder Gottes sollen sie nun aber auch wirklich sein, indem sie nicht mehr durch Strafen gezwungen, sondern freiwillig Gottes Gebote halten. Und daß nun der neue Bund und das vollkommene Gottesreich auch auf die Heidenwelt sich erstrecken werde, das haben wir schon als eine alte Hoffnung des Volkes Gottes erkannt (1. Mose 12, 1–3: Abrahams Segen), welche ebenso bei David wiederkehrt (Ps. 2) und im Exil aufs neue hervortritt (Jes. 49, 6), um im Christentum immer mehr ihre Erfüllung zu finden.

Wenn also die Gründung des vollkommenen Gottesreiches zunächst von einem zukünftigen Könige, aber auch von einem Propheten erwartet wurde, so war es kein Wunder, daß die Zeitgenossen Jesu neben einem Könige auch einen Propheten erwarteten, und sowohl ein König als auch ein Prophet ist ja auch in Jesus von Nazareth erschienen.

Wie aber an die Weissagung von dem zukünftigen Könige sich der Gedanke an einen Priester anschließt, so schließt sich an die Predigt von einem kommenden Propheten ebenfalls noch ein anderer Gedanke an, nämlich der vom leidenden Knechte Gottes, und damit kommt doch auch schon das Alte Testament auf einen Gedanken, den das Neue Testament ganz besonders stark hervorhebt: das Wort vom Kreuze Christi. Schon der 22. Psalm predigt von dem Leiden eines Frommen, und Jesus hat am Kreuze mit den Worten dieses Psalms gebetet („Eli, Eli, lama asabthani" — „Mein Gott, mein Gott, warum hast du mich verlassen"), der in einigen Versen wie auf Jesu Leiden ausdrücklich bezogen erscheinen könnte (was freilich nicht anzunehmen ist — der Dichter redet von seinem Leiden). Aber vor allem predigt das in der letzten Zeit des Exils geschriebene Buch des zweiten Jesaias (Jes. 40–66)[1] von einem „Knechte Gottes", welcher seinen prophetischen Beruf, Gottes Wahrheit zu bezeugen und Gottes Heil bis zu den Enden der Erde zu bringen, unter Schmach und

---

[1]) Vgl. Nr. 31 c.

Verfolgung in Treue bis zum Tode erfüllt; „dem sollt ihr gehorchen", so hatte Moses gesagt; der Knecht Gottes muß leiden, so heißt es bei diesem Propheten. Als Vertreter des dem Zorne Gottes verfallenen Volkes nimmt er die Schuld aller auf sich, gibt sein Leben als Schuldopfer für sie hin und führt durch sein stellvertretendes Strafleiden das Heil aller herbei; endlich geht er aber auf diesem Leidenswege zu unvergänglicher Herrlichkeit ein, als ihr Heilsvermittler von aller Welt anerkannt. Infolge der Opferidee und der Idee des mittlerischen Eintretens der Gerechten für die schuldige Gemeinschaft, der sie angehören, erkennt der Prophet in diesem Leiden ein stellvertretendes Tragen der Sündenstrafen ganz Israels, um dessentwillen das ganze Volk begnadigt wird. Allerdings nur von einem leidenden Knechte Gottes ist hier die Rede, nicht von einem leidenden Messias; trotzdem haben schon alte jüdische Erklärer dieses Abschnittes den leidenden Gottesknecht und den auf dem Throne Gottes sitzenden Messias für ein und dieselbe Person erklärt, wie das die Erfüllung in Jesus Christus auch wirklich verbunden gezeigt hat. Und wenn der Prophet mit dem leidenden Knechte Gottes, den er verherrlicht, wohl einen Frommen seiner Zeit gemeint hat, so ist doch dieser fromme Dulder nur ein Vorbild gewesen für den viel größeren Knecht Gottes Jesus Christus, in welchem sich die Predigt dieses Propheten erst vollkommen erfüllt hat.

d. Aber noch eine dritte Gestalt der prophetischen Predigt von dem zukünftigen Reiche Gottes tritt uns im A. T. entgegen; König und Prophet treten schließlich zurück hinter Gott selbst, der in Israel erscheinen und das Gottesreich zur Vollendung führen werde. So predigt schon Jes. 40—66 (vgl. 40, 1—11), so eine Anzahl von Psalmen (bes. 96, 97, 98), so endlich der letzte der nachexilischen Propheten, Maleachi (K. 2, 17—3, 24; besonders 3, 1), Gott selber werde in Israel erscheinen, nachdem ein Vorläufer seiner Erscheinung vorangegangen sei (K. 3, 23-24). Und so ist es in der Erfüllung geschehen; in Jesus ist Gott selber auf Erden erschienen.

e. Ein König (der zugleich Priester ist), ein Prophet (der als Knecht Gottes für das Volk leidet), Gott selber in Israel erscheinend — das sind die im A. T. noch als getrennt erscheinenden Wege, auf denen das Reich Gottes in der Zukunft aufgerichtet werden soll. Die Erfüllung hat diese Wege in Jesus Christus vereinigt gezeigt: er ist der König des Volkes Gottes und zugleich Priester, er ist der Prophet und leidende Gottesknecht, in ihm ist die Fülle der Gottheit leibhaftig erschienen.

f. Wenn nun die Propheten in sehr verschiedener Weise die Frage beantworten, durch wen das vollkommene Gottesreich aufgerichtet werden solle, so stimmen dagegen alle Propheten überein in der Darstellung der Hauptmomente, welche zur Gründung dieses Reiches gehören: des Gerichts, der Vollendung Israels, der Bekehrung der heidnischen Völker. Alle Propheten verkünden, daß die israelitischen Reiche um ihrer Sünde willen ihren Untergang finden werden, daß aber auch über die zwar siegreichen, aber gottlosen Bedrücker Israels das Gericht hereinbrechen werde, und daß erst nach diesem Gerichte das vollkommene Gottesreich kommen werde. Aber wenn nun dieses vollkommene Gottesreich zunächst im Volke Israel aufgerichtet werden soll, so predigen doch die Propheten Israels auch von einer Unterwerfung der Heiden unter den Gott Israels; aber ob dieselbe mit Gewalt oder in anderer Weise werde erreicht werden, das war ihnen verborgen. Und auch das war ihnen verborgen, daß das vollkommene Gottesreich nicht alsbald nach der Rückkehr der Juden aus dem Exil seine Vollendung erreichen werde, daß dasselbe nicht mehr an die mosaische Gesetzgebung gebunden sein, und daß es ein Reich im Himmel und nicht auf Erden sein werde; das alles haben erst wir Christen aus der Predigt Jesu gelernt [1]).

C. Die Erfüllung der Weissagung.

Ausgehend von der Bundesgemeinschaft zwischen Gott und Israel, wie auch im Anschluß an das Reich Gottes in Israel und an seinen Davidischen König, hatten die Propheten „manchmal und mancherleiweise" geredet von dem vollendeten Reiche Gottes. Wie ist nun die Hoffnung Israels erfüllt worden?

a. „Das Heil kommt von den Juden (Joh. 4, 22), nicht von den Heiden, weder von den feingebildeten Griechen, noch von den mächtigen Römern; nur vom Glauben der Juden aus hat sich die rechte Sehnsucht nach dem wahren Heil entwickelt, und nur in ihrer Mitte konnte der Sohn Gottes auftreten und leichter Glauben finden; erst von den Juden aus konnte das Heil den Heiden gebracht werden.

b. Nachdem nun zu den Juden vor Zeiten Gott manchmal und mancherleiweise geredet hat durch die Propheten, hat er zuletzt zu ihnen geredet durch den Sohn, und „in Christus sind alle Gottesverheißungen Ja und Amen" (2. Kor. 1, 20); er war der verheißene Messias, Davids Nachkomme und der König Israels und zugleich ein Priester; er war der rechte Prophet und der leidende Knecht Gottes; in ihm hat Gott selber sich geoffenbart; er war das alles in einer Person, und so ist durch ihn alles das dem Volke Israel dargeboten worden, was die Propheten als auf verschiedene Weise dem Volke Israel zuteil werdend verkündet hatten.

c. Durch Christum sind wir nun Gottes Kinder; aber es ist noch nicht erschienen, was wir sein werden (1. Joh. 3, 2); wir wandeln jetzt im Glauben und nicht im Schauen (2. Kor. 5, 7); wir sind wohl selig, doch erst in der Hoffnung (Röm. 8, 24). Denn noch sind nicht alle Verheißungen der Propheten erfüllt, nicht einmal die erste (von der Überwindung der Sünde); aber wir hoffen auf eine Vollendung des Reiches Gottes, wie sie schon im Alten Bunde geweissagt worden ist, und wie sie im Neuen Bunde durch Jesus und seine Apostel gleichfalls verheißen wird. Dann wird alles das in Erfüllung gehen, was schon das A. T. von der Zukunft erwartete, erst dann werden wirklich alle Weissagungen „Ja und Amen" sein. Dann wird, was schon das Ziel des mosaischen Gottesbundes war, und was die Propheten wieder als das Ziel der Zukunft betrachteten, Israel und auch die Heidenwelt in Wahrheit Gottes Volk sein, und der Herr wird ihr Gott sein.

---

[1]) Vgl. Jes. 1—3; 13, 1—14, 23. Joel 1—2 u. 4. (Gericht.)
Ps. 126. Jes. 40; 43—44; 62 u. 65—66. Joel 3. (Gottesreich Israels.)
Ps. 2 (45 u. 72); 96; 97; 98; 148; 150. (Bekehrung der Heiden.)

III. Glaube und Leben der Frommen des Alten Bundes nach den Psalmen, den Sprüchen Salomos und dem Buche Hiob.

35. Dichtung und Weisheit des A. T.; die lyrischen und die didaktischen Bücher des A. T. (II, 78—81.)

a. Die israelitische Religion war zunächst eine Gesetzesreligion, aber auch in ihr sollte doch die Frömmigkeit eine Sache des Herzens sein. Dies zu bewirken, darauf war vornehmlich das Streben einerseits der Propheten und andererseits der Dichter und der Weisen des Volkes gerichtet. Da von den Propheten schon oben die Rede gewesen ist, so braucht hier nur auf die Bedeutung der Dichter und der Weisen für die Frömmigkeit des Volkes Israel hingewiesen zu werden.

b. Die Dichtung der Israeliten beschränkt sich auf die Lyrik und die Didaktik; der Begründer der ersteren ist David, der letzteren Salomo; die Form der Poesie ist der Parallelismus der Glieder.

Die lyrischen Bücher des A. T. sind die Klagelieder des Jeremias (über die Zerstörung Jerusalems), das Hohelied und der Psalter, der letztere eine Sammlung von 150 lyrischen (oder didaktischen) Gedichten, aus verschiedenen Zeiten herstammend, sämtlich religiösen Inhalts, welche nicht, wie die Geschichtsbücher, von den Offenbarungen Gottes und den Taten der Frommen erzählen, sondern die Stimmungen ihres Herzens im Verhältnis zu Gott und seiner Offenbarung im Gesetz (z. B. Ps. 1) und in der Weissagung (z. B. Ps. 2) erkennen lassen[1]).

c. Wenn in der lyrischen Dichtung Israels sich das fromme Gemüt ausspricht, so spricht sich in den Weisheitsbüchern die auf Grund der Offenbarung durch eigenes Nachdenken und eigene Beobachtung gewonnene Erkenntnis über das wahre Wesen der Frömmigkeit aus. Die Form dieser Bücher ist ursprünglich die des Einzelspruchs; dann werden Einzelsprüche zu größeren Ganzen verbunden; endlich entsteht das zusammenhängende Lehrgedicht. Einzelne Sprüche (bisweilen zu größeren Ganzen verbunden) sind im A. T. die Sprüche Salomos (von Salomo und anderen weisen Männern herstammend), und unter den Apokryphen das Buch des Jesus, des Sohnes des Sirach, und die Weisheit Salomos. Zusammenhängende Lehrgedichte sind das Buch Hiob und der (dem weisen Könige in den Mund gelegte) „Prediger Salomo" — beides sehr interessante Bücher, da sie uns zeigen, wie auch der Fromme in einen Kampf um die Erhaltung seines Glaubens geraten kann.

36. Glaube und Leben der Frommen des Alten Bundes nach den Psalmen, den Sprüchen Salomos und dem Buche Hiob. (II, 82—85.)

Wie Glaube und Leben der Frommen des Alten Bundes auf Grund der ihnen zuteil gewordenen göttlichen Offenbarung sich gestaltet haben, das lernen wir vornehmlich aus den Psalmen, den Sprüchen Salomos und dem Buche Hiob kennen.

---

[1]) Lesen: Psalm 1 und 2.

a. Der Glaube der Frommen des Alten Bundes, wie wir ihn aus den Psalmen kennen lernen, ist natürlich auf Gott gerichtet. Gott, als der Gegenstand des Glaubens, erscheint aber in den Psalmen zuvörderst als der Schöpfer der Welt und des Menschen (Ps. 104, 139, 29), sodann als der Begründer des mosaischen Gottesreiches (Ps. 19, 78, 105 u. 106, Ps. 46, 122, 42 u. 43, 84, 137, 126), alsdann als der Vollender des Gottesreiches (Ps. 2, 110 [87, 132, 72], 96, 97, 98).

Mit Gott steht nun der Mensch in Gemeinschaft; die Gemeinschaft des Menschen mit Gott, wie sie uns in den Psalmen entgegentritt, erscheint zunächst als eine Gemeinschaft des Menschen überhaupt mit Gott (Ps. 8, 121, 127, 65, 150), sodann als eine Gemeinschaft des Frommen mit Gott (Ps. 1, 24 [15], 26, 128, 23, 33, 91, 92 und Ps. [3, 4], 25, 6, 16 [88, 41, 86], 22, 37 u. 73); endlich wird auch das Verhältnis des Sünders zu Gott dargestellt (Ps. 14 [= 53] [7], 51, 32, 130, 90, 103). In allen diesen Liedern sehen wir nun den Israeliten ins Herz und erkennen das innere Leben des Frommen, dessen äußere Frömmigkeit wir kennen lernen, wenn wir die Eigentümlichkeit der Gesetzesfrömmigkeit erkennen.

b. Wie nun der Wandel der Frommen des alten Bundes auf Grund ihres Glaubens sich gestaltet, das zeigen vornehmlich die Sprüche Salomos (wie auch die andern Lehrbücher des A. T. und der Apokryphen, besonders das Buch Jesus Sirach).

c. Aber auch das A. T. kennt schon einen Kampf um den Glauben, zwar nicht so schwer und so tief wie heute, wo der Mensch manchmal sogar an der Existenz Gottes zweifelt, aber doch schwer genug; diesen Kampf um den Glauben lernen wir aus dem Buche Hiob kennen.

α. Unter den lyrisch-didaktischen Büchern des A. T. nimmt das Buch Hiob in der Lutherbibel die erste Stelle ein; ein hochbegabter Dichter hat dies köstliche Buch geschrieben, der vielleicht selber ein „Hiob" war, wie der, den er uns vorführt.

β. Welches ist nun der Inhalt dieses Buches? Dasselbe führt uns einen reichen Mann, namens Hiob, vor, einen Ausländer, keinen Israeliten. Derselbe war sehr reich und sehr fromm. Da verliert er unter Gottes Zulassung an einem Tage alle seine Habe und sogar auch seine Kinder; ein anderer hätte gewiß gegen Gott gemurrt; er aber bleibt fest im Glauben an Gott; „der Herr hat's gegeben, der Herr hat's genommen, der Name des Herrn sei gelobt" — so spricht der fromme Dulder. Aber noch schwereres Unglück wird über ihn verhängt: er wird vom Aussatz ergriffen, der schrecklichen, unheilbaren Krankheit, welche den Leidenden fast nur noch den Tod erwarten und als eine Erlösung begrüßen läßt. Da wird auch des Dulders Frau an Gott irre und fordert Hiob auf, den Glauben an Gott aufzugeben; er aber bleibt fest im Glauben an Gott; „haben wir Gutes empfangen von Gott und sollten das Böse nicht auch annehmen?" — das ist seine bewundernswerte Antwort.

So hat Hiobs Glaube zwei schwere Proben bestanden; aber wer ist sicher, daß er jede Versuchung besteht? Es tritt nämlich bald eine dritte Versuchung an ihn heran — und diese besteht er nicht, obwohl sie scheinbar viel geringer war, als die beiden ersten, die er bestanden hatte. Als nämlich drei seiner Freunde hörten, wie traurig es ihm ergehe, da kamen sie zu ihm, um ihn zu trösten. Aber als sie nun sein ganzes Unglück wahrnahmen, da fanden sie kein Wort des Trostes, sondern schweigend saßen sie ihm sieben Tage lang gegenüber. Und das geriet dem frommen Dulder zum Anstoß; er las nämlich in ihrem Schweigen den Gedanken (den die Freunde ja nachher auch aussprachen), er müsse ein Sünder sein, da Gott einen frommen Menschen so schwer nicht heimsuchen könne. Das konnte Hiob nicht ertragen; den Verlust seiner Habe, ja seiner Kinder und seiner Gesundheit hatte er ertragen; aber daß nun seine Frömmigkeit angezweifelt wurde — das war eine Versuchung, die für ihn zu schwer war; sie hat er nicht bestanden.

Als nämlich Hiob in den Mienen seiner schweigenden Freunde liest, daß sie ihn infolge der furchtbaren Schicksalsschläge, welche ihn getroffen haben, für einen Sünder halten, da beginnt er zu sprechen, und gleich seine erste Rede (K. 3) ist ein Meisterwerk der Beredsamkeit, hinreißend und ergreifend. „Wäre ich doch nicht geboren, oder wäre ich doch gleich nach der Geburt gestorben, oder wäre ich doch wenigstens jetzt gestorben" — mit diesen scharfsinnigen, aber bitteren Worten machte er seinem Unmut Luft, und damit hat er gegen Gott gemurrt, der ihn hat geboren werden lassen, der ihn nach der Geburt am Leben erhalten hat, der ihn auch jetzt nicht getötet, sondern mit den schwersten Leiden heimgesucht hat. Nun ist es für die Freunde leicht, dem gegen Gott murrenden Hiob entgegenzutreten, und das tun sie nun hintereinander, zuerst Eliphas, dann nach Hiobs Antwort Bildad, endlich nach Hiobs neuer Erwiderung Zophar, und dreimal läßt der Dichter die drei Freunde dem Hiob Antwort geben, nur daß beim letzten Gesprächskreise Zophar nichts mehr zu sagen weiß. Was sie sagen, ist immer dasselbe, zuerst milder, dann schroffer gehalten: „Du mußt dein Leiden durch deine Sünden verdient haben, denn da für dich keine Hoffnung auf Erlösung von demselben besteht, so kann es nicht ein bloßes Prüfungsleiden sein." Und was Hiob ihnen erwidert, ist auch immer dasselbe: „Ich bin kein Sünder, der so schweres Leiden als Strafe verdient hat." Als nun die Freunde nichts mehr zu erwidern wissen, da faßt Hiob nochmals in längerer ergreifender Rede zusammen, was er zu sagen hat (K. 29—31): „Wie war ich doch früher so glücklich, und jetzt bin ich so unglücklich, und doch habe ich nichts Böses, sondern im Gegenteil viel Gutes getan!"

So würde das Buch, wenn wir jetzt am Ende wären, unbefriedigend schließen; aber so durfte der Dichter nicht schließen.

Hiob und seine Freunde waren in gleicher Weise von dem Gedanken ausgegangen, daß das Leiden, von welchem der Mensch nicht wieder befreit wird, eine Strafe für den Sünder sei. Diese Meinung beherrscht ja das ganze Alte Testament, und da in demselben mehr das Schicksal des ganzen Volkes als der einzelnen Israeliten ins Auge gefaßt wird, so konnte diese Ansicht lange richtig und ausreichend zu sein scheinen. Aber ist sie wirklich richtig? Hiob erkennt aus seiner Erfahrung, daß sie nicht immer richtig sein kann, denn er ist nach seiner Meinung kein Sünder, der so schwere Strafe verdient hat. Dagegen halten nun seine Freunde an ihrer bisherigen Ansicht fest, daß das Leiden, von welchem der Mensch in diesem Leben nicht wieder befreit wird, eine Strafe Gottes für den Sünder sei.

γ. Wie gewinnt nun der Dichter eine Erklärung für das Leiden des Gerechten?

Wenn wir zunächst den nun folgenden Abschnitt des Gedichtes (K. 32—37) übergehen, so läßt, nachdem Hiob und seine Freunde zu keinem Resultat gekommen sind, der Dichter Gott selber im Gewitter sich offenbaren, und Hiob vernimmt von Gott, wie wunderbar er in der Natur walte; niemand könne die Naturerscheinungen erklären, niemand sei mit den von ihm genannten Tieren genau bekannt und ihnen gewachsen. Aus diesen Reden Gottes soll Hiob selber den Schluß ziehen, und er zieht ihn (denn er demütigt sich ja vor Gott), daß er, da er Gottes Wege in der Natur nicht begreife, noch viel weniger die viel schwerer zu begreifenden Wege Gottes mit den Menschen verstehen könne; Gottes Wege sind unerforschlich. — Damit trösten auch wir uns, wenn wir von Gottes Schlägen gebeugt, von Gottes Wegen überrascht, ratlos dastehen; wir ergeben uns in Gottes wunderbaren Ratschluß, wenn wir ihn auch nicht verstehen; was Gott tut, das ist wohlgetan.

Hiermit konnte der Dichter schließen, Hiob konnte im Leiden sterben, sich ergebend in Gottes Fügung. So schließt zunächst die Hiobsgeschichte des Neuen Testaments, die Geschichte vom armen Lazarus; derselbe ist im Elend gestorben. Aber so schließt unser Buch nicht. Hiob wird in unserm Gedichte wieder gesund und erlangt alles wieder, wiederum zehn Kinder und noch einmal so viel an irdischem Gut, als er früher hatte, und er stirbt alt und lebenssatt. Das ist ja allerdings ein schöner Schluß der Geschichte. Aber geht es auch wirklich im Leben so zu? Stirbt nicht mancher Unglückliche, ja vielleicht die Mehrzahl, im Elend, wie der arme Lazarus? — Diese Frage hat das Buch Hiob nicht beantwortet; es schließt mit Hiobs Wiederherstellung; aber es könnte auch mit Hiobs Untergang schließen, und derselbe würde dann sterben mit dem Worte: „Gottes Wege sind unerforschlich."

Mit Gottes Antwort hat sich deshalb, wie heute viele Forscher annehmen, ein späterer Weiser im Volke Gottes nicht begnügt; er glaubte noch eine andere Antwort auf die Frage nach der Ursache für das Leiden des Gerechten geben zu können, als der ältere Dichter des Buches Hiob. Als nämlich Hiob und seine drei Freunde nichts mehr zu sagen wissen, da tritt, wenn wir nunmehr erst zu dieser Stelle des Buches zurückkehren (K. 32—37), bevor Gott redet, ein vierter Redner auf, Elihu, von dem sonst im Buche Hiob keine Rede ist, und dessen Rede auch Gott (K. 38, 2) völlig unbeachtet läßt, und weist darauf hin, daß das Leiden nicht immer als Strafe anzusehen sei, sondern auch als Prüfung für den Frommen, um ihn zu läutern und zu fördern. Das ist in der Tat ein richtiger Gedanke; aber auch diese Antwort des Dichters befriedigt uns doch ebenso wenig, wie der Ausgang des Buches. Wenn die Prüfung so heilsam für den Menschen ist, warum wird der reiche Mann im Neuen Testament nicht geprüft, dem doch die Prüfung, ja sogar die Strafe des Leidens, vielleicht zum Segen gereicht hätte?

Wenn also Hiobs Freunde alles Leiden des Menschen aus der Gerechtigkeit Gottes herleiten, so wird in den Reden Gottes dasselbe als eine auf der Weisheit Gottes beruhende Schickung, in der Rede Elisus als eine auf der Liebe Gottes beruhende Prüfung angesehen;[1]) diese

[1]) Von dem in Jes. 53 enthaltenen Gedanken (daß der Gerechte für die Ungerechten leidet) mag hier abgesehen werden, da es hier auf das ankommt, was für alle Menschen gilt.

beiden Anschauungen hält zwar auch der Christ für richtig, aber er findet eine noch mehr befriedigende Antwort auf diese Frage im Gleichnis vom armen Lazarus: das ewige Leben wird die Vergeltung bringen, die wir hier so oft vermissen. Dadurch nämlich unterscheidet sich unsere Hoffnung von der des Hiob, daß wir nicht bloß auf eine im Diesseits sich vollziehende Vergeltung hoffen, sondern ein ewiges Leben erwarten, von welchem Hiob wohl auch in K. 19, 25—27 noch nicht redet[1]); das Alte Testament kennt nur ein Schattenleben in der Unterwelt (= Hölle), erst das Neue Testament predigt von einer Seligkeit im Jenseits, und nur durch diesen Glauben wird das Rätsel des Buches Hiob in befriedigender Weise gelöst; nur wenn wir an ein jenseitiges Leben glauben, können wir den Glauben an Gott auch im Leiden festhalten.

Dritter Abschnitt.

Das jüdische Volk von der Wiederherstellung bis zum Untergange des Staates. 432 vor Chr. bis 70 nach Chr.

Wie die aus dem Exil zurückgekehrten Juden um Gott eiferten, aber mit Unverstand.

I. Äußere Geschichte des späteren Judentums.

37. Die Geschichtsbücher des späteren Judentums. (II, 86.)

Die Hauptquellen für unsere Kenntnis der Geschichte des späteren Judentums sind die späteren Geschichtsbücher des jüdischen Volkes. Während aber für die frühere Zeit von Moses bis Esra eine ziemlich zusammenhängende Geschichtsüberlieferung vorhanden ist, ist von Esra bis zur Zeit der Makkabäer in der Geschichtschreibung eine Lücke, welche nicht durch gleichzeitige oder wenig spätere Geschichtschreiber ausgefüllt ist; erst von der Makkabäerzeit bis zum Untergange Jerusalems besitzen wir wieder wertvolle und ausreichende Geschichtsdarstellungen in den Büchern der Makkabäer und in den Geschichtsbüchern des Josephus.

Das erste Buch der Makkabäer, welches die Zeit der Makkabäer von 175—135 darstellt, gehört zu den wertvollsten Geschichtsbüchern, welche wir für die israelitische Geschichte besitzen; viel weniger wertvoll ist das zweite Makkabäerbuch, welches die Geschichte der Jahre 176—161 erzählt.

Einem Priester aus Jerusalem, namens Josephus, welcher im jüdischen Kriege eine (nicht glückliche) Rolle gespielt hat, verdanken wir außer einer zusammenhängenden Geschichte seines Volkes bis zum Ausbruch des Krieges gegen die Römer auch die Aufzeichnung seiner Erlebnisse und damit die genaue Kenntnis des Ausgangs der Geschichte Israels; sein Hauptwerk ist nämlich die „Geschichte des jüdischen Krieges". (Vgl. Nr. 42d.)

---

[1]) Luthers Übersetzung dieser Stelle, auf welcher das schöne Lied „Jesus, meine Zuversicht" zum Teil beruht, ist in der durchgesehenen Bibel mit Recht nach dem Grundtext so geändert worden, daß Hiob eine Hoffnung auf ein jenseitiges Leben nicht oder wenigstens nicht unzweifelhaft ausspricht.

38. Das Judentum in der Zeit von Esra bis zu der Religionsverfolgung unter Antiochus Epiphanes. 432—168. (II, 87.)

a[1]). Über die Schicksale der jüdischen Gemeinde in dem Jahrhundert von Esra bis zu Alexander dem Großen ist uns fast gar nichts überliefert; die Gemeinde scheint sich im ganzen in einem erträglichen Zustande befunden und die persische Oberherrschaft, unter welcher sie stand, nicht als Druck empfunden zu haben. Als das persische Reich durch Alexander den Großen zerstört worden und nach Alexanders Tode in drei große (Macedonien, Ägypten und Syrien) und mehrere kleinere Reiche zerfallen war, fiel das jüdische Land an Ägypten, mit welchem es etwa hundert Jahre verbunden blieb; die Juden waren mit der Herrschaft der Ägypter ganz zufrieden, viele Juden siedelten sich sogar in Ägypten an. Später waren aber die Juden ganz zufrieden damit, daß sie (im Jahre 198) nach heftigen Kämpfen zwischen Ägypten und Syrien zu Untertanen des Königs von Syrien, Antiochus des Großen, des bekannten Gegners der Römer, wurden, der ihnen mit großer Freundlichkeit entgegenkam.

b. Der zweite Nachfolger von Antiochus dem Großen war sein zweiter Sohn Antiochus IV. Epiphanes (175–164). Mit ihm begann eine schlimme Zeit für die Juden. Als nämlich die Juden einen vom Könige Antiochus eingesetzten Hohenpriester vertreiben wollten, kam der König im Jahre 170 selber nach Jerusalem und ließ seine Soldaten erbarmungslos unter die sich gar nicht widersetzenden Juden einhauen. Ja, er ging sogar selber in den Tempel und nahm den Tempelschatz nebst den wertvollsten Tempelgeräten mit sich. Bald begann sogar eine systematische Verfolgung des Judentums, wie sie niemals früher vorgekommen war. Der Opferdienst und die Festfeier, die Beschneidung und die Beschäftigung mit dem mosaischen Gesetz wurden untersagt; dafür sollte auch bei den Juden der heidnische Gottesdienst eingeführt werden; ja, im Jahre 168 wurde auf dem Brandopferaltar im Tempel ein heidnischer Altar errichtet, auf welchem Schweine geopfert wurden. Auf die Übertretung dieser Gebote war die Todesstrafe gesetzt. Zwar viele Juden fügten sich den Geboten des Königs, aber die Mehrzahl blieb standhaft, und sie harrten auf eine Erlösung, wie sie ihnen in dem in dieser schweren Drangsalszeit entstandenen Buche Daniel verheißen wurde.

39. Das jüdische Volk unter den Makkabäern; das Eingreifen der Römer; der Untergang der Makkabäer. 168—40 v. Chr. (II, 88.)

a. In der Zeit der Religionsverfolgung entfloh ein Priester, Namens Mattathias, mit seinen fünf Söhnen, deren einer, Judas, später den Beinamen Makkabi, d. h. der Hammer (= dem bekannten Worte Martell), erhalten hat (wovon das Geschlecht den Namen der Makkabäer führt) und begab sich nach der in der Nähe von Lydda gelegenen Stadt Modin[2]). Als aber auch hierher ein Gesandter des Königs kam, um die Juden zum

[1]) Vgl. Nr. 31 u. 32.

[2]) Eigentlich: Mode-in, heute wohl El-Medje, Dorf bei der Stadt Lydda (L. ist eine Eisenbahnstation zwischen Jafa und Jerusalem).

Opfer für die heidnischen Götter zu zwingen, und Mattathias damit den Anfang machen sollte, da weigerte sich dieser, seinem Gotte untreu zu werden, und als ein anderer Jude damit den Anfang machen wollte, schlug er ihn tot; alsbald wurde auch der Gesandte des Königs getötet und der heidnische Altar zerstört. Damit war das Zeichen zum Aufstand gegen den König gegeben. An Mattathias schlossen sich bald immer mehr gesetzestreue Juden an, verließen Modin und suchten Schutz in den Bergen und Einöden. Bald errangen sie immer neue Siege, und überall wurden die heidnischen Altäre zerstört.

b. Als Mattathias im Jahre 167 starb, folgte ihm als Feldherr der Juden sein dritter Sohn Judas, der um seiner Tapferkeit willen den Namen Makkabi erhielt. Nachdem derselbe mit seiner geringen Schar in mehreren Schlachten über große Heere des Königs gesiegt hatte, konnte er daran gehen, den Tempel wieder vom Götzendienst zu reinigen und aufs neue zu weihen, und seitdem feiern die Juden bis auf den heutigen Tag das Tempelweihfest. Als im Jahre 164 Antiochus starb, glaubte Judas die Zeit gekommen, um die syrische Besatzung aus der Burg von Jerusalem zu vertreiben; aber als nun die Syrer mit Übermacht im Lande erschienen, wäre es den Juden wohl schlecht gegangen, wenn nicht Streitigkeiten über die Vormundschaft des jungen Königs ausgebrochen wären. Aus diesem Grunde wurde seitens der Syrer mit den Juden Frieden gemacht und Religion und Gottesdienst wieder freigegeben. Damit war der Religionskrieg zu Ende (163); fortan handelte es sich um die Herrschaft über das jüdische Volk. Judas geriet nämlich bald mit dem Hohenpriester in Zwist, weil er sich nicht damit begnügen wollte, für sein Volk die Religionsfreiheit errungen zu haben, sondern auch die Herrschaft über die Juden erringen wollte. Als ein syrisches Heer infolge der Absetzung des von Judas vertriebenen Hohenpriesters in Judäa erschien, wurde es geschlagen (162); im nächsten Jahre wurde aber Judas geschlagen, und tapfer kämpfend starb er den Heldentod (161).

Als nach Judas' Tode die Syrer auch weiter die Juden bedrängten, wählten die Juden seinen jüngsten Bruder Jonathan zu ihrem Feldherrn. Die Thronstreitigkeiten in Syrien klug benützend, machte sich derselbe im Jahre 153 zum Hohenpriester der Juden, und als der Thronbewerber, an den sich Jonathan angeschlossen hatte, zum König geworden war, erhielt er von demselben den Titel eines Teilfürsten und Feldherrn; damit war Juda zwar nicht selbständig, aber doch eine besondere Provinz des syrischen Reiches unter einem eigenen Oberhaupt und mit eigener Verwaltung geworden. Aber neue Thronstreitigkeiten in Syrien verwickelten Jonathan in neue Kämpfe; ja, endlich geriet er sogar in die Gefangenschaft der Syrer, und bald wurde er von denselben getötet (143).

Jonathans Bruder Simon, der einzige noch lebende Sohn des Mattathias, wurde nun Hoherpriester, Feldherr und Volksfürst der Juden (143). Dazu machte er zunächst sich selber, aber seine Herrschaft wurde auch vom Syrerkönig und bald darauf (141) auch durch einen Beschluß des jüdischen Volkes anerkannt, „bis ein zuverlässiger Prophet aufstehe" (d. h. bis zur Ankündigung oder Gründung des messianischen Reiches — also als erblicher Herrscher).

So war durch die drei Söhne des Mattathias die Freiheit errungen worden, und zwar nicht bloß die Religionsfreiheit, sondern auch die politische Freiheit, und die Juden bildeten wieder, wie in der alten Zeit, ein freies Gemeinwesen, und zwar jetzt unter dem Herrscherhause der Makkabäer.

c. Simons ältester Sohn, Johannes Hyrkanus, welcher seinem Vater als Hoherpriester und Fürst der Juden (135—105) folgte, hat das bis auf seine Zeit so kleine, nur etwa den Stamm Juda umfassende Herrschergebiet der Makkabäer nach Norden und Süden bedeutend erweitert, indem er im Norden Samaria und im Süden Idumäa seinem Reiche beifügte, so daß er ein so großes Reich besaß, wie es seit den Zeiten Davids und Salomos nicht mehr bestanden hatte.

Als derselbe starb (105), legte sich sein Sohn Judas Aristobulus, wenigstens den Heiden gegenüber, den Königstitel bei, und erweiterte das von seinem Vater überkommene Herrschergebiet (Judäa, Idumäa und Samaria) noch nach dem Norden, indem er auch Galiläa unterwarf und die dortigen heidnischen Bewohner zur Annahme des Judentums zwang. Da er bei seinem Tode (104) keinen Sohn hinterließ, so mußte seine Gattin nach dem Gesetz ihren Schwager heiraten, und so wurde derselbe, Alexander Jannäus (= Jonathan), der Nachfolger seines Bruders (104—78).

Als Alexander Jannäus starb, folgte ihm seine tatkräftige Gattin Alexandra Salome, obwohl schon 64 Jahre alt, als Königin (78—69); nur das Hohepriestertum überließ sie ihrem schwachen Sohne Hyrkanus II. Sie schloß sich an die Pharisäer an, die Gegner der weltlichen Herrschaft des Makkabäischen Hauses, während der tüchtigere Bruder des Hyrkanus, Aristobulus, denselben entgegentrat. Als nun die Mutter im Jahre 69 starb, sollte zwar ihr älterer Sohn Hyrkanus II., der schon Hoherpriester war, auch König werden; aber alsbald machte ihm sein tüchtigerer Bruder Aristobulus die Herrschaft streitig, und bald hatte dieser im Kampfe seinen Bruder besiegt, so daß er Hoherpriester und König wurde. Da gab nun einer seiner Feldherren dem Hyrkanus einen guten Rat, wie er die verlorene Herrschaft wiedergewinnen könne; dieser Feldherr war der Edomiter Antipater (der Vater von Herodes dem Großen), dessen Vater schon unter den früheren Herrschern mit der Verwaltung seiner Heimat Idumäa (dem Edomiterlande) betraut worden war, und der Sohn (Antipater) scheint dem Vater in dieser Stellung gefolgt zu sein. Auf seinen Rat floh nämlich Hyrkanus aus Jerusalem und knüpfte Unterhandlungen mit einem arabischen Fürsten, Aretas, an, damit dieser ihn wieder in seine Herrschaft einsetze. Als nun Aretas den Aristobulus in Jerusalem mit einem Heere einschloß, sah sich dieser ebenfalls nach auswärtiger Hilfe um, und er hoffte sie bei den eben unter dem Oberbefehl des Pompejus in Syrien einrückenden Römern zu finden, welche bereits in Asien ihre Herrschaft ausgebreitet und eben damals (64) dem syrischen Reiche ein Ende gemacht hatten. Der Unterfeldherr des Pompejus, Namens Scaurus, befand sich in Damaskus, als die Gesandten des Aristobulus vor ihm erschienen; aber zugleich mit ihnen kamen zu Scaurus auch Gesandte von Hyrkanus mit der Bitte, ihm gegen seinen Bruder beizustehen. Scaurus entschied sich für Aristobulus, damit nicht Aretas zu mächtig werde, und gebot diesem, von Jerusalem sofort abzuziehen. Als aber Pompejus mit einem Heere in Judäa erschien und sich für Hyrkanus entschied, ergab sich Aristobulus zwar freiwillig den Römern, und auch die Stadt Jerusalem ergab sich ihm; aber der von Aristobulus' Anhängern verteidigte Tempelberg mußte erstürmt werden. Pompejus betrat selber das Allerheiligste, ließ aber den Tempel und seine Schätze unberührt.

Mit der politischen Freiheit der Juden, welche die Makkabäer in schweren Kämpfen mit den Syrern errungen hatten, war es aber jetzt zu Ende; zwar erhielt Hyrkanus das (um mehrere Gebiete verkleinerte) jüdische Land, aber nur als Hoherpriester, nicht als König; das jüdische Land wurde den Römern tributpflichtig, und wenn auch noch nicht zur Provinz gemacht wie Syrien, so stand es doch fortan unter der Aufsicht des Verwalters von Syrien.

d. Nach Pompejus' Tode wurde Antipater, einer der treusten und eifrigsten Anhänger Cäsars, von diesem zum Verwalter (procurator) des jüdischen Landes ernannt; Hyrkanus blieb Hoherpriester. Antipater aber übertrug, um die Erblichkeit seines Hauses im Herrscheramte über die Juden anzubahnen, seinem ältesten Sohne die Regierungsgeschäfte in der Umgegend von Jerusalem, dem jüngeren, Herodes, die Verwaltung von Galiläa. Nach Cäsars Tode wurde Antipater von einem Nebenbuhler, der ihn um seine Macht beneidete, vergiftet; dem Herodes gelang es aber, den Mord seines Vaters an dem Mörder zu rächen. Als der Bürgerkrieg zu Ende war (42) und Antonius der Herr des Ostens wurde, wußte sich Herodes die Gunst desselben zu erwerben, und Antonius ernannte die beiden Söhne des Antipater zu Tetrarchen (Teilfürsten) und übergab ihnen die Verwaltung des Landes.

e. Da drangen die Parther in das römische Asien, und die Juden hofften, durch sie von der Herrschaft der Römer und der Söhne Antipaters befreit zu werden; Antigonus, der einzige noch übrige Sohn des Aristobulus, stellte sich an die Spitze und kämpfte gegen die beiden Edomiter; Jerusalem fiel in seine Hände, und endlich wußten sich Hyrkanus und der Bruder des Herodes nicht anders zu helfen, als daß sie sich den Parthern ergaben und zum parthischen Statthalter führen ließen; Herodes aber gelang es, aus Jerusalem zu entkommen, und er begab sich nach Rom zu Antonius. Weil nun zu fürchten war, daß, wenn Antigonus im jüdischen Lande herrsche, die Parther ihre Herrschaft in Asien behaupten oder sogar noch weiter ausdehnen würden, so wurde durch einen Senatsbeschluß Herodes zum Könige des jüdischen Landes ernannt (40 v. Chr.).

40. Der König Herodes der Große. 40—4 v. Chr. (II, 89.)

a. Nachdem Herodes durch die Römer zum Könige von Judäa ernannt worden war, kehrte er alsbald in seine Heimat zurück, um sein Reich dem Antigonus zu entreißen. Da er aber Jerusalem zunächst nicht in seine Gewalt bekommen konnte, so begab er sich nach Galiläa, und nach vielen Kämpfen hatte er dasselbe unterworfen. Aber nur mit römischer Hilfe gelang es ihm endlich, auch Jerusalem einzunehmen und Antigonus in seine Gewalt zu bekommen (37); denselben lieferte er dem Antonius aus, und dieser ließ ihn hinrichten. Nunmehr war er endlich im Besitze seines Königreichs; dasselbe umfaßte aber die Landschaften Idumäa, Judäa, Samaria, Galiläa (nebst einigen kleineren Gebieten in der Nähe von Galiläa) und Peräa — also wieder das ganze Gebiet des jüdischen Landes.

b. Das Streben des Herodes ging, obwohl er sich zu den Pharisäern freundlich stellte, doch auf dasselbe Ziel hinaus, welches sich einst Antiochus Epiphanes gesteckt hatte, die Juden den anderen Völkern anzunähern und ihre Eigentümlichkeit zu vernichten. Vergeblich suchte er sich deshalb durch ein besonderes Unternehmen die Gunst der Juden zu erwerben. Der zweite Tempel war nämlich in dürftiger Zeit gebaut worden und war schon den Zeitgenossen klein und ärmlich erschienen; er paßte nun vollends nicht mehr zu den Prachtbauten, welche seit Herodes' Zeit Jerusalem zierten. Herodes verkündete deshalb den Juden, daß er den Tempel zu erneuern gedenke. Aber die Juden fürchteten, er werde ihren Tempel zwar einreißen, aber keinen neuen bauen oder gar an seiner Stelle einen heidnischen Tempel errichten. Um diesen Argwohn zu zerstreuen, ließ Herodes zunächst alles Baumaterial vollständig zusammenbringen; auch wurden Priester im Bauhandwerk unterrichtet, damit der eigentliche Tempel von heiligen Händen errichtet werde. Nunmehr wurde der alte Bau rasch abgebrochen, und aus mächtigen Marmorblöcken, die später zum Teil mit Goldplatten überkleidet wurden, wurde der Neubau aufgeführt, viel schöner, höher und länger, als der erste Tempel gewesen war.

c. Seine heidnischen Zeitgenossen haben diesen Herrscher den großen Herodes genannt, und er besaß allerdings eine große Klugheit und eine große Tatkraft; aber den Juden ist er stets nur als ein großer Tyrann erschienen; wer ihm entgegentrat oder ihm auch nur gefährlich zu sein schien, der wurde ermordet: er hatte sogar seine eigene Frau und seine Söhne getötet und das ganze Haus der Makkabäer ausgerottet, um sich seine Herrschaft zu erhalten; er hat ja auch in der Tat seine Herrschaft bis zu seinem Tode behauptet.

41. Die Söhne des Herodes und die römischen Statthalter; Herodes Agrippa I. 4 vor Chr. bis 44 nach Chr. (II, 90.)

a. Nach dem Testamente des Herodes, das der römische Kaiser bestätigte, wurde nunmehr das jüdische Land in drei Teile geteilt.

Philippus, der beste der drei Söhne, erhielt unter dem Titel eines Tetrarchen (d. i. Teilfürst) einige Landstriche im nördlichen Teile des Landes jenseits des Jordans, ein fast ganz heidnisches Gebiet, das er 37 Jahre lang weise und tüchtig regiert hat. Als er im Jahre 34 kinderlos starb, wurde sein Gebiet zunächst mit der römischen Provinz Syrien vereinigt, aber schon im Jahre 37 dem Herodes Agrippa übergeben.

Antipas oder Herodes (wie er im Neuen Testament stets genannt wird) erhielt als Tetrarch Galiläa und Peräa; er war also der Landesherr Jesu, und er hat ja auch mit Jesus persönlich zu tun bekommen; Pilatus sandte ihm bekanntlich seinen Gefangenen zu, damit er als sein Landesherr das Urteil über ihn spreche; aber Antipas ließ sich darauf nicht ein, sondern verspottete nur Jesum und schickte ihn wieder zu Pilatus zurück. Seine erste Gemahlin kehrte zu ihrem Vater, dem Araberfürsten Aretas, zurück, als er die Herodias liebgewann, das Weib eines seiner Stiefbrüder; dafür wurde er von Aretas mit Krieg überzogen, der für ihn unglücklich endete. Wie später mit Jesus, so war er früher mit Johannes dem Täufer bekannt geworden; er hat denselben ins Gefängnis setzen lassen, weil er seine Ehe mit Herodias tadelte, wie das Neue Testament berichtet; bekanntlich wurde später Johannes von ihm hingerichtet. Als sich Antipas nach Rom begab, um sich vom Kaiser Caligula den Königstitel zu erbitten, den derselbe eben (nebst den Besitzungen des Philippus) dem Herodes Agrippa verliehen hatte, da schickte ihn Caligula auf eine Anklage des Agrippa im Jahre 39 in die Verbannung nach Lugdunum (Lyon); sein Land wurde gleichfalls dem Agrippa übergeben.

Der älteste der drei Söhne des Herodes, Archelaus, erhielt den Hauptteil vom Gebiete seines Vaters: Idumäa, Judäa und Samaria. Als Archelaus in Rom, aber nur als Ethnarch (Fürst — ein höherer Titel als Tetrarch, d. h. Teilfürst), nicht als König, bestätigt worden war und in die Heimat zurückkehrte, hatte er immer wieder mit der Feindseligkeit der ihn hassenden Juden zu kämpfen. Eine Klage vornehmer Juden beim Kaiser brachte es bereits im Jahre 6 nach Chr. dahin, daß Archelaus entsetzt und nach Vienna (in Gallien) in die Verbannung geschickt wurde.

b. Nach des Archelaus Absetzung im Jahre 6 nach Chr. wurden Idumäa, Judäa und Samaria zur römischen Provinz gemacht und unter einen Prokurator gestellt, der für gewöhnlich in Cäsarea seinen Sitz hatte, während der Feste aber in Jerusalem verweilte, weil dann daselbst sehr viele Menschen zusammenströmten und oft genug dabei Unruhen ausbrachen. Bis zum Jahre 41 haben sieben Prokuratoren das Land verwaltet, Pilatus war der fünfte derselben.

Zehn Jahre lang, 26–36 nach Chr., wo er abgesetzt und zur Verantwortung nach Rom geschickt wurde, ist nämlich Pontius Pilatus Prokurator im Lande des Archelaus gewesen. Nachdem er in Jerusalem Jesum hatte kreuzigen lassen, schritt er später (im Jahre 35) auch gegen eine ihm verdächtige Volksbewegung in Samarien ein. Auf dem Berge Garizim sollten nämlich, wie die Samariter glaubten, die heiligen Tempelgeräte vergraben sein. Als nun ein angeblicher Prophet den Samaritern versprach, ihnen diese Tempelgeräte zu zeigen, da überfiel Pilatus das zahlreiche Volk, und dabei wurden viele Samariter getötet. Der Legat von Syrien, bei dem Pilatus deshalb von den Samaritern verklagt wurde, schickte ihn zur Verantwortung nach Rom (36 nach Chr.). Von seinem Ende weiß die christliche Sage mancherlei zu erzählen.

Im ganzen hat das jüdische Volk unter den ersten Statthaltern, von einzelnen Fällen abgesehen, eine ruhige Zeit verlebt.

c. Da wurde im Jahre 41 noch einmal ein jüdisches Königreich hergestellt, und zwar unter einem Enkel von Herodes dem Großen und der Makkabäerin Mariamme, Herodes Agrippa I. Derselbe, ein Sohn des von seinem Vater Herodes dem Großen hingerichteten Aristobulus, ein Bruder der berüchtigten Herodias, hatte nach dem Tode des Tiberius im Jahre 37 vom Kaiser Caligula die Besitzungen des damals gestorbenen Philippus und einige andere Landstrecken als König, dazu im Jahre 39 nach der durch ihn bewirkten Absetzung des Antipas auch Galiläa und Peräa erhalten. Als er dem Nachfolger von Caligula, Claudius, mit zum Kaiserthron verholfen hatte, belohnte dieser seinen Freund im Jahre 41 dadurch, daß er ihm auch noch das seit dem Jahre 6 nach Chr. von einem Prokurator verwaltete Gebiet von Idumäa, Judäa und Samaria übergab. Agrippa herrschte also wieder, wie sein Großvater Herodes, über ganz Palästina, sogar einige Teile der Nachbarländer hatte er noch dazu erhalten. Er erwarb sich die Gunst der Juden, indem er (allerdings nur im jüdischen Lande) genau die jüdischen Satzungen beobachtete und indem er die Christen verfolgte (Apg. 12); der Apostel Jakobus wurde, als der erste Märtyrer unter den Aposteln, auf seinen Befehl enthauptet, während Petrus seinen Händen entrann. Aber dieser letzte König der Juden hat nur drei Jahre regiert; als er in Cäsarea Festspiele zu Ehren des Kaisers feierte, erschien er am zweiten Tage im Theater in einem Gewande, welches ganz aus Silber gewirkt war. Als das Gewand in der Sonne erglänzte, nannten die Schmeichler ihn einen Gott, und der König ließ sich diese Schmeichelei gefallen. Da wurde er plötzlich krank und mußte nach Hause getragen werden; nach fünf Tagen war er tot (44 nach Chr.; vgl. Apg. 12, 19—23); er war der letzte Nachkomme des Herodes, der das jüdische Volk beherrscht hat. Sein Sohn Herodes Agrippa II. erhielt zwar einige Gebiete im Norden von Palästina, die Aufsicht über den Tempel in Jerusalem und die Befugnis, den Hohenpriester zu ernennen, aber nicht die Herrschaft über das jüdische Land.

42. Die späteren römischen Statthalter; der Ausbruch des Krieges gegen Rom; der Krieg in Galiläa. 44—66. (II, 90—92.)

a. Nach dem Jahre 44 haben wieder Prokuratoren, wiederum sieben an der Zahl, das (ganze) jüdische Land verwaltet; dieselben haben zum Teil geradezu darauf hingearbeitet, das ihnen anvertraute Volk durch ihre Rücksichtslosigkeit zum Aufruhr zu treiben.

F e l i x, der vierte derselben, hatte als zweite Frau eine Jüdin, Drusilla, eine Tochter von Herodes Agrippa I., welche um seinetwillen ihrem Manne untreu wurde. Unter Felix wurde Paulus gefangen genommen, und vor Felix und Drusilla hat er sich verantwortet (Apg. 24, 24). Des Felix Nachfolger F e s t u s war zwar ein rechtlich gesinnter Mann, aber die Zustände im jüdischen Lande steuerten schon zu sehr dem Aufruhr entgegen, als daß er das Land hätte wirklich beruhigen können. Festus ist es, der den Apostel Paulus auf sein berechtigtes Verlangen als römischen Bürger nach Rom sandte, damit seine Sache vor dem kaiserlichen Gerichtshofe verhandelt werde. Des Festus Nachfolger A l b i n u s benützte seine Stellung hauptsächlich, um Geld herauszuschlagen; aber der schlimmste der Prokuratoren war G e s s i u s F l o r u s, der siebente und letzte, welcher das jüdische Land verwaltet hat. Er plünderte nicht bloß einzelne Leute, sondern ganze Ortschaften; die Räuber durften tun, was sie wollten, wenn sie nur mit ihm den Gewinn teilten. Es war ihm sogar ganz recht, wenn die Juden sich gegen die römische Herrschaft empörten; dann war er vor jeder Anklage sicher, da die Aufrührer gewiß nicht gegen ihn recht bekamen. Es bedurfte nur noch eines Anlasses zum Aufstand gegen die Römer, und dieser Anlaß war bald gefunden.

b. In der Stadt Cäsarea (am Mittelländischen Meere) wohnten nämlich mehr Heiden als Juden, und nach mancherlei Reibungen zwischen beiden Parteien kam es endlich zum Prozeß darüber, ob Cäsarea als heidnische oder als jüdische Stadt anzusehen sei; das römische Gericht entschied zu Gunsten der Heiden, die Juden waren also in Cäsarea nur der geduldete Teil, und bald kam es zu einem Streite, in welchem sie den kürzeren zogen, wobei sie sogar aus ihrer Synagoge verdrängt wurden.

In Jerusalem erregte die Kunde von den Vorgängen in Cäsarea die größte Erbitterung, und als es vollends in Jerusalem infolge einer Beleidigung des Statthalters durch die Juden zum Kampfe zwischen dem Volke und den Soldaten kam, wobei diese aus der Stadt gedrängt wurden, da vermochten die Vorsteher der Stadt das Volk nicht mehr zu beruhigen; den Römerfeinden gehorchend, war es jetzt zum Kampfe gegen die Unterdrücker entschlossen.

c. Bald hatten die Empörer den Tempelberg in ihre Gewalt bekommen; Opfer und Fürbitte für den Kaiser und das römische Volk wurden eingestellt; die noch immer in Jerusalem befindliche, aber von den Juden eingeschlossene kleine Besatzung, die sich nach drei festen Türmen geflüchtet hatte, wurde zur Ergebung veranlaßt. Man hatte ihnen freien Abzug ohne Waffen zugesichert; aber den Heiden glaubte man den Eid nicht halten zu müssen, und so wurden sie alle niedergemetzelt; nur der Tribun Metilius rettete sein Leben durch das Versprechen, Jude zu werden. Während in Jerusalem der Kampf tobte, hatte auch bereits im ganzen Lande und in den Nachbarländern die längst bestehende Feindschaft zwischen Juden und Heiden zum offenen Kampfe geführt, in welchem überall Tausende der schwächeren Partei, hier Juden, dort Heiden, erschlagen wurden; Mord und Plünderung tobten längere Zeit in Palästina, Syrien und Ägypten, von den römischen Beamten selten unterdrückt, meist befördert.

Nunmehr wagten auch die bisherigen Freunde des Friedens und der Römer nicht mehr, der Kriegspartei sich zu widersetzen. Das ganze Land wurde in verschiedene Bezirke geteilt, und dieselben wurden Feldherren zugeteilt, welche die nötigen Vorkehrungen für den Krieg treffen sollten.

d. Als der Kaiser Nero von dem Aufstande in Judäa erfuhr, übertrug er den Oberbefehl über die gegen die Juden zu sendenden Truppen dem Titus Flavius Vespasianus, einem tapferen, umsichtigen und unbescholtenen Feldherrn. Vespasianus zog zuvörderst ein größeres Heer zusammen; mit etwa 60000 Mann begann er im Frühjahr 67 den Kampf.

Von Antiochia aus, wo er die Armee versammelt hatte, beschloß Vespasianus zunächst nach Galiläa zu ziehen und dort den Aufstand zu dämpfen. Hier war Oberbefehlshaber der Juden ein vornehmer Pharisäer, namens Josephus, der freilich vom Kriege nichts verstand; vergebens suchte ein tapferer Galiläer, Johannes von Gis-chala, denselben von der bedeutenden Stelle zu verdrängen.

Als das römische Heer mit der Ruhe und Sicherheit wohlgeschulter Soldaten gegen die kaum eingeübten Galiläer heranrückte, da ergriff dieselben ein solcher Schrecken, daß sie noch vor Beginn des Kampfes nach allen Richtungen auseinanderstoben; Josephus begab sich noch rasch in die Festung Jotapata, gegen welche alsbald die Römer heranrückten. Schon lag das Heer fast sieben Wochen vergeblich vor der durch Josephus klug und tapfer verteidigten Stadt, da führte ein Überläufer den Vespasianus zum Ziel; er riet dem Römer, in der frühen Morgenstunde die Stadt zu überrumpeln, dann würde er die durch den übermäßig anstrengenden Dienst ermatteten Juden schlafend finden. Der Sohn des Oberfeldherrn, Titus, wagte das Unternehmen; bald waren die Römer in der Stadt. Als die Juden endlich merkten, was geschehen war, stießen sich viele das Schwert in die eigene Brust, die anderen wurden niedergehauen; die Stadt wurde dem Erdboden gleichgemacht; Weiber und Kinder wurden in die Sklaverei verkauft. Dagegen gelang es dem Josephus, sein Leben zu retten; aber er wurde gefangen genommen, und während des späteren Kampfes befand er sich im römischen Lager. Daß er später freigelassen und zum Schriftsteller (namentlich des jüdischen Krieges) geworden ist, ist schon oben (Nr. 37) bemerkt worden.

Mit der Eroberung von Jotapata war die stärkste Festung des Landes bezwungen, allmählich fielen auch die anderen Städte in die Hände der Römer; Johannes von Gis-chala hatte sich in seine Heimat (Gis-chala) geflüchtet, und es gelang ihm, als Titus vor der Stadt anlangte, durch eine List zu entkommen.

e. In dieser Zeit verließ die Christengemeinde Jerusalem und begab sich nach der Stadt Pella auf der Ostseite des nördlichen Jordantals; daselbst hat sie die schreckliche Zeit des jüdischen Krieges glücklich überstanden.

43. Der Krieg in Judäa. 70. (II, 93.)

a. Nach der Unterwerfung von Galiläa (67) hatte Vespasianus auch Peräa und Idumäa unterworfen; Jerusalem überließ er zunächst sich selber, Hunger und Parteiung arbeiteten ihm dort in die Hände. Auch gab es für Vespasianus im Jahre 68 noch viel wichtigere Dinge zu bedenken. Der Kaiser Nero hatte sich nämlich durch einen Freigelassenen den Tod geben lassen; sein Nachfolger Galba war bereits wieder ermordet worden; nunmehr stritten Otho und Vitellius um die Herrschaft. Als Vitellius siegte, erklärten sich die Soldaten des Morgenlandes gegen ihn, und sie bewogen den Vespasianus, die Herrschaft über das römische Reich zu übernehmen. Nun begab sich Vespasianus nach Rom und überließ seinem Sohne Titus die Vollendung des jüdischen Krieges.

b. Von Cäsarea her rückte Titus im April des Jahres 70 mit einem Heere von etwa 80000 Mann durch Samaria gegen Jerusalem vor; es war kurz vor dem Passahfeste, und ausnahmsweise viele Pilger und auch Kämpfer waren zur Festfeier und zum Beistande für ihre Landsleute erschienen. Titus schritt, im Norden angreifend, zunächst zum Angriff gegen den Stadtteil Bezetha[1]). Rasch war ein Wall errichtet und Wurfgeschosse darauf aufgepflanzt; bald arbeiteten auch die Sturmböcke gegen die Mauer.

Am 15. Tage der Belagerung drangen die Römer stürmend in die Gassen der Bezetha ein; die Juden zogen sich hinter die zweite Mauer,

[1]) B. war der nördlichste Teil der Stadt, von welchem südlich eine zweite Vorstadt und noch weiter nach Süden die eigentliche Stadt mit dem Tempel und der Burg lagen.

welche die zweite Vorstadt umgab, zurück. Bald drangen die Römer, obwohl sich die bis dahin uneinigen Parteien in der Stadt jetzt vereinigt hatten und den tapfersten Widerstand leisteten, auch in den zweiten Stadtteil ein; zwar wurden sie durch einen furchtbaren Straßenkampf noch einmal zurückgedrängt, aber kurz darauf bemächtigten sie sich des zweiten Stadtteils zum zweiten Male. Titus hätte gern weiteres Blutvergießen vermieden, aber vergeblich forderte Josephus, der gefangen genommene Kommandant von Jotapata, den ihm sein Vater als Ratgeber zurückgelassen hatte, in seinem Namen die Juden zur Ergebung auf.

In siebzehn Tagen hatte das römische Heer mit der größten Anstrengung die Wälle zu weiterem Angriff errichtet; man begann die Wurfmaschinen darauf zu stellen und die Türme zu errichten. Als dieselben durch die Juden zerstört wurden, beschlossen die Römer, die ganze Stadt mit einem hohen Walle zu umgeben und sie auszuhungern, und bald begann eine furchtbare Hungersnot in der Stadt zu wüten.

c. Als nun die ganze Stadt durch einen Wall eingeschlossen war, ließ Titus doch bald wieder Sturmwälle errichten, und zwar der Burg Antonia gegenüber; darauf wurden die Sturmböcke gegen die Mauer der Burg vorgeschoben, und bald war diese erheblich beschädigt; an derselben Stelle war aber vorher ein unterirdischer Gang unter der Mauer durchgeführt worden, und so stürzte sie in der folgenden Nacht plötzlich von selbst zusammen; aber schon stand eine Barrikade hinter der Bresche. Nach kurzer Zeit aber gaben die Juden die Burg selber preis und flüchteten sich auf den Tempelberg; die Römer hofften vergebens, den Tempel alsbald einnehmen zu können.

Um nun den Tempel besser belagern zu können, wurde die Burg dem Erdboden gleichgemacht. Darauf wurden wieder Wälle errichtet, um den Tempel zu belagern. Als die Wälle den Tempel umgaben, brannten die Juden die Hallen nieder, die den Tempel mit der ehemaligen Burg verbanden, damit die Römer nicht durch die Hallen zum Tempel gelangen könnten. Als die Sturmböcke mehrere Tage lang gegen die Mauer des Tempels gearbeitet hatten, erkannte Titus, daß die Mauer zu fest sei, um alsbald einzustürzen; es mußte also wieder gestürmt werden. Die Leitern wurden angelegt, aber wer hinaufkam, den stürzten die Juden sofort wieder hinab; auch warfen sie mehrmals die ganze Leiter um. Nunmehr ließ Titus die den Tempel umgebenden noch nicht verbrannten Hallen in Asche legen; nach eintägiger Rast sollte zum Hauptsturm geschritten werden. Am bestimmten Tage, am 5. August, an welchem Tage angeblich auch der erste Tempel zerstört worden war, machten die Juden nochmals einen Ausfall; aber die Römer schlugen sie zurück; im Kampfgedränge kamen nun einige Römer zugleich mit den fliehenden Juden bis dicht vor den Tempel; da hob ein Soldat einen andern empor, und dieser schleuderte durch eine Fensteröffnung einen Feuerbrand in den Tempel. Nach furchtbarem Kampfe wurde der Tempel erstürmt; noch konnte Titus das prachtvolle Heiligtum betreten und ansehen; bald lag es in Trümmern.

d. Mit der Erstürmung des Tempels war aber der Kampf noch nicht zu Ende; die jüdischen Soldaten waren nämlich in großer Zahl vom Tempelberge über die Brücke in die Oberstadt entronnen; Titus forderte sie auf, sich ihm auf Gnade oder Ungnade zu ergeben; sie aber forderten freien Abzug in die Wüste; da erklärte Titus, nunmehr werde er nach dem strengen Kriegsrecht verfahren, auf Gnade dürften sie nicht mehr hoffen.

Zuerst wurde nunmehr die ganze Stadt geplündert und eingeäschert, darauf jeder Versteck sorgfältig durchsucht, und alle Bewohner, die man fand, wurden getötet; danach begann man die Belagerung der Oberstadt. Endlich kam es zum Sturm, aber die Juden leisteten kaum noch Widerstand; bald waren die Römer in der Stadt, schlugen alles nieder, plünderten nach Herzenslust, und am andern Tage, am 2. September, legten sie auch diesen Stadtteil in Asche. Von der ganzen Stadt blieben überhaupt nur drei Türme für die römische Besatzung stehen; einer von denselben und ein Stück von der alten Tempelmauer sind noch heute vorhanden. Die Gesamtzahl der Gefangenen betrug 97000, die der bei der Belagerung umgekommenen Einwohner 1100000.

Im Jahre 71 hielt Titus mit seinem Vater Vespasianus in Rom einen glänzenden Triumphzug, in welchem die vornehmsten Gefangenen mitaufgeführt und unter den Beutestücken auch der goldene Schaubrottisch, der siebenarmige Leuchter und eine Gesetzesrolle aus dem Tempel einhergetragen wurden. Zum Gedächtnis an den Sieg über die Juden baute Vespasianus der Friedensgöttin einen Tempel; auch Denkmünzen mit der Umschrift Victoria Augusti (Sieg des Kaisers) und Judaea capta (Judäas Eroberung) wurden geschlagen; noch heute steht in Rom der dem Titus errichtete Triumphbogen, auf welchem der Triumphzug des Siegers abgebildet ist.

e. Noch zweimal kam es, abgesehen von kleineren Aufständen, zum Kampfe zwischen Römern und Juden, unter den Kaisern Trajanus (115—117) und Hadrianus (132—135); aber wieder wurden Tausende von Juden erschlagen, und ein jüdisches Reich ist niemals wieder errichtet worden. Das Volk der Juden ist jedoch nicht zugrunde gegangen, sondern dasselbe hat sich bis auf den heutigen Tag erhalten. (Vgl. Nr. 45.)

II. 44. Die Frömmigkeit des jüdischen Volkes in der Zeit nach dem Exil. (II, 94—97.)

„Sie eifern um Gott, aber mit Unverstand."

a. Die innere Entwickelung Israels nach dem Exil ist vornehmlich durch die Wirksamkeit zweier einflußreicher Stände bestimmt, der Priester und der Schriftgelehrten. Zunächst hatten die Priester das Übergewicht, erst seit der Makkabäischen Zeit gewannen die Schriftgelehrten ein höheres Ansehen als die Priester. Seitdem nämlich durch Josia aller Gottesdienst in Jerusalem konzentriert und seitdem durch Esra der Pentateuch zum anerkannten Gesetzbuch geworden war, besaß die Priesterschaft, und zwar nur die am Tempel in Jerusalem, das Privilegium, allein für das ganze Volk und für alle einzelnen Israeliten Gott wohlgefällige Opfer darbringen zu können. So hatten also die Priester die höchste Stellung im Volke. Als aber unter den Priestern der Eifer für das Gesetz erkaltete (und sie zu Sadducäern wurden), während im Volke der Eifer für das Gesetz immer größer wurde, traten an ihre Stelle in der geistigen Beherrschung des Volkes die Schriftgelehrten (welche aus den Pharisäern hervorgingen); auf die Zeit der Priester folgte die Zeit der Schriftgelehrten.

b. Als nämlich durch Esra das Gesetz zur Norm für die Frömmigkeit des aus dem Exil zurückgekehrten Volkes gemacht worden war, da sonderten sich allmählich die „Frommen" von den Heiden, ja sogar von den gewöhnlichen Juden ab, weil dieselben ihnen nicht fromm genug waren, und diese „Frommen" erhielten als „Abgesonderte" den Namen Pharisäer, und sie suchten das Gesetz besonders streng zu erfüllen. Aus den Pharisäern sind die Schriftgelehrten hervorgegangen, welche es sich zur Aufgabe machten, das Gesetz im einzelnen auszulegen und durch immer neue Vorschriften zu ergänzen und zu verschärfen. Damit fanden sie im Volke großen Anklang, und obwohl sie die große Masse als nicht fromm genug verachteten, so stand dieselbe doch auf ihrer Seite. Dagegen sind die Sadducäer die Vornehmen der Juden, besonders die vornehmen Priester; dieselben hielten sich nur an das mosaische Gesetz, verwarfen also die Zusätze und Erklärungen der Schriftgelehrten, und traten dem Heidentum weniger schroff entgegen.

Wenn man nun gewöhnlich den Pharisäern und den Sadducäern als dritte Partei die Essener (oder Essäer) zur Seite stellt, so stellt man dieselben eigentlich von vornherein in ein falsches Licht, da sie mit dem Gegensatze dieser beiden Parteien gar nichts zu tun haben, auch für die Entwicklung des jüdischen Volkes im ganzen gar keine Bedeutung haben. Die Essener waren eine Art von Mönchsorden, der an verschiedenen Orten im jüdischen Lande Niederlassungen hatte. Sie lebten in vollständiger Gütergemeinschaft; ihre Hauptbeschäftigung war der Ackerbau; der Handel war verpönt; ihre Enthaltsamkeit und Mäßigkeit wurde allgemein gerühmt. Woher nun aber ihre Absonderung von dem übrigen Judentum und eine Anzahl ihrer eigentümlichen Gebräuche und Anschauungen zu erklären seien, ist uns nicht bekannt.

c. Durch die Rückkehr aus dem Exil und die Neugründung des jüdischen Staates war nun das Gottesreich des Alten Bundes wiederhergestellt, und dadurch ist dem Christentum der Boden für seinen Neubau des Gottesreiches gewonnen worden. Das wiederhergestellte Gottesreich ruhte aber aufs neue, und infolge der höheren Schätzung des Gesetzes noch mehr als früher, auf der Beobachtung des mosaischen Gesetzes. Wenn früher durch die Propheten das Gesetz verinnerlicht worden war, so trat nach der Wiederherstellung des Staates die Prophetie zurück, und nur das Gesetz sollte den Menschen zum vollkommenen Heil führen. Nun erst wurde das Judentum zur ausschließlichen Gesetzesreligion, und es mußte sich zeigen, ob auf diesem Wege die wahre und vollkommene Gemeinschaft mit Gott gewonnen werden könne.

Das Ziel alles Strebens der frommen Juden war aber, wie in der Gesetzesreligion, so auch jetzt wieder die Heiligkeit. Aber wenn die Propheten die innere Heiligkeit betont hatten, so betonte man jetzt die äußere Heiligkeit, welche sich vor allem in der strengsten Absonderung von allem nicht streng-jüdischen Wesen zeigte. Wer aber heilig sein wollte, der wollte auch in guten Werken seine Heiligkeit zeigen; dies Streben war ja berechtigt, aber auch hier trat bald eine Veräußerlichung der Frömmigkeit ein. Durch die äußere Frömmigkeit, die oft nur eine Frömmigkeit der Lippen und der Hände war, wurde die Frömmigkeit des Herzens verdrängt; der Pharisäer galt ohne weiteres für viel besser als der Zöllner; der Jude galt ohne weiteres für besser als der Heide.

d. Um nun das ganze Leben durchaus nach dem Gesetz zu regeln, wurde das Gesetz immer buchstäblicher ausgelegt und aus dem Buchstaben immer mehr Konsequenzen gezogen. So wußten die Schriftgelehrten von so vielen Verboten und Geboten (613, nämlich 365 Verbote und 248 Gebote, so viele wie Tage im Jahre und angeblich Glieder am Körper), daß die Frage nur allzu natürlich war: „Welches ist das vornehmste Gebot im Gesetz?“ Diese Frage beantworteten freilich die Schriftgelehrten anders als Jesus. Da nun den Schriftgelehrten und Pharisäern schließlich ihre Menschensatzungen mehr galten als die Gebote Gottes, so war es kein zu hartes Urteil über ihre Frömmigkeit, wenn der frühere Pharisäer Paulus von seinen Zeitgenossen später sagte: „Sie eifern um Gott, aber mit Unverstand.“

e. Die Gesetzesauslegung der Schriftgelehrten wurde nun von einer Generation der andern zunächst mündlich überliefert und immer mehr ausgebildet und verschärft, und so gab es in der „Überlieferung der Ältesten“ (Mark. 7, 3) eine mündliche Auslegung des Gesetzes, welche man später ebenso auf Moses zurückführte, wie die Gesetzgebung im Pentateuch. Diese Gesetzesauslegung wurde aber allmählich (200—500 nach Chr.) auch schriftlich aufgezeichnet im Talmud, und seitdem ist neben der Bibel der Talmud die Norm für die jüdische Sittlichkeit und Frömmigkeit.

III. 45. Das Judentum in der Zeit nach dem Exil; das Judentum in der Zerstreuung; das Judentum seit der Zerstörung Jerusalems bis zur Gegenwart. (II, 98—100.)

a. Die Bewohner des jüdischen Landes waren seit dem Exil teils Heiden, teils Juden; die Juden stammten teils von den zurückgebliebenen, teils von den aus dem Exil zurügekehrten Israeliten her. Diese Juden sprachen aber nicht mehr Hebräisch, sondern Aramäisch, die auch nach dem Untergange des syrischen Reiches noch immer weiter nach Süden sich verbreitende Sprache des syrischen Volkes (nicht, wie man früher meinte, die Sprache der Babylonier, unter denen sie gelebt hatten). Den Kern des Landes bildete aber nach der Rückkehr aus dem Exil die Landschaft Judäa, der Hauptsitz des späteren Judentums. Dagegen galten die Samariter trotz ihres Glaubens an den einen Gott nicht als Juden; sie errichteten sich einen eigenen Tempel auf dem Berge Garizim, weil die Juden sie zu ihrem Tempel nicht zuließen. In Galiläa und Peräa wohnten zwar neben den Juden viele Heiden, aber die Bevölkerung war doch wesentlich jüdisch.

An der Spitze des ganzen jüdischen Staates, ja, eigentlich aller Juden der Welt, stand aber seit dem Exil der Hohepriester; die Makkabäerfürsten besaßen zugleich das Hohepriestertum; mit dem Untergange der Makkabäer verlor auch der Hohepriester an Macht. Das jüdische Land stand, als die Makkabäer beseitigt wurden, teils direkt unter den Römern, teils unter

Fürsten, welche den Römern untertan waren, und der Hohepriester stand wieder unter dem politischen Oberherrn. Der Hohepriester war aber der Vorsitzende des Synedriums zu Jerusalem, der obersten einheimischen Behörde des jüdischen Volkes, welche etwa seit dem Jahre 250 vor Chr. bestand und bis zur Zerstörung Jerusalems bestanden hat.

Aber die Juden haben niemals den Gedanken loswerden können, daß die Herrschaft der Römer mit der Herrschaft Gottes über Israel unverträglich sei; daher schließlich der letzte Aufstand gegen die Römer und die Hoffnung auf Sieg bis zum letzten Augenblicke; aber diese Hoffnung erwies sich als unbegründet; der Aufstand führte nur zur Vernichtung des jüdischen Staatswesens für alle Zeit.

b. Zuerst unfreiwillig (durch die Wegführung aus dem Heiligen Lande), dann auch freiwillig, hatten sich die Juden allmählich in den verschiedensten Ländern der alten Welt, noch über das Gebiet des römischen Reiches hinaus, ansässig gemacht. Aber dies in alle Länder zerstreute Judentum, die Diaspora (2. Makk. 1, 27), hatte und behielt seinen Mittelpunkt in dem Tempel zu Jerusalem; denselben besuchte der fremde Jude wenigstens einmal in seinem Leben; an denselben zahlte er jährlich 2 Drachmen (1.30 Mark) als Tempelsteuer; dorthin wandte er sein Antlitz beim Gebet.

c. An dies seltsame und sich von den anderen Nationen streng absondernde Volk haben sich nun dennoch, namentlich in der vorchristlichen Zeit, auch Heiden mehr oder weniger angeschlossen, angezogen von dem Glauben an den einen Gott, von dem sie in den jüdischen Schriften und in den Synagogen der Juden, wo der Gottesdienst überall in der griechischen Sprache abgehalten wurde, vernahmen; solche „Judengenossen" waren die Proselyten. Dieselben nahmen entweder nur den Glauben Israels an und einige Gesetze, namentlich die Sabbathfeier und die Speisegesetze, welche den Verkehr zwischen ihnen und den Juden ermöglichen sollten; oder sie nahmen (was aber selten geschah) das ganze Gesetz nebst der Beschneidung an und wurden ganz und gar zu Juden; solche hießen einfach Proselyten oder Proselyten der Gerechtigkeit, die anderen hießen „gottesfürchtige (Proselyten) Judengenossen" (vgl. Apg. 13, 43). Tausende von Heiden sind in der älteren Zeit zum Judentum übergetreten, allerdings meist nicht als Proselyten der Gerechtigkeit; das hat aber fast ganz aufgehört, als das Christentum sich verbreitete; die Heiden wandten sich nunmehr dem Christentum zu, und seitdem ist das Judentum eine Religion geworden, welche sich zwar durch die Erhaltung des Stammes erhält, aber nicht weiterverbreitet; eine Weltreligion wie das Christentum, der Islam und der Buddhismus, ist das Judentum nicht; es ist heute wieder, was es von Anfang an war, die Religion eines einzigen Volkes.

d. Wenn nun schon vor der Zerstörung Jerusalems die Juden sich überall hin verbreitet hatten, so ist das nach der Zerstörung ihrer heiligen Stadt natürlich erst recht geschehen; vom Altertum an durch das Mittelalter hindurch bis zur Neuzeit finden wir in den meisten Ländern der Christen und der Mohammedaner (aber nicht der Heiden) neben der einheimischen Bevölkerung in geringerer oder größerer Zahl auch Juden, welche überall sich heimisch zu machen suchten und die Landessprache annahmen. Das Schicksal dieser Fremdlinge ist nun in den verschiedenen

Zeiten und in den verschiedenen Gegenden sehr verschieden gewesen; es wechselte von der freundlichsten Duldung oder gar Bevorzugung bis zur schrecklichsten Verfolgung oder gänzlichen Vertreibung. Im Jahre 1791 sind die Juden in Frankreich für gleichberechtigte Bürger erklärt worden, und seitdem sind allmählich die anderen Länder darin nachgefolgt, so daß heute überall auch gegenüber den Juden der Grundsatz herrscht, daß der Genuß der staatsbürgerlichen Rechte unabhängig ist von dem religiösen Bekenntnis.

e. Die Zahl der Juden beträgt aber heute (1910) etwa 12 Mill. unter etwa 1600 Mill. Menschen, wovon auf Europa 9 Mill. kommen[1]). Einen äußeren Mittelpunkt für ihre Religion und ein staatliches Oberhaupt haben die Juden nicht mehr; das, was sie zusammenhält, ist ihre Religion; ihre heutige Religion ist aber eine Weiterentwicklung der Religion des Alten Testaments, aus welcher ja auch das Christentum hervorgegangen ist; aber nur das Christentum ist nach unserer Meinung die wahre Erfüllung und Vollendung der ATlichen Religion; das heutige Judentum ist die natürliche Weiterentwicklung des alten Judentums, während das Christentum die Vollendung der Offenbarung ist.

Zweiter Teil.

Die Geschichte des Neuen Bundes.

Vierter Abschnitt.

Jesus Christus.

Wie Gott, als die Zeit erfüllet war, durch seinen Sohn zu den Menschen geredet hat.

I. Einleitung.

46. Judentum und Christentum; die Überlieferung vom Leben Jesu.

(II, 101—106).

a. Gliederung der heiligen Geschichte. (Nr. 3.)

b. Die Bibel. (Nr. 142—144 und 147b).

c. Judentum und Christentum. — Eine bleibende Religion haben die heidnischen Völker nicht geschaffen; das war die Aufgabe des Volkes Israel, dessen Geschichte und Religion in den vorhergehenden Abschnitten dargestellt worden ist. Aber auch die Religion Israels war zunächst nur eine Volksreligion, nicht eine Weltreligion; eine Weltreligion ist erst das aus dem Judentum hervorgegangene Christentum geworden. Und nicht bloß eine allgemeine Religion hat Jesus gegründet,

[1]) Die meisten Juden zählt unter den Ländern Rußland (6½ Mill.), unter den Städten New York (über 1 Mill.).

sondern auch eine höhere, ja, die höchste Religion, über welche noch keine Religion hinausgekommen ist und keine jemals hinauskommen wird. Wie aber das Judentum aus dem Heidentum nicht von selbst entstanden ist, sondern auf Offenbarung beruht, so ist auch das Christentum aus dem Judentum nicht von selbst hervorgegangen (in dieser Weise ist das nachexilische und das heutige Judentum entstanden), sondern das Christentum ist die Vollendung der Offenbarung.

d. Das Christentum war nun zunächst für das Volk Israel das Ziel seiner Geschichte und der Ausgangspunkt seiner weiteren Entwickelung; aber ebenso auch für die Heidenwelt — das zeigt uns die Weltgeschichte. Die ganze gebildete Welt war in der Zeit von Christi Geburt zusammengefaßt in dem einen römischen Weltreiche; für das Christentum aber war die Vereinigung der Völker in einem Reiche die beste Vorbereitung; das eine Weltreich diente der Anbahnung des einen Gottesreiches. Und das Gottesreich für alle Völker ist nun gegründet worden und hat sich über alle Welt immer mehr verbreitet; noch ist zwar seine Aufgabe nicht erfüllt, aber das Christentum ist dennoch in der Welt die herrschende Macht; alle Hauptmomente der Weltgeschichte hängen auch mit dem Christentum zusammen und sind für dasselbe von Bedeutung; alle anderen Religionen werden zugrunde gehen, nicht aber das Christentum.

e. Die Überlieferung vom Leben Jesu. 1. Joh. 1, 1–4. Joh. 20, 30—31. Luk. 1, 1–4. Das Christentum ist nun die Schöpfung Jesu Christi; worauf beruht denn unsere Kunde von Jesu Predigt und seinem Leben? — Jesus selber hat gepredigt, aber nichts geschrieben; er war kein Gesetzgeber wie Moses, sondern der Begründer eines neuen Lebens in der Menschheit. Auch Jesu Jünger und die Schüler derselben haben zunächst ebenfalls nicht geschrieben, sondern gepredigt. Auch kein gleichzeitiger römischer oder griechischer Schriftsteller hat uns das Leben Jesu beschrieben, und sie konnten es auch garnicht beschreiben, da ja die Heiden von Jesus zunächst wenig oder nichts gesehen und gehört haben. Ebenso hat von den nicht an Jesum glaubenden Juden keiner ein Leben Jesu geschrieben; wie eine solche Erzählung ausgesehen hätte, können wir uns aber nach der Bibel denken.

Wir haben nun aber von gläubig gewordenen Juden Erzählungen über das Leben Jesu erhalten, und zwar von seinen Jüngern, die so lange Zeit in seiner Nähe geweilt hatten. Dieselben haben natürlich aufgeschrieben, was sie gesehen und gehört haben (1. Joh. 1, 1—4), freilich nicht alles, was Jesus gesagt und getan hat (Joh. 20, 30; 21, 25), aber doch genug, um das zu erreichen, was sie mit ihren Schriften bezweckten, daß die Leser durch ihre Schriften zum Glauben an Jesus Christus geführt würden (Joh. 20, 31). Allerdings besitzen wir nicht mehr die ältesten und wohl auch einfachsten Darstellungen, von welchen Lukas (1, 1—4) spricht, welcher auf viele Schriftsteller hinweist, welche die von den Augenzeugen des Lebens Jesu berichteten Taten und Worte Jesu aufgeschrieben haben. Aber die Schrift des Lukas selber, wie auch die des Matthäus und des Markus, die drei älteren Evangelien, beruhen, wie man mit Recht annimmt, auf den Berichten der Augenzeugen. Da nun diese drei Evangelien in so vielen Geschichten und oft sogar im Ausdruck übereinstimmen, so nennt man sie die

Synoptiker; man kann nämlich nach diesen drei Darstellungen eine Synopsis, d. h. einen Überblick des Lebens Jesu, geben. Um ihrer großen Übereinstimmung willen nehmen nun die Gelehrten an, daß diese drei Evangelien auf gemeinsame Quellen zurückzuführen seien, nämlich auf eine Spruchsammlung, welche nach alter Überlieferung der Apostel Matthäus in aramäischer Sprache verfaßt haben soll, und auf eine Darstellung des Lebens Jesu, welche ebenfalls nach alter Überlieferung Markus, ein Schüler des Petrus und des Paulus, auf Grund der Predigten des Petrus aufgezeichnet haben soll. Unser erstes Evangelium beruht, wie man meint, vornehmlich auf der Spruchsammlung des Matthäus, und heißt darum das Evangelium des (oder richtiger: nach) Matthäus. Das zweite Evangelium beruht entweder auf der Schrift des Markus, und heißt darum das Evangelium des (nach) Markus, oder es ist selber die ursprüngliche Schrift des Markus. Das dritte Evangelium (wie auch die Apostelgeschichte), eine Schrift des (nach) Lukas, eines Schülers des Paulus, beruht auf denselben älteren und anderen uns unbekannten Schriften.

Diesen drei nicht von Aposteln herrührenden, aber auf ihrer Predigt beruhenden Evangelien steht noch ein viertes Evangelium zur Seite, welches einem Apostel zugeschrieben wird, das Evangelium des (nach) Johannes, mehr eine Predigt als eine Erzählung vom Leben Jesu, geschrieben zu einer Zeit, wo das Christentum längst verbreitet und vom Judentum geschieden war.

Die vielen apokryphischen Evangelien, die es außer denen der Bibel noch gibt, enthalten unter vieler Spreu auch einige wenige Körnlein vielleicht wahrer oder wenigstens ansprechender Dinge; aber sie sind im ganzen zu wertlos, um auch nur ein bescheidenes Plätzchen in unserer Bibel erhalten zu können.

Was nun die Evangelien von Jesus predigen, das bestätigen die noch früher als die Evangelien geschriebenen Briefe des N. T., wie auch die Apostelgeschichte und die Offenb. Joh. Wenn diese Schriften uns auch kein vollständiges Lebensbild von Jesus geben, so erkennen wir doch aus ihnen, worauf sich der Glaube an Jesus bei den Aposteln und den ersten Christen vornehmlich gegründet und welchen Hauptinhalt er gehabt hat.

II. Der Verlauf des Lebens Jesu bis zum Bekenntnis des Petrus.

47. Die Geburt und die Jugend Jesu. (II, 107—108.)

Luk. 2, 1—21—40. Matth. 2. Luk. 2, 41—52.

a. In der Zeit des Kaisers Augustus kurz vor dem Tode des Königs Herodes (40—4 vor Chr., also vor dem Beginn unserer Zeitrechnung) ist der Heiland der Welt geboren worden, in einem Hause, welches vor Menschen niedrig war, aber angesehen vor Gott, in einer Familie, welche zu den „Armen im Geiste“ gehörte und auch zu den leiblich Armen, welche aber ihre Herkunft auf den König David zurückführte. Maria und Joseph waren aber von Nazareth in Galiläa, wo sie ihren Wohnsitz hatten, nach Bethlehem gezogen, der Heimat ihres Stammvaters David, wo, wie man glauben konnte, nach der Weissagung der Messias das Licht der Welt erblicken sollte. So wurde nun in Bethlehem im Stamme Juda der Heiland der Welt geboren, und von seinen Eltern und ihren gleichgesinnten Freunden begrüßt. Aber die Freude verkehrte sich in Trauer, als der König Herodes durch „Weise aus dem Morgenlande" auf dieses wunderbare Kind aufmerksam gemacht wurde; nur die Flucht nach Ägypten rettete das Kindlein vor dem Arm des Mörders. Als Herodes bald darauf starb, brachen in Judäa so heftige Unruhen der Juden gegen ihren neuen Herrscher Archelaus aus, daß Joseph bei seiner Rückkehr aus Ägypten nicht wieder nach Bethlehem zog, sondern nach seiner Heimat Nazareth zurückkehrte.

b. In Nazareth, welches in Galiläa lag, dem Herrschergebiete eines weniger verhaßten Sohnes des verstorbenen Herodes, namens Herodes (oder Antipas — vgl. Nr. 41 a), ist Jesus in der Stille des Elternhauses herangewachsen, von den Eltern in der Heiligen Schrift unterwiesen, wie das damals noch ohne einen Schulunterricht geschah, und auf den Gott Israels hingewiesen. Und diesen Gott erkannte nun der heranwachsende Knabe als *seinen* Gott in einem besonderen Sinne. Mit zwölf Jahren zog nämlich Jesus, der Sitte gemäß, zum erstenmal mit seinen Eltern nach Jerusalem, um daselbst das Osterfest mitzufeiern. Als er hier infolge eines Irrtums seiner Eltern zurückblieb, da fanden ihn dieselben bei ihrer Rückkehr im Kreise der Schriftgelehrten, denen er zuhörte, und auf die besorgte Frage, warum er sie so geängstigt habe, gab er ihnen die merkwürdige Antwort: „*Wisset ihr nicht, daß ich sein muß in dem, das meines Vaters ist?*" Noch niemals hatte Jesus so zu seinen Eltern gesprochen; erst jetzt ging auch ihm selber das Bewußtsein auf von einer besonderen Gemeinschaft mit dem Vater, wie sie ihm beschieden war; er fühlte sich fortan als der Sohn Gottes in einem Sinne, wie das auch seinen von ihm geliebten Eltern nicht zukam.

c. Als nun aber der zwölfjährige Knabe von Jerusalem nach Nazareth zurückkehrte, lebte er trotzdem im Hause seiner Eltern weiter wie bisher und war ihnen untertan; er nahm zu an Weisheit und Alter (richtiger: Gestalt) und Gnade bei Gott und den Menschen, aber er trat nicht in die Öffentlichkeit, bis die Stunde seiner Wirksamkeit ihm von Gott angezeigt wurde; sie kam erst mit dem Auftreten Johannes des Täufers. Bis dahin hat er seinen Eltern im Hause gedient wie vorher; er hat, wie damals sogar jeder Schriftgelehrte, ein Handwerk gelernt, das väterliche Handwerk des Zimmermanns; er ist gewiß, wenn Joseph schon vor seinem öffentlichen Auftreten starb, für Mutter und Brüder und Schwestern an dessen Stelle getreten, indem er für den leiblichen Unterhalt der Seinigen sorgte.

48. „Der Anfang des Evangeliums von Jesu Christo" (Mark. 1, 1): Johannes der Täufer. (II, 110.)

a. Die Wirksamkeit des Johannes.

Jes. 40, 1—5. Mal. 3, 1 u. 23—24. Luk. 1, 67—80. Mark. 1, 1—8. Matth. 3, 1—12. Luk. 3, 1—18. Joh. 1, 19—28.

Als den Anfang des Evangeliums von Jesus Christus bezeichnet Markus mit Recht das Auftreten Johannes des Täufers, dessen Predigt zunächst darauf hinwies, daß das von den Propheten verheißene vollkommene

Gottesreich nahe herbeigekommen sei; aber Johannes betrachtete sich nicht als den Gründer desselben, sondern nur als den Vorläufer des Messias, und Johannes verkündete mit dem nahen Himmelreiche seinen Zeitgenossen nicht eine Zeit der Freude, wie sie sie erwarteten, nicht eine „gute Botschaft", wie Jesus. Jesus predigt vom Himmelreich als von einem Reiche der Gnade Gottes zur Rettung der Sünder; Johannes betrachtet das Himmelreich zunächst als ein Reich zum Gericht über diejenigen, welche sich nicht des Eintritts in dasselbe würdig gemacht haben. Was bei Jesus das letzte ist, das Weltgericht (Matth. 13, Netz), das ist bei Johannes das erste. Deshalb verbindet sich nun bei Johannes mit der Predigt vom Himmelreich alsbald die Mahnung: „Tut Buße", das heißt: Werdet neue Menschen! Und um diese Mahnung ihnen kräftiger und eindringlicher zu machen, verband er mit ihr eine sinnbildliche Handlung, eine Taufe, welche dem Menschen die Pflicht vorhalten sollte, den alten Menschen abzulegen und als ein neuer Mensch wieder ins Leben hineinzutreten. Das war nun freilich nur eine Taufe mit Wasser, das heißt, eine bloß sinnbildliche Handlung, welche nur bezeichnen konnte, was der Mensch leisten solle, nicht eine Taufe mit dem Geiste, das heißt, eine Handlung, durch welche von Gott im Menschen gewirkt wurde, was für den Menschen nötig ist; die Taufe mit dem Geiste konnte erst derjenige bewirken, dessen Vorläufer er war.

b. Johannes und Jesus.

Matth. 11, 2—19. Luk. 7, 18—35; 16, 16.

Als nun Johannes schon einige Zeit gewirkt hatte, da kam auch Jesus und ließ sich von ihm taufen, und obwohl er in Jesus denjenigen erkannte, der größer war als er, den von ihm verkündeten Messias, so wirkte Johannes doch noch eine Zeitlang selbständig weiter neben Jesus, der ja auch nach seiner Meinung das Reich Gottes noch nicht gründete, sondern erst noch vorbereitete, so daß es ihm noch immer nötig erscheinen konnte, die Gründung desselben auch seinerseits weiter vorzubereiten. Seine Wirksamkeit fand aber ein jähes Ende, als Herodes (Antipas), in dessen Gebiete er predigte und taufte, den Propheten gefangennehmen und in seiner Feste Machärus (im südlichen Peräa) verwahren ließ.

Aus seinem Gefängnis schickte nun Johannes an Jesus zwei seiner Jünger mit der Frage, ob er der von ihm verkündete und als solcher erkannte Messias auch wirklich sei — eine Frage, die nicht so unbegreiflich ist, wie sie manchem erscheint. War nicht die Wirksamkeit Jesu, wie schon oben gezeigt worden ist, verschieden von dem Bilde der messianischen Zeit, welches Johannes festhielt? Wenn nun Jesus ihn auf die Werke hinweist, die er tue, die ja im Alten Testament als Werke des Messias bezeichnet seien, so dürfen wir wohl annehmen, daß diese Antwort dem Johannes genügt hat; aber eine Kunde darüber gibt es nicht.

c. Der Tod des Johannes.

Mark. 6, 17—29. Matth. 14, 1—12.

Johannes, der schon seit längerer Zeit gefangen war, erlitt aber im Gefängnis einen gewaltsamen Tod, weil er des Herodes Gattin Herodias beleidigt hatte, eine Frau, welche ursprünglich die Frau eines seiner Halbbrüder gewesen, aber von Herodes ihrem Manne abspenstig gemacht worden war; sie rächte sich an Johannes, als sich dazu Gelegenheit fand bei einem Gastmahl, wo ihre Tochter sich von ihrem Stiefvater eine besondere Gunst erbitten durfte. Auf der Mutter Geheiß forderte die Tochter das Haupt des Johannes, und Herodes wagte nicht, ihre Bitte abzuschlagen. So wurde der Täufer im Gefängnis hingerichtet.

Der Anfang mit der Gründung des vollkommenen Gottesreiches war also durch Johannes den Täufer gemacht worden, der, wie Jesus sagt, unter allen Propheten vor ihm der größte gewesen ist; aber der Kleinste im Himmelreich ist dennoch größer als Johannes (Matth. 11, 11).

49. Die Taufe Jesu; der Beruf Jesu und die Versuchung.

(II, 111 u. 112.)

a. Mark. 1, 9—11. Matth. 3, 13—17. Luk. 3, 21—22. Joh. 1, 29—34. Joh. 3, 22—30. Ganz Israel sollte durch Johannes getauft werden, und so unterzog sich auch Jesus, als er von dem Auftreten des Johannes hörte, dieser Taufe. Freilich konnte die Taufe für Jesus nicht der Beginn eines sündenfreien Lebens sein, da er ja stets von der Sünde frei war; aber auch für ihn begann nunmehr ein neues Leben, das Leben des Berufs für das Gottesreich, welcher ihm übertragen war, als der Messias im Volke Israel aufzutreten. Jesus empfing bei der Taufe den h. Geist, wie er ihn brauchte, um das Reich Gottes auf Erden herstellen zu können; Johannes aber erkannte bei der Taufe Jesum als den von Gott seinem Volke gesandten Messias (Joh. 1, 29—34), und er erklärte: „Er muß wachsen, ich aber muß abnehmen" (Joh. 3, 22—30).

b. Mark. 1, 12—13. Matth. 4, 1—11. Luk. 4, 1—13. Aber in welcher Weise sollte nun das vollkommene Gottesreich gegründet werden? Die Juden erwarteten nach dem Alten Testament einen Messias, welcher zunächst das Römerjoch von ihrem Nacken nehmen und alsdann nach der Vernichtung der Feinde Gottes das herrliche Gottesreich auf Erden aufrichten werde, an welchem neben Israel auch die Heiden teilnehmen sollten. Diesem Gedanken entsprechend, hätte Jesus sich an die Spitze des Volkes stellen müssen, um mit dem Schwerte das Reich Gottes aufzurichten. Das ist aber, wie Jesus erkannte, ein Weg, der Gott nicht wohlgefällt, da er nur zur Errichtung eines *weltlichen* Reiches geführt hätte. Was aber Gott nicht gefällt, das ist böse und sündlich, und darum weist Jesus diesen Weg zur Errichtung des Gottesreiches zurück (3. Versuchung bei Matth.). Jesus aber will auch nicht durch äußere Mittel, durch Wunder und Zeichen, welche des Volkes Aufmerksamkeit erregen und ihm sofort einen großen Anhang verschaffen, das Gottesreich aufrichten (2. Versuchung). Ja, er muß sogar bereit sein zu leiden um des von ihm aufzurichtenden Gottesreiches willen, und darf sich dem Leiden nicht eigenmächtig entziehen (1. Versuchung). Das ist der Sinn der drei Versuchungen, die Jesus zurückweist.

Auch Jesus hat also die Versuchung gekannt, aber er hat sie — am Anfang seines Lebens wie allezeit — überwunden; er ist *versucht* worden gleich wie wir, aber er hat niemals *gesündigt* (Hebr. 4, 15); all sein Tun richtete sich stets auf die Erfüllung des Willens Gottes, und bei allem, was ihm widerfuhr, war sein Gebet: „*Vater, dein Wille geschehe!*"

50. Das Leben und Wirken Jesu bis zum Bekenntnis des Petrus.

(II, 113—115.)

Apg. 10, 36—43. Mark. 1, 14—8, 30.

a. Wie er nicht die ihm von Gott gestellte Aufgabe zu lösen habe, das hatte Jesus in der Versuchung erkannt; wie er sie gelöst hat, das zeigt uns die Darstellung des Lebens Jesu im N. T. Das läßt uns schon der Überblick über das Leben Jesu erkennen, den Petrus in seiner Predigt vor dem Hauptmann Cornelius gibt (Apg. 10, 36—43). Das zeigt uns aber genauer die Darstellung des Lebens Jesu in den Evangelien.

b. Wenn man aber die Darstellung des öffentlichen Lebens Jesu nach den Synoptikern mit der bei Johannes vergleicht, so scheint sich zunächst ein unauflöslicher Widerstreit beider Darstellungen zu ergeben. Nach den Synoptikern hebt das öffentliche Leben Jesu erst nach der Gefangennehmung des Täufers an, und zwar in Galiläa, und verläuft hier ununterbrochen bis in die Nähe des Todespassah. Die einzige Fahrt nach Jerusalem, die alsdann eintritt, erscheint zwar nicht arm an Begebenheiten, aber sie erreicht die Hauptstadt doch nur wenige Tage vor dem Fest, Tage, in welche sich dann eine Überfülle von Verhandlungen und Begebenheiten zusammendrängt. Demgegenüber ist die Johanneische Darstellung ungleich mehr gegliedert, und verläuft in einem wiederholten Wechsel zwischen dem Norden und dem Süden des Landes.

Die Darstellung der Synoptiker ist insofern richtig, als in der Tat der größere Teil der öffentlichen Wirksamkeit Jesu nach Galiläa fällt (etwa 1¼ Jahr von 2¼ Jahren). Aber Jesus ist nicht bloß einmal in Jerusalem gewesen, wie die Synoptiker erzählen, sondern mehrmals, wie Johannes berichtet; der Zusammenhang und Verlauf des Lebens Jesu ist nur aus dem vierten Evangelium vollständig zu erkennen.

c. Der Verlauf des Lebens Jesu bis zum Bekenntnis des Petrus.

Als Jesus aus der Wüste zurückkam, wo er im Gebet über seine Aufgabe klar geworden und die Versuchung, als weltlicher Messias aufzutreten, von sich gewiesen hatte, da kehrte er zunächst in die Nähe des Täufers zurück, der in Peräa weiter lehrte und taufte, und aus dessen Anhängern gewann er seine ersten Jünger (Joh. 1, 28—52).

Von Peräa begab sich Jesus in seine Heimat, nach Galiläa, zurück, aber zunächst nicht nach Nazareth, sondern nach Kapernaum (Joh. 2, 12), welches zu einer öffentlichen Wirksamkeit mehr geeignet war, als das abgelegene Nazareth. In Kapernaum begann er nun öffentlich als Lehrer aufzutreten, und sein erstes Wort lautete ebenso wie das Wort des Johannes: „Tut Buße, denn das Himmelreich ist nahe herbeigekommen."

Als er etwa einige Wochen in Galiläa gewirkt hatte, nahte das Osterfest (des J. 29), und Jesus begab sich, da er ja im größeren Kreise wirken wollte, nach Jerusalem (erste Reise des Mannes nach Jerus.), wo er namentlich durch die Tempelreinigung Aufsehen erregte (Joh. 2, 13—25). Nach dem Feste kehrte er, nach kurzer Wirksamkeit in Judäa und Samaria (Joh. 4, 1—42), nach Galiläa zurück.

Nunmehr begab sich Jesus zwar zunächst nach Nazareth, aber nur auf kurze Zeit; bald kehrte er wieder nach seinem Wohnsitze Kapernaum zurück, von wo aus er im Lande Galiläa umherzog. Dabei begleiteten ihn die zwölf Apostel, welche er sich teils schon früher, teils erst jetzt aus der an ihn sich anschließenden größeren Zahl der Gläubigen auswählte (Mark. 3, 13–19): Simon (von ihm Kephas, griechisch: Petrus, d. h. Fels genannt) und Andreas, Johannes und Jakobus (zwei Brüderpaare), Philippus und Bartholomäus (= Nathanael), Matthäus (= Levi) und Thomas, Jakobus (des Alphäus Sohn) und Judas (eines Jakobus Sohn), mit dem Beinamen Lebbäus oder Thaddäus, Simon aus Kana (oder: der Eiferer, d. h. ein bisheriger Anhänger der Partei der sogen. Zeloten, d. h. Eiferer, welche die Römer mit Gewalt aus dem Lande treiben wollten) und Judas Ischarioth oder nach Joh. 6, 71: Judas, der Sohn Simons Ischarioth (d. h. der Mann aus Kerioth, einer Stadt im Stamme Juda).

Nachdem Jesus etwa ein Jahr lang in Galiläa gepredigt hatte, begab er sich (Frühjahr 30) zum Purimfeste nach Jerusalem (zweite Reise), aber noch vor Ostern verließ er die Stadt, wo die Schriftgelehrten und Pharisäer ihren Hauptsitz hatten, da dieselben in ihm bald einen Feind des Gesetzes erblickten. Einen besseren Erfolg, als er selber, hatten seine von ihm inzwischen als Prediger durch die jüdischen Städte gesandten Jünger gehabt, mit welchen er nach Ostern (des J. 30) wieder in Galiläa zusammentraf. Nunmehr predigte Jesus wieder in Galiläa (Frühjahr bis Sommer 30).

Hatte aber Jesus bisher vornehmlich von dem durch die Gnade Gottes kommenden Reiche Gottes gepredigt, so predigte er nunmehr immer deutlicher auch von seiner Person, als dem Mittler zwischen Gott und den Menschen (Matth. 11, 25–30; Joh. 6). Aber das war den Leuten eine harte Rede, die sie nicht verstanden, und als nun viele seiner bisherigen Jünger ihm untreu wurden (Joh. 6, 66–71), da fragte Jesus die Zwölf, ob auch sie ihn etwa verlassen wollten; Petrus aber erwiderte: „Herr, wohin sollen wir gehen? Du hast Worte des ewigen Lebens." Un als Jesus darauf erfahren hatte, wofür ihn die Juden hielten, da fragte er sie, wofür sie ihn hielten: da sagte Petrus: „Du bist der Messias" (Mark. 8, 29). Jesus hatte nichts von dem getan, was das Volk vom Messias erwartete, und trotzdem erklärte ihn Petrus für den Messias; diesen Glauben hatte Gott in Petrus gewirkt, und Jesus pries seinen Jünger und solchen Glauben (Matth. 16, 13–20).

III. Die Predigt Jesu vom Reiche Gottes und seiner Gerechtigkeit.

51. Übersicht über die Predigt Jesu. (II, 116.)

Durch Moses war ein Reich Gottes im Volke Israel begründet worden, aber dasselbe war noch nicht das vollkommene Gottesreich. Um nun das von den Propheten verheißene vollkommene Gottesreich zu gründen, dazu ist Jesus in die Welt gekommen. Um diese Aufgabe zu erfüllen, hat er zunächst gepredigt. Ein Überblick über seine Predigt soll im folgenden gegeben werden.

Alle Menschen sind Sünder — das ist die Voraussetzung der Predigt Jesu; aber Gott ist ein gnädiger Gott, der nicht den Tod des

Sünders will, sondern daß er sich bekehre und lebe — damit beginnt die Predigt Jesu. Die Predigt von der Gnade Gottes gegen die Sünder ist der Anfang der Predigt Jesu.

Aber die Gnade Gottes offenbart sich nicht jedem einzelnen Menschen besonders und unvermittelt, sondern die Gnade Gottes offenbart sich durch die Gründung eines Reiches Gottes, welches ja schon vor Christus bestand, aber erst in Christus seine Vollendung findet. Das Himmelreich ist nahe herbeigekommen — so lautet der zweite Hauptgedanke der Predigt Jesu.

Wenn nun zwar der Sünder in das Himmelreich aufgenommen wird, so kann er doch nicht darin bleiben, wenn er nicht „Buße tut“, indem er das hochzeitliche Kleid der Gerechtigkeit anlegt; daß aus dem Sünder im Himmelreich ein Gerechter werden muß, und zwar mit einer besseren Gerechtigkeit, als die der Pharisäer war — das ist der dritte Hauptgedanke der Predigt Jesu.

„Trachtet am ersten nach dem Reiche Gottes und nach seiner Gerechtigkeit“ — das ist der Grundgedanke der im folgenden zusammengefaßten Reden Jesu.

52. Jesu Predigt von der Gnade Gottes gegen die Sünder. (II, 117.)

Luk. 15. (Matth. 22, 1—14. [Vgl. Luk. 14, 23.] Matth. 20, 1—16. Luk. 7, 36—50. Luk. 18, 9—14. Matth. 21, 33—46.)

a. Durch die Sünde sind die Menschen von Gott abgekommen, aber durch die Gnade Gottes werden sie zu Gott zurückgeführt. Diesen Gedanken entwickelt Jesus im 15. Kapitel des Evangeliums Lucä in drei schönen Gleichnissen, vom verlorenen Schaf, vom verlorenen Groschen und vom verlorenen Sohn. Der Hirte, der von hundert Schafen eins verloren hat, sucht dasselbe, bis er es findet; wieviel mehr die Frau, die von nur zehn Groschen einen verliert! Und vollends der Vater, der von nur zwei Söhnen einen verliert, ist nicht gleichgültig gegen das Schicksal seines verlorenen Kindes; auch nicht eins seiner Kinder, so zahlreich sie auch sind, will Gott verloren gehen lassen.

b. Schaf und Groschen gehen aber verloren ohne eigene Schuld und werden gefunden ohne ihre Mitwirkung; nicht so der verlorene Sohn, der sündige Mensch. Eigenwillig hat der Sohn das Vaterhaus verlassen, durch eigene Schuld wird der Mensch ein Sünder. Die Heimsuchung Gottes wirkt nun bei dem Sünder zuerst Reue über sein verkehrtes Tun, und dann Verlangen nach Rückkehr zum Vater, von dessen Güte er Wiederaufnahme ins Haus erwartet. Und der Vater nimmt den durch eigene Schuld verloren gegangenen Sohn wieder zum Kinde an und freut sich über den Sünder, der Buße tut und ein neuer Mensch wird; er vergibt ihm alle Schuld, und der verlorene Sohn ist ihm so lieb, wie der nicht verlorene; aber er muß natürlich ein anderer Mensch werden, als er bis jetzt war.

c. Ja, der verlorene Sohn wird dem Vater oft noch lieber, als der andere Sohn, der beim Vater geblieben ist, der tugendhafte Mensch, der sich nicht in schwere Sünde verirrt hat; denn dieser wird doch gar leicht auch tugendstolz und sieht mit Verachtnng herab auf den Bruder, auch wenn er sich von der Sünde zu Gott bekehrt hat. So tun ja die Pharisäer, denen Jesus diese drei Gleichnisse vorhält (K. 15, 1—2). Wie leicht kann es da sogar geschehen, daß der fromme Sohn sich vom Vater gänzlich abwendet und nichts mehr von einem Vater wissen will, der einen solchen schlechten Menschen in sein Haus aufnimmt. In solche Gottesfeindschaft geraten schließlich die Pharisäer, wie ihnen das Gleichnis Matth. 21, 33—46 warnend (aber vergeblich) vorhält.

53. Jesu Predigt vom Reiche Gottes. (II, 118.)

Matth. 13. Mark. 4, 26—29.

a. Die Gnade Gottes offenbart sich aber in der Gründung des Reiches Gottes. Auf das Reich Gottes warteten der Verheißung gemäß die gläubigen Israeliten, und Jesus begann seine Predigt mit dem Worte: „Das Reich Gottes ist nahe herbeigekommen.“ Aber die Israeliten fanden doch meist, sogar ein Johannes der Täufer im Gefängnis (Matth. 11), ihre Erwartung in Jesus nicht befriedigt. Und darüber darf man sich nicht wundern, auch wir hätten an ihrer Stelle wohl nicht anders gedacht. Das nämlich war der Unterschied zwischen der Erwartung der Juden und der Lehre und Leistung Jesu, daß jene das Gottesreich als sofort vollendet erwarteten, Jesus es als werdend predigte und ein sich erst allmählich entwickelndes Gottesreich gründete. Daher der fortwährende Anstoß und die Frage der Jünger bis zuletzt: „Herr, wirst du das Reich Israels bald aufrichten?“

b. Von dem werdenden und wachsenden Reiche predigt nun Jesus in einer Anzahl von Gleichnissen, sieben bei Matthäus nebeneinander, zu denen noch ein achtes bei Markus hinzukommt. Das erste derselben, das vom Sämann (Matth. 13, 1—9 und 10—23), zeigt, wie durch die Predigt des Wortes Gottes das Reich Gottes in den Menschen gegründet wird. Allen wird gepredigt, zwar nicht jetzt, aber später, wenn nicht in diesem, dann in jenem Leben; aber nicht alle nehmen das Wort Gottes in sich auf. Mancher gleicht dem hartgetretenen Wege, und an ihm geht das Wort Gottes wirkungslos vorüber; vielleicht sucht Gott ihn später erfolgreich heim, wie den verlorenen Sohn (Luk. 15), und er wird doch noch bekehrt. Andere nehmen zwar das Wort Gottes auf, aber sie sind zu oberflächlich, oder ihr Herz ist zu geteilt, um rechte Frucht zu bringen. Doch das Wort Gottes schafft auch Frucht, allerdings in höherem oder geringerem Grade, je nach den Anlagen, die Gott dem Menschen gegeben hat.

Wenn so das erste Gleichnis hauptsächlich von der Gründung des Reiches Gottes handelt und auf den verschiedenen Erfolg der Predigt hinweist, so handeln zwei andere Gleichnisse, das bei Markus K. 4, 26—29 erzählte, von dem selbstwachsenden Samen, und das Gleichnis vom Unkraut, besonders von der Entwickelung des Reiches Gottes. Der Sämann kann nur säen, wie es bei Markus heißt, aber weiter kann er nichts tun, Sonnenschein und Regen hat er nicht in der Hand, der Same wächst ohne sein Zutun; die Ernte gibt Gott allein, wann und wie er will. Wie dieses Gleichnis, so weist auch das zweite Gleichnis bei Matthäus, das vom Unkraut (K. 13, 24—30 u. 36—43), auf die Entwickelung des Reiches hin, die der Mensch nicht in der Hand hat. Im Reiche Gottes gibt es Gute und Böse nebeneinander; eine Kirche, frei von allen Sündern, schon hier auf Erden zu haben, dies Verlangen ist immer wieder in der Kirche aufgetaucht; aber wer kann eine solche Kirche herstellen? Darum Duldung auch für den schwachen und bösen Christen!

Wenn die bisherigen Gleichnisse auf die Gründung und auf die Entwickelung des Reiches Gottes hinweisen, so stellen die beiden folgenden Gleichnisse (Senfkorn und Sauerteig) die Ausbreitung des Reiches Gottes in der Menschheit dar. Mit dem Senfkorn und dem Sauerteige wird das Reich Gottes verglichen (K. 13, 31—33), weil beide klein sind und Großes wirken; das Reich Gottes fängt ebenfalls klein an und wird allmählich groß und kräftig. Wie aus dem Senfkorn fast ein Baum wird, so wird aus dem so geringen Anfange des Reiches Gottes, aus Jesus, noch dazu dem Gekreuzigten, ein großes Reich von jetzt schon 640 Millionen Menschen (unter etwa 1600 Mill.) — und noch ist das Ende seiner Ausbreitung gewiß nicht gekommen. Und wie ein wenig Sauerteig den ganzen Teig durchdringt, so durchdringt der Geist Christi immer mehr das ganze Leben der Christenheit, ja der Menschheit, und gestaltet dasselbe immer mehr um.

Die beiden folgenden Gleichnisse (Schatz und Perle, K. 13, 44—46) weisen auf die verschiedene Aneignung des im Reiche Gottes dargebotenen Heils hin. Das Reich Gottes wird von den Menschen in verschiedener Weise gewonnen: der eine gewinnt es zufällig, der andere hat danach gesucht.

Endlich das siebente Gleichnis bei Matthäus (Netz mit den Fischen, K. 13, 47—50) weist auf die Vollendung des Reiches Gottes hin. Die von den Menschen zu früh begehrte und vergeblich erstrebte Scheidung zwischen Guten und Bösen wird Gott im Weltgericht vollziehen; aber das Gericht ist nicht der Anfang, wie die Juden meinten, sondern das Ende der Wege Gottes mit den Menschen.

c. So zeichnen also diese acht Gleichnisse das Reich Gottes von seinem ersten Anfange bis zu seinem Ende, nach seiner Gründung und Entwickelung, nach seiner Ausbreitung und Aneignung, wie nach seiner Vollendung.

54. Jesu Predigt von der Gerechtigkeit. (II, 119 u. 120.)

Die Bergpredigt.

a. Matth. 4, 23—5, 2. Matth. 5, 3—20. (Luk. 6, 12 u. 17—26.)
b. Matth. 5, 21—7, 11.
  α. Matth. 5, 21—48; 7, 1—6. Luk. 10, 25—37.
  β. Matth. 23, 1—36; 6, 1—4 (Tob. 4, 7—12); 6, 16—18; 9, 14—17; 6, 5 6. Luk. 18, 9 14.
  Matth. 6, 7—15. Luk 11, 1—4. Matth. 18, 21—35. Matth. 7, 7—11. Luk. 11, 5—8; 18, 1—8a.
  γ. Matth. 6, 19—34.
c. Matth. 7, 12; 22, 34—40; 7, 13—27; 7, 28—29.

In das Reich Gottes kommen kann zwar der Sünder, aber er wird nur dann im Reiche Gottes bleiben, wenn er gerecht und fromm wird; so predigt nun Jesus drittens von der wahren Gerechtigkeit. Den Mittelpunkt für die Predigt Jesu von der Gerechtigkeit bildet aber die Bergpredigt, an welche sich andere Reden Jesu als sachliche Ergänzungen anschließen.

a. Die Bergpredigt, wie wir sie bei Matthäus lesen (K. 5–7: 107 Verse; bei Lukas nur 30 Verse: K. 6, 20—49), beginnt mit einer Einleitung, deren ersten Teil (5, 3–12) die acht Seligpreisungen bilden, welche die Bedingungen angeben, unter denen der Mensch ins Himmelreich kommen und darin bleiben kann; sie fordern nicht, wie Moses, daß der Mensch alle Gebote gehalten habe, sondern zunächst nur (die vier ersten), daß der Mensch sich für das Himmelreich empfänglich zeige. Selig sind die geistlich Armen, so lautet die erste Seligpreisung bei Matthäus; nur diejenigen, welche sich arm fühlen an geistlichen Gütern, welche gesinnt sind wie der Zöllner, der da betet: „Gott sei mir Sünder gnädig" — nur solche werden ins Himmelreich eingehen. Wer sich nun geistlich arm fühlt, der wird auch Leid tragen über seine geistliche Armut, und dem wird der Trost der Sündenvergebung verkündet werden. Wer aber von Gott sein Heil erwartet, der wird in Sanftmut und Demut das Reich Gottes von der Gnade Gottes erwarten; er wird nicht das Reich Gottes mit äußerer Gewalt gründen und gewinnen wollen, wie die damaligen Juden, deren Verlangen darauf gerichtet war, einen Messias zu erhalten, der die Römer mit dem Schwerte aus dem Heiligen Lande vertriebe. Wer so von Gott sein Heil erwartet und nach Gerechtigkeit hungert und dürstet, der wird von Gott gesättigt werden. Nicht diejenigen preist also Jesus selig, welche gerecht sind, sondern welche es werden wollen, denn die vier ersten Seligpreisungen fordern nur, daß der Mensch empfänglich sei für das Reich Gottes, das Jesus predigt; sie mahnen uns zu beten: „Dein Reich komme, und vergib uns unsere Schuld!"

Wie der Mensch ins Reich Gottes kommt, zeigen also die vier ersten Seligpreisungen; wie der Mensch im Reiche Gottes bleibt, zeigen die vier letzten. „Selig sind die Barmherzigen" — wie in der vierten Bitte, so wird auch hier von denen, die Gottes Barmherzigkeit erfahren haben, Barmherzigkeit gegen ihre Mitmenschen gefordert. „Selig sind, die reines Herzens sind" — nur solche Menschen können mit Gott in Gemeinschaft stehen. „Selig sind die Friedfertigen" (richtiger: Friedestifter) — nur sie sind Gotte ähnlich, der ja auch Frieden gemacht hat zwischen sich und den Sündern. Außer diesen Tugenden der Tat wird aber auch Bereitwilligkeit zum Leiden gefordert: „Selig sind, die um Gerechtigkeit willen verfolgt werden"; wer im Reiche Gottes bleiben will, darf auch die Verfolgung nicht scheuen.

Aber nicht hauptsächlich zu leiden haben die Jünger Jesu, sondern sie sollen vornehmlich in der Welt wirken; sie sollen nämlich die ganze Welt zu Gott führen. Die Aufgabe der Jünger Jesu legt der zweite Teil der Einleitung der Bergpredigt (5, 13—16) dar. Das Salz der Erde und das Licht der Welt sollen die Jünger Jesu sein; wenn sie das nicht werden, dann haben sie überhaupt keine Bedeutung für die Welt; wenn sie es nicht sind, wer soll es sonst sein? Gott sei Dank, daß die christliche Predigt nicht vergeblich gewesen ist — aber noch heißt es weiter arbeiten und weiter predigen, damit alle Menschen mit uns „anbeten die Macht der Liebe, die sich in Jesus offenbart".

Nachdem so Jesus seine Jünger ermahnt hat, das weiter zu predigen, was sie von ihm lernen würden, legt er ihnen den Charakter seiner Predigt dar; der dritte Teil der Einleitung (5, 17—20) zeigt nämlich die wesentliche Übereinstimmung der Predigt Jesu mit dem Alten Testamente. Jesus ist nicht gekommen, das Gesetz und die Propheten (und die Schriften: die drei Teile des Alten Testaments), d. h. das Alte Testament, aufzulösen; wer das tut, der könnte zwar gleichfalls ein Jünger Jesu sein; aber höher steht, wer im Christentum die Erfüllung der früheren Offenbarung Gottes erkennt und lehrt. So fordert denn Jesus von seinen Jüngern, daß ihre Gerechtigkeit entspreche den Forderungen des Gesetzes des Alten Testaments; aber freilich legt Jesus dasselbe anders aus, als die damaligen Schriftgelehrten und Pharisäer, welche über dem Buchstaben den Geist des Gesetzes verloren und vergaßen. Und damit ist nun Jesus zu dem Thema der Bergpredigt gekommen, welches die beiden ersten Kapitel derselben (K. 5 und 6) eng verbindet und durchdringt und im letzten Kapitel zwei lose angeknüpfte Zusätze (7, 1—12) erhält. Es sei denn eure Gerechtigkeit besser, denn der Schriftgelehrten und Pharisäer, so werdet ihr nicht in das Himmelreich kommen — damit (5, 20) ist das Thema der Bergpredigt bei Matthäus bezeichnet.

b. Die Frömmigkeit und Sittlichkeit der Schriftgelehrten und Pharisäer: Nr. 44.

c. Der falschen Gerechtigkeit der Schriftgelehrten und Pharisäer stellt Jesus die wahre Gerechtigkeit gegenüber, indem er das Gesetz Mosis anders auslegt, als die Schriftgelehrten und Pharisäer, und zwar beginnt Jesus dabei, wie er das auch sonst tut (Matth. 19, 18), mit der zweiten Tafel des Gesetzes, und erst im folgenden Kapitel legt er die erste Tafel aus. Die Sittlichkeit, als das Leichtere, stellt Jesus voran, und dann erst geht er auf die Frömmigkeit ein, den Grund der Sittlichkeit, das Schwerere gegenüber der Sittlichkeit. Was für eine Sittlichkeit er nun fordert, das zeigt er an sechs Beispielen (Töten, Ehebruch, Scheidung, Schwören, Vergelten, Lieben), sämtlich Pflichten gegen den Nächsten. Jedesmal stellt er nun seine Auslegung derjenigen gegenüber, welche von den Schriftgelehrten gegeben wird (K. 5, 21—48).

Das erste Gebot, welches Jesus auslegt, ist das vom Töten. Wenn Moses geboten hat, nicht zu töten, so haben die Schriftgelehrten dieses Gebot, wie es zunächst scheinen kann, mit dem richtigen Zusatz versehen: „Wer aber tötet, der soll dem Gerichte verfallen sein", dem Untergerichte der gewöhnlichen Stadt, welches auf den Tod durch das Schwert erkennen konnte. Aber dieser Zusatz wird nun von Jesus entschieden bekämpft; danach wäre also nur derjenige ein Mörder, welcher das Gebot äußerlich, mit der Hand, durch die Tat übertreten hat. Aber mit dieser Auslegung ist doch höchstens der weltliche Richter zufrieden, denn selbst dieser bestraft auch schon den Mordversuch — nicht aber der himmlische Richter und die innere Stimme des Herzens, das Gewissen des Menschen. An diese Stimme des Herzens wendet sich Jesus, wenn er das Verbot des Tötens so erklärt, daß er auch schon denjenigen einen Mörder nennt, welcher seinem Bruder im Herzen zürnt oder ihn mit dem Munde schmäht. Daher soll der Mensch nicht zürnen, sondern versöhnlich sein; die Versöhnung mit dem Nächsten ist die Voraussetzung für das Gott wohlgefällige Opfer; die Unversöhnlichkeit ist aber auch für das gewöhnliche Leben (Prozeß) schädlich. So geht Jesus freilich mit seiner Auslegung des Gebotes über die Auslegung der Schriftgelehrten hinaus; seine Forderung ist zwar nicht eine solche, welche jemals vom Staate zum Gesetz erhoben werden könnte; er stellt Forderungen für Herz und Gewissen, welche niemals veralten, während doch alle Staatsgesetzgebungen allmählich veralten. In derselben Weise legt Jesus auch die anderen Sittengesetze aus, stets sich wendend an das Gewissen der Menschen, unbekümmert um das, was der Staat oder auch nur die Kirche fordern kann oder nicht; aber dem Gewissen des Menschen werden von ihm Forderungen entgegengebracht, wie sie die Schriftgelehrten nicht kennen.

Das zweite Gebot, das Jesus auslegt, ist das vom Ehebruch; in seinen Augen ist ein Ehebrecher nicht bloß ein David, welcher dem Uria sein Weib äußerlich wegnimmt, sondern schon derjenige, welcher eines andern Weib begehrt. Es gilt also, schon die böse Begierde des Herzens zu bekämpfen.

Das dritte Gebot, das Jesus behandelt, ist das von der Ehescheidung. Das Gesetz Mosis gestattete dem Manne, seine Frau zu entlassen, nur mußte er ihr einen Scheidebrief geben, einen Entlassungsschein, wie wir ihn heute dem entlassenen Dienstboten geben. Zwar forderte ja nun das Gesetz (5. Mose 24, 1), daß der Mann den Scheidebrief nur dann gebe, wenn er „etwas Häßliches“ an seinem Weibe gefunden habe; aber was nun dies Häßliche sei, darüber fehlte im Gesetze jede Bestimmung, und so war es kein Wunder, daß die verschiedenen Schriftgelehrten die verschiedensten Scheidungsgründe aufstellten, bald strenger, bald milder urteilend, so daß auch einmal (Matth. 19, 3—9) Schriftgelehrte an Jesum mit der Frage herantraten, ob sich der Mensch aus jedem Grunde von seinem Weibe scheiden dürfe. Ihnen antwortete Jesus, es habe zwar Moses die Scheidung gestattet, aber nur um ihrer Herzenshärtigkeit willen, die leicht noch schlimmere Übel in der Ehe herbeiführen könne, als eine Scheidung; aber nach der ursprünglichen, in der Schöpfungsgeschichte ausgesprochenen Bestimmung Gottes sei die Ehe unlösbar; die Ehe sei von Gott eingesetzt, und darum solle der Mensch sie nicht willkürlich lösen. Aber auch hier gibt Jesus nicht ein Gesetz für den Staat, ja, nicht einmal für die Kirche, sondern nur für das Gewissen seiner Jünger; der Staat darf seine Gesetzgebung auch hier selbständig gestalten, und auch er wird um der „Herzenshärtigkeit“ der Menschen willen manches gestatten müssen, was dem Wesen der rechten Ehe allerdings nicht entspricht, wie ja auch sogar Jesus die Ehescheidung nicht durchaus verbietet.

Das vierte Gebot, welches Jesus auslegt, ist das vom Schwören (dem achten Gebote entsprechend). Auch die Pharisäer verboten den Meineid; aber sie zeigten doch eigentlich den Leuten, wie man den Nächsten betrügen könne, indem man einer Form des Eides sich bediene (vgl. auch K. 23, 16 bis 22), welche den Betrug nicht so schlimm und jedenfalls nicht als Meineid erscheinen lasse, wenn nämlich der Schwörende nicht bei Gott schwöre, sondern bei anderen Dingen. Gegen diese Anleitung zur Unwahrhaftigkeit protestiert Jesus, indem er darauf hinweist, daß jeder Schwörende eigentlich doch bei Gott schwöre, auf den alle beim Schwur angerufenen Dinge hinweisen. Sodann aber fordert er, daß seine Jünger überhaupt nicht schwören. Aber auch hier gilt es, daß Jesus nur für das Privatleben Vorschriften gibt, nicht für unser Verhalten als Bürger des Staates; und das ergibt sich hier besonders deutlich als eine richtige Auslegung des Wortes Jesu, da ja Jesus selbst vor dem Hohenpriester beschwört, daß er der Messias sei.

Das fünfte Gebot, welches in der Bergpredigt ausgelegt wird. ist das von der Vergeltung. Als Grundsatz für einen bestimmten Fall der staatlichen Rechtsprechung war im Alten Testament aufgestellt worden das Wort: „Auge um Auge, Zahn um Zahn" (3. Mose 24, 19—20). Aber selbst im Alten Testament war dies Wort nicht auf die Spitze getrieben, sondern auch schon Liebe für den Nächsten gefordert. Die Pharisäer aber hatten dies Wort zur Norm für das Verhalten zum Nächsten im Privatleben gemacht. Demgegenüber fordert Jesus, daß man sich ein Unrecht gefallen lassen, ja sogar sich bereit zeigen solle, noch mehr zu leiden, als einem zugemutet wird.

Endlich zeigt Jesus noch an einem sechsten Gebote, wie er das Alte Testament auslegt im Gegensatze zu den Pharisäern, nämlich am Gebote der Feindesliebe. Liebe zum Nächsten war schon im Alten Testament geboten (3 Mose 19, 18); da aber in diesem Gebote unter dem Nächsten nur der Volksgenosse zu verstehen sei, so folgerten die Pharisäer, daß der Fremde als Feind zu hassen sei. Dagegen fordert Jesus Liebe nicht bloß zum Volksgenossen, sondern auch zum Feinde und zum Ausländer, welchen er ebenfalls für des Menschen Nächsten erklärt.

An diese Mahnung zur Liebe zum Nächsten und zum Feinde schließt sich aber noch ein Wort an, welches Matthäus erst im 7. Kapitel bringt, das Wort vom Richten (K. 7, 1—5) mit seinem Gegensatz (7, 6). Wer den Nächsten liebt, der wird nicht so leicht bereit sein, ihn zu verdammen und zuerst den Nächsten bessern zu wollen, statt sich selber zu bessern. Aber freilich darf doch auch (und das ist die Mahnung von Kap. 7, 6) die Hochschätzung des Nächsten nicht so weit gehen, daß sie jedem Unwürdigen das Heiligste preisgibt, der daraus nur einen Spott macht. Den Nächsten nicht für zu schlecht halten, aber auch nicht für zu gut — dazu ermahnt dieser Abschnitt der Bergpredigt.

Die Pflichten gegen den Nächsten hat Jesus im ersten Teil der Bergpredigt ausgelegt; da liegt es nahe, zu fragen, wer denn der Nächste ist. Der Schriftgelehrte, der diese Frage an Jesum richtete, vernahm von ihm das Gleichnis von dem barmherzigen Samariter (Luk. 10, 25—37), welcher, mitleidiger als der rechtgläubige Priester und Levit, sich als Nächster zeigt gegenüber dem andersgläubigen Unglücklichen, der unter die Räuber gefallen war. Jesus fordert auch hier, wie schon oben beim Gebot der Nächstenliebe, daß wir in jedem Menschen ohne Rücksicht auf Glaube und Volkstum unseren Nächsten sehen sollen.

d. Die Predigt Jesu von der besseren Gerechtigkeit, die er von seinen Jüngern fordert, schließt mit dem Worte: „Darum sollt ihr vollkommen sein, wie euer Vater im Himmel vollkommen ist!" Damit weist Jesus von der Gerechtigkeit auf die Grundlage derselben, die Frömmigkeit, hin, und der zweite Hauptteil der Bergpredigt (K. 6) ist nun eine Predigt von der Frömmigkeit, und damit legt Jesus die erste Tafel des Gesetzes aus, wie vorher die zweite. Auch hier zeigt Jesus seinen Jüngern die Frömmigkeit der Pharisäer als im Gegensatze stehend zu der Frömmigkeit, welche er von den Menschen fordert.

Nicht bloß in der Bergpredigt, sondern auch in anderen Reden (namentlich in der großen Strafpredigt Matth. 23, 1—36) bekämpft Jesus die pharisäische Frömmigkeit; hier geht er nur auf drei Übungen dieser falschen Frömmigkeit ein, Almosen geben, Fasten und Beten.

Wenn die Pharisäer Almosen geben, so wollen sie sich damit den Himmel verdienen (Tobias 4, 7—12); davon weiß Jesus nichts; für ihn ist das Almosengeben ein Werk der Liebe gegen den Nächsten, und er zeigt nun, wie man Almosen geben solle: sie wollen von den Leuten gesehen und gerühmt werden; aber nicht einmal die Linke soll, wie Jesus sagt, wissen, was die Rechte tut.

Wenn die Pharisäer fasten, so wollen sie vor den Leuten als besonders fromm erscheinen; aber der Jünger Jesu soll sich auch dieser Übung der Frömmigkeit nicht rühmen; das Fasten soll auch nicht ein gebotenes Werk sein (Matth. 9, 14–17).

Vornehmlich weist aber Jesus auf das Gebet hin, und auch hier zeigt er, wie man in rechter Weise beten solle; aber hier sagt er auch, daß man beten solle. Jesus selber hat fleißig gebetet, und das Beten hat er seinen Jüngern dringend ans Herz gelegt. Ein Nachtrag zum zweiten Hauptteil der Bergpredigt (Matth. 7, 7–11) enthält die bekannte Mahnung: „Bittet, so wird euch gegeben; suchet, so werdet ihr finden; klopfet an, so wird euch aufgetan", und verheißt dem gläubigen Beter Erhörung. Jesus ermahnt sogar, daß man anhaltend beten solle, wenn Gott nicht alsbald gibt, um was man bittet (Luk. 11, 5—8 u. 18, 1–8a). Aber auch hier tritt nun Jesus den Pharisäern entgegen. Die Pharisäer beten nicht aus Frömmigkeit, sondern aus Eitelkeit, damit die Leute ihre Frömmigkeit bewundern. Der Christ betet nicht für die Menschen, sondern für das Auge Gottes. Daß man nicht richtig betet, wenn man sich vor Gott bloß seiner guten Werke rühmt, das zeigt das Gleichnis vom Pharisäer und vom Zöllner (Luk. 18, 9—14). Daß man beim Gebet nicht viele Worte machen solle, darauf weist Jesus dadurch hin, daß er als ein Mustergebet das Vaterunser gibt.

e. Das Vaterunser. Wie man nicht beten solle, das hat Jesus seinen Jüngern zunächst gezeigt; aber er hat sie auch darüber belehrt, wie man beten solle. Da es nicht darauf ankommt, daß man viele Worte mache, so gibt Jesus seinen Jüngern, um ihnen zu zeigen, wie man in Kürze um viele Dinge beten könne, ein Mustergebet, das Vaterunser (Matth. 6, 9—13); so stellt es Matthäus dar. Dagegen haben nach Lukas (11, 1–4) seine Jünger ihn gebeten, sie beten zu lehren, wie ja auch Johannes seine Jünger beten gelehrt habe. Mag uns immerhin unbekannt sein, wann und weshalb Jesus dies Gebet seine Jünger gelehrt habe — das steht fest, daß er sie es gelehrt hat.

In zweifacher Überlieferung ist uns also das Vaterunser erhalten (Matth. 6 und Lukas 11), die beiden Formen des Vaterunsers stimmen aber nicht ganz miteinander überein [1]). Die Anrede ist bei Lukas kürzer als bei Matthäus (nur: „Vater"); die dritte Bitte fehlt bei Lukas überhaupt, ebenso die siebente Bitte; der Schluß ist überhaupt ein späterer Zusatz; auch im einzelnen finden sich noch kleinere Abweichungen beider Texte voneinander. Es ist uns also das Vaterunser in derselben Weise überliefert wie die zehn Gebote und die Abendmahlsworte, nicht buchstäblich, sondern in freierer Wiedergabe; wir sollen uns eben nicht an den Buchstaben klammern.

Bei dieser Erkenntnis verliert nun allerdings die Frage nach der Einteilung des Vaterunsers etwas von der Wichtigkeit, die sie für den gemeinen Mann hat, der die sechs oder sieben Bitten seines reformierten oder Lutherschen Katechismus für eine wesentliche Sache des Vaterunsers hält. Das Vaterunser zerfällt aber in beiden Texten in eine Anrede, welche bei Lukas freilich nur aus einem einzigen Worte besteht (Vater), in zwei (Lukas) oder drei (Matth.) Bitten um göttliche Dinge und in drei (Lukas) oder drei bis vier (Matth.) Bitten um menschliche Dinge: zunächst eine um das tägliche Brot, sodann zwei (Lukas) oder zwei bis drei (je nachdem man bei Matth. zählt) Bitten um geistliche Güter für den Menschen. Trotz dieser Abweichungen stimmen aber beide Texte in der Hauptsache überein; Gottes Sache steht auch im Vaterunser, wie im Zehngebot, voran, und erst an zweiter Stelle steht der Menschen Sache; gegenüber dieser Übereinstimmung im großen verschwinden die Abweichungen im einzelnen.

f. Nachdem nun Jesus die Nichtigkeit der pharisäischen Frömmigkeit erwiesen und als wahre Übung der Frömmigkeit vornehmlich das Gebet hingestellt hat, weist er zuletzt noch zurück auf die Grundlage der Frömmigkeit, auf den Glauben an den Vater im Himmel, und so ist er schließlich beim ersten Gebote angelangt, und seine Erklärung desselben, die er in K. 6, 19—34 gibt, ist von Luther schön zusammengefaßt, wenn er sagt: „Wir sollen Gott über alle Dinge fürchten, lieben und vertrauen." Jesus fordert in seiner Mahnung zunächst die Reichen (V. 19—24) auf, nicht vor allem nach irdischen Gütern zu trachten, sondern nach den himmlischen, da man nicht zwei Herren zugleich dienen könne. Er wendet sich sodann an die Armen (V. 25—32) und verbietet ihnen die Sorge, die sie sich machen um Nahrung und Kleidung, und zum Schlusse (V. 33—34) faßt er sodann beide Mahnungen noch einmal zusammen, indem er sagt: „Trachtet am ersten nach dem Reiche Gottes und nach seiner Gerechtigkeit, so wird euch solches alles (das Irdische) von selber zufallen. Darum sorget nicht für den andern Morgen, denn der morgende Tag wird für sich selber sorgen (d. h. er wird seine eigenen Sorgen bringen); es ist genug, daß ein jeglicher Tag seine eigene Plage habe."

g. Nachdem nun Jesus in der Bergpredigt zuerst die wahre Sittlichkeit und dann die wahre Frömmigkeit dargelegt und damit die beiden Tafeln des Gesetzes ausgelegt hat, faßt er den ersten Teil seiner Predigt noch einmal zusammen in dem Worte Matth. 7, 12: „Alles nun, was ihr wollt, daß euch die Leute tun sollen, das tut ihr ihnen; das ist das Gesetz und die

[1]) Der griechische Text und die lateinische Übersetzung wie auch die verschiedenen Formen des Vaterunsers in den großen deutschen Kirchen sind unten abgedruckt im Katechismus (3. Hauptst.).

Propheten.“ Aber wenn dies Wort schon den Juden bekannt war (Tobias 4, 16) und doch zunächst nur fordert, daß wir gegen unsern Nächsten gerecht und liebevoll seien, so faßt Jesus selber an einer anderen Stelle den Inhalt der beiden Tafeln und der ganzen Bergpredigt in einem kurzen Worte zusammen. Als ihn nämlich einst ein Schriftgelehrter fragte, welches von den vielen Geboten (deren die Pharisäer 613 zählten: 365 Verbote und 248 Gebote) das höchste sei, da antwortete er (Matth. 22, 34—40): „Du sollst lieben Gott deinen Herrn von ganzem Herzen, von ganzer Seele und von ganzem Gemüte und deinen Nächsten als dich selbst. In diesen zweien Geboten hanget das ganze Gesetz und die Propheten.“ Damit hat Jesus den Inhalt der beiden Tafeln des Gesetzes wie den Inhalt seiner Bergpredigt und aller seiner Reden von der Gerechtigkeit und Frömmigkeit kurz zusammengefaßt.

h. Aber „wohl dem, der tat, was er sollt'“ — mit dieser Mahnung schließt die Bergpredigt. „Es ist nicht leicht, ein Christ zu sein,“ denn eng ist die Pforte und schmal der Weg zur wahren Frömmigkeit. Wie leicht wird man von dem rechten Wege abgeführt durch falsche Propheten! Wie sehr ist auch der Gläubige geneigt, mit dem bloßen Glauben sich zu begnügen, während doch der wahre Glaube „in der Liebe tätig ist“. So schließt denn Jesus mit der Gegenüberstellung des klugen und des törichten Mannes; der kluge Mann ist derjenige, welcher Jesu Predigt nicht nur hört, sondern auch danach tut.

i. So hat also Jesus das Thema der Bergpredigt von der wahren Gerechtigkeit behandelt im Anschluß an das Gesetz Mosis, aber im Gegensatze gegen die Pharisäer; der Christen Gerechtigkeit soll besser sein als die der Schriftgelehrten und Pharisäer.

IV. 55. Die Person Jesu; Jesu Liebe zu den Leidenden, den Armen und den Kindern; Jesus ein Vorbild der Frömmigkeit und Sittlichkeit. (II, 121—125.)

A. Die Person Jesu.

Matth. 11, 25—30. Dan. 7, 1—3 und V. 9—14 und V. 27. Matth. 26, 62—64. Joh. 6, 66—69. Mark. 8, 27—30. (Matth. 16, 13—17.) Matth. 22, 41—46. Joh. 1, 1—18.

a. Wenn Jesus zuerst fast nur vom Reiche Gottes predigte, und als das Mittel, durch welches dasselbe gegründet werde, nur das Wort bezeichnete, nicht äußere Gewalt, wie sie die Juden angewendet wissen wollten, so wies er doch allmählich auch darauf hin, daß der Glaube an das von ihm gepredigte Wort auch zum Glauben an seine Person führen müsse, da die Sache des Gottesreiches an seine Person gebunden sei. So forderte denn Jesus später die Menschen nicht mehr bloß zum Hören seines Wortes, sondern auch zur Anerkennung seiner Person auf, wenn er sagte: „Kommet her zu mir alle, die ihr mühselig und beladen seid, ich will euch erquicken“ (Matth. 11, 28—30); nicht sein Wort, sondern er selber ist das Brot des Lebens (Joh. 6).

Wer ist nun dieser Jesus von Nazareth, der so Großes von sich aussagt?

b. Als Jesus auftrat, bezeichnete er sich zunächst nicht als den Messias, sondern als den Menschensohn. Wenn seine Jünger diesen Ausdruck wohl zunächst so verstanden haben, daß er ein Menschenkind sei (Ps. 8, 4), so meinte allerdings Jesus damit etwas anderes, woran sie aber zunächst nicht dachten; er bezeichnete sich nämlich mit diesem aus dem Propheten Daniel (K. 7) entlehnten Ausdruck als den Gründer des Gottesreiches, d. h. als den Messias. Da die damaligen Juden aber diese Stelle des A. T. nicht beachteten und infolgedessen den Messias nicht als Menschensohn bezeichneten (sondern nach anderen Stellen des A. T. als Gottessohn), so fragte Jesus einst seine Jünger, wer denn der Menschensohn nach ihrer Meinung sei (Mark. 8, 27—30). Darauf gab ihm Petrus die Antwort, daß er in ihm den verheißenen Messias erblicke (Mark. 8, 29).

c. Aber Jesus ist nicht bloß der zwar von Gott gesandte, aber doch immer nur menschliche Gründer des vollkommenen Gottesreiches, der Messias, sondern er ist größer als der Messias (vgl. Matth. 22, 41—46), denn er ist der Sohn Gottes in persönlichem Sinne, welcher nicht bloß von Gott nicht getrennt war durch die Sünde, wie alle anderen Menschen (Joh. 8, 46: „Welcher unter euch kann mich einer Sünde zeihen?"), sondern auch in der innigsten Gemeinschaft mit Gott stand, so daß er schon als Kind sagen konnte: „Wisset ihr nicht, daß ich sein muß in dem, das meines Vaters ist", und als Mann gesagt hat: „Wer mich siehet, der siehet den Vater" (Joh. 14, 9), so daß der Apostel mit Recht gesagt hat (Kol. 2, 9): „In ihm wohnet die ganze Fülle der Gottheit leibhaftig."

Von dieser persönlichen Herrlichkeit des Gottessohnes hat aber besonders Johannes in dem Prolog seines Evangeliums gesprochen (Joh. 1, 1—18), in welchem er darauf hinweist (vgl. Hebr. 1, 1—2), daß der Gott, der zuerst in der Weltschöpfung, dann in den Propheten sich geoffenbart, sich zuletzt in dem Menschen Jesus Christus vollkommen geoffenbart hat, damit durch Jesus auch wir zu Gottes Kindern werden und an Gott den Vater glauben.

B. Jesu Liebe zu den Leidenden, den Armen und den Kindern.

Matth. 11, 25—30. Luk. 6, 20 u. 24; 12, 13—21 (—31); 16, 1—13 u. 19—31; 18, 18—30. Mark. 9, 30—37; 10, 13—16. Matth. 18, 1—14.

Je mehr sich aber Jesus über seine Mitmenschen emporhob, desto mehr ließ er sich zu ihnen herab und rief zu sich alle, die da mühselig und beladen waren, um sie zu erquicken (Matth. 11, 25—30).

Diese Liebe zu den Menschen hat aber Jesus bewährt zunächst in seiner Liebe zu den Leidenden, denen er durch seine Wunder Hilfe bringt. Aber freilich das Beste, was er ihnen bringt, ist doch nicht die Hilfe für ihren kranken Leib, sondern für ihre kranke Seele, und diese bringt er ihnen in seiner Predigt, und darum war schon damals und ist erst recht für uns seine Predigt wichtiger, als seine Wunder.

Aber nicht bloß den Leidenden, sondern auch denjenigen, deren ganzes Leben manchmal ein Leiden ist, den Armen, hat sich Jesus in Liebe zugewendet, und zwar so sehr, daß es uns manchmal scheinen will, als habe er die Armen mehr geliebt, als die Reichen (Luk. 6, 24). Wenn er von den reichen Leuten fast nur Böses sagt (Luk. 12, 13—31; 16, 1—13; 16, 19—31), ja, wenn er von dem reichen Jüngling geradezu fordert, daß er alle seine Güter verkaufe und den Armen gebe (Luk. 18, 18—30), so ist ja Jesus allerdings der Meinung, die er auch geradezu ausspricht, daß es für den Armen leichter sei, fromm zu werden und zu bleiben, als für den Reichen; aber daß es auch für den Armen Versuchungen gibt, und daß der Reiche dieselben überwinden kann, versteht sich von selbst.

Endlich aber ist die Liebe Jesu noch besonders den Kindern zugewendet, die ja ebenfalls den Erwachsenen gegenüber gering und arm sind (Mark. 9, 30—37; 10, 13—16; Matth. 18, 1—14); sie erscheinen ihm als für das Gute empfänglicher, als die Erwachsenen (wie die Armen mehr als die Reichen), und er warnt davor, die Kinder (und die ihnen an Einsicht Gleichstehenden) gering zu schätzen und ihnen Anstoß zu geben.

C. Jesus als Vorbild für seine Jünger.

„Ein Beispiel habe ich euch gegeben, daß ihr tut, wie ich euch getan habe."
Joh. 13, 15.

Wenn Jesus schon groß war in seiner Predigt, so daß die Leute mit Recht von ihm sagten: „Er predigt gewaltig und nicht wie die Schriftgelehrten" (Matth. 7, 29), so war er eher noch größer in seinem Leben, denn es ist ja leichter, das Gute zu erkennen, als dasselbe zu tun. Und Jesus hat nun das, was er in seiner Predigt von den Menschen gefordert hat, auch in seinem Leben getan; Leben und Lehre stimmen bei ihm durchaus überein. So ist Jesus für uns nicht bloß ein Prediger, sondern auch ein Vorbild der Frömmigkeit und Gerechtigkeit. Inwiefern ist nun Jesus ein Vorbild für uns?

Wenn Jesus in allen Tugenden für uns ein Vorbild ist, so ist er es vornehmlich in den Haupttugenden des Christen, im Glauben, in der Hoffnung und in der Liebe. Auch Jesus hat auf Erden gelebt im Glauben und nicht im Schauen, er lebte im Vertrauen auf Gott und tat seine Wunder im Vertrauen auf Gott. Auch Jesus hat gelebt in der Hoffnung auf Gott, der ihn behüten werde, wenn es sein Wille sei, und der auch im Tode sein Werk nicht werde untergehen lassen. Aber Jesus ist vornehmlich in der Liebe ein Vorbild für uns. Aus Liebe zu den Menschen hat er auf vieles verzichtet, was andere Menschen unbefangen genießen können (irdische Güter und Ehe); von seinem ganzen Tun aber gilt, was er bei der Fußwaschung zu seinen Jüngern sagt (Joh. 13, 13—17): „Ein Beispiel habe ich euch gegeben, damit ihr tut, wie ich euch getan habe"; sein ganzes Leben und vollends sein Sterben war ein Leben in dienender Liebe (Matth. 20, 26—28).

V. Der Ausgang des Lebens Jesu.

56. Jesus und seine Gegner; die Tempelreinigung; die Verklärung Jesu; Jesu Predigt von seinem Ausgang. (II, 126 u. 127.)

(Nr. 44.) Joh. 2, 13—22. Luk. 15, 1—2. Matth. 15, 12—14; 11, 16—19; 9, 14—15; Mark. 2, 23—28. Joh. 9. Matth. 23, 1—36. Matth. 21, 33—46. Mark. 9, 2—13. Mark. 8, 31—38. (Matth. 16, 21—28.) Matth. 26, 62—64 (vgl. Dan. 7, 13—14).

a. Für den Messias war Jesus, nachdem er längere Zeit gewirkt hatte, von Petrus erklärt worden; andere hielten ihn wenigstens für einen Propheten; anders betrachteten die Schriftgelehrten Jesu Wirken.

Als Jesus kurz vor Ostern 29 öffentlich aufgetreten war, da war es natürlich, daß er das nächste der drei großen Feste, das Passahfest, benutzte, um nach Jerusalem zu ziehen und dort, im Mittelpunkte des Judentums, mit seiner Predigt aufzutreten und vielleicht das ganze Volk zu gewinnen. Und so erschien denn Jesus in Jerusalem, aber schon sein erstes Auftreten daselbst brachte ihn in Konflikt mit den geistigen Führern seines Volkes. Als nämlich Jesus den Tempel betrat, fand er in demselben Zustände und Einrichtungen, in welchen er eine Entweihung desselben erblickte. Diesem Unfuge, der ihn wohl schon früher betrübt hatte, trat Jesus in der Weise der alten Propheten entgegen, und vor seinem energischen Auftreten wichen die habgierigen Verkäufer aus dem Heiligtum, und viele fromme Israeliten gaben ihm gewiß ihre Zustimmung zu erkennen. Als ihn nun aber die geistlichen Machthaber seines Volkes nach der Berechtigung zu seinem Tun fragten und ein Zeichen für sein prophetisches Auftreten forderten, da sagte er ihnen (Joh. 2, 18), wenn sie weiter fortführen mit ihrer Entweihung und Zerstörung des Heiligtums, so werde er in kurzem (Hos. 6, 2) einen neuen Tempel bauen, der in Wahrheit ein Gotteshaus sei.

b. So war Jesus gleich bei seinem ersten Auftreten mit den geistlichen Machthabern seines Volkes in Konflikt geraten, und immer neue Anlässe zum Streite kamen hinzu, indem er nach ihrer Meinung, da er nicht bloß die Satzungen der Väter geringschätze, sondern sogar den von Gott eingesetzten Sabbath entheilige, ein Feind des Gesetzes war; seine Wunder tue er nicht mit Gottes Hilfe, sondern mit Hilfe des Teufels. Jesus aber trat seinen Gegnern nunmehr immer schärfer entgegen (Matth. 23, 1—36) und sagte ihnen ins Gesicht, daß er von ihnen den Tod erwarte (Matth. 21, 33—46).

c. Aus der Feindschaft der Schriftgelehrten, die ihm immer aufs neue entgegentrat, hatte Jesus erkannt, daß seiner irdischen Wirksamkeit von ihnen ein gewaltsames Ende gemacht werden würde. Zur Gewißheit wurde ihm diese Erkenntnis in dem geheimnisvollen Vorgange seiner Verklärung (Mark. 9, 2—13).

d. Seit dieser Zeit nun, wo er selber über den Ausgang seines Lebens, durch den Tod zur Herrlichkeit, Klarheit gewonnen hatte, da begann Jesus auch seine Jünger über den Weg zu belehren, den er als vom Vater ihm vorgeschrieben erkannt hatte (Mark. 8, 31—38; Matth. 16, 21—28): es ist der Weg des Leidens und des Todes für ihn selber und auch für seine Jünger. Auf die Notwendigkeit seines Todes aber seine Jünger hinzuweisen, das mußte er für immer wieder erforderlich halten, weil ihnen aus dem Alten Testament zwar ein messianischer König, aber nicht ein leidender Messias bekannt war, da sie in dem leidenden Knechte Gottes (Jes. 53) nicht den Messias sahen. Petrus freilich kann sich in diesen Weg zunächst gar nicht finden, und ein „Satan" wird der „Felsenmann" für seinen Meister.

e. Aber so oft Jesus auf seinen Tod hinweist, so oft weist er auch darauf hin, daß sein Tod nicht das Ende seines Lebens und Wirkens, sondern nur der Durchgang zu einem neuen Leben und Wirken sei. Und das ist nun „das Kommen in den Wolken des Himmels" zur Vollendung des Gottesreiches, von welchem Jesus im Anschluß an den Propheten Daniel gesprochen hat (Matth. 26, 62—64; vgl. Dan. 7, 13—14).

57. Die letzte Wirksamkeit Jesu vor seinem Einzuge in Jerusalem.

(II, 128 und 129a.)

Mark. 9, 30—10, 52. Joh. 11, 1—44 und 45—57.

Als nun Jesus (bald nach seiner Verklärung und der ersten Ankündigung seines Leidens) sich wiederum nach Jerusalem begeben und daselbst zum letzten Male längere Zeit gewirkt hatte (Sept. bis Dez. 30; dritter Aufenthalt in Jerusalem), da erhielt er in Peräa, wohin er sich aus Jerusalem zurückgezogen hatte, die Nachricht, daß in Bethanien bei Jerusalem Lazarus, der Bruder von Maria und Martha, schwer erkrankt sei. An ihm vollbrachte nun Jesus noch, kurz vor seinem Tode, sein größtes Wunder: er erweckte ihn vom Tode, obwohl er schon den vierten Tag (vom Tode an) im Grabe lag (Joh. 11, 1—44). Dies Wunder erregte das größte Aufsehen, und da schien es nun dem hohen Rate in Jerusalem für sein Ansehen gefährlich, diesen galiläischen Propheten noch weiter wirken zu lassen. Es wurde nunmehr beschlossen, Jesum zu töten; wer seinen Aufenthalt wisse, solle ihn der Obrigkeit angeben; Jesus aber zog sich zunächst nach dem kleinen Orte Ephraim in Judäa zurück, wo er in Verborgenheit lebte; er wollte sterben, wenn es Gottes Wille war — aber in Jerusalem (Joh. 11, 45—57).

58. Die Salbung Jesu in Bethanien, sein Einzug in Jerusalem (Sonntag vor Ostern 31) und seine letzte Wirksamkeit in Jerusalem.

(II, 129b u. 130.)

Joh. 11, 55—57. Luk. 19, 1—10. Joh. 12, 1—8.

Palmsonntag: Joh. 12, 9—11—19. Luk. 19, 39—40—44.

Montag, Dienstag und Mittwoch: Joh. 12, 19. Mark. 14, 1—2. Matth. 21, 15—16. Mark. 11, 27—33; 12, 41—44; 13, 1—2. Matth. 23, 37—39; 26, 14—16.

a. Wiederum nahte das Passahfest (des J. 31) heran, und indem Jesus Ephraim verließ, schloß er sich mit seinen Jüngern den Festpilgern an. Als der Pilgerzug (wohl am Freitag Abend) nach Bethanien kam, gingen die anderen Festpilger wohl alsbald über den Ölberg, wo sie vor Jerusalem in Zelten übernachteten, wenn sie nicht in Jerusalem ein Unterkommen fanden;

Jesus aber blieb (den Sabbath über) in **Bethanien**, freudig begrüßt von den Schwestern, deren Bruder Lazarus er unlängst vom Tode erweckt hatte.

In Bethanien aber wurde Jesus von einem Manne, namens Simon, der von früherem Leiden her den Namen der Aussätzige behalten hatte (aber natürlich nicht mehr aussätzig war), zu Gaste geladen, und mit ihm auch die drei Geschwister, bei denen er zur Herberge war, Martha, Maria und Lazarus. Bei diesem Gastmahl (Freitag, des Abends) salbte ihm Maria mit kostbarer Salbe das Haupt und sogar die Füße, die sonst dem Gaste nur gewaschen wurden. Als Judas der Maria deshalb Vorwürfe machte, indem er bemerkte, daß das Geld für die Salbe lieber den Armen hätte gegeben werden sollen, da rechtfertigte Jesus das Tun der Maria, indem er auf den Wert ihres Tuns, als einer Tat der Liebe zu ihm, und zugleich darauf hinwies, daß er in ihrem Tun eine vorweggenommene Salbung für sein nahes Begräbnis sehe (Joh. 12, 1—8); Jesus wußte, daß diese Reise nach Jerusalem ihn zum Tode führe.

b. Als nun Jesus am Tage nach dem Sabbath (Sonntag) in Jerusalem einzog, da wurde er von den Festpilgern in feierlichem Zuge nach Jerusalem geleitet und als der erschienene Messias begrüßt; auf einem Esel reitend, zog er als sanftmütiger Herrscher, wie ihn der Prophet Sacharja verheißen hatte (Sach. 9, 9), in Jerusalem ein, und unter dem Hosiannaruf des Volkes (Hilf doch, o Gott, dem Könige!) zog er in die Stadt, und wie ihn einst **Petrus** für den Messias erklärt hatte, so bekannte er jetzt sich **selber** als den erwarteten Messias. Als die Pharisäer ihm zumuteten, die Huldigungen des Volkes zu unterdrücken, wies er ihr Ansinnen mit den Worten zurück: „Wenn diese schweigen, werden die Steine schreien" (Joh. 12, 11—19; Luk. 19, 39—40); aber freilich daran, diese Erregung des Volkes zur Aufrichtung eines weltlichen Messiasreiches zu benutzen, wie die Juden es erwarteten, hat er auch jetzt nicht gedacht.

Auch die drei nächsten Tage hat Jesus noch in Jerusalem geweilt und gewirkt; in der Nacht aber verließ er stets die Stadt und begab sich nach Bethanien oder an einen andern nahen Ort zu Bekannten, wo er sich vor den jüdischen Oberen sicherer fühlte, als in Jerusalem. Denn die Pharisäer und die Sadducäer erkannten in gleicher Weise, daß es die höchste Zeit sei, diesen Nebenbuhler, der ihnen die Herrschaft über das Volk abnehmen könne, zu beseitigen.

c. Während aber Jesus bis zum letzten Tage des Volkes und seiner Jünger gedachte, da schlich (Mittwoch) einer derselben, Judas Ischarioth, zu den Pharisäern und erbot sich, Jesus in ihre Hände zu liefern, indem er ihnen seinen Aufenthaltsort verrate, damit sie ihn mit leichter Mühe verhaften könnten (Matth. 26, 14—16); es war Nacht in seiner Seele (Joh. 13, 30), und diese Nacht ist nicht mehr erhellt worden.

59. Der letzte Tag vor dem Tode. (Donnerstag; II, 131.)

a. Vor dem Abschiedsmahl. Matth. 26, 17—19. Luk. 22, 24—27. Joh. 13, 1—17. Jesus wußte, daß er an dem kommenden Osterfeste sterben werde, und er beschloß deshalb, da er das eigentliche Passahmahl mit seinen Jüngern nicht mehr halten konnte, am Tage vorher (Donnerstag) ein solches Mahl mit denselben zu halten, um in diesem Mahl das Abschiedsmahl mit seinen Jüngern zu feiern und aus dem Abschiedsmahl für seine Gläubigen ein Mahl dauernder Gemeinschaft mit ihnen zu gestalten. Deshalb versammelte sich Jesus, der den Tag wohl in Bethanien zugebracht hatte, am Abend mit seinen Jüngern in einem Hause in Jerusalem, um mit ihnen das letzte Mahl zu genießen (Matth. 26, 17—19).

Als sich nun Jesus zu Tische setzen wollte, da entstand ein Streit unter den Jüngern, wer der erste unter ihnen sei und Jesu am nächsten sitzen dürfe (Luk. 22, 24—27). Jesus entschied diesen Rangstreit durch eine Tat der Demut, indem er sich vom Tische nochmals erhob und seinen Jüngern die Füße wusch; als er das getan hatte, da sagte er: „Ein Beispiel habe ich euch gegeben, daß ihr tut, wie ich euch getan habe“, d. h. daß ihr bereit seid, einander in demütiger Liebe zu dienen (Joh. 13, 1—17).

b. Jesu letztes Mahl. Luk. 22, 14—18. 1. Kor. 11, 23—25. Luk. 22, 19—20. Matth. 26, 26—28. Mark. 14, 22—24. Nunmehr knüpfte Jesus an das jüdische Passahmahl ein neues Mahl an, welches er für seine Gemeinde stiftete. Indem er nämlich das (ungesäuerte) Brot nahm und dasselbe brach und seinen Jüngern zureichte (der Passahsitte entsprechend), sprach er ein Wort dabei, welches in der Passahfeier nicht begründet war, denn er sagte: „Nehmet, esset; das ist mein Leib, der für euch gebrochen wird; das tut fortan zu meinem Gedächtnis!“ Ebenso knüpfte er nachher an den dritten Becher (mit rotem Wein), der nach der Festsitte herumgereicht wurde, ein anderes Wort, indem er sagte: „Trinket alle daraus; das ist mein Blut, das Blut des (neuen) Bundes, welches für euch vergossen wird; das tut (fortan) zu meinem Gedächtnis!“ Der alte Bund, den Moses zwischen Israel und Gott geschlossen hatte, war geschlossen worden durch die Besprengung des Volkes mit dem Blute der geschlachteten Opfertiere; der neue Bund wird geschlossen durch die Opferung Jesu am Kreuze. Durch die Passahmahlzeit trat der Jude in die Gemeinschaft mit dem Gotte, der durch das Passahopfer versöhnt wurde; durch das neue Passahmahl tritt der Christ in die Gemeinschaft mit Gott, der seinen Sohn für uns am Kreuze geopfert hat.

c. Die letzten Reden Jesu. Luk. 22, 28—30. Joh. 13, 18—19; 21—30; 31—35; 36—38. Mark. 14, 27. Luk. 22, 31—32; 35—38. Joh. 14—16. Joh. 17. Beim Passahmahl und nach demselben hat nun Jesus noch viel mit seinen Jüngern gesprochen, hauptsächlich um sie im Glauben zu befestigen, damit sie nicht bei seinem Tode ganz verzagten.

Zunächst wies er sie darauf hin, daß unter ihnen, seinen nächsten Freunden (Luk. 22, 28—30), doch ein Verräter sei (Joh. 13, 18—19). Auf Petrus' Wink, Jesum zu fragen, wer das sei, fragte ihn Johannes, der Jesu zunächst lag, und Jesus sagte ihm leise: „Dem ich den Bissen eintauche und gebe.“ Er gab ihn aber dem Judas Ischarioth. Derselbe merkte, was Jesus gesagt habe, und als Jesus ihn aufforderte, was er tun wolle, bald zu tun, ging er von dannen (Joh. 13, 21—30).

Nunmehr wendete sich Jesus an seine Jünger, und in ergreifenden Reden tröstete er sie darauf noch über seinen Weggang und verhieß ihnen als Ersatz für ihn selber den heiligen Geist, der in ihnen wohnen und sie in alle Wahrheit leiten werde, und in einem erhabenen Gebete blickte er hin auf das Werk, das er auf Erden vollendet hatte, aber doch erst vom Himmel her ganz vollenden werde. Mit Ergebung, ja mit Freudigkeit geht er darauf in den Tod, der ihn zu Gott führt und der zur Vollendung seines Werkes unentbehrlich ist.

d. Gethsemane. Mark. 14, 26 u. 32—42. Zum Tode bereit, sieht Jesus seinem Schicksal entgegen; aber Jesus war doch auch ein Mensch, wie alle Menschen, und darum hat auch er nicht ohne schweren Kampf den Todesgang angetreten; diesen Kampf hat er gekämpft in Gethsemane. Als Jesus nämlich das Haus in Jerusalem verließ, wo er das Abschiedsmahl mit den Jüngern gehalten hatte, verließ er mit seinen Jüngern Jerusalem und begab sich an einen Ort Namens Gethsemane, vielleicht einen Garten bei Jerusalem, am Westabhang des Ölbergs gelegen, noch heute mit uralten Ölbäumen bewachsen. Als sie dahin kamen, ließ Jesus die anderen Jünger am Eingange des Gartens zurück, und sie sind bald eingeschlafen; nur die drei auserwählten Jünger, die ihm am nächsten standen, nahm er mit sich, Petrus, Jakobus und Johannes, und sie bat er, mit ihm zu wachen und zu beten, um ihres Trostes nicht zu entbehren. Aber als er nun auch von ihnen wegging, um allein im Gebet mit Gott zu ringen, ob es möglich sei, daß der ihm zugedachte Leidenskelch an ihm vorübergehe, da fand er sie, als er, dreimal zu ihnen zurückkehrend, bei ihnen Trost suchte, vom Schlaf umfangen; was sie ihm nicht boten, hat er trotzdem gewonnen, indem seine Seele Ruhe fand in Gott, der ihn, wie Lukas bildlich sagt, durch einen Engel tröstete.

Aber als er das dritte Mal zu ihnen zurückkehrte, da sagte er zu ihnen: „Schlafet ihr noch immer? — Es ist genug; die Zeit meines Leidens ist gekommen.“ Denn schon sah er den Verräter herankommen.

60. Der Tod Jesu. (Freitag; II, 132—134.)

a. Die Gefangennehmung Jesu. Joh. 18, 1—11. Mark. 14, 43—52. Als sich Judas während des Passahmahls von Jesus und seinen Mitjüngern entfernt hatte, begab er sich zu einem der jüdischen Oberen und versprach, für 30 Silberlinge[1]) in dieser Nacht Jesum in ihre Hände zu liefern. Um die Verhaftung in der Stille der Nacht zu bewirken, wo kein Widerstand von seiten der ihm anhängenden Galiläer zu befürchten war, entsandte das Synedrium eine Anzahl ihm untergebener Leute, und Judas führte sie nach Gethsemane, wo Jesus eben den schweren Seelenkampf bestanden hatte. Als sie Jesum fanden und durch des Judas Kuß erkannten, trat Jesus auf den Verräter zu mit dem strafenden Worte: „Judas, verrätst du den Menschensohn mit einem Kuß?“ Zwar versuchte noch Petrus die Gefangennahme Jesu mit Gewalt zu verhindern, aber Jesus trat diesem Versuche seinerseits entgegen, und als die Jünger sahen, daß Jesus sich selber in die Hände seiner Feinde übergebe, da stoben sie auseinander, und Jesus wurde gefangen abgeführt.

---

[1]) Silberling = Sekel = $2\frac{1}{2}$ Mark.

b. Jesus vor der jüdischen Obrigkeit. Joh. 18, 12—14 und 19—24. Luk. 22, 54 und 63—65. Luk. 22, 66—71. Jesus wurde nun zunächst in das (vielleicht am nächsten gelegene) Haus des früheren Hohenpriesters Hannas (des Schwiegervaters des Kaiphas) gebracht und von diesem vorläufig verhört. Als aber das Synedrium, die höchste nationale Behörde des jüdischen Volkes, im Palaste des wirklichen Hohenpriesters Kaiphas zusammengetreten war, führten sie Jesum zu Kaiphas, und nun begann erst das gerichtliche Verhör des Angeklagten. Nun wurden die Zeugen wider Jesus vernommen, aus deren Aussagen sich eine Anklage gegen Jesus ergeben sollte. Aber ihre Aussagen stimmten nicht überein, wie das Gesetz es forderte, nicht einmal in dem zu einer Anklage geeignetsten Worte Jesu, wonach er von einer Zerstörung und Wiederaufrichtung des Tempels gesprochen hatte. Da trat der Hohepriester selber Jesu gegenüber mit der Frage: „Ich beschwöre dich bei dem lebendigen Gott, daß du uns sagest, ob du der Messias bist, der Sohn des Hochgelobten.“ Früher hatte Jesus es oft abgewiesen, sich als den Messias darzustellen, um nicht falsche Erwartungen an sein Auftreten knüpfen zu lassen; jetzt bekannte er: „Du sagst es, ich bin es.“ Aber wenn nun die Umstehenden darauf erwidern konnten, daß er, der Gefangene, bald Getötete, unmöglich in Wahrheit der Messias sein könne, so antwortete er im voraus auf diesen Einwurf: „Aber ich sage euch, von nun an (von meiner Auferstehung an) werdet ihr sehen den Menschensohn (nach Daniels Weissagung) sitzend zur Rechten der Kraft (d. h. Gottes) und kommend auf den Wolken des Himmels“ (um seine Herrlichkeit zu offenbaren und das Gottesreich auf Erden aufzurichten). Auf dieses Bekenntnis hin wurde Jesus, weil er sich göttliche Würde angemaßt habe, als Lästerer Gottes für „des Todes schuldig“ erklärt. Während dieser Verhandlungen erfolgte die Verleugnung des Petrus, und bald darauf tötete sich Judas aus Verzweiflung über seine Tat. (Mark. 14, 66—72. Joh. 18, 15—18 u. 25—27. Apg. 1, 16—20. Matth. 27, 3—10.)

c. Jesus vor der heidnischen Obrigkeit. Joh. 18, 28—38. Luk. 23, 3—12. Matth. 27, 15—23. Joh. 19, 1—16. Das Synedrium hatte Jesum zum Tode verurteilt, aber die Genehmigung zur Hinrichtung mußte es bei dem römischen Prokurator nachsuchen, welcher als Stellvertreter des Kaisers in Judäa, Samaria und Idumäa gebot, namens Pontius Pilatus (Nr. 41 b). Als nun die Juden von ihm begehrten, daß er ihr Todesurteil einfach bestätige, da erklärte er ihnen, dann möchten sie ihn nach ihren Satzungen bestrafen, d. h. mit einer anderen Strafe belegen (Schläge, Bann), die ihnen anzuwenden gestattet sei. So mußten sie denn vor dem Heiden Jesum fälschlich verklagen, indem sie die Sache so wandten, daß er sich zum Könige aufwerfe gegen den Kaiser. Als nun Pilatus Jesum wegen seines Königtums verhörte, da erkannte er bald, daß hier von einem weltlichen, römerfeindlichen Königtum keine Rede sei. Und als nun Pilatus an ihn die Frage richtete: „So bist du dennoch ein König? — da wies Jesus ihn darauf hin, daß er ein König im Reiche der Wahrheit sei. An eine sichere Erkenntnis der Wahrheit glaubte aber Pilatus nicht; er erwiderte spöttisch: „Was ist Wahrheit?“ [1]). Aber einen solchen Schwärmer, wie er in Jesus gesehen

[1]) Quid est veritas? — Wenn man die Buchstaben dieser Frage umstellt, so ergibt sich der Satz: Est vir, qui adest.

haben wird, konnte er nicht zum Tode verurteilen; er erklärte, daß er an Jesus keine Schuld finde. Die Juden aber blieben dabei, er wiegele das Volk auf, in Galiläa habe er damit angefangen, nun sei er auch nach Judäa gekommen. Als Pilatus hörte, daß Jesus aus Galiläa herstamme, freute er sich, die ganze Sache loswerden zu können; als Galiläer war nämlich Jesus ein Untertan des dort (und in Peräa) herrschenden Herodes Antipas. Da derselbe nun zum Feste ebenfalls in Jerusalem war (er war ja ein Jude), so schickte Pilatus ihm Jesum zu, damit er über ihn das Urteil spreche. Herodes freute sich zwar, Jesum, von dem er schon gehört hatte, zu sehen; aber als derselbe ihm nicht, wie er wünschte, ein Wunder vormachte, so verspottete er ihn und schickte ihn an Pilatus zurück.

Als nun Jesus zu Pilatus zurückgebracht wurde, hatte sich bereits eine große Volksmenge vor seinem Hause versammelt. Als nun von einigen Leuten, vielleicht von Freunden Jesu, Pilatus gebeten wurde, der Ostersitte gemäß, wo einst das Volk aus Ägypten befreit worden war, einen Gefangenen loszugeben, da schlug Pilatus ihnen vor, ihnen Jesus loszugeben. Die jüdischen Oberen aber verlangten statt seiner einen anderen Gefangenen, der wegen Aufruhrs und Mordes im Gefängnis saß, also einen wirklichen Römerfeind, während sie Jesum mit Unrecht der Römerfeindschaft bezichtigten. Dieser Gefangene hieß Barabbas (d. h. Sohn des Vaters). Und die Oberen des Volkes setzten es durch, daß Barabbas freigegeben wurde. Als Pilatus aber fragte, was er denn mit Jesus tun solle, da antwortete die Menge: Kreuzige ihn!

Da nun Pilatus nicht wagte, dem Volke geradezu entgegenzutreten, so suchte er in anderer Weise das Volk umzustimmen. Wer gekreuzigt werden sollte, der wurde zuvor gegeißelt. Jesu Rücken wurde also von den Soldaten entblößt und blutig geschlagen, und nach der Geißelung hängten sie ihm, dem angeblichen Judenkönig, einen Purpurmantel um, flochten aus Dornen eine Krone und setzten sie auf sein Haupt und gaben ihm ein Rohr, ein angebliches Zepter, in die Hand. In dieser Gestalt führte Pilatus Jesum heraus vor das Volk, und indem er sagte: „Sehet, welch ein Mensch!“ (Ecce homo!) — hoffte er das Mitleid des Volkes zu erregen und Jesum loslassen zu können.

Als nun trotzdem die von ihren Oberen aufgehetzte Volksmenge bei ihrer Forderung beharrte, daß Jesus gekreuzigt werde, da erwiderte Pilatus unwillig: „So nehmet ihr ihn hin und kreuzigt ihn, denn ich finde keine Schuld an ihm.“ Das durften sie aber nicht, und darum versuchten sie nunmehr auf eine andere Weise, Pilatus zur Kreuzigung Jesu zu bewegen. Nunmehr brachten sie nämlich das vor, womit sie bisher zurückgehalten hatten, daß Jesus sich für den Gottessohn erklärt und deshalb nach ihrem Gesetz den Tod verdient habe. Aber diese Anklage bewirkte gerade das Gegenteil von dem, was sie bewirken sollte. Von Göttersöhnen redeten ja auch die Heiden, und so fragte denn Pilatus Jesum nach seiner Abstammung, und als derselbe ihm nichts erwiderte, sagte er zu ihm: „Weißt du nicht, daß ich Macht habe, dich loszulassen oder dich zu kreuzigen?“ Darauf erwidert ihm Jesus: „Du hättest keine Macht über mich, wenn sie dir nicht von oben gegeben wäre“! Dies Wort machte auf Pilatus einen solchen Eindruck, daß er den Juden aufs neue erklärte, er finde keine Schuld an diesem Menschen.

Aber die Juden wußten doch ihren Willen bei Pilatus durchzusetzen, indem sie ihm den Kaiser als denjenigen vorhielten, den er zu fürchten habe: „Wenn du diesen losläßt, so bist du kein Freund des Kaisers, denn dieser Jesus will sich zum König machen wider den Kaiser." Das wirkte endlich bei Pilatus; den Kaiser fürchtete er schließlich doch mehr als Gott; so entschloß er sich endlich, Jesum den Juden preiszugeben.

d. Der Gang nach Golgatha; Jesus am Kreuze. Luk. 23, 26—32; 23, 33 u. 39—43. Joh. 19, 25—27. Mark. 15, 34. Joh. 19, 28; 19, 30. Luk. 23, 46. Das Todesurteil wurde nach alter Sitte auch sofort vollstreckt; um die Mittagszeit (Joh. 19, 14) oder noch früher, gegen neun Uhr (Mark. 15, 25), wurde Jesus zusammen mit zwei anderen Verurteilten von den mit der Kreuzigung beauftragten Soldaten nach einem Hügel vor der Stadt geführt, der von seiner Gestalt den Namen Golgatha, d. h. Schädelstätte (genauer: der Schädel) führte. Als die Soldaten am Platze der Hinrichtung angekommen waren, boten sie den Verurteilten der Sitte gemäß, um ihre Qual zu lindern, einen betäubenden Trank an; aber Jesus wies denselben zurück, da er mit klarem Bewußtsein auf sich nehmen wollte, was Gottes Wille über ihn verhängt hatte. Nunmehr wurde er nebst den beiden Verbrechern ans Kreuz gehängt, er in der Mitte, die anderen zu beiden Seiten, und über den Kreuzen wurden die Tafeln befestigt, welche die Schuld der Gekreuzigten bezeichneten. Über dem Kreuze Jesu war (in den drei im Lande gebräuchlichen Sprachen: Lateinisch, Griechisch, Aramäisch) zu lesen: „Jesus von Nazareth, der Juden König" (Jesus Nazarenus rex Judaeorum, abgekürzt bei uns: J. N. R. J.), wie Pilatus zu schreiben befohlen hatte. Die Kleider der Gekreuzigten fielen den Soldaten zu, und diese verteilten dieselben unter sich durch das Los.

Während nun Jesus am Kreuze hing, wurde er von den Vorübergehenden verspottet; aber er litt schweigend auch diesen Schimpf. Aber wohl werden uns von den Evangelisten sieben Worte überliefert, welche Jesus am Kreuze gesprochen hat, die letzten Worte unseres sterbenden Heilandes.

Als er nämlich von den Kriegsknechten am Kreuze befestigt worden war, da betete Jesus: „Vater, vergib ihnen, denn sie wissen nicht, was sie tun!"

Ein zweites Wort entlockte Jesu einer der mit ihm gekreuzigten Schächer. Als nämlich der eine derselben ihn verhöhnte, wie die unten stehenden Ungläubigen, und ihm zurief: „Bist du der Sohn Gottes, so hilf dir selber und uns" — da schalt ihn der andere mit den Worten: „Und du fürchtest dich auch nicht vor Gott, der du doch in gleicher Verdammnis bist? Und zwar sind wir mit Recht darin; wir empfangen, was wir mit unseren Taten verdient haben; dieser aber hat nichts Unrechtes getan." Er hatte, vielleicht schon früher, jedenfalls aber jetzt, von dem am Kreuze hängenden Jesus einen Eindruck bekommen, der ihn sprechen ließ: „Herr, gedenke an mich, wenn du (als König) in (mit) deinem Reiche kommst!" Und Jesus erwiderte ihm, mehr als Irdisches verheißend: „Wahrlich, ich sage dir, heute noch wirst du mit mir (bei Gott) im Paradiese sein!"

Das dritte Wort Jesu richtete sich an die Seinigen. Zwar waren ja alle Jünger bei seiner Gefangennehmung geflohen; aber als er nun starb, da war er doch von den Seinigen nicht ganz verlassen; unter dem Kreuze standen wenigstens Johannes und dessen Mutter, wie auch die Mutter Jesu. Da wandte sich nun Jesus an seine Mutter und sagte zu ihr: „Weib, siehe, das ist dein Sohn", und zu Johannes sagte er: „Siehe, das ist deine Mutter!" Sein Lieblingsjünger sollte bei Maria an seine Stelle treten.

Die drei ersten Worte Jesu galten anderen, die vier letzten Worte betrafen ihn selber. „Eli, eli, lama asabthani", d. h.: „Mein Gott, mein Gott, warum hast du mich verlassen?" so betete Jesus mit den Worten seines Vorläufers David (Ps. 22), als er nicht nur des Leibes, sondern auch der Seele Qual für uns am Kreuze erduldete, zwar noch immer an „seinem" Gott festhaltend, aber doch „verlassen" sich fühlend. Bald darauf rief Jesus: „Mich dürstet", und ein Soldat reichte ihm auf einem Ysopstengel einen Schwamm, den er in das im Morgenlande übliche Getränk (Essig mit Wasser) getaucht hatte. Darauf sprach Jesus: „Es ist vollbracht", und bald darauf verschied er mit den Worten; „Vater, in deine Hände befehle ich meinen Geist!" Unter wunderbaren Naturerscheinungen ist Jesus nach einem Leiden von nur wenigen Stunden verschieden, in der Zeit, wo die Passahlämmer im Tempel geschlachtet wurden (etwa nachmittag 3 Uhr); der römische Hauptmann, der an seinem Kreuze stand, empfing von dem Tode Jesu einen solchen Eindruck, daß er sagte: „Wahrlich, dieser Mensch ist ein Sohn eines Gottes gewesen" — auch die Heiden sprachen ja von Söhnen ihrer Götter.

e. Das Begräbnis Jesu. Joh. 19, 31—42. Der Freitag, an welchem Jesus starb, war derjenige Tag, an welchem des Abends das Passahmahl gehalten wurde; der folgende Sonnabend war der erste Osterfeiertag. Damit nun nicht am Festtage die Hingerichteten noch vielleicht lebend oder tot an den Kreuzen hingen, hatten die jüdischen Oberen den Pilatus gebeten, dieselben noch vor dem Beginn des Sabbaths töten zu lassen, damit sie vom Kreuze abgenommen und begraben werden könnten. Pilatus gewährte den Juden diese Bitte, und so wurden denn, um sie rascher zu töten, den beiden mit Jesus gekreuzigten Schächern die Beine zerschmettert. Als das an Jesus ebenfalls geschehen sollte, sahen die Soldaten, daß er bereits tot war; um sich aber über seinen Tod zu vergewissern, stach ihn einer der Soldaten mit der Lanze in die Seite, und Johannes, der unter dem Kreuze stand, sah Blut und Wasser aus der Seite herausfließen.

Als nun Jesus tot war, da fand ein Mitglied des Synedriums, Joseph von Arimathia, ein heimlicher Anhänger Jesu, den Mut, Pilatus um den Leichnam Jesu zu bitten, damit er ihn bestatten könne. Als Pilatus ihm diese Bitte gewährte, da nahm derselbe den Leichnam Jesu vom Kreuze ab und brachte ihn nach seinem Garten, wo er ein neues Grab besaß, welches in einen Felsen gehauen war. An der Beisetzung beteiligte sich auch Nikodemus, ebenfalls ein Mitglied des Synedriums und ein heimlicher Anhänger Jesu. Ein gewaltiger Stein wurde vor das Grab Jesu gewälzt; auch der Gottessohn war gleich uns Sündern „gestorben und begraben".

61. Das Wunder der Auferstehung Jesu; die Erscheinungen des Auferstandenen; die Himmelfahrt. (II, 135—137.)

a. Luk. 24, 13—27 u. 9—11. Jesus war gestorben, sein Leib ruhte im Grabe, und seine Seele war bei Gott, „im Paradiese", wie er dem gläubigen Schächer gesagt hatte. Aber durfte das nun das Ende seines Lebens sein?

Alle Hoffnungen, die seine Jünger auf Jesum gesetzt hatten, waren vereitelt worden durch seinen Tod. Zwar hatten sie darum den Glauben an Jesum nicht ganz aufgegeben; er hatte ihnen ja seinen Tod vorausgesagt und auf seine Wiederkunft hingewiesen. Aber wenn nun nicht die Auferstehung Jesu erfolgt wäre, so hätten sie eben nur auf seine Wiederkunft sich verlassen, und dieser Glaube an seine Wiederkunft wäre ihre Religion geworden, die sie andern verkündet hätten. Aber mit der Zeit wäre dieser Glaube an die Wiederkunft Jesu in Herrlichkeit, wenn er sich nicht bestätigt hätte, allmählich erloschen; dann wäre das Wirken Jesu auf Erden vergeblich gewesen; dann gäbe es heute kein Christentum.

b. Da ist nun in den Jüngern der Glaube entstanden, daß Jesus vom Tode auferstanden sei, und auf diesem Glauben beruht es, daß trotz des Todes Jesu das Christentum besteht. Aber ist die Auferstehung Jesu auch kein leerer Wahn? Als die Jünger davon vernahmen, haben sie zunächst nicht daran geglaubt; diese Botschaft deuchte ihnen ein „Märlein", und sie wollten sie nicht glauben. Haben sie recht daran getan, daß sie daran geglaubt haben, und dürfen auch wir an diese Botschaft glauben?

Diese Tatsache ist ein Wunder, und zwar ein so großes Wunder, daß wir an dasselbe ebenso wie die ersten Jünger nicht ohne weiteres glauben, sondern nur dann, wenn uns dies Wunder durch Zeugen berichtet wird, an deren gutem Willen und sicherem Wissen wir nicht zweifeln können. Welches sind denn nun solche Zeugnisse?

Das sind nicht bloß unsere Evangelien, die etwa 40 oder mehr Jahre nach der Auferstehung Jesu und nur zum Teil von Augenzeugen geschrieben sind, sondern es gibt einen noch älteren Zeugen für den Glauben der Jünger Jesu an die Auferstehung ihres Meisters, nämlich den Apostel Paulus, der in seinem Kapitel 15 des ersten Korintherbriefes die Auferstehung Jesu als die Grundlage des Glaubens an unsere Auferstehung betrachtet und genauer bespricht.

Aber liegt denn nun diesem Glauben der Jünger Jesu auch nicht eine bloße Einbildung, sondern eine wirkliche Tatsache zugrunde?

Der Rationalismus, welcher alle Wunder bestritt, leugnete zwar nicht die Auferstehung Jesu, aber er betrachtete Jesum nur als scheintot; aber diese Annahme gilt heute allgemein für unmöglich. Dagegen wird allerdings noch heute vielfach behauptet, daß die Auferstehung Jesu nur eine oft wiederholte Vision gewesen sei; aber dabei bleibt vieles unerklärlich. So können wir denn nicht umhin, uns mit den Jüngern Jesu selber dem Glauben zuzuwenden, daß die Auferstehung Jesu eine wirkliche Tatsache war, daß Jesus, der bereits nicht mehr der Erde angehörte, doch wieder auf der Erde erschienen ist. Diese Tatsache ist allerdings ein Wunder; aber ohne dieses Wunder gäbe es kein Christentum.

c. Ostermorgen: Mark. 16, 1—8. Joh. 20, 3—18.

Die Emmausjünger und Petrus: Luk. 24, 13—35.

Jesus im Jüngerkreise: 1. Kor. 15, 5. (Luk. 24, 33—35.) Joh. 20, 19—23. Luk. 24, 44—49. Joh. 20, 14—29.

Die Erscheinungen in Galiläa: 1. Kor. 15, 6. Matth. 28, 18—20. 1. Kor. 15, 7. Joh. 21.

Letzte Erscheinung in Jerusalem: Apg. 1, 4—9. Matth. 28, 18—20. Luk. 24, 52—53.

Die Ausgießung des h. Geistes: Apg. 2, 1—41.

Vierzig Tage hindurch ist Jesus seinen Jüngern in Judäa und in Galiläa immer aufs neue erschienen, so daß sie schließlich an seiner Auferstehung nicht mehr zweifelten. Vom Ölberge, wo sie ihren Meister am vierzigsten Tage nach Ostern (Donnerstag) zum letzten Male erblickt hatten, kehrten sie nach Jerusalem zurück „mit großer Freude", und als nun das jüdische Pfingstfest kam, da wurden sie erfüllt von dem Geiste Gottes, den ihnen Jesus verheißen hatte, und nun wagten sie mit ihrer Botschaft von der Auferstehung Jesu, an der sie bis dahin allein sich erfreut hatten, hinauszutreten in die Welt, und durch ihre Predigt von dem Auferstandenen ist die christliche Kirche gegründet worden.

Fünfter Abschnitt[1]).

Das Christentum im Zeitalter der Apostel.

Wie die Apostel hingegangen sind in alle Welt, um alle Menschen zu Jüngern Jesu Christi zu machen.

62. Einleitung. Die zwölf Apostel; die Gemeinde des Herrn; „die Apostelgeschichte". (II, 138—140.)

Joh. 1, 35–52. Mark. 1, 16—20; 2, 13—17; 3, 13—19. Matth. 9, 35—10, 42. Luk. 10, 1—16; 17—20. Matth. 11, 25—30. Matth. 16, 13—20; 18, 18—20; 28, 18—20.

a. Als Jesus auftrat, gesellten sich ihm bald einzelne Männer zu, und sie und andere Galiläer schlossen sich später dauernd an ihn an, und wurden seine Apostel. Es waren dies zwölf Männer, nämlich: die Brüderpaare Simon und Andreas, Jakobus und Johannes; sodann Matthäus (= Levi, ein Zöllner) und Thomas, Philippus und Bartholomäus (= Nathanael); endlich Jakobus (ein Sohn des Alphäus) und Judas (ein Sohn des Jakobus, mit dem Zunamen Lebbäus oder Thaddäus), Simon von Kana (oder der Eiferer, d. h. ein Anhänger der Zeloten, der fanatischen Römerfeinde) und Judas Ischarioth (oder nach Joh. 6, 71: Judas, der Sohn Simons, des Ischarioth, d. h. eines Mannes aus der Stadt Karioth). Ihre Zwölfzahl wies darauf hin, daß sie für das ganze Volk Israel bestimmt seien; als Israel ungläubig blieb, da sind sie die Stammväter des neuen Gottesvolkes geworden.

b. Nach Gottes Absicht sollte nämlich durch die Predigt Jesu und seiner Jünger das Judentum zum vollkommenen Gottesreiche umgestaltet werden; dann wäre heute kein besonderes Judentum mehr vorhanden. Aber diese Absicht Jesu ist nicht erfüllt worden, sondern es ist aus dem Judentum (und auch aus dem Heidentum) eine besondere Gemeinde Jesu, die Christenheit oder die christliche Kirche, gewonnen worden, neben welcher das Judentum als besondere Religion noch weiterbesteht.

c. Wie nun die christliche Kirche durch die Apostel gegründet worden ist, und wie sich dieselbe in der ältesten Zeit entwickelt hat, erzählt die Apostelgeschichte, die zweite Schrift des Lukas, des Verfassers des dritten Evangeliums, eines Mitarbeiters (Philem. 24. Kol. 4, 14. 2. Tim. 4, 11) und Reisebegleiters des Paulus, als welchen er sich in der Apostelgeschichte an mehreren Stellen (durch das daselbst gebrauchte „Wir") zu erkennen gibt (Apg. 16, 10—17; 20, 5–15; 21, 1—18; 27, 1—28, 16). Den Inhalt dieser Schrift im einzelnen lassen die folgenden Abschnitte erkennen.

---

[1]) Dieser Abschnitt, der Schluß der heiligen Geschichte, findet seine Fortsetzung in der (auf ihn in diesem Buche alsbald folgenden) Kirchengeschichte.

63. Die Begründung des Christentums unter den Juden durch den Apostel Petrus; die Verfolgung der Gemeinde; die Ausbreitung des Christentums. (II, 142. I, 4.)

a. Apg. 1; 2, 1—41.
b. K. 3, 1—4, 23; 5, 12—42; 6, 7—15; 7, 1—8, 3. K. 12.
c. K. 8, 3—25 und 26—40; 10, 1—11, 18.

a. Nach der Auferstehung Jesu waren die Jünger zunächst nach Galiläa zurückgekehrt, bald aber nach Jerusalem übergesiedelt, und nach der Himmelfahrt Jesu blieben sie, dem Befehl ihres Meisters gemäß, in Jerusalem, und an des Judas Stelle wurde Matthias zum Apostel erkoren. Am Pfingstfeste vom heiligen Geiste erfüllt, traten sie aus der bisherigen Verborgenheit hervor, und durch des Petrus Predigt wurde aus den Juden die erste Christengemeinde (von 3000 Seelen) gewonnen, und damit war das Christentum unter den Juden begründet.

b. Die ursprüngliche Duldung der Christen durch die Juden hörte aber bald auf, und zuerst wurden zwei Apostel (Petrus und Johannes) nach der Heilung eines lahmen Bettlers festgenommen, und zwar bald wieder entlassen, aber mit der Mahnung, nicht mehr von dem auferstandenen Jesus zu predigen. Bald darauf wurden alle Apostel ins Gefängnis geworfen, und als sie erklärten, weiter von Jesus predigen zu müssen, da „man Gott mehr gehorchen müsse, als den Menschen", wurden sie körperlich gezüchtigt, obwohl im Hohen Rate der Juden Gamaliel mahnte, abzuwarten, ob nicht die Sache Jesu von Gott sei.

Die dritte und größte Verfolgung begann mit der Steinigung des Almosenpflegers Stephanus, welcher getötet wurde, weil er angeblich behauptet hatte, Jesus werde den Tempel zerstören und das Gesetz Mosis abschaffen. Nunmehr begann eine allgemeine Verfolgung der Christen auch außerhalb Jerusalems und Palästinas, und diese etwa zehnjährige Verfolgung (35—44) fand erst ihren Abschluß, als Herodes Agrippa, ein Enkel von Herodes dem Großen, starb, nachdem er über das jüdische Volk drei Jahre lang geherrscht hatte (41—44; vgl. Nr. 41c); derselbe hatte den Apostel Jakobus enthaupten lassen; Petrus, den er gleichfalls verhaften ließ, wurde wunderbar befreit und „zog an einen andern Ort".

c. War nun der neue Glaube zunächst nur unter den Juden verbreitet worden, so begann derselbe bald infolge der Verfolgung durch die Juden die Schranken des Judentums zu überschreiten; zunächst nahmen die Samariter denselben an (der Zauberer Simon, die Simonie), bald auch Proselyten aus den Heiden (zuerst der Kämmerer der Königin Kandace aus Äthiopien, dann der römische Hauptmann Cornelius in Cäsarea, von Petrus getauft); aber der Apostel der Heiden wurde nicht Petrus, sondern Paulus.

64. Glaube, Gottesdienst und Leben der ersten Christen. (II, 154.)

Apg. 2, 42. 1. Kor. 12 u. 14. Apg. 2, 42—47; 4, 32—5, 16; 6, 1—7. Eph. 4, 17—6, 24. 1. Kor. 13. Luk. 10, 25—37. Philemonbrief. Jakobusbrief. 1. Petrusbrief. 1. Johannesbrief.

„Sie blieben aber beständig in der Apostel Lehre und in der Gemeinschaft und im Brotbrechen und im Gebet" — so charakterisiert die Apostelgeschichte die Zustände der ersten christlichen Gemeinde.

a. Die Apostel hatten mit ihrer Predigt den Grund gelegt zu der neuen Gemeinde, und die Christen blieben nun auch beständig in der Apostel Lehre, und auch wir müssen, wenn wir rechte Christen sein wollen, bei ihrer Lehre bleiben. Zwar Apostel selber können wir nicht mehr haben (wie die Irvingianer sie zu haben vorgaben), aber ihre Lehre besitzen wir in ihren Schriften. Aber die christliche Kirche ist nicht immer bei der Lehre der Apostel geblieben; deshalb traten die Reformatoren auf, die es als ihre Aufgabe betrachteten, die Christenheit zur Lehre der Apostel zurückzuführen, und die evangelische Kirche betrachtet als maßgebend für ihre Lehre nur die Lehre der Apostel, nicht aber, wie die katholische Kirche, auch noch die Beschlüsse der Konzilien und die Aussprüche der Päpste.

b. „Sie blieben sodann beständig im Gebet." Die Christen nahmen zunächst noch am Gottesdienste der Juden teil, wie sie ja auch das mosaische Gesetz zuerst noch hielten; aber es bildete sich doch bald neben und statt desselben ein besonderer christlicher Gottesdienst. Die Christen hatten aber zweierlei Versammlungen, die eine zum Gottesdienst, die andere zum Liebesmahl und Abendmahl; auf die erstere ist hier hingedeutet, wenn es heißt: „Sie blieben aber beständig im Gebet." Der christliche Gottesdienst, welcher sich zunächst aus dem Gottesdienste der jüdischen Synagoge entwickelt hat, bestand aber aus folgenden Teilen: Gebet, Zungenreden, Schriftvorlesung und Predigt. Das sog. Zungenreden war nicht ein Reden in fremden Sprachen, sondern eine Art von Gebet, aber in einer Redeform, welche mehr ein Gefühlsausdruck war als ein Sprechen in gewöhnlicher Sprache, und darum auch für die Zuhörer (ebenso wie die Musik) durch Worte nicht wohl zu erklären. Paulus empfiehlt dasselbe zu unterlassen, wenn es nicht ausgelegt werden könne, da die Gemeinde dann davon keinen Nutzen habe; er hält es also nicht für notwendig (wie die Irvingianer).

Zwar haben die alten Christen ihren Gottesdienst in etwas anderer Weise gefeiert, als wir ihn heute feiern; trotzdem stimmt unser Gottesdienst in den Grundzügen mit dem Gottesdienste der alten Christen überein, da auch in ihm die Hauptbestandteile des altchristlichen Gottesdienstes (Gebet, Schriftvorlesung und Predigt) enthalten sind. Wie sich der Gottesdienst in der evangelischen Kirche gestaltet hat, ist unten dargelegt. (Nr. 149—152.)

c. Endlich blieben die Christen auch beständig im Brotbrechen und in der Gemeinschaft.

Außer der Versammlung zum Gottesdienst hielten die Christen auch noch eine zweite Versammlung, nämlich zur Feier des Liebesmahls und des heiligen Abendmahls. Wie Jesus mit seinen Jüngern zusammen gegessen hatte, so blieben auch die Cristen beständig im Brotbrechen, d. h. sie hielten täglich eine gemeinsame (Abend-) Mahlzeit, zu welcher die Wohlhabenden Speise und Trank mitbrachten, das sog. Liebesmahl; an dasselbe schloß sich dann jeden Tag die Feier des heiligen Abendmahls. Heute ist ein gemeinsames Essen der Christen unmöglich, dagegen feiern auch wir noch (aber nicht mehr täglich) das h. Abendmahl.

Aber noch mehr rühmt Lukas von den alten Christen, wenn er sagt: „Sie blieben beständig in der Gemeinschaft." Wie Jesus mit seinen Jüngern aus einer gemeinsamen Kasse gelebt hatte, so „hielten auch die ersten Christen alle Dinge gemein", und mancher Reiche verkaufte Hab' und Gut und gab den Erlös den Aposteln, und diese „teilten aus unter alle, je nachdem es jeder bedurfte". So „war unter den Christen keiner, der Mangel hatte, und die Menge der Gläubigen war ein Herz und eine Seele". Aber diese Gütergemeinschaft war nicht erzwungen, sondern freiwillig, wie die Geschichte von Ananias und Sapphira zeigt. Diese Einrichtug führte in Jerusalem zur Einsetzung von sieben Almosenpflegern, von welchen Stephanus der bekannteste ist. In anderen Gemeinden ist diese Gütergemeinschaft wohl gar nicht eingeführt worden; die spätere Kirche hat zwar nicht die ursprüngliche Form, aber den Kern derselben festgehalten in der Liebestätigkeit, welche zu allen Zeiten in der christlichen Kirche geübt worden ist (Nr. 113). Auch ohne die in Jerusalem eingeführte Gütergemeinschaft unterschied sich das Leben der Christen zu seinem Vorteil von dem der Juden und der Heiden. Wie sich die christliche Sittlichkeit im einzelnen gestaltet hat, zeigen namentlich die Briefe der Apostel (vgl. die oben angegebenen Briefabschnitte)[1].

65—68. Die Ausbreitung des Christentums unter den Heiden durch den Apostel Paulus.

65. Die Bekehrung des Saulus; die Christengemeinde in Antiochia; die erste Missionsreise des Paulus. (II, 143. I, 5.)

a. Apg. 22, 3—5; 26, 9—11; 7, 57—8, 3; 9, 1—9
(vgl. 22, 6—11 u. 26, 12—18); 9, 10—30 (Röm. 7, 1—8, 4).
b. Apg. 11, 19—30; 12, 25.
c. Apg. 13 u. 14.

a. Obwohl schon durch Petrus ein Heide in die christliche Kirche aufgenommen worden war, so ist doch die Bekehrung der Heiden überhaupt nicht das Werk des Petrus, sondern des Paulus. Der Apostel der Heiden, Paulus, unter seinen jüdischen Landsleuten Saulus (Saul) heißend, stammte aus Tarsus in Cilicien und wurde, obwohl ein Schüler des milde gesinnten Pharisäers Gamaliel (Apg. 5, 34—39), bald ein eifriger Verfolger der Christen (Stephanus' Tod: Apg. 7, 57—8, 3), der sogar im Auslande die Christen verfolgen wollte. Dabei wurde er aber vor Damaskus durch eine wunderbare Erscheinung bekehrt und, da er sich als von Christus selbst berufen betrachtete, nicht bloß ein Christ, sondern ein Apostel Christi, der auch bald als Prediger des neuen Glaubens auftrat. Aber er mußte aus Damaskus fliehen und bald auch aus Jerusalem, wohin er sich von Damaskus begeben hatte; dagegen hoffte er in seiner Heimat Tarsus Ruhe und Sicherheit zu finden.

b. Eine Stätte der Wirksamkeit fand nun Paulus nach einiger Zeit in Antiochia, wo durch (bei der Verfolgung des Stephanus) flüchtig gewordene Christen eine Gemeinde aus Heiden gegründet wurde, welche von

[1]) Eine Ergänzung zu diesem Abschnitt bietet Nr. 70c.

ihren Landsleuten den Namen „Christianer" erhielten. Barnabas, ein angesehenes Mitglied der Gemeinde von Jerusalem, den dieselbe nach Antiochia schickte, um zu untersuchen, ob diese Gemeinde als eine rechte Christengemeinde anzusehen sei, obwohl sie doch, als aus Heiden gewonnen, das mosaische Gesetz nicht hielt, wie die bisherigen Christen, erklärte dieselbe für eine rechte Christengemeinde; ja, er blieb selber in Antiochia, und er rief zu seiner Unterstützung den ihm in Jerusalem bekannt gewordenen Paulus aus Tarsus nach Antiochia.

c. Von Antiochia aus unternahmen nun Barnabas und Paulus (zunächst von Johannes Markus begleitet) die erste Missionsreise über Cypern nach dem südöstlichen Kleinasien und gründeten unter den Heiden mehrere Gemeinden (Antiochia in Pisidien, Iconium, Lystra und Derbe). Auf demselben Wege kehrten sie darauf, ohne Cypern zu berühren, nach Antiochia zurück.

66. Judenchristen und Heidenchristen; die Vereinigung in Jerusalem (das Apostelkonzil) und der Streit in Antiochia; der Galaterbrief.

(II, 144. I, 7.)

Apg. 15, 1—35. 1. Kor. 8; 10, 14—33.
Gal. 1 u. 2. (Zu Gal. 2, 11—21 vgl. Röm. 3, 20—30. Jak. 2, 14—26.)
Gal. 3, 1—5, 12 (ausschl. Kap. 3, 15—18 u. 4, 21—31); 5, 13—6, 18.

a. Als man in Jerusalem von der weiteren Ausbreitung des Christentums unter den Heiden hörte, da erwachte unter den Judenchristen aufs neue das Bedenken: die Heidenchristen hielten ja das mosaische Gesetz nicht — war das auch wirklich recht? Und der Judenchrist, der mit ihnen verkehrte und aß und trank, übertrat dann gleichfalls die heiligen Satzungen der Väter. So schien es durch den Übertritt der Heiden dahin zu kommen, daß auch die Judenchristen das mosaische Gesetz nicht mehr hielten — und dazu hielt man diese für verpflichtet. War es da nicht nötig, um die Einheit der Kirche zu erhalten, den Heidenchristen doch das mosaische Gesetz aufzulegen?

b. Judenchristen von dieser Gesinnung kamen denn auch einige Zeit nach der ersten Missionsreise nach Antiochia und brachten durch ihr Auftreten die Gemeinde in Verwirrung. Als nun infolgedessen in Antiochia die Trennung der Heidenchristen von den Judenchristen zur Spaltung der Kirche zu führen drohte, da zogen auf den Beschluß der Gemeinde Paulus und Barnabas nach Jerusalem, um sich mit den Aposteln und den Vorstehern der Muttergemeinde der Christenheit über diese Frage zu verständigen.

Als nun hier in einer Gemeindeversammlung, die man später das Apostelkonzil genannt hat, diese Frage verhandelt wurde, drang schließlich die Meinung durch, daß die Heidenchristen das mosaische Gesetz nicht zu halten brauchten; nur sollten sie einige Verpflichtungen auf sich nehmen, wie auch die Juden sie ihren Proselyten auflegten, um den Verkehr zwischen Judenchristen und Heidenchristen zu erleichtern; sie sollten sich des Götzenopferfleisches enthalten, welches die Heiden beim Opfermahl verzehrten oder auf dem Markte zu kaufen bekamen; sodann sollten sie kein Blut genießen und kein erstictes Tier, von welchem also das Blut nicht abgelassen war, essen; endlich sollten sie sich des Ehebruchs enthalten, der ja durch den Götzendienst noch befördert und bei den Heiden allgemein geduldet wurde. Dieser Beschluß wurde in Antiochia mit großer Befriedigung aufgenommen.

So wurde, freilich zunächst nur dem Grundsatze nach, aus der bisher getrennten Judenkirche und Heidenkirche die einige, allgemeine christliche Kirche. Doch hat es auch schon in der nächsten Zeit nicht an Kämpfen um die Einheit der Kirche gefehlt. Als nämlich Petrus nach einiger Zeit nach Antiochia kam, lebte er unter den Heidenchristen zunächst in heidnischer Weise; bald aber, durch strengere Judenchristen irre gemacht, weigerte er sich wieder, mit den Heiden zusammen zu essen, und vergebens trat ihm Paulus entgegen; Petrus blieb dabei, daß nur die Heidenchristen zur Beobachtung des mosaischen Gesetzes nicht verpflichtet seien (Gal. 2, 11—21)[1].

c. Unsere Kunde von der Stellung der Judenchristen zu Paulus (auch über den Streit in Antiochia) beruht aber außer auf der Apostelgeschichte vornehmlich auf einem Briefe des Apostels Paulus, dem Galaterbriefe, welcher während der zweiten (oder der dritten) Missionsreise geschrieben worden ist. In die Gemeinden in Galatien, welche auf der ersten (oder auf der zweiten) Reise von Paulus gegründet worden sind, suchten nämlich judenchristliche Prediger einzudringen, um die jungen Christen angeblich erst zum wahren Christentum zu führen, nämlich durch Annahme des mosaischen Gesetzes, ohne welches der christliche Glaube nicht vollständig sei. Aber diesen Eindringlingen trat Paulus mit der größten Entschiedenheit in einem Briefe an die Gemeinden Galatiens entgegen, welcher in größerer Gemütserregung geschrieben ist, als seine anderen Briefe, da es sich um seine ganze Stellung und Lebensarbeit handelte, und er zeigte den Heidenchristen, daß es nicht nötig sei für den Christen, das mosaische Gesetz zu halten. Welchen Erfolg der Brief des Paulus gehabt hat, ist uns nicht bekannt.

67. Die zweite und die dritte Missionsreise des Paulus; Paulinische Gemeinden und Briefe. (II, 145 u. 146. I, 6.)

Apg. 15, 36—18, 22. Die Briefe an die Thessalonicher. Apg. 18, 23—21, 17. 1. Kor. 1—4. 2. Kor. 10—12. 1. Kor. 9. Röm. 1, 1—17; 15, 14—33.

a. Nicht mit Barnabas (von dem sich Paulus wegen des Markus trennte), sondern mit Silas (dem sich später noch Timotheus und Lukas anschlossen) trat Paulus nach einiger Zeit seine zweite Missionsreise an. Zuerst besuchte er wieder die auf der ersten Reise im südöstlichen Kleinasien von ihm gegründeten Gemeinden, und hierbei kam er auch, entweder jetzt zuerst oder jetzt wieder, nach Galatien, und um den dort erschienenen Irrlehrern entgegenzutreten, welche seine Predigt bekämpften und die Beobachtung des Gesetzes auch für die Christen für notwendig erklärten, schrieb er nach einiger Zeit den Galaterbrief. Das übrige Kleinasien durchziehend, ohne daselbst zu predigen, wendete er sich nunmehr nach Europa, und hier gründete er in Macedonien die ersten Christengemeinden in Philippi (erste Christin in Europa die Purpurhändlerin Lydia) und in Thessalonich. An jene Gemeinde hat er von Rom aus (also als Ge-

[1]) Die sachliche Fortsetzung dieses Abschnittes ist enthalten in Nr. 69a.

fangener in der letzten Zeit seines Lebens) einen Brief, an diese noch auf derselben Reise (von Korinth aus) zwei Briefe geschrieben. Von Macedonien begab sich Paulus nach Achaja (so hieß das alte Griechenland als römische Provinz), und daselbst gründete er, zwar nicht in Athen, aber wohl in dem (im Jahre 146 v. Chr. zerstörten, aber hundert Jahre später wieder aufgebauten) Korinth eine Gemeinde, an welche er auf der dritten Missionsreise (außer einem oder zwei verlorenen) noch zwei Briefe geschrieben hat, in denen er ebenfalls, wie im Galaterbriefe, Gegner bekämpft (1. Kor. 1—4. 2. Kor. 10—12), und außerdem, wie in allen Briefen, wichtige Fragen, welche die Gemeinde bewegten, behandelt und entscheidet (Götzenopfer: 1. Kor. 8—11; Wundergaben: 1. Kor. 12—14; Auferstehung: 1. Kor. 15). Von Korinth kehrte Paulus nach dem Ausgangspunkte seiner Reisen, nach Antiochia, zurück.

b. Von Antiochia begab sich Paulus nach einiger Zeit nach Ephesus (in der römischen Provinz Asia), und damit begann er seine dritte Missionsreise. Als er aus Ephesus, wo er drei Jahre gepredigt hatte, vertrieben wurde (Aufstand der Silberarbeiter), waren in dieser Stadt, wie in der Umgegend, bereits Gemeinden gegründet; an dieselben hat Paulus später (als Gefangener in Cäsarea oder in Rom) die Briefe an die Epheser und an die Kolosser, wie auch den Brief an Philemon geschrieben (wohl ein Mitglied der Gemeinde in Kolossä, dem er einen entlaufenen Sklaven zurückschickt mit der Bitte, denselben, der durch ihn bekehrt worden war, freundlich aufzunehmen). Aus Ephesus vertrieben, begab sich Paulus wieder nach Macedonien und Achaja, um die von ihm gegründeten Gemeinden zu besuchen; über Macedonien zurückreisend, trat er die längst beabsichtigte Reise nach Jerusalem an, um der dortigen Gemeinde der Judenchristen eine unter seinen heidenchristlichen Gemeinden gesammelte Kollekte zu überbringen, in der Hoffnung, dadurch die Gemeinde von Jerusalem für sich und seine Gemeinden günstig zu stimmen.

c. Ehe Paulus nach Jerusalem reiste, schrieb er (um das J. 58) von Korinth aus (auf der dritten Missionsreise) oder vielleicht schon von Kenchreä aus, dem östlichen Hafen von Korinth, von wo er eben über Macedonien nach Jerusalem reisen wollte, einen Brief an die Römer. In Rom war schon seit der Makkabäerzeit eine Judengemeinde entstanden, und in derselben entstand infolge des regen Verkehrs mit Jerusalem gewiß schon sehr früh auch eine christliche Gemeinde (welche aber nicht durch Petrus gegründet worden ist). Da nun Paulus fortan im Westen des Römerreiches wirken wollte, so kam es darauf an, daß diese Gemeinde in der Hauptstadt des Westens ihm nicht feindlich gegenüberstand. Deshalb legt er in diesem Briefe der Gemeinde seine christliche Predigt vor, in der Hoffnung, daß sie dieselbe für eine rechte christliche Predigt halten werde. Der Hauptinhalt seiner Predigt in diesem Briefe ist aber die Lehre von der Rechtfertigung aus dem Glauben, nicht aus den Werken — die Hauptlehre der evangelischen Kirche (Nr. 135—137).

d. Durch persönliche Wirksamkeit und mündliche Predigt, unter Entbehrungen und Leiden, seinen Unterhalt sich durch ein Handwerk selber verdienend (er war Zeltmacher), hat Paulus seine Gemeinden gegründet. Aber wenn sich dieselben gesund weiterentwickeln und durch Irrlehrer nicht verwirrt werden sollten, so mußte er sie immer wieder aufs neue selber besuchen oder durch seine Schüler besuchen lassen. Das hat er gleichfalls getan; aber es genügte noch nicht. So sah sich Paulus genötigt, seine Gemeinden durch Briefe im rechten Glauben zu stärken und zu rechtem Wandel zu ermahnen. Er hat aber mehr Briefe geschrieben, als die dreizehn, die wir noch besitzen; zwar gibt es neben den dreizehn auch noch andere Briefe des Paulus, aber dieselben gelten heute sämtlich als untergeschoben. Die Briefe des Paulus sind fast sämtlich an Gemeinden gerichtet, welche er selbst gegründet hat (außer dem an die Römer und vielleicht dem an die Kolosser); vier Briefe sind aber auch an einzelne Männer gerichtet, der an Philemon (der schon oben erwähnt worden ist), die beiden Briefe an Timotheus und der Brief an Titus; die drei letzten nennt man Pastoralbriefe, weil der Apostel in denselben seinen Schülern Timotheus und Titus eine Anweisung gibt, wie sie die ihnen anvertrauten Gemeinden Ephesus und Kreta leiten sollen.

Nicht von Paulus, aber wohl von einem Paulinischen Christen stammt der Hebräerbrief, an Judenchristen gerichtet, um sie vor dem ihnen drohenden Abfall vom Christentum zu bewahren.

c. Hatte Paulus bisher im Osten des Römerreiches gepredigt, so gedachte er nunmehr auch im Westen den christlichen Glauben zu verkündigen, und zwar wollte er, da in Italien das Christentum bereits verbreitet war, alsbald nach Spanien gehen. Aber er ist zwar noch nach Rom gekommen (freilich als Gefangener), nach Spanien aber ist er wohl nicht gekommen.

68. Paulus in Jerusalem und in Cäsarea; Paulus und Petrus in Rom. (II, 147. I, 6.)

Apg. 21, 17—26, 32. K. 27 u. 28. Philipperbrief.

a. Als Paulus auf der Rückkehr von seiner dritten Missionsreise in Jerusalem anlangte, wurde er von den Juden, die ihn im Tempel erblickten, beinahe getötet, weil er angeblich einen Heiden in den Tempel mitgenommen hatte; das Einschreiten der römischen Tempelwache rettete ihm zwar das Leben, aber er war doch nunmehr ein Gefangener des römischen Statthalters. Um seinen Prozeß zur Entscheidung zu bringen, wurde er endlich von Cäsarea, wohin er von Jerusalem gebracht worden war, auf sein Verlangen als römischer Bürger nach Rom geschickt, wo er nach einer gefährlichen Seereise glücklich anlangte. Auch in Rom „predigte er vom Reiche Gottes und lehrte von dem Herrn Jesu mit aller Freudigkeit unverboten". Das Evangelium war bereits von Jerusalem bis Rom unter den Juden wie unter den Heiden verbreitet.

b. Die Apostelgeschichte schließt mit der Bemerkung, daß Paulus als Gefangener in Rom zwei Jahre lang daselbst ungehindert das Evangelium verkündigt habe; was darauf geschehen sei, berichtet sie nicht. Über den Ausgang des Lebens des Apostels gibt es seit alter Zeit zwei verschiedene Meinungen.

Einige sagen, Paulus sei nach den zwei Jahren wieder freigelassen worden, habe darauf noch größere Reisen gemacht, auf denen er seine alten Gemeinden besucht und neue gegründet habe (auch in Spanien), habe noch mehrere Briefe geschrieben, und sei endlich, zum zweiten Male gefangen genommen, in Rom als Märtyrer gestorben.

Andere dagegen glauben, Paulus sei nach den zwei Jahren ums Leben gekommen, entweder vom kaiserlichen Gericht zum Tode verurteilt, oder zugleich mit den vielen Christen, die der Kaiser Nero nach dem großen Brande von Rom als angebliche Brandstifter töten ließ.

Im Jahre 64 nämlich, unter der Regierung des durch seine Grausamkeit berüchtigten Kaisers Nero, brach einst plötzlich in Rom Feuer aus und verbreitete sich mit rasender Schnelligkeit bald über mehrere Stadtteile, und da es sechs Tage und sieben Nächte hindurch wütete, so wurden drei Viertel der Stadt vernichtet. Als das Volk den Kaiser beschuldigte, den Brand selber angestiftet zu haben (seine Schuld läßt sich nicht erweisen), so wälzte er die Schuld auf die Christen, deren sonderbares Wesen sie dem Volke bereits verdächtig gemacht hatte.

Nunmehr wurden dieselben aufgespürt und ergriffen; ihre Schuld konnte freilich nicht erwiesen werden, aber sie waren angeblich Feinde aller Menschen, und das genügte, sie zu töten. Viele wurden gekreuzigt, andere wurden in die Felle wilder Tiere genäht, um von Hunden, die man auf sie hetzte, zerrissen zu werden; andere wurden, am ganzen Körper mit Pech und Teer bestrichen, in den Gärten des Kaisers an Pfähle gebunden und mußten dann als Fackeln die Gärten erleuchten. Zur Feier dieser Schandtaten gab der Kaiser noch dem Volke ein großes Schauspiel in seinen Gärten; aber sogar das wilde und rohe römische Volk empfand Mitleid mit den unschuldig geopferten Christen. Der Kaiser starb nach vier Jahren; aber die Christen sagten, er sei nicht gestorben, sondern er habe sich über den Euphrat zurückgezogen und werde als der Antichrist wiederkommen.

c. Zu den Opfern der Neronischen Verfolgung gehörte vielleicht auch der damals gefangene Paulus; die katholische Kirche zählt dazu auch den Petrus, obwohl sie ihn erst im Jahre 67 gestorben sein läßt. Über dessen spätere Wirksamkeit erzählen spätere, aber ganz unbegründete Sagen, daß er 25 Jahre in Rom als Bischof gewirkt habe. Als nun Paulus in Rom gefangen war, soll auch Petrus, der gerade in dieser Zeit wieder von einer Missionsreise in Rom anlangte, ins Gefängnis geworfen worden sein. Nach der Sage wurde nun Paulus, als römischer Bürger, mit dem Schwerte hingerichtet, dagegen Petrus gekreuzigt. Aber auch wenn die christliche Sage recht hätte, so ist des Petrus Aufenthalt und Tod in Rom (ein kürzerer Aufenthalt des Petrus in Rom und sein Tod in Rom dürfen wohl als hinreichend bezeugt gelten) doch kein Grund für uns, um dem angeblichen Nachfolger des Petrus zu gehorchen; wir bleiben zwar „in der Lehre der Apostel", aber deren Nachfolger sind für den evangelischen Christen keine Autorität.

69. Das Judenchristentum in der späteren Zeit; Jakobus, Petrus und Judas und ihre Briefe; die Sagen von den anderen Aposteln.

(II, 148 u. 150. I, 7 u. 8.)

a. Auch nach dem Apostelkonzil hielt die judenchristliche Gemeinde noch fest am mosaischen Gesetz, und wenn auch die Apostel das nicht forderten, so verlangten doch andere eifrige Judenchristen, daß auch die Heidenchristen doch noch das mosaische Gesetz auf sich nehmen müßten, und in allen von Paulus gegründeten Gemeinden stellten sich Judenchristen ein, welche von Paulus geringschätzig sprachen und den Heidenchristen die Notwendigkeit des mosaischen Gesetzes zu beweisen suchten (vgl. namentlich den Galaterbrief). Diesen Eiferern war es gewiß sehr erfreulich, daß Paulus, als er mit der seinem Versprechen gemäß (Gal. 2) unter den Heidenchristen für die Judenchristen gesammelten Kollekte nach Jerusalem kam, daselbst in Gefangenschaft geriet und nach Rom geführt wurde.

Als im Jahre 66 der Krieg der Juden gegen die Römer begann, da wanderte die Christengemeinde von Jerusalem aus und begab sich nach Pella im Ostjordanlande, wo sie die schlimme Kriegszeit glücklich überstand. Aber auch der Untergang des Judentums hat diese Gesinnung eines Teils der Judenchristen nicht geändert, sondern während das Heidenchristentum sich immer mehr ausbreitete, blieb ein Teil des an Zahl immer mehr zurücktretenden Judenchristentums bei seinem Gesetzeschristentum, und wurde später, als die Kirche vorwiegend heidenchristlich geworden war, von derselben als Sekte der Ebioniten bezeichnet; dieselbe hat noch mehrere Jahrhunderte bestanden, ist aber später gänzlich und für immer verschwunden.

Aber zu den Anhängern der strengen Gesetzeseiferer, welche von Paulus bekämpft wurden, dürfen weder Petrus noch Jakobus gerechnet werden; ja, nicht einmal die ganze Gemeinde von Jerusalem stand auf ihrer Seite, sondern nur ein Teil derselben. Aus dem dem Paulus nicht feindlich gesinnten Judenchristentum stammen außer den drei ersten Evangelien und der Apostelgeschichte[1]) auch mehrere Briefe des N. T., nämlich der Brief des Jakobus, die beiden Briefe des Petrus und der Brief des Judas, von welchen im folgenden Genaueres gesagt werden soll.

b. Nächst Petrus, Paulus und Johannes tritt in der Geschichte der alten Kirche besonders noch Jakobus hervor. Drei Männer dieses Namens werden uns im Neuen Testamente aus dem nächsten Kreise, der Jesum umgab, namhaft gemacht.

Am wenigsten wissen wir von Jakobus, dem Sohn des Alphäus, einem der zwölf Apostel, der uns sonst ganz unbekannt ist.

Etwas mehr ist uns überliefert von Jakobus, dem Sohn des Zebedäus, der ebenfalls Apostel war und immer mit seinem Bruder Johannes zusammengenannt wird (die „Donnerskinder", Mark. 3, 17) — beide nebst Petrus Jesu am nächsten stehend. Der König Herodes Agrippa ließ ihn im Jahre 44, um sich die Juden zu Freunden zu machen, mit dem Schwerte hinrichten (Apg. 12, 1).

Viel bedeutender als diese beiden ist nun aber der dritte Jakobus des Neuen Testamentes; er ist einer von den Brüdern Jesu (auch Schwestern hat Jesus gehabt): Joses, Simon, Judas und Jakobus, die lange an Jesum nicht glauben wollten (Joh. 7, 2); nach der Auferstehung war das anders geworden (Apg. 1, 14). Sehr bald war sogar Jakobus neben Petrus und Johannes der angesehenste Gemeindevorsteher in Jerusalem (Galat. 2, 9);

[1]) Ihrem Gedankeninhalte nach gehört hierher auch die Offenbarung Johannis.

daß er die Berechtigung der Heidenchristen, das Gesetz nicht zu halten, anerkannt hat (Apg. 15), ist oben bemerkt worden. Von diesem Jakobus stammt der schöne Brief im Neuen Testamente, der an das „Zwölfstämmevolk in der Zerstreuung", d. h. an alle Judenchristen, gerichtet ist, und bei dieser allgemeinen Bestimmung freilich nur noch der Form nach ein Brief ist, in Wahrheit eine ermahnende und belehrende Schrift, welche aller persönlichen Beziehungen entbehrt. Der Verfasser klagt bereits über Verweltlichung der Kirche und Äußerlichkeit des Glaubens, der die guten Werke vermissen lasse; diesem Verfall der Frömmigkeit tritt er in seinem Briefe entgegen.

Daß dieser Brief echt ist, wird heute fast weniger bezweifelt, als in der alten Kirche, die ihn erst spät in den Kanon des N. T. aufgenommen hat. Man nahm schon in der alten Zeit an seiner Lehre vom Glauben Anstoß, wie ja auch Luther denselben bekanntlich für eine „stroherne Epistel" erklärte, die er für keines Apostels Werk achten könne, da sie stracks wider St. Paulum und alle andere Schrift den Werken die Gerechtigkeit zuschreibe. Wie sich seine Lehre zu der des Paulus verhält, ist in der Glaubenslehre dargelegt. (Nr. 136, 2d.)

c. Petrus hat aus Babylon (I, 5, 13) einen Brief, den ersten, „an die Fremdlinge der Zerstreuung von Kleinasien" (1, 1) geschrieben, d. h. an die Christengemeinden Kleinasiens, vornehmlich aus Heiden bestehend, die, wie wir wissen, von Paulus gegründet worden waren. Er hat also wohl in einer Zeit an sie geschrieben, wo Paulus sich ihrer nicht mehr annehmen konnte; also ist wohl hier der Tod des Paulus vorausgesetzt. Und zwar hat er von Babylon aus an diese Gemeinden geschrieben, d. h. schwerlich von dem verwüsteten Babylon aus, sondern wohl von Rom aus, welches damals unter Juden und Christen sinnbildlich also genannt wurde. Die Echtheit dieses Briefes ist von der alten Kirche gut bezeugt. Dagegen hat schon die alte Kirche aus verschiedenen Gründen angenommen, daß der zweite Brief des Petrus nicht von diesem Apostel, sondern von einem späteren Schriftsteller herstamme, welcher (in der Weise seiner Zeit) das Erbe der Apostel am besten zu verteidigen glaubte, wenn er diese Verteidigung einem Apostel in den Mund lege; trotzdem hat es auch diese Schrift verdient, in das N. T. aufgenommen zu werden.

d. Dieser letztere Brief lehnt sich aber in seinem 2. Kapitel an den Brief des Judas, des Bruders des Jakobus, an, indem er nach dessen Vorgange aufgetretene Irrlehrer bekämpft. Dieser Brief ist vom Altertum besser bezeugt als der zweite Petrusbrief.

e. Wenn die Apostelgeschichte selbst von den Hauptaposteln nicht alles erzählt, was wir zu wissen wünschten, so erfahren wir aus ihr noch weniger oder gar nichts über die anderen Apostel; über das weitere Schicksal dieser und ihrer nächsten Schüler gibt es viele, aber nur ganz unverbürgte Sagen.

Das Andenken an die Apostel und die ersten Anhänger des Herrn erhalten außerdem die ihnen im Kalender gewidmeten Tage und die zu ihren Ehren von der alten Kirche gefeierten Feste, die freilich heute in der evangelischen Kirche hinter den Hauptfesten der Christenheit völlig zurückgetreten sind. Die Tage der Apostel feiert die evangelische Kirche nicht mehr mit der katholischen Kirche; aber ihre Predigt in der Bibel wird von unserer Kirche mehr gewürdigt, als von der katholischen, und ihre Predigt ist wichtiger, als die Geschichte oder Sage von ihrem Leben; durch ihre Predigt ist die christliche Kirche gegründet worden.

70. Das Zeitalter des Johannes; die Schriften des Johannes. Die Einheit der Kirche und die Verfassung der Kirche; die Hoffnung der Kirche. (II, 149 u. 155. I, 8.)

a. Der erste Abschnitt des apostolischen Zeitalters hat uns vornehmlich den Apostel Petrus als den Begründer des Christentums unter den Juden gezeigt. Der zweite Abschnitt ist die Zeit des Paulus und der durch ihn bewirkten Begründung einer großen Kirche unter den Heiden. Als nun Paulus und Petrus gestorben waren, und als durch die Zerstörung Jerusalems und des Tempels die völlige Loslösung der Christenheit vom Judentum befördert wurde, da begann auch für die Kirche eine neue Zeit. War bis dahin Jerusalem der Mittelpunkt der Christenheit gewesen, auch für die Heidenchristen, so hörte das auf mit der Zerstörung Jerusalems und mit der immer größeren Verbreitung des Christentums unter den Heiden. Seitdem das Judenchristentum hinter der Heidenkirche zurücktrat, gab es nur noch eine Kirche, welche, frei vom Gesetz Mosis, aber das Alte Testament festhaltend, jedoch in geistiger Deutung, ihr Leben regelte nach den Worten ihres Meisters, welche, zuerst mündlich überliefert, später schriftlich aufgezeichnet, für Glauben und Leben den Christen zur Richtschnur und Regel dienten und noch heute dienen.

An der Spitze dieser einigen Kirche stand nunmehr der Apostel Johannes, in Ephesus wirkend, von wo er, aber nur nach der Sage, eine Zeit lang weichen mußte, als er durch einen römischen Herrscher nach der Insel Patmos verbannt wurde (Off. Joh. 1, 9). Doch ist er bald nach Ephesus zurückgekehrt und daselbst in hohem Alter gestorben. Durch seine langdauernde Wirksamkeit (70—100 n. Chr.) ist in Kleinasien eine Kirche erblüht, deren Geschichte wir freilich nicht erzählen können, von deren Bedeutung aber das uns genauer, als die Zeit des Johannes, bekannte zweite Jahrhundert Zeugnis gibt.

Eine einige Kirche war nunmehr vorhanden, aber nur im Innern war die Kirche einig, nicht aber geeinigt durch eine die ganze Kirche einigende Verfassung, denn wenn auch die Kirche gegründet worden ist durch die Apostel, so sind doch die Apostel weder die Vorsteher einer einzelnen Gemeinde, noch der Gesamtkirche gewesen; an der Spitze jeder einzelnen Gemeinde standen mehrere von ihr selbst gewählte Vorsteher (welche im N. T. Presbyter oder Bischöfe genannt werden), nicht, wie später, ein Bischof und mehrere ihm untergebene Presbyter; eine Regierungsbehörde für die ganze Kirche oder auch nur für einzelne Provinzen hat es im apostolischen Zeitalter noch nicht gegeben. (Vgl. Nr. 85 und 110.)

b. Mit dem Zeitalter des Apostels Johannes schließt das Zeitalter der Apostel, und die Schriften des Johannes sind (abgesehen von der Off. Joh.) die jüngsten unserer Bibel. Wie Geschichte und Sage, so weisen auch die Schriften des Johannes auf Ephesus und die nachpaulinische Zeit. So zunächst die Offenbarung Johannis, die älteste derselben, von welcher unten die Rede sein wird.

Die zweite Schrift des Johannes ist sein Evangelium, von welchem schon oben gesprochen worden ist (Nr. 46 c).

Dem Evang. Joh. steht in seiner ganzen Art der erste Brief Johannis so nahe, daß er nach fast allgemeiner Meinung denselben Verfasser haben muß, wie das Evangelium, obwohl der Verfasser desselben sich in der Überschrift nicht genannt hat.

Während dieser Brief mit Recht ein katholischer Brief genannt wird, d. h. ein nicht für eine einzelne Gemeinde, sondern für die ganze Christenheit bestimmter, wie auch die Briefe des Petrus, Jakobus und Judas, so sind der zweite und der dritte Brief Johannis an bestimmte Personen gerichtet, der zweite an eine Frau, namens Kyria[1]), der dritte an einen Mann, namens Gajus, die uns beide unbekannt sind. Beide Schriften sind in ihrer Beschaffenheit ebenfalls dem Evang. und dem ersten Briefe gleichartig, und sie werden deshalb gewöhnlich dem Apostel Johannes beigelegt; aber auch hier hat sich der Verfasser nicht genannt.

Die Schriften des Johannes gehören (abgesehen von der Offenb. Joh.) zu den jüngsten Schriften des Neuen Testaments, die des Paulus sind die ältesten, die anderen Schriften stehen wohl in der Mitte zwischen beiden.

c. Die Hoffnung der Kirche (II, [151—152 und] 155; vgl. Hilfsb. Nr. 140c). Matth. 22, 1—14; 23, 37—25, 46. Off. Joh. (1—3 u. 17—19.) K. 20; 21, 1—22, 5 u. 22, 6—21.

Das von den Propheten verheißene vollkommene Gottesreich war durch Jesus Christus gegründet worden, aber nicht als ein bereits vollendetes, sondern als ein werdendes Reich. Wenn aber das neue Gottesreich ein vollkommenes Gottesreich sein sollte, so mußten demselben erstens alle Menschen angehören, zweitens mußten alle seine Glieder vollkommen fromm sein, und drittens mußte ihr Glaube auch wirklich ganz richtig sein — drei Ziele, welche die Kirche noch heute nicht erreicht hat; noch heute sind ja nicht alle Menschen Christen, noch heute sind nicht alle Christen ganz fromm, und noch heute ist nicht aller Christen Glaube ganz richtig. Daher richtete sich der Blick Jesu und seiner Jünger, ebenso wie der der ATlichen Propheten, auf die Zukunft, wo alle diese Erwartungen sich erfüllen sollten[2]). Die Verkündigung des vollkommenen Gottesreiches bildet nun den Inhalt der Reden Jesu, in denen er seine Jünger über seinen vor der Erfüllung ihrer Erwartungen erfolgenden Weggang tröstete, einerseits bei Johannes (13, 31—16, 33), andererseits in den drei ersten Evangelien (Mark. 13. Matth. 23, 37—25, 46. Luk. 21). Wie die Jünger Jesu an der Hoffnung auf das dereinst zu erwartende ganz vollkommene Gottesreich festgehalten haben, zeigt besonders die Offenbarung Johannis.

[1]) Von Luther aber übersetzt: Frau; beiden Deutungen gegenüber steht eine dritte: Gemeinde.

[2]) Vom dritten Punkte ist aber an den bezeichneten Stellen keine Rede.

Die Off. Joh. ist wahrscheinlich vor der im Jahre 70 erfolgten Zerstörung Jerusalems geschrieben (K. 11); wenn nun die Christenheit bis dahin an den Untergang Jerusalems das Ende der Welt geknüpft glaubte (Matth. 24, 29), so erwartet Johannes dasselbe erst dann, wenn auch die Stadt Rom (Babel) zerstört ist. Nach dem Sturze Roms beginnt aber zunächst das tausendjährige Reich; darauf folgt der letzte Kampf des Gottesreichs gegen die feindliche Weltmacht, und erst nach diesem Siege tritt die Vollendung des Gottesreichs ein.

Dieses ewige Gottesreich stellt der letzte Abschnitt der Offenbarung Johannis (K. 21 u. 22) dar; nach dem Weltgericht steigt das von Ewigkeit her vorhandene himmlische Jerusalem vom Himmel auf die Erde herab, dessen Herrlichkeit in sinnbildlicher Weise beschrieben wird. Diese vollendete Gemeinde ist das wahre Israel, aber sie umfaßt nicht bloß Israeliten, sondern auch Heiden, natürlich nur die Frommen, und dieselben stehen nun in vollkommener Gemeinschaft mit Gott. Hiermit ist das Ziel des Volkes Israel, wie das Ziel der Menschheit erreicht; der Seher schließt mit der Hoffnung, daß dies vollendete Gottesreich bald kommen werde. Auch wir hoffen auf das vollkommene Gottesreich, aber wir haben aus der von Gott gelenkten Geschichte gelernt, daß das Gottesreich nicht so schnell kommt, wie Johannes gedacht hat, da nicht von Gottes alleiniger Wirksamkeit sein Kommen abhängt, sondern auch der Menschen Mitwirkung gefordert wird. Auch wir wollen deshalb beten: Dein Reich komme; aber wir wollen auch durch unser Tun dafür sorgen, daß das Reich Gottes komme.

Schluß.

Indem die Apostel, dem Worte Jesu gehorchend, hingegangen sind in alle Welt und gepredigt haben, wie vor Zeiten Gott manchmal und mancherleiweise zu den Israeliten durch die Propheten und zuletzt durch den Sohn zu allen Menschen geredet hat, haben sie den Grund gelegt zu dem allgemeinen und vollkommenen Reiche Gottes, welches von Moses erstrebt, von den Propheten verkündet, aber erst durch den Sohn Gottes begründet worden ist; die weitere Entwicklung dieses Reiches erkennen wir aus der Kirchengeschichte[1]).

[1]) Zur heiligen Geschichte gehören noch die Abschnitte: Die heilige Schrift, Nr. 141—143. Die biblischen Bücher, Nr. 155, 1. Zahlen zur heiligen Geschichte, Nr. 155, 2.

Zweiter Teil[1]).

Kirchengeschichte[2]).

1. (71.)[3]) Einleitung. (I, 1—3.)[4])

a. Das griechische und das römische Volk haben unvergängliche Schöpfungen hervorgebracht, welche diese Völker über die anderen Völker des Altertums (außer den Israeliten) hoch emporheben: die Griechen die Meisterwerke der Kunst und die Anfänge der Wissenschaft, die Römer eine unvergängliche Grundlage für Rechtsprechung und Staatsverwaltung. Aber eine unvergängliche Religion haben diese Völker nicht geschaffen; in Religion und Sittlichkeit waren sie, wie alle heidnischen Völker, allmählich verfallen, und alle Völker sehnten sich, wenn auch unbewußt, nach einer Erneuerung des Lebens. Als nun durch den Kaiser Augustus alle Völker der Alten Welt in einem einigen Reiche vereinigt worden waren, da wurde nach Gottes Ratschluß das einige **Weltreich** ein Mittel für die Gründung des einigen **Gottesreiches**, durch welches den Völkern eine neue Religion und eine neue Sittlichkeit gebracht wurden.

b. Im Volke Israel war nun seit alter Zeit eine rechte, aber noch nicht die vollkommene Religion vorhanden; als nun „die Zeit erfüllet war", da sandte Gott seinen Sohn in die Welt zur Vollendung des im Volke Israel begründeten Gottesreiches. Das Christentum ist die Vollendung der im Volke Israel vorhandenen Offenbarung.

Wie nun das von Jesus zunächst im Volke Israel begründete Gottesreich sich vom Volke Israel weiter ausgebreitet hat im Kreise der ganzen

---

[1]) Der Unterricht in der Kirchengeschichte: Lehrplan für den Religionsunterricht (Nakel 1903): II, 4 d—f. Christenlehre (1912): II e—h. Handbuch II[3]: S. XLIX—LI. Handbuch I[3]: S. XVII—XXXVII. Lehrplan für die Unterstufe: Lehrplan III, 9, Christenlehre S. XXXIII s. Lehrplan für die Mittelstufe: Lehrplan III, 11, Christenlehre S. XLI—XLVII. Lehrplan für die Oberstufe: Lehrplan III, 14.

[2]) Die zur Kirchengeschichte gehörenden Abschnitte: Die heilige Schrift, Glaube und Bekenntnisschriften, Der christliche Gottesdienst, Quellenbuch, Zahlen der Kirchengeschichte, sind — um sie für den Schüler leichter auffindbar zu machen — in den Anhang des Lehrbuchs verwiesen worden: Nr. 141—143, Nr. 144—148, Nr. 149—152, Nr. 153, Nr. 155, 3.

[3]) Die zweite Nummer der Überschrift ist die fortlaufende Nummer des ganzen Hilfsbuchs.

[4]) In der Klammer hinter der Überschrift ist der betr. Abschnitt des Handbuchs (3. Aufl.) angegeben.

Menschheit, wie dasselbe sich gestaltet und wirksam erwiesen hat in Glaube und Gottesdienst, in Verfassung und Leben — das zu zeigen ist die Aufgabe der Kirchengeschichte.

c. Die erste Periode derselben stellt im Anschluß an die schon oben dargestellte Zeit der Apostel das Christentum unter den alten Völkern dar; die zweite Periode umfaßt die Kirche des Mittelalters; die dritte Periode umfaßt die Kirchengeschichte von der Reformation bis zur Gegenwart; diese letzte Periode ist in diesem Buche zeitlich zusammengefaßt, aber sachlich in drei Abschnitte zerlegt, indem zunächst die Begründung der evangelischen Kirche im Zeitalter der Reformation und der Kampf um ihren Bestand von der Reformation bis zur Gegenwart, sodann die innere Gestaltung und Entwickelung der evangelischen Kirche von der Reformation bis zur Gegenwart[1]), und endlich die Entwickelung der katholischen Kirche und der christlichen Kirche im allgemeinen von der Reformation bis zur Gegenwart dargestellt wird.

Erster Abschnitt.

Das Christentum unter den alten Völkern.

I. Die Begründung des Christentums unter den alten Völkern.

2. (72.) Ausbreitung und Verfolgung des Christentums; die Märtyrer. (I, 4—8. 9. 10. 11.)

a. Durch des Apostels Petrus Predigt am Pfingstfeste war die erste Christengemeinde in Jerusalem gegründet worden, und bald verbreitete sich der neue Glaube weiter unter den Juden. Aber der Apostel der Heiden wurde nicht Petrus, sondern Paulus, der auf drei großen Missionsreisen den christlichen Glauben in Asien und in Europa verbreitete; von Jerusalem bis nach Rom war der neue Glaube schon in der Zeit der Apostel gekommen. Als Petrus und Paulus gestorben waren, da lebte noch Johannes, der namentlich in Ephesus bis etwa zum Jahre 100 wirkte; mit seinem Tode schließt das Zeitalter der Apostel.

Immer weiter hat sich in den nächsten Jahrhunderten der christliche Glaube verbreitet, freilich nicht mehr unter den Juden (sie blieben meist bei ihrem alten Glauben), desto mehr aber unter den Heiden, vornehmlich innerhalb des römischen Reiches, aber auch noch über seine Grenzen hinaus. Das Gebiet des römischen Reiches war um das Jahr 300 bereits vom Christentum erfüllt, doch war das Heidentum noch lange nicht überwunden.

b. Als sich nun das Christentum im römischen Reiche immer weiter verbreitete, da begann auch schon die Verfolgung desselben durch die

---

[1]) Glaube und Gottesdienst der evangelischen Kirche sind aber dargestellt in Nr. 144—152.

Heiden. Seitdem sich nämlich die Christen schärfer von den Juden sonderten, galt für sie nicht mehr die den Juden gewährte Religionsfreiheit; wer aber kein Jude war, der mußte nach dem Staatsgesetz den Göttern und dem Kaiser bei bestimmten Gelegenheiten Verehrung erweisen und Opfer darbringen; das konnten die Christen nicht, und so erschienen sie als Feinde der Götter und des Kaisers [1]). Dazu kamen andere Vorwürfe, welche fälschlich gegen sie erhoben wurden. So haben denn die römischen Kaiser zwei Jahrhunderte lang die Christen verfolgt. Die Zahl der Christenverfolgungen hat man später gern auf zehn festgestellt in Erinnerung an die zehn Plagen Ägyptens; es sind deren aber nicht so viele, wenigstens nicht so viele größere und allgemeinere gewesen. Die Hauptverfolger des Christentums waren nämlich nach Nero (54—68) die Kaiser Trajanus (98—117), Decius (249 bis 251) und der Kaiser Diocletianus (284—305) und seine Mitregenten.

c. Wenn aber eine Verfolgung über die Kirche hereinbrach, so war kein Christ seines Lebens mehr sicher; wer seinen Glauben bekannte, mußte froh sein, wenn er nach mancherlei leiblicher Strafe mit dem Leben davonkam; ein solcher hieß fortan in der Kirche ein „Bekenner" („confessor"), und er stand in hohem Ansehen; noch mehr gefeiert wurden die „Märtyrer" (martyres), die um des Glaubens willen den Tod erlitten hatten. Aber es hat auch nicht an Abtrünnigen gefehlt, die lieber den heidnischen Göttern opferten oder wenigstens sich für Geld einen Opferzettel verschafften oder die heiligen Bücher zum Verbrennen auslieferten. Diese Abtrünnigen (lapsi) schloß die Kirche, ebenso wie alle groben Sünder, aus ihrer Gemeinschaft aus; doch war es — allerdings erst in der späteren Kirche — möglich, nach strenger Kirchenbuße wieder aufgenommen zu werden; nur sterbende Christen wurden ohne Kirchenbuße sofort wieder aufgenommen.

d. Die Märtyrer [2]).

3. (73.) Der Sieg des Christentums und der Untergang des Heidentums. (I, 12.)

a. Über 200 Jahre waren die Christen um ihres Glaubens willen immer aufs neue verfolgt worden; das hörte endlich auf, als Galerius, der Nachfolger des Diocletianus, im Jahre 311 den Christen Duldung gewährte, und namentlich, als Constantinus der Große im römischen Reiche mächtig geworden war; er entschied sich dafür, sich auf die Seite des bisher verfolgten Glaubens zu stellen. In dem nach Diocletians Abdankung (305) beginnenden Kampfe um die Herrschaft im Reiche geriet aber Constantinus in Kampf mit einem Nebenbuhler, Maxentius; als er ihm entgegenzog, hatte er des Abends (vielleicht im Traum) ein Gesicht; er sah nämlich am Himmel ein aus Wolken gebildetes Kreuz und darin die Worte: „Hiermit sollst du siegen" [3]). Nach dem Siege ließ er einem zweiten nächtlichen Gesichte gemäß dem Heere eine Fahne mit dem Zeichen Christi vorantragen.

---

[1]) Wie der Kaiser verehrt wurde, zeigt die griechische Inschrift der Stadt Priëne in Kleinasien (aus der Zeit des Jahres 9 vor Chr.).

[2]) Eine Auswahl der Märtyrer-Geschichten findet der Lehrer in meiner Kirchengeschichte (Nr. 11), der Schüler in dem Buche (der Schülerbibliothek): Bäßler, Altchristliche Geschichten und Sagen.

[3]) *Τούτῳ νίκα.* In hoc signo vinces.

Als nun Constantinus im Jahre 312 seinen Gegner Maxentius besiegt und dadurch die Herrschaft über das Abendland gewonnen hatte, und als er im Jahre 324 durch einen neuen Sieg über Licinius, seinen bisherigen Mitregenten im römischen Reiche, sogar zum Herrn des ganzen Römerreichs geworden war, da begann er das Christentum offen zu begünstigen, ohne jedoch das Heidentum zu verfolgen; erst seine Nachfolger haben dasselbe verfolgt und endlich mit Gewalt ausgerottet.

b. Nachdem Constantins Söhne ihrem Vater in der Herrschaft gefolgt waren, kam noch einmal (361—363) ein heidnischer Kaiser auf den Thron, Julianus, den die Christen den Abtrünnigen (Apostata) nannten. Doch nur zwei Jahre regierte er, zu kurze Zeit, um dem Christentum viel zu schaden, lange genug, um einzusehen, daß das Heidentum trotz aller Gunst des Kaisers doch zugrunde gehe, weil es längst in sich selbst allen Halt und alle Macht über die Menschen verloren hatte.

c. Unter den Nachfolgern des Julianus ist das Heidentum immer mehr zurückgegangen; Kaiser Justinianus in Konstantinopel, der dasselbe fast schon vernichtet vorfand, besiegelte seinen Untergang durch seine Gesetzgebung und durch die Auflösung der letzten heidnischen Schule in Athen (529), deren Lehrer von ihm aus dem römischen Reiche vertrieben wurden. Seitdem lebte das Heidentum nur noch im Dunkel der Dörfer als „Bauernreligion" (pagani) fort, bis es auch hier im 7. Jahrhundert allmählich verschwand.

II. Die innere Entwickelung der alten Kirche.

4. (74.) Die Verfassung der alten Kirche. (I, 13.)

a. Die christliche Kirche war begründet worden durch die Predigt der Apostel, und so war es denn natürlich, daß dieselben in der Kirche das höchste Ansehen genossen. Aber sie haben damals kein anderes Ansehen genossen als heute; auch wir „bleiben bei ihrer Lehre" (Apg. 2, 42), die wir in ihren Schriften vernehmen, wie damals die Christen auf ihre Predigt und ihre Lehre gehört haben. Dagegen sind die Apostel nicht die Regierungsbehörde der ganzen Christenheit gewesen, wie jetzt der Papst in der römischen und die Bischöfe in der morgenländischen Kirche; ein äußeres Band der Verfassung hat die Kirche des apostolischen Zeitalters noch nicht zusammengefaßt. Dagegen war jede einzelne Gemeinde ein wohlgeordnetes Ganze; nach dem Vorbilde der jüdischen Gemeinde hatte jede derselben an ihrer Spitze eine Anzahl von ihr gewählter Ältester oder Aufseher, welche Presbyter oder Bischöfe hießen, welche für die Ordnung in der Gemeinde sorgten und die Versammlungen leiteten.

b. Aus den Gemeindevorstehern hat sich aber allmählich ein einziger mit dem Titel „Bischof" als Haupt der anderen Vorsteher und der ganzen Gemeinde emporgehoben; während aber, seitdem dies geschehen war, zunächst jede Gemeinde ihren Bischof hatte, hat später die größte Zahl der Gemeinden den Bischof verloren, und nur an der Spitze der Hauptstädte stand ein Bischof, welchem zugleich die kleineren Gemeinden untergeordnet waren.

c. In der alten Kirche stand nun rechtlich jeder Bischof dem anderen gleich, und eine eigentliche Oberherrschaft eines Bischofs über andere Bischöfe wurde nicht anerkannt. Eine Verbindung der bischöflichen Sprengel untereinander wurde aber allmählich hergestellt durch die schon vor dem Jahre 200 aufkommenden Synoden, auf denen die Bischöfe der einzelnen Provinzen über gemeinsame Angelegenheiten berieten. Dabei trat allmählich über seine ihm ursprünglich gleichstehenden Amtsgenossen hervor der Bischof der Hauptstadt der Provinz (der Metropole), der Metropolit (oder Erzbischof, wie man später sagte). Die benachbarten Provinzialkirchen schlossen sich dann allmählich zu größeren kirchlichen Gebieten zusammen, an deren Spitze die sogenannten Patriarchen standen (im Osten: Antiochia, Alexandria, Konstantinopel und Jerusalem; im Westen namentlich Karthago und Rom). Dagegen ist es dem Bischof von Rom zunächst noch nicht gelungen, die von ihm beanspruchte Oberherrschaft über alle Bischöfe zu gewinnen.

d. Als Constantinus sich dem Christentum zuwandte, trat zwar in der Verfassung der Kirche äußerlich keine Änderung ein; aber da seitdem oft allgemeine Synoden der ganzen Kirche zusammentraten, so gab es nunmehr eine einige Kirche, wenigstens des römischen Reiches, für welche die Reichssynode die oberste Instanz war. Aber da die Synoden vom Kaiser berufen und geleitet wurden, so besaß in Wirklichkeit die oberste Macht in der Kirche der Kaiser, vor dem sich damals die Bischöfe von Rom ebenso beugten, wie die Bischöfe von Konstantinopel und von allen anderen Städten.

5. (75.) **Gottesdienst und Glaube der alten Kirche.** (I, 14, 15, 16.)

A. Der Gottesdienst der alten Kirche.

Als sich die Christengemeinde vom Judentum zu lösen begann, da gewann auch ihr Gottesdienst allmählich eine eigentümliche Gestalt, natürlich im Anschluß an den Gottesdienst der jüdischen Synagoge, wie er sich nach der Rückkehr aus dem Exil im Unterschiede vom Tempelgottesdienste entwickelt hatte. Gebet, Zungenreden, Vorlesung und Auslegung der heiligen Schrift — das waren die ursprünglichen Bestandteile dieses Gottesdienstes, welchem zunächst als selbständige Feier der Abendmahls-Gottesdienst zur Seite trat. Als das apostolische Zeitalter zu Ende ging, gewann manches eine andere Gestalt; das Zungenreden hörte auf; die allgemeine Beteiligung am Predigen und Beten schwand dahin, und es wurde die Sache bestimmter Personen, was früher alle getan hatten; auch wurde, was früher Schöpfung des im Augenblick wirkenden Geistes war, jetzt in bestimmte Formen eingeschlossen.

So hat sich in der alten Kirche allmählich eine Form des Gottesdienstes entwickelt, aus welcher die späteren Formen des Gottesdienstes in den heutigen christlichen Kirchen hervorgegangen sind; am nächsten steht dem Gottesdienste der alten Kirche der Gottesdienst der morgenländischen Kirche.

B. Der Glaube der alten Kirche.

a. Wer aber zum christlichen Glauben übertrat, der bekannte, wenn er bis dahin Jude war, daß Jesus von Nazareth der verheißene Messias sei; der Heide bekannte, daß Jesus sein Herr und der Heiland der Welt sei; aus diesem einfachen Glauben entwickelte sich allmählich eine zusammenhängende Lehre, wie wir sie in den Schriften der alten Kirche dargelegt finden. Doch hat es auch schon in der alten Kirche nicht an Irrlehren gefehlt, und die Kirche hatte Mühe genug, sich derselben zu erwehren.

b. Auf die Frage, wo denn nun das wahre Christentum zu finden sei, gab man damals die Antwort, dasselbe sei da zu finden, wo die Apostel selber gepredigt und ihren Glauben ihren Nachfolgern hinterlassen hätten; an die von den Aposteln gegründeten Gemeinden, besonders aber an die Bischöfe dieser Gemeinden, müsse man sich halten, um das wahre Christentum kennen zu lernen. Diese Behauptung war damals im ganzen richtig; später kam es freilich dahin, daß auch diese Gemeinden und ihre Bischöfe in viele Irrtümer hineingerieten. Da gingen die Reformatoren, ebenso wie die alte Kirche, auf die Predigt der Apostel zurück; doch fanden sie dieselbe nicht mehr in den von ihnen gegründeten Gemeinden gepredigt, sondern sie konnten nur auf die Schriften der Apostel hinweisen: in der Bibel sei das wahre Christentum zu finden. Auch die alte Kirche hat als Norm für den rechten Glauben schon die allmählich dem A. T. beigefügten Schriften des N. T. bezeichnet.

c. Endlich aber fand die alte Kirche ihren Glauben zusammengefaßt in demjenigen Bekenntnis, welches nicht mit Unrecht von den Aposteln seinen Namen hat, da es den Glauben der Apostel enthält, ohne aber von ihnen herzustammen (wie eine alte Sage erzählt)[1]; dasselbe ist aber nicht eine Autorität für den Glauben, wie die alte Kirche meinte (eine Autorität ist für uns nur die Heilige Schrift), sondern nur ein Bekenntnis des Glaubens.

d. Dem heute gebräuchlichen sogen. apostolischen Glaubensbekenntnis liegt aber eine kürzere Form desselben zugrunde, welche erst allmählich durch Zusätze[2]) zu unserem Bekenntnis erweitert worden ist; dieses ältere Bekenntnis lautete aber also: 1. Ich glaube an Gott den Vater, den Allmächtigen; 2. Und an Jesum Christum, seinen eingeborenen Sohn, unsern Herrn; 3. Geboren von dem Heiligen Geist und der Jungfrau Maria; 4. Unter Pontius Pilatus gekreuzigt und begraben; 5. Am dritten Tage auferstanden von den Toten; 6. Aufgefahren gen Himmel; 7. Sitzend zur Rechten des Vaters; 8. Von wo er kommt zu richten die Lebendigen und die Toten; 9. Und an den heiligen Geist; 10. Eine[3]) heilige Kirche; 11. Vergebung der Sünden; 12. Auferstehung des Fleisches[4]).

6. (76.) Der Streit um die Person Christi; Arius und Athanasius.

(I, 17.)

a. Daß Jesus, wie es in der Bibel heißt, Menschensohn und Gottessohn gewesen sei, das hatte die christliche Kirche von Anfang an den Juden

[1]) Nach derselben haben die Apostel, ehe sie in alle Welt gingen, dasselbe zusammengestellt (indem jeder einen der zwölf Artikel dazu beitrug, aus welchen dasselbe besteht), damit sie nicht Verschiedenes predigen könnten.

[2]) Namentlich: „Schöpfer Himmels und der Erden" — „niedergefahren zur Hölle" — „die Gemeinde der Heiligen" — „ein ewiges Leben".

[3]) Nicht Zahlwort, wie im Nicänischen Bekenntnis, sondern Artikel.

[4]) Als der Zusatz hinzukam „Ein ewiges Leben", wurden zur Erhaltung der Zwölfteilung des Bekenntnisses Nr. 5 und 6 in einen Abschnitt zusammengezogen.

und den Heiden gepredigt. Aber wie es zu begreifen und beim wissenschaftlichen Unterrichte darzustellen sei, daß Gottheit und Menschheit in dem einen Jesus vereinigt sei, das zeigte sich von Anfang an als mit großen Schwierigkeiten verbunden. Konnte es nicht dem Juden und dem Heiden scheinen, daß die Christen die Einheit Gottes preisgaben, da sie von einem zweiten Gotte zu predigen schienen? Wenn man dagegen vor allem die Einheit Gottes predigte, war dann nicht die Gottheit Jesu ausgeschlossen? Über diese Fragen kam es zum Streite im 4. Jahrhundert.

b. Der Presbyter Arius[1]) in Alexandria war allmählich über die Gottheit Jesu zu folgender Ansicht gekommen. Er ging aus von der Lehre von der Einheit Gottes, die man nicht preisgeben dürfe, und meinte, dem vorbeugen zu müssen, daß dem Vater ein zweiter Gott zur Seite gestellt würde. Das schien ihm aber nur dann möglich zu sein, wenn man lehre, daß Christus zwar über den Menschen und der ganzen Welt stehe und auch vor den Menschen und der Welt geschaffen sei, aber dem Vater nicht völlig gleich sei, und da er Gottes Sohn sei, auch nicht ewig sei wie der Vater; es habe einst eine Zeit gegeben, da er noch nicht gewesen sei[2]). Aber diese Lehre des Arius schien doch anderen recht bedenklich zu sein; dann wäre Christus eine Art von Untergott gegenüber dem rechten Gott, und die Lehre von der Einheit Gottes schien so erst recht gefährdet zu sein.

Gegen diese Lehre des ihm untergebenen Presbyters glaubte der Bischof von Alexandria, Namens Alexander, einschreiten zu müssen. Als Arius seine Lehre nicht widerrufen wollte, schloß ihn Alexander um das Jahr 320 von der Kirchengemeinschaft aus, und eine Synode seiner Diözese billigte sein Verfahren. Als trotzdem der Streit immer ärger wurde, kam es in Alexandria sogar zu Unruhen, bei denen das Bild des Kaisers beschimpft wurde. Als der Kaiser Constantinus von diesen Streitigkeiten hörte, mahnte er zunächst brieflich beide Parteien zum Frieden; nach seiner Meinung stritten sie um zu unwichtige Dinge. Da aber seine Mahnung nichts fruchtete, so glaubte er, das Seine tun zu müssen, um den Streit beizulegen, damit nicht die von ihm mit Mühe gewonnene Einheit des Reiches durch eine Spaltung der Kirche gefährdet würde.

c. Zu diesem Zwecke berief der Kaiser eine Synode aller Bischöfe des ganzen Reiches nach Nicäa in Bithynien (in Kleinasien); es ist dies die erste allgemeine (ökumenische) Synode der Christenheit, gehalten im Jahre 325.

Nachdem auf der Synode die Sache und der Stand der Parteien zur Klarheit gebracht worden war, zeigte es sich, daß es in der Synode drei Parteien gab. Nur eine kleine Anzahl von Bischöfen wollte dem Arius geradezu beistimmen; aber auch Alexander fand nur wenige, die ihm in seiner Lehre und in dem Verfahren gegen Arius beistimmten; die große Mehrzahl der Bischöfe wünschte zwischen Arius und Alexander zu vermitteln, und es schien, als wenn diese Partei den Sieg davontragen sollte.

Da gelang es einem Diakonus des Bischofs von Alexandria, Namens Athanasius, die Aufmerksamkeit der Versammlung auf sich zu lenken, und durch seinen Einfluß wurde ein Glaubensbekenntnis aufgestellt und von

[1]) Das i ist lang zu sprechen und zu betonen.
[2]) Griechisch: ἦν ποτε ὅτε οὐκ ἦν.

der Mehrzahl der Bischöfe angenommen, welches der Lehre des Arius durchaus entgegengesetzt war. Athanasius ging nicht, wie Arius bei seiner Lehre, von der Einheit Gottes aus, sondern von der Gottheit Jesu, die in der Bibel bezeugt ist, und wies darauf hin, daß der Gott, der in Jesus Mensch geworden sei, in seinem Wesen gleich[1]) sein müsse dem Vater im Himmel, sonst sei eben nicht Gott Mensch geworden; der Sohn Gottes sei gleich herrlich und gleich ewig wie der Vater, wenn er auch vom Vater herstamme; man müsse unterscheiden zwischen der von Gott aus nichts geschaffenen Welt und dem vom Vater aus seinem Wesen erzeugten Sohne; wie das Licht aus einer ewigen Sonne ewig hervorgehe und ihr im Wesen gleich sei, so sei der Sohn seit Ewigkeit aus dem Vater hervorgegangen und ihm im Wesen gleich.

Seine Lehre fand ihren Ausdruck in dem auf einer älteren Form des apostolischen Glaubensbekenntnisses beruhenden Nicänischen Glaubensbekenntnis, welches also lautet[2]):

„Wir glauben an einen Gott, den allmächtigen Vater, Schöpfer alles Sichtbaren und Unsichtbaren.

Und an einen Herrn Jesum Christum, Gottes Sohn, vom Vater gezeugt als der Eingeborene, d. h. aus dem Wesen des Vaters, Gott von Gott, Licht vom Licht, wahrhaftiger Gott vom wahrhaftigen Gott, gezeugt, nicht geschaffen, mit dem Vater gleichen Wesens; durch welchen alles geschaffen ist, was im Himmel und auf Erden ist; welcher für uns Menschen und um unserer Seligkeit willen vom Himmel gekommen ist und Fleisch geworden und Mensch geworden, gelitten und am dritten Tage auferstanden und gen Himmel aufgefahren ist und kommen wird, zu richten die Lebendigen und die Toten.

Und an den heiligen Geist [den Herrn, der da lebendig macht, der vom Vater (und vom Sohne)[3]) ausgeht, der mit dem Vater und dem Sohne zugleich angebetet und zugleich geehrt werden soll, der durch die Propheten geredet hat. Und an eine, heilige, katholische und apostolische Kirche. Wir bekennen eine Taufe zur Vergebung der Sünden und warten auf eine Auferstehung der Toten und ein Leben der zukünftigen Welt. Amen"][4]).

Zum Schlusse fügte die Synode diesem Bekenntnis, als sie es angenommen hatte, noch hinzu:

„Die aber, welche sagen, es war einst eine Zeit, da der Sohn nicht war, oder er war nicht, ehe er geworden, oder er ist aus dem Nichts oder einer anderen Substanz oder Wesen geworden, oder der Sohn Gottes ist geschaffen oder wandelbar oder veränderlich — die verdammt die katholische Kirche."

---

[1]) Griechisch: ὁμοούσιος.

[2]) Die gegen Arius und seine Anhänger gerichteten Sätze sind gesperrt gedruckt, nur das Wort „einen" oder „eine" kommt hierbei nicht in Betracht.

[3]) Späterer Zusatz der abendländischen Kirche (filioque — seit 589), von der morgenländischen Kirche verworfen.

[4]) Die Klammer enthält den (angeblichen) Zusatz des Konzils von Konstantinopel vom Jahre 381 mit einem noch späteren Zusatz; vgl. die weitere Darlegung!

Es gelang nun, den Kaiser für die Lehre des Athanasius zu gewinnen, und aus Liebe zum Frieden oder aus Ehrfurcht vor dem Kaiser nahmen die meisten Bischöfe, obwohl sie dem Bekenntnis nicht beistimmten oder wenigstens das Verfahren gegen Arius nicht billigten, doch diese Lehre an und stimmten der Ausschließung des Arius aus der Kirche bei.

d. Der Streit über den Glauben führte aber bei der wechselnden Gesinnung Constantins und der folgenden Kaiser zu den ärgsten Streitigkeiten, welche die ganze Kirche zerrütteten und sie öfters sogar in zwei Hälften, den arianischen Osten und den athanasianischen Westen, spalteten. Da brachte im Jahre 381 der Kaiser Theodosius (damals nur Herrscher des oströmischen Reiches) der Sache des Athanasius den dauernden Sieg. Um die Kirche seines Reiches vom Arianismus abzuziehen, hielt er im Jahre 381 in Konstantinopel eine Synode, welche als die zweite allgemeine Synode betrachtet wird. Von derselben wurde das Nicänische Bekenntnis bestätigt und noch erweitert, indem auch vom heiligen Geiste gelehrt wurde, daß er gleich ewig und herrlich sei, wie Vater und Sohn[1]). Der nunmehr geltende Glaube an Vater und Sohn und Geist als gleich ewige und gleich göttliche Personen in der einen Gottheit fand später seinen Ausdruck in einem Bekenntnis, welches man fälschlich das Athanasianische Bekenntnis genannt hat; dasselbe ist mehrere Jahrhunderte nach dem Tode des Athanasius entstanden, und zwar nicht in der griechischen Kirche, welcher Athanasius angehörte, sondern in der lateinischen Kirche, und ist von den Griechen niemals angenommen, sondern geradezu zurückgewiesen worden, so daß es mit Unrecht den allgemeinen Bekenntnissen zugezählt wird.

Allmählich ging der Arianismus im römischen Reiche zugrunde; aber derselbe hatte bereits neue Anhänger gefunden in den eben damals in die Kirche eintretenden Germanen, über welche die römischen Kaiser keine Macht hatten; dieselben wurden zunächst fast sämtlich arianische Christen und haben erst später den nicänischen Glauben angenommen; seit ihrem Übertritt war der arianische Glaube gänzlich verschwunden, so daß es heute keine Arianer mehr gibt.

e. Daß Christus Gottes Sohn und dem Vater im Wesen gleich sei, hatten die Synoden von Nicäa und Konstantinopel gegen die Arianer festgestellt. Aber damit sollte doch nun die Menschheit Christi nicht geleugnet werden. Wie war nun beides, Gottheit und Menschheit, in der einen Person Jesu Christi vereinigt zu denken?

Nach heftigem Streite[2]), in welchem es sich darum handelte, ob in dem menschgewordenen Christus noch zwei Naturen anzunehmen oder nur eine Natur vorhanden sei, wurde, besonders auf das Betreiben des römischen Bischofs Leos I. (440—461), auf der vierten allgemeinen Synode zu Chalcedon (am Marmara-Meer in Kleinasien gelegen) im Jahre 451 festgesetzt, daß in der einen Person zwei Naturen unvermischt und ungetrennt miteinander verbunden seien. Anhänger der von diesem Konzil verworfenen

---

[1]) Der oben angegebene Zusatz zum Nicänischen Bekenntnis stammt aber in dieser Form, wie man heute glaubt, nicht vom zweiten Konzil her.

[2]) In demselben wurde eine im J. 449 in Ephesus abgehaltene allgemeine Synode als „Räubersynode" für ungültig, und später (im J. 680) ein römischer Bischof (Honorius) für einen Ketzer erklärt.

Lehren (Nestorianer, welche in Christus zwei Naturen annahmen, und Monophysiten, welche nur eine Natur annahmen) haben sich bis auf den heutigen Tag in Asien und Afrika erhalten.

f. So war durch lange Verhandlungen und heftige Streitigkeiten eine Lehre von der Person Christi festgestellt worden, welche der Anschauung der Heiligen Schrift von Jesus Christus gerecht zu werden suchte, ohne freilich das Geheimnis der Person Jesu vollständig deutlich machen zu können.

7. (77.) Augustinus und Pelagius. (I, 18.)

A. Augustinus' Leben; der Bischof Ambrosius von Mailand.

a. Aurelius Augustinus wurde im Jahre 354 zu Thagaste, einer kleinen Stadt in Numidien (in Afrika), geboren. Sein Vater, Patricius, war noch Heide; die Mutter, Monnica, stammte aus einer christlichen Familie der Stadt. Patricius gab es zu, daß die Kinder im christlichen Glauben unterrichtet wurden, und vor seinem Tode ließ er sich auch selber noch taufen. Als Patricius gestorben war, lebte Monnica nur noch für ihre Kinder, die sie gut zu erziehen und zum Glauben zu führen sich bemühte. Aber das war ihrem ältesten Sohne gegenüber, Aurelius Augustinus, sehr schwer; derselbe war damals etwa 17 Jahre alt und war zwar sehr begabt, aber durch sein zuchtloses Leben hatte er den Eltern schon längst schwere Sorge gemacht. Dazu kam noch, daß er, der nach damaliger Sitte noch nicht getauft war und der Kirche noch nicht angehörte, sich für eine damals ziemlich verbreitete Sekte, die Manichäer, gewinnen ließ, deren Glaube ein Gemisch von Parsismus und Christentum war. Alle Mahnungen und Tränen der Mutter, welche ihren Sohn in der Sünde und in der Irrlehre umherirren sah, schienen vergeblich zu sein; schon wollte sie sich gänzlich von dem verlorenen Sohne abwenden, da wurde sie einst von einem frommen Bischof, dem sie ihre Not klagte, mit dem Worte getröstet: „Ein Sohn so vieler Tränen kann nicht verloren gehen." Zunächst freilich sollte es noch schlimmer werden.

Augustinus hatte sich nach Vollendung seiner Studien im Jahre 375 in seiner Vaterstadt als Lehrer der Beredsamkeit niedergelassen; bald aber war er nach Karthago gegangen, und nach einiger Zeit beschloß er, sich nach Rom zu begeben. Die Mutter fürchtete, daß er in Rom sittlich zugrunde gehe, und sie wollte ihn entweder zurückhalten oder nach Rom begleiten; aber Augustinus täuschte die Mutter und war plötzlich abgereist. Doch er verweilte nicht lange in Rom, sondern ging bald, im Jahre 384, nach Mailand, wo er als Lehrer der Beredsamkeit angestellt wurde. Dorthin eilte ihm nun Monnica nach, und hier sollten ihre Gebete um den verlorenen Sohn in Erfüllung gehen.

b. In Mailand war damals ein trefflicher Bischof, Namens Ambrosius, welcher mit großem Eifer 23 Jahre lang das Bischofsamt verwaltet und durch seine Anordnungen und Schriften für die ganze Kirche eine dauernde Bedeutung gewonnen hat. Er hat zunächst den Gottesdienst dadurch erweitert, daß er in Italien die Predigt an jedem Sonntage eingeführt hat: bis dahin wurde nur selten gepredigt. Er hat sodann nach dem Vorbilde der griechischen Kirche, als der erste im Abendlande, Lieder gedichtet und beim Gottesdienste singen lassen; das sogenannte Tedeum (Te Deum laudamus, d. i. Herr Gott, dich loben wir), welches ihm zugeschrieben wird, ist aber erst später entstanden (vgl. Lied 53a, Anm.).

Als im Jahre 390 in Thessalonich ein Volksaufruhr ausgebrochen war, ließ der Kaiser Theodosius 7000 Bewohner der Stadt von den Soldaten niederhauen. Da bald darauf der Kaiser nach Mailand kam, so zog sich Ambrosius aufs Land zurück und schrieb dem Theodosius, er habe eine so schwere Schuld auf sich geladen, daß in seiner Gegenwart das heilige Abendmahl nicht gefeiert werden könne; er müsse sich erst durch Kirchenbuße von der Blutschuld reinigen. Der Kaiser achtete auf das mutige Wort des frommen Bischofs; acht Monate hielt er sich unter Bußübungen vom Gottesdienste fern; als aber das Weihnachtsfest herannahte, ließ ihn Ambrosius wieder am heiligen Abendmahl teilnehmen.

Als die Kaiserin Justina, die Mutter des im Jahre 392 gestorbenen Kaisers Valentinianus II., im Jahre 386 an Ambrosius die Forderung stellte, daß er eine Kirche dicht bei Mailand den Arianern einräume, da erklärte Ambrosius: „Naboth wollte das Erbe seiner Väter nicht herausgeben, und ich sollte das Erbe Christi übergeben?" Als er nun den Befehl erhielt, Mailand zu verlassen, ging er in die Hauptkirche der Stadt, das Volk in großen Scharen ihm nach. Da wurde die Kirche von Soldaten umstellt, die zwar jeden hinein-, aber keinen herausließen. Mehrere Tage und Nächte war der Bischof mit seiner Gemeinde in der Kirche eingeschlossen. Da ließ nun Ambrosius Wechselgesänge zwischen Chor und Gemeinde singen, wie er sie in der lateinischen Kirche eingeführt hatte, und damit hielt er den Mut der Gemeinde aufrecht; stimmten doch selbst die christlichen Soldaten vor der Kirche in die ihnen bekannten Lieder mit ein. Die Kaiserin gab endlich nach, und der mutige Bischof setzte in dieser Sache, in der er schwerlich das Recht auf seiner Seite hatte, dennoch seinen Willen durch.

c. Augustinus und seine Mutter waren mit in der Kirche eingeschlossen, als die Kaiserin die Herausgabe des Gotteshauses von Ambrosius erzwingen wollte. Es konnte nicht fehlen, daß der Glaubenseifer dieses Mannes auf Augustinus Eindruck machte. Doch nur das geschah zunächst, daß er sich von den Manichäern abwandte, die ihm seine Fragen nicht zu beantworten vermochten; der Kirche und dem Glauben stand er nach wie vor zweifelnd gegenüber; auch die weltlichen Lüste machten ihm noch immer viel zu schaffen. Als er wieder einmal von den heftigsten inneren Kämpfen erschüttert wurde, die schon oft seine zwischen Glauben und Unglauben wie zwischen Weltlust und Frömmigkeit schwankende Seele durchbebt hatten, und im Garten betend auf- und abging, da glaubte er vom Nachbarhause her eine Stimme (wie er glaubte, eines Kindes) zu hören: „Nimm und lies" (tolle, lege), und er erblickte in diesem Worte eine göttliche Mahnung, das Buch, das er bei sich hatte, die Paulinischen Briefe, aufzuschlagen und nach dem Worte zu tun, das er zuerst finden würde. Seine Augen fielen auf das Wort des Römerbriefes K. 13, 13: „Nicht in Fressen und Saufen, nicht in Kammern und Unzucht, nicht in Hader und Neid, sondern ziehet an den Herrn Jesum Christum, und wartet des Leibes, doch also, daß er nicht geil werde." Fortan stand sein Entschluß fest, ein neues Leben zu beginnen; seine Zweifel überwand er, indem er sich der Autorität der Kirche unterordnete[1]); nunmehr wurde er von Ambrosius, Ostern 387, getauft. Ein Jahr lebte Augustinus nun noch mit seiner Mutter und einigen gleichgesinnten Freunden auf einem Landgute bei Mailand; im folgenden Jahre wollten sie nach Afrika heimkehren; aber in Ostia, an der Tibermündung, starb die Mutter, voll Freude darüber, daß sie noch die Bekehrung ihres Sohnes erlebt hatte.

Mit dem Tode der Mutter schließt Augustinus das berühmte Buch, in dem er selbst sein Leben beschrieben (Confessiones, Bekenntnisse) und streng und treu seine Verirrungen dargestellt hat. Nun hatte er gefunden, um was er so oft gebetet hatte, die Ruhe der Seele in Gott, auf die sein berühmtes Wort hinweist: Fecisti nos ad te, Domine, et inquietum est cor nostrum, donec requiescat in te (Du hast uns zu dir geschaffen, o Herr, und unser Herz ist unruhig, bis es Ruhe findet in dir).

Im Jahre 388 kehrte nun Augustinus wirklich nach Afrika zurück und lebte zunächst bei Thagaste mit seinen Freunden in einer Art von Klosterleben. Nach drei Jahren siedelte er nach der Stadt Hippo Regius (dem heutigen Bona) über; dort wurde er zuerst Presbyter, dann Gehilfe des greisen Bischofs und im Jahre 394 selber Bischof der Stadt; als solcher hat er daselbst bis zum Jahre 430 gelebt; er starb, während die Vandalen, welche in Afrika eingedrungen waren, Hippo belagerten, 76 Jahre alt.

B. Augustinus und Pelagius.

Hatte die Kirche des Morgenlandes im arianischen Streite festgestellt, daß sich in Jesus Christus der wahre Gott geoffenbart habe, so suchte das Abendland den Grund und den Zweck der Offenbarung Gottes zu erkennen. Das ist aber ebenfalls in einem großen Streite (dem pelagianischen) geschehen, in welchem Augustinus besonders hervorgetreten ist.

a. Daß alle Menschen Sünder seien und der Gnade Gottes bedürfen, war in der Kirche allgemein anerkannt; ob nun aber durch die Sünde alle Freiheit des Menschen und mit der Bekehrung durch Gott alles eigene Wirken des Menschen aufgehoben sei, darüber kam es zum Streite zwischen Augustinus und zwei Mönchen, Pelagius und Cölestius, welche aus ihrer Heimat Britannien (der Bretagne) nach Rom und bald darauf nach Afrika kamen.

Pelagius und Cölestius — nach dem ersteren heißt aber dieser Streit der pelagianische — lehrten nämlich über Sünde und Gnade folgendes.

Der erste Mensch ist sterblich von Gott geschaffen, und er wäre gestorben, auch wenn er nicht gesündigt hätte. Seine Sünde hat nur ihm selber die Strafe zugezogen, daß er aus dem Paradiese verbannt wurde; eine Veränderung seines Wesens ist durch diese eine Tat nicht bewirkt worden, er besitzt nach wie vor Freiheit zum Guten wie zum Bösen. Auch seine Nachkommen haben durch Adams Sündenfall keinen Schaden erlitten; alle neugeborenen Kinder befinden sich in demselben Zustande, in welchem Adam vor und nach dem Sündenfalle war; auch sie haben Freiheit zum Guten wie zum Bösen. Während nun allerdings die meisten Menschen

[1]) So hat Luther nicht gehandelt, aber wohl die deutschen Bischöfe im Jahre 1870.

Sünder werden, so gibt es doch auch Menschen, die sich von der Sünde freihalten und also auch keiner Erlösung bedürfen. Die Erlösung der Sünder wird aber dadurch bewirkt, daß die Heiden durch die auch ihnen innewohnende Freiheit des Willens und durch ihr Gewissen, die Juden außerdem durch das Gesetz Mosis und die Christen auch noch durch das Vorbild Christi zum Guten angetrieben werden. Die Erlösung wird keinem zuteil ohne Mitwirkung seiner Freiheit; wer nicht erlöst wird, ist selbst daran schuld.

b. Diesen Sätzen trat Augustinus mit folgender Lehre entgegen.

Der erste Mensch wäre nicht gestorben, wenn er nicht gesündigt hätte; es hing aber von seiner Freiheit ab, ob er sündige oder nicht; erst durch die Sünde ist der Tod in die Welt gekommen. Die Tatsünde Adams hat nun nicht bloß ihm selber geschadet, indem sie ihm den Tod brachte, sondern sie hat auch in ihm die Neigung zur Sünde hervorgerufen, und diese ist als Erbsünde, d. h. als angeborene Neigung zur Sünde, welche in Gottes Augen schon den Menschen mit Schuld belastet, auf alle seine Nachkommen fortgepflanzt worden. Alle Menschen sind deshalb Sünder, der in Sünde geborene Mensch besitzt keine andere Freiheit, als die Freiheit zur Sünde und zu sittlich gleichgültigen Dingen, nicht die Freiheit zur Bekehrung und Frömmigkeit; auch die edelsten Tugenden der Heiden sind nur glänzende Laster. Die Bekehrung geschieht, da der sündige Mensch ja nur Böses will, nicht durch den Menschen, sondern durch Christus und die Kirche, und sie ist nach Anfang, Fortgang und Ende ein Werk Gottes im Menschen, nicht des Menschen selber; Gott macht dabei aus dem sündigen Menschen einen heiligen Menschen, indem er seinen Willen umgestaltet; aus dem Sünder wird durch Gottes Geist ein Gerechter. Da nun die Bekehrung Gottes Werk ist, Gott aber nur einige bekehrt, andere dagegen unbekehrt läßt, so behauptet Augustinus, daß die Schuld der unterbleibenden Bekehrung nicht auf den Menschen, sondern auf Gott falle; Gott bekehre nur, wen er wolle, und lasse die anderen in der Sünde bleiben und ewig verloren gehen; wenn Gott wollte, könnte er alle bekehren, denn seine Gnade wirke ja allein und unwiderstehlich; aber nach dem uns verborgenen Ratschlusse der Gnadenwahl will Gott nicht alle Menschen bekehren.

c. Augustinus' Lehren von Sünde und Gnade wurden im ganzen von der Kirche angenommen, aber man verwarf seine Lehren von der alleinigen Wirksamkeit der Gnade Gottes bei der Bekehrung und von der Gnadenwahl; ja, im Mittelalter galt die letztere Lehre sogar als ketzerisch. Später aber wandte sich die Kirche, ohne es zu wissen, mehr und mehr der pelagianischen Lehre zu; erst die Reformatoren haben die reine Lehre des berühmten Kirchenvaters wieder ans Licht gezogen und derselben sich mehr oder weniger angeschlossen. Aber noch heute ist die evangelische Kirche damit beschäftigt, die wichtigen Lehren von Sünde und Gnade, wie die anderen Glaubenssätze ebenfalls, immer tiefer zu erfassen und nach der heiligen Schrift und der Erfahrung des Christen immer richtiger darzustellen [1].

[1] Eine Zusammenfassung des Glaubens der alten Kirche bietet die Augsb. Konfession in den Artikeln 1, 2 (19 und 18) und 3 (21).

8. (78.) Das Leben der Christen; die „Gemeinde der Heiligen".

(I, 19 u. 21.)

a. Durch Jesus und seine Jünger war eine Gemeinschaft gestiftet worden, deren Glieder es als ihre Aufgabe betrachteten, heilig zu werden, wie ihr Meister es gewesen war, und doch, der Welt sich nicht entfremdend, alle Menschen als Brüder zu lieben, wie Jesus es ihnen gegenüber getan hatte. Diese Grundsätze haben nun die Christen aber nicht bloß gepredigt, sondern auch in ihrem Leben verwirklicht. Besonders kam aber der neue Grundsatz der Liebe denen zugute, welche im heidnischen Staate als rechtlos und verachtet dagestanden hatten: den Frauen, den Sklaven, den Armen und Unglücklichen.

b. Wenn so im Christentum dem Heidentum eine neue Lebensmacht gegenübertrat, so mußte dieselbe allmählich auch auf den heidnischen Staat und das römische Recht Einfluß gewinnen, und so sehen wir denn auch, wie zuerst die heidnischen Philosophen und allmählich auch die Rechtslehrer Grundsätze und Forderungen für das Leben aufstellten, welche nicht mehr dem Boden des alten Heidentums entstammten. Die römische Kaiserzeit hat dieselben mehr und mehr aufgenommen, und von diesem menschlicheren Standpunkte aus ist unter dem Kaiser Justinianus im 6. Jahrhundert das römische Recht zusammengestellt und fixiert worden.

c. Die alte Christenheit wollte eine „Gemeinde der Heiligen" sein. Wer durch die Taufe in die Gemeinde eintrat, der erhielt, wie man damals fälschlich meinte, nur Vergebung der bis dahin begangenen Sünden; nach der Taufe sollte der Christ von schweren Sünden frei bleiben. Deshalb ließen sich die alten Christen gern erst auf dem Totenbette taufen, um Vergebung aller Sünden zu erhalten. Erst später hat man erkannt, daß auch der Christ der Vergebung der Sünden fortwährend bedürfe und dieselbe auch immer aufs neue erhalten könne. Diesem Zwecke diente in der älteren Kirche die Kirchenbuße, in der späteren Kirche die Beichte der Sünden vor dem Priester zum Zwecke bei Lossprechung von der Sünde. Aber eine wirkliche „Gemeinde der Heiligen" ist weder auf diesem noch auf jenem Wege erreicht worden, und sie ist auf Erden überhaupt nicht zu erreichen.

d. Die Liebestätigkeit der alten Kirche: Nr. 113a.

III. Der Verfall der alten Kirche.

9. (79.) Der Verfall der Christenheit; der Bilderstreit.

(I, 21, 22 u. 24.)

a. Als das Heidentum verschwand und das Christentum die herrschende Religion wurde, da führte der äußere Sieg der Kirche über den heidnischen Staat leider nicht zum Siege der christlichen Grundsätze im Leben aller Menschen, sondern im Gegenteil zum Verfall der Christenheit. Wer, nur den Vorteil suchend oder der Notwendigkeit gehorchend, sich taufen ließ, der brachte natürlich den alten heidnischen Sinn in die Kirche mit, und nur zu groß war die Zahl derer, welche in dieser Weise aus Heiden Christen wurden.

b. Und auch diejenigen, welche fromm sein wollten, waren bereits in allerlei Aberglauben und Torheit hineingeraten; alle Irrtümer und Irrlehren des Mittelalters waren dem Anfange nach schon damals vorhanden, und schon in der alten Kirche ist das Mönchtum, von welchem später Genaueres gesagt werden wird, mit Unrecht als die wahre christliche Frömmigkeit gepriesen worden[1]. Zwar hat es auch damals nicht an echt evangelischer Mahnung und Warnung gegen den Verfall der Kirche gefehlt; aber der Schaden mußte erst noch größer werden, ehe es zu einer Reformation der Kirche kommen konnte; zunächst kam über die Kirche nur ein gewaltiges Strafgericht, der Islam.

c. Als dasselbe bereits im Anzuge war, versuchten tüchtige Kaiser des oströmischen Reiches den in der Kirche seit längerer Zeit eingerissenen Bilderdienst, welchen Juden und Mohammedaner nicht mit Unrecht für Götzendienst erklärten, zu beseitigen. Aber nach wiederholtem heftigen Streite führte eine Kaiserin, Theodora, im Jahre 843 den Bilderdienst in die Kirche zurück, und ein besonderes Fest der Rechtgläubigkeit (Orthodoxie) verherrlicht seitdem in der morgenländischen Kirche den Sieg der Bilder.

10. (80.) Die Auflösung der Reichskirche; die Trennung der griechischen von der römischen Kirche; die Zertrümmerung der griechischen Kirche durch den Islam. (I, 23 u. 25.)

a. Die einige von der Reichssynode und vom Kaiser geleitete Kirche des römischen Reiches zerfiel mit der Spaltung des römischen Reiches (395) und infolge der Glaubensstreitigkeiten des 4. und 5. Jahrhunderts allmählich in zwei Hälften, die morgenländische, vom Kaiser auch weiter geleitete Kirche des Ostens, und die vom römischen Bischof, als dem allmählich im Westen an die Stelle des Kaisers tretenden Herrn, geleitete Kirche des Westens.

b. Diese faktisch bereits seit längerer Zeit bestehende Spaltung der Kirche wurde endlich auch äußerlich besiegelt in den Jahren 867 und 1054, wo die Oberhäupter beider Kirchen miteinander in Streit gerieten und jeder über den anderen und seine Anhänger den Bann aussprach. Seitdem sind die morgenländische und die römische Kirche völlig voneinander getrennt, und alle Versuche der Wiedervereinigung beider Kirchen sind bisher gescheitert.

c. Gegen die verweltlichte Kirche, vornehmlich des Morgenlandes, sandte nun Gott von Arabien her als Zuchtrute den durch Mohammed im Jahre 622 gestifteten Islam, der doch wenigstens das eine wußte, was die Bibel predigt: „Der Herr unser Gott ist ein einiger Herr"; das andere freilich war ihm verborgen: „Gott war in Christo und versöhnte die Welt mit ihm selber." Aus Arabien, das noch Mohammed selber kurz vor seinem Tode (632) dem einen Gotte unterworfen hatte, drangen seine Nachfolger gegen die Christenheit siegreich vor. Zwar wurde die griechische Kirche in Asien und Afrika nicht ausgerottet, aber doch dem Islam unterworfen, und gar mancher Christ nahm den Glauben der Sieger an.

[1]) Vgl. Nr. 90.

d. In Europa hielt sich das griechische Reich unter fortdauernden Kämpfen gegen die andrängenden Mohammedaner noch bis zum Jahre 1453, wo endlich doch, nachdem alles andere schon in ihre Hände gefallen war, auch Konstantinopel von den Türken erobert wurde. Seitdem herrschte der Islam auch in der Heimat der alten Griechen, und er versuchte immer aufs neue, in das Herz von Europa vorzudringen. Heute weicht allerdings der Islam allmählich aus Europa zurück; aber in Asien und Afrika ist seine Herrschaft noch nicht erschüttert, und eine Bekehrung der Mohammedaner zum Cristentum in größerem Maßstabe ist zunächst nicht zu erwarten.

e. Die morgenländische Kirche der Gegenwart: Nr. 115 B, a.

f. Die Hoffnung der morgenländischen Kirche: Nr. 115 C.

Zweiter Abschnitt.

Die katholische Kirche des Mittelalters.

I. Die Ausbreitung des Christentums im Mittelalter.

11. (81.) Die Begründung des Christentums unter den Deutschen.

(I, 26.)

A. Arianisches (griechisches) Christentum unter den Deutschen.

a. Nachdem das Christentum zuerst unter den alten Völkern verbreitet worden war, ist dasselbe auch zu den Deutschen gekommen, und zwar nach alten Sagen und Erzählungen schon vor der Zeit der Völkerwanderung, namentlich in die Gegenden am Rhein und an der Donau, wo die Deutschen die Nachbaren der mehr und mehr christlich gewordenen Römer waren. Aber wenn auch christliche Gemeinden am Rhein und an der Donau schon vor der Völkerwanderung existiert haben, so bestanden dieselben doch gewiß mehr aus Römern und Angehörigen anderer Nationen des Römerreiches (Griechen, Orientalen), als aus Deutschen; in das innere, freie Germanien war vor der Völkerwanderung das Christentum wohl kaum vorgedrungen.

b. Diese Anfänge des Christentums an den deutschen Grenzen haben jedoch die Stürme der Völkerwanderung nicht überdauert; erst in dieser Zeit beginnt nicht die Bekehrung einzelner Deutschen, aber wohl die Bekehrung ganzer deutscher Stämme zum christlichen Glauben. Schon um das Jahr 350 zog nämlich aus dem südlichen Rußland, wo sie bis dahin gewohnt hatten, unter der Führung ihres Bischofs Wulfila, ein Teil der Westgoten, unter denen sich das Christentum schon vorher verbreitet hatte, mit Genehmigung des römischen Kaisers über die Donau nach Mösien (dem heutigen Bulgarien), und beim Beginn der Völkerwanderung folgten ihnen ihre christlichen Landsleute nach. Die christlichen Westgoten bekannten sich aber zum arianischen Christentum, dem damals die Griechen anhingen, während die Römer die Lehre des Athanasius billigten; der Bischof Wulfila (ein Arianer) hat seinem Volke auch alsbald die Bibel in seine Sprache übertragen[1]). Mit den Westgoten kam dann dieser Glaube nach Spanien; andere deutsche Stämme folgten bald dem Beispiel der Westgoten, und wurden gleichfalls arianische Christen: die Ostgoten und die Longobarden in Italien, die Sueben in Spanien, die Vandalen in Afrika und andere Stämme.

c. Von diesem ältesten Christentum der Deutschen, dem arianischen, hat sich aber nichts erhalten; diese Stämme sind teils in den Stürmen der Völkerwanderung untergegangen (Ostgoten, Vandalen), teils (in der Zeit vom 6.—7. Jahrhundert) zur katholischen Kirche übergetreten (Longobarden, Sueben, Westgoten); heute gibt es keine Arianer mehr, weder unter den Deutschen, noch in einem anderen Lande.

B. Katholisches Christentum unter den Franken.

Während die zuerst bekehrten deutschen Stämme von der griechischen Kirche aus bekehrt worden sind und zunächst den damaligen Glauben derselben, den arianischen, angenommen haben, haben sich dagegen die Franken gleich von vornherein zum katholischen Glauben bekehrt. Das ist aber in folgender Weise geschehen.

a. Schon als Gallien noch römisch war, wurde das Christentum auch in diesem Lande verbreitet, zunächst natürlich unter den Römern, dann aber auch unter den Kelten, die es auf dem Lande noch lange gab, und schon im zweiten und dritten Jahrhundert wissen wir von blühenden Christengemeinden in Gallien. Gegen das bereits wohl mehr christliche als heidnische Gallien drangen nun allmählich die Deutschen immer weiter vor, schon vor der Völkerwanderung die Franken in allmählichem Vorrücken, seit der Völkerwanderung auch die Burgunden und die Westgoten. Die Westgoten, welche den Süden von Gallien einnahmen, waren bereits Christen und zwar Arianer; die Burgunden wurden Christen und zwar zunächst arianische (erst später katholische) Christen, als sie die Gegend um Worms besetzten. Aber viel wichtiger für die Geschichte der Kirche und der Welt wurde die Bekehrung des mächtigen Volkes der Franken zum katholischen Glauben.

b. Als Heiden waren die Franken in das wohl zum größeren Teil schon christliche Gallien eingedrungen, und zunächst blieben sie noch Heiden, und wenn auch bereits Chlodwigs Vater, Childerich, sich den Christen freundlich erwies, so ist er doch Heide geblieben. Auch Chlodwig bestieg als Heide den Thron, aber auch er zeigte sich sofort den Christen freundlich gesinnt. Als er heiratete, heiratete er eine christliche Frau, Chlotilde, eine burgundische Prinzessin (eine katholische Christin), und als sie ihm einen Sohn gebar, ließ er ihn taufen; obwohl der Knabe bald nach der Taufe starb, wurde doch auch der zweite Sohn wieder getauft. Vielleicht hat Chlodwig zunächst selber noch bei seinem alten Glauben bleiben wollen, aber sein Nachfolger sollte ein Christ sein — es ist anders gekommen, auch er selber ist noch Christ geworden. Wie das gekommen ist, wird verschieden erzählt. Wahrscheinlich ist Chlodwig, ohne daß ein äußeres Ereignis dazu den Anlaß gegeben hat, Christ geworden; der Einfluß seiner christlichen

[1]) Vgl. Nr. 142, 2.

Gemahlin und eigene Überzeugung haben ihn wahrscheinlich zum Übertritt bewogen. Ein so wichtiges Ereignis aber, wie seine Bekehrung ist, ist nun, wie in der Regel, von der Sage umsponnen worden, und die Sage stellt diese Tat dar als schließlich hervorgerufen durch einen äußeren Anlaß, wie er dem Volksgemüte faßlich und verständlich ist. Diese sagenhafte Erzählung lautet aber also.

Schon längst hatte Chlotilde ihren Gatten zu ihrem Glauben zu bekehren versucht; aber der König glaubte seinen alten Göttern treu bleiben zu müssen. Da zog er wieder einmal in den Krieg; schon neigte sich der Sieg auf die Seite seiner Feinde, der Allemannen. Da gedachte Chlodwig dessen, was ihm seine Gemahlin von dem mächtigen Christengotte erzählt hatte, und er entschloß sich, diesen Gott um Hilfe anzurufen, mit dem Gelübde, ihm fortan dienen zu wollen, wenn er ihm den Sieg verleihe. Gott schenkte ihm wirklich den Sieg, und Chlodwig wurde nunmehr ein Christ. So die Sage.

c. Nachdem der König übergetreten war (496), folgten ihm allmählich auch seine Untertanen, aber Chlodwig ließ jedem seinen Glauben; doch auch seine Nachfolger haben es später, wie die Nachfolger Constantins, für ihre Aufgabe gehalten, das Heidentum mit Gewalt auszurotten, und so ist denn im 7. Jahrhundert das Heidentum unter den Franken zugrunde gegangen. Als Chlodwig und seine Nachfolger die fränkische Herrschaft auch über den Süden von Gallien ausdehnten, indem sie die Westgoten und die Burgunden unterwarfen, wurde auch die Einheit des Glaubens in ganz Gallien hergestellt; als die Westgoten von Chlodwig unterworfen wurden und später auch die Burgunden, da verschwand bald der arianische Glaube aus ganz Gallien, und das ganze Land bekannte sich nunmehr zum katholischen Glauben, und noch heute ist Frankreich ein fast ganz katholisches Land.

C. Die keltische Kirche in England und ihre Ausbreitung über Irland und Schottland. Die Bekehrung der Angelsachsen zum römisch-katholischen Glauben und die Unterwerfung der keltischen Kirche unter den Papst.

a. Nach dem damals von Kelten bewohnten Britannien war das Christentum schon vor der Zeit des Kaisers Constantinus gekommen; nachdem die römische Herrschaft im Jahre 409 aufgegeben worden war, kamen um das Jahr 450 die heidnischen Angelsachsen in dieses Land und verdrängten die christlichen Kelten nach dem Westen des Landes (Wales); andere flohen nach Gallien, in die nach ihnen fortan so genannte Bretagne. Von England aus war das Christentum schon vorher auch nach Irland gebracht worden[1]), und von Irland aus wurde es seit dem Jahre 565 auch nach Schottland und nach dem nördlichen England gebracht.

b. Der Glaube aber, den diese Missionare predigten und bald auch auf dem Festlande von Europa verbreiteten, war zwar der katholische (nicht der arianische) Glaube, aber derselbe enthielt noch nicht, was damals schon

---

[1]) Nach der Sage ist das Christentum in Irland erst um das Jahr 432 durch den Briten Patrik, den angeblich der Papst zum Bischof geweiht hatte, begründet worden.

vielfach und später immer mehr gepredigt ward, daß man dem Papste untertan sein müsse, und daß die Geistlichen nicht heiraten dürften; auch feierte man Ostern nach älterer Festsetzung zu einer anderer Zeit, als die römische Kirche; das keltische Christentum war auf dem Standpunkt der älteren Kirche stehen geblieben, aber ohne darum ein evangelisches Christentum zu sein.

c. Während nun die keltischen Missionare in Irland und Schottland mit Erfolg predigten, gelang es ihnen dagegen nicht, unter den Angelsachsen, den heidnischen Oberherren von England, ihren Glauben zur Herrschaft zu bringen; es war der römischen Kirche vorbehalten, unter den Angelsachsen die Herrschaft Christi (und auch des Papstes) zu begründen. Die Bekehrung derselben war aber das Werk Gregors des Großen, der von 590—604 die päpstliche Würde bekleidet hat; im Laufe von hundert Jahren waren alle angelsächsischen Reiche in England für das Christentum gewonnen und dem Papste unterworfen. Der römischen Kirche der Angelsachsen ist es nun im Laufe der Jahrhunderte auch gelungen, die Kirche in Wales, Schottland und Irland gleichfalls unter das Joch des Papstes zu beugen, so daß um das Jahr 1200 alle drei Inselreiche dem Papste untertan waren.

D. Die Unterwerfung der deutschen Kirchen unter den Bischof von Rom durch den Angelsachsen Winfrid oder Bonifatius, den „Apostel der Deutschen".

a. Von den Franken her ist das Christentum durch Missionare allmählich auch zu den im Norden und Osten ihnen benachbarten deutschen Stämmen gekommen, und dabei haben ihnen keltische Missionare zur Seite gestanden. Aber wenn auch die Predigt der Kelten, wie auch der Franken, in Deutschland nicht vergeblich gewesen ist, so hat doch die deutsche Kirche ihre (bis zur Reformation) dauernde Gestalt nicht durch die Tätigkeit der fränkischen und der keltischen, sondern der angelsächsischen Missionare erhalten, welche als Anhänger des Papstes nach Deutschland kamen und es für ihre Aufgabe hielten, die Deutschen nicht bloß, wie die Franken und die Kelten wollten, zu Christen, sondern auch zu Untertanen des Papstes zu machen — und das ist den Angelsachsen für die Jahrhunderte des Mittelalters gelungen.

b. Von der durch den Papst Gregor den Großen (c. 600) bekehrten und darum auch von vornherein dem Papste unterworfenen Kirche der Angelsachsen ist nämlich um das Jahr 700 ein Mann ausgegangen, der in Deutschland den christlichen Glauben gepredigt, aber zugleich in unserm Vaterlande die Herrschaft des Papstes aufgerichtet hat: es ist dies Winfrid oder Bonifatius, der sogenannte „Apostel der Deutschen"[1].

Nachdem der Angelsachse Winfrid, von dem Eifer beseelt, den christlichen Glauben weiter auszubreiten, zuerst in Friesland gepredigt hatte, aber bald wieder in seine Heimat zurückgekehrt war, verließ er im Jahre

[1]) Früher Bonifacius (d. h. Wohltäter) geschrieben; jetzt gilt es für richtiger, Bonifatius zu schreiben, und dies Wort von bonum fatum herzuleiten (gutes Geschick), so daß dieser Name dem angelsächsischen „Wynfreth" (d. i. Gewinner des Glückes) entsprechen würde.

718 abermals sein Vaterland — jetzt für immer. Zunächst begab er sich nach Rom, um in Verbindung mit dem Papste, der ihm als das Oberhaupt der ganzen Kirche galt, seine Missionstätigkeit wieder aufzunehmen. Mit Freuden empfing der Papst den eifrigen Priester und gab ihm gern die Vollmacht, in seinem Namen in Deutschland zu predigen; vom Papste hat er auch wohl den römischen Namen Bonifatius empfangen. Mit des Papstes Segen und mit mancherlei Reliquien versehen, auf welche die Christen schon damals ein großes Vertrauen setzten, trat er im Jahre 719 die Reise nach Deutschland an.

Bonifatius begab sich zunächst nach Thüringen, wohin er vom Papste gewiesen wurde, um diese Kirche in römischem Sinne zu ordnen; Thüringen war in dieser Zeit bereits wesentlich ein christliches Land; freilich war diese Kirche dem Papste noch nicht unterworfen und nicht in römischer Weise geordnet; auch hier wirkten keltische Missionare, die den Anschluß an den Papst nicht suchten. Nach einiger Zeit begab er sich in das zwar den Franken unterworfene, aber noch zum Teil heidnische Hessen, das Nachbarland von Thüringen, und es gelang ihm, die hier noch zahlreich vorhandenen Heiden für den christlichen Glauben zu gewinnen. Bei dem Dorfe Geismar in Hessen stand aber eine alte, dem Gotte Thor geweihte Eiche; Bonifatius hieb sie um, ohne den Zorn der hier noch wohnenden Heiden und ihrer Götter zu fürchten, und baute nach der Sage aus ihrem Holze eine Kapelle des heiligen Petrus. Solche Taten wirkten auf die einfachen Gemüter der Deutschen mehr als viele Worte.

In dieser Zeit (732), wo er in Hessen und Thüringen eifrig wirkte, ist Bonifatius, schon seit dem Jahre 722 Bischof, vom Papste zum Erzbischof ernannt worden, womit er die Befugnis und den Auftrag erhielt, für die von ihm bekehrten und dem Papste unterworfenen Gebiete Bischofssitze auszuwählen und Bischöfe einzusetzen, da er nicht das ganze Gebiet allein als Bischof verwalten konnte. Im Jahre 738 war Bonifatius auch nochmals in Rom und erhielt vom Papste die Aufforderung, auch die Kirche von Süddeutschland in päpstlichem Sinne zu ordnen. Und es gelang ihm auch, die Kirche von Bayern, welche vornehmlich durch keltische Missionare gegründet worden war, nach den römischen Anschauungen und Sitten zu ordnen und dem Papste zu unterwerfen. Auch die Kirche des Frankenreiches wurde nach Karl Martells Tode (741) durch Bonifatius, aber im Auftrage der fränkischen Herrscher, neu geordnet. Der Oberherr der fränkischen Landeskirche blieb aber der Landesherr.

c. Nachdem Bonifatius seine Aufgabe, soweit er es vermochte, gelöst hatte, wurde ihm auch ein bischöflicher Sitz übertragen. Er war zwar schon Bischof und sogar Erzbischof, stand aber keiner Diözese vor. Da wurde ihm endlich im Jahre 746, nachdem zuerst an Köln gedacht worden war, das Bistum Mainz übertragen. Hier hat er die letzten Jahre seines Lebens in Ruhe zugebracht. Aber zuletzt zog es ihn wieder zu dem Missionswerke seiner Jugend, nach Friesland, zurück. In Friesland waren nämlich die Fortschritte des Christentums ins Stocken geraten, die bischöfliche Stelle blieb längere Zeit unbesetzt, und sie war auch jetzt nicht besetzt. Da machte sich nun Bonifatius im Frühjahr 754 nach Friesland auf, und alsbald nach seiner Ankunft setzte er in Utrecht einen neuen Bischof ein, und darauf begann er östlich vom Zuidersee in fränkischem aber heidnischem Gebiete seine Missionstätigkeit. Da ist er nun am 5. Juni 754 von heidnischen Friesen am Flusse Borne (bei der späteren Stadt Dockum) erschlagen worden, wohin er die Neubekehrten bestellt hatte, um ihnen die Firmelung zu erteilen. Der Leichnam des frommen Bischofs wurde in dem von ihm gegründeten Kloster Fulda beigesetzt.

d. Bonifatius ist ein frommer Mann gewesen, der viel gearbeitet hat, nicht zu seinem Vorteil, sondern zur Ehre Christi und des Papstes; das nämlich hat er sich nicht denken können, daß man Christo dienen könne, ohne dem Papste untertan zu sein; das war ein Irrtum, den er mit vielen Männern seiner Zeit und der folgenden Jahrhunderte geteilt hat. Diese Meinung des von den Katholiken natürlich besonders gefeierten „Apostels der Deutschen" hat ja freilich unser Volk später als irrig erkannt, und ein anderer Mann, Martin Luther, der rechte „Prophet des deutschen Volkes", hat das römische Joch, das Bonifatius auf den Nacken unseres Volkes gelegt hatte, als dasselbe der Kirche nur noch zum Schaden gereichte, nach hartem Kampfe für immer zerbrochen; Bonifatius bleibt aber ein großer Mann trotz dieses Irrtums.

E. Der Abschluß des Missionswerkes in Deutschland durch die Bekehrung der Sachsen; Karl der Große; die römisch-katholische Kirche und das römische Reich deutscher Nation.

a. Mehrere Jahrhunderte waren vergangen, seit die Westgoten zuerst unter den Deutschen das Christentum angenommen hatten; seitdem hatten sich auch die übrigen deutschen Stämme dem Kreuze unterworfen; nur die mächtigen Sachsen, zwischen Rhein und Elbe wohnend, wollten von ihren alten Göttern noch nicht lassen. Als nun der Kaiser Karl zur Herrschaft kam, sah er sich genötigt, die Sachsen zu unterwerfen und, um ihre Unterwerfung zu sichern, sie auch zu bekehren; lange Jahre tobte der furchtbare Krieg, immer wieder erneuerte das Sachsenvolk den Kampf; erst im Jahre 804 konnte der Sachsenkrieg, der im Jahre 772 seinen Anfang genommen hatte, als beendet gelten. Nun galt es, die Sachsen, die bis dahin vornehmlich mit dem Schwerte bekehrt worden waren, durch die Predigt zum Glauben zu führen. Das ist gleichfalls durch Karl d. Gr. geschehen, und dazu wurden von ihm und seinem Sohne im Lande der Sachsen Bistümer gegründet. Nunmehr war das Werk der Mission in Deutschland vollendet, äußerlich war das Heidentum verschwunden oder unterdrückt, alle Deutschen bekannten sich zum christlichen Glauben.

b. Als nun Karl der Große die Völker des westlichen Europa zu einem großen Reiche vereinigt hatte, da wurde er im J. 800 vom Papste zum Kaiser gekrönt, und damit wurde, wie man damals meinte, das weströmische Kaisertum, welches im J. 476 zugrunde gegangen war, erneuert. Durch eine umfassende Tätigkeit auch auf dem kirchlichen Gebiete (ebenso umfassend wie seine Tätigkeit auf weltlichem Gebiete) hat Karl der Große, das Werk des Bonifatius abschließend, es erreicht, daß eine einige christliche Kirche in seinem ganzen Reiche, ja sogar darüber hinaus, begründet wurde, zunächst zwar zum Teil nur äußerlich begründet, aber durch die Verbindung mit den anderen Kirchen, namentlich auch mit Rom, gesichert gegen Abfall und Zerstörung, jedoch beherrscht vom Kaiser, nicht vom Papste.

c. Wie ein einiges Kaiserreich, so war auch eine einige Kirche im Anschluß an des Bonifatius Wirksamkeit durch Karl den Großen in Mitteleuropa begründet worden; aber die Einheit der Kirche war besser begründet als die des Staates; Karls Weltreich hat seinen Schöpfer nur wenige Jahre überlebt, die einige Kirche des Abendlandes hat bis zum Jahre 1517 bestanden.

12. (82.) Das Christentum unter den Germanen des Nordens.

(I, 27.)

a. Der Norden von Europa war zur Zeit Karls des Großen, wie noch heute, von den drei Zweigen des nordgermanischen Stammes (Normannen) bewohnt: Dänen, Schweden und Norwegern, die in ihrer Religion mit den Germanen in Deutschland im ganzen übereinstimmten.

b. Die Dänen lernten das Christentum auf ihren Seefahrten schon vor Karls des Großen Zeit kennen, und bald gingen auch zu ihnen Missionare; doch erst unter Ludwig dem Frommen hat die Predigt des Christentums in diesem Lande durch Anskar (heute: Oskar = Gottes Speer) begonnen; er hat sich, da er auch in Schweden den christlichen Glauben gepredigt hat, den Ehrennamen „der Apostel des Nordens" erworben. Ludwig aber beschloß, als Mittelpunkt für die zu begründende Kirche des deutschen Nordens das Erzbistum Hamburg einzurichten (831), und Anskar wurde mit dem Amte des Erzbischofs von Hamburg bekleidet und vom Papste in seiner Würde bestätigt. Als aber Hamburg um das Jahr 840 von den Normannen verwüstet wurde, wurde das Bistum Bremen, da der dortige Bischof unlängst gestorben war, im Jahre 864 mit dem Erzbistum Hamburg vereinigt, und Anskar hielt sich seitdem meist in Bremen auf, wo er auch im Jahre 865 gestorben ist.

c. Was Anskar erstrebt hat, den deutschen Norden für die christliche Kirche zu gewinnen, das ist in den nächsten Jahrhunderten erreicht worden; Dänemark, Schweden (von Schweden aus auch Finnland c. 1250) und Norwegen, ja sogar Island und Grönland, sind allmählich um das Jahr 1000 christliche Länder geworden. Somit waren nunmehr die deutschen Stämme sämtlich für den christlichen Glauben (und zwar für die römisch-katholische Kirche) gewonnen.

13. (83.) Die Begründung einer deutschen Kirche auf slawischem Boden; das Christentum in Ungarn. (I, 28.)

a. Als Karl der Große die deutschen Stämme in seinem großen Reiche einigte, da schien es ihm auch notwendig, die Grenze seines Reiches, welches von der Elbe, entlang der Saale, dem Böhmerwald und der Raab, bis zum adriatischen Meere reichte, zu sichern, und die Gebiete im Osten, welche vor der Völkerwanderung von Deutschen besetzt gewesen, dann aber von ihnen ganz oder zum Teil verlassen und von den Slawen besetzt worden waren, untertänig zu machen. Was Karl der Große begonnen hatte, setzten Heinrich I. und Otto I. und ihre Nachfolger fort, zunächst ohne den Gedanken an Eroberung der slawischen Gebiete; dagegen haben, seit den Zeiten des Kaisers Lothar von Sachsen, Heinrich der Löwe und Albrecht der Bär und andere Fürsten allerdings die Eroberung dieser Länder ins Auge gefaßt. Seitdem fand gleichsam eine neue, rückwärts gekehrte Wanderung der Deutschen nach Osten statt, und viele schöne Länder sind durch dieselbe auf Kosten der Slawen für das deutsche Volk wiedergewonnen worden.

b. Wie die deutsche Kolonisation im Norden auf die von Karl dem Großen begründeten Wendenmarken zurückgeht, so knüpft sich die Kolonisation im Süden gleichfalls an Karl den Großen, der ja hier den Grund zur Mark Östreich und zu anderen Marken gelegt hat, und wie im Norden namentlich die Anhaltiner in Brandenburg (seit 1134), so haben im Süden namentlich die Babenberger Herzöge (seit 983) dies Werk von Wien aus weitergeführt. Über die Weichsel hinaus haben im Norden, und weit in die Alpen und Karpathen hinein, im ganzen mittleren Donaugebiet, haben die Deutschen im Süden festen Fuß gefaßt; doch ist die Kolonisation im Süden nicht so erfolgreich gewesen wie die im Norden; im Süden sind viele fremde Volkselemente, namentlich Slawen und Magyaren, neben den Deutschen erhalten geblieben, während im Norden die slawischen Völker aus den kolonisierten Gebieten fast ganz verschwunden sind.

c. Seit Karl dem Großen war aber Deutschland im ganzen ein christliches Land. Von Deutschland aus wurde nun auch das Christentum zu den Nachbarvölkern gebracht und unter denselben eine deutsche Kirche begründet, so daß diese Völker allmählich zu Christen (und die meisten allmählich auch zu Deutschen) gemacht wurden. Holstein und Mecklenburg, Brandenburg und Sachsen, Schlesien, Pommern, Preußen und die jetzt russischen Ostseeprovinzen sind im Norden, Österreich, Ungarn und Siebenbürgen sind im Süden in dieser Weise für das Christentum gewonnen worden.

14. (84.) Das Christentum unter den Slawen. (I, 29.)

a. Während sich die Romanen und die Germanen im Mittelalter sämtlich der römischen Kirche zugewandt haben, der die Romanen noch heute angehören (die Germanen sind im 16. Jahrh. zum größten Teil evangelisch geworden), haben sich die Slawen, da sie der morgenländischen Kirche näher lagen und deshalb auch vornehmlich von ihr den neuen Glauben empfangen haben, zum größten Teil der morgenländischen Kirche zugewandt, und nur ein kleinerer Teil derselben hat sich sogleich oder später der römischen Kirche angeschlossen.

Das mächtige Volk der Russen, der bedeutendste Stamm unter den Ostslawen und der zahlreichste aller Slawenstämme, will noch heute vom Papste nichts wissen; es hält fest an dem griechischen Christentum, das ihm unter Wladimir dem Großen im Jahre 980 von Griechenland aus gebracht worden ist. Seit Peter dem Großen ist aber die russische Kirche eine besondere selbständige Abteilung der morgenländischen Kirche, von Bischöfen regiert, die weder dem Papste noch dem Patriarchen von Konstantinopel untertan sind, sondern der im Jahre 1721 eingesetzten „heiligen Synode“, deren Mitglieder durch den Kaiser ernannt werden.

Auch die Südslawen, die in Österreich und auf der Balkanhalbinsel ihre Wohnsitze haben, haben sich zum größten Teil (namentlich auf der Balkanhalbinsel) der morgenländischen Kirche zugewandt; doch ist ein Teil von ihnen (Slowenen und Kroaten) römisch-katholisch, und ½ Mill. Bosnier sind Mohammedaner geworden.

b. Von den Westslawen ist derjenige Stamm, der im Mittelalter den Deutschen zunächst wohnte und die Länder östlich von der Elbe innehatte, die Wenden, fast ganz verschwunden; die anderen westslawischen Stämme haben zwar nicht vermocht, sich politisch selbständig zu erhalten, aber sie bestehen (in Preußen, Österreich und Rußland) doch noch bis auf den heutigen Tag. Ihre Bekehrung zum Christentum ist aber in folgender Weise vor sich gegangen.

Zunächst wurde der Stamm der Mähren bekehrt. Hier hatte sich um das Jahr 855 ein großes Reich gebildet, das außer Mähren auch Böhmen und einen Teil von Ungarn umfaßte; der mährische Herzog Rostislaw wandte sich an den griechischen Kaiser mit der Bitte, ihm einen Geistlichen zu schicken, der der slawischen Sprache kundig wäre. Derselbe schickte ihm im Jahre 863 zwei Mönche zu, die Brüder Methodius und Cyrillus; sie werden als die „Apostel der Slawen" verehrt. Durch die eifrige Tätigkeit der Brüder erblühte bald eine slawische Kirche im Mährenreiche; die neue Kirche feierte aber den Gottesdienst nicht in der lateinischen Sprache, sondern in der Landessprache, und der Papst ließ das zunächst geschehen, bis die Slawen sich an seine Oberherrschaft gewöhnt hätten; bald aber wurde die mährische Kirche in jeder Hinsicht ein Glied der römisch-katholischen Kirche.

Von Mähren kam das Christentum nach dem benachbarten Böhmen; aber erst um das Jahr 973 ist nach vielen Kämpfen zwischen Heiden und Christen das Heidentum völlig aus Böhmen verschwunden, und mit der Gründung des Bistums in Prag das Christentum dauernd begründet worden.

Von Böhmen und Mähren her ist nun der christliche Glaube auch zu den Polen, gleichfalls einem Stamme der Westslawen, gekommen. Der polnische Herzog Mieczyslaw (sprich Miätschyslaw) wurde nämlich um das Jahr 963 dem deutschen Kaiser Otto I. untertänig; für das Christentum wurde er gewonnen, als er sich zwei Jahre darauf, im Jahre 965, mit Dubrawka, der Tochter des Böhmenherzogs Boleslaw, einer Christin, vermählte; schon ein Jahr nach der Hochzeit, im Jahre 966, ließ er sich taufen, und seine Untertanen folgten seinem Beispiel. Zwei Jahre nach seiner Bekehrung, im Jahre 968, gründete Mieczyslaw unter Kaiser Ottos I. Mitwirkung, dessen Lehnsmann er war, das Bistum Posen, das erste und längere Zeit einzige Bistum in Polen. Der Kaiser ordnete dasselbe zuerst dem Erzbistum Mainz, aber schon im Jahre 970 dem um eben diese Zeit gerade zur Förderung der Mission unter den Slawen gegründeten Erzbistum Magdeburg unter. So schloß sich also die polnische Kirche zunächst der deutschen an, die damals noch mehr vom Kaiser als vom Papste regiert wurde. Als aber die polnische Kirche durch die Gründung des Erzbistums Gnesen (1000) eine selbständige Landeskirche geworden war, wurde der Bischof von Posen dem Erzbischof von Gnesen untergeordnet (1035).

c. Vor dem Beginn der Reformation wurde endlich auch noch das letzte heidnische Volk in Europa, das (zu dem Volksstamme der Letten gehörende) Volk der Litauer für den katholischen Glauben gewonnen. In Polen war nämlich im Jahre 1370 das Herrschergeschlecht der Piasten ausgestorben. Nachdem erst noch ein Verwandter des alten Hauses die Regierung geführt hatte, wurde nach dessen Tode (1382) die polnische Prinzessin Jadwiga (Hedwig) im Jahre 1386 mit dem Großfürsten Jagiello (Wladislaw) von Litauen vermählt. Derselbe war zwar noch Heide, aber er hatte sich bereit erklärt, Christ zu werden; auch erwuchs aus dieser Vermählung dem Lande eine bedeutende Vergrößerung durch den Anschluß von Litauen an Polen. So fand denn zur großen Freude des polnischen Volkes und der römischen Kirche im Jahre 1386 die Taufe des Königs (und bald auch seiner Untertanen) und seine Vermählung mit der Polenfürstin statt. Nunmehr gab es in Europa kein heidnisches Volk mehr[1].

II. Die Verfassung der katholischen Kirche des Mittelalters (und der Neuzeit).

15. (85.) Die Entstehung des Papsttums. (I, 31.)

a. (Vgl. Nr. 70a.) Zwar jede einzelne Gemeinde war schon in der apostolischen Zeit ein wohlgeordnetes Ganze, von Vorstehern geleitet, den Presbytern oder Bischöfen, aber ein Bischof stand noch nicht an der Spitze der Gemeinde, und eine äußere Verbindung der einzelnen Gemeinden durch eine Kirchenverfassung war noch nicht vorhanden. Beides ist aber bald nach der apostolischen Zeit eingetreten. Zunächst an die Spitze jeder Gemeinde, bald aber an die Spitze größerer kirchlicher Bezirke traten als Häupter die Bischöfe, über welche sich allmählich die Metropoliten (Erzbischöfe), die Bischöfe der Provinzialhauptstädte, erhoben; die größeren Teile der Kirche wurden von den Patriarchen geleitet, und zwar der Osten von den Patriarchen von Alexandria, von Antiochia, von Jerusalem und von Konstantinopel, der Westen von dem Bischof von Rom. Allmählich bildete sich aber mehr und mehr die Überzeugung aus, daß der Bischof von Rom, der Papst, der von Christus selbst eingesetzte Herrscher der ganzen Kirche sei; doch hat die morgenländische Kirche dem Papste diese Stellung schließlich nicht zugestanden, sondern als ihr Haupt den Patriarchen von Konstantinopel anerkannt.

b. Um aber dem Bischof von Rom einen Vorzug vor den anderen Bischöfen zuerkennen zu können, berief man sich auf des Petrus Aufenthalt, Bischofsamt und Märtyrertum in Rom, und der Papst sei eben des Petrus Nachfolger. Wenn es nun allerdings, auch nach der Meinung der Evangelischen, dem Papste zustatten gekommen ist, daß Petrus, wie man allgemein annahm, in Rom gepredigt hatte und in Rom gestorben war, und daß Paulus wirklich daselbst gepredigt hat und wahrscheinlich auch gestorben ist, so ruht doch das Ansehen des römischen Bischofs nach unserer

[1] Vgl. die Erzählung von der Eiche bei Wilna — einem Seitenstück zu der Eiche bei Geismar — in dem Buche von Rzewuski, Denkwürdigkeiten des Pan Severin Soplica (Reclam, Nr. 701—704, S. 173—176).

Meinung noch mehr auf einem anderen Fundamente, welches die Synode von Chalcedon im Jahre 451 ganz richtig also bezeichnet: „Dem Stuhle des alten Rom haben die Väter mit Recht Vorzüge erteilt wegen des Herrschersitzes jener Stadt“. So viele Jahrhunderte war Rom die Herrin der Welt gewesen; da war es kein Wunder, daß die Herrschaft in der Kirche an den römischen Bischof kam, zumal da der Kaiser des Gesamtreichs seit dem Jahre 330 in Konstantinopel residierte, oder, wenn das Reich geteilt war, der weströmische Kaiser (seit 404) in Ravenna, und als im Jahre 476 der letzte weströmische Kaiser abgesetzt wurde, trat wie von selbst der römische Bischof an seine Stelle. Überdies war im ganzen Abendlande Rom die einzige Gemeinde, die sich einer direkten Beziehung zu den Aposteln rühmen konnte, und darauf gab die alte Kirche nicht mit Unrecht mehr als wir. Zu einer wirklichen Herrschaft über die ganze Kirche haben es jedoch die Päpste niemals gebracht; die griechische Kirche hat zwar in der alten Zeit den Papst als Autorität auf dem Gebiete des Glaubens anerkannt, aber regiert wurde diese Kirche von ihren Bischöfen und vom Kaiser; im Mittelalter hat sie sich von der römischen Kirche völlig getrennt; die evangelische Kirche hat sich schon bald nach ihrer Entstehung der Oberherrschaft des Papstes entzogen.

c. So kann denn freilich der evangelische Christ nicht zugeben, daß das Papsttum eine unmittelbar göttliche Stiftung und für die Kirche durchaus notwendig sei; die römische Kirche hat nicht immer, die griechische und die evangelische Kirche haben niemals einen Papst über sich gehabt, und dieser Mangel hat ihrem Glauben nicht geschadet. Trotzdem werden wir nicht mehr mit Luther und seinen Zeitgenossen (denen man diese Behauptung freilich nicht verdenken kann) das Papsttum für eine Stiftung des Teufels erklären. Eine Einrichtung, welche so viele Jahrhunderte kräftig bestanden und vielfach auch segensreich gewirkt hat, ist doch nicht ohne göttliche Zulassung entstanden; doch kann natürlich, was im Laufe der Geschichte entstanden ist, auch ebenso wieder zugrunde gehen.

16. (86.) **Die steigende Macht des Papsttums; der Kirchenstaat; die Trennung der griechischen von der römischen Kirche.** (I, 32.)

Das Papsttum hat sich also in der Kirche erst allmählich zu dem Ansehen emporgeschwungen und diejenige Macht gewonnen, die es nach katholischer Meinung von jeher gehabt haben soll. Wie das geschehen ist, wird im folgenden gezeigt werden.

a. Einer der ersten römischen Bischöfe, dem es einigermaßen gelungen ist, in der ganzen Kirche zu hohem Ansehen zu gelangen, ist Leo I., der Große (440—461). Wie derselbe auf der Synode von Chalcedon (451) sein Ansehen zur Geltung gebracht hat, ist schon oben (Nr. 76 e) erzählt worden. Noch höher stieg sein Ruhm, als er im Jahre 452 dem Hunnenkönig Attila entgegenzog, welcher in Italien eingefallen war, und der Welteroberer, seiner Bitte willfahrend, sein Heer zurückführte und Italien verließ. Diese Rettung Roms haftete im Gedächtnis des Volkes, obwohl im Jahre 455 trotz Leos Bitten die wilden Scharen des Vandalenkönigs Geiserich von Afrika her die Stadt Rom vierzehn Tage lang aufs furchtbarste plünderten. Überall suchte und wußte Leo sein Ansehen zur Geltung zu bringen; sogar der römische Kaiser Valentinianus III. ließ sich im Jahre 445 zur Anerkennung der päpstlichen Oberherrschaft in der Kirche bewegen.

Der nächste bedeutende römische Bischof war Gregor I., der Große (590—604). Derselbe erreichte es, daß die Angelsachsen in Britannien, die durch von ihm gesandte Mönche bekehrt wurden, dem römischen Stuhle sich unterwarfen; die meisten anderen deutschen Stämme gehörten noch der von der katholischen Kirche ausgeschlossenen Partei der Arianer an, haben sich aber nicht lange nachher der katholischen Kirche angeschlossen, und allmählich haben sich, wie oben dargelegt worden ist, namentlich durch des Bonifatius Tätigkeit, alle deutschen Stämme der Herrschaft des Papstes unterworfen.

Nicht geringen Zuwachs erhielt die Macht des Papsttums durch die Gründung des Kirchenstaates im Jahre 755. Nicht ohne Grund hatte der Papst im Jahre 751 dem fränkischen Majordomus Pippin zur Königskrone verholfen; er selbst war in Italien schwer bedrängt, einerseits durch den griechischen Kaiser, dem das römische Gebiet gehörte, und andererseits durch die Longobarden, die immer weiter nach Süden vorzudringen trachteten. Pippin, der auf des Papstes Bitte ihm zu Hilfe kam, besiegte den Longobardenkönig und gab dem Papste im Jahre 755 einen Teil des eroberten Gebietes als Lehen zu dem Gebiete hinzu, das er bereits besaß; diese sogenannte Pippinsche Schenkung umfaßte den Küstenstrich von der Pomündung bis gegen Ancona; damit war der Grund zum Kirchenstaate gelegt.

Eine Steigerung ihrer Macht verdanken die Päpste auch einem gefälschten Buche, welches um das Jahr 850 in der Kirche auftauchte und bald zu Ansehen gelangte, den sogenannten Pseudo-Isidorischen Dekretalien. Es hatten nämlich allmählich die verschiedenen Kirchen die in ihrem Gebiete geltenden Gesetze in Rechtsbüchern zusammengestellt; für die spanische Kirche war dies angeblich durch den Bischof Isidorus von Hispalis († 636) geschehen. Dieses Kirchenrechtsbuch erschien nun um das Jahr 850 in einer erweiterten Form, indem es mit erdichteten Bestimmungen der ältesten Päpste (vom Jahre 91—314), die bis dahin niemand kannte, und mit einigen späteren Stücken vermehrt worden war. Die damalige Zeit hat aus diesem Buche erkannt, daß es recht sei, was sie bereits glaubte, daß der Papst der oberste Herr der Kirche sei, und daß er auch über jeder weltlichen Obrigkeit stehe. Papst Nikolaus I. (858—867), der von dem neuen Gesetzbuch zuerst Gebrauch gemacht hat, hat es wirklich vermocht, Kirche und Staat in der Weise sich untertänig zu machen, wie es nach diesem Gesetzbuch der Fall sein soll, wie es aber noch keinem der früheren Päpste gelungen war.

b. Zunächst schien es aber, als sollte das Papsttum rasch wieder zugrunde gehen durch äußere Feinde und die eigene Schlechtigkeit der Inhaber des römischen Stuhles. Da haben die deutschen Kaiser Otto I. und Heinrich III. (963 und 1046) das Papsttum geschützt und gefördert; ohne ihr Eingreifen wäre dasselbe vielleicht zugrunde gegangen; sie haben dafür von den Päpsten nur Undank geerntet.

c. Aber wenn nun auch im Abendlande des Papstes Oberherrschaft sich immer mehr befestigte, so gelang es ihm dagegen nicht, die Kirche des

Morgenlandes sich untertänig zu machen. Obwohl sich nämlich beide Kirchen in Glaube und Sitte fast gar nicht unterscheiden, so wollen doch einmal die Griechen von der Herrschaft des Papstes bis auf den heutigen Tag nichts wissen, und sie sind ihm überhaupt niemals untertan gewesen, indem der Papst in der alten Zeit zwar im Abendlande eine gewisse Herrschaft ausgeübt hat, aber fast niemals im Morgenlande.

17. (87.) Das Papsttum auf der Höhe seiner Macht. (I, 33.)

a. Als Karl der Große vom Papste im Jahre 800 zum römischen Kaiser gekrönt worden war, galt der deutsch-römische Kaiser, als der Nachfolger der alten Römerkaiser, für den obersten Herrn der Erde (oder wenigstens der westlichen Hälfte von Europa), der in politischer Beziehung auch über dem Papste, dem Herrn der Kirche, stehe. Die tüchtigen Nachfolger von Karl dem Großen, Otto I. und Heinrich III., haben diese Oberherrschaft über den Papst ausgeübt, indem sie sogar Päpste absetzten und jedenfalls die Kirche selbständig regierten, die geistlichen Stellen und die Kirchengüter ihrerseits vergaben. Dieser vom Kaiser geleiteten deutschen Nationalkirche standen die Kirchen der anderen Länder zur Seite, welche ebenfalls von ihren Fürsten geleitet wurden; eine eigentliche Regierung der ganzen Kirche durch den Papst war bis zur Zeit Gregors VII. noch nicht vorhanden.

Gegen diese Herrschaft des Laientums in der Kirche erhob sich nun die vom Kloster Cluny ausgehende Reformbewegung, welche, zunächst das Klosterleben erneuernd, sich allmählich auch auf die Kirche übertrug, und in Übereinstimmung mit den Pseudoisidorischen Dekretalien, die Verfügung über die kirchlichen Güter und die kirchlichen Ämter den Laien entziehen und der Kirche und schließlich dem Papste zu übertragen unternahm.

Um diese Gedanken durchzuführen, wurde zunächst die sogenannte Simonie bekämpft, d. h. die für Geld erfolgende Übertragung geistlicher Ämter und Güter[1]; sodann die Priesterehe, nicht bloß zur Durchführung des schon seit alter Zeit von den Priestern geforderten Cölibats, sondern auch zum Zwecke der Verhinderung des Übergangs von kirchlichen Gütern auf die Familie des Geistlichen; endlich aber sollte nun auch die Oberherrschaft des Papstes über Kirche und Staat, wie sie in den Pseudoisidorischen Dekretalien schon längst gefordert war, nunmehr durchgeführt werden.

Diese Ideen, welche bereits in Heinrich III. einen Anhänger und in dem zweiten der von ihm eingesetzten Päpste, Leo IX. (1048—1054), einen Vertreter gefunden hatten, wurden nach Heinrichs III. Tod durchgeführt von Papst Gregor VII.

b. Was Gregor VII. im Anschluß an die Reform von Cluny und an die Pseudoisidorischen Dekretalien erstrebte, war also folgendes. Die Kirche, welche bisher vom Landesherrn abhängig war, sollte von demselben ganz

[1]) Der Simonie machte sich, wie man meinte, derjenige schuldig, welcher eine geistliche Stelle für Geld vergab oder durch Geld an sich brachte; ein solcher tat angeblich dasselbe, was der Magier Simon in Samaria getan hatte, der von Petrus für Geld die Kraft, den heiligen Geist zu verleihen, zu erlangen versucht hatte (Apostelgesch. 8, 5—25).

unabhängig werden (daher schon im Jahre 1059 das neue Gesetz über die Papstwahl; sodann das Verbot der Laieninvestitur und der Simonie, und endlich der Kampf gegen die Priesterehe). Während sodann nach dem älteren Kirchenrechte die Bischöfe noch immer ihren Sprengel selbständig regierten, sollte fortan der Papst der eigentliche Oberherr der Kirche im strengsten Sinne des Wortes werden[1]). Endlich aber sollte der Papst sogar der Oberherr aller Länder und Fürsten werden, so daß dieselben sämtlich im Papste ihren Oberherrn erblickten (daher der Kampf mit dem Kaiser, welcher sich ebenso, wie der Papst, als den Oberherrn aller Fürsten betrachtete). Diese Gedanken gingen weit hinaus über das, was die früheren Päpste erstrebt und erreicht hatten, und es gehörte ein Mann wie Gregor dazu, um solche Pläne zu fassen und annähernd zu verwirklichen.

Bald nach seiner Thronbesteigung ging nun Gregor daran, seine Pläne auszuführen. Zunächst erneuerte er im Jahre 1074 das alte Kirchengebot des Cölibats für die Geistlichen, und er hat dasselbe für immer zur Geltung gebracht.

Wenn aber die vom weltlichen Leben losgerissene Geistlichkeit wirklich von der Laienwelt unabhängig und dem Papste untertan sein sollte, so durften die Geistlichen ihre Ämter nicht mehr vom Staate, sondern sie mußten sie nur von der Kirche empfangen. Das erstrebte Gregor, indem er im Jahre 1075 das Verbot der Simonie erließ. Um die Simonie unmöglich zu machen, verbot Gregor überhaupt, daß ein Geistlicher eine Stelle von einem Weltlichen erhalte; die Geistlichen sollten ihre Stelle durch den Bischof, die Bischöfe durch die Wahl der Geistlichen, die Äbte durch die Wahl der Mönche erhalten; der Laie, der noch weiter einem Geistlichen durch Überreichung von Ring und Stab, den Abzeichen der geistlichen Würde, die Investitur erteile, d. h. eine geistliche Stelle übertrage, wurde mit dem Banne bedroht. Seit Jahrhunderten aber war es in allen Ländern üblich, daß die Landesherren die geistlichen Stellen besetzten, denn mit jeder geistlichen Stelle war ja Landbesitz verbunden, und es konnte dem Landesherrn nicht gleichgültig sein, wer durch den Landbesitz sein Lehnsmann würde. Auch war es nicht unbillig, daß der Empfänger einer geistlichen Stelle in einer Zeit, wo die Fürsten fast noch keine Abgaben erhielten, dem Fürsten etwas geben mußte.

Während nun in den anderen Ländern des Papstes Verbot leichter zur Geltung gebracht werden konnte, versuchte Gregor dasselbe in Deutschland zunächst vergeblich zur Geltung zu bringen. So kam es denn — und andere Streitpunkte waren noch dazugekommen — zum Kampfe zwischen Heinrich IV. und Gregor VII.; der Kaiser erklärte den Papst im Jahre 1076 für abgesetzt, und der Papst tat hinsichtlich des Kaisers dasselbe; des Papstes Bannfluch wirkte aber bei den Deutschen mehr als des Kaisers Machtspruch. Bald mußte Heinrich vor Gregor sich demütigen; mitten im Winter zog der König über die Alpen, und er wartete, als Büßer um Einlaß bittend, drei Tage lang vor dem Schlosse von Kanossa, wo Gregor sich damals aufhielt; erst am vierten Tage ließ der Papst den König vor sich,

---

[1]) Aber die morgenländische Kirche hat sich gerade in dieser Zeit (1054) für immer vom Papste und der römischen Kirche losgesagt.

und derselbe versprach nun alles, was der Papst verlangte, um nur vom Banne losgesprochen zu werden. Als er das erreicht hatte[1]), erhob er sich gegen die Fürsten, die ihn dennoch absetzen wollten, da der Papst das Absetzungsurteil nicht aufgehoben hatte, zu neuem Kampfe, der endlich zwar damit endete, daß Gregor VII., der auf die Seite der dem Kaiser feindlichen Fürsten trat, in Salerno in der Verbannung starb[2]); aber was er erstrebt hat, die Unabhängigkeit der Kirche vom Kaiser, die unbedingte Herrschaft des Papstes in der ganzen Kirche des Abendlandes, ja, die Oberherrschaft des Papstes auch über Kaiser und Staat, das haben des Papstes Nachfolger dennoch — die Herrschaft über den Staat freilich nur auf kurze Zeit — erreicht.

Dem nach Gregors VII. Tode (1085) noch fortdauernden Investiturstreite hat endlich das zwischen Kaiser Heinrich V. und Papst Calixt II. abgeschlossene Konkordat von Worms (1122) ein Ende gemacht, indem dasselbe bestimmte, daß die Wahlen zu geistlichen Ämtern (allerdings nur in dem eigentlichen Deutschland, nicht in Burgund und in Italien) nur in Anwesenheit von Abgeordneten des Kaisers stattfinden dürften; der Gewählte sollte das geistliche Amt erst erhalten, nachdem er vom Kaiser durch die Belehnung mit dem Zepter die weltlichen Güter empfangen und ihm den Lehnseid geschworen hatte; die Übertragung des geistlichen Amtes sollte fortan nicht mehr dem Kaiser gebühren, sondern der Kirche überlassen werden. So hatte im Investiturstreite zwar der Papst seinen Willen nicht ganz durchgesetzt, aber auch der Kaiser hatte seine früheren Rechte nicht ganz behauptet.

c. Noch mehr wuchs die Macht der Päpste durch die in dieser Zeit aufkommenden Kreuzzüge. Auch der mächtige Kaiser Barbarossa mußte sich im Jahre 1177 vor dem Papste Alexander III. zu Venedig beugen. Als der Kaiser auf dem Kreuzzuge im Jahre 1190 starb und sein Sohn Heinrich VI. ihm schon im Jahre 1197 ins Grab folgte, da war wieder nur ein Kind als Träger der Krone vorhanden, wie zur Zeit Heinrichs IV., und wieder bestieg jetzt den päpstlichen Thron ein Mann wie Gregor VII.; es war dies I n n o c e n z III., der mächtigste und glücklichste Papst des Mittelalters (1198—1216). In Deutschland war es für ihn am leichtesten, zu Ansehen zu gelangen. Philipp von Schwaben und Otto IV. stritten um die Krone, und des Papstes Beistand war für beide Parteien sehr wichtig; zwar siegte Philipp, des Papstes Gegner, über Otto, aber im Jahre 1208 wurde derselbe ermordet, und nun wurde Otto König, des Papstes Schützling. Als dieser aber des Kaisers Rechte gegen die Forderungen des Papstes mehr und mehr geltend machte, stellte ihm Innocenz einen Nebenbuhler gegenüber in Friedrich II., dem nun herangewachsenen Königskinde, der nach kurzem Kampfe gegen Otto in Deutschland allgemeine Anerkennung erlangte. Doch auch Friedrich wäre, wie Otto, mit seinem bisherigen Beschützer, dem Papste, in Streit geraten, wenn nicht Innocenz im Jahre darauf gestorben wäre. Mit seinen Nachfolgern hat Friedrich II. die heftigsten Kämpfe zu bestehen gehabt.

[1]) Durch eine p e r s ö n l i c h e Demütigung hatte er einen großen p o l i t i s c h e n Vorteil erlangt.

[2]) „Dilexi justitiam et odivi iniquitatem, propterea morior in exilio."

Nicht anders verhielt sich Innocenz zu den anderen Fürsten. In der Meinung, daß der Herr der Kirche auch der Herr der Welt sei, forderte er von allen Fürsten die Anerkennung seiner Oberherrlichkeit und einen jährlichen Zins, den Peterspfennig, für den apostolischen Stuhl. Innocenz III. war in der Tat das, wofür Gregor VII. den Papst erklärt hatte, der König aller Könige und der Herr aller Herren.

Seine Nachfolger haben es erreicht, daß das Geschlecht der Hohenstaufen, nachdem Friedrich II. fast sein Leben lang gegen die Päpste gekämpft hatte, in Italien (1268) seinen Untergang gefunden hat; aber des Papstes Übermacht sollte bald einem gleichen Schicksal erliegen[1]).

d. Der letzte große Papst des Mittelalters war nämlich Bonifatius VIII. (1294—1303); als derselbe es nach Art von Innocenz III. versuchte, sich als Oberherrn der Fürsten zu zeigen, namentlich auch in einem Streite zwischen Frankreich und England, da erklärte König Philipp der Schöne von Frankreich, der Papst habe in weltlichen Sachen ihm gar nichts zu befehlen. Als nun Bonifatius über ihn den Bann sprach, rief der König die Vornehmen seines Landes zusammen, und es wurde beschlossen, vom Papste an ein allgemeines Konzil zu appellieren. Der Papst erklärte eine solche Appellation für unstatthaft. Im Jahre 1303 drang sogar der Kanzler des Königs, Wilhelm von Nogaret, mit Bewaffneten in Anagni ein, wohin sich der Papst begeben hatte. Auf dem Throne sitzend, in vollem Ornate, erwartete dieser die Feinde. Mit Schimpf und Spott wurde er gefangen genommen, bald aber von seinen Freunden befreit. Doch starb er bald darauf, wahrscheinlich infolge der gewaltigen Aufregung jener Tage.

Mit ihm war der letzte der mächtigen Päpste des Mittelalters gestorben; bald sollte das Papsttum noch tiefer sinken. Aber wenn es auch den Päpsten nicht gelungen ist, die im Mittelalter geübte Herrschaft über die Staaten und die Fürsten zu behaupten, so haben sie doch die seit Gregor VII. gewonnene Herrschaft über die Kirche (allerdings nur des Abendlandes und zwar seit dem Jahre 1517 nur über einen Teil dieser Kirche) bis auf den heutigen Tag behauptet.

e. Der Papst regiert aber die Kirche vornehmlich mit Hilfe der Kardinäle, der höchsten Geistlichen der römischen Kirche, welchen seit dem Jahre 1059 das Recht der Papstwahl übertragen worden ist. Die ganze Kirche zerfällt aber in eine große Anzahl kirchlicher Provinzen, und diese werden von den Bischöfen regiert. Unter dem Bischof stehend, verwalten die Priester die einzelnen Gemeinden, in welche jede Kirchenprovinz zerfällt. Seinem Priester und damit seinem Bischof und dem Papste unbedingt zu gehorchen, das betrachtet der Katholik als seine heiligste Pflicht.

III. Katholischer Glaube und katholische Frömmigkeit.

18. (88.) Die Kirche in ihrer Bedeutung für den katholischen Christen.

(I, 34.)

a. Zur weltbeherrschenden Macht war die Kirche durch die Entwickelung des Papsttums im Mittelalter geworden; da war es denn kein Wunder,

[1]) Die Kaisersage des Mittelalters: KG.[3] Nr. 99 D, a und b.

daß dem Katholiken seine Kirche vorzugsweise als Herrscherin über die Völker erschien. Der Herr der ganzen Kirche ist aber der Papst, in dessen Namen über die einzelnen Provinzen der Kirche die Bischöfe, über die einzelnen Gemeinden die Priester herrschen. Zur Herrscherin über die Völker war aber die römische Kirche des Abendlandes geworden, zum Teil allerdings als Erbin der römischen Weltherrschaft, aber doch zunächst dadurch, daß sie als Lehrerin der Völker auftrat, indem sie die Völker des Mittelalters zum Christentum führte und durch die Festsetzungen der unfehlbaren Konzilien und die Aussprüche des Papstes über den Inhalt des Christentums, und zwar als eine unfehlbare Lehrerin, belehrte. Aber die Kirche verkündet nach katholischer Meinung nicht bloß das Heil, sondern sie hat das Heil dem Menschen auch einerseits zu verbürgen und andererseits zu schaffen, und so erscheint die katholische Kirche auch als eine Heilsmittlerin für die Völker, ohne welche dieselben die Seligkeit nicht erlangen können.

b. Die katholische Kirche, als Heilsmittlerin, meint also, das Heil dem Christen nicht bloß verkünden, sondern auch verbürgen und schaffen zu müssen. Verbürgt wird dem katholischen Christen das Heil, indem er die Sakramente und die Vergebung der Sünden durch einen Priester erhält. Geschaffen wird für den Christen immer aufs neue das Heil, und zwar wiederum nur durch einen Priester, indem derselbe in der Messe das Opfer Christi zur Vergebung der Sünden fortwährend wiederholt. Wie ist das zu verstehen?

c. Erst allmählich, und nicht ohne wiederholten Streit um die dunkle Lehre vom heiligen Abendmahl, ist im Mittelalter (in der griechischen, namentlich aber in der römisch-katholischen Kirche) gegen andere Ansichten als Kirchenlehre zur Anerkennung gebracht worden, daß im heiligen Abendmahl durch das Wort des Priesters Brot und Wein verwandelt würden in Leib und Blut Christi (transsubstantiatio), so daß also nach der Wandlung von Brot und Wein nur noch ihre Eigenschaften (accidentia), aber nicht mehr ihr Wesen (substantia) vorhanden sei, sondern nur noch Christus. Da nun derselbe unter Brot und Wein gleichmäßig den Menschen zuteil wird, so ist es nach der Meinung des späteren Mittelalters nicht nötig, daß man auch den Kelch beim heiligen Abendmal bekomme, und allmählich wurde (aber nur in der römischen Kirche) die früher stets und allgemein übliche Darreichung des Kelches unterlassen — gegen das ausdrückliche Wort Christi: „Trinket alle daraus!“[1])

d. Aber nicht bloß bei der Abendmahlsfeier wird nun nach katholischer Lehre Brot und Wein durch des Priesters Wort in Leib und Blut Christi verwandelt, sondern auch ohne daß von der Gemeinde das heilige Abendmahl gefeiert wird, wird dies Wunder von jedem Priester an jedem Tage in der Messe vollbracht; denn der ganze katholische Gottesdienst gipfelt in der Messe, d. h. in der auf Grund der Wandlung erfolgenden Wiederholung des Opfers Christi. In der von ihm gefeierten Messe bringt nämlich der Priester täglich aufs neue Christum Gotte zum Opfer für die Sünden der Menschen dar, und so wird in der Messe fortwährend das

[1]) Vgl. die Anmerkung zu Art. 22 der Augsb. Konfession!

Opfer Christi am Kreuze in unblutiger Weise wiederholt, damit in diesem Opfer die Früchte des Leidens Christi allen Christen zufließen. Diese Wiederholung des Opfers Christi kann aber nur durch einen Priester stattfinden, und erst als die katholische Kirche in ihren Geistlichen Priester zu sehen anfing, entstand auch der Glaube an diese Wiederholung des Opfers Christi. An die Lehre vom Meßopfer und vom Priestertum schloß sich nun noch die Lehre vom Fegfeuer und von der Allgewalt des Priesters auch über die Unterwelt, und es entstand der Glaube, daß der Priester durch seine Messe die Seele auch aus dem Fegfeuer erlöse.

e. Das große Wunder der in jeder Messe sich vollziehenden Wandlung von Brot und Wein in Leib und Blut Christi feiert nun die Kirche seit dem Jahre 1264 durch ein besonderes Fest, das sogenannte Fronleichnamsfest (d. h. Fest des Leibes des Herrn), am Donnerstage (dem gewöhnlichen Abendmahlstage der alten Kirche) nach Trinitatis (also als letzten Abschluß der Feste des Herrn), und zwar mit allem Pomp und aller Pracht; es ist seit dem 16. Jahrhundert das Triumphfest der katholischen Kirche gegenüber den Ketzern; wir feiern zum Andenken an das für uns ein für allemal dargebrachte Opfer Jesu den Karfreitag, der in der katholischen Kirche hinter dem Fronleichnamsfeste zurücktritt.

19. (89.) Frömmigkeit und Sittlichkeit des katholischen Christen.

(I, 35—37.)

a. Einen neuen Glauben hatten die Völker angenommen, als sie sich zum Christentum bekehrten, aber es ist nun kein Wunder, daß der alte Glaube sich neben dem neuen in vielfacher Hinsicht erhalten hat, und daß die Frömmigkeit der damaligen Christen ziemlich mangelhaft war. Das erkennen wir zunächst, wenn wir das Gebet des katholischen Christen betrachten.

Alle Christen kennen und beten das Vaterunser, nicht als ob Jesus befohlen hätte, daß man gerade dieses Gebet beten müsse — es ist von selbst zum täglichen Gebet der Christen geworden um seiner Schönheit und seines tiefen Inhalts willen. Aber wenn nun dieses Gebet beginnt mit den Worten: „Vater unser, der du bist im Himmel" — so glauben wir Evangelischen, daß der Katholik zu viel tue, wenn er sein Gebet nicht bloß an Gott richtet, sondern auch an die Heiligen und besonders an die Maria, denen er sich beim Anblick ihrer Bilder und Reliquien besonders nahe fühlt[1]). Darauf erwidert jedoch der Katholik, daß auch er Gott allein an-

[1]) Das an Maria gerichtete Gebet, das Avemaria, der englische Gruß, lautet also: Ave Maria, gratia plena, Dominus tecum! Benedicta tu in mulieribus, et benedictus fructus ventris tui, Jesus! Sancta Maria, Mater Dei, ora pro nobis peccatoribus nunc et in hora mortis nostrae! Amen.

Gegrüßet seist du Maria, du bist voll der Gnade; der Herr ist mit dir; du bist gebenedeit unter den Weibern, und gebenedeit ist die Frucht deines Leibes, Jesus! Heilige Maria, Mutter Gottes, bitte für uns arme Sünder jetzt und in der Stunde unseres Todes! Amen.

Vaterunser und Avemaria werden miteinander verbunden in dem sogen. Rosenkranz, wobei nach einem Vaterunser immer zehn Avemaria gebetet werden (33 Gebete — oder auch noch mehr).

bete, den heiligen Personen erweise er nur Verehrung, der Maria allerdings eine besondere Verehrung. In den verehrten Heiligen besitze er, sagt der Katholik weiter, nicht bloß Vorbilder des frommen Lebens, welche mehr wirkten als viele Mahnungen und Predigten, sondern auch Mittler zwischen Gott und uns, die der Christ anrufen solle, damit sie seine Gebete vor Gott bringen. Aber wir Evangelischen zweifeln mindestens daran, daß der Heilige, der doch nicht allgegenwärtig ist, die an ihn gerichteten Gebete vernehme, und halten überhaupt solche Mittler für entbehrlich, da wir selber uns unmittelbar an Gott betend wenden dürfen. So sind denn darüber, daß Maria und die Heiligen weder anzubeten noch zu verehren seien, alle Evangelischen den Katholiken gegenüber einig.

b. Auch die Veränderung im sittlichen Leben der Völker des Mittelalters, welche durch ihren Übertritt zum Christentum herbeigeführt wurde, ist meist nicht so durchgreifend gewesen, wie sie nach dem Wesen des neuen Glaubens hätte sein können; dennoch hat es auch im Mittelalter nicht gefehlt an wahrer und edler Sittlichkeit.

Es war aber kein Wunder, daß in dieser Zeit, wo die Menschen erst zu Christen erzogen werden sollten, die Kirche weniger an die Freiheit des bekehrten Christen sich wandte, der von selber gute Werke tut, sondern die guten Werke forderte und ihre Unterlassung mit Strafen bedrohte, wie das im Alten Bunde geschehen war. So erschien denn auch die Kirche den Gläubigen weniger als eine Gemeinde der Heiligen, sondern als Erzieherin zur Frömmigkeit und Sittlichkeit. Um dieser Aufgabe genügen zu können, stellte man den zehn Geboten Gottes (welche allerdings erst im späteren Mittelalter als Norm für die christliche Sittlichkeit angesehen wurden)[1] fünf Gebote der Kirche zur Seite, welche an den Katholiken Forderungen stellen, durch deren Befolgung sein ganzes Leben an die Kirche gebunden wird.

Dieselben lauten aber also:

1. Du sollst die angesetzten Feiertage halten. 2. Du sollst alle Sonn- und Feiertage die heilige Messe mit Andacht hören. 3. Du sollst die gebotenen Fasttage und den Unterschied der Speisen halten. 4. Du sollst zum wenigsten einmal im Jahre deinem verordneten Priester deine Sünden beichten. 5. Du sollst das allerheiligste Sakrament des Altars wenigstens einmal im Jahre, um die österliche Zeit, empfangen.

Unter diesen Geboten ist besonders das vierte sehr wichtig; auf seiner Befolgung beruht zum guten Teil die Herrschaft und die Macht der katholischen Kirche über ihre Anhänger.

c. Aber die Sittlichkeit des Mittelalters scheint dem evangelischen Christen auch noch aus einem anderen Grunde noch nicht die wahre christliche Sittlichkeit zu sein, denn der Katholik unterscheidet von der gewöhnlichen Sittlichkeit eine höhere, welche dadurch erreicht wird, daß der Mensch nicht bloß die Gebote Gottes und die Gebote der Kirche befolgt, sondern auch die sogenannten evangelischen Ratschläge, nämlich vollkommene Armut, beständige Ehelosigkeit und Gehorsam gegen einen geistlichen Oberen. Auf dieser katholischen Anschauung beruht die Gering-

---

[1]) Vgl. Nr. 145 A.

schätzung des gewöhnlichen Lebens und die falsche Hochschätzung einer selbsterdachten Frömmigkeit, die zur Zurückziehung von der Welt geführt und das Einsiedlerleben und das Mönchtum hervorgerufen hat. In der Zurückgezogenheit von der Welt erblickte man aber darum das Mittel zur höheren Frömmigkeit, weil man meinte, in der Welt könne man nicht fromm leben. Einsiedler und Mönche bildeten, wie man im Mittelalter meinte, die im Altertum in der ganzen Kirche erblickte „Gemeinde der Heiligen".

20. (90.) Das Einsiedlerleben und das Mönchtum. (I, 38.)

a. Auf diesen Grundsätzen, daß man eine höhere Frömmigkeit erstreben müsse, als die gewöhnlichen Christen, und daß man dieselbe in der Welt nicht erreichen könne, beruht das schon in der alten Kirche entstandene Einsiedlerleben, aus welchem durch die Vereinigung der zunächst vereinzelt lebenden Einsiedler bald auch das Mönchtum entstanden ist. Als der berühmteste Einsiedler der alten Zeit galt später der heilige Antonius.

b. Als aber immer mehr Einsiedler in die Wüste zogen, begannen fromme Männer dieselben zu einem gemeinsamen Leben zu vereinigen; so entstanden die Mönchs- und die Nonnenklöster, die ersten in Ägypten um das Jahr 350, das erste Kloster angeblich von Pachomius gegründet. Aus dem Morgenlande verbreitete sich allmählich, aber ziemlich langsam, das Klosterleben auch nach dem Abendlande, wo das erste Kloster durch den heiligen Martin von Tours gegründet worden ist († c. 400); der Mann, der hier dasselbe für die Dauer geordnet und gestaltet hat, ist Benediktus von Nursia (529); das morgenländische Mönchtum empfing seine Satzungen von Basilius († 379), und nach ihm heißen die griechischen Mönche noch heute Basilianer. Benediktus hat es verstanden, seinen Mönchen eine Anweisung zu ihrem Leben zu geben, wie sie für ein solches Leben nicht angemessener gegeben werden konnte. Noch bei Lebzeiten des Benediktus wurde seine Regel von einigen anderen Klöstern angenommen, nach seinem Tode hat sich sein Orden über das ganze Abendland verbreitet, Tausende von Klöstern sind allmählich von den Benediktinern gegründet worden. Und der Orden hat für die Kirche und für die Welt lange Zeit, besonders im Mittelalter, im Segen gewirkt.

c. Die Benediktiner waren aber allmählich reich geworden und verweltlicht, aus den armen Mönchen waren die Besitzer großer Landgüter geworden; die strenge Zucht des Ordens war überall erschlafft: da erneuerte im Jahre 926 Abt Odo in dem Kloster Cluny (in dem französischen Burgund) die alte Strenge des mönchischen Lebens, zuerst in seinem Kloster, bald auch in anderen; treffliche Nachfolger führten sein Werk weiter, und bald war Cluny hoch angesehen im ganzen Abendlande als Musterkloster für viele andere, sein Abt freiwillig als Herr von allen Klöstern anerkannt, die sich dieser Reform des Benediktinerordens anschlossen. Seitdem gab es innerhalb des großen Benediktinerordens eine besondere strenger lebende Abteilung, die Kongregation der Cluniazenser.

Als auch die Cluniazenser wieder verweltlicht waren, wurden von frommen Männern neue Mönchsorden gestiftet, welche zur alten Strenge des Klosterlebens zurückkehren sollten: die Karthäuser (1086), die Prämonstratenser (1120) und die Cisterzienser oder Bernhardiner (1098), die letzten so genannt von ihrem berühmtesten Mitgliede, dem heiligen Bernhard, einem der gefeiertsten Heiligen des Mittelalters.

d. Als mehr und mehr die ganze Kirche, Geistliche wie Laien, und auch die früher und später gestifteten Mönchsorden mehr oder weniger verweltlicht waren, da traten um das Jahr 1200 zu gleicher Zeit ein Italiener, Franziskus, und ein Spanier, Dominikus, mit dem Bestreben hervor, einen Verein zu begründen, der zunächst selber den Forderungen des Christentums mehr entspreche und dann auch in der Weise der Jünger Christi überall predigend umherziehe und die verfallene Kirche erneuere. So entstanden die Bettelorden der Franziskaner und der Dominikaner, bis zur Reformationszeit (wo der Jesuitenorden entstand) die letzten und bedeutendsten Ordensstiftungen auf dem Gebiete der katholischen Kirche; auch sie freilich haben die Kirche nicht zu erneuern vermocht.

e. Sah man nun auch im Mittelalter im Mönchsleben die höchste Stufe der Frömmigkeit, so gab es doch noch etwas anderes, was sich gleichfalls des höchsten Ansehens erfreute: das war das ritterliche Leben. Da verbanden sich nun Mönchtum und Rittertum in den geistlichen Ritterorden, welche im Zeitalter der Kreuzzüge gestiftet wurden; kein Wunder, daß diese Orden, die Templer, die Johanniter und die deutschen Ritter, sich eines ganz besonderen Ansehens erfreuten; der geistliche Ritter war sowohl Ritter als auch Mönch; in ihm war also das weltliche wie das geistliche Ideal des Mittelalters zugleich verwirklicht[1]).

f. Im Zeitalter der Reformation war das Mönchtum allgemein im Verfall begriffen, und es ist demselben nicht mehr gelungen, das alte Ansehen wiederzugewinnen. Die evangelische Kirche sieht in dem Mönchtum eine Verirrung, da sie von allen Christen dieselbe Sittlichkeit fordert, und weil sie der Meinung ist, daß man auch in der Welt ein frommer Christ sein könne.

g. Die Liebestätigkeit der Kirche des Mittelalters: Nr. 113b.

IV. Der Verfall der Kirche und die Versuche einer Reformation.

21. (91.) Der Verfall des Papsttums und der Kirche in den letzten Jahrhunderten vor der Reformation. (I, 40.)

a. Bald nach dem Tode des letzten großen Papstes des Mittelalters, Bonifatius VIII., siedelten im Jahre 1309 die Päpste nach Avignon über, und da diese Zeit der Entfernung von Rom etwa so lange gedauert hat (1309—1377), wie der Aufenthalt der Juden in Babylon, so hat man diese Zeit das babylonische Exil der Päpste genannt. In dieser Zeit waren die Päpste gänzlich vom Könige von Frankreich abhängig und mußten sich oft zu Handlungen drängen lassen, die ihren Wünschen und Interessen zuwider waren; dafür entschädigten sie sich durch eine um so größere Anmaßung gegen die anderen Staaten, namentlich gegen Deutschland. Bald aber ver-

[1]) In der Dichtung des Mittelalters ist dies Ideal dargestellt in Parzival.

langten die Römer selber und alle, denen das Wohl der Kirche am Herzen lag, nach der Rückkehr des Papstes in seine rechte Hauptstadt, und nachdem schon im Jahre 1367 Urban V. nach Rom gezogen, aber bald wieder nach Avignon zurückgekehrt war, kehrten im Jahre 1377 mit Gregor XI. die Päpste für immer nach Rom zurück.

b. Damit war nun zwar das babylonische Exil der Päpste vorüber, aber besser wurde es in der Kirche nicht, sondern noch schlimmer. Denn als schon ein Jahr nach seiner Rückkehr Gregor XI. starb, wählten im Jahre 1378 gegen den in Rom gewählten Papst die französischen Kardinäle einen Gegenpapst, der wieder in Avignon seinen Sitz aufschlug, und hiermit begann die Zeit der Kirchenspaltung (des päpstlichen Schismas), die vom Jahre 1378 bis zum Jahre 1415 gedauert hat. Es gab nunmehr zwei angebliche Statthalter Gottes, von denen jeder den anderen nebst seinen Anhängern in den Bann tat, und da die Völker teils dem einen, teils dem anderen anhingen, so konnte jeder Christ fürchten, im Banne zu sein.

c. Dazu kam nun noch der Anblick des traurigen Zustandes, in welchen die Kirche, und zwar in noch höherem Grade als vorher, durch die Spaltung des Papsttums geraten war; jeder von den beiden Päpsten schien nämlich nur darauf auszugehen, den Gläubigen recht viel Geld abzunehmen. Und waren die Päpste schlecht, so konnten die niederen Geistlichen nicht besser sein. Da nun das Leben der Geistlichkeit die größten Mängel und Gebrechen zeigte, so war es natürlich kein Wunder, daß auch das Leben der Laien nicht besser war. Dazu kam nun noch, daß die Lehre der Kirche ebenfalls sehr mangelhaft und vielfach irrig war, so daß viele Mißbräuche und Unsitten gerade durch die Lehre der Kirche hervorgerufen oder begünstigt wurden. So war es kein Wunder, daß die christliche Frömmigkeit und Sittlichkeit manchem Christen nicht besser zu sein schien, als die mohammedanische, die man durch die Kreuzzüge kennen gelernt hatte, und daß mancher zu der Erkenntnis kam, daß Kirche und Bibel ganz verschiedene Dinge lehrten und forderten.

22. (92.) Die reformatorischen Konzilien des Mittelalters. (I, 41.)

a. Da nun die Kirche eines allgemein anerkannten Oberhauptes entbehrte, und da ihr Verfall von niemand bezweifelt wurde, so war das Verlangen nach einer Reformation der Kirche an Haupt und Gliedern überall verbreitet. Um eine solche vorzunehmen, wurde endlich im Jahre 1409 von den Kardinälen beider Päpste ein allgemeines Konzil nach Pisa berufen. Das Konzil lud alsbald die beiden Päpste vor sich, und als sie nicht erschienen, wurden sie ihrer Würde entsetzt und allen Christen bei Strafe des Bannes untersagt, einem derselben noch weiter zu gehorchen. Nunmehr wurde ein neuer Papst gewählt, Alexander V.; aber nur Frankreich und England erkannten den neuen Papst an, die bisherigen Päpste behaupteten sich in den anderen Ländern; als das Konzil zu Ende war, sah die Christenheit zu ihrem Entsetzen die Lage der Kirche noch verschlimmert: nunmehr gab es drei Päpste, von denen jeder die beiden anderen und ihre Anhänger in den Bann tat.

b. Diesen Zustand vermochte die Christenheit nicht lange zu ertragen, und wieder ertönte der Ruf nach einem allgemeinen Konzil; es ist das Verdienst des Kaisers Sigismund, dasselbe zustande gebracht zu haben; dasselbe wurde nach des Kaisers Wunsch von dem Papste Johann XXIII., dem Nachfolger des in Pisa gewählten Papstes, für das Jahr 1414 nach Konstanz berufen.

Drei Aufgaben sollte das Konzil lösen: die Herstellung der Einheit der Kirche, die Reformation der Kirche und die Beseitigung der durch Huß in Böhmen erregten kirchlichen Unruhen. Die Herstellung der Einheit der Kirche wurde zunächst unternommen.

Als zum Zwecke der Herstellung der kirchlichen Einheit der Papst vorschlug, das Urteil des Konzils von Pisa einfach anzuerkennen und ihn für den rechten Papst, die anderen aber nochmals für abgesetzt zu erklären, da fand dieser Vorschlag keinen Beifall. Dagegen beschloß das Konzil, daß alle drei Päpste ihre Würde niederlegen sollten; darauf wollte Johann nicht eingehen. Als nun aber gegen ihn schwere Anschuldigungen wegen seines Lebenswandels erhoben wurden, die er nicht hätte widerlegen können, so erklärte er sich zur Abdankung bereit. Der zweite Papst legte sein Amt freiwillig nieder; um den dritten (Benedikt XIII.), der sich weigerte abzudanken, kümmerte sich niemand mehr; er blieb Papst des Städtchens Peniscola bei Valencia in Spanien, und mit seinen vier Kardinälen verfluchte er bis zu seinem Tode immer aufs neue die ganze Welt; erst mit seinem freiwillig abdankenden Nachfolger hat dies seltsame Papsttum im Jahre 1429 sein Ende erreicht[1]).

Obwohl nun, um die zweite Aufgabe des Konzils zu lösen, der Kaiser und die deutsche Nation forderten, daß vor der Wahl eines neuen Papstes die Kirche reformiert werde, da sonst leicht die Reformation wieder vereitelt werden könne, so beschlossen doch die anderen Nationen, zuerst einen neuen Papst zu wählen, damit die Kirche nicht des Hauptes entbehre; aber Martin V., den man wählte, konnte und wollte nicht das alsbald ins Werk setzen, was man begehrte: eine Reformation an Haupt und Gliedern. Daher wurde das Konzil im Jahre 1418 aufgelöst; ein späteres Konzil sollte die Reformation der Kirche vornehmen.

Über die Lösung der dritten Aufgabe des Konzils, die Beseitigung der kirchlichen Unruhen in Böhmen, wird im folgenden Abschnitte gesprochen werden.

c. Im Jahre 1431 eröffnete nun zwar Papst Eugen IV. in Basel das dritte und letzte der großen Konzilien des Mittelalters, welches versuchen sollte, die Kirche zu reformieren. Doch geriet das Konzil bald mit dem Papste in Streit; er verlegte dasselbe nun zuerst nach Ferrara, dann nach Florenz. Da aber ein Teil der Mitglieder in Basel blieb, ja sogar einen Gegenpapst aufstellte, so gab es jetzt zwei Konzilien nebeneinander und auch wieder zwei Päpste; das in Florenz löste sich bald auf, das in Basel erst im Jahre 1449; eine Reformation der Kirche hatte auch dies Konzil nicht zustande gebracht. Die Völker glaubten nunmehr, Kirche und Papsttum könnten nicht mehr reformiert werden.

[1]) Vgl. das Gedicht von Geibel „Benedikt XIII.“.

23. (93.) „Reformatoren vor der Reformation." (I, 42.)

a. „An Haupt und Gliedern" war die Kirche krank und verdorben und bedurfte dringend einer Reformation — darüber war in den letzten Jahrhunderten des Mittelalters kein Mensch im Zweifel. Aber wie sollte eine Reformation der Kirche zustande kommen, wenn Papst und Konzil, wie sich gezeigt hatte, sie nicht zustande bringen wollten oder konnten? — Schon vor Luther hat es nicht an Männern gefehlt, welche dies schwierige Werk, das Papst und Konzil nicht zustande brachten, in die Hand genommen haben. Vornehmlich drei Länder haben solche Männer hervorgebracht; in Frankreich ist Valdus, in England Wiclif, in Böhmen Huß aufgetreten; alle drei haben freilich nicht erreicht, was sie erstrebten; Deutschland darf sich rühmen, das Vaterland desjenigen Mannes zu sein, dem dies schwere Werk wirklich gelungen ist.

b. Um das Jahr 1170 lebte in Lyon ein reicher Kaufmann, Namens Waldes (lateinisch: Valdus), welcher seine Güter den Armen schenkte, um fortan ernstlich an das Heil seiner Seele zu denken. Aber nicht bloß seine Seligkeit wollte er schaffen, sondern er begann auch anderen zu predigen von dem Wege der Gottseligkeit, wie er ihn nicht durch die Kirche, sondern durch die Bibel erkannt hatte. Gleichgesinnte schlossen sich ihm an und predigten wie Waldes, und auf ihre Bitte wurde ihnen das Predigen vom Papste Alexander III. zuerst erlaubt. Doch im Jahre 1179 verbot ihnen derselbe Papst das Predigen, und als sie diesem Verbote nicht gehorchten, wurde der Bann über sie ausgesprochen, 1184. Nunmehr entfernten sich die Anhänger von Waldes, die Waldenser, allmählich immer mehr von der Lehre der Kirche, und auf Grund der heiligen Schrift predigten sie in Übereinstimmung mit älteren oder gleichzeitigen Parteien ein reineres Christentum. Da wurden sie von der Kirche verfolgt, und als im Jahre 1209 der Krieg gegen die ebenfalls im südlichen Frankreich weit verbreiteten Albigenser, eine ältere Ketzerpartei, begann, wurden auch die Waldenser verfolgt, aber nicht unterdrückt; sie haben sich später, im Anschluß an die Reformation noch weiter von der katholischen Kirche entfernt, und heute gibt es in Italien, wo sie sich erhalten und in der Neuzeit weiter ausgebreitet haben, an vielen Orten Waldensergemeinden.

c. Die Kirche zu reformieren, hatten in Frankreich die Waldenser vergeblich versucht; zweihundert Jahre später hat ein Engländer dies Ziel erstrebt — auch er freilich ohne Erfolg.

Bei einer Verhandlung mit Gesandten des Papstes, die er in Brügge (in Flandern) aufsuchte, lernte nämlich John Wiclif, Professor in Oxford, die Mängel und Sünden des damaligen päpstlichen Hofes (der Papst residierte damals in Avignon) zur Genüge kennen, und seitdem wurde er immer mehr ein Gegner des Papsttums. Bald wurde er nun auch vom Papste als Ketzer verurteilt (1377); aber seine Freunde waren mächtig genug, ihn gegen Papst und Geistlichkeit zu schützen. Noch ärger wurde die Feindschaft gegen ihn, als er nicht bloß das lautere Wort Gottes nach der Bibel predigte, sondern auch eine englische Bibelübersetzung herausgab und sich gegen die katholische Lehre von der Transsubstantiation (der Verwandlung von Brot und Wein in Leib und Blut Christi) aussprach. Nun wurde er von der Universität Oxford, zu deren Gliedern er gehörte, verdrängt und seine Anhänger vor das kirchliche Gericht gezogen; dagegen wagte man nicht, ihm eine Pfarrstelle, die er zugleich verwaltete, zu entziehen; als Pfarrer von dem Städtchen Lutterworth ist er im Jahre 1384, im Alter von sechzig Jahren, gestorben.

Auch nach Wiclifs Tode predigten die von ihm ausgesandten „armen Priester" das „Gesetz Gottes", das sie durch Wiclif kennen gelernt hatten, im ganzen Lande, und hoch und niedrig hörte und lernte von ihnen den Ratschluß Gottes zu unserer Seligkeit, von dem die Kirche wenig Rechtes zu sagen wußte; aber durch heftige Verfolgungen hat die katholische Kirche die Wiclifitische Ketzerei in England zu unterdrücken vermocht; doch dieselbe war noch nicht ganz verschwunden, als die Reformation in England begann, in welcher dann Wiclifs Beginnen seine Vollendung fand.

d. Während der von Wiclif ausgestreute Same in England keine große Frucht brachte, ging derselbe in Böhmen mächtig auf, und aus Wiclifs Wirken ging hier eine Bewegung hervor, welche die ganze Christenheit erschüttert und dem Werke Luthers am meisten vorgearbeitet hat. Böhmische Jünglinge, welche in Oxford studierten, brachten nämlich noch bei Wiclifs Lebzeiten Schriften von Wiclif nach Böhmen. Hier hatten schon vor Huß fromme deutsche Männer auf eine Reformation der Kirche hingearbeitet; aber erst ihrem Nachfolger, dem Böhmen Johannes Huß, gelang es, mit derselben einen Anfang zu machen. Derselbe war, vielleicht im Jahre 1369, zu Hussinetz in Böhmen von einfachen böhmischen Landleuten geboren, und nannte sich zuerst nach seinem Geburtsorte Johannes Hussinetz, später nur Johannes Huß. Nachdem er in Prag studiert hatte, hielt er seit 1398 selber Vorlesungen und wurde bald ein angesehener Universitätslehrer. Außerdem wurde er (1402) zum Pfarrer an der Bethlehemskapelle in Prag gewählt, welche im Jahre 1391 dazu gestiftet worden war, daß für das Volk in der Muttersprache (böhmisch) gepredigt werde, was sonst wenig oder gar nicht geschah. Obwohl Huß die Schriften von Wiclif bereits kannte, so blieb er doch zunächst ein treuer Anhänger der Kirche, ja, er stand beim Erzbischof in hohem Ansehen, und durch seinen Einfluß wurde die böhmische Geistlichkeit vom Erzbischof zu ernster Zucht und wahrer Frömmigkeit angehalten. Aber die Klagen der Geistlichkeit über seine scharfen Predigten und Mahnungen wegen ihrer Laster und seine Weigerung, den vom Erzbischof anerkannten Papst anzuerkennen, brachten es bald dahin, daß der Erzbischof ihm sein Vertrauen entzog und ihm alle priesterlichen Handlungen untersagte (1408). Dazu kam nun noch ein Streit an der Universität, der Huß auch mit den Deutschen verfeindete (1409) und zur Stiftung der Universität Leipzig führte.

Als in Pisa (1409) ein neuer Papst eingesetzt worden war, wandte sich der Erzbischof an denselben mit der Klage, daß in Böhmen Schriften von Wiclif verbreitet würden, und der Papst forderte in einer Bulle den Widerruf und die Auslieferung der Wiclifitischen Schriften und verbot auch die Predigt an Orten, wo dieselbe nicht altherkömmlich sei, damit der Erzbischof die Bethlehemskapelle schließen könne. Huß appellierte gegen diese Bulle sofort an den besser zu unterrichtenden Papst, lieferte aber, ebenso wie die anderen Gelehrten, die verlangten Bücher aus, und trotz des Protestes der Universität ließ der Erzbischof dieselben verbrennen. Aber Huß und seine Freunde ließen sich nicht einschüchtern: Huß predigte in der Bethlehemskapelle weiter, und König und Volk standen auf seiner Seite. Vergeblich suchte der Erzbischof durch Bann und Interdikt seine Gegner zu schrecken, beides blieb unbeachtet, oder wenn ein Geistlicher keinen Gottesdienst hielt, so wurde er verjagt. Endlich entschloß sich der Erzbischof, vom Könige dazu gedrängt, Bann und Interdikt aufzuheben; aber er starb noch in demselben Jahre.

Als im folgenden Jahre (1412) Papst Johann XXIII. auch in Böhmen den Ablaß ausbot, den er ausgeschrieben hatte, um von dem Ertrage desselben den einen Gegenpapst aus Italien zu verdrängen und den König von Neapel zu bekämpfen, traten Huß und seine Freunde den Ablaßpredigern entgegen, und schließlich wurde ein großer Aufzug veranstaltet und die Ablaßbulle öffentlich verbrannt (1412). Um weiteren Unruhen vorzubeugen, verließ Huß auf des Königs Wunsch die Stadt Prag und lebte auf den Burgen befreundeter Edelleute; dadurch wurde aber seine Sache im ganzen Lande noch mehr verbreitet.

Da nun gerade in Konstanz das allgemeine Konzil versammelt war, so beschloß Kaiser Sigismund, die Sache des Huß, welche bereits in der ganzen Christenheit Aufsehen erregt hatte, vor das Konzil zu bringen. Vom Kaiser mit freiem Geleit versehen, reiste Huß nach Konstanz, wo er aber nach einiger Zeit auf die falsche Beschuldigung, er habe die Stadt eigenmächtig verlassen wollen, verhaftet wurde. Vergebens suchten die Feinde ihn der Ketzerei zu überführen; zuletzt schwieg Huß auf die Vorwürfe der Gegner, da sie dieselben nicht beweisen konnten. Am 6. Juli 1415 wurde Huß abermals vor die Versammlung geführt, der Kaiser war ebenfalls zugegen. Huß wurde für einen Anhänger von Wiclif erklärt; als er sich dagegen verteidigen wollte, ward ihm zu schweigen befohlen; da fiel er auf seine Kniee und berief sich auf das Urteil Christi. Darauf erinnerte er den Kaiser Sigismund an den Geleitsbrief, den er ihm gegeben, und dieser ward angeblich sehr rot, sagte aber nichts.

Als Huß sich beharrlich weigerte, die ihm (zum Teil fälschlich) schuldgegebenen Irrlehren zu widerrufen (man erklärte ihn hauptsächlich für einen Anhänger von Wiclif), da wurde er vom Konzil für einen hartnäckigen Ketzer erklärt und der weltlichen Obrigkeit zur gesetzlichen Bestrafung übergeben. Alsbald, am 6. Juli 1415, wurde Huß abgeführt, der Scheiterhaufen errichtet und angezündet; singend und betend ist er bald vom Rauche erstickt worden; die Asche wurde in den Rhein geworfen, damit die Böhmen sie nicht aufsammeln könnten; aber die Böhmen gruben die Erde aus auf der Stelle, wo Huß gestanden, und brachten sie nach der Heimat [1]).

[1]) Das Volk erzählte sich später, zu dem Holzstoß, auf dem Huß verbrannt werden sollte, habe noch ein Bäuerlein rasch einige Stücke Holz hinzugeworfen, um bei diesem guten Werke mitzuhelfen; Huß aber habe, als er das gesehen, ausgerufen: „O heilige Einfalt!“ („O sancta simplicitas!“). Sodann soll Huß nach der Sage vom Scheiterhaufen her den Henkern zugerufen haben: „Jetzt bratet ihr eine Gans“ (das bedeutet sein Name in der böhmischen Sprache), „aber in hundert Jahren wird ein Schwan kommen, den werdet ihr ungebraten lassen“ (daher wird Luther vielfach mit einem Schwan zur Seite gemalt). Dies Wort beruht auf einem echten Wort von Huß, das er in einem Briefe aus Konstanz an seine Anhänger in Böhmen geschrieben hat.

Nach dem Tode von Huß hat sich seine Lehre in Böhmen erst recht verbreitet und vergeblich versuchten Kaiser und Papst in den Hussitenkriegen (1419—1436) dieselben zu unterdrücken; in Böhmen bildete sich vielmehr eine besondere Kirche, die Hussitenkirche, welche zwar seit dem Jahre 1433 wieder die Oberherrschaft des Papstes anerkannte, aber durch den vom Basler Konzil für Böhmen gestatteten Kelch beim Abendmahl auch für die Laien als eine besondere Abteilung der katholischen Kirche sich darstellte.

e. So war also ein Anfang mit der Reformation der Kirche in Böhmen gemacht, und das war das Verdienst des Johannes Huß und seiner Anhänger; eine weitere Ausbreitung hat jedoch diese Kirche nicht gewonnen, sie ist vielmehr im J. 1620 in Böhmen wieder unterdrückt worden; die Kirche in größerem Umfange zu erneuern, das blieb den Wittenberger und den Schweizer Reformatoren vorbehalten; wie das geschehen ist, wird im nächsten Abschnitte dargelegt werden.

Dritter Abschnitt.

Die Begründung der evangelischen Kirche im Zeitalter der Reformation und der Kampf um den Bestand des evangelischen Glaubens von der Reformation bis zur Gegenwart.

I. Die Begründung der evangelischen Kirche in Deutschland.

24. (94.) Martin Luther, 1483—1517. (I, 44. Quellenbuch I, 2.)

a. In einem niederen deutschen Bauern- oder Bürgerhause zu Eisleben (in der damaligen Grafschaft Mansfeld) wurde am 10. November 1483 der große deutsche Reformator Martin Luther geboren. Seine Eltern, Hans Luther und Margarete, geborene Ziegler, stammten aus dem Dorfe Möhra bei Schmalkalden. Luthers Vater war aber im Jahre 1483 nicht mehr in Möhra, sondern hatte sich für kurze Zeit in Eisleben niedergelassen, wo er sich als Bergmann seinen Unterhalt erwarb; doch siedelte er schon ein halbes Jahr später nach Mansfeld über. Vorher aber, noch in Eisleben, wurde Martin Luther am 10. November 1483 geboren und nach damaliger Sitte schon am folgenden Tage getauft und nach dem Heiligen des Tages Martin genannt. Der Vater war ernst und streng, ja wohl auch hart; auch die Mutter hat ihn trotz aller Liebe einmal wegen einer Nuß blutig geschlagen. Auch in der Schule, wohin Luther sehr früh geschickt wurde, ging es (wie damals wohl überall) sehr streng zu. Im Jahre 1497 wurde er nach Magdeburg geschickt, um die dortige bessere Schule zu besuchen; schon im Jahre 1498 ging er aber nach Eisenach; an beiden Orten erwarb er sich nach damaliger Sitte seinen Unterhalt, indem er mit anderen Schülern vor den Häusern herumzog und geistliche Lieder sang, wofür die Bürger den Knaben etwas zu geben pflegten. Bald aber besserte sich seine Lage; eine vornehme Frau, Namens Cotta, die Witwe eines reichen Kaufmanns, nahm den armen Knaben, an dem sie Wohlgefallen gefunden hatte, in ihr Haus, und er konnte nun ungestört lernen, was er um so mehr mit Erfolg tat, als die Schule besonders tüchtige Lehrer hatte. In Eisenach blieb Luther bis zum Jahre 1501.

Nunmehr ging nämlich Luther auf die Universität Erfurt, um daselbst nach dem Wunsche seines Vaters, der allmählich ein wohlhabender Mann geworden war, die Rechtswissenschaft zu studieren. Nachdem er die nach damaliger Sitte dem eigentlichen Studium vorangehenden allgemeineren Studien im Jahre 1505 vollendet hatte, begann er das Studium der Rechtswissenschaft; aber plötzlich trat eine bedeutsame Wendung in seinem Leben ein. Im Sommer des Jahres 1505 trat er nämlich plötzlich in das Augustinerkloster in Erfurt, zunächst durch ein Gelübde dazu bewogen; als er nämlich einmal von einer Reise nach Mansfeld (zu seinen Eltern) zurückkehrte, wurde er von einem furchtbaren Gewitter überfallen; in seiner Angst gelobte er, Mönch zu werden, und seinem Gelübde getreu trat er am 17. Juli ins Kloster. Aber nicht bloß dies Gelübde trieb Luther ins Kloster; Luther war von Hause aus ernst und streng in seinen Forderungen an sich selber; ihn quälte immer wieder der Gedanke: „Wann willst du einmal fromm werden und genugtun, daß du einen gnädigen Gott kriegst!" Zu dieser Stimmung seines Herzens war im Laufe der Zeit noch mancher andere Antrieb gekommen; so war der plötzliche Eintritt ins Kloster doch nicht so unvorbereitet, wie er seinen Freunden erschien.

b. Als Luther in das Kloster eintrat, bemühte er sich, recht fromm und dadurch der göttlichen Gnade gewiß zu werden, sodaß er später von sich sagen konnte: „Ist je ein Mönch gen Himmel kommen durch Möncherei, so wollte ich auch hineingekommen sein." Er hat fleißig gebetet, viel gewacht, Tage lang Hunger und Durst ertragen — alles, um selig zu werden. Aber wie fromm er auch war, er konnte doch nie den Glauben gewinnen, daß er mehr getan habe, als er zu tun schuldig sei; ja nicht einmal seine Schuldigkeit getan zu haben, konnte er sich rühmen.

So war denn die Zeit des Klosterlebens für Luther eine Zeit der Angst und des Zweifels, ja oft der Verzweifelung, die ihn oft auch körperlich aufs tiefste erschütterte. Aus diesen Nöten vermochte ihn damals das Wort der heiligen Schrift noch nicht herauszureißen; er fand tröstlichen Zuspruch im Kloster, zwar nicht bei den gewöhnlichen Beichtvätern, sondern namentlich bei einem alten Mönche, der ihn auf das Wort des Glaubensbekenntnisses von der Vergebung der Sünden hinwies. Und noch mehr fand er Trost bei seinem Vorgesetzten, Johann von Staupitz, welcher dem jungen Mönche die liebevollste Teilnahme schenkte, sodaß sich Luther ihm Zeit seines Lebens zum Danke verpflichtet fühlte. Über seine Zweifel und Sorgen kam Luther auch nicht hinaus, als er im Jahre 1507 zum Priester geweiht wurde; die Hoheit des Priesterberufs erfüllte ihn mit Schrecken, nicht mit Trost.

c. In Erfurt blieb Luther bis zum Ende des Jahres 1508, wo er auf Staupitzens Veranlassung aus dem Kloster zu Erfurt in das zu Wittenberg versetzt wurde, um an der dortigen Universität seine theologischen Studien zu beendigen und zugleich nach damaliger Sitte bereits lehrend aufzutreten. Zwar wurde Luther noch einmal nach Erfurt zurückversetzt, aber er kehrte bald wieder nach Wittenberg zurück.

Als Luther wieder in Wittenberg war, erhielt er im Jahre 1511 den

Auftrag, in Ordensangelegenheiten nach Rom zu reisen, und dieser Auftrag erfüllte ihm einen Wunsch, den er schon längst gehegt hatte, die heilige Stadt der katholischen Christenheit besuchen zu können. Aber er fand in der heiligen Stadt die größte Schändlichkeit der Christen und besonders der Priester, vom niedrigsten Geistlichen bis hinauf zum Papste; oft hat er später erklärt, er möchte nicht um schweres Geld darauf verzichten, in Rom gewesen zu sein.

Im Jahre 1512 traf Luther wieder in Wittenberg ein. Bald nach der Rückkehr wurde er von Staupitz gegen seine Neigung veranlaßt, sich zuerst die Würde eines Lizentiaten und darauf die eines Doktors der Theologie zu erwerben; nunmehr erst begann Luther als Professor an der Universität (er blieb aber auch weiter Mönch und Priester) die ihm eigentümliche Lehrtätigkeit, indem er fortan nur über die heilige Schrift Vorlesungen hielt — anders als die anderen Doktoren der Theologie, welche nicht mehr (wie vor dem Doktor-Examen) über die Bibel, sondern über die Kirchenlehrer Vorlesungen hielten. In denselben trug er nun bereits die Lehre vor, die er allmählich als die wahrhaft christliche erkannt hatte, daß der Mensch nicht durch die Werke, sondern durch den Glauben vor Gott gerecht werde, ohne jedoch schon jetzt die katholische Kirchenlehre anzugreifen.

Daran nämlich dachte er noch nicht im entferntesten, von der katholischen Kirche in Lehre und Brauch sich zu trennen; nur gegen Irrtümer seiner Zeit wollte er kämpfen, die Kirche hielt er noch für unfehlbar, den Papst wollte er nicht angreifen. Von den Ketzern wollte Luther nichts wissen, er wollte ein katholischer Christ sein und bleiben.

25. (95.) Johannes Tetzel und der Ablaß.

(Nr. 153 B, 2. I, 45. Quellenb. I, 3.)

a. Den Anlaß zur Reformation der Kirche in Deutschland und zum Auftreten Luthers hat aber der Ablaß gegeben. Nur von der Sündenschuld und von der ewigen Strafe (in der Hölle) wird nämlich der Gläubige bei der Beichte durch den katholischen Priester losgesprochen; aber es bleiben die zeitlichen, von Gott und von der Kirche dem Sünder auferlegten Strafen, durch welche der Sünder seine Sünden auf Erden oder im Fegfeuer abbüßen muß. Diese zeitlichen Strafen für die Sünde kann aber nach dem katholischen Glauben die Kirche den Menschen ebenfalls noch erlassen, und zwar entweder gegen Bußleistungen auf Erden, welche dem Beichtenden vom Priester auferlegt werden, oder durch den Ablaß. Christus und die Heiligen haben nämlich so viele überschüssige gute Werke getan, daß sich daraus ein großer Schatz angesammelt hat, aus welchem der Papst den Sündern so viele gute Werke zuteilt, als nötig sind, um dadurch den Erlaß der Sündenstrafen zu verdienen. Diese Zuteilung aus dem Kirchenschatze geschieht nun durch den Ablaß, der in verschiedener Weise noch heute ausgeteilt wird, sowohl für die Lebenden, als auch für die Verstorbenen, wenn sich die Lebenden für dieselben Ablaß geben lassen. Alle diese Ablässe erwirbt man (aber heute nur unter der Voraussetzung, daß man sich vorher in der Beichte von der Sündenschuld gereinigt hat) durch bestimmte Leistungen, durch Gebete, Almosen, Wallfahrten usw.; zu Luthers Zeit wurde Geld gefordert zum Bau der Peterskirche und zum Kreuzzuge gegen die Türken.

b. Diese Wohltat der Kirche boten nun im Mittelalter die vom Papste und den Bischöfen vielfach ausgesandten Ablaßhändler den Leuten überall an, indem sie ihnen für Geld Ablaßzettel verkauften. Nachdem dies schon vielfach mit gutem Erfolge geschehen war, wurde auch im Jahre 1506 vom Papste wieder einmal ein Ablaß ausgeschrieben. Papst Julius II. brauchte nämlich Geld, vornehmlich zum Bau der neuen Peterskirche, die an die Stelle der alten treten sollte, und dachte dasselbe am besten durch einen neuen Ablaß gewinnen zu können. Für einen großen Teil von Deutschland übertrug nun im Jahre 1515 Papst Leo X., der Nachfolger von Julius II., den Verkauf desselben dem Erzbischof Albrecht von Mainz, dem Bruder Joachims I. von Brandenburg, welcher ebenfalls Geld brauchte. Nun suchte Albrecht geschickte Leute, die es verständen, dem Volke zum Herzen zu sprechen. Einen solchen fand er in dem Dominikanermönche Johannes Tetzel, der schon früher Ablaß verkauft hatte. So zog denn Tetzel mehrere Jahre in Norddeutschland als Ablaßhändler umher.

c. Warum Myконius keinen Ablaß bekommen hat: Nr. 153 B, 2.

26. (96.) Der Anfang der Reformation. 1517—1519.

(I, 46. Quellenb. I, 3—5.)

a. Als im Jahre 1517 Tetzel nach Jüterbog kam, vier Meilen von Wittenberg, da liefen auch aus Wittenberg viele Leute zu ihm, um der Segnungen des Ablasses teilhaftig zu werden. Luther, der seit einiger Zeit in der städtischen Pfarrkirche den kranken Prediger vertrat, erkannte bald, wie nachteilig das Vertrauen auf den Ablaß wirke, und begann deshalb seine Zuhörer und Beichtkinder vor dem Ablaß zu warnen, indem er ihnen sagte: „Es ist besser, Almosen zu geben, als solche ungewisse Gnade um Geld zu kaufen; wer Buße tut und sich zu Gott bekehrt, der bekommt die Vergebung aller Sünden, die uns der Herr Christus erworben, ohne Geld und umsonst.“ Als das Tetzel erfuhr, begann er Luther als einen Erzketzer zu verdammen. Da schlug Luther am 31. Oktober 1517 an die Tür der Schloßkirche in Wittenberg 95 Thesen (Sätze) über den rechten Gebrauch und Sinn des Ablasses an, über welche er in der nächsten Zeit öffentlich disputieren wollte. Aber Luther wollte sich damit nicht etwa vom Papste lossagen, ja nicht einmal den Ablaß beseitigen; sondern nur den Mißbrauch des Ablasses und den Verkauf desselben für Geld wollte er bekämpfen, und er hoffte, der Papst würde ihm gegen Tetzel recht geben. Doch darin hatte er sich geirrt, mit seinen Thesen war der päpstliche Ablaß nicht mehr vereinbar.

b. Als nämlich Papst Leo X. von Luthers Thesen hörte, erklärte er zwar zunächst, dieser Streit sei nur ein neidisches Gezänk der verschiedenen Mönchsorden, die einander den Gewinn des Ablasses nicht gönnten; bald jedoch wurde er anderer Meinung, und am 7. August 1518 erhielt Luther die Aufforderung, sich binnen 60 Tagen in Rom zur Verantwortung zu stellen. Luther bat seinen Landesherrn, den Kurfürsten Friedrich den Weisen von Sachsen, beim Papste dahin zu wirken, daß seine Sache in Deutschland untersucht würde, und da gerade damals in Augsburg ein Reichstag abgehalten wurde, welchem ja auch ein Vertreter des Papstes beiwohnte, so erlangte der Kurfürst es wirklich, daß Luther zur Verantwortung nach Augsburg berufen wurde.

Der Mann, vor dem sich Luther verantworten sollte, war der Kardinal Thomas Vio von Gaeta, nach diesem Orte gewöhnlich Cajetan genannt, ein eifriger und gelehrter Anhänger des Papsttums. Derselbe nahm ihn freundlich auf, forderte aber von ihm einen unbedingten Widerruf. Luther aber bat ihn, ihm seine Irrtümer anzuzeigen; er selbst sei sich keiner bewußt. Bei der nun an den nächsten Tagen erfolgenden Verhandlung zwischen beiden kam es zu keinem Resultate, und der Kardinal entließ Luther mit der Androhung des Bannes und des Interdiktes[1]), wenn er nicht noch widerrufe. Deshalb verließ Luther, dem Rate seiner Freunde folgend, die Stadt, und es war Zeit, daß er Augsburg verließ, denn bereits war er in Rom für einen Ketzer erklärt, seine Auslieferung gefordert und sein Aufenthaltsort mit dem Interdikt bedroht worden.

Nunmehr erhielt der Kurfürst ein Schreiben von Cajetan mit der Aufforderung, Luther nach Rom zu liefern oder wenigstens aus dem Lande zu jagen. Der Kurfürst verlangte erst noch eine neue Untersuchung von Luthers Sache. Luther selbst appellierte am 28. November vom Papste an ein allgemeines Konzil.

c. Aber zum Banne griff der Papst doch noch nicht; vielmehr schickte er zunächst noch einen besonderen Gesandten, seinen Kammerherrn Karl von Miltitz, einen Deutschen, nach Wittenberg. Als dieser in Deutschland anlangte und erkannte, daß unter fünf Menschen immer kaum noch zwei oder drei auf der Seite des Papstes stünden, da beschloß er den Weg der gütlichen Verhandlung einzuschlagen. In der ersten Woche des Jahres 1519 kam er mit Luther in Altenburg zusammen, und dem Deutschen gegenüber, der die Sache geschickter anzufassen verstand, versprach Luther fortan still zu schweigen, wenn die Gegner gleichfalls schwiegen. Darauf entsetzte Miltitz den Tetzel seines Amtes, und Tetzel ist noch in demselben Jahre in Leipzig im Kloster gestorben. Luther erklärte im März 1519 dem Kurfürsten, er wolle fortan schweigen, und sei zufrieden, wenn das Spiel also ein Ende haben solle. Aber das Spiel sollte kein Ende haben; Luthers Gegnern haben wir es zu danken, daß es dennoch zur Reformation der Kirche durch Luther gekommen ist.

27. (97.) Der Fortgang der Reformation, 1519—1521; Luther auf der Wartburg; Luther und die Schwärmer.

(Nr. 153 B, 5. I, 47 u. 48. Quellenb. I, 6—8.)

a. Luthers Thesen waren bald nach ihrem Erscheinen auch von dem Professor Eck in Ingolstadt angegriffen und gegen denselben von Luthers Amtsgenossen, dem Professor Andreas Bodenstein von Karlstadt, verteidigt worden. Die beiden Gegner verabredeten endlich, miteinander in Leipzig (der Hauptstadt des Herzogtums Sachsen) öffentlich zu disputieren.

[1]) Durch den Bann wird der Mensch aus der Kirche ausgeschlossen, durch das Interdikt wird am Aufenthaltsorte des Gebannten der Gottesdienst verboten.

Dazu stellte nun Eck Sätze auf, in welchen er zunächst Karlstadt angriff, aber in Wahrheit auch Luther, als dessen Vorkämpfer er Karlstadt bezeichnete. Nun konnte Luther nicht länger schweigen, seine Gegner hatten das Stillschweigen zuerst gebrochen; so kam es ohne Luthers Willen, aber nach Gottes Willen, zum Fortgange (und zur Vollendung) der Reformation.

Zuerst disputierten in Leipzig Eck und Karlstadt miteinander über göttliche Gnade und menschliche Freiheit. Am 4. Juli begannen Luther und Eck über die Macht des Papstes zu disputieren; Luther nämlich sah im Papsttum bereits nicht mehr eine göttliche, sondern nur noch eine menschliche Ordnung, welche sich weder aller Orten, noch zu allen Zeiten finde und ohne Schaden für die Kirche auch entbehrt werden könne; das Papsttum existiere wie das Kaisertum, ohne in der heiligen Schrift gefordert zu sein; trotzdem sei man beiden Gehorsam schuldig; aber auch die Griechen und die Hussiten seien Christen, ohne daß sie den Papst anerkennten. Damit hatte, wie Eck ihm mit Recht nachwies, Luther sich gegen das Konzil von Konstanz aufgelehnt, welches diese Lehre verworfen hatte. Mit schwerem Herzen, aber der Wahrheit die Ehre gebend, blieb Luther bei der Ansicht, daß auch ein Konzil irren könne, und daß das Konstanzer Konzil in betreff der Hussiten geirrt habe. Eck hatte äußerlich über Luther den Sieg davongetragen; er hatte Luther zu Behauptungen gedrängt, welche diesem selbst eigentlich neu waren, und zu denen er sich nur bekannte, weil er sie für wahr hielt, obwohl er ahnte, daß er sich damit vom katholischen Glauben lossage. So verdankt auch hier wieder die evangelische Sache ihren Fortgang der Führung Gottes, welcher durch Luthers Gegner diesen selbst mehr und mehr vom Irrtum ablenkte und zur Wahrheit hinführte.

b. Gegen diesen offenbaren Ketzer erschien nun am 15. Juni 1520 auf Ecks Betreiben, welcher selber nach Rom gereist war, eine Bulle des Papstes, durch welche Luther mit dem Banne b e d r o h t wurde[1]); er selber sollte nach Rom ausgeliefert und seine Schriften verbrannt werden.

Als die päpstliche Bulle in Deutschland bekannt gemacht wurde, wagte man zwar nur an wenigen Orten sie geradezu abzuweisen oder gar zu verspotten, aber sie wurde doch auch nicht recht befolgt. Luther appellierte aufs neue vom Urteil des Papstes an ein allgemeines Konzil, und endlich verbrannte er sogar am 10. Dezember 1520 die Bulle nebst den Rechtsbüchern der römischen Kirche, und sagte sich damit vom Gehorsam gegen den Papst und die römische Kirche feierlich los.

c. Nach dem damals geltenden Rechte hätte nun Kurfürst Friedrich der Weise den vom Papste verurteilten Ketzer entweder selber verbrennen oder nach Rom ausliefern müssen. Da dies der Kurfürst nicht tun wollte und bei der Stimmung seiner Untertanen auch nur schwer hätte tun können, so kam es dem Kaiser zu, das päpstliche Urteil zu vollstrecken. Als Kaiser saß aber seit kurzem Karl V. auf dem Throne; derselbe war im streng katholischen Glauben erzogen und hatte kein Verständnis für Luthers Bestrebungen; im Gegenteil, ihm mußte daran liegen, daß in seinem ohnehin nicht recht einigen Reiche nicht noch eine neue Spaltung über den Glauben zu den schon vorhandenen Gegensätzen hinzukam.

[1]) G e b a n n t wurde er erst am 3. Januar 1521.

Als nun der neu erwählte Kaiser aus Spanien, seinem Erbreiche, nach Deutschland kam, um sich in Aachen krönen zu lassen und in Worms seinen ersten Reichstag zu halten, da kam es den päpstlichen Gesandten vor allem darauf an, zu verhindern, daß Luther vor den Reichstag beschieden und seine Sache, die ja vom Papste bereits verurteilt war, noch einmal von Kaiser und Reich untersucht würde. Dagegen setzten es die Fürsten durch, daß Luther nach Worms berufen wurde; zwar sollte mit ihm nicht disputiert werden, denn seine Ketzerei stand auch für die Fürsten fest, da er sich ja gegen das Konzil von Konstanz aufgelehnt hatte; aber vielleicht ließ sich Luther doch zu einem Widerruf bewegen, und dann konnten die Fürsten ihn wohl gebrauchen, um ihre Forderungen für eine äußere Reform der Kirche durchzusetzen, die immer aufs neue dem Papste abverlangt und immer aufs neue von diesem abgeschlagen worden war. Von diesem Standpunkte aus setzten es die Fürsten beim Kaiser durch, daß Luther mit freiem Geleit nach Worms berufen wurde.

Am 26. März 1521 erhielt nun Luther durch den Reichsherold die Vorladung vor den Reichstag nebst der Zusicherung freien Geleites für die Hin- und Rückreise. Am 16. April langte Luther in Worms an, von einer Anzahl von Freunden, die sich unterwegs angeschlossen hatten oder ihm von Worms entgegengekommen waren, zu Pferde begleitet. Am nächsten Tage wurde er vor die Reichsversammlung berufen, welche im Palaste des Bischofs von Worms abgehalten wurde.

Als Luther hier erschien, wurde ihm im Auftrage des Kaisers die Frage vorgelegt, ob er die auf einer Bank vor ihm liegenden Bücher als die seinigen anerkenne, und ob er sie widerrufen wolle. Auf die Forderung des ihm beigegebenen Rechtsbeistandes wurden die Titel der Bücher verlesen. Alsdann gab Luther, zuerst deutsch und dann lateinisch, da ja nicht alle Mitglieder des Reichstags, auch der Kaiser nicht, des Deutschen mächtig waren, zur Antwort: er erkenne jene Bücher als die seinigen an; bei der Frage wegen des Widerrufs handle es sich um den Glauben und das göttliche Wort; da wäre es vermessen, etwas Unbedachtes auszusprechen; deshalb bitte er um Bedenkzeit, damit er ohne Nachteil für das Wort Gottes und ohne Gefahr für seine Seele diese Frage beantworten könne. Auf diese Antwort ließ ihm der Kaiser erklären, er habe zwar genugsam wissen können, wozu er vorgeladen worden; doch wolle er ihm einen Tag Bedenkzeit gewähren.

Am 18. April ging Luther um 4 Uhr nachmittags wieder nach dem Bischofspalast, nach 6 Uhr wurde er vor die Reichsversammlung gerufen. Aufs neue wurde ihm nun die Frage vorgelegt, ob er seine Bücher widerrufen wolle. Da antwortete Luther in ausführlicher Rede, zuerst deutsch, dann lateinisch, zwar ehrfurchtsvoll, aber mutig und laut, so daß er im ganzen Saale verstanden wurde. Er wies zuvörderst auf die Verschiedenheit seiner Bücher hin, aber er könne keins derselben widerrufen, ohne der Gottlosigkeit Vorschub zu tun. Da er aber ein Mensch sei, der auch irren könne, so bitte er, ihn des Irrtums zu überführen und ihn aus der heiligen Schrift zu widerlegen. Da aber diese Rede Luthers etwas lang geworden war, und die Gegner auf eine Disputation mit Luther, die er forderte, sich nicht einlassen wollten, so wurde er aufgefordert, eine kurze und einfache Antwort auf die Frage wegen des Widerrufs zu geben, namentlich auch zu erklären, ob er das Konzil von Konstanz anerkenne. Da gab er nun die berühmte Antwort:

„Weil denn Eure Kaiserliche Majestät und Eure Gnaden eine schlichte Antwort begehren, so will ich eine Antwort ohne Hörner und Zähne [d. h. eine nicht trügerische] geben dieser Maßen: Es sei denn, daß ich durch Zeugnisse der heiligen Schrift oder durch helle, klare Gründe überwunden werde — denn ich glaube weder dem Papst noch den Konzilien allein, dieweil am Tage liegt, daß sie öfters geirrt und sich selbst widersprochen haben — so bin ich überwunden durch die heilige Schrift, und mein Gewissen ist gefangen in Gottes Wort; widerrufen kann ich nicht und will ich nicht, dieweil es unsicher und gefährlich ist wider das Gewissen zu handeln. [Hier stehe ich, ich kann nicht anders.] Gott helfe mir! Amen."

Der Kaiser und die Anhänger des Papstes freuten sich, daß Luther so offen die Konzilien verworfen und sich damit unzweifelhaft als Ketzer dargestellt hatte; der Kaiser wollte ihn ohne weiteres nach Wittenberg zurückreisen lassen und nach dem Ablauf des freien Geleites gegen ihn als Ketzer verfahren. Die Reichsstände setzten es aber durch, daß noch weiter mit ihm verhandelt wurde. Da jedoch Luther bei seinen Ansichten verharrte, so wurde er entlassen und ihm vom Kaiser das freie Geleit für die Rückreise aufs neue zugesichert, gegen den Rat mancher Anhänger des Papstes, welche Karl V. zu Sigismunds Verfahren gegen Huß zu bewegen suchten. Als Luther abgereist war und auch die meisten Reichsstände, namentlich die Gönner Luthers, sich schon entfernt hatten, veröffentlichte der Kaiser, als wäre es noch durch die versammelten Reichsstände beschlossen worden, ein Edikt, durch welches über Luther, als vom Papste gebannten Ketzer, die Reichsacht ausgesprochen wurde. Bald darauf verließ aber der Kaiser Deutschland, und es begann der Krieg gegen Frankreich, der den Kaiser lange Jahre in Anspruch nahm, so daß er zunächst nicht dazu kam, an die Ausführung des Wormser Ediktes denken zu können.

d.[1]). Da nicht daran zu zweifeln war, daß der Kaiser, nachdem Luthers freies Geleit abgelaufen wäre, zum Äußersten schreiten werde, so beschloß Kurfürst Friedrich der Weise von Sachsen, Luthers Landesherr, Luther vorläufig in Sicherheit zu bringen, und zwar auf die Wartburg bei Eisenach, wo der Schloßhauptmann vom Kurfürsten die nötigen Weisungen erhalten hatte. Luther galt, als er daselbst angelangt war, als Junker Georg, legte ritterliche Kleidung an und ließ sich Bart und Haare wachsen. In Worms erregte die Nachricht von seinem Verschwinden alle Gemüter; seine Anhänger fürchteten das Schlimmste, die Gegner ahnten das Richtige; in ganz Deutschland klagte man über den jähen Untergang des mutigen Mannes, der dem Papste so kühn entgegengetreten war.

Die veränderte Lebensweise und das Leben in der Einsamkeit wollten ihm zuerst gar nicht behagen; auch konnte er in der Einsamkeit den trüben Gedanken mehr nachhängen, die ihn schon früher so oft wegen seiner Seligkeit gequält hatten. Kein Wunder, daß er manchmal ganz verzagt

[1]) Vgl. Nr. 153 B, 5.

war und nach dem Glauben seiner Zeit sich vom Teufel angefochten glaubte; die bekannte Erzählung vom Tintenfaß ist freilich erst eine spätere Sage (früher von Coburg erzählt, also dem Jahre 1530 zugehörig), aber entspricht ganz dem Sinne Luthers, der in ähnlicher Weise sich auch sonst gegen den Teufel gewehrt hat[1]).

Da brachen in Wittenberg bedenkliche Unruhen aus, denen gegenüber Luthers Freunde und der Kurfürst ratlos waren. Deshalb kehrte Luther im März des Jahres 1522 von der Wartburg nach Wittenberg zurück[2]).

e. Bisher hatte sich Luthers Wirksamkeit darauf beschränkt, durch Schriften und Predigen auf die Schäden der Kirche hinzuweisen; aber noch hatte er keine Hand angelegt, um dieselben abzustellen und neue Ordnungen für Glauben und Leben zu schaffen. Als Luther nun auf der Wartburg war, begannen Anhänger von ihm damit, von der reformatorischen Predigt zur reformierenden Tätigkeit fortzuschreiten. Das war ganz natürlich und angemessen, nur mußte es in rechter Weise geschehen. Diesen Neuerungen standen natürlich andere fremd oder feindselig gegenüber, und so kam es vielfach zu gewaltsamen Auftritten in Wittenberg und anderswo, denen der Magistrat und der Fürst oft ratlos und machtlos gegenüberstanden.

Überdies waren in Wittenberg drei Männer aus Zwickau erschienen, welche behaupteten, von Gott unmittelbar zu Propheten und Aposteln berufen zu sein und unmittelbar durch Gott erleuchtet zu werden, wie das bei Moses und den Propheten der Fall gewesen sei. In Zwickau war diese Bewegung namentlich durch den Prediger Thomas Münzer angefacht worden, der vielleicht durch hussitische Schwärmer aufgeregt worden war; derselbe kam nach einiger Zeit ebenfalls nach Wittenberg. Diese Männer begannen nun zu predigen, Kirche und Staat würden durch einen größeren Mann als Luther in kurzem reformiert, die Pfaffen erschlagen und die Gottlosen vertilgt werden; ein Reich Gottes von lauter Heiligen solle errichtet werden; die Kindertaufe wurde von ihnen verworfen. In Wittenberg wußte niemand zu sagen, was man von den neuen Propheten halten und wie man sich ihnen gegenüber verhalten solle.

Als nun Luther in Wittenberg angelangt war und den Stand der Dinge kennen gelernt hatte, begann er am folgenden Sonntage in der Pfarrkirche über das eingerissene Treiben zu predigen, und acht Tage hintereinander setzte er sein Predigen fort; ihm gelang es, durch die Macht seines Wortes die Ruhe und Ordnung bald wieder herzustellen, und der katholische Gottesdienst wurde allmählich nach den von ihm aufgestellten Grundsätzen umgestaltet; die Zwickauer Propheten verließen freiwillig Wittenberg, wo sie jetzt nichts mehr ausrichten konnten.

f. Die Aufregung, welche durch solche Leute wie Münzer unter die Leute kam, führte endlich im Jahre 1525 auch in Thüringen zum Bauernkriege, der schon seit längerer Zeit einen Teil von Deutschland verwüstete. Als die Bauern auch hier, wie in anderen Gegenden, schrecklich genug gegen

---

[1]) Auf der Wartburg hat Luther die Bibel zu übersetzen begonnen, aber zunächst nur das Neue Testament vollendet; davon ist unten Genaueres gesagt (Nr. 142, 3).

[2]) Vgl. Nr. 153 B, 5: Luthers Brief an den Kurfürsten, und: Luther und die Schweizer Studenten.

ihre Feinde gewütet und viele Landstrecken arg verwüstet hatten, ermannten sich endlich die Fürsten, und es gelang ihnen, die aufständischen Bauern bei Frankenhausen (1525) zu besiegen; Münzer und mehrere seiner vornehmsten Anhänger wurden gefangen genommen und enthauptet. Damit war der ganze Bauernkrieg zu Ende.

Die Münzersche Bewegung war zwar der Reformation verwandt, aber doch von ihr wesentlich verschieden; Luther wollte die Kirche durch das Wort reformieren, Münzer Kirche und Staat durch das Schwert; hätten Münzers Anhänger, die „Schwärmer", gesiegt, so wäre auch das Werk Luthers vernichtet worden; mit ihrer Niederlage im Bauernkriege war die Reformation in ihrem Bestande auch von dieser Seite zunächst gesichert.

g. Mit Münzers Tode war jedoch die Partei der Wiedertäufer[1]) nicht vernichtet, sondern immer weiter breiteten sie sich in Deutschland und in der Schweiz aus, trotz der Todesstrafe, die ihnen von den Obrigkeiten angedroht war. Namentlich aber kam es in Münster zu bedeutsamen Ereignissen. Hier wurde ein sogenannter christlicher Staat mit neuer Obrigkeit gegründet, in welchem sich Johann von Leyden zum „König des neuen Zion" machte und erklärte, das Reich Christi einführen zu wollen. Doch das neue Reich Gottes wurde bald durch die benachbarten Fürsten zerstört, und die Wiedertäufer wurden nach allen Richtungen zerstreut (1535), aber nicht für immer unterdrückt[2]).

28. (98.) Die Reformation im Kampfe mit Kaiser und Reich. 1521—1555. (Nr. 153 B, 6. I, 49.)

A. Vom Wormser Edikt bis zum Nürnberger Religionsfrieden. 1521—1532. (Quellenb. I, 9—11 und II, 2.)

a. Durch das Wormser Edikt, 1521, war der vom Papste gebannte Mönch auch vom Kaiser geächtet worden, und Bann und Acht bedrohten alle seine Anhänger; aber Luther ließ sich durch dies Edikt an seiner weiteren Wirksamkeit nicht hindern, und sein Kurfürst ließ sich auch durch ein besonderes päpstliches Schreiben nicht zum Einschreiten gegen den Ketzer bestimmen.

Ein Reichstag in Nürnberg im Jahre 1524 führte nur dazu, daß die Reichsstände versprachen, das Wormser Edikt auszuführen, „so viel ihnen möglich sei". Der Kaiser, der auswärts zu tun hatte, war mit diesem Beschlusse des Reichstags sehr unzufrieden, und mehrere katholische Fürsten und Bischöfe schlossen unter dem Einfluß des päpstlichen Legaten noch im Jahre 1524 in Regensburg ein Bündnis zur strengen Vollziehung des Wormser Ediktes — der erste Anfang der religiösen Spaltung und der Religionskämpfe in Deutschland, ausgegangen von den Katholiken unter dem Einfluß des Papstes.

---

[1]) So nannte man fortan die „Schwärmer", weil sie allmählich immer entschiedener die Kindertaufe verworfen und die Taufe der Erwachsenen zum Hauptkennzeichen ihres Glaubens gemacht hatten.

[2]) Aus den Wiedertäufern sind noch im 16. Jahrhundert die noch heute bestehenden Mennoniten geworden, mit denen die in England entstandenen Baptisten im wesentlichen übereinstimmen.

Als nun im Jahre 1526 ein Reichstag in Speyer abgehalten wurde, da traten die evangelischen Fürsten zum erstenmal den Reichsständen ganz offen als Anhänger des gebannten und geächteten Mönches gegenüber. Nach mancherlei Verhandlungen wurde endlich beschlossen, der Kaiser solle beim Papste auf die Abhaltung eines Konzils hinwirken; mittlerweile wollten die Reichsstände in Sachen des Wormser Ediktes also leben, regieren und es halten, wie ein jeder solches gegen Gott und Kaiserliche Majestät zu verantworten hoffe und vertraue. Dieser Beschluß war für die evangelische Sache von großer Bedeutung, denn nunmehr glaubten die evangelischen Reichsstände es wagen zu dürfen, in ihren Gebieten evangelische Landeskirchen zu begründen. Als aber im Jahre 1529 in Speyer ein neuer Reichstag gehalten wurde, wurde durch die Majorität beschlossen, diejenigen Reichsstände, welche bisher das Wormser Edikt gehalten hätten, sollten es auch ferner halten; die anderen sollten sich aller ferneren Neuerungen enthalten, die Messe solle nicht abgetan und niemand am Messehören verhindert werden.

Während nach dem Jahre 1526 eine Anzahl evangelischer Landeskirchen begründet worden war, sollte also jetzt kein Reichsstand mehr eine solche begründen dürfen. Dagegen sollte die Messe auch in den evangelischen Ländern wiederhergestellt werden dürfen, was natürlich nur der Anfang zur völligen Ausrottung des evangelischen Gottesdienstes sein sollte. Gegen diesen Reichstagsbeschluß protestierte nun am 19. April 1529 die evangelische Minderzahl (und von ihrer Protestation schreibt sich der Name „Protestanten" her) und ließ darauf eine Appellation an den Kaiser folgen. Um sich gegen Gewaltmaßregeln der Gegner zu schützen, schlossen der Kurfürst Johann von Sachsen uud der Landgraf Philipp von Hessen nun ein Schutzbündnis unter sich und mit den Städten Nürnberg, Ulm und Straßburg gegen jeden, der sie des Evangeliums wegen angreifen würde. Der Kaiser aber hatte jetzt eben (1529) mit dem Papst und mit Frankreich aufs neue Frieden geschlossen und sich mit beiden zur Unterdrückung der Ketzerei verbunden.

Was Luther über „die große Macht und viele List und grausame Rüstung des alten bösen Feindes" gedacht und wie er auf „Jesum Christum den Herrn Zebaoth", sein Vertrauen gesetzt hat, das hat er herrlich ausgedrückt in seinem Liede: „Ein' feste Burg ist unser Gott", welches nach gewöhnlicher Annahme in dieser Zeit[1]) von ihm gedichtet und von ihm selber oder von dem Torgauer Kapellmeister Walther mit seiner herrlichen Melodie versehen worden ist — ein unvergängliches Denkmal des mutigen Gottvertrauens unseres großen Reformators.

b. Während nun der Kampf über den Glauben nahe bevorzustehen schien und die evangelischen Fürsten miteinander über ihr Verhalten gegenüber dem Kaiser immer aufs neue sich berieten, hielt dieser es doch für besser, in der Religionssache noch nicht mit Gewalt vorzugehen, sondern aufs neue für das Jahr 1530 einen Reichstag nach Augsburg auszuschreiben, wo eines jeden Meinung in Liebe und Güte angehört und eine

---

[1]) Nach neuerer Annahme ist dasselbe schon eher entstanden. Vgl. Quellenbuch II, Nr. 11, und unten Lied 89.

Einigung in der christlichen Wahrheit hergestellt werden solle. Da forderte der Kurfürst von Sachsen, Johann der Beständige, der Nachfolger Friedrichs des Weisen, seine Theologen auf, diejenigen Artikel, über welche man mit den Gegnern uneinig sei, zusammenzustellen, so daß sie vor dem Reichstage ihre Meinung darlegen könnten. Am 3. April machte sich der Kurfürst mit Luther und Melanchthon auf die Reise; Luther, der es nicht wagen durfte, nach Augsburg mitzugehen, blieb in Coburg, der letzten sächsischen Stadt, zurück, um von den Gegnern nicht etwa gefährdet zu sein; von Augsburg aus war Coburg leichter zu erreichen als Wittenberg, wenn Luthers Rat eingeholt werden sollte.

Auf des Kaisers Verlangen sollten die Evangelischen auf dem Reichstage über ihre Lehre und ihre kirchlichen Bräuche Bericht erstatten, damit für die Verhandlung über die Religionssache eine bestimmte Grundlage vorhanden sei. Luthers Freund Melanchthon, seit 1518 Professor in Wittenberg, erhielt den Auftrag, einen solchen Bericht abzufassen. Wenn auch Luther meinte, als er die Schrift erhielt, um sein Urteil abzugeben, daß Melanchthon zu leise trete, so billigte er doch Melanchthons Schrift, in welcher derselbe, ohne den Gegensatz des evangelischen und des katholischen Glaubens ganz zu verdecken, doch vor allem immer wieder darauf hingewiesen hatte, in wie vielen Dingen beide Parteien einig seien; was die Evangelischen änderten, das seien Neuerungen der späteren Kirche, welche die alte katholische Kirche nicht gekannt habe.

Am 24. Juni 1530 traten nun die evangelischen Stände, die das von Melanchthon ausgearbeitete Bekenntnis unterzeichnet hatten, in öffentlicher Reichsversammlung vor den Thron des Kaisers und baten ihn, die Vorlesung ihres Bekenntnisses zu gestatten. Karl wollte dasselbe bloß in Empfang nehmen, die Fürsten aber bestanden auf der öffentlichen Vorlesung desselben, indem sie sagten, gegen die öffentlichen Beschuldigungen müßten sie sich auch öffentlich verteidigen. Der Kaiser beschied sie deshalb, da es schon spät am Tage war, auf den anderen Tag nachmittags 4 Uhr, aber nicht in den geräumigen Sitzungssaal des Reichstages, sondern in die ziemlich kleine Kapitelstube des bischöflichen Palastes, damit nur wenige Zuhörer Platz finden könnten.

Hier begehrte nun der Kaiser am 25. Juni die Vorlesung des lateinischen Textes; der Kurfürst von Sachsen erklärte darauf: „Wir sind auf deutschem Boden; darum hoffe ich, Ew. Majestät werde die deutsche Sprache erlauben". Der Kaiser gab mißmutig nach. Nun las der sächsische Vizekanzler Christian Beyer das deutsche Bekenntnis so laut und deutlich vor, daß auch die im Schloßhof zahlreich versammelte Menge alles verstehen konnte.

Nach der Vorlesung ließ sich der Kaiser diese Schrift, die später sogenannte Augsburger Konfession, überreichen und sagte, es sei das eine hochwichtige Sache, die wohl bedacht werden müsse. Auf die Katholiken hatte die Vorlesung nicht geringen Eindruck gemacht; alle boshaften Verleumdungen der Evangelischen als ganz gottloser Leute waren damit niedergeschlagen.

d. Als die Protestanten trotz guter und böser Worte bei ihrem Bekenntnis blieben, befahl der Kaiser den katholischen Theologen, unter denen Eck der vornehmste war, eine Widerlegung desselben anzufertigen. Am

3. August wurde diese Widerlegung (Confutatio pontificia) vorgelesen, und nun erklärte der Kaiser die ganze Sache für abgetan. Als die Protestanten um eine Abschrift der Widerlegung baten, verweigerte man ihnen dieselbe. Jetzt fürchtete man allgemein den baldigen Ausbruch eines Religionskrieges.

Als jedoch der Kaiser erkannte, daß er mit Gewalt nichts ausrichte, da sollte aufs neue über den Glauben verhandelt werden; aber dabei kam nichts heraus. Nunmehr forderte Karl von den Protestanten die Wiederherstellung der alten kirchlichen Ordnung; bis zum 15. April 1531 müßten sie sich erklären, ob sie gehorchen wollten. Als Antwort hierauf überreichten ihm diese die gleichfalls von Melanchthon ausgearbeitete Verteidigung (Apologie) ihrer Konfession gegen die Angriffe der Päpstlichen; aber der Kaiser verweigerte die Annahme dieser Schrift.

c. Nunmehr kehrten die evangelischen Fürsten in ihre Heimat zurück; die katholischen Fürsten und der Kaiser verhandelten noch weiter über die Religionssache; dieser wollte Gewalt anwenden, die Fürsten waren dagegen. Zum Schutze gegen jeden Angriff wegen ihres Glaubens schlossen die Protestanten am 27. Februar 1531 auf sechs Jahre den Bund von Schmalkalden; da gewährte ihnen Karl, der zu seinen bisherigen Feinden, den Franzosen und den Türken, nicht noch die Protestanten hinzukommen lassen wollte, im Jahre 1532 den Religionsfrieden von Nürnberg: die Religionssache sollte auf einem Konzil oder auf einem Reichstag entschieden werden; bis dahin sollte es bleiben wie bisher, und kein Teil sollte den anderen der Religion wegen angreifen — hatten doch beide Teile zusammen genug zu tun, um sich der Franzosen im Westen und der Türken im Osten zu erwehren.

B. Luther in Coburg und seine „Vermahnung an die Geistlichen zu Augsburg“[1].

C. Die Augsburger Konfession[2].

D. Die Spaltung der christlichen Kirche. Schluß der „Apologie der Augsburger Konfession“[3].

E. Vom Nürnberger bis zum Augsburger Religionsfrieden. 1532—1555.

a. So war denn die evangelische Kirche im Deutschen Reiche zunächst wieder geduldet, und wie in den Jahren zwischen den beiden Reichstagen von Speyer (1526—1529), so hat sich auch in der Zeit vom Nürnberger Religionsfrieden bis zum Schmalkaldischen Kriege (1532—1546) der evangelische Glaube in Deutschland gewaltig ausgebreitet.

Karl V. hatte zwar der evangelischen Bewegung von Anfang an feindlich gegenübergestanden; aber so lange ihn die Kriege mit den auswärtigen Feinden, den Franzosen und den Türken, beschäftigten, zu denen öfters sogar

[1]) Vgl. Nr. 147 E und Quellenbuch I, 11 und II, 2.

[2]) Die Augsb. Konfession ist unten (Nr. 147) abgedruckt. Hier mögen die Einleitung, der Schluß des ersten Teils und der „Beschluß“ der Schrift gelesen werden.

[3]) Vgl. unten Nr. 147, Schluß.

noch der Papst hinzutrat, konnte er an eine gewaltsame Unterdrückung der Evangelischen nicht denken. Nachdem er nun aber die Franzosen, und zwar gerade mit Hilfe der evangelischen Fürsten, im Jahre 1544 für immer gedemütigt und mit den Türken einen Waffenstillstand geschlossen hatte, tat er ernste Schritte zur gewaltsamen Unterdrückung der kirchlichen Neuerung. Mit schwerer Sorge blickte Luther auf den herannahenden Kampf: er hat ihn seinem Wunsche gemäß nicht mehr erlebt, er starb am 18. Februar 1546. Wenige Monate vor Luthers Tode wurde vom Papste Paul III. ein allgemeines Konzil nach Trient in Tirol ausgeschrieben; aber die Protestanten weigerten sich, dasselbe zu beschicken, da dies vom Papste geleitete Konzil sie doch bloß verdammen werde, und forderten eine Kirchenversammlung deutscher Nation. Da rüstete sich Karl zum Kriege, aber nicht der Religion wegen, wie er behauptete, sondern politische Gründe vorschützend, in Wahrheit doch, um die Evangelischen mit Gewalt zur Unterwerfung zu bringen; so begann im Jahre 1546 der Schmalkaldische Krieg. Die Evangelischen hatten noch schneller als der Kaiser ein bedeutendes Heer beisammen; aber sie ließen sich durch mancherlei Rücksichten an einer entschiedenen Kriegführung hindern, durch die sie vielleicht den Kaiser besiegt hätten, und überdies war unter ihnen ein Verräter, der Herzog Moritz von Sachsen, der sich heimlich an den Kaiser angeschlossen hatte, von Ehrgeiz und Habsucht verblendet. Derselbe fiel plötzlich in das Kurfürstentum Sachsen ein, und um ihn zu vertreiben, verließ der Kurfürst das Bundesheer und eilte in sein Land zurück. Im Herbst 1546 löste sich das Heer der Evangelischen überhaupt auf, und ganz Süddeutschland mußte sich dem Kaiser unterwerfen. Aber inzwischen hatte der Kurfürst von Sachsen, Johann Friedrich der Großmütige, sein Land nicht nur wiedererobert, sondern auch das Land des Herzogs Moritz eingenommen. Da zog der Kaiser im Frühjahr 1547 mit einem großen Heere nach Norddeutschland, überschritt glücklich die Elbe und besiegte bei Mühlberg den Kurfürsten, der von der Nähe des feindlichen Heeres keine Ahnung hatte; ja, der Kurfürst selber wurde gefangen genommen. Karl sprach über ihn das Todesurteil, verwandelte die Todesstrafe aber in ewige Gefangenschaft, als der Kurfürst zugunsten des Herzogs Moritz auf sein Land und die Kurwürde verzichtete. Der Landgraf Philipp von Hessen ergab sich freiwillig dem Kaiser. Norddeutschland konnte aber der Kaiser nicht so unterwerfen wie Süddeutschland, namentlich Magdeburg blieb der feste Hort der evangelischen Sache.

Nunmehr wünschte der Kaiser seinen Plan, die Wiederherstellung eines Glaubens in Deutschland, zur Ausführung zu bringen, und forderte vom Papst und vom Konzil, daß sie den Evangelischen Zugeständnisse machten; denn das war dem Kaiser einleuchtend, daß es trotz seines Sieges unmöglich sei, die Evangelischen wieder ganz und gar zum alten Glauben zurückzuführen. Darüber geriet nun der Kaiser in Zwiespalt mit dem Papste, der von keiner Nachgiebigkeit wissen wollte, und so entschloß sich Karl, auf eigene Hand die Religionssache zu ordnen. Durch das sogenannte Augsburger Interim, welches inzwischen (interim) gelten sollte, bis der Kaiser sich mit dem Papste über die Stellung der Protestanten zur alten Kirche geeinigt hätte, wurde im Jahre 1548 bestimmt, daß die Evangelischen Kelch und Priesterehe behalten dürften, aber in allem anderen zum alten Glauben zurückkehren müßten. Aber nur mit Gewalt konnte der Kaiser das Interim in Süddeutschland einführen; in Norddeutschland ließ sich das Volk von seinem Glauben wenig nehmen.

b. Da fand Karl einen unerwarteten Gegner in seinem eigenen Bundesgenossen, dem Kurfürsten Moritz, der, nachdem er zuerst an den Evangelischen zum Verräter geworden war, nun den Kaiser verriet. Aus Sorge um seine Herrschaft, die er in dem evangelischen Lande nicht behaupten zu können glaubte, wenn er der Sache des Kaisers ferner diene, beschloß er, sich gegen den Kaiser zu wenden, die Sache der Evangelischen zu retten und dadurch seine eigene Herrschaft zu befestigen. Vom Kaiser mit der Vollstreckung der Acht gegen Magdeburg beauftragt, sammelte er ein großes Heer, suchte sich Bundesgenossen und überfiel plötzlich im Jahre 1552 den nichts ahnenden Kaiser, der gichtkrank in Innsbruck weilte und mit Mühe in einer Sänfte über die Alpen nach Villach in Kärnten gerettet wurde. Als Karl einsah, daß er seine Gegner nicht überwältigen könne, überließ er seinem Bruder Ferdinand, seinem Nachfolger in Deutschland, die Friedensverhandlungen; und da jetzt sein Plan, die Einheit der Kirche im Abendlande zu erhalten, für immer vereitelt war, so legte er im Jahre 1556 die Regierung nieder, und zog sich nach dem Kloster St. Juste in Spanien zurück, wo er im Jahre 1558 gestorben ist.

c. Ferdinand schloß nun im Jahre 1552 mit den Evangelischen den Passauer Vertrag und im Jahre 1555 den Augsburger Religionsfrieden. Nach langen Verhandlungen verstanden sich endlich die Katholiken zu den Zugeständnissen, die sie früher stets verweigert hatten, freilich ohne Zustimmung des Papstes.

Während nämlich im Nürnberger Religionsfrieden (1532) den Evangelischen nur bis zu einem künftigen Konzil oder Reichstage Duldung ihres Glaubens verheißen worden war, wurde nunmehr diese Duldung für immer ausgesprochen, auch wenn man sich nicht mehr über den Glauben vereinige, und die Evangelischen wurden von der geistlichen Herrschaft der Bischöfe und des Papstes freigesprochen, so daß nunmehr die evangelischen Landeskirchen als selbständig anerkannt wurden. Aber der Religionsfriede gewährte nicht eine unbeschränkte Religionsfreiheit. Zunächst wurden nur zwei Religionen in Deutschland als gleichberechtigt anerkannt, die katholische und die der Bekenner der Augsburger Konfession; wenn es zuerst schien, daß diese Duldung auch für die Reformierten gelte, so wurde das später bestritten und erst im Jahre 1648 ausdrücklich anerkannt, und erst noch später wurde diese Duldung auch allen anderen Religionsparteien zuteil. Sodann sollte die freie Wahl der Religion nur den Landesfürsten und den Reichsständen zustehen, die nach Belieben katholisch oder evangelisch werden könnten; für die Untertanen sollte das nicht gelten, sie mußten die Religion der Obrigkeit annehmen (wenn diese es verlangte), oder sie mußten das Land verlassen; erst eine spätere Zeit hat auch den Untertanen dasselbe Recht der Religionsfreiheit gewährt, wie den Obrigkeiten.

d. Endlich war noch eine andere Frage unerledigt. Es wurde nämlich bestimmt, daß jede Partei die geistlichen Güter behalten solle, die sie im Jahre 1552 (beim Passauer Vertrage) gehabt habe. Aber wie sollte es gehalten werden, wenn künftig geistliche Reichsstände zur neuen Lehre übertreten wollten? Dann konnten allmählich — und das hofften die Evangelischen — alle Reichsstände evangelisch und so das ganze Deutschland ein evangelisches Land werden. Die Evangelischen wollten diesen Übertritt katholischer Bischöfe und Geistlichen zugestanden wissen; die Katholischen verlangten, daß ein übertretender Geistlicher sein Amt niederlege und sein Besitztum einem katholischen Nachfolger überlasse. Endlich wurde der Friede abgeschlossen, obwohl eine Einigung über diese Frage (das sogen. „Reservatum ecclesiasticum", den „geistlichen Vorbehalt") nicht erzielt worden war.

e. Trotz dieser Mängel war der Augsburger Religionsfriede doch eine wichtige Errungenschaft für die Evangelischen und ein großer Segen für das deutsche Volk; seitdem gewöhnten sich Evangelische und Katholische daran, friedlich nebeneinander zu wohnen, und auch spätere Kämpfe haben diesen Zustand nicht mehr umstoßen können [1].

29. (99.) **Wie Luther seine Lehre durch sein Leben und sein Sterben bestätigt hat.** (Nr. 153 B, 8 u. 12. I, 50. Quell. I, 12—16.) [2]

a. Nachdem Luther vom Papste in den Bann getan worden war, hielt er sich auch an die Satzungen des Mönchtums nicht mehr gebunden; trotzdem dachte er für sich noch lange nicht ans Heiraten; andere sind ihm darin vorangegangen; ja, seine Gegner wiesen darauf hin, er müsse wohl doch nicht das Gelübde der Ehelosigkeit für so wenig verbindlich für den Mönch und den Priester halten, da er ja selber nicht heirate. Damals machten sie ihm einen Vorwurf daraus, daß er nicht heirate; als er dann heiratete sagten sie lügnerischer Weise, Luther habe die Reformation begonnen, um heiraten zu können — dann hätte er nicht bis zum Jahre 1525 damit gewartet; und wer nun weiß, wie Luther zu diesem Entschlusse gekommen ist, der kann diese Verleumdung erst recht nicht für wahr halten.

Von ausgetretenen Mönchen und Nonnen wurde nämlich Luther vielfach um Rat und Beistand angegangen, wie sie in der Welt fortkommen sollten, und er suchte ihnen dann für ihr Fortkommen behilflich zu sein. Besonders bewegte ihn das Los von neun Nonnen, welche um Ostern 1523 aus dem Kloster Nimbschen bei Grimma entflohen und nach Wittenberg kamen; es waren lauter Töchter angesehener, größtenteils adeliger Familien, darunter auch Katharina von Bora; ein Torgauer Bürger hatte sie auf Luthers Bitte aus dem Kloster entführt.

Während nun die anderen acht Nonnen sich in kurzem verheirateten, blieb Katharina von Bora zunächst unversorgt. Als nun Luther für Katharina einen geeigneten Mann gefunden zu haben glaubte, erklärte diese angeblich dem Freunde Luthers Amsdorf, wolle Luther oder Amsdorf sie haben, so wolle sie heiraten, sonst nicht. Luther aber hielt Katharina für stolz, und der Gedanke, sie zu heiraten, lag ihm noch fern. Als er aber auf ihre Neigung aufmerksam geworden war, entschloß er sich, sie zu

[1]) Die Fortsetzung dieses Abschnittes siehe in Nr. 103.
[2]) Vgl. die Luther-Nummer der Leipziger Illustrierten Zeitung mit vielen schönen Abbildungen.

heiraten. Luther war damals fast 42 Jahre alt, Katharina über 26 Jahr; ohne schön zu sein, hatte sie eine hübsche Gestalt und ein ansprechendes Gesicht. Trotz der Bedenken seiner Freunde, welche von seinem Schritte einen Schaden für sein Werk befürchteten, beschloß Luther zu heiraten. Am 13. Juni fand die Trauung und am 27. Juni ein größeres Hochzeitsfest statt, beides von Luther absichtlich mit aller Feierlichkeit begangen, um vor aller Welt seine Hochschätzung des Ehestandes zu bezeugen.

Luther wußte, daß er mit diesem Schritte etwas getan habe, was ihm kein Papst verbieten dürfe, und nach langen Jahren durfte er immer aufs neue sagen, daß er sich seiner Ehe und seines Weibes von Herzen freue. Und noch glücklicher fühlte sich Luther, als ihm Kinder geboren wurden. Sein erstes Kind, Johannes, ist wohl jedem bekannt aus dem lieblichen Briefe an seinen Sohn Hänsichen, den er von Coburg aus im Jahre 1530 an den vierjährigen Knaben geschrieben hat; die beiden folgenden Töchter wurden ihm durch den Tod wieder entrissen, die zweite im Alter von 13 Jahren; dagegen wuchsen außer Johannes noch zwei Söhne und eine Tochter heran. Zu Luthers Haushalt gehörten natürlich auch eine Anzahl Dienstleute, denen Luther ein freundlicher und liebevoller Hausherr war. Daß es an Gebet und Schriftvorlesung, Predigt und christlichem Unterricht für die Hausgenossen nicht fehlte, versteht sich von selbst. Auch für Fremde hatte Luther stets ein offenes Haus und eine offene Hand; ja, er gab wohl, wenn er sonst nichts hatte, das Patengeld seiner Kinder oder ein kostbares Andenken.

b. Das große Werk, das Luther begonnen, war unter Gottes Segen weitergeführt worden, und Luther durfte, mehr als Zwingli, einen Erfolg seiner Tätigkeit wahrnehmen. Freilich fehlte doch noch manches zu einem befriedigenden Abschluß; noch immer war im Jahre 1546 die evangelische Kirche im Deutschen Reiche nur vorläufig geduldet, nicht als zu Recht bestehend anerkannt; Luthern freilich machte das alles keine Sorge; er meinte, der jüngste Tag, der gewiß bald komme, werde über alle diese Sorgen hinweghelfen; auch sein Ende schien ihm nahe bevorstehend. Er ist aber fern von Wittenberg in seinem Geburtsort Eisleben gestorben, wohin er gereist war, um als Schiedsrichter einen Streit der Grafen von Mansfeld zu schlichten. Als die Verhandlungen glücklich zu Ende waren, befiel ihn am 17. Februar 1546, als er zu Bett gehen wollte, wie öfters, eine heftige Brustbeklemmung, und er ließ sich mit Tüchern warm reiben. Es wurde besser, und er schlief von 9—10 Uhr abends ganz ruhig auf dem Ruhebett; dann legte er sich schlafen und schlief bis ein Uhr nachts. Da bekam er wieder heftige Schmerzen, stand aus dem Bett auf und ging in der Stube umher. Aber er mußte sich vor Schmerzen wieder aufs Ruhebett legen; die herbeigerufenen Ärzte konnten ihm nicht mehr helfen. Als er fühlte, daß sein Tod nahe sei, betete er noch zuletzt: „Vater, in deine Hände befehle ich meinen Geist, du hast mich erlöset, du treuer Gott." Nun wurde er still; da rief ihm noch sein Freund Justus Jonas, der ihn nach Eisleben begleitet hatte, laut ins Ohr: „Ehrwürdiger Vater, wollt Ihr auf Christum und die Lehre, wie Ihr sie gepredigt, beständig bleiben?" Luther antwortete mit einem deutlich hörbaren Ja. Dann wandte er sich um und fing an zu schlafen und entschlief ganz sanft in der dritten Stunde des

18. Februar 1546. Am folgenden Tage wurde die Leiche nach Wittenberg geführt, wo sie am Morgen des 22. Februar anlangte; in großem Zuge wurde sie in die Schloßkirche geleitet, wo Bugenhagen eine deutsche, Melanchthon als Vertreter der Universität eine lateinische Gedächtnisrede hielt. Nahe der Kanzel wurde die Leiche in die Gruft gesenkt; Luther ruht in der Kirche, von der seine Predigt ihren Ausgang genommen hat.

c. Wenn Luther für die evangelische Kirche von Bedeutung ist zunächst um seiner Lehre willen, so ist doch auch sein Leben und sein Sterben für uns von Bedeutung; sein Leben und sein Sterben ist eine Bestätigung seiner Lehre.

Als Mönch wollte Luther gerecht werden dadurch, daß er nicht bloß die zehn Gebote Gottes und die fünf Gebote der Kirche hielt, die jeder Katholik halten soll, sondern auch die drei evangelischen Ratschläge, welche nur der vollkommene Christ zu halten braucht: beständige Ehelosigkeit, freiwillige Armut und Gehorsam gegen einen geistlichen Oberen. Als nun Luther erkannt hatte, daß der Mensch nicht gerecht werde durch gute Werke, sondern durch den Glauben, da war er bereits innerlich frei von den Irrtümern des Mönchtums, aber äußerlich blieb er zunächst noch ein Mönch; erst im Jahre 1525, wo er sich verheiratete, hat er auch äußerlich mit dem Mönchtum gebrochen.

Dadurch, daß er heiratete, bewährte Luther seine Lehre, daß der Mensch nicht gerecht werde durch ein besonderes Tun oder Lassen, sondern durch den Glauben, und so brachte er das in der katholischen Kirche geringgeschätzte eheliche und häusliche Leben wieder zu Ehren als eine Ordnung Gottes, während das Mönchtum doch nur eine Erfindung der Menschen ist.

Sodann hat Luther durch sein Leben auch gezeigt, daß der Christ nicht auf jeden Besitz zu verzichten brauche, daß aber allerdings der Christ arbeiten müsse, um sich seinen Lebensunterhalt zu erwerben. Die Arbeit ist aber verschieden nach dem Beruf, in welchen Gott den einzelnen Menschen gestellt hat, und derjenige ist ein Gott wohlgefälliger Mensch, der in seinem Beruf seine Schuldigkeit tut; ein armes Mägdlein, welches das ihm anvertraute Kind treulich wartet, ist frömmer als Mönche und Nonnen mit all ihrem Beten und Singen, denn jene tut, was Gott ihr befohlen hat, diese, was sie sich selbst auferlegt haben.

Endlich aber hat Luther in seinem Leben auch gezeigt, daß es eine ungerechtfertigte Forderung sei, daß der Christ auf alle weltlichen Freuden und Genüsse verzichten müsse, und daß das ganze Leben des Menschen, wie die Mönche verlangten, ausgefüllt werde mit Übungen der Frömmigkeit. Luthers Frömmigkeit war ein Leben in Gerechtigkeit und Friede, und darum auch in Freude im heiligen Geist, und er hat sich und anderen gern jede rechte und edle Freude gegönnt.

Und wie Luther gelebt hat, so ist er auch gestorben, im Vertrauen nicht auf seine guten Werke, sondern auf Gottes Gnade in Christus; wer so lebt und stirbt, der „lebt und stirbt wohl"; Luthers Leben und sein Sterben war eine Bestätigung seiner Lehre.

30. (100.) Philipp Melanchthon und Luthers andere Freunde und Mitarbeiter. (I, 51.)

Ein bekanntes Bild, welches im Jahre der Lutherfeier (1883) von Kaiser Wilhelm I. allen evangelischen Volksschulen in Preußen geschenkt worden ist, zeigt uns Luther, den Reformator von Deutschland, im Kreise seiner Freunde mit der Revision der Bibelübersetzung beschäftigt: diese Freunde Luthers sollen im folgenden vorgeführt werden[1]).

a. Auf dem genannten Bilde sehen wir in Luthers Studierzimmer in Wittenberg um den großen Reformator seine Freunde versammelt. Als die Hauptperson steht Luther, in ganzer Person sichtbar, in der Mitte seiner Freunde; es ist, als hätte er eben, nachdenkend über eine Stelle der heiligen Schrift, das Rechte gefunden; er will den Freunden seine Gedanken mitteilen und hält schon die Feder in der Hand, um das Gefundene aufzuschreiben. Um ihn sind sechs Freunde versammelt. Von den Personen dieses Kreises sind drei weniger bekannt: Cruciger, Forster und Rörer. Caspar Cruciger (rechts von Luther sitzend) war seit dem Jahre 1528 Prediger und Professor in Wittenberg, und nahm an allen wichtigen Angelegenheiten und Verhandlungen hinsichtlich der Reformation teil. An der Revision der Bibelübersetzung hat er sich namentlich auch vermöge seiner genauen Kenntnis der hebräischen Sprache eifrig beteiligt. Johann Forster (rechts von Cruciger stehend), der von Wittenberg im Jahre 1535 als Geistlicher nach Augsburg ging, später aber Professor in Tübingen und zuletzt wieder in Wittenberg war, war gleichfalls ein genauer Kenner der hebräischen Sprache. Georg Rörer (vor Jonas sitzend) endlich, der erste Geistliche, der in Wittenberg nach evangelischer Weise in sein Amt eingeführt worden ist, gehörte zu den nächsten Freunden Luthers, und hat ihm bei der Herausgabe seiner Schriften und bei der Revision der Bibel treue und fleißige Dienste geleistet.

b. Bekannter als diese Männer sind Justus Jonas (links stehend) und Johannes Bugenhagen (ganz rechts stehend). Justus Jonas kam im Jahre 1521 nach Wittenberg, schon seit 1519 ein Verehrer Luthers, und wurde zunächst Professor des Kirchenrechts, später der Theologie an der Universität, auch Propst der Schloßkirche zu Wittenberg. Als Schloßprediger und als Professor hat er segensreich gewirkt, namentlich an der Kirchenvisitation hat er eifrig teilgenommen; die Schriften von Luther und Melanchthon hat er vielfach ins Deutsche oder Lateinische übersetzt. Er arbeitete an der Revision der Bibel mit, und er hat Luther im Jahre 1546 von Halle, wo er seit dem Jahre 1541 als Superintendent angestellt war, nach Eisleben begleitet, wo er am Sterbelager seines Freundes gestanden hat. Im Schmalkaldischen Kriege mußte er Halle verlassen, war später an mehreren anderen Orten angestellt, und starb in Eisfeld an der Werra im Jahre 1555.

Im Jahre 1521 kam auch Johannes Bugenhagen nach Wittenberg, durch Luthers Schrift „Von der babylonischen Gefangenschaft der

[1]) Das genannte Bild ist mit vielen anderen Bildern aus Luthers Leben auch zu finden in der schönen Luther-Nummer der Leipziger illustrierten Zeitung.

Kirche" für Luthers Sache gewonnen. Bald wurde er Professor an der Universität und Pfarrer an der Hauptkirche der Stadt. An der Bibelübersetzung hat auch er mitgearbeitet, und namentlich hat er Luthers Bibel ins Plattdeutsche übersetzen helfen; zu allen Beratungen und Verhandlungen in kirchlichen Angelegenheiten wurde er zugezogen; überall, wo die kirchlichen Verhältnisse geordnet werden sollten, begehrte man diesen Mann als Ratgeber und Ordner. Luthers Tod hat ihn tief betrübt; es fiel ihm schwer, seinem Freunde die Leichenpredigt zu halten. Im Jahre 1558 ist er, zuletzt Generalsuperintendent von ganz Sachsen, in Wittenberg gestorben, das er auf die Dauer, trotz der glänzendsten Anerbietungen aus anderen Ländern, nicht hatte verlassen wollen.

c. Der bedeutendste unter Luthers Freunden ist aber Philipp Melanchthon (auf dem Bilde rechts von Luther sitzend).

Am 16. Februar 1497 wurde in Bretten, einem Städtchen der damaligen Kurpfalz (jetzt zu Baden gehörig), dem Waffenschmied und kurfürstlichen Rüstmeister Georg Schwarzerd (oder wohl richtiger Schwarzert) von seiner Gattin als erstes Kind ein Sohn geboren, den der Vater nach dem damaligen Kurfürsten der Pfalz, der ihm sehr wohlwollte, Philipp nannte. Schon in früher Jugend lernte der begabte, stille Knabe tüchtig Latein und Griechisch, und als er einst mit einigen seiner Mitschüler vor seinem Großoheim Reuchlin, dem berühmten Kenner der griechischen und der hebräischen Sprache, eine lateinische Komödie gut aufführte, sagte dieser, ein so gelehrter Knabe dürfe nicht mehr den barbarischen Namen Schwarzerd führen, er müsse sich nach der feineren Sprache der Griechen Melanchthon nennen; unter diesem Namen, Philipp Melanchthon, ist der Knabe zum berühmten Mann geworden. Etwas über zwölf Jahre alt, ging der frühreife Knabe im Jahre 1509 bereits auf die Universität Heidelberg, von da im Jahre 1512 nach Tübingen. Da erhielt im Jahre 1518, bald nach Luthers erstem Auftreten, Reuchlin von Kurfürsten Friedrich von Sachsen den Auftrag, ihm für die Universität Wittenberg einen Lehrer des Griechischen zu verschaffen; er empfahl dazu Melanchthon. Den 25. August 1518 langte derselbe in Wittenberg an, und schon am folgenden Tage wurde er als Lektor der griechischen Sprache mit 100 Gulden Gehalt (welches später auf 200 und dann auf 400 Gulden erhöht wurde) angestellt; seine erste Vorlesung gewann dem 21-jährigen Gelehrten sofort aller Herzen, und von allen Seiten strömten bald immer mehr Studenten nach Wittenberg, um bei Melanchthon Griechisch zu lernen, womit man damals erst auf der Universität den Anfang machte.

Obwohl 14 Jahre älter, schloß sich Luther schnell an den gelehrten Jüngling an, und Melanchthon gewann den Mann sehr lieb, der mit so innigem Gemüt und festem Glauben die Ehre Gottes gegen den Papst verfocht. Immer mehr studierte jetzt Melanchthon die heilige Schrift und die Kirchenväter, und immer besser erkannte er das Verderben der katholischen Kirche und das Wesen des rechten christlichen Glaubens.

Daß nun Luthers Werk sich immer mehr befestigte und ausbreitete, dazu hat neben Luther vornehmlich Melanchthon beigetragen, und zwar erstens dadurch, daß er die wissenschaftliche Theologie der evangelischen Kirche begründet hat, sodann dadurch, daß er für den evangelischen Glauben eins seiner wichtigsten Bekenntnisse geschaffen hat, und drittens dadurch, daß er eine grundlegende Kirchenordnung geschaffen hat. Als nämlich Luther auf die Wartburg gebracht wurde, gab Melanchthon die erste evangelische Glaubenslehre heraus, ein Buch, das in der ganzen Kirche das größte Aufsehen erregte: es stützte sich auf die heilige Schrift, namentlich auf den Römerbrief, nicht auf die alten Kirchenlehrer, wie alle Glaubenslehren des Mittelalters. Sodann hat Melanchthon für die Kirchenvisitation in Sachsen die Visitationsartikel geschrieben, welche auch auf die Ordnung des Schulwesens bedacht waren; das Interesse für die Schule, welches er immer aufs neue betätigte, hat ihm den Ehrennamen des „Praeceptor Germaniae“, des Lehrers von Deutschland, eingetragen. Endlich erwarb er sich noch größeren Ruhm durch die ihm übertragene Abfassung des ersten evangelischen Glaubensbekenntnisses, der Augsburgischen Konfession, die er dann auch gegen die Angriffe der Katholiken in der Apologie verteidigte.

Seitdem galt Melanchthon neben Luther als der Hauptvertreter der evangelischen Sache, und in allen wichtigen Fällen wurde er in Sachsen wie in den anderen Ländern zu Rate gezogen. Da er dabei stets zwar die Hauptsache festhielt, in Nebendingen aber die Freiheit des Christen gewahrt wissen wollte, so begannen allmählich die starren Anhänger des Buchstabens zu klagen, daß Melanchthon zu viel nachgebe. Das geschah schon bei Luthers Lebzeiten, aber erst recht nach seinem Tode. Aber man hatte noch andere und, wie man meinte, schlimmere Dinge dem Freunde Luthers vorzuwerfen, besonders seine zu große Milde gegen die Reformierten, denen sich Melanchthon in der Tat immer mehr näherte — zum Segen für die evangelische Kirche, deren Einigung er sehnlichst wünschte.

Unter den unaufhörlichen Anfeindungen, denen er deshalb ausgesetzt war, fühlte er mehr und mehr, wie seine Kräfte allmählich schwanden und der Tod herannahte. Im Jahre 1560 wurde er wieder krank, und als am 19. April einige Professoren zu ihm kamen, merkten sie alsbald, daß sein Ende nahe sei; sie ließen deshalb den Studenten sagen, die Vorlesungen seien ausgesetzt, Magister Philipp liege im Sterben; sie möchten für ihn beten. Sein Schwiegersohn fragte ihn, ob er noch etwas wünsche; Melanchthon erwiderte: „Nichts als den Himmel; darum fragt mich nicht mehr!“ Um 7 Uhr abends ist er sanft entschlafen. Studenten und Bürger kamen in großer Anzahl, um den teuren Gottesmann noch einmal zu sehen. Bei dem feierlichen Leichenbegängnis hielt der Professor Paul Eber in der Pfarrkirche die Predigt, in der Universität wurde eine lateinische Gedächtnisrede gehalten; auch er wurde, wie Luther, in der Schloßkirche beigesetzt.

d. Zwei in ihrem Wesen verschiedene Männer, Luther und Melanchthon, hat Gott in Wittenberg zusammengeführt, um durch ihre gemeinsame Wirksamkeit die evangelische Kirche Deutschlands zu begründen. Luther war ein Mann des Kampfes, Melanchthon ein Mann des Friedens, jener bisweilen allzu streitsüchtig, dieser allzu friedfertig; beide Männer haben, einander ergänzend und einander die Hand reichend, in gemeinsamer Arbeit die evangelische Kirche Deutschlands begründet.

e. Was Mathesius von der Universität Wittenberg berichtet: Mathesius, Predigt 8.

II. Die Begründung der reformierten Kirche in der Schweiz.

31. (101.) Huldreich Zwingli (1484—1531) und das Religionsgespräch in Marburg (1529). (I, 52.)

Durch Luther und Melanchthon war eine evangelische Kirche in Deutschland begründet worden; zu gleicher Zeit haben zwei andere Männer, Zwingli und Calvin, unabhängig von Luther eine Reformation in der Schweiz zustande gebracht; wie das geschehen ist, soll im folgenden dargelegt werden.

a. Huldreich Zwingli wurde am 1. Januar 1484 im Dorfe Wildhaus (im jetzigen Kanton St. Gallen) geboren; sein Vater, der Ammann (Gemeindevorsteher) Huldreich Zwingli, schickte den Sohn zuerst auf mehrere Schulen in der Schweiz, im Jahre 1499 auf die Universität nach Wien. Als er von da im Jahre 1502 zurückkehrte, ging er zunächst nach Basel, wo er noch weiter studierte, aber daneben auch schon als Lehrer tätig war; im Jahre 1506 wurde er Pfarrer in Glarus. Hier kam er durch das sorgfältige Studium der heiligen Schrift mehr und mehr zur Erkenntnis, wie sehr die römische Kirche einer Reformation bedürfe. Mit dieser Überzeugung ging er im Jahre 1516 als Pfarrer an den berühmten Wallfahrtsort Einsiedeln. Von hier wurde er im Jahre 1519 als Leutpriester (d. h. Hauptpfarrer) am Münster in Zürich angestellt; der Rat der Stadt und die Bürgerschaft waren einverstanden mit seiner Predigt, die sich auf die heilige Schrift stützte und beschränkte, ohne noch die Mißbräuche der Kirche zu bekämpfen. Bald begann auch in der Schweiz die eigentliche Reformation der Kirche und der Kampf gegen dieselbe von seiten des Papstes; aber hier wurde für die Reformation nicht der Ablaß, sondern das Fasten der Ausgangspunkt.

b. Zwingli hatte nämlich in einer Predigt dargetan, daß die kirchlichen Fastengebote im Worte Gottes nicht begründet seien, und darauf hin hatten einige Bürger in Zürich und auch Zwingli selber in der Fastenzeit vor Ostern Fleisch gegessen. Als der Bischof von Konstanz, Zwinglis Vorgesetzter, den Neuerungen entgegentrat, veranstaltete der Rat der Stadt auf Zwinglis Bitte am 29. Januar 1523 in deutscher Sprache auf Grund der heiligen Schrift ein Religionsgespräch über das Fasten und einige andere katholische Bräuche und Lehren. Mit Mühe brachte Zwingli die Gegner überhaupt nur zum Reden, und es ward allen Zuhörern offenbar, daß sie Zwingli aus der heiligen Schrift nicht widerlegen könnten. Deshalb befahl der Rat, Zwingli solle weiter predigen wie bisher, und alle anderen Prediger der Stadt und Landschaft sollten ebenso predigen wie er.

Nunmehr wagte Zwingli, der schon seit vielen Jahren nur das Evangelium gepredigt, aber (wie Luther) die kirchlichen Bräuche und Ordnungen noch unverändert gelassen hatte, im Einverständnis mit dem Rate der Stadt zur Umgestaltung der Kirchenordnung zu schreiten. Die Klöster wurden in Armen- und Krankenhäuser umgewandelt und den Geistlichen die Ehe gestattet. Auch Zwingli verheiratete sich im Jahre 1524 mit Anna Reinhard, der Witwe des Johannes Meyer von Knonau, mit der er bis zu seinem Tode in der glücklichsten Ehe gelebt hat. Nach einem zweiten Religionsgespräch (26. Okt. 1523) wurden im folgenden Jahre, 1524, die

Bilder und die Reliquien in aller Ruhe aus den Kirchen entfernt, und im Jahre 1525 wurde die Messe abgeschafft und der Gottesdienst in evangelischer Weise umgestaltet. Das Kirchenregiment wurde im Jahre 1528 einer sogenannten Synode übertragen, welche aus sämtlichen Pfarrern und aus Vertretern des Staates zusammengesetzt wurde.

So war nunmehr das Kirchenwesen des Kantons Zürich durch Zwingli in evangelischem Sinne neu gestaltet worden, und viele andere Städte der Schweiz, namentlich Basel und Bern, folgten dem Beispiel dieser großen und angesehenen Stadt.

c. Unabhängig von Luther war Zwingli aufgetreten, und doch erstrebten beide dasselbe: eine Reformation der Kirche auf Grund der heiligen Schrift im Glauben an Christus als den alleinigen Grund unserer Seligkeit. Wenn so beide Reformatoren, von der heiligen Schrift ausgehend, die Kirche zu reformieren suchten, so mußten beide auch die Messe angreifen. Beide erkannten in der katholischen Lehre, daß der Priester in der Messe täglich Christum opfere für die Lebendigen und die Toten, die Quelle des größten Verderbens für die Kirche; beide führten statt der Messe die altchristliche Feier des heiligen Abendmahls, und zwar unter beiderlei Gestalt auch für die Laien, wieder ein, und beide bekämpften die Lehre, daß durch des Priesters Wort Brot und Wein in Leib und Blut Christi verwandelt werde. Aber beide Männer stellten nun über das heilige Abendmahl eine verschiedene Lehre auf und gerieten leider über die rechte Fassung dieser schwierigen Lehre in den heftigsten Streit. Zwingli glaubte nämlich, die Einsetzungsworte so deuten zu müssen, daß es heiße: das Brot bedeutet den Leib Christi, der für uns geopfert worden ist; das Brot sei also ein Zeichen des für uns dahingegebenen Leibes Christi. Dagegen glaubte Luther daran festhalten zu müssen, daß Christus auf eine besondere Weise im Sakramente gegenwärtig sei; deshalb lehrte er, daß auch der Ungläubige im heiligen Abendmahl Leib und Blut Christi empfange in, mit und unter dem Brot und Wein, während Zwingli behauptete, daß nur der Gläubige mit Christus in Gemeinschaft trete.

Da nun der Landgraf Philipp von Hessen wohl erkannte, wie wichtig es für die evangelische Kirche sei, Luther und Zwingli zur Einigkeit im Glauben oder wenigstens zur gegenseitigen Anerkennung und Duldung zu bewegen, so veranstaltete er in Marburg ein Religionsgespräch zwischen den beiden streitenden Parteien, in der Hoffnung, daß dasselbe gewiß einen guten Erfolg haben werde. Den 1. Oktober 1529 verhandelten zuerst einerseits Luther und Ökolampadius, ein Freund von Zwingli, und andererseits Zwingli und Melanchthon besonders miteinander. Dabei erkannten nun die Wittenberger, daß die Schweizer in den Hauptpunkten des christlichen Glaubens mit ihnen übereinstimmten, woran die Wittenberger bisher gezweifelt hatten. Am folgenden Tage fand nun die Disputation über das Abendmahl statt, die freilich zu keinem Resultate führte. Luther hatte mit Kreide vor sich auf den Tisch geschrieben: „Hoc est corpus meum", d. h.: „Das ist mein Leib", als wenn schon mit diesem Worte die Schweizer widerlegt wären, während dasselbe ebenso gut die Katholiken für ihre Lehre anführen können. Am Schlusse der Verhandlung erklärte er deshalb den Schweizern: „Wir wollen euch fahren lassen und dem gerechten Gerichte

Gottes befehlen; der wird es wohl finden, wer recht hat." Aber der Landgraf ließ Luther nicht ziehen, ohne daß er die Artikel zusammenstellte, über die sie sich vereinigt hatten. Und da ergab sich denn (4. Okt.) als Resultat, daß in 14 Artikeln, den Hauptpunkten des Christentums, beide Parteien miteinander übereinstimmten; hinsichtlich des heiligen Abendmahls stimmten beide in der Verwerfung der Messe, des Genusses nur einer Gestalt und der Verwandlungslehre überein; dann heißt es weiter: „Und wiewohl wir uns einstweilen nicht darüber vereinigen konnten, ob der wahre Leib und das wahre Blut Christi leiblich im Brot und Wein gegenwärtig sei, so soll doch jeder Teil gegen den andern christliche Liebe, soweit es das Gewissen jedem gestattet, erzeigen, und es sollen beide Teile den allmächtigen Gott fleißig bitten, daß er uns durch seinen Geist im wahren Verständnisse bekräftige."

Dies Bekenntnis unterzeichneten beide Teile, und Zwingli erklärte: „Es gibt keine Leute auf Erden, mit denen ich lieber eins sein wollte, als mit den Wittenbergern." Aber Luther wies die dargebotene Rechte zurück mit den Worten: „Ihr habt einen anderen Geist als wir. Es wundert mich, daß ihr mich, dessen Lehre ihr für falsch haltet, doch als einen Bruder erkennen wollt. Ihr müsset wohl selbst nicht viel auf eure Lehre halten." Das verdroß mit Recht die Schweizer; doch der Landgraf erreichte wenigstens noch das, daß Luther sich in Zukunft der heftigen Schriften, Worte und Schmähungen zu enthalten versprach.

So war also das Marburger Religionsgespräch doch nicht ganz ohne Erfolg gehalten worden; ja, im Jahre 1536 hat Luther (in der sogenannten Wittenberger Konkordia) wenigstens die von der Schweiz her für das Evangelium gewonnenen Süddeutschen als Brüder anerkannt, obwohl er ihre Lehre nicht für ganz richtig hielt; selbst den Schweizern trat er jetzt freundlich und milde entgegen; aber diese haben die Wittenberger Konkordia nicht anerkannt. Und wenn auch leider der Streit später aufs neue ausgebrochen ist, ja, die beiden evangelischen Kirchen sich Jahrhunderte lang als feindliche Brüder gegenübergestanden haben, so ist doch immer wieder, schon früher und namentlich in unserer Zeit, die Erkenntnis zur Herrschaft gelangt, daß es zur Einigkeit der evangelischen Kirche genüge, in den Hauptpunkten eins zu sein, und daß es beim heiligen Abendmahl vor allem darauf ankomme, dasselbe in bußfertigem und gläubigem Sinne zu genießen, nicht aber auf das Verständnis der dunklen Einsetzungsworte, auf die sich ja nicht bloß Luther und Zwingli, sondern auch ebenso die Katholiken als für ihre Lehre sprechend glauben berufen zu dürfen.

d. So kehrte denn Zwingli aus Marburg doch ohne das gewünschte Resultat in seine Heimat zurück, wo man seiner Rückkunft sich freute, denn bereits standen in der Schweiz die beiden Parteien, jede auf auswärtige Bundesgenossen gestützt, einander in der heftigsten Feindschaft gegenüber, und bald kam es zu allerlei kleineren Reibungen und Streitigkeiten. Endlich brach der Krieg im Jahre 1531 aus; Zwingli wünschte denselben in der Hoffnung, sein Vaterland dadurch ganz dem Evangelium gewinnen zu können — ein verhängnisvoller Irrtum, den er mit seinem Leben bezahlt hat. Die Evangelischen, die den schnellen Anzug der Feinde nicht erwartet hatten, wurden bei Kappel (südlich von Zürich) geschlagen; mehr als

500 Züricher fanden dabei ihren Tod, Zwingli als Feldprediger unter ihnen; als er einem sterbenden Landsmann Trost zusprechen wollte, traf ein Stein seinen Helm mit solcher Macht, daß er zu Boden stürzte; zwar raffte er sich noch einmal auf, aber bald darauf wurde er von einem Feinde mit dem Speer durchbohrt. Betend lag er an einem Birnbaum, als neue Feinde herankamen, die ihn fragten, ob er beichten wolle; als er das mit Kopfschütteln verneinte, versetzte ihm der Hauptmann Fuckinger von Unterwalden den Todesstreich mit den Worten: „So stirb, verstockter Ketzer!" Die Leiche wurde vom Henker geviertelt, zu Asche verbrannt und dieselbe mit Schweinsasche vermengt, damit sie nicht von seinen Anhängern als Reliquie aufbewahrt werden könne.

e. Zwingli war tot, aber sein Werk ging nicht zugrunde, nicht einmal in Zürich, wo ein wackerer Nachfolger in seinem Sinne weiter wirkte, ebensowenig in den anderen Kantonen, die nach der Schlacht bei Kappel ihren Glaubensgenossen zu Hilfe eilten, so daß bald darauf ein Friede zustande kam, der den Evangelischen ihren Glauben ließ, wenn durch diesen Frieden auch freilich nicht das erreicht wurde, was Zwingli gewünscht und erstrebt hatte, daß die ganze Schweiz ein evangelisches Land würde. Was aber Zwingli in Zürich begonnen, hat bald nachher Calvin in Genf wieder aufgenommen und mit noch größerem Erfolge weitergeführt.

32. (102.) Johannes Calvin. 1509—1564. (I, 53.)

a. Johannes (Jean) Calvin (eigentlich: Cauvin), der zweite Gründer der reformierten Kirche, geboren den 10. Juli 1509 zu Noyon in der Picardie (im nordöstlichen Frankreich), war der Sohn des bischöflichen Sekretärs daselbst, Gérard Cauvin. Der Knabe des angesehenen Beamten wurde mit den Kindern eines Edelmannes in der Nachbarschaft zusammen erzogen, seit dem Jahre 1523 in Paris, wo er den Anfangskursus der Universität durchmachte. Im Jahre 1528 ging Calvin von Paris nach Orleans, später nach Bourges, wo er auf des Vaters Wunsch die Rechtswissenschaft studierte. Von Bourges begab er sich nochmals (1531) nach Paris, wandte sich aber nunmehr den humanistischen Studien zu; im Jahre 1532 kehrte er wieder nach Orleans, bald aber nach Paris zurück.

Es war aber um diese Zeit auch in Frankreich schon längst das Verlangen nach einer Reformation der römischen Kirche erwacht; seit dem Jahre 1523 hatte aber auch hier die Verfolgung der Ketzer begonnen, und vergebens bemühte sich der nicht so fanatische König Franz I., eine Vermittlung zwischen den Parteien zu finden.

Schon in Orleans hatte Calvin die Bibel kennen gelernt und den Unterschied zwischen dem römischen und dem biblischen Christentum erkannt. In Paris trat er mit den Anhängern des wahren Glaubens in nähere Verbindung und wurde von ihrer Frömmigkeit und Standhaftigkeit tief ergriffen; bald wandte er sich für immer und mit ganzem Herzen der neuen Lehre zu und fand in der Rechtfertigung aus dem Glauben allein für sich den Frieden, den er in den Werken nicht gefunden hatte, und mit dem Bewußtsein, daß er zu den Auserwählten Gottes gehöre, verband sich bei ihm der feste Wille, fortan Gott allein zu dienen.

Als der König, vom Papste dafür gewonnen, im Jahre 1533 die Ketzer in Paris ernstlich zu verfolgen begann, fanden diese eine Stütze und einen Halt an dem jungen Calvin, der bei seiner hervorragenden Begabung und Bildung bald an ihre Spitze trat. Bald mußte er jedoch Paris verlassen, und nachdem er sich noch eine Zeit lang an verschiedenen Orten in Frankreich aufgehalten hatte, verließ er im Jahre 1534 oder 1535 für immer sein Vaterland, wo die Ketzerverfolgung immer heftiger wurde, und betrat bei Metz das deutsche Land. Im Jahre 1536 kam er nach Genf, ohne die Absicht, daselbst zu bleiben; Gott hatte es aber anders beschlossen.

b. Nachdem schon von anderen Städten der Schweiz her evangelische Predigt nach Genf gekommen war, war im Jahre 1532 ein französischer Flüchtling, Wilhelm Farel, mit nachhaltigem Erfolge in der Stadt aufgetreten, und im Jahre 1535 wurde nach einem Religionsgespräche durch den Rat der Stadt im Einverständnis mit der Bürgerschaft die päpstliche Religion abgeschafft und der neue Glaube eingeführt. Als aber Farel eines Tages hörte, daß der Mann in Genf sei, dessen treffliche unlängst herausgegebene Glaubenslehre ihm bereits bekannt geworden war, da glaubte er in ihm denjenigen zu erkennen, der für den weiteren Aufbau der Genfer Kirche ihm der trefflichste Helfer sein könne, und er begab sich sofort zu Calvin mit der Bitte, in Genf zu bleiben und mit ihm zusammen das Evangelium zu predigen. Calvin glaubte zu einer praktischen Tätigkeit in der Kirche noch nicht tüchtig genug zu sein, namentlich zu einer so schwierigen Tätigkeit, wie sie in Genf zu erwarten war. Da forderte ihn der feurige und entschiedene Farel so dringend zum Bleiben auf, daß es Calvin war, als hörte er eine Stimme Gottes, und er wagte nicht weiter, der Aufforderung Farels sich zu entziehen.

Aber noch war es Calvin nicht beschieden, in Genf dauernd zu bleiben; bald gerieten die Prediger mit der zuchtlosen und von außen her gegen sie mißtrauisch gemachten Gemeinde in allerlei Konflikte, und sie wurden im Jahre 1538 vom Rate aus der Stadt verwiesen. Nachdem Calvin sich einige Zeit in Basel aufgehalten, ging er im Jahre 1539 nach Straßburg, wo er als Prediger an der französischen Gemeinde und als Lehrer an der theologischen Akademie anregend und segensreich wirkte. Hier hat er sich auch im Jahre 1540 mit Idelette de Bure (von Büren), der Witwe eines von ihm bekehrten Wiedertäufers (Johann Storbeur) aus den Niederlanden, verheiratet, mit der er bis zu ihrem im Jahre 1549 erfolgten Tode in der glücklichsten Ehe gelebt hat.

c. Während Calvin in Straßburg war, hatten sich aber in Genf die Verhältnisse allmählich so geändert, daß immer mehr in der Bürgerschaft das Verlangen erwachte, ihren vertriebenen Prediger zurückzuerhalten. Gegen die auf Wiederherstellung des alten Glaubens hoffenden Katholiken und gegen manche aller Gottlosigkeit sich hingebenden Bürger glaubte man des Mannes zu bedürfen, der mit mehr Mut und Einsicht begabt war, als die an seine Stelle getretenen Geistlichen, und durch dessen Ratschläge Kirche und Stadt wieder, wie man hoffte, zur Ordnung und Sicherheit gebracht werden würden, die seit seiner Vertreibung sich fast ganz verloren hatten. Und so traf denn Calvin, den dringenden und wiederholten Bitten der Genfer endlich nachgebend, am 13. September 1541 wieder in Genf ein, von

Rat und Stadt ehrenvoll aufgenommen und mit einem sehr hohen Gehalte bedacht, um ihn für immer an Genf zu fesseln.

Kaum war Calvin in Genf angelangt, so begann er mit dem Rate der Stadt über die Einführung kirchlicher Ordnungen zu verhandeln, und schon am 20. November 1541 wurden die in das Leben des Einzelnen tief eingreifenden „Ordonnanzen", nachdem sie von der Bürgerschaft angenommen worden, eingeführt. Bald darauf wurde auch eine zu den neuen kirchlichen Ordnungen passende neue Staatsverfassung und ein neues bürgerliches Gesetzbuch eingeführt, woran Calvin gleichfalls mitgearbeitet hatte. Dadurch waren fortan in Genf nicht bloß schwere Verbrechen unter Strafe gestellt, sondern auch alles, was das christliche Leben stört und trübt, was zur Sünde verführt oder dem Leichtsinn dient, und was anderwärts vom Staate gar nicht beachtet wird, war hier von staatlichen Strafen bedroht; Irrlehrer wurden, wie in der katholischen Kirche, mit dem Tode bestraft (Servet 1553).

Aber so leicht, wie sie eingeführt worden waren, konnten diese strengen Sittenordnungen nicht aufrechterhalten werden; dazu widerstrebten sie allzu sehr nicht bloß den sündlichen Gelüsten der Gottlosen, sondern auch dem berechtigten Freiheitsgefühl eines jeden Menschen. Und so hat denn Calvin über zehn Jahre (1543—1555) um die Aufrechterhaltung und Ausführung der durch seinen Einfluß eingeführten Ordnungen mit dem Volke wie mit der Obrigkeit kämpfen müssen, und erst nach vielen Schwankungen und zuletzt nach einem offenen Straßenkampfe zwischen den Anhängern Calvins und seinen Gegnern, welche sich diese Einschränkung ihrer Freiheit nicht gefallen lassen wollten, wurde auf die Dauer die Geltung der eingeführten Gesetze festgestellt.

d. „So hatte nun die Gemeinde Frieden, und bauete sich und wandelte in der Furcht des Herrn" — nach diesem Worte der Apostelgeschichte (Kap. 9, 31) ging es seit 1555 auch in Genf. Der Gottesdienst wurde fleißig besucht, und die Kirchenzucht, deren höchste Strafe im Ausschluß vom heiligen Abendmahl bestand, mit Ernst geübt; neben den niederen gab es eine höhere Schule und seit dem Jahre 1559 auch eine Akademie zur Bildung von Geistlichen für die ganze reformierte Kirche, welche bald ebenso besucht und berühmt war, wie die Universität Wittenberg.

Aber nicht bloß die Kirche in Genf lag einem Manne wie Calvin am Herzen, sondern auf die ganze evangelische Kirche, die reformierte wie die lutherische, war seine Aufmerksamkeit und seine Tätigkeit gerichtet; ja, sogar an die Heidenmission dachte er, und er damals ganz allein in der evangelischen Kirche.

Hatte Luther vor allem die Lehre vom allein seligmachenden Glauben gepredigt, so fügte Calvin die Lehre von der Notwendigkeit der Heiligung hinzu. Hatte Luther die Kirche vom Papste frei gemacht, so machte Calvin sie unabhängig auch vom Staate, so daß sich seitdem mehr und mehr das besondere Leben und die besondere Verfassung der Kirche ausgebildet hat. Hatte Luther vor allem evangelische Landeskirchen begründet, so war es Calvins Verlangen — und er hat es verwirklicht — die reformierten Gemeinden von ganz Europa zu einem innerlich verbundenen Ganzen zu machen. So hat Calvin Luthers Werk weitergeführt; beiden Männern und ihren Mitarbeitern verdankt die evangelische Kirche ihr Bestehen und ihre Gestalt; es war die Aufgabe der späteren Jahrhunderte, das Werk beider Männer weiterzuführen; die Kirche Luthers und die Kirche Calvins, wenigstens zunächst in ihrem Lande, zu einer einigen evangelischen Kirche zusammenzuschließen — das war den Fürsten aus dem Hause Hohenzollern vorbehalten.

e. Neben der persönlichen Tätigkeit Calvins in Genf und der brieflichen Einwirkung auf die fernen Gebiete der Kirche ging nun bei ihm ebenso wie bei den anderen Reformatoren eine umfassende schriftstellerische Tätigkeit her. Sein Hauptwerk ist „Der Unterricht im christlichen Glauben", in welchem er, noch mehr als Melanchthon, den christlichen Glauben streng wissenschaftlich darzulegen suchte. In diesem Werke findet sich nun auch eine Lehre ausgesprochen, welche ihm bei seinen Lebzeiten wie noch heute die heftigsten Angriffe zugezogen hat. Calvin lehrt nämlich, Gott habe nicht alle Menschen zu dem gleichen Schicksal geschaffen, sondern die einen zum ewigen Leben, die anderen zur ewigen Verdammnis vorherbestimmt, jene kraft unverdienter Barmherzigkeit, diese durch ein gerechtes, aber unbegreifliches Urteil; und dabei richte sich Gott nicht etwa nach dem Verhalten der Menschen, sondern er verfahre dabei durchaus frei und ohne Rücksicht auf der Menschen Glauben und Leben. Diese bedenkliche Lehre[1]) glaubte Calvin in der heiligen Schrift gefunden zu haben, und nicht bloß Calvin, sondern ebenso Luther und Zwingli; erst Melanchthon hat sich allmählich von dieser auch von ihm zuerst vorgetragenen Lehre freigemacht, und die reformierte Kirche hat dieselbe nur zum Teil in ihre Glaubensbekenntnisse aufgenommen. Calvin hat an dieser Lehre streng festgehalten und bei seinen Anhängern Zustimmung gefordert und gefunden; heute betrachtet niemand den Glauben an diese Lehre als eine notwendige Forderung an einen evangelischen Christen.

f. In den letzten Jahren seines vielbewegten Lebens war es Calvin vergönnt, mit Ruhe und Freude auf das Werk seines Lebens hinzublicken; die Kirche von Genf war fest begründet, und Volk und Rat hielten mit Eifer die durch Calvins Einfluß eingeführten strengen Sittenordnungen aufrecht.

Schon seit vielen Jahren war aber Calvin von allerlei Krankheiten heimgesucht, gegen welche alle Kunst und Sorgfalt der Ärzte nichts ausrichten konnte; doch ließ er sich in seiner Tätigkeit kaum stören, und wenn er im Bett bleiben mußte, dann diktierte er seinem Schreiber Briefe und gelehrte Werke. Nachdem er sein Testament gemacht und von allen Freunden, wie auch von den Geistlichen und dem Rate Abschied genommen hatte, starb er am 27. Mai 1564 abends 8 Uhr sanft und ruhig und wurde am folgenden Tage ohne jegliches Gepränge unter dem Geleite von ganz Genf auf dem gemeinsamen Kirchhofe beigesetzt; auf sein Grab wurde seinem Willen gemäß keine Inschrift gesetzt; sein Grab ist uns deshalb nicht bekannt, aber sein Name wird nie vergessen werden; Genf war durch Calvin zum Mittelpunkt der ganzen reformierten Kirche geworden[2]).

---

[1]) Dieselbe ging sogar noch über Augustinus' Lehre hinaus: vgl. Nr. 77 Bb.
[2]) Heute (1910) wohnen in der Schweiz neben 2,1 Millionen Protestanten fast 1,6 Millionen Katholiken.

III. Die Begründung evangelischer Landeskirchen und der Kampf um den Glauben in Deutschland und in den anderen Ländern.

33. (103.) Die Begründung lutherischer und reformierter Landeskirchen in Deutschland; die Erhaltung und Wiederherstellung des Katholizismus in einem Teile von Deutschland; der Kampf um den Glauben bis zur Neuzeit. (Nr. 153 B, 13. I, 54 und 55.)

a. Durch Luther und Melanchthon war die lutherische Kirche in Deutschland, durch Zwingli und Calvin die reformierte Kirche in der Schweiz begründet worden; als dritte Schwesterkirche steht diesen beiden Kirchen die später zu besprechende anglikanische Kirche Englands selbständig zur Seite. Die lutherische und die reformierte Kirche haben sich aber von Wittenberg und Zürich und Genf aus nicht bloß über Deutschland und die Schweiz, sondern auch über andere Länder von Europa verbreitet, die reformierte mehr im Westen und Süden, die lutherische mehr im Osten und Norden von Europa. Eine reformierte Kirche finden wir nämlich in Frankreich, in den Niederlanden und in Schottland, eine lutherische Kirche ist in Dänemark, Schweden und Norwegen begründet worden. Von Deutschland ist der Norden und der Osten fast ganz lutherisch geworden, der Süden und der Westen, soweit er überhaupt evangelisch geworden ist, mehr reformiert als lutherisch. Da in Deutschland beide Kirchen einander so nahe kamen, so konnte es an feindlicher, aber auch an freundlicher Berührung nicht fehlen, so daß sich hier allmählich Kirchen bildeten, die zwischen beiden Bekenntnissen in der Mitte standen; so namentlich die evangelische Kirche in Hessen. Die damit gegebene Wendung zur Vereinigung beider Kirchen zu einer einigen evangelischen Kirche ist aber erst das Werk der Hohenzollern, wie später dargelegt werden wird.

b. Wie im Kurfürstentum Sachsen von Wittenberg aus durch Luther eine evangelische Kirche begründet worden ist, das ist oben erzählt worden; mit der Gründung der evangelischen Kirche in Wittenberg war überhaupt die evangelische Kirche begründet worden. Allmählich war fast ganz Norddeutschland und auch ein Teil von Süddeutschland lutherisch geworden, und noch heute sind diese Teile Deutschlands vorwiegend von Evangelischen bewohnt.

Unter den reformierten Landeskirchen in Deutschland, welche allmählich den lutherischen Landeskirchen zur Seite getreten sind, hat besonders die Kirche der Kurpfalz eine große Bedeutung erlangt, und zwar für die ganze reformierte Kirche. Olevianus und Ursinus, die Verfasser des Heidelberger Katechismus, von welchem unten die Rede sein wird (Nr. 145 B), gehörten dieser Kirche an.

Weniger hatte die neue Lehre am Rhein und in Süddeutschland festen Fuß fassen können; Bischöfe und Fürsten reichten sich hier die Hand zur Unterdrückung derselben; doch wurde sie auch hier allmählich verbreitet und zum Teil angenommen. In Bayern hatten die Herzöge viel Mühe, das Evangelium zu unterdrücken. In Österreich war mindestens die Hälfte der Einwohner, an vielen Orten alle, evangelisch geworden. Selbst in den Gebieten der geistlichen Fürsten waren an vielen Orten keine Katholiken mehr zu finden.

So war Deutschland in der ersten Hälfte des 16. Jahrhunderts im ganzen ein evangelisches Land geworden; für den Papst schien es selbst den Katholiken wie verloren; es ist später leider zum Teil wieder anders geworden.

c. In den ersten Jahren nach Luthers Auftreten durfte man hoffen, daß wenigstens ganz Deutschland in seiner Predigt das lautere Wort Gottes erkennen werde; das ist nicht geschehen, vornehmlich durch den Einfluß einer Macht, die unlängst in der katholischen Kirche sich erhoben hatte, und die seitdem der evangelischen Kirche großen Schaden getan hat: das war der Jesuitenorden. Bald nach seiner Stiftung ging der Orden an seine Hauptaufgabe, die Bekämpfung der Ketzerei, besonders in dem für den römischen Stuhl schon fast verlorenen Deutschen Reiche. Rasch fand er in vielen Ländern und Städten offen oder heimlich Eingang, und wo die Jesuiten sich festsetzten, da war die evangelische Kirche aufs höchste gefährdet. Statt nun diesem gefährlichen Gegner mit vereinten Kräften entgegenzutreten, stritten sich die Evangelischen untereinander mindestens ebenso heftig, wie mit ihren Gegnern, und zwar oft so leidenschaftlich, daß manche suchende Seele irre werden mußte. Wir werden uns also nicht wundern dürfen, daß es unter diesen Umständen gelungen ist, den Katholizismus nicht bloß in kleineren Gebieten, sondern auch in den größeren Ländern Bayern und Österreich wieder zur Herrschaft zu bringen, mit der es in diesen Ländern fast zu Ende zu sein schien.

d. Seit dem Augsburger Religionsfrieden (1555) war allerdings die evangelische Kirche in Deutschland als zu Recht bestehend anerkannt; indes der Papst hatte diesen Frieden verdammt, und die strengeren Katholiken hielten es für ihre Pflicht und für ihre Aufgabe, die Ketzer dem Papste wieder zu unterwerfen. So kam es noch einmal zum Kampfe um die Freiheit des Glaubens, und dreißig Jahre lang wurde um den Bestand des evangelischen Glaubens in Deutschland gekämpft. Jedoch durch den Westfälischen Frieden (1648) wurden der Passauer Vertrag und der Augsburger Religionsfriede aufs neue bestätigt; alle Siege des Kaisers waren vergeblich gewesen, und die Hoffnungen der Katholiken auf die gänzliche Ausrottung der Ketzerei waren gescheitert[1]). Ja, die Evangelischen gewannen durch diesen Frieden noch mehr, als sie bis dahin besessen hatten. Hatte der Augsburger Religionsfriede nur den Bekennern der Augsburger Konfession Glaubensfreiheit gewährt (als solche galten aber zunächst nur die Lutheraner), so wurde jetzt auf das anhaltende Drängen des reformierten Kurfürsten von Brandenburg, Friedrich Wilhelms, des Großen Kurfürsten, ausdrücklich bestimmt, daß diese Glaubensfreiheit auch den Reformierten zuteil werden solle. Freilich blieb es auch jetzt dabei, daß die freie Wahl des Glaubens nur den Reichsständen, d. h. den Obrigkeiten, zustand; die Untertanen sollten eigentlich auch jetzt noch den Glauben ihrer Obrigkeit

---

[1]) Vergeblich protestierte der Papst gegen die Duldung der Ketzer im Westfälischen Frieden, und im Jahre 1701 dagegen, daß der ketzerische Kurfürst von Brandenburg als König anerkannt würde.

annehmen. Aber auch in dieser Hinsicht wurden doch der Willkür der Obrigkeit einige Schranken gezogen. Wenn ein evangelischer Landesherr zu der anderen protestantischen Partei übertrat (also der Lutheraner reformiert wurde oder umgekehrt), so durfte er seine Untertanen nicht zum Übertritt nötigen. Ebenso durften evangelische Untertanen katholischer Fürsten und katholische Untertanen evangelischer Fürsten nicht zum Übertritt genötigt werden, wenn in diesem Gebiete im Laufe des Jahres 1624 ihr Glaube freie Religionsübung genossen hatte. Wem das nicht zu gute kam, den durfte zwar der Landesherr nach wie vor zum Glaubenswechsel oder zur Auswanderung zwingen, aber der Untertan durfte doch im Besitz seiner Güter nicht geschädigt werden und durfte zur Ordnung derselben immer aufs neue das verlassene Land besuchen. Doch galten diese milderen Bestimmungen nur im Reiche, für Österreich behielt sich der Kaiser völlige Freiheit gegenüber den Evangelischen vor. Für den Besitz des Kirchengutes sollte der 1. Januar 1624 maßgebend sein; fortan sollte vom Kirchengut in katholischen und in evangelischen Händen bleiben, was jeder Partei an diesem Tage gehört hatte. Künftige Differenzen in Religionssachen sollten nicht durch Stimmenmehrheit des Reichstages, sondern durch gütlichen Vergleich erledigt werden; im Jahre 1653 vereinigten sich sogar die evangelischen Stände des Reichstags zu dem sogenannten Corpus Evangelicorum, an dessen Spitze Kursachsen stand (auch noch nach dem Übertritt des Kurfürsten zur katholischen Kirche), und durch diese Behörde wurden fortan die Evangelischen den Katholiken gegenüber (dem Corpus Catholicorum, unter der Führung von Mainz) vertreten und in ihren Rechten geschützt.

So hat also auch dieser Friede noch nicht dahin geführt, daß jeder U n t e r t a n volle Religionsfreiheit besaß und daß j e d e r Glaube im Staate geduldet wurde. Nachdem aber schon vor ihm andere Fürsten diesen Grundsatz der unbedingten Glaubensfreiheit bei der Regierung ihres Landes befolgt hatten, hat namentlich Friedrich der Große es ausdrücklich ausgesprochen, „daß in seinen Staaten jeder nach seiner Faßon selig werden dürfe", und dieser Grundsatz der unbeschränkten Glaubensfreiheit und der Gleichberechtigung aller Bürger im Staate ohne Unterschied der Religion ist allmählich, obwohl er noch heute vom Papste verdammt wird, in allen Staaten, auch in den katholischen, zur Geltung gekommen, und so steht denn heute in Deutschland (und auch in anderen Ländern) der katholischen Kirche die evangelische Kirche gleichberechtigt zur Seite.

e. Freilich haben in katholischen Ländern die Evangelischen und in evangelischen Ländern die Katholiken noch gar manches erdulden müssen, ehe dieser Grundsatz zur Anerkennung gelangt ist. Denn auch mit dem Jahre 1648 hörte die Bedrückung evangelischer Untertanen durch katholische Obrigkeiten (und umgekehrt) noch nicht auf.

So hatte sich im E r z b i s t u m S a l z b u r g im 16. Jahrhundert der evangelische Glaube verbreitet, zum großen Ärger der Erzbischöfe, die immer wieder mit List und Gewalt ihn auszurotten suchten; bereits im Jahre 1685 mußten über tausend Evangelische mitten im Winter das Land verlassen; das war aber nur das Vorspiel der späteren großen Ketzerverfolgung. Im Jahre 1728 bestieg nämlich Leopold Anton Eleutherius von Firmian den erzbischöflichen Stuhl. Er rief zunächst eine Schar Jesuiten ins Land; bald begannen auch die Verfolgungen. Etwa 5000 (ihm vom Kaiser zur Verfügung gestellte Soldaten), die bei den Evangelischen ins Quartier gelegt wurden, sollten dieselben mürbe machen. Als das nichts nützte, wurden die Ketzer aus dem Lande vertrieben, zum Teil mitten im Winter (1731/32); Hab' und Gut konnten sie meist nicht verkaufen oder mitnehmen, ja, selbst ihre Kinder wurden ihnen vorenthalten, um sie katholisch zu erziehen. Über 14000 Evangelische verließen in einem halben Jahre das Land und wurden überall freundlich aufgenommen; der König von Preußen Friedrich Wilhelm I. erklärte sich bereit, ihnen neue Wohnsitze anzuweisen, ließ sie mit Reisegeld versehen und nach Ostpreußen bringen. Er hatte dadurch in einigen Jahren ein wohlangebautes Land mit vielen fleißigen Bewohnern gewonnen.

Unter den vielen Geschichten einzelner Auswanderer, die uns überliefert sind, ist besonders eine (durch Goethes bekanntes Gedicht „Hermann und Dorothea", dem sie zugrunde liegt)[1]) interessant geworden[2]).

Als im Jahre 1781 Kaiser Joseph II. für ganz Österreich das Toleranzedikt erließ, wagten die Evangelischen dies zunächst kaum zu glauben. Als nun aber viele heimliche Evangelische sich offen von der katholischen Kirche lossagten, wurde das Edikt durch die Geistlichen vielfach beschränkt, und nach Josephs Tode war es mit der Duldung vollends wieder vorbei. Auch noch in der neusten Zeit hat in Österreich die katholische Kirche, wo sie es irgend konnte, die Evangelischen verfolgt und unterdrückt (Niederlassung der Zillertaler Tiroler in Schlesien, 1837).

f. Daß nun aber dem deutschen Volke der evangelische Glaube erhalten bleibe, auch an denjenigen Orten, wo nur wenige Evangelische wohnen, dafür sorgt seit dem Jahre 1842 der Gustav-Adolf-Verein, durch welchen jetzt in katholischen Gegenden und Ländern eine evangelische Kirche nach der andern gebaut wird.

Zur Wahrung der Interessen der evangelischen Kirche gegenüber der katholischen Kirche im weiteren Sinne ist im Jahre 1887 der Evangelische Bund gegründet worden.

g. In Deutschland, Österreich-Ungarn, Holland, Belgien, Luxemburg, Liechtenstein und in der Schweiz zusammen gibt es jetzt (1914) neben 68⅓ Mill. Katholiken allerdings nur etwa 50¼ Mill. Evangelische (in Deutschland allein allerdings nur etwa 23,8 Mill. Katholiken neben fast 40 Mill. Evangelischen); die katholische Kirche hat also, da im 16. Jahrhundert nur der kleinste Teil der Bewohner dieser Länder katholisch geblieben war, seitdem wieder gewaltige Fortschritte gemacht; kein Wunder, daß mancher Katholik die Zeit nicht fern glaubte, wo alles wieder katholisch sein würde; diese Hoffnung dürfte schwerlich in Erfüllung gehen; im Gegenteil, eine Bewegung, deren Parole lautet: „Los von Rom", macht der katholischen Kirche (auch in Österreich) nicht geringe Sorge.

---

[1]) Goethe hat aber die Geschichte in die Zeit der französischen Revolution verlegt.

[2]) „Die wunderbare Führung Gottes an einer salzburgischen Dirne": Nr. 153 B, 13; Schaitbergers Exulantenlied: Nr. 153 B, 13.

34. (104.) Die Begründung evangelischer Kirchen unter den anderen germanischen Völkern von Europa; die anglikanische Kirche; die evangelische Kirche in Amerika. (I, 54 und 56.)

a. Auch in den Niederlanden, welche damals noch zu Deutschland gehörten, hatten schon früh Luthers Lehren und Schriften Anklang gefunden, und die ersten Märtyrer der evangelischen Kirche waren zwei Augustinermönche, welche am 1. Juli 1523 in Brüssel ihren Glauben mit dem Tode besiegelten. Karl V. konnte aber hier den evangelischen Glauben besser bekämpfen, als in Deutschland; viele Tausende verließen deshalb um ihres Glaubens willen ihr Vaterland. Als nun Karls V. Sohn, Philipp II., auf den Thron kam, der es als seine Lebensaufgabe betrachtete, den katholischen Glauben in seinem Reiche aufrechtzuerhalten und den evangelischen Glauben auch in den fremden Ländern wieder zu unterdrücken, da wurden die Niederländer über den neuen Herrscher zunächst deshalb unwillig, weil er ihre politische Freiheit anzutasten schien; aber ihr Unmut wuchs zu gefährlicher Höhe, als Philipp auch in der Religion strenge Maßregeln ergriff, um die noch immer nicht unterdrückte Ketzerei gänzlich auszurotten. Dazu schickte nämlich Philipp im Jahre 1567 den unmenschlichen Feldherrn Alba mit einem spanischen Heere nach den Niederlanden, und schon der Schrecken seines Namens genügte, um noch vor seiner Ankunft über 100000 Niederländer zur Flucht zu bewegen. Als Alba ankam, nahm er die beiden vornehmsten Adligen, die Grafen Egmont und Hoorn, durch List gefangen, und sie wurden nebst achtzehn anderen Edelleuten auf dem Marktplatz von Brüssel enthauptet. Nunmehr wütete ein Gerichtshof, den Alba einsetzte, der Rat der Unruhen, den die Niederländer mit Recht den Blutrat nannten, gegen Schuldige und Unschuldige; überall wüteten Galgen und Rad, und überall brannten Scheiterhaufen; etwa 18000 Menschen hat Alba durch seinen Blutrat ermordet. Als aber nun Alba die Niederländer durch neue, unerhörte Steuern zur Verzweiflung trieb, da begannen sie noch energischer, als bisher, den Kampf für ihre Freiheit, und namentlich auch derjenige Mann, den Alba zu seinem Bedauern nicht mehr in den Niederlanden vorgefunden hatte, Wilhelm von Oranien, nahm den Kampf gegen die Spanier mit solchem Erfolg auf, daß nur die südlichen Provinzen (das jetzige Belgien) katholisch und bei Spanien blieben; die nördlichen Provinzen (das heutige Holland) schlossen im Jahre 1579 unter Oraniens Führung die Utrechter Union zur Abstellung alles Religionszwanges, und im Jahre 1581 sagten sie sich für immer von Spanien los. Seitdem war Holland ein evangelisches, Belgien ein katholisches Land; das ist das heutige Holland nicht mehr, da den 3,3 Mill. Protestanten 2 Mill. Katholiken gegenüberstehen; dagegen sind Belgien und Luxemburg fast ganz katholische Länder.

b. Auch Dänemark, Norwegen und Schweden (zu welchem damals Finnland gehörte) sind im 16. Jahrhundert ganz evangelische (und zwar lutherische) Länder geworden und bis auf den heutigen Tag geblieben; in Dänemark gibt es heute (1911) nur 5400 (0,2 Prozent), in Schweden 2378 (0,4 Prozent), in Norwegen 2050 (0,8 Prozent) Katholiken.

c. Neben der lutherischen und der reformierten Kirche ist aber noch eine dritte evangelische Kirche, die anglikanische Kirche, in England gegründet worden. Wie diese Kirche entstanden ist, soll im folgenden dargelegt werden.

Als Luther in Deutschland gegen den Ablaßhandel auftrat, regierte in England König Heinrich VIII. (1509—1547), ein eifriger Gegner der evangelischen Bewegung. Als nun aber der König Lust bekam, seine Frau zu verstoßen und eine andere zu heiraten, was der Papst ihm nicht erlaubte, da schickte er seine Frau selber fort und heiratete eine andere, ohne sich um den Papst zu kümmern, und sechs Frauen hat schließlich dieser König nacheinander geheiratet, von denen er zwei sogar hat hinrichten lassen. Der König verachtete aber nicht bloß die Autorität des Papstes für seine Person, sondern er erklärte sich auch selber für das Oberhaupt der englischen Kirche, und das Parlament ließ sich dazu bewegen, die Autorität des Papstes über England abzuschaffen (1534). So war in England zwar die Autorität des Papstes beseitigt, aber die Reformation der Kirche noch nicht begonnen; unter Heinrich VIII., als ihrem Oberherrn, der sich an des Papstes Stelle setzte, sollte die englische Kirche in Glauben und Ordnungen eine katholische Kirche bleiben. Erst unter der Regierung des noch minderjährigen und bald gestorbenen Sohnes von Heinrich VIII., Eduard VI. (1547—1553), wurde mit der eigentlichen Reformation der Kirche Englands ein Anfang gemacht.

Aber das Werk der englischen Reformation wurde noch einmal unterbrochen, als auf Eduard VI. seine Stiefschwester Maria als Königin von England folgte (1553—1558); sie war streng katholisch, und sie stellte sofort die Oberherrschaft des Papstes über England wieder her; ja, sie vermählte sich mit Philipp II. von Spanien, der freilich nur kurze Zeit in England gewesen ist. Nunmehr wurde natürlich der katholische Glaube im ganzen Lande wiederhergestellt, und die Ketzer wurden vertrieben oder getötet.

Als aber die „blutige" Maria schon im Jahre 1558 starb, folgte ihr auf dem Throne ihre bisher zurückgesetzte, fast gefangen gehaltene Stiefschwester Elisabeth (1558—1603), und diese ist die eigentliche Gründerin der evangelischen Kirche von England geworden. Als Elisabeth zur Regierung kam, wurde die Autorität des Papstes über England sofort wieder beseitigt, und der Herrscher Englands wurde wieder zum Herrn der Kirche von England gemacht; die bischöfliche Verfassung wurde aber beibehalten, und die anglikanische Kirche hält diese Verfassung — in Übereinstimmung mit der katholischen Kirche — noch heute für eine göttliche Ordnung. Ein Glaubensbekenntnis, die 39 Artikel, stellte (1562) den evangelischen Glauben gegen die katholische Kirche und auch gegen andere evangelische Kirchen fest; ein Gebetbuch ordnete den Gottesdienst so, wie er noch heute gehalten wird. Seitdem war die englische, die sogenannte anglikanische Kirche, für die Dauer begründet, und alle Bewohner des Landes sollten natürlich dieser Kirche angehören. Aber auch in England haben allmählich auch andere Religionsparteien Duldung erlangt, und Irland ist sogar bis auf den heutigen Tag ein katholisches Land geblieben. Von den 45 Mill. Bewohnern von Großbritannien und Irland (1911) gehören nur $17^1/_2$ Prozent der katholischen Kirche an.

An diese Kirche haben sich später auch außerhalb Englands (in den englischen Kolonieen) in Glaube und Gottesdienst, wie auch in der bischöflichen Verfassung, viele Kirchen angeschlossen, ohne aber äußerlich durch ein gemeinsames Oberhaupt (wie bei der römischen Kirche) mit ihr verbunden zu sein.

d. Auch in Schottland fanden die Evangelischen eine Stütze an der Königin von England, Elisabeth, und so gelang es ihnen im Jahre 1561, den katholischen Glauben in Schottland zu beseitigen und eine evangelische Kirche zu begründen, welche, streng an Calvin sich anschließend, alles Katholische aus der Kirche durchaus beseitigte und darum auch von der in England festgehaltenen bischöflichen Verfassung nichts wissen wollte; an der Spitze der Gemeinden stehen, nach altchristlicher Weise, Presbyter, und darum nennt man eine solche Verfassung eine presbyterianische; die ganze Kirche wird von einer Synode geleitet.

So steht als zweite öffentlich anerkannte Nationalkirche in Großbritannien der bischöflichen Kirche von England die presbyterianische Kirche von Schottland zur Seite, deren Haupt gleichfalls der Herrscher von England ist.

e. Eine große Menge evangelischer Christen der verschiedensten Parteien gibt es endlich auch in Amerika, namentlich in den Vereinigten Staaten von Nordamerika. Aber während nun in Europa bis in die neuere Zeit in jedem Lande nur ein Glaube geduldet wurde oder wenigstens die Herrschaft beanspruchte, haben in Amerika, wohin mehr und mehr Anhänger der verschiedensten Religionsparteien auswanderten, allmählich alle Parteien gleiche Duldung und Anerkennung, aber keine eine Unterstützung von seiten des Staates gefunden; infolgedessen gibt es in den Vereinigten Staaten eine größere Menge christlicher Parteien (1897: 148 Religionsgemeinschaften), als in den einzelnen Ländern von Europa, aber hauptsächlich doch außer den Katholiken (1910: etwa ein Drittel von 92 Mill. Einw.) nur sechs größere evangelische Kirchen, welche überall Verbreitung erlangt haben (die größten die der Methodisten und der Baptisten).

IV. 35. (105). **Die Unterdrückung der Reformation unter den romanischen und den slawischen Völkern von Europa.** (I, 57 u. 58.)

Während die Germanen zum größten Teil evangelisch geworden sind, sind die beiden anderen großen Volksstämme von Europa, der der Romanen und der der Slawen, im 16. Jahrhundert zwar ebenfalls von der Reformation mehr oder weniger berührt worden, aber schließlich sind die Völker beider Stämme doch vorwiegend bei ihrem alten (katholischen oder griechischen) Glauben geblieben oder doch wieder zu ihm zurückgekehrt.

A. Romanische Völker.

a. Auch in Spanien waren Luthers Schriften und Lehren bald bekannt geworden, und evangelische Gemeinden begannen sich zu bilden; da schritten Karl V. und Philipp II. mit Hilfe der Inquisition gegen die Ketzer ein, und mit leichter Mühe wurde die evangelische Bewegung im Keime erstickt. Spanien ist daher noch heute, wie auch Portugal, ein fast ganz katholisches Land; erst in der Neuzeit haben sich daselbst einige evangelische Gemeinden gebildet.

b. In Italien wurde die Reformation gleichfalls mit Freude begrüßt; sie gewann vielfach Anhänger, und es bildeten sich an vielen Orten evangelische Gemeinden. Als der Papst die der katholischen Kirche drohende Gefahr erkannte und die Inquisition in Italien erneuerte (1542), gelang es derselben bald, die evangelische Bewegung zu unterdrücken, und am Ende des 16. Jahrhunderts war Italien wieder ein ganz katholisches Land, abgesehen von den wenigen Waldensern, welche, von ihren Bergen beschützt, dem Arme der Inquisition meist unerreichbar waren. Noch heute ist fast ganz Italien katholisch (von 34,6 Mill. Einw. sind nur 65 595 Protestanten).

c. Als Luther unter den Deutschen auftrat, gab es auch bereits in Frankreich Männer, welche an Papst und Kirche irre geworden waren und ein besseres Christentum kannten, als das katholische. Etwas später trat in Paris Calvin an die Spitze der Evangelischen; doch er mußte aus Frankreich fliehen, und erst von Genf aus ist er zum Reformator für einen kleinen Teil des französischen Volkes geworden.

Als sich hier und da evangelische Gemeinden bildeten, schritten auf den Befehl des Königs Franz I. seit 1526 die geistlichen und weltlichen Gerichte mit den strengsten Strafen gegen die Ketzer ein. Aber trotz aller Verfolgungen erhielt sich der reinere Glaube in Frankreich; an 2000 evangelische Gemeinden mit etwa ½ Million Seelen hat es damals in Frankreich gegeben, und eine wohlgeordnete Kirchenverfassung mit Synoden und einer Generalsynode wurde im Jahre 1559 eingeführt; strenge Sittlichkeit zierte die Evangelischen im Gegensatze zu den Katholiken.

Als Franz II., der älteste Sohn Heinrichs II., der Gemahl der Maria Stuart, im Jahre 1560 gestorben war, wurde während der Regentschaft seiner Mutter, Katharina von Medici, welche für ihren jüngeren Sohn Karl IX. zunächst das Land regierte, den Hugenotten[1]) erlaubt, außerhalb der Städte öffentlichen Gottesdienst zu halten. Aber als die katholische Partei, die Guisen an ihrer Spitze, die sogar mächtiger waren als der König, bald wieder zu offener Gewalttat schritten, da kam es zum Bürgerkriege. Die Hugenotten waren so mächtig geworden, daß ein Krieg nach dem anderen (es sind deren bis zum Jahre 1593 neun geführt worden) vergeblich begonnen wurde; es gelang den Katholiken nicht, die Ketzer zu bewältigen. Ihren Höhepunkt erreichte die Verfolgung der Hugenotten in der Bartholomäusnacht (24. August 1572). Als nämlich König Karl IX. seine Schwester mit dem Haupte der Hugenotten, dem Bourbonen Heinrich von Navarra, vermählte, hatte der König die beiden Religionsparteien miteinander versöhnen wollen; aus dieser Hochzeit wurde aber eine Bluthochzeit; da nämlich des Königs Mutter fürchtete, durch diese Vermählung ihren Einfluß auf ihren Sohn zu verlieren, so überredete sie denselben, die Hugenotten zu ermorden. Gegen 30 000 Hugenotten mögen im Jahre 1572 in Frankreich umgebracht worden sein; manchem gelang es, in die Nachbarländer zu entfliehen; Heinrich von Navarra rettete sich vor dem Tode durch das Versprechen, katholisch zu werden; im Jahre 1576 trat er zum evangelischen Glauben zurück.

In dem unglücklichen Lande begann nun wieder der Bürgerkrieg zu

---

[1]) So wurden damals die Evangelischen in Frankreich genannt.

wüten; die Evangelischen kämpften aber so tapfer, daß ihre Gegner mit ihnen nicht fertig werden konnten. Der Nachfolger von Karl IX., sein jüngerer Bruder Heinrich III., geriet endlich sogar mit seinen katholischen Freunden in Zwist, ermordete die Häupter der Katholiken und fiel bald selbst durch Meuchelmord. Mit Heinrich III. war aber das Haus der Valois ausgestorben, und die Krone gebührte nun dem evangelischen Bourbonen Heinrich von Navarra; aber die Katholiken wollten keinen Evangelischen auf den Thron lassen; es kam also zum Bürgerkriege, und Paris wurde belagert. Der König hob jedoch die Belagerung auf, um sich sein Volk nicht zu sehr zu entfremden, und wurde katholisch. Im Jahre 1598 hielt nun Heinrich IV. seinen Thron für hinreichend befestigt, um seiner ehemaligen Glaubensgenossen sich kräftiger annehmen zu können. Er erließ also jetzt das Edikt von Nantes, das den Evangelischen freilich nicht gleiche Rechte mit den Katholiken, aber doch eine beschränkte Religionsfreiheit gewährte.

Aber das Edikt von Nantes (1598) hat kaum hundert Jahre seine Geltung behauptet. Als unter Ludwig XIV. die Verfolgung der Protestanten aufs neue anfing, begannen sie in Masse auszuwandern. Im Jahre 1685 erklärte der König das Edikt von Nantes für aufgehoben. Jeder reformierte Gottesdienst war nunmehr untersagt, alle Pastoren mußten bei Galeerenstrafe binnen vierzehn Tagen das Land verlassen, kein Kind sollte mehr von den Eltern reformiert erzogen werden; alle Güter der Entflohenen wurden konfisziert; auf der Auswanderung stand Galeerenstrafe; Rückfällige wurden als Verbrecher bestraft. In diesen Jahren haben von den etwa 1 600 000 Reformierten, die es in Frankreich damals gab, etwa 350 000 ihr Vaterland verlassen. Erst kurz vor der Revolution (1787) wurde durch den König Ludwig XVI. den Protestanten wieder Duldung gewährt, und damit der über hundert Jahre dauernden Verfolgung der Protestanten ein Ende gemacht.

So ist also Frankreich durch Gewalt der katholischen Kirche erhalten worden, ebenso wie Italien und Spanien (von 39,6 Mill. Einw. sind nur 600 000 Protestanten); doch hat in der neusten Zeit auch hier, wie in Österreich, eine Los von Rom-Bewegung begonnen, welche der katholischen Kirche manche Sorge bereitet.

B. Slawische Völker.

Dasselbe Schicksal, wie unter den Romanen, hat die Reformation auch unter den den Deutschen zunächst wohnenden Stämmen der Slawen, den Westslawen, gehabt; auch diese waren durch einen Vorläufer der Reformatoren aus ihrer Mitte, den Böhmen Johannes Huß, auf die Reformation vorbereitet, und sie haben dieselbe (freilich nur einige Stämme) später mit offenen Armen aufgenommen; aber die katholische Kirche hat mit „großer Macht und vieler List“ die Reformation auch hier wieder unterdrückt, so daß auch die Westslawen, wie die Romanen, heute wieder fast ganz katholisch sind. Die in Böhmen im Anschluß an die hussitische Bewegung entstandene evangelische Kirche ist am Anfang des 30jährigen Krieges unterdrückt worden; die in Polen entstandene evangelische Kirche ist ebenfalls fast ganz wieder unterdrückt worden. Unter den Russen (Ostslawen) und unter den Südslawen ist eine evangelische Kirche noch gar nicht begründet worden; von den etwa 136 Mill. Einw. Rußlands (1914) gehören etwa 102 Mill. (fast alle Russen) der orthodoxen Kirche an; 15 Mill. sind römische Katholiken, 4½ Mill. Protestanten, 6½ Mill. Juden, 4,7 Mill. Mohammedaner, 0,4 Mill. Heiden. Die ganze morgenländische Kirche, zu der ja diese Stämme der Slawen sich fast ausschließlich bekennen, steht überhaupt der evangelischen Kirche noch fremd und gleichgültig gegenüber; sie ist erstarrt in den alten Formen eines ziemlich unvollkommenen Christentums, und noch sind keine Anzeichen vorhanden, daß es mit ihr so bald anders werden wird.

V. 36. (106.) Kleinere evangelische Kirchenparteien. (I, 59.)

Neben den drei größeren evangelischen Kirchen gibt es noch viele kleinere evangelische Parteien, teils schon aus der Reformationszeit herstammend, teils erst in neuerer Zeit entstanden, namentlich in größerer Zahl in Amerika, wo schneller als bei uns eine neue Religionspartei auftaucht, aber auch ebenso schnell wieder verschwindet. Das Streben dieser kleineren Parteien ist entweder darauf gerichtet, die Reformation der Kirche, welche von den Reformatoren des 16. Jahrhunderts nach ihrer Meinung noch nicht vollkommen durchgeführt worden ist, wirklich durchzuführen, oder eine wirkliche „Gemeinde der Heiligen" herzustellen, die sie in den großen Kirchen nicht verwirklicht finden.

Das letztere Ziel verfolgen (wie die Pietisten und die Methodisten) die Mennoniten und die mit ihnen wesentlich übereinstimmenden Baptisten, von denen die ersteren aus den schwärmerischen Wiedertäufern des 16. Jahrhunderts, die anderen in England selbständig entstanden sind. Beide Parteien, die sich streng an die Bibel halten und ihr Leben streng nach dem Buchstaben der Bibel regeln, verwerfen die Kindertaufe, weil bei dieser Einrichtung immer wieder Unbekehrte in die Kirche eintreten, also eine „Gemeinde der Heiligen" nicht hergestellt werden kann.

Dagegen wollen andere Sekten (Socinianer, Quäker und Irvingianer) die noch nicht durchgeführte Reformation der Kirche weiterführen. Der im 16. Jahrhundert von dem Italiener Socinus begründete Socinianismus war ein Vorläufer des Rationalismus. Die Quäker (seit 1649) wollen, nicht bloß (wie Luther) die Tradition und die katholischen Sakramente verwerfend, sondern die Gnadenmittel überhaupt und auch die Bibel als äußere Autorität preisgebend, nur das innere Gotteswort und nur geistige Sakramente anerkennen. Als die wahrhaft apostolische Kirche betrachten sich dagegen, gerade um ihrer Wundergaben und ihrer Apostel willen, die sie für eine wahre Kirche für notwendig halten und zu haben vorgaben, also um äußerer Dinge willen, die Irvingianer (seit 1831).

An der äußersten Grenze des Christentums steht die Sekte der Mormonen, gegründet von einem offenbaren Betrüger, mit einer abenteuerlichen Lehre, und namentlich darin von allen anderen christlichen Parteien sich unterscheidend, daß sie die Vielweiberei für recht hält.

Allen diesen Parteien steht die evangelische Kirche zwar ablehnend gegenüber, aber ohne sie zu verfolgen; ja, sie hat sich bemüht, auch von ihnen manches zu lernen.

Vierter Abschnitt.

Die innere Entwickelung der evangelischen Kirche von der Reformation bis zur Gegenwart.

37. (107.) Der Kampf um den rechten Glauben in der evangelischen Kirche. (I, 80.)

a. Eine von der katholischen Kirche gesonderte evangelische Kirche war durch die Reformatoren gegründet worden, und dieselbe hatte, wie sie mit Recht behauptete, eine richtigere Auffassung des christlichen Glaubens gewonnen, als die katholische Kirche. Aber wie schon Luther und Zwingli über die rechte Auffassung und Darstellung des evangelischen Glaubens miteinander in Streit geraten waren, so hielten es leider auch ihre Anhänger zum Teil für ihre Pflicht, einander als Feinde gegenüberzustehen, und weder Melanchthon noch Calvin vermochten diesen Streit eines falschen Glaubenseifers beizulegen, der zwar um eine wichtige Sache kämpfte, aber oft in verkehrter Weise. So waren denn im 16. Jahrhundert statt einer äußerlich einigen evangelischen Kirche leider eine lutherische und eine reformierte Kirche entstanden, denen sich als dritte, wieder besonders beschaffene (doch mit den anderen weniger in Streit verwickelte) die anglikanische Kirche zur Seite stellte — ganz abgesehen von den kleineren Sekten, die sich seit der Reformationszeit gebildet hatten und immer aufs neue bildeten.

Die voneinander getrennten Kirchen, namentlich in Deutschland, zu einer einigen evangelischen Kirche zusammenzuschließen, darauf zielte einerseits ihre **innere** Entwickelung hin, und das hat andrerseits dasjenige Herrscherhaus auch **äußerlich** unternommen, welches auch die uneinigen deutschen Stämme **politisch** zu einigen unternommen und vermocht hat, das Haus der Hohenzollern. Wie aus den beiden getrennten evangelischen Kirchen allmählich eine innerlich und auch äußerlich **einige** evangelische Kirche geworden ist, soll im folgenden dargelegt werden.

b. In der lutherischen Kirche Deutschlands traten nach Luthers Tode immer mehr zwei Richtungen einander entgegen: die eine mehr an Luther und den Buchstaben seiner Lehren sich anschließend und den Schweizern feindselig entgegentretend, die andere mehr an Melanchthon und Calvin sich anschließend und die Vereinigung der Wittenberger und der Schweizer erstrebend. Auch im **Kurfürstentum Sachsen**, dem Stiftungslande der Reformation, rangen die beiden Parteien miteinander. Der Nachfolger von Herzog Moritz, sein Bruder August (1553—86), war ein so eifriger Lutheraner, daß er erklärte: „Hätte ich auch nur **eine** calvinische Ader im Leibe, so sollte sie mir der Teufel ausreißen." Leider wußte der glaubenseifrige Fürst nicht recht, ob er denn auch gut lutherisch sei, denn seine Theologen wurden von allen Seiten schlechte Lutheraner gescholten, und er konnte nicht finden, warum sie das wären. Endlich glaubte er doch erkannt zu haben, daß dieselben heimliche Calvinisten wären, und nun wurden sie teils aus dem Lande gejagt, teils ins Gefängnis gesetzt (1574).

Inzwischen hatte sich das Luthertum völlig abgeschlossen und die mildere Richtung Melanchthons und noch heftiger die abweichende Lehre der Schweizer Reformatoren verdammt. Als nun am 25. Juni 1580 das Jubelfest der Übergabe der Augsburgischen Konfession gefeiert wurde, da ließ der jetzt streng lutherische Kurfürst August von Sachsen auf den Rat seiner lutherischen Theologen ein Buch erscheinen, welches fortan in der ganzen lutherischen Kirche als Richtschnur für Predigt und Lehre gelten sollte: die sogenannte Konkordien-, d. h. Eintrachts-Formel, durch welche in der lutherischen Kirche die Eintracht dadurch hergestellt werden sollte, daß das strengste Luthertum zur ausschließlichen Herrschaft gebracht würde. Nicht wenige lutherische Länder wollten aber von diesem Glaubensbuche nichts wissen, und so ist doch nicht erreicht worden, was die lutherischen Eiferer wollten, sondern es gab auch weiter strengere und mildere Lutheraner. Freilich Sachsen wurde fortan ein streng lutherisches Land, und es blieb bei seinem Glauben, auch als Kurfürst August der Starke von Sachsen im Jahre 1697, um seinem Hause die polnische Königskrone zu erwerben, zur katholischen Kirche übertrat. Seitdem ist die regierende Familie im Mutterlande der Reformation katholisch; an der Spitze der evangelischen Kirche stand seitdem Brandenburg-Preußen, wenn auch Sachsen nach wie vor an der Spitze des Corpus Evangelicorum im Deutschen Reichstage stand. (Nr. 103 d.)

c. Die Reformatoren wollten die Kirche von der Knechtschaft der in ihr herrschend gewordenen Menschensatzungen befreien, indem sie die heilige Schrift als die alleinige Richtschnur für die Kirchenlehre aufstellten. Als in der evangelischen Kirche Bekenntnisschriften abgefaßt wurden, sollten dieselben ursprünglich nur darlegen, in welchem Sinne die Evangelischen die heilige Schrift auslegten und was sie für die Hauptsache der heiligen Schrift hielten. Später aber meinte man, nicht die heilige Schrift, sondern ihre Auslegungen, die Bekenntnisschriften, wären bindend für die evangelische Kirche, und sie wurden als die Gesetzbücher des evangelischen Glaubens angesehen, nach denen man jetzt die heilige Schrift auslegte, während man doch sie selber nach der heiligen Schrift hätte immer aufs neue prüfen und berichtigen müssen. In diesem Sinne wurde in der lutherischen Kirche die Konkordienformel abgefaßt (1580) und in der reformierten Kirche die Beschlüsse der Synode von Dordrecht (1618—19) als Glaubensnorm bekannt gemacht, und tiefer angelegte und freier denkende Männer haben schon damals gegen diese „papiernen Päpste“ protestiert. Und nicht etwa bloß um lutherischen und reformierten Glauben hat es sich bei den Streitigkeiten der verschiedenen Kirchen gehandelt, sondern um noch viel unwichtigere Dinge ist mit der größten Leidenschaftlichkeit gestritten worden; es war eben allmählich die Zeit gekommen, wo man nur die eine Frage kannte, ob auch der Mitchrist ganz dasselbe Glaubensbekenntnis anerkenne, das Zeitalter der Herrschaft der Orthodoxie, d. h. des rechten Glaubens, aber nicht im Sinne der Reformatoren, sondern im Sinne ihrer späteren Schüler, die ein neues päpstliches Joch auf die Schultern ihrer Anhänger geworfen hatten; jeder Andersgläubige wurde verdammt und die Seligkeit ihm abgesprochen.

d. Wenn nun im 16. Jahrhundert der Kampf zwischen Katholizismus und Protestantismus die Gemüter aufs höchste erregt hatte, und im 17. Jahrhundert einerseits Luthertum und Calvinismus, andererseits — wie alsbald (Nr. 108) dargelegt werden wird — Orthodoxie und Pietismus um die Herrschaft stritten, so verlor sich allmählich für diese Streitigkeiten das Interesse, denn keine der streitenden Parteien vermochte die tiefsten Fragen des Menschenherzens befriedigend zu beantworten. Hatte nämlich die evangelische Kirche den nach Wahrheit suchenden Christen mit Recht von der irrenden Kirche auf die heilige Schrift verwiesen, so fing man allmählich an danach zu fragen, mit welchem Rechte man sich an die Bibel halte, und nicht an die Vernunft, die doch gleichfalls von einem Gotte zeuge. So bildete sich allmählich unter den Gebildeten eine Denkweise, welche vor allem sich an das halten wollte, was die Vernunft (oder vielmehr der Verstand) dem Menschen sage. In England, wo sich diese freie Denkweise zuerst verbreitete, nannte man sie Deismus, weil sie vor allem auf Gott und auf die von dem Glauben an Gott unzertrennliche Tugend und Unsterblichkeit hinwies. Die Franzosen nahmen diese Denkweise auf, und Voltaire, der die Kirche seines Landes und seiner Zeit (die katholische, die ihm keinen großen Respekt einflößte) grimmig haßte, wollte doch den Glauben an Gott nicht aufgeben. Dagegen schritten freilich andere zum Atheismus und Materialismus fort. In Deutschland fand der Materialismus damals keinen Anklang, aber wohl der Deismus, dem sich z. B. Friedrich der Große mit Entschiedenheit zuwandte. Diese Richtung, die sogenannte Aufklärung, der Rationalismus, wurde allmählich in ganz Deutschland herrschend; es war verkehrt und vergeblich, daß Friedrichs des Großen Nachfolger, Friedrich Wilhelm II., durch ein Religionsedikt (1788) seine Untertanen zum alten Kirchenglauben, den man im Gegensatze zum Rationalismus als Supranaturalismus bezeichnete, mit Gewalt zurückzuführen suchte: schon sein Nachfolger, Friedrich Wilhelm III., nahm dasselbe zurück (1797); die alte Weltanschauung und auch die alte Form der Glaubensdarstellung war für immer verschwunden, es galt, auf dem Grunde des Christentums ein Neues zu bauen — damit sind die Männer der Wissenschaft noch heute beschäftigt; es wird hoffentlich der evangelischen Theologie gelingen, diese Aufgabe so zu lösen, daß sowohl der Wissenschaft wie auch der Religion ihr Recht gewahrt wird.

38. (108.) **Der Kampf um „das wahre Christentum" in der evangelischen Kirche.** (I, 81.)

a. Wenn die nächste Zeit nach dem Zeitalter der Reformation, das Zeitalter der Orthodoxie, im ganzen ein wenig erfreuliches Bild darbietet, da man in dieser Zeit mehr um den Glauben stritt, als nach dem Glauben lebte, so hat es doch auch damals an besserer Predigt und an einfachem Glauben und wahrem Christentum nicht gefehlt; ja, es hat auch schon damals Männer gegeben, die sich über die klägliche Streitsucht ihrer Zeit erhoben und ein besseres Christentum kannten und ihren Zeitgenossen verkündeten, als die orthodoxen Geistlichen es damals taten. Solche Männer waren namentlich Johann Arndt (noch heute bekannt durch seine „Vier Bücher vom wahren Christentum") und Christian Scriver, deren Werke noch bis auf den heutigen Tag in manchem Hause als Erbauungsbücher benutzt werden.

b. Zur Milderung und Beruhigung der Glaubenskämpfe und zur allgemeinen Erweckung des Strebens, den rechten Glauben durch ein Gott wohlgefälliges Leben zu bewähren, hat aber zunächst namentlich der fromme Lutheraner Spener beigetragen, der Begründer des sogenannten Pietismus.

Philipp Jakob Spener (geboren 1635), der als Geistlicher in Frankfurt a. M., in Dresden und in Berlin (wo er im Jahre 1705 gestorben ist) in großem Segen gewirkt hat, ist sein Leben lang ein treuer Anhänger des lutherischen Glaubens gewesen. Aber er erkannte, wie schon andere vor ihm, deutlich die Gebrechen seiner Zeit und die Mängel des damaligen Luthertums und der in demselben herrschenden Orthodoxie, und sprach seine Ansichten über diese Mängel und ihre Beseitigung in einer im Jahre 1675 erschienenen Schrift aus: „Pia desideria oder herzliches Verlangen nach gottgefälliger Besserung der evangelischen Kirche". Er klagte in derselben vornehmlich darüber, daß der Glaube der Christen so vielfach ein toter Glaube sei, der sich nicht in einem frommen Wandel betätige, und er zeigte auch, wie diesem Mangel abzuhelfen sei.

Speners Schrift erregte überall das größte Aufsehen, und seine Vorschläge wurden an vielen Orten ausgeführt, namentlich bildeten sich an vielen Orten neben den kirchlichen Versammlungen auch Hausversammlungen der Gläubigen zur Erweckung einer lebendigeren Frömmigkeit. Zur Bezeichnung dieser Anhänger Speners kam um das Jahr 1674 der Name „Pietisten" (Frömmler) auf, und bald unterschieden sich beide Parteien namentlich dadurch, daß die Pietisten gegenüber dem laxen Leben der Gegner eine größere Strenge und Zurückgezogenheit von allen weltlichen Vergnügungen (Spiel, Tanz, Luxus usw.) forderten und damit allerdings in die Bahn eines gesetzlichen Wesens gerieten, welches besser zum Judentum als zum Christentum paßte. Bald kam es nun zwischen den beiden Parteien in der Weise der Zeit zu den heftigsten Streitigkeiten, und auch mit Speners im Jahre 1705 erfolgtem Tode war der Streit zwischen den Orthodoxen und den Pietisten nicht zu Ende. Allmählich beruhigten sich aber die Gemüter; der Orthodoxie hatten sich die Herzen entfremdet, der Pietismus mäßigte sich, und beide Anschauungen begannen sich zu einer neuen Richtung zu verbinden, welche zwischen beiden die Mitte zu halten bestrebt war, und eine weniger buchstäbliche, aber mehr lebendige Frömmigkeit beherrschte die Gemüter der Geistlichen und durchdrang das Leben der Gemeinden.

c. Spener hatte gewünscht, wenn es nicht möglich sei, die ganze Kirche zu einem lebendigeren Christentum zu führen, dann möchte das wenigstens mit einem kleineren Teil derselben geschehen. Dieser Wunsch ist in Erfüllung gegangen durch die Stiftung der Herrnhuter Brüdergemeinde. Als nämlich alle Evangelischen von dem siegreichen Kaiser (1620) aus Böhmen und Mähren vertrieben wurden, mußten die zurückbleibenden Evangelischen äußerlich katholisch werden. Um sich diesem Zwange zu entziehen, wanderten immer neue Scharen derselben nach evangelischen Ländern aus. Eine Schar Böhmischer Brüder (Glieder der böhmischen Brüdergemeinde oder Unität, die sich mehr, als die eigentliche Hussitenkirche, der evangelischen Kirche genähert hatte) wanderte im Jahre 1720 nach Sachsen und fand hier Aufnahme auf den Gütern eines sächsischen

Edelmannes, des Grafen Zinzendorf, und von diesem Ausgangspunkte ging die Gründung einer neuen Brüdergemeinde aus, welche noch heute besteht und segensreich wirkt in der Heimat wie in der Fremde.

Nicolaus Graf von Zinzendorf, der Gründer dieser neuen Gemeinde, geb. 1700, war in dem Halleschen Pädagogium unter A. H. Francke erzogen und ein eifriger Anhänger des Pietismus geworden. Als auf seinem Gute Berthelsdorf Auswanderer aus Mähren, Glieder der Brüdergemeinde, erschienen und bald gleichgesinnte Lutheraner und Reformierte sich denselben anschlossen, da wurde neben Berthelsdorf auf dem Hutberge von diesen Zuzüglern ein neuer Ort, Herrnhut (in der Nähe von Zittau), gegründet, und Zinzendorf verstand es, die drei verschiedenen Elemente im Jahre 1727 zu einer einigen Gemeinde zu verschmelzen, der erneuerten Brüderkirche oder der Herrnhuter Gemeinde, wie man gewöhnlich sagt.

Im Gottesdienste schloß sich die Gemeinde an das Gewöhnliche an, führte aber auch manches Besondere ein, namentlich wurde das Liebesmahl der alten Kirche in eigentümlicher Weise erneuert. In besonderer Weise wurde das Leben der Gemeinde und die Verfassung geordnet; das Leben der Gemeinde sollte als ein christliches Familienleben sich darstellen, die Verfassung vereinigte das Bischofsamt mit der Einrichtung von Ältesten und Synoden. Den Grundzug innigen Glaubens, wie er dem Pietismus eigen war, und eines frommen christlichen Lebens hat sich die Brüdergemeinde bis auf den heutigen Tag erhalten. Diese kleine evangelische Kirche hat unter allen Kirchen das meiste für die Mission getan.

d. Wie die lutherische Kirche durch Spener und Zinzendorf, so ist die Kirche von England und Nordamerika durch den Methodismus zu einem lebendigeren Christentum geführt worden. Auf der Universität Oxford vereinigten sich nämlich im Jahre 1725 mehrere Studierende der Theologie zunächst zu regelmäßigen wissenschaftlichen Zusammenkünften, bald aber auch zu einem streng religiösen Leben, wofür sie durch den Namen „Methodisten" (als die Frömmigkeit nach einer bestimmten Methode treibend) verspottet wurden, und dieser Name ist ihnen geblieben. Unter diesen jungen Männern ragten aber besonders hervor John Wesley und Georg Whitefield, welche mit Recht die Stifter des Methodismus genannt werden. Sie begannen bald nicht mehr bloß an das Wachstum ihrer eigenen Frömmigkeit zu denken, sondern fingen an, auch andere in der Gottseligkeit zu fördern, namentlich auch in Amerika als Missionare zu arbeiten. Der von ihnen begründete Methodismus betrachtet aber als seine Aufgabe sowohl die Erweckung der toten Christen wie die Bekehrung der Heiden, und er hat in beiderlei Hinsicht Bedeutendes geleistet. Aber während der Pietismus innerhalb der Kirche gewirkt hat, ist der Methodismus aus der Kirche ausgeschieden und zu einer besonderen Religionspartei, der zahlreichsten der kleineren Parteien (1901: 28 Mill.) geworden. Aus dem Methodismus sind die sogen. „Evangelische Gemeinschaft" und die „Heilsarmee" hervorgegangen.

e. Aber mit dem Pietismus und dem Methodismus sind doch auch große Gefahren verknüpft, welche das von ihnen erstrebte „wahre Christentum" ernstlich gefährdet.

Es ist nicht recht, daß die Leute durch sogen. Erweckungsgottesdienste, wie sie namentlich auch von der aus dem Methodismus hervorgegangenen Heilsarmee abgehalten werden, aufs höchste aufgeregt und zu einer angeblichen Bekehrung gebracht werden, von der sie dann Tag und Stunde angeben können.

Es ist nicht richtig, daß der Bekehrte für nichts anderes mehr Zeit und Sinn haben soll, als für seine eigene geistliche Förderung und für die Bekehrung seiner Mitmenschen; das wahre Christentum besteht nicht darin, daß man immerfort selber an geistliche Dinge denkt und zu anderen immerfort von geistlichen Dingen redet; für den Christen heißt es: „Bete und arbeite", und die Frömmigkeit soll sich darin bewähren, daß der Mensch in seinem Beruf treu und fleißig ist.

Es ist endlich auch nicht richtig, daß der Christ an weltlichen Gütern und Genüssen sich gar nicht mehr erfreuen dürfe; auch der Christ darf die schönen Güter genießen, welche in der Welt und in der Menschheit vorhanden sind, und der Christ braucht sich nicht von allen weltlichen Freuden fernzuhalten.

So sind also große Gefahren mit dem Pietismus und dem Methodismus verknüpft, aber es ist durchaus richtig, daß sich des Christen Glaube in einem Gott wohlgefälligen Leben bewähren muß.

39. (109.) Die Reformation in Brandenburg; die Union und die Einigung der deutschen evangelischen Landeskirchen; die evangelische Allianz. (I, 83.)

A. Die Reformation in Brandenburg.

Wenn die getrennten evangelischen Kirchen zunächst durch ihre innere Entwickelung einander nähergebracht worden sind, so ist doch allmählich auch eine äußere Vereinigung derselben erfolgt, und zwar durch die Hohenzollern, die ja auch die getrennten deutschen Stämme politisch zu einigen vermocht haben. Diese religiöse Aufgabe ist aber von den Hohenzollern in folgender Weise gelöst worden.

Als Luther auftrat, regierte in Brandenburg ein trefflicher Fürst, Joachim I. Wie er in seinem Lande bessere Zustände herbeizuführen suchte durch eine kräftige und weise Regierung, so begehrte er auch für die Kirche bessere Zustände; auch er hielt, wie alle seine Zeitgenossen ohne Ausnahme, eine Reformation der Kirche für notwendig. Aber seine Meinung war, nur ein Papst oder ein Konzil, die Obrigkeit der Kirche, könne die kirchlichen Zustände bessern, wie nur der Fürst die Zustände seines Landes bessern könne. Leider wollten aber die Päpste nicht reformieren, und gegen ihren Willen konnte auch ein Konzil nichts ausrichten, wie man das ja im 15. Jahrhundert an den großen Konzilien wahrgenommen hatte. Dazu kam nun noch, daß von Luther zunächst Joachims Bruder angegriffen wurde, der Erzbischof Albrecht von Mainz; dieser hatte ja den Tetzel mit dem Ablaß ausgesandt, wie oben erzählt worden ist. So trat denn Joachim I. bald als ein heftiger Gegner von Luther auf. Luthers Bibelübersetzung wurde in Brandenburg verboten; keiner von des Kurfürsten Untertanen sollte den neuen Glauben annehmen dürfen. Trotzdem erreichte Joachim doch nicht, was er wollte, nicht einmal in seiner Familie. Seine eigene Gemahlin Elisabeth wandte sich dem neuen Glauben zu, und auch Joachims Untertanen begannen, sich demselben zuzuwenden; Änderungen im Gottesdienst durften freilich nicht vorgenommen werden.

Nach Joachims Tode, der im Jahre 1535 erfolgte, führte sein jüngerer Sohn Johann, der die Neumark erhielt, in seinem Gebiete alsbald die Reformation ein; dagegen blieb der ältere Sohn, Joachim II., dem die eigentliche Mark Brandenburg zufiel, zunächst noch bei der alten Kirche. Aber auch er trat nach einiger Zeit zum neuen Glauben über, indem er am 1. November 1539 mit seinem ganzen Hofe und vielen seiner Untertanen aus der Hand des Bischofs von Brandenburg, der schon längst auf die Seite der Evangelischen getreten war, das heilige Abendmahl nach evangelischer Weise empfing. Das ganze Land schloß sich freudig dem Schritte seines Fürsten an, und so war nunmehr Brandenburg ein evangelisches Land.

B. Johann Sigismund und der Große Kurfürst.

a. Brandenburg war unter Joachim II. im Jahre 1539 ein lutherisches Land geworden. Unter Joachims nächsten Nachfolgern Johann Georg und Joachim Friedrich ist in Religionssachen in der Mark nichts geändert worden. Da kam im Jahre 1608 Johann Sigismund zur Regierung. Derselbe war im strengsten Luthertum erzogen worden, und man hatte ihm schon in seiner Jugend das Versprechen abgenommen, demselben stets treu zu bleiben. Aber als er nun allmählich reformierte Schriften las und reformierte Länder kennen lernte, da sah er, daß die so sehr geschmähten Calvinisten nicht so schlimm wären, wie sie ihm geschildert worden waren; mehr und mehr wandte er sich den freieren Anschauungen der Reformierten zu, und er war schon lange im Herzen ein Reformierter, ehe er sich im Jahre 1613 zum öffentlichen Übertritt entschloß. Nach dem damaligen Rechte durfte nun Johann Sigismund fordern, daß alle seine Untertanen reformiert würden, und es wäre ihm und seinen Nachfolgern doch vielleicht allmählich gelungen, dieselben zu seinem Glauben herüberzuziehen. Er aber erklärte, es solle jedem seiner Untertanen freistehen, beim lutherischen Glauben zu bleiben: nur fordere er dafür auch für sich und seine Gesinnungsgenossen das Recht, in dem meist lutherischen Lande zum reformierten Glauben sich zu bekennen. Damit war in die brandenburgische Politik der Grundsatz eingeführt, daß in einem Lande Lutheraner und Reformierte nebeneinander leben könnten; davon wollten aber die damaligen Lutheraner nichts wissen. Dieser Grundsatz der Religionsfreiheit ist später auch auf die Katholiken und alle anderen Religionsparteien ausgedehnt worden; die Hohenzollern sind die ersten gewesen, die nach diesem Grundsatz ihr Land regiert haben, die dadurch auch zuerst fähig geworden sind, die verschiedensten Religionsparteien in ihrem Staate zu friedlicher Gemeinschaft zu vereinigen.

Um seinen Übertritt zu rechtfertigen, ließ der Kurfürst im folgenden Jahre (1614) ein eigenes Glaubensbekenntnis veröffentlichen, in welchem er erklärte, daß er von den strengen Lutheranern vornehmlich nur darin abweiche, daß er glaube, im heiligen Abendmahl werde Brot und Wein mit dem Munde, Leib und Blut Christi durch den Glauben, also auch nur vom Gläubigen, empfangen; die Lutheraner dagegen lehren, daß Leib und Blut Christi nicht bloß durch den Glauben, sondern auch mit dem Munde, also auch von den Ungläubigen, empfangen werde. Dagegen nahm der Kurfürst die von Calvin (und zuerst auch von Luther) gebilligte Lehre, daß Gott nur einen Teil der Menschen selig machen wolle, nicht an, sondern lehrte mit Melanchthon, daß Gott alle Menschen selig machen wolle.

b. In den Bahnen seines Großvaters ist der Große Kurfürst, der im Jahre 1640 zur Regierung kam, weitergewandelt. Derselbe setzte es im Westfälischen Frieden (1648) gegen den lutherischen Kurfürsten von Sachsen durch, daß auch die Reformierten ausdrücklich als im Reiche geduldet anerkannt wurden. Und als nun die reformierte Kirche auch vom Reiche als berechtigt anerkannt war, da sorgte der Kurfürst dafür, daß das fortwährende Gezänk zwischen den Lutheranern und den Reformierten in seinem Lande ein Ende nähme, indem er im Jahre 1664 den Geistlichen beider Kirchen in seinem Lande das gegenseitige Schmähen und Lästern von der Kanzel herab untersagte. Als viele lutherische Geistliche sich weigerten, diesem Gebote, das uns heute als etwas Selbstverständliches erscheint, nachzukommen, wurden die widerspenstigsten unter ihnen ihrer Ämter entsetzt, und die beiden Kirchen standen seitdem in Brandenburg einander zwar getrennt, aber nicht mehr so feindlich gegenüber.

c. Bei dieser Gelegenheit ist nun auch ein Mann aus Berlin weggedrängt worden, dem man ein besseres Schicksal gegönnt hätte, der ja aber auch bald eine andere, ihm mehr zusagende Stelle bekommen hat. Wer kennt nicht den frommen Dichter Paul Gerhardt! Seine 130 Lieder gehören zu den schönsten unseres Gesangbuches; mit einem derselben ist er ja sogar ein Gegenstand der Sage geworden.

Paul Gerhardt nämlich (geb. 1607, gest. 1676), der erst im Jahre 1651 eine Pfarrstelle (in Mittenwalde) erhalten hatte, war im Jahre 1657 nach Berlin (an die Nikolaikirche) berufen worden. Auch er wollte, wie mehrere andere Geistliche, es nicht versprechen, sich der Bekämpfung der Reformierten zu enthalten, da er meinte, das gehöre zu den Rechten des lutherischen Predigtamtes. Da wurde er seines Amtes entsetzt. Als nun aber dem Kurfürsten von allen Seiten versichert wurde, Gerhardt habe niemals auf der Kanzel die Reformierten angegriffen, da setzte der Kurfürst ihn wieder in sein Amt ein, ohne daß er das geforderte Versprechen abzulegen brauchte. Damit hatte der Kurfürst alles, ja mehr getan, als von ihm erwartet werden konnte. Aber nun weigerte sich Gerhardt, sein Amt wieder zu übernehmen; er erklärte nämlich, es werde vorausgesetzt, daß er des Kurfürsten Befehl nachkommen werde; das zu versprechen, brauche er zwar nicht, aber mit der Übernahme des Amtes übernehme er doch auch den Gehorsam gegen das Edikt; dem aber könne er nicht versprechen zu gehorchen. Und doch hatte er nicht dagegen gefehlt! Um dieser hochachtbaren Gewissenhaftigkeit willen verzichtete nunmehr Gerhardt für immer auf sein Amt, und der Kurfürst konnte ihn natürlich nicht zwingen, in sein Amt wieder einzutreten. Gerhardt blieb in Berlin, bis er in Lübben eine andere

Stelle erhielt; dort ist er im Jahre 1676 gestorben[1]). Daß die Sage diesen Mann verherrlicht hat, ist kein Wunder; sie hat es leider auf Kosten des Kurfürsten getan; derselbe hat aber in diesem Streite nur getan, was er als Landesherr zu tun für seine Pflicht hielt.

C. Die Union in Preußen. 1817.

Was schon Johann Sigismund und der Große Kurfürst erstrebt hatten, die Vereinigung der beiden Schwesterkirchen zu einer einigen evangelischen Kirche, das haben die Hohenzollern nicht mehr aus den Augen verloren, und sie haben endlich auch ihr Ziel erreicht; König Friedrich Wilhelm III. hat die Vereinigung der getrennten Kirchen endlich ins Leben gerufen. Zum Reformations-Jubelfeste des Jahres 1817 erließ nämlich der König einen Aufruf an die beiden protestantischen Kirchen seines Landes, sich zu einer evangelisch-christlichen Kirche zu vereinigen, welcher also lautete:

„Schon meine in Gott ruhenden erleuchteten Vorfahren, der Kurfürst Johann Sigismund, der Kurfürst Georg Wilhelm, der Große Kurfürst, König Friedrich I. und König Friedrich Wilhelm I., haben, wie die Geschichte ihrer Regierung und ihres Lebens beweiset, mit frommem Ernst es sich angelegen sein lassen, die beiden getrennten protestantischen Kirchen, die reformierte und die lutherische, zu einer evangelisch-christlichen in ihrem Lande zu vereinigen. Ihr Andenken und ihre heilsamen Absichten ehrend, schließe ich mich gern an sie an, und wünsche, ein gottgefälliges Werk, welches in dem damaligen unglücklichen Sektengeiste unüberwindliche Schwierigkeiten fand, unter dem Einfluß eines besseren Geistes, welcher das Außerwesentliche beseitigt, und die Hauptsache im Christentum, worin beide Konfessionen eins sind, festhält, zur Ehre Gottes und zum Heil der christlichen Kirche in meinen Staaten zustande gebracht, und bei der bevorstehenden Säkularfeier der Reformation damit den Anfang gemacht zu sehen. Eine solche wahrhaft religiöse Vereinigung der beiden nur noch durch äußeren Unterschied getrennten protestantischen Kirchen ist den großen Zwecken des Christentums gemäß; sie entspricht den ersten Absichten der Reformatoren, sie liegt im Geiste des Protestantismus; sie befördert den kirchlichen Sinn, sie ist heilsam der häuslichen Frömmigkeit; sie wird die Quelle vieler nützlichen, oft nur durch den Unterschied der Konfession bisher gehemmten Verbesserungen in Kirchen und Schulen.

Dieser heilsamen, schon so lange und jetzt wieder so laut gewünschten und so oft vergeblich versuchten Vereinigung, in welcher die reformierte

---

[1]) So die Geschichte. Nach der Sage (vgl. das unten zum Liede Nr. 41 abgedruckte Gedicht von Schmidt von Lübeck: Paul Gerhardt) muß Gerhardt Berlin sofort verlassen (er blieb, bis er eine andere Stelle hatte); als er auf der Reise in einem Dorfe rastete, tröstete er seine verzagte Frau mit dem Bibelspruche: „Befiehl dem Herrn usw.", ging darauf ins Zimmer und dichtete danach das Lied: „Befiehl du deine Wege" (die Frau war schon tot, das Lied schon 10 Jahre vorher gedichtet). Als Gerhardt seiner Frau das Lied eben vorgelesen hatte, kamen in dasselbe Gasthaus Gesandte eines lutherischen Fürsten und verkündeten ihm, daß sie abgesandt seien, um ihm die Berufung für die Pfarrstelle in Lübben zu überbringen (er hat die Berufung noch in Berlin erhalten).

nicht zur lutherischen und diese nicht zu jener übergeht, sondern beide eine neubelebte evangelisch-christliche Kirche im Geiste ihres heiligen Stifters werden, steht kein in der Natur der Sache liegendes Hindernis mehr entgegen, sobald beide Teile nur ernstlich und redlich in wahrhaft christlichem Sinne sie wollen, und, von diesem erzeugt, würde sie würdig den Dank aussprechen, welchen wir der göttlichen Vorsehung für den unschätzbaren Segen der Reformation schuldig sind, und das Andenken ihrer großen Stifter in der Fortsetzung ihres unsterblichen Werkes durch die Tat ehren.

Aber so sehr ich auch wünschen muß, daß die reformierte und die lutherische Kirche in meinen Staaten diese meine wohlgeprüfte Überzeugung mit mir teilen möge, so weit bin ich, ihre Rechte und Freiheiten achtend, davon entfernt, sie aufdringen, und in dieser Angelegenheit etwas verfügen und bestimmen zu wollen. Auch hat diese Union nur dann einen wahren Wert, wenn weder Überredung noch Indifferentismus [d. i. Gleichgültigkeit] an ihr teilhaben, und sie nicht nur eine Vereinigung in der äußeren Form ist, sondern in der Einigkeit der Herzen, nach echt biblischen Grundsätzen, ihre Wurzeln und Lebenskräfte hat.

So wie ich selbst in diesem Geiste das bevorstehende Säkularfest der Reformation in der Vereinigung der bisherigen reformierten und lutherischen Hof- und Garnison-Gemeinde zu Potsdam zu einer evangelisch-christlichen Gemeinde feiern und mit derselben das heilige Abendmahl genießen werde, so hoffe ich, daß dieses mein eigenes Beispiel wohltuend auf alle protestantischen Gemeinden in meinem Lande wirken und eine allgemeine Nachfolge im Geiste und in der Wahrheit finden möge. Der weisen Leitung der Konsistorien, dem frommen Eifer der Geistlichen und ihrer Synoden überlasse ich die äußere übereinstimmende Form der Vereinigung, überzeugt, daß die Gemeinden in echt christlichem Sinne dem gern folgen werden, und daß überall, wo der Blick nur ernst und aufrichtig, ohne alle unlautern Nebenabsichten, auf das Wesentliche und die große, heilige Sache selbst gerichtet ist, auch leicht die Form sich finden, und so das Äußere aus dem Innern einfach, würdevoll, mehr von selbst hervorgehen werde. Möchte der verheißene Zeitpunkt nicht mehr fern sein, wo unter einem gemeinschaftlichen Hirten alles in einem Glauben, in einer Liebe und in einer Hoffnung sich zu einer Herde bilden wird!"

Mit diesem Aufruf bewegte sich der König offenbar auf der Bahn, die seine Vorfahren im Jahre 1613 betreten und seitdem unablässig verfolgt hatten. Und das preußische Volk stimmte diesem Königsworte zu; aller Orten empfand man, daß zur rechten Zeit das rechte Wort gesprochen worden sei, und daß es keine bessere Feier des 300jährigen Reformationsfestes geben könne, als wenn die beiden bisher getrennten evangelischen Kirchen sich zu einer einigen evangelischen Kirche zusammenschlössen. Und das ist nun im Jahre 1817 in Preußen geschehen; seitdem gibt es in unserem Vaterlande nur eine evangelische Kirche, nicht mehr eine lutherische und eine reformierte Kirche. Andere deutsche Länder sind dem Beispiel Preußens nachgefolgt: Nassau (wo die Union sogar schon etwas vorher zustande gekommen war), beide Hessen, Anhalt, Waldeck, Baden und die bayrische Pfalz. Doch gibt es in Preußen (und auch in anderen Ländern) eine kleine Anzahl sogenannter Altlutheraner, die von der Union nichts wissen wollen und als „Freikirchen" der Landeskirche sich fernhalten (1904 in Alt-Preußen: c. 60000).

So entspricht der politischen Aufgabe der Hohenzollern, die sie bereits gelöst haben, eine kirchliche Aufgabe, die schon im Jahre 1817 zum Teil, im Jahre 1903 in noch größerem Umfange gelöst worden ist; das Getrennte zu einigen, im Staate wie in der Kirche — das ist die schöne Aufgabe unseres Herrscherhauses.

D. Die Einigung der deutschen evangelischen Landeskirchen. 1903.

Wenn auch im Jahre 1817 die lutherische und die reformierte Kirche des damaligen preußischen Staates (wie auch einiger anderen deutschen Staaten) sich zu einer einigen evangelischen Kirche zusammengeschlossen haben, so sind doch die Kirchen der im Jahre 1866 gewonnenen neuen preußischen Provinzen selbständig geblieben, so daß es in Preußen seitdem mehrere Landeskirchen gibt. Da nun die Landeskirchen der anderen deutschen Staaten ebenfalls selbständig sind, und auch in manchen anderen deutschen Ländern mehrere Landeskirchen nebeneinander bestehen, so gibt es im Deutschen Reiche 46 selbständige Landeskirchen (und neben diesen eine Anzahl sogenannte „Freikirchen"). Noch weniger gibt es natürlich eine evangelische Gesamtkirche von ganz Europa oder der ganzen Welt. Wenn nun die Union in Preußen zunächst nur die lutherische und die reformierte Kirche im alten preußischen Staate (wie auch in einigen anderen deutschen Ländern) zu einer einigen evangelischen Kirche verbunden hat, so haben sich im Jahre 1903 die evangelischen Landeskirchen von ganz Deutschland zu einer Gemeinschaft zusammengeschlossen, welche zwar jeder Landeskirche ihre besondere Ordnung und Verwaltung läßt, aber doch ein gemeinsames Wirken ermöglicht, um gemeinsame Interessen zu fördern, gemeinsame Güter zu wahren und gemeinsamer Not zu wehren. Um diese Aufgaben lösen zu können, ist ein „Deutscher evangelischer Kirchenausschuß" zusammengetreten, der am 10. Nov. 1903 seine erste Sitzung gehalten und durch einen Aufruf alle evangelischen Kirchen und Christen Deutschlands um Förderung seines Unternehmens gebeten hat.

E. Die evangelische Allianz. 1846.

Außer der lutherischen und der reformierten Kirche (in Deutschland und den anderen Ländern) und der ihnen als eine dritte zur Seite stehenden anglikanischen Kirche (in Großbritannien, in Amerika und in Australien) gibt es aber noch eine sehr große Zahl kleinerer evangelischer Parteien, welche einander wie den größeren evangelischen Kirchen bis in die neuere Zeit mehr oder weniger fremd oder gar feindlich gegenübergestanden haben. Wenn es nun auch zunächst nicht gelingen wird, dieselben mit den Hauptkirchen zu einer Gemeinschaft zusammenzuschließen, so ist doch wenigstens so viel erreicht worden, daß Glieder der verschiedensten großen und kleinen evangelischen Kirchen und Parteien aus allen Ländern der Welt im Jahre 1846 sich zu der evangelischen Allianz zusammengeschlossen haben, in der Absicht, alle evangelischen Christen (aber ohne daß sich der einzelne von seiner besonderen Konfession lossagt) zusammenzuschließen zum gemeinsamen Kampf gegen die gemeinsamen Feinde, zu gegenseitiger Duldung, zur gemeinsamen Unterstützung bedrängter evangelischer Glaubensgenossen und zur gemeinsamen Förderung allgemein christlicher Aufgaben, welche nur durch ein gemeinsames Wirken aller Parteien gelöst werden können.

40. (110.) Die Verfassung der evangelischen Kirche. (I, 84.)

a. Da der Papst die evangelische Kirche nicht als berechtigt anerkannte und da sich die Bischöfe der Reformation meist nicht zuwandten, und die Reformatoren doch nur predigen, aber nicht befehlen konnten, so traten in den lutherischen Ländern Deutschlands in der Regierung der Kirche an die Stelle der Bischöfe[1]) die Fürsten mit ihrer landesherrlichen Gewalt, und an die Stelle der bischöflichen Kirchenprovinzen in der katholischen Kirche traten die einzelnen Landeskirchen, geordnet und geleitet von den Obrigkeiten, welche sich dazu für um so mehr befugt hielten, als nach ihrer Meinung der Reichstagsabschied von Speyer (1526) jedem Reichsstande das Recht gab, in Religionssachen das zu tun, was er für recht hielt. So wurde nun zuerst in Sachsen ein ständiges kirchliches Aufsichtsamt hergestellt, das der Superintendenten für die einzelnen Kreise des Landes (1521), und später (1539) als kirchliche Landesbehörde das Konsistorium; diese Behörden standen natürlich unter dem Landesherrn, der an die Spitze der evangelischen Kirche seines Landes getreten war. Diese Gestalt des Kirchenregiments, die Konsistorial-Verfassung, hat sich bis auf die Neuzeit erhalten, nur daß über den einzelnen Konsistorien größerer Länder jetzt vielfach (in Preußen seit 1850) eine kirchliche Oberbehörde, ein Oberkonsistorium oder Oberkirchenrat, steht.

b. War nun nach dem natürlichen Gange der Entwickelung die Regierung der lutherischen Kirche an die Landesobrigkeit gekommen, so hat sich die Sache in der reformierten Kirche von Genf aus anders gestaltet. Hier bildete sich nicht eine Konsistorialverfassung, sondern eine Gemeindeordnung, wie sie den schweizerischen Republiken und auch solchen Gemeinden natürlich war, welche sich mitten in katholischer Umgebung und oft unter dem Drucke einer katholischen Obrigkeit bildeten, zuerst namentlich in Frankreich und in Schottland, bald aber auch in manchen Gegenden von Deutschland. Da die Obrigkeit die Gemeinde eher verfolgte, als beschützte und leitete, so mußte dieselbe die Leitung ihrer Angelegenheiten selbst in die Hand nehmen, und so entstand die freie Gemeindeverfassung der reformierten Kirche, durch welche sich dieselbe zu ihrem Vorteil von der lutherischen Kirche unterschied. Bei dieser Verfassung traten den Geistlichen von der Gemeinde gewählte Älteste zur Seite, welche mit jenen zusammen die

[1]) In England und in den skandinavischen Ländern ist aber die bischöfliche Verfassung erhalten geblieben.

einzelne Gemeinde leiteten, ihr Vermögen verwalteten und Kirchenzucht übten: aus Geistlichen und Ältesten gebildete Synoden leiteten die Gesamtkirche einer Provinz, eine Generalsynode die Kirche eines ganzen Landes; so entstand die der reformierten Kirche eigene Synodalverfassung.

c. In der Gegenwart sind nun, da die lutherische und die reformierte Kirche einander sich mehr und mehr genähert haben oder auch miteinander (durch die Union) zu einigen evangelischen Landeskirchen verbunden worden sind, fast überall den Konsistorien der lutherischen Kirche Synoden und vielfach den Synoden der reformierten Kirche Konsistorien zur Seite getreten. In Preußen geschah das letztere, als die rheinischen Länder mit ihrer reformierten Kirche und bisherigen Synodalverfassung im Jahre 1815 dem Staate einverleibt wurden. Während nun seitdem die rheinischen Provinzen ihre wohlgeordnete Kirchenverfassung hatten (Konsistorien und Synoden), haben die alten Provinzen erst seit dem Jahre 1873 eine entsprechende Verfassung erhalten; noch später (abgesehen von Hannover, welches schon im Jahre 1864 eine solche Verfassung erhalten hatte) die im Jahre 1866 annektierten Provinzen, die jedoch mit der Landeskirche noch heute nicht verbunden sind.

d. Seitdem werden die Angelegenheiten jeder Gemeinde neben dem Geistlichen von einem Gemeindekirchenrat und einer Gemeindevertretung (beide durch die Gemeinde frei gewählt) verwaltet. Die Angelegenheiten der Kirchenkreise, der Provinzialkirchen und der Landeskirche werden durch die Kreis-, die Provinzial-, die Landessynode im Verein mit den Superintendenten, den Konsistorien und dem Oberkirchenrat geordnet. Durch diese den vom Landesherrn eingesetzten Kirchenbehörden zur Seite gestellten von der Gemeinde gewählten Vertreter ist es ermöglicht, daß die Gemeinde in geordneter Weise ihre Zustimmung oder Abneigung gegen die Vorschläge der Kirchenbehörden zur Geltung bringen kann, und das ist darum wünschenswert, weil ohne die freudige Mitwirkung der Gemeinde manche Anordnungen der Kirchenbehörden nur schwer oder wenigstens nicht in segensreicher Weise zur Ausführung gebracht werden können.

In dieser geordneten Weise an der Lösung der Aufgaben der evangelischen Kirche mitzuwirken, ist das Recht und die Pflicht des erwachsenen evangelischen Christen.

Nr. 141—143. Die heilige Schrift.

Nr. 144—148. Die Bekenntnisschriften und der Glaube der evangelischen Kirche.

Nr. 149—152. Der Gottesdienst der evangelischen Kirche[1].

---

[1]) Bibel, Glaube und Gottesdienst der evangelischen Kirche sind unten behandelt: Nr. 141—152.

Fünfter Abschnitt.

Die katholische Kirche von der Reformation bis zur Gegenwart; die Liebestätigkeit der christlichen Kirche; die Mission der Neuzeit; Übersicht über die Kirchen und Religionen der Gegenwart.

41. (111.) Die katholische Kirche im Verhältnis zur Reformation.

(I, 85.)

a. Als Leo X. seine Bannbulle gegen Luther erlassen und Luther dieselbe verbrannt hatte (1520), da war der Bruch zwischen der alten und der neuen Kirche eigentlich schon besiegelt, und alle späteren Verhandlungen haben die Sache nicht mehr zu ändern vermocht. Wie berechtigt aber das Verlangen nach einer Reformation der Kirche war, das haben die Katholiken selber dadurch anerkannt, daß sie ja gleichfalls ihre Kirche reformiert haben, indem sie endlich das Tridentiner Konzil zu diesem Zwecke zusammenriefen. Aber freilich das Konzil hätte wenig ausgerichtet, wenn nicht der Jesuitenorden und die Inquisition zur Unterdrückung der Ketzerei geholfen hätten. Und damit diese Mächte recht in Wirksamkeit treten könnten, bedurfte es eines mächtigen Herrschers, der es sich zur Lebensaufgabe machte, die katholische Kirche aufrechtzuerhalten und die Ketzerei wieder zu unterdrücken; ein solcher war aber Philipp II. von Spanien (1556—1598). Daß nun die evangelische Kirche, vom Papste und von Philipp II. bekämpft, ihren Feinden nicht erlag, verdankt sie dem tapferen Volke der Niederländer und nicht in geringerem Grade der Königin Elisabeth von England, die als Gegnerin Philipps II. in entscheidendem Kampfe dessen „unüberwindliche Flotte" besiegte (1588) und dadurch die Existenz der evangelischen Kirche in England und in ganz Europa sicherte. Auch in Deutschland brachte der dreißigjährige Krieg nicht die vom Papste erstrebte Unterdrückung der evangelischen Kirche, sondern eine Bestätigung und Erweiterung des Augsburger Religionsfriedens.

b. Das Tridentiner Konzil. Als die Reformatoren in ihrer Art die Kirche umzugestalten begannen, wurde in der katholischen Kirche der Ruf nach einem allgemeinen Konzil aufs neue laut, da man noch immer meinte, dauernde Festsetzungen über Glauben und Gottesdienst könnten nur von einem Konzil getroffen werden. Aber erst im Jahre 1545 ist das längst begehrte Konzil in der Stadt Trient (in Tirol) zusammengetreten. Dieses Konzil, dessen Dauer sich über zwei Jahrzehnte erstreckte (1545—63), hat das eigentümlich katholische Wesen für die nächsten Jahrhunderte zum Ausdruck gebracht (erst im 19. Jahrhundert ist eine Weiterentwicklung des Katholizismus zustande gekommen), und durch dasselbe ist die katholische Kirche für immer von der evangelischen getrennt worden, so daß an eine Vereinigung beider Kirchen seitdem nicht mehr zu denken war; seit dem neuesten Konzil ist dieselbe vollends unmöglich geworden.

Das Konzil hat manche besonders anstößige Dinge aus der katholischen Kirche entfernt; eine eigentliche Reformation der Kirche hat es aber nicht vorgenommen, die Evangelischen hat es als Ketzer verdammt. Welchen Glauben es als den rechten aufgestellt hat, zeigt in kürzerer Form das im Jahre 1564 auf Befehl des Papstes zusammengestellte Tridentinische Glaubensbekenntnis, zu dem jeder Katholik sich noch heute bekennen muß. Ausführlicher ist dieser Glaube in den Tridentinischen Konzilsbeschlüssen und in dem sogenannten römischen Katechismus dargelegt, den der Papst im Jahre 1566 erscheinen ließ.

c. Der Jesuitenorden. Zur Erhaltung oder Wiederherstellung der katholischen Kirche in den von der Ketzerei bedrohten oder bereits von ihr gewonnenen Ländern hat aber das meiste ein neuer Orden beigetragen, der gerade in dieser Zeit des Kampfes zwischen beiden Kirchen von einem Zeitgenossen Luthers, dem spanischen Gegenbilde des deutschen Mönches, gegründet worden ist. Der Stifter dieses neuen Ordens, des Jesuitenordens, war aber der Spanier Ignatius von Loyola, der im Jahre 1540 die päpstliche Bestätigung für den von ihm gestifteten Orden der „Societät Jesu" erlangte, welcher, wie alle Mönchsorden, die Gelübde der Keuschheit und der Armut, außerdem aber das des unbedingten Gehorsams gegen den Papst übernahm. Was dieser Orden tut, zielt nämlich vornehmlich ab auf die Wiederherstellung und Erhaltung der päpstlichen Oberherrschaft über die ganze Welt; diesem Zwecke dient das ganze dreifache Tun des Ordens: die Mission unter den Heiden, die Wirksamkeit in der katholischen Kirche und die Arbeit unter den Ketzern. Diesem Orden hat es die katholische Kirche zum guten Teil zu verdanken, daß die Reformation in vielen Ländern gar keinen Eingang oder wenigstens keine Verbreitung gefunden, und daß in anderen, wo sie bereits verbreitet oder sogar schon allgemein angenommen war, dennoch der katholische Glaube (unter Mithilfe des Schwertes der Herrscher) wieder zur Herrschaft gebracht und die evangelische Kirche unterdrückt worden ist.

d. Die Inquisition. Um nun aber den katholischen Glauben aufrechtzuerhalten, dazu genügte doch noch nicht die Predigt der Geistlichen und die Tätigkeit der Jesuiten; dazu bedurfte es einer besonderen Einrichtung, die schon vor der Reformation begründet worden war, aber namentlich erst gegen die Reformation die besten Dienste getan hat: das ist die „heilige Inquisition", deren Aufgabe es im besonderen ist, den katholischen Glauben mit Gewalt aufrechtzuerhalten und die Gläubigen vor der Ketzerei zu bewahren. Nach dem katholischen Glauben kann ja nur die römische Kirche den Menschen sicher zur Seligkeit führen; darum ist es so wichtig, daß jedermann katholisch wird; wer diesen Glauben aufgibt, verliert die Seligkeit; davor ihn zu bewahren, scheinen dem Katholiken auch die schweren Strafen der Inquisition nicht zu schrecklich.

Am meisten hat die Inquisition in Spanien gewütet, wo sie schon vor der Reformation gegen Mauren und Juden eingeführt worden war; aber ihre größte Macht erhielt sie doch erst unter Karl V. (1519–1556) und besonders unter seinem Sohne Philipp II. (1556–1598). Auch in Italien war natürlich die Inquisition eingeführt worden, und auch hier hat sie mit Gewalt den evangelischen Glauben unterdrückt. In der neueren Zeit ist die Inquisition überall beseitigt worden, aber der Papst betrachtet noch heute die Tätigkeit der Inquisition nur als gehemmt, und Pius IX. hat im Jahre 1864 ausdrücklich erklärt, daß es ganz in der Ordnung sei, daß die Ketzer auch mit leiblichen Strafen zum Gehorsam gegen die Kirche zurückgeführt würden.

42. (112.) Die katholische Kirche im Beginn der neueren Zeit; die Unfehlbarkeit des Papstes; das Ende des Kirchenstaates und der Altkatholizismus. (I, 86—90.)

a. Nachdem sich alle Versuche des 16. Jahrhunderts, die Welt noch einmal der katholischen Kirche zu unterwerfen, als vergeblich erwiesen hatten, verlor das Papsttum im 17. und 18. Jahrhundert mehr und mehr an Ansehen und Bedeutung; ja, allmählich bemächtigte sich zunächst der Gebildeten, dann aber auch des niederen Volkes in manchen Ländern ein allgemeiner Widerwille gegen die katholische Kirche, in der man nur eine Anstalt zur Knechtung und Aussaugung des Volkes erblickte. Als erstes Opfer dieser kirchenfeindlichen Gesinnung fiel der Jesuitenorden. Die Jesuiten hatten sich nämlich mehr und mehr nicht etwa bloß bei den Ketzern, sondern ebensosehr bei den Katholiken, und zwar nicht bloß bei den Laien, sondern auch bei den Geistlichen und den anderen Mönchsorden, so sehr verhaßt gemacht, daß endlich Papst Clemens XIV. sich im Jahre 1773 bewogen fand, den Orden aufzuheben. Im Jahre 1814 ist derselbe jedoch durch Pius VII. wiederhergestellt worden, und er hat seitdem stets aufs neue versucht, der katholischen Kirche wieder zu ihrer alten Macht zu verhelfen, namentlich auch auf Kosten der evangelischen Kirche; es war deshalb ganz in der Ordnung, daß das Deutsche Reich im Jahre 1872 diesen unduldsamen und verderblich wirkenden Orden aus seinen Grenzen hinauswies.

b. Bald aber begann mit dem Ausbruch der französischen Revolution für die ganze katholische Kirche eine schlimme Zeit. Ja, im Jahre 1793 wurde in Frankreich das Christentum abgeschafft, die Kirchen wurden geplündert, und die Geistlichen vielfach bedrängt und verfolgt. Durch den General der französischen Republik, Napoleon Bonaparte, wurde der Kirchenstaat im Jahre 1797 zunächst verkleinert, im folgenden Jahre ganz aufgehoben; der Papst selber, Pius VI., wurde als Gefangener nach Frankreich abgeführt, wo er im Jahre darauf (1799) gestorben ist.

Sein Nachfolger, Pius VII., hatte zwar die Freude, zu sehen, daß in Frankreich die katholische Kirche durch Napoleon wiederhergestellt wurde; bald darauf (1804) kam sogar der Papst selber nach Paris, um Napoleon zum Kaiser zu krönen; aber dieser setzte sich die Krone selber aufs Haupt. Bald aber gerieten Papst und Kaiser miteinander in Streit. Da ließ Napoleon im Jahre 1808 den wiederhergestellten Kirchenstaat aufs neue besetzen; der Papst antwortete darauf im Jahre 1809 mit dem Banne; da wurde er als Gefangener aus Rom weggeführt. Napoleon gestattete noch selber dem Papste im Jahre 1814 die Rückkehr nach Rom, und durch die Wiener Verträge (1815) wurde der Kirchenstaat wiederhergestellt; in der folgenden Zeit haben die Päpste auch die verlorene geistliche Macht wiedergewonnen.

c. Als im Jahre 1846 Papst Pius IX. den päpstlichen Thron bestieg, war man darüber in ganz Italien sehr erfreut, weil man von ihm eine Besserung der jammervollen staatlichen Zustände daselbst glaubte erwarten zu dürfen. Aber ein Papst kann kein Reformator werden. Es kam die Revolution von 1848, und der Papst mußte aus Rom fliehen; erst im Jahre 1850 konnte er mit Hilfe der französischen Soldaten in Rom wieder einziehen. Doch das Glück war von kurzer Dauer; nach dem italienischen Kriege von 1859 verlor er zuerst die nördlichen, dann fast alle Provinzen seines Staates, und das letzte Stück retteten im Jahre 1867 wieder nur die Franzosen auf kurze Zeit vor der Habgier der Italiener.

Desto größere Triumphe feierte der Papst in anderer Hinsicht. Am 8. Dezember 1854 erklärte er, der eifrige Marienverehrer, von jetzt ab müsse jeder Katholik bei Verlust der Seligkeit glauben, daß Maria, wie Christus, ohne Sünde empfangen sei. Im Jahre 1864 erklärte Pius IX. in einem Rundschreiben (Encyklika), mit welchem er eine Zusammenfassung (Syllabus) der herrschenden Irrlehren den Bischöfen übergab, daß er sich, wie die Päpste des Mittelalters, als den Herrn aller Welt betrachte, die gegenwärtigen Staatseinrichtungen der meisten Länder verwerflich finde und für die Kirche unbedingten, durch Gewalt zu erzwingenden Gehorsam fordere. Noch weiter aber ging eine dritte Behauptung des Papstes, welche durch das letzte Konzil zur Lehre der katholischen Kirche gemacht worden ist. Seit dem Tridentiner Konzil (1545—63) war kein allgemeines Konzil mehr gehalten worden; dem Papste Pius IX. war es vorbehalten, ein solches wieder abzuhalten. Der Hauptgegenstand, welcher das Konzil beschäftigte, war die Frage nach der Unfehlbarkeit des Papstes; mit Zustimmung des Konzils hat Pius IX. am 18. Juli 1870 der Welt verkündet, daß fortan der Papst, d. h. jeder Papst, der jemals geherrscht hat und jemals herrschen wird, in allen Erklärungen, die er an die Kirche über Glauben und Leben erläßt, für unfehlbar (infallibel) zu halten sei, also niemals geirrt habe oder irren könne. Bisher war von den Katholiken gelehrt worden, daß die Kirche und die allgemeinen Konzilien unfehlbar seien; jetzt ist auch der Papst unfehlbar.

d. Kaum hatte sich aber der Papst am 18. Juli 1870 für unfehlbar erklärt, da traten Ereignisse ein, wie kein Mensch sie erwartet hatte. Am 19. Juli erklärte das katholische Frankreich den meist ketzerischen Deutschen den Krieg, und viele Katholiken hofften, nun werde die Ketzermacht, die ja die Päpste immer aufs neue verdammt hatten, vernichtet und zugleich der französischen und der päpstlichen Herrschaft unterworfen werden. Das ist nun aber nicht geschehen, ja, durch diesen Krieg wurde die Macht des Papstes sehr erschüttert; als nämlich die französischen Truppen im Jahre 1870 Rom verließen, zogen die Italiener in Rom ein, und der Kirchenstaat wurde mit dem Königreich Italien vereinigt. 1115 Jahre hat der Kirchenstaat bestanden; ob er noch einmal wieder hergestellt werden wird?

e. Mit dem letzten Konzilsbeschlusse steht auch im Zusammenhange eine Bewegung, welche der katholischen Kirche manche Wirren und Sorgen bereitet hat.

Als nämlich die deutschen Bischöfe, obwohl sie in Rom sämtlich die

Lehre von der Unfehlbarkeit des Papstes als nicht zeitgemäß oder auch als unrichtig bekämpft hatten, nach ihrer Rückkehr dennoch den neuen Glaubenssatz anerkannten und ihren Diözesen als göttliche Wahrheit verkündeten, da hielten einige andere Männer trotz des Bannes, der bald über sie ausgesprochen wurde, an dem altkatholischen Glauben fest, wie sie ihre Glaubensrichtung treffend bezeichneten, und es gelang ihnen, eine Anzahl Gemeinden, namentlich im Südwesten von Deutschland und in der Schweiz (in der neuesten Zeit auch in Österreich), bei diesem alten katholischen Glauben, der die Unfehlbarkeit des Papstes nicht anerkennt, festzuhalten oder dafür zu gewinnen. Doch ist die Zahl der von der Kirche getrennten und in Gemeinden vereinigten Altkatholiken gering geblieben; die katholische Kirche steht noch heute als eine in allen Ländern einige Kirche der vielfach gespaltenen evangelischen Kirche gegenüber, und eine Reformation derselben im ganzen ist zunächst nicht zu erwarten; doch bereitet eine Bewegung, die sich in der neuesten Zeit in dieser Kirche erhoben hat, deren Parole lautet: „Los von Rom", der katholischen Kirche manche Sorge.

f. Der große Streit zwischen der katholischen Kirche und dem preußischen Staate, welcher bald nach dem Ende des französischen Krieges entbrannte, ist im Jahre 1886 durch beiderseitige Nachgiebigkeit wieder beigelegt worden.

43. (113.) Die Liebestätigkeit der christlichen Kirche.

(I, 20, 39 und 82.)

a. Erst aus dem Christentum ist eine alle Menschen umfassende Liebestätigkeit hervorgegangen, und, dem Vorbilde ihres Meisters in der Liebe folgend, ist die christliche Kirche zu keiner Zeit ohne eine Liebestätigkeit gewesen, welche sich allen Notleidenden und Unglücklichen zuwandte. Die Mittel zu dieser Liebestätigkeit wurden aber in der alten Kirche von der Gemeinde aufgebracht, teils als Beiträge zur Gemeindekasse, teils als freiwillige Gaben, welche zu dem in der alten Zeit (zuerst täglich, später sonntäglich) abgehaltenen Liebesmahl und der damit verbundenen Abendmahlsfeier dargebracht wurden als Dankopfer für die von Gott den Menschen erwiesene Gnade. Die Verteilung dieser Gaben an die Bedürftigen war aber die Sache der Gemeindevorsteher, ursprünglich also der Presbyter, später des Bischofs, wobei derselbe namentlich von den Diakonen unterstützt wurde. Als aber für das Massenelend der späteren großen Gemeinden eine Versorgung der Hilfsbedürftigen durch die Gemeinde immer mehr zur Unmöglichkeit wurde, da traten an die Stelle der geordneten Gemeindepflege einerseits die ungeordnete Privatwohltätigkeit, andererseits die seitdem aufkommenden Wohltätigkeitsanstalten, das Hospital und das Kloster, beide schon der alten Kirche angehörend, aber namentlich im Mittelalter zur höchsten Blüte entwickelt, wo die Gemeindearmenpflege gänzlich verschwand.

b. Trotz ihrer Mängel in Glauben und Leben hat nämlich auch die Kirche des Mittelalters eine reiche Liebestätigkeit hervorgerufen. Freilich, die Liebestätigkeit der Gemeinde, wie sie in der alten Kirche vorhanden gewesen war, war im Mittelalter nicht mehr vorhanden, sondern es gab nur einerseits eine Privatwohltätigkeit, andererseits eine anstaltliche Liebestätigkeit des Hospitals, beide allerdings beruhend auf dem Gedanken, daß der Mensch Liebe üben müsse, um sich selber dadurch den Himmel zu verdienen. Wenn nun schon die Privatwohltätigkeit des Mittelalters umfassend gewesen ist, so vollends die Liebestätigkeit der überall bestehenden Hospitäler, welche für alle Notleidende, Bettler und Leidende, Kranke und Gesunde, Einheimische und Fremde, nach Kräften sorgten. Die Hospitäler waren aber zunächst Stiftungen der Klöster und der größeren Kirchen; später entstanden besondere Spitalorden, zunächst ritterliche, dann auch bürgerliche; allmählich aber kamen die Hospitäler in die Hand der Städte, und so wurde am Ende des Mittelalters die kirchliche Armenpflege mehr und mehr zur Sache der bürgerlichen Gemeinde; zur altchristlichen Liebestätigkeit der kirchlichen Gemeinde ist das Mittelalter nicht zurückgekehrt.

c. Aus der Liebestätigkeit der alten christlichen Kirche, bei welcher die Gemeinde für ihre Armen ausreichend sorgte, war im Mittelalter eine Privatwohltätigkeit und eine anstaltliche Liebestätigkeit geworden. Luther kehrte zu der Forderung der alten Kirche zurück, daß die Liebestätigkeit eine Aufgabe der Gemeinde sei. Diese Aufgabe ist nicht dadurch zu lösen, daß den Armen Almosen gegeben werden, sondern indem die Gemeinde aus Liebe zu den Armen so viel aufbringt, wie zur Versorgung der Armen notwendig ist; die vorhandenen Stiftungen sollten zu diesem Zwecke mitverwendet werden, indem ihre Einnahmen mit den Gaben der Gemeinde in einen sogenannten „Kasten“[1]), eine Gemeindekasse, flossen, aus welcher für die Armen gesorgt werden sollte.

d. Aber diese neuen Anfänge einer wahrhaft christlichen Liebestätigkeit, welche sich doch bald als nicht ausreichend erwies, um alle Armen genügend zu versorgen, verfielen in Deutschland wieder im Zeitalter des 30jährigen Krieges, und eine Neubelebung der evangelischen Liebestätigkeit erfolgte erst durch den Pietismus; A. H. Franckes Stiftung, das Hallische Waisenhaus, bezeugte das Wiedererwachen der Liebe in der evangelischen Kirche.

Der fromme und eifrige Prediger und Professor in Halle, August Hermann Francke, der bedeutendste Schüler Speners, hat nämlich, von inniger Liebe zu den Armen erfüllt, in Halle im Jahre 1696 das noch heute bestehende Waisenhaus gestiftet. Der große Bau wurde im Jahre 1698 ohne die dazu nötigen Mittel begonnen, bloß in dem festen Glauben an die Hilfe des Herrn, und unter zahlreichen, oft wunderbar scheinenden Beweisen seiner Hilfe glücklich zustande gebracht.

Wie durch den Pietismus, so ist auch durch die im 18. Jahrhundert überall sich verbreitende Aufklärung, welche alle Menschen als Brüder betrachten lehrte, die Liebestätigkeit gefördert worden.

Aber diese schöne Entwickelung der Liebestätigkeit wurde gestört durch die französische Revolution, trotz ihres Redens von „Freiheit, Gleichheit und

---

[1]) Daher sprechen wir noch heute von einem „Gotteskasten“.

Brüderlichkeit", und erst nach den Freiheitskriegen ist es zu einer neuen Entwickelung der christlichen Liebestätigkeit gekommen.

e. Wenn aber die christliche Liebestätigkeit eines größeren Erfolges gewiß sein sollte, so bedurfte sie geschulter Arbeiter, wie sie die katholische Kirche schon längst in ihren Orden besaß; solche Arbeiter für die evangelische Liebestätigkeit geschaffen zu haben, ist das Verdienst zweier trefflicher Männer des 19. Jahrhunderts, Wichern und Fliedner.

Ein Werk, zunächst ähnlich dem Franckeschen in Halle, hat nämlich im Jahre 1833 der Kandidat der Theologie Wichern in Horn bei Hamburg begründet, das sogenannte „Rauhe Haus", ein Erziehungshaus für verwahrloste Kinder. Dies Haus ist aber zugleich eine Bildungsanstalt für junge Männer geworden, die sich hier ausbilden, um später als Vorsteher von Rettungs-, Waisen- und Armen-Häusern, von Handwerkerherbergen und Krankenhäusern, als Gefangenwärter und Kolporteure oder sonstwie im Dienste christlicher Liebe zu wirken. Ähnliche Anstalten bestehen jetzt auch an anderen Orten in Deutschland und außerhalb unseres Vaterlandes, und in reichem Segen arbeiten die in diesen Anstalten für den Dienst an den Liebeswerken geschulten „Diakonen" oder „Brüder" in den verschiedensten Stellungen unter den Armen und Unglücklichen, denen zu helfen der Christ für seine Pflicht hält. Alle diese Liebeswerke aber, welche darauf ausgehen, nicht bloß der leiblichen Not der Armen und Kranken abzuhelfen, sondern sie auch im christlichen Glauben zu erhalten oder zu demselben zurückzuführen, hat Wichern unter dem Namen der inneren Mission zusammengefaßt, und Wichern ist mit Recht „der Vater der inneren Mission" genannt worden.

Wenn aber die christliche Liebestätigkeit einen größeren Erfolg haben sollte, so bedurfte es auch der Mitwirkung der Frauen, und das Verdienst, dies erreicht zu haben, gebührt dem Pastor Fliedner in Kaiserswerth, welcher im Jahre 1836 daselbst das erste Diakonissenhaus stiftete, in welchem Diakonissen für das schwere Werk der Krankenpflege ausgebildet werden. Überall entstehen seitdem Diakonissenhäuser, und heute findet man Diakonissen bereits in den meisten Ländern von Europa und auch in den anderen Erdteilen. Jetzt (1911) gibt es in Deutschland und im Auslande über 26000 Diakonissen, darunter etwa 22000 deutsche Schwestern, welche zum Teil auch im Auslande tätig sind.

f. Nachdem so durch Wichern und Fliedner geschulte Kräfte für die Liebestätigkeit der evangelischen Kirche geschaffen worden waren, konnte die christliche Liebestätigkeit mit größerer Aussicht auf Erfolg die verschiedenen Arbeiten in die Hand nehmen, welche durch die Not der Zeit geboten schienen. Die zu den verschiedensten Zwecken gegründeten Vereine, welche in den „Brüdern" und „Schwestern" geschulte Helfer finden konnten, haben in aufopfernder Liebe bereits viel Gutes getan; aber die Not ist noch immer sehr groß, und es wird großer Anstrengung bedürfen, um auch nur den dringendsten Notständen abzuhelfen. Hervorragendes auf dem Gebiete der inneren Mission hat in der neuesten Zeit namentlich auch der Pastor v. Bodelschwingh in Bielefeld geleistet († 1910).

g. Auch die katholische Kirche wetteifert mit der evangelischen Kirche in den Werken der christlichen Liebe, und der im Jahre 1867 von der Kaiserin Augusta gestiftete Vaterländische Frauenverein vereinigt die deutschen Frauen aller Stände ohne Unterschied der Religion, um der Not im Kriege, aber auch im Frieden nach Kräften zu steuern.

h. Der Not der Leidenden und der Armen abzuhelfen, und die wirtschaftlichen Nöte und sozialen Gefahren der Neuzeit zu mindern, das hat schon längst die bürgerliche Gemeinde des Ortes und der größeren Bezirke als ihre Aufgabe betrachtet; das ist aber für das Deutsche Reich in neuerer Zeit auch vom Staate in umfassender und erfolgreicher Weise unternommen worden, besonders infolge der Anregung des menschenfreundlichen Kaisers Wilhelms I. (Botschaft an den Deutschen Reichstag vom 17. Nov. 1881) und unter der weiteren Förderung seines in seinen Bahnen wandelnden Enkels, Kaiser Wilhelms II. Durch die Annahme dreier Gesetzesvorlagen, welche dem Reichstage vorgelegt wurden, des Krankenversicherungsgesetzes im Jahre 1883, des Unfallversicherungsgesetzes im Jahre 1884 und des Gesetzes über die Alters- und Invaliden-Versicherung im Jahre 1889, wird seitdem der Arbeiter geschützt gegen drückende Not, welcher er bisher anheimfiel, wenn ihn bei der Arbeit ein Unfall traf oder Krankheit ihn überfiel und wenn er arbeitsunfähig und altersschwach wurde. Auch der Staat hat sich mit diesen Gesetzen auf den Boden des Christentums gestellt, wie das die Botschaft Kaiser Wilhelms vom 17. November 1881 forderte und erwartete, und er hat die soziale Frage in rechter Weise zu lösen unternommen, nicht in der verkehrten Weise, wie die Sozialdemokratie dieselbe zu lösen sucht.

i. Wenn wir nunmehr die Liebestätigkeit der heutigen Zeit überblicken, so sehen wir, daß dieselbe in verschiedener Weise und von verschiedenen Seiten geübt wird. Noch immer spielt die Privatwohltätigkeit eine große Rolle, sei es daß Einzelne oder Vereine sich der Not der Hilfsbedürftigen annehmen. Aber auch die christlichen Gemeinden tun vieles, um der Not ihrer Glieder abzuhelfen, und dabei stehen ihnen die vom Staate oder von der Kirche gegründeten und unterhaltenen Wohltätigkeitsanstalten helfend zur Seite. Endlich aber hat auch die bürgerliche Gemeinde, entweder die Ortsgemeinde oder die größere Gemeinde der Provinz, des Staates und des Deutschen Reiches, einen Teil der Sorge für die Hilfsbedürftigen auf sich genommen, und so sind die durch die Religion getrennten Bürger des Staates einig in dem christlichen Werke der Fürsorge für die Leidenden und die Armen.

44. (114.) Die Mission in der neueren Zeit. (I, 91—93.)

a. Die alte Kirche hatte das Christentum vornehmlich unter den Völkern des römischen Reiches verbreitet, und das ganze Römerreich bekannte sich um das Jahr 500 zum christlichen Glauben. Die Kirche des Mittelalters hatte vornehmlich die Germanen und die Slawen bekehrt, war aber durch den Islam eines großen Teils ihres Gebietes, namentlich in Asien und Afrika, beraubt worden; Europa dagegen war um das Jahr 1400 fast ein ganz christliches Land, mit Ausnahme der noch heidnischen Lappen in Schweden und der Mohammedaner in Spanien und im südöstlichen Europa. Dagegen hatte die Kirche des Mittelalters unter den Heiden der anderen damals bekannten Erdteile kaum vereinzelte Missionsversuche gemacht; die Bewohner von Asien und Afrika waren, noch mehr als heute, Anhänger des Islam oder Heiden; die alte christliche Kirche führte in diesen Erdteilen, wie noch heute, nur ein kümmerliches Leben, bei dem von Mission kaum die Rede war.

b. Als im 16. Jahrhundert die evangelische Kirche begründet wurde, da hatte dieselbe zunächst mit ihrem Ausbau nach innen und mit der Bekämpfung der Katholiken so viel zu tun, daß sie an die Missionsaufgabe der Kirche kaum dachte. Erst die Pietisten in Deutschland und die Herrnhuter (voran der Graf Zinzendorf selber) und die Methodisten in England haben den Missionsgedanken in der evangelischen Christenheit zur Geltung gebracht; deutsche Missionare gingen, vom König Friedrich IV. von Dänemark ausgesandt, im Jahre 1706 nach Ostindien, und Herrnhuter zogen im Jahre 1732 nach Westindien.

Aber erst um das Jahr 1800 erwachte ein lebendigerer Missionsgeist, der allmählich über alle christlichen Religionsparteien sich verbreitet und die neue Missionsperiode herbeigeführt hat, welche denen der alten Kirche und des Mittelalters sich als dritte würdig zur Seite stellt. Seitdem bildeten sich in jeder evangelischen Kirche besondere Vereine, welche unabhängig vom Kirchenregiment das Werk der Heidenmission in die Hand nahmen, und als solche freie Vereine gläubiger Christen stehen noch heute die Missionsgesellschaften da und schicken ihre Sendboten, die Missionare, in die Länder der Heiden.

c. Gegenwärtig (1912) wirken über 400 evangelische Missionsgesellschaften unter den Heiden, und 4—5 Millionen bekehrter Heiden (abgesehen von den c. 13 Millionen bekehrter Neger in Nordamerika) stehen in der geistlichen Pflege der Missionare. Die Missionsbeiträge, welche die evangelischen Christen aufbringen, beliefen sich (im Jahre 1912) auf mehr als 127 Millionen Mark.

d. Weniger Erfolg hat bisher die Mission unter den Juden, und einen noch geringeren unter den Mohammedanern, welche letzteren noch heute selber Missionare zu den Heiden ausschicken und ihren Glauben noch immer weiter verbreiten.

e. Der evangelischen Mission steht nun die schon im 16. Jahrhundert begründete katholische Mission gegenüber; die katholische Mission zählt fast 7 Millionen bekehrte Heiden.

f. Welche große Aufgabe die christliche Kirche auf dem Gebiete der Mission noch zu lösen hat, erkennen wir, wenn wir bedenken, daß von den 1600 Millionen Menschen, die es heute auf der Erde gibt, nur 640 Millionen der christlichen Kirche angehören.

45. (115.) **Die Religionen und die Kirchen der Gegenwart; die Hoffnung der Kirche.** (I, 90 u. 99.)

A. Die Religionen der Gegenwart.

Die etwa 1600 Millionen Menschen, die es jetzt (1910) auf der Erde geben mag, bekennen sich zu etwa 1300 verschiedenen Religionen, welche in drei große Gruppen zerfallen: die der heidnischen Naturvölker, die der indisch-ostasiatischen Völker und die der semitischen Völker.

Die heidnischen Religionen, d. h. die Religionen der Naturvölker, welche über die ganze Erde zerstreut sind, zählen etwa nur noch 96 Millionen Anhänger; ihre Anzahl wird fortwährend geringer, da die Naturvölker entweder aussterben oder eine der höheren Religionen annehmen.

Die Religionen der indisch-ostasiatischen Völker zählen etwa 660 Mill. Anhänger; es sind dies der in Indien herrschende Brahmanismus, der aus demselben hervorgegangene, aber aus Indien fast ganz verdrängte Buddhismus und die beiden chinesischen Religionen, die des Kong-tse und die des Lao-tse, beide etwa im Jahre 500 vor Chr. gestiftet.

Die höchste Stufe in der Religion nehmen die Religionen der semitischen Völker ein: das Judentum, das Christentum und der Islam. Das Judentum zählt etwa 12 Millionen, der Islam etwa 225 Millionen, das Christentum etwa 640 Millionen Anhänger.

Der Islam zerfällt in zwei große Hauptabteilungen (und etwa 70 Sekten): Sunniten und Schiiten; die ersteren, zu denen die Türken gehören, erkennen außer dem Koran auch die Sunna, d. h. die Tradition, an, wogegen die Schiiten (nur 11—12 Millionen, fast nur die Perser) nur den Koran als heiliges Buch betrachten. Noch heute breitet sich der Islam in Asien und Afrika weiter aus; die christliche Mission hat unter demselben fast noch gar keine Erfolge errungen.

Die meisten Anhänger unter allen Religionen zählt das Christentum, etwa 640 Millionen; dasselbe ist die vorherrschende Religion in Europa, Amerika und Australien, dagegen noch wenig verbreitet in Asien und in Afrika. Das Christentum hat jetzt, da der Buddhismus, obwohl ebenfalls eine Weltreligion, doch mehr und mehr zurücktritt, nur noch einen einzigen Nebenbuhler im Kampfe um die Weltherrschaft, den Islam; aber der Christ hofft, daß seine Religion, wie die anderen Religionen, so auch den Islam dereinst überwinden wird. Aber damit diese Aufgabe des Christentums gelöst werde, bedarf es unserer Mitwirkung. So wollen denn auch wir das Unsere dazu tun, daß der christliche Glaube nicht bloß erhalten, sondern auch immer weiter ausgebreitet werde.

B. Die christlichen Kirchen der Gegenwart.

Wie sich der Glaube der Christen allmählich zu einer immer größeren Vollkommenheit entwickelt hat, hat uns die Geschichte der Kirche gezeigt. Die verschiedenen Stufen dieser Entwickelung des Christentums sehen wir noch heute vor uns in den drei großen Hauptkirchen, welche nacheinander entstanden sind, aber heute nebeneinander bestehen; dieselben stehen zwar alle über den anderen Religionen, aber sie stehen einander nicht gleich, sondern jede später entstandene Kirche hat sich zu einer immer größeren Vollkommenheit entwickelt: die katholische Kirche steht über der morgenländischen Kirche, die evangelische über beiden Kirchen. Aber auch *unsere* Kirche ist noch nicht die *vollkommene* Kirche, sondern sie soll sich zu immer größerer Vollkommenheit entwickeln. Die drei großen Kirchen, welche heute nebeneinander bestehen (und neben ihnen noch viele kleinere Parteien), sind nämlich die morgenländische (150 Millionen), die katholische (287 Millionen) und die evangelische Kirche (202 Millionen); von ihnen soll im folgenden Genaueres gesagt werden.

a. *Die rechtgläubige (orthodoxe) morgenländische (orientalische) Kirche.* Als das römische Reich in ein oströmisches und ein weströmisches Reich geteilt wurde (395), begannen allmählich auch die Kirchen der beiden Reiche einander fremd zu werden, und die langdauernden Streitigkeiten um den rechten Glauben trugen viel dazu bei, diese gegenseitige Entfremdung zu steigern. Wenn nun die Kirche des Abendlandes allmählich zu einer einigen vom römischen Bischof beherrschten Kirche geworden ist, zur römisch-katholischen Kirche, so hat die Kirche des Morgenlandes, die *morgenländische* oder die *orthodoxe* Kirche, den Päpsten gegenüber ihre Selbständigkeit behauptet; beide Kirchen, in Glauben und Sitte wenig voneinander verschieden, haben sich, weil jede ihre Selbständigkeit behaupten wollte, im Jahre 1054 durch gegenseitigen Bann förmlich voneinander getrennt, und vergeblich haben die Päpste immer aufs neue versucht, die morgenländische Kirche zur Anerkennung ihrer Oberherrschaft zu bewegen. Nur in Österreich und unter den kleineren Parteien dieser Kirche ist es dem Papste gelungen, einen Teil derselben, indem er ihnen aber ihre eigentümlichen Kirchengebräuche ließ (auch den Kelch beim Abendmahl und die Priesterehe), zur Anerkennung seiner Oberherrschaft zu bewegen, so daß es heute sogenannte *unierte Griechen* (d. h. mit Rom vereinigte Griechen) gibt, deren Zahl jedoch in der Neuzeit eher abgenommen hat (von 150 Millionen nur etwa 6 Millionen).

So besteht denn seit alter Zeit als eine selbständige Kirche neben den beiden anderen die *morgenländische* oder die *orthodoxe Kirche*. Diese Kirche, zu welcher sich einschließlich der ihr nahestehenden kleineren Parteien 150 Millionen Menschen (von 640 Millionen Christen) bekennen, obwohl durch den Islam beschränkt, aber auch in der Neuzeit durch Missionen (namentlich in Russisch-Asien) sich erweiternd, hat keinen Papst an ihrer Spitze, erkennt aber den Patriarchen von Konstantinopel in gewisser Weise noch heute als ihr Oberhaupt an. In Wirklichkeit besteht sie aber gegenwärtig aus mehreren (15) selbständig nebeneinander stehenden Kirchen, an deren Spitze entweder ein Patriarch (Metropolit, Exarch, Primas) oder eine sogenannte Synode, d. h. eine Regierungsbehörde steht (so in Griechenland und in Rußland); unter dem Patriarchen oder der Synode stehen die Metropoliten, Erzbischöfe und Bischöfe, welche die einzelnen Diözesen leiten, in welche jede dieser einzelnen Kirchen zerfällt; die bedeutendste derselben ist die *russische Kirche*.

14*

b. Die römisch-katholische Kirche hat sich im Jahre 1054 für immer von der morgenländischen Kirche getrennt, und von ihr wiederum hat sich seit dem Jahre 1517 die evangelische Kirche getrennt, so daß also heute im westlichen Europa zwei Kirchen nebeneinander bestehen, die katholische und die evangelische Kirche. Zur römisch-katholischen Kirche, welche, äußerlich angesehen, am meisten eine einige Kirche ist, da sie von einem einzigen Oberherrn, dem Papste, regiert wird, gehören vornehmlich die romanischen Völker, während die Germanen meist evangelisch geworden sind.

Die römisch-katholische Kirche zählt mehr Anhänger, als jede der anderen christlichen Parteien, nämlich etwa 287 Millionen (von 640 Mill. Christen). Sie ist die herrschende Kirche in Italien, Spanien, Portugal, Frankreich und Irland, wie in dem ehemals spanischen und portugiesischen Amerika (Mexiko, Mittel- und Süd-Amerika) und hat im westlichen und südlichen Teile von Mitteleuropa das Übergewicht (Belgien, Rheinland, Österreich und Polen); durch eine große Anzahl von Missionaren wird der katholische Glaube auch unter den Heiden immer weiter verbreitet.

Wenn nun der Katholik es als selbstverständlich betrachtet, daß seine Kirche dereinst die allgemein-herrschende sein werde, so zeigt die Wirklichkeit ein ganz anderes Bild: die protestantische Welt hat die katholische auf jedem Lebensgebiete allmählich überflügelt und wird sie hoffentlich immer mehr überflügeln. Wenn die katholische Kirche auch heute noch mehr Anhänger zählt, als jede der anderen Kirchen, so hat die Zahl der Evangelischen doch viel stärker zugenommen, als die der Katholiken. Während es im Jahre 1786 in Europa und Amerika (die anderen Erdteile kommen hierbei kaum in Betracht) nur 40 Millionen Protestanten und 110 Millionen Katholiken gab, gab es im Jahre 1886 schon 134 Millionen Protestanten und nur 201 Millionen Katholiken (1910: 202 Millionen Protestanten und 287 Millionen Katholiken); die Zahl der Protestanten hat also viel stärker zugenommen, als die der Katholiken[1]). Noch auffallender ist dies bei der Mission wahrzunehmen; während die katholische Mission im letzten Jahrhundert noch nicht um 1% zugenommen hat, hat die evangelische um 44% zugenommen. Ebenso haben die protestantischen Völker die katholischen im politischen, im wirtschaftlichen und im geistigen Leben immer mehr überflügelt. Man darf also eher glauben, daß die Welt dereinst protestantisch wird, aber schwerlich katholisch.

c. Die evangelische Kirche. Als die katholische Kirche im Mittelalter immer mehr verfiel, da versuchten die großen Konzilien von Pisa, Konstanz und Basel die Kirche zu reformieren; was ihnen nicht gelang, gelang den Reformatoren des 16. Jahrhunderts. Aber da es diesen Männern nicht gelang, die ganze Kirche für ihre Gedanken zu gewinnen, so spaltete sich die abendländische Kirche im 16. Jahrhundert in zwei Teile; der eine Teil, der größere, blieb katholisch oder wurde wieder zurückgeführt zum katholischen Glauben, der allerdings durch das Konzil von Trient (1545—1563)

---

[1]) Es hätte im Jahre 1886 368½ Millionen und im Jahre 1910 555½ Millionen Katholiken geben müssen.

von manchen Mißbräuchen befreit wurde; der andere Teil sagte sich von der katholischen Kirche und der Herrschaft des Papstes los, und es entstand eine dritte große Kirche, die evangelische Kirche, in welcher das Christentum richtiger und tiefer erfaßt worden ist, als in der morgenländischen und in der katholischen Kirche. Zur evangelischen Kirche bekennen sich, die kleineren Sekten mit ihren Anhängern eingeschlossen, etwa 202 Millionen Menschen (von 640 Millionen Christen). Die Hauptabteilungen der evangelischen Kirche sind die lutherische, die reformierte und die anglikanische Kirche. Die lutherische Kirche ist die herrschende in Schweden, Norwegen und Dänemark, in Finnland und in den russischen Ostseeprovinzen, in einem großen Teile von Deutschland und von Nordamerika. Die reformierte Kirche ist vornehmlich in der Schweiz, in Holland, Schottland, Frankreich, Ungarn und in einem Teile von Deutschland und von Nordamerika verbreitet. Die anglikanische Kirche ist in England und seinen Kolonien, sowie in Nordamerika und in Australien verbreitet. Durch viele Missionare wird der evangelische Glaube auch unter den Heiden immer weiter verbreitet.

Unter den drei großen Kirchen ist die evangelische am meisten gespalten, am wenigsten äußerlich geeinigt. Indes läßt sich nicht verkennen, daß die innere Entwickelung unserer Kirche sowohl im Glauben wie im Gottesdienst und in der Verfassung eine Annäherung der verschiedenen Kirchen aneinander zeigt. Diese gegenseitige Annäherung hat ja auch bereits vielfach zu einer Verbindung der lutherischen und der reformierten Kirche eines Landes, zu unierten Landeskirchen (1817) und zur Vereinigung aller evangelischen Landeskirchen des Deutschen Reiches (1903) geführt; ja, die im Jahre 1846 ins Leben gerufene evangelische Allianz hat, ohne die kirchliche Trennung äußerlich zu beseitigen, doch eine Annäherung fast aller evangelischen Kirchenparteien aneinander zustande gebracht. So darf man denn mit Recht, trotz aller Spaltung, von einer einigen evangelischen Kirche reden, und diese Einheit ist um so höher anzuschlagen, als sie nicht ein Werk des Zwanges, sondern der Freiheit ist.

Wir evangelischen Christen glauben nun, daß unsere Kirche in ihren Hauptgrundsätzen recht hat gegenüber der katholischen Kirche, indem sie einerseits lehrt, daß der Mensch gerecht werde nicht durch des Gesetzes Werke, sondern allein durch den Glauben, und daß wir andererseits die Wahrheit unseres Glaubens zu prüfen haben nicht an der Lehre der Kirche, sondern an den Aussagen der heiligen Schrift. Trotz aller Weiterentwickelung, die wir unserer Kirche wünschen und die wir auch in ihr sich deutlich vollziehen sehen, bleiben wir doch evangelische Christen und halten unsere Kirche für die vollkommenste unter den christlichen Kirchen, der wir aus Überzeugung treu bleiben.

C. Die Hoffnung der Kirche. Kirchengesch.[a] Nr. 99.

Die griechische Kirche war durch die Mohammedaner sehr eingeschränkt und das griechische Reich im Jahre 1453 vernichtet worden; aber die unterdrückten Christen hielten an der Hoffnung fest, daß einmal die Herrschaft der Türken, wenigstens in Europa, gestürzt werden würde.

Die katholische Kirche hofft, daß dereinst die griechische und die evangelische Kirche dem Papste unterworfen und alle Heiden zu katholischen Christen werden. (Vgl. Nr. 153 B, 16: Die Lehninsche Weissagung.)

Die evangelische Kirche hofft, daß einmal die griechische und die katholische Kirche von ihrem mangelhaften zu einem besseren, einem evangelischen Christentum geführt werden, dem auch alle heidnischen Völker sich zuwenden. Aber das soll geschehen nicht mit Gewalt, wie die Katholiken das für recht halten, sondern nur durch die Predigt des Wortes Gottes, wie Jesus geboten hat: „Gehet hin in alle Welt und prediget das Evangelium aller Kreatur!“ [1])

[1]) Zur Kirchengeschichte gehören noch folgende Abschnitte:
141—143. Die heilige Schrift.
144—148. Glaube und Bekenntnisschriften der evangelischen Kirche.
149—152. Der christliche Gottesdienst.
153. Quellenbuch.
155, 3. Zahlen der Kirchengeschichte.

Dritter Teil.[1])

Glaubens- und Sittenlehre.[2])

Aufgabe und Gliederung der Glaubenslehre[3]).

(III, Nr. I, A—E.)[4])

Wenn, wie Luther mit Recht meint, als die Hauptfrage für den Christen die Frage anzusehen ist: „Wie wird der Mensch vor Gott gerecht?" — diejenige Frage, welche vornehmlich im Römerbriefe und auf Grund desselben als die Hauptfrage auch in der Augsburgischen Konfession behandelt wird, so bildet diese Frage auch den Mittelpunkt der Glaubenslehre.

Aber diese Frage hat zur Voraussetzung psychologische und geschichtliche Tatsachen, welche dem Menschen zum Bewußtsein gebracht werden müssen, wenn die Frage, wie der Mensch gerecht werde, an sein Herz dringen soll. Diese Voraussetzungen, welche im Anschluß an die heilige Schrift darzulegen und der Hauptfrage vorauszuschicken sind, lassen sich kurz bezeichnen durch die drei Sätze:

1. „Du hast uns zu dir geschaffen, o Herr, und unser Herz ist unruhig, bis es Ruhe findet in dir!"
2. „Du bist zwar Gottes Sohn,
   Doch ach, nur der verlorne!"
3. „Also hat Gott die Welt geliebt, daß er seinen eingeborenen Sohn gab, auf daß alle, die an ihn glauben, nicht verloren werden, sondern das ewige Leben haben."

Auf die nunmehr (im vierten Abschnitt) darzustellende Lehre von der Rechtfertigung — den Mittelpunkt der evangelischen Glaubenslehre — folgt endlich noch ein fünfter Abschnitt, welcher — vom einzelnen

---

[1]) Der Unterricht in der Glaubens- und Sittenlehre. Lehrplan für den Religionsunterricht (Nakel, 1903): II, 4a und c. Christenlehre (1912): II a, V C. Handbuch II[3]: S. XLVII a. Handbuch III[3], Nr. II: Lehrstoff und Lehrplan für den Religionsunterricht, besonders in der Glaubens- und Sittenlehre.

[2]) Die zur Glaubenslehre gehörenden Abschnitte: Die heilige Schrift, Glaube und Bekenntnisschriften, Der Katechismus, sind — um sie für den Schüler leichter auffindbar zu machen — in den Anhang des Lehrbuchs aufgenommen worden: Nr. 141—143, Nr. 144—148.

[3]) Vgl. die Überschriften der fünf Abschnitte der Glaubenslehre.

[4]) In der Klammer ist der betr. Abschnitt des Handbuchs (3. Aufl.) angegeben.

Menschen zur Gemeinschaft fortschreitend — die Lehre vom Reiche Gottes auf Erden und im Himmel darstellt.

In den genannten fünf Abschnitten ist im folgenden die ganze christliche Glaubenslehre zusammengefaßt und mit der Glaubenslehre die Sittenlehre verbunden.

I. Einleitung zum Römerbrief.

Erster Abschnitt.

„Wo findet die Seele die Heimat der Ruh'?"[1])
„Du hast uns zu dir geschaffen, o Herr, und unser Herz ist unruhig, bis es Ruhe findet in dir!"[2])
„Ich glaube an Gott den Allmächtigen, Schöpfer Himmels und der Erden."

A. 116—121. Unser Glaube an Gott.

1. (116.)[3]) Der Materialismus. (III³, 2.)

a. Daß es eine Welt gibt, glaubt der gewöhnliche Mensch ohne weiteres; aber gibt es einen Gott?

b. Das bestreitet der Materialist; für ihn gibt es keinen Gott als Anfang der Welt, sondern nur von Ewigkeit her sich bewegende Atome, durch deren zufällige Verbindung auch die Ordnung in der Welt entstanden ist, und auf deren zufälliger Verbindung auch das Leben in der Welt beruht, auch das geistige Leben des Menschen. Auch der Mensch hat für den Materialisten neben dem Leibe keinen Geist, und Erkennen, Wollen und Fühlen müssen als materielle Vorgänge betrachtet werden; dann ist das Erkennen von der Bewegung unserer Atome abhängig, also auch das Falsche berechtigt; dann ist das Wollen auch des Bösen, d. h. die Sünde, berechtigt; denn alles Erkennen und Wollen wird ja von den Atomen notwendig hervorgerufen. Dann ist für den Menschen mit dem Tode alles aus.

c. So wird durch den Materialismus der Glaube an Gott, das Streben nach Tugend und Wahrheit, wie auch die Hoffnung auf die Unsterblichkeit beseitigt; aber im Materialismus „findet die Seele nicht die Heimat der Ruh'", nach der sie begehrt; ja, durch denselben wird nicht einmal der Verstand des Menschen befriedigt.

2. (117.) Die Beweise für das Dasein Gottes. (III³, 3.)

a. Dem Glauben an Gott tritt der angeblich auf dem Verstande beruhende Materialismus mit Unrecht entgegen, da er die Rätsel der be-

[1]) Englisches Lied: Große Missionsharfe, Nr. 265.
[2]) Fecisti nos ad te, Domine, et inquietum est cor nostrum, donec requiescat in te. Augustinus.
[3]) Die zweite Nummer ist die fortlaufende Nummer des Hilfsbuchs.

stehenden Welt nicht zu erklären weiß. Aber kann nicht vielleicht gerade durch Beweise des Verstandes der Glaube an Gott erzeugt und erzwungen werden? Dieses Ziel verfolgen die sogenannten Beweise für das Dasein Gottes, welche im folgenden dargelegt werden. Dieselben gehen aus erstens von dem als vorhanden angenommenen Dasein und von der als vorhanden anerkannten Ordnung der Welt, sodann von dem im Menschen vorhandenen Gewissen, und endlich von dem in der Menschheit vorhandenen Glauben an Gott, und sie schließen von diesen Tatsachen aus auf das Dasein Gottes in folgender Weise.

b. Vom Dasein der Welt und von der Ordnung in der Welt gehen die beiden ersten Beweise aus. Der kosmologische[1]) Beweis schließt aus den einzelnen Dingen in der Welt, als Wirkungen, auf Ursachen dieser Wirkungen, und diese Ursachen erscheinen immer wieder als Wirkungen höherer Ursachen; endlich aber sieht man sich hingewiesen auf eine letzte Ursache, welche nicht mehr die Wirkung einer anderen Ursache ist. Als eine solche letzte Ursache betrachtet der Materialist die Atome, der Glaube dagegen Gott, aus welchem die Welt, namentlich aber das Leben in der Welt, und vollends das geistige Leben in der Welt, allein in Wahrheit zu erklären ist.

Der teleologische[2]) Beweis beruht auf folgendem Schlusse: Die Welt ist ein geordnetes Ganze; alle Ordnung setzt einen Ordner voraus; also muß auch für die Welt ein Ordner angenommen werden. Aber in der Welt ist neben der Ordnung auch Unordnung wahrzunehmen; dann könnte also neben Gott vielleicht eine zweite Macht in der Welt walten. Aber die Wissenschaft erkennt immer mehr die Einheit und Ordnung in der Welt, und jedenfalls setzt die Ordnung, soweit sie anerkannt wird, einen Ordner voraus. Aber könnte nicht die Ordnung ein Werk des Zufalls sein? Das ist allerdings möglich, aber so sehr unwahrscheinlich, daß wir diese Annahme nicht ernstlich in Betracht ziehen können.

Der hier geforderte Ordner wird wohl nun mit der im kosmologischen Beweise geforderten Endursache, dem Schöpfer der Welt, zusammenfallen, da es unwahrscheinlich ist, daß es neben dem Schöpfer noch einen besonderen Ordner der Welt geben sollte.

c. Die beiden folgenden Beweise beruhen auf dem im Menschen vorhandenen Gewissen.

Der moralische Beweis weist darauf hin, daß das in jedem Menschen sich geltend machende und unbedingt gebietende Gewissen (Kants „kategorischer Imperativ") als eine von einer höheren Macht herstammende Stimme angesehen werden müsse, da der Mensch sich diese Stimme weder selber geben noch sie unterdrücken könne; die im Gewissen wirkende Macht offenbart sich als eine heilige Macht. Daher glaubt der Mensch mit Recht an einen heiligen Gott.

Der Beweis aus der moralischen Weltordnung weist darauf hin, daß in der Welt offenbar das Gute die herrschende Macht ist oder doch werden soll; aber den vollkommenen Sieg des Guten kann nur eine

[1]) Von dem griechischen Worte kosmos = die Welt.
[2]) Von dem griechischen Worte telos = Zweck.

gute Macht bewirken, welche die Welt unbedingt beherrscht, da der Mensch diesen Sieg nicht vollkommen herbeizuführen vermag. Also muß es einen Gott geben, der die Welt auf diesen Sieg hin angelegt hat und zu diesem Siege führen will.

Aber freilich gibt es Menschen, welche dem Gewissen nicht folgen oder dasselbe sogar leugnen, und gar oft vermissen wir noch den Sieg des Guten über das Böse, und darum kann auch durch diese Beweise der Glaube an Gott nicht erzwungen werden.

d. Die beiden letzten Beweise gehen aus von dem unter den Menschen vorhandenen Glauben an Gott.

Der historische Beweis schließt von der Allgemeinheit des Glaubens an Gott auf die Richtigkeit dieses Glaubens, da seine Allgemeinheit nur daraus zu erklären ist, daß er auf der Wahrnehmung eines sich offenbarenden Gottes beruht. Aber wenn auch diese Erklärung des Glaubens höchst wahrscheinlich ist, so ist sie doch nicht unzweifelhaft.

Der ontologische Beweis (des Bischofs Anselmus von Canterbury, † 1109) suchte Gottes Dasein nicht bloß als wahrscheinlich, sondern als notwendig zu erweisen durch folgenden Schluß: In unserem Geiste lebt die Idee eines vollkommensten Wesens. — Vollkommen ist aber nur das, was nicht bloß in unserem Geiste, sondern auch in der Wirklichkeit existiert; ein in Wirklichkeit existierendes Wesen wäre ja doch vollkommener als ein bloß gedachtes Wesen, da es ja zu den anderen Eigenschaften und Vollkommenheiten auch noch die Eigenschaft der Existenz besäße. — Also muß Gott, als das vollkommenste Wesen, auch die Eigenschaft der Existenz besitzen.

Aber gegen diesen Beweis ist mit Recht bemerkt worden, daß das Sein keine Eigenschaft ist; Eigenschaften besitzen sowohl die wirklichen als auch die bloß gedachten Dinge. Auch darf man Gedachtes und Wirkliches überhaupt nicht miteinander vergleichen, oder man darf wenigstens das Wirkliche nicht um der bloßen Existenz willen für vollkommener halten als das Gedachte; ein existierendes Tier ist um seiner Existenz willen nicht vollkommener als ein bloß gedachter Engel.

e. Alle diese Beweise erzwingen also nicht den Glauben an Gott, sondern lassen manche Fragen des Verstandes unerledigt, und der Glaube an Gott bleibt eine freie Tat des Menschen; aber dieselben zeigen trotzdem, daß der Glaube an Gott dem Verstande nicht widerspricht, ja ihn mehr befriedigt als der Materialismus.

3—6. (118—121.) Ursprung und Wesen der Religion.

3. (118.) Die Religion in der Welt. (III³, 4.)

Der Materialismus bestreitet das Dasein Gottes; durch die Beweise für das Dasein Gottes kann der Mensch zum Glauben an das Dasein Gottes nicht gezwungen werden. Wie kommt nun der Mensch zur Religion?

Religion hat nur derjenige, welcher auf den von ihm als daseiend betrachteten Gott vertraut. Zu diesem Glauben an Gott gelangt aber der Mensch nicht durch seinen Verstand, sondern durch das Gemüt. Wie geschieht das?

4. (119.) Das Verlangen des Menschen nach Gott. (III³, 5—10.)

Dazu, daß er nicht bloß an die Existenz Gottes glaubt, sondern auch auf Gott vertraut und Religion hat, gelangt der Mensch nur darum, weil er selber ein Verlangen nach Gott hat.

Worauf beruht des Menschen Verlangen nach Gott?

a. Die Religion beruht nicht auf dem Verstande des Menschen. Wer, von seinem Verstande dazu angetrieben, nach dem Urheber der Welt fragt, der erkennt vielleicht Gott als solchen; aber wer Gott bloß erkennt, der hat noch nicht Religion, sondern Wissenschaft; wer Gott erkennt, braucht ihn darum noch nicht zu verehren.

b. Die Religion beruht auch nicht auf der Phantasie des Menschen, wie diejenigen annehmen, welche sie entstanden sein lassen durch Erdichtung habsüchtiger Priester und kluger Herrscher, welche dieselbe angeblich erfanden, um die anderen Menschen mit ihrer Hilfe sich untertänig zu machen; nur benutzt haben Priester und Herrscher öfters die vorhandene Religion zu diesem Zwecke, aber sie ist nicht dadurch entstanden.

Die Religion beruht auch nicht auf der (von der Phantasie unwillkürlich bewirkten) Vergötterung ursprünglicher Menschen. Woher besaßen denn die Menschen den Begriff der Gottheit, den sie auf andere Menschen übertrugen? Auch sind vielmehr viele spätere Heroen zu Menschen erniedrigte ursprüngliche Götter (Herakles—Siegfried).

c. Die Religion beruht auch nicht auf dem Willen des Menschen. Derjenige hat nicht Religion, welcher die sittlichen Gebote als Gebote Gottes erkennt; das ist Sittlichkeit, nicht Religion. Der sittliche Mensch tut das Gute, das sein Gewissen ihm gebietet, auch ohne nach Gott zu fragen; der religiöse Mensch tut, was der Gottheit wohlgefällt (Beten, Opfern), um von Gott Güter zu erlangen, die er begehrt; ja, der Fromme handelt, um angeblich Gott zu gefallen, in manchen Religionen selbst gegen sein Gewissen.

d. Die Herleitung der Religion aus dem Gemüt.

α. Luk. 12, 19. Liebe Seele, du hast einen großen Vorrat auf viele Jahre; habe nun Ruhe, iß, trink' und habe guten Mut!

1. Kor. 15, 32. Lasset uns essen und trinken, denn morgen sind wir tot!

Luk. 6, 24. Wehe euch Reichen, denn ihr habt euren Trost dahin!

β. Luk. 6, 20. Selig seid ihr Armen, denn das Reich Gottes ist euer!

Luk. 15, 17—19. Ich verderbe im Hunger; ich will mich aufmachen und zu meinem Vater gehen, und zu ihm sagen: mache mich zu einem deiner Tagelöhner!

Unser täglich Brot gib uns heute!

„Not lehrt beten."

γ. Luk. 15, 18—19. Vater, ich habe gesündigt gegen den Himmel und vor dir, und bin hinfort nicht mehr wert, daß ich dein Sohn heiße.

Vergib uns unsere Schuld und führe uns nicht in Versuchung!

Matth. 5, 6. Selig sind, die da hungert und dürstet nach der Gerechtigkeit, denn sie sollen satt werden.

δ. Dein Reich komme!

Matth. 6, 33. Trachtet am ersten nach dem Reiche Gottes und nach seiner Gerechtigkeit, so wird euch solches alles zufallen.

Matth. 5, 3. Selig sind, die da geistlich arm sind, denn das Himmelreich ist ihr.

ε. Ps. 42 u. 43. Was betrübst du dich, meine Seele, und bist so unruhig in mir? Harre auf Gott, denn ich werde ihm noch danken, daß er meines Angesichts Hilfe und mein Gott ist.

Joh. 16, 33. In der Welt habt ihr Angst; aber seid getrost, ich habe die Welt überwunden.

Augustinus, Confessiones I, 1: Fecisti nos ad te, Domine, et inquietum est cor nostrum, donec requiescat in te. Du hast uns zu dir geschaffen, o Herr, und unser Herz ist unruhig, bis es Ruhe findet in dir.

Die Religion beruht vielmehr auf dem Gemüte des Menschen, und zwar entwickelt sie sich aus demselben in folgender Weise.

α. Neben den wenigen theoretischen gibt es viele praktische Atheisten und Materialisten; ein solcher war der reiche Mann, der zu seiner Seele spricht (Luk. 12, 19): „Liebe Seele . . . guten Mut!" Für ihn heißt es: „Laßt uns essen und . . . tot!" (1. Kor. 15, 32; Jes. 22, 13.) Ein solcher Sinn entwickelt sich nun leichter bei Reichen als bei Armen; daher heißt es bei Luk. 6, 24: „Wehe euch Reichen!" Solche Leute haben gar kein Verlangen nach Gott.

β. Dagegen gelangt der Arme leichter zum Verlangen nach Gott, wie es bei Lukas heißt (6, 20): „Selig seid ihr Armen, denn das Reich Gottes ist euer!" Ein solcher Armer war der verlorene Sohn geworden (Luk. 15, 17—19), der in der Not sich zum Vater zurückwendet. So führt zunächst die äußere Not den Menschen zu Gott als einem Helfer in der Not, dessen Wirksamkeit sich ihm zunächst in der Natur offenbart; das sehen wir in vielen niederen Religionen. Aber auch wir beten ja noch: „Unser täglich Brot gib uns heute!"

γ. Aber der verlorene Sohn bittet nicht bloß um leibliches Brot, sondern er erkennt auch seine Sünde als die Ursache seiner Not (Luk. 15, 18—19). Und auch wir beten nach der Bitte um das tägliche Brot um Vergebung unserer Schuld und um Bewahrung vor neuer Sünde; wer aber nach Gerechtigkeit hungert und dürstet, der soll gesättigt werden (Matth. 5, 6).

δ. Aber wenigstens in den höheren Religionen begehrt der Mensch nicht bloß irdische Güter oder Befreiung von Schuld und Sünde, sondern Gemeinschaft mit Gott, indem er betet: „Dein Reich komme!" Ja, wie im Vaterunser diese Bitte den anderen voransteht, so fordert auch Jesus ausdrücklich, daß wir am ersten nach dem Reiche Gottes trachten (Matth. 6, 33), und er verheißt den geistlich Armen als erste Gabe das Himmelreich (Matth. 5, 3).

ε. So beruht also die Religion auf dem Gemüte, auf dem Herzen (Röm. 10, 10), welches nach Gott verlangt, nicht auf dem Verstande, der an Gott glauben und doch vor ihm zittern kann (Jak. 2, 19); auch ein schwacher Glaube des Herzens ist dagegen schon Religion (Mark. 9, 24).

Die Not lehrt also den Menschen beten, die Not führt das Herz des Menschen zu Gott, zunächst als dem Helfer in leiblicher und geistiger Not, sodann aber auch als dem höchsten Gut für unsere Seele.

Auf diesen Ursprung der Religion deutet schon das A. T. hin, wenn der Fromme betet (Ps. 42 und 43): „Was betrübst du dich, meine Seele", und ebenso Jesus, wenn er zu seinen Jüngern sagt (Joh. 16, 33): „In der Welt habt ihr Angst, aber seid getrost, ich habe die Welt überwunden." Und so bezeichnet denn Augustinus das Wesen der Religion ganz im Sinne der Bibel, wenn er sagt: Du hast uns zu dir geschaffen, o Herr, und unser Herz ist unruhig, bis es Ruhe findet in dir. Fecisti nos ad te, Domine, et inquietum est cor nostrum, donec requiescat in te. Nur in Gott findet das durch die Not geängstigte und nach einem höchsten Gute verlangende Herz des Menschen Ruhe und Frieden.

5. (120.) Die Offenbarung Gottes an den Menschen. (III³, 11.)

a. „Ich bin der Herr, dein Gott."

Röm. 1, 20. Gottes unsichtbares Wesen, das ist seine ewige Kraft und Gottheit, wird ersehen, so man des wahrnimmt, an den Werken, nämlich an der Schöpfung der Welt (richtiger: wird seit der Schöpfung der Welt mittels der Vernunft an den Werken wahrgenommen).

„Wenn ich, o Schöpfer, deine Macht."

Röm. 2, 14—15. Denn so die Heiden, die das Gesetz nicht haben, doch von Natur tun des Gesetzes Werk, sind dieselben sich selbst ein Gesetz, als die da beweisen, des Gesetzes Werk sei geschrieben in ihrem Herzen, sintemal ihr Gewissen ihnen zeuget.

Apg. 17, 26—28. Gott hat Ziel gesetzt und vorgesehen, wie lange und weit der Menschen Geschlechter wohnen sollen, daß sie den Herrn suchen sollten, ob sie ihn doch fühlen und finden möchten.

Hebr. 1, 1—2. Nachdem vor Zeiten Gott manchmal und mancherlei Weise geredet hat zu den Vätern durch die Propheten, hat er am letzten in diesen Tagen zu uns geredet durch den Sohn.

b. Ps. 14, 1. Die Toren sprechen in ihrem Herzen: Es ist kein Gott.

Hebr. 11, 1. Es ist aber der Glaube eine gewisse Zuversicht des, das man hoffet, und ein Nichtzweifeln an dem, das man nicht siehet.

„Ich glaube an Gott."

c. „Wir sollen Gott über alle Dinge fürchten, lieben und vertrauen."

„Vater unser, der du bist im Himmel."

„In Gott findet die Seele die Heimat der Ruh'."

a. Aus dem Verlangen des Herzens nach Gott entwickelt sich also im Menschen die Religion. Aber dem Verlangen des Menschen nach Gott entspricht nun auch ein Tun Gottes, nämlich seine Offenbarung an den Menschen. So beruht also die Religion des einzelnen Menschen auf der Überlieferung der in der Welt vorhandenen Religion, auf dem Verlangen des Menschen nach Gott und auf der vom Menschen wahrgenommenen Offenbarung Gottes. Darauf weist ja schon unser Katechismus hin, wenn er mit dem Worte beginnt: „Ich bin der Herr, dein Gott".

Gott offenbart sich dem Menschen aber zunächst in der Natur (Röm. 1, 20 — „Wenn ich, o Schöpfer, deine Macht"), und die Naturreligionen beruhen ausschließlich auf der Offenbarung Gottes in der Natur; die Götter derselben sind zwar mächtige Wesen, aber nur Naturmächte, nicht sittliche Mächte. Aber Gott offenbart sich auch im Gewissen des einzelnen Menschen und in der Geschichte der Völker und der Menschheit (Röm. 2, 14—15. Apg. 17, 26—28), besonders in der Geschichte des Volkes Israel; im Gewissen und in der Geschichte offenbart sich aber vornehmlich der heilige Gott. Aber erst in Christus hat Gott sich vollkommen geoffenbart, nämlich als der gnädige Gott, als die Liebe, wovon die anderen Religionen wenig wissen; das Volk Israel kennt zwar Gott als den Vater des Volkes, aber noch nicht als den Vater jedes einzelnen Menschen.

b. Trotz dieser vielfachen Offenbarung Gottes gibt es dennoch Menschen, welche von derselben nichts vernehmen (Ps. 14, 1), da sie nur an dem nicht zweifeln wollen, was sie sehen (Hebr. 11, 1); jedoch auch sie glauben an Dinge, die sie nicht sehen, z. B. die Atome, und in Wahrheit vernehmen sie darum nichts von der Offenbarung Gottes, weil sie nach Gott kein Verlangen haben. Darum sagen wir mit Recht mit unserm Katechismus: „Wir glauben an Gott." Wer aber an Gott glaubt, der wird ihn „über alle Dinge fürchten, lieben und vertrauen", und mit dem „Vater im Himmel" in Gemeinschaft treten, und in aller Not in Gott „die Heimat der Ruhe" finden.

c. So bezeichnen also die Anfangsworte der drei ersten Hauptstücke unsers Katechismus den Weg, wie der Mensch zu Gott kommt. Dem nach Gott sich sehnenden Menschen offenbart sich Gott, der ihm zuruft: „Ich bin der Herr, dein Gott." An den sich ihm offenbarenden Gott glaubt der Mensch, der da spricht: „Ich glaube an Gott." Und mit dem Gott, an den er glaubt, tritt der Mensch in Gemeinschaft, wenn er betet: „Vater unser, der du bist im Himmel."

6. (121.) Das Recht des Glaubens. (III³, 12.)

a. Die Weltanschauung des Materialismus befriedigt weder das Herz des Menschen, welcher nach mehr als materiellen Gütern und Genüssen verlangt, noch den Verstand, da der Materialismus das Dasein und die Ordnung, das Leben in der Welt und besonders das geistige Leben des Menschen gar nicht zu erklären vermag.

b. Der Glaube an Gott vermag zwar nicht, alle Rätsel der Welt zu lösen, aber er befriedigt jedenfalls unser Herz und unsern Verstand in höherem Grade als der Materialismus, indem er dem Herzen geistige Güter bietet und dem Verstande eine Erklärung für die Tatsachen in der Welt darbietet, welche dieselben besser erklärt, als dies der Materialismus vermag.

c. Zwar kann ja der Glaube nicht alle Fragen des Verstandes beantworten, und so bleibt er eine Sache der Freiheit (Joh. 20, 29); aber er beruht, wenn er uns auch zunächst von außen überliefert wird, auf dem

Herzen, welches nach Gott verlangt, und auf der Offenbarung Gottes, welchen der Mensch mit der Vernunft wahrnimmt (Röm. 1, 20), und nur in diesem vom Herzen begehrten und mit der Vernunft wahrgenommenen Gotte (Hebr. 11, 1) „findet die Seele die Heimat der Ruh'".

B. 7—9. (122—124.) Was ist Gott?

7. (122.) Die Einheit Gottes. (III³, 12.)

Ich bin der Herr dein Gott, du sollst nicht andere Götter haben neben mir.

Höre, Israel, der Herr unser Gott ist ein einiger Herr. 5. Mose 6, 4.

Von ihm und durch ihn und zu ihm sind alle Dinge. Ihm sei Ehre in Ewigkeit! Amen. Röm. 11, 36.

Aus dem einen Gott, den auch die heidnischen Völker vielleicht ursprünglich anbeteten, waren allmählich, indem man verschiedene Naturkräfte wahrnahm und verschiedene Güter begehrte, mehrere Götter geworden; aber auch die heidnische Religion und Philosophie strebten mehr oder weniger mit Bewußtsein nach dem einen Gotte zurück. Diesem Glauben kam am nächsten die persische Religion, welche zwar noch zwei Götter lehrt, aber doch schließlich das Böse vom Guten überwunden werden läßt. Aber erst das Volk Israel hat allmählich erkannt, daß es nur einen Gott anbeten dürfe, aber allerdings erst später erkannt, daß der eine Gott des Volkes Israel auch der Gott aller anderen Völker sei.

8. (123.) Gottes Wesen und Eigenschaften. (III³, 14—18.)

1. Ich glaube an Gott den Allmächtigen.

a. Er ist der lebendige Gott, der ewiglich bleibt. Dan. 6, 27.

In ihm leben und weben und sind wir. Apg. 17, 28.

Herr Gott, du bist unsere Zuflucht für und für; ehe denn die Berge wurden und die Erde und die Welt geschaffen wurden, bist du, Gott, von Ewigkeit zu Ewigkeit. Ps. 90, 1—2.

Wo soll ich hingehen vor deinem Geist, und wo soll ich hinfliehen vor deinem Angesicht? Führe ich gen Himmel, so bist du da; bettete ich mir in die Hölle, siehe, so bist du auch da. Nähme ich Flügel der Morgenröte und bliebe am äußersten Meer, so würde mich doch deine Hand daselbst führen und deine Rechte mich halten. Ps. 139, 7—10.

Ich bin der allmächtige Gott; wandle vor mir und sei fromm. 1. Mose 17, 1.

b. Gott ist Geist. Joh. 4, 24.

Herr, du erforschest mich und kennest mich; ich sitze oder stehe auf, so weißt du es; du verstehst meine Gedanken von ferne; ich gehe oder liege, so bist du um mich und siehst alle meine Wege; denn siehe, es ist kein Wort auf meiner Zunge, das du, Herr, nicht alles wissest. Ps. 139, 1—4.

Herr, wie sind deine Werke so groß und viel! Du hast sie alle weislich geordnet, und die Erde ist voll deiner Güter. Ps. 104, 24.

Wenn man danach fragt, was Gott ist, so wird man zunächst mit dem ersten Artikel sagen: „Ich glaube an Gott den Allmächtigen.“ Die ganze Welt ist (wie allerdings der Materialist nicht erkennt) von einem Gott erfüllt, welcher der Urquell alles Lebens in der Welt, also ein lebendiger Gott ist. Als Urquell des Lebens ist Gott aber ewig, allgegenwärtig und allmächtig.

Aber Gott ist nicht eine unbewußte Macht (wie der Pantheist behauptet), sondern eine bewußte und wollende Macht, d. h. Geist, und als solcher ist er allwissend und allweise.

Als allmächtiger und allwissender Gott überragt Gott weit die Götter der Heiden, welche allerdings mächtige, aber nicht allmächtige Götter sind, und er ragt auch empor über die pantheistische Gottheit, welche nur eine unbewußte Macht ist.

2. Ich glaube an Gott den Heiligen.

a. Ihr sollt heilig sein, denn ich bin heilig, der Herr, euer Gott. 3. Mose 19, 2.

b. Du aber bleibest, wie du bist. Ps. 102, 28.

Gott vergilt dem Menschen, danach er verdient hat. Hiob 34, 11.

Das Volk Israel und unser Gewissen kennen aber nicht bloß einen allmächtigen, sondern auch einen heiligen Gott, und aus der Heiligkeit Gottes ergeben sich seine Unveränderlichkeit und seine Gerechtigkeit.

3. Ich glaube an Gott den Vater.

a. Gott ist Liebe. 1. Joh. 4, 16[1]).

Vater unser, der du bist im Himmel.

b. Herr, wie sind deine Werke so groß und viel! Du hast sie alle weislich geordnet, und die Erde ist voll deiner Güter. Ps. 104, 24.

Oder verachtest du den Reichtum seiner Güte, Geduld und Langmütigkeit? Weißt du nicht, daß dich Gottes Güte zur Buße leitet? Röm. 2, 4.

Herr, Herr, Gott, barmherzig und gnädig und geduldig und von großer Gnade und Treue! Der da bewahret Gnade in tausend Glieder und vergibt Missetat, Übertretung und Sünde. 2. Mose 34, 6—7.

Also hat Gott die Welt geliebt, daß er seinen eingeborenen Sohn gab, auf daß alle, die an ihn glauben, nicht verloren werden, sondern das ewige Leben haben. Joh. 3, 16.

Aber erst im Christentum ist Gott deutlich als ein Gott der Liebe erkannt, und dieser Begriff ist erst in dieser Religion der die ganze Religion beherrschende geworden, so daß wir heute bekennen: „Ich glaube an Gott den Vater“ und beten zum „Vater im Himmel“. Aus der Liebe ergeben sich die Eigenschaften der Güte, Geduld und Gnade.

Über die Erkenntnis Gottes als des Gottes der Liebe, als unseres Vaters, ist keine Religion hinausgekommen, und nur in dem Gotte der Liebe „findet die Seele die Heimat der Ruh’“.

---

[1]) Nicht: die Liebe — im Grundtext und in der revidierten Bibel steht der Artikel nicht.

9. (124.) Die Bedeutung der Erkenntnis Gottes für die Gemeinschaft des Menschen mit Gott. (III³, 19.)

Die Furcht des Herrn ist der Weisheit Anfang. Ps. 111, 10.
Ich bin der allmächtige Gott; wandle vor mir und sei fromm. 1. Mose 17, 1.
Ihr sollt heilig sein, denn ich bin heilig, der Herr euer Gott. 3. Mose 19, 2.
Lasset uns ihn lieben, denn er hat uns zuerst geliebt. 1. Joh. 4, 19.
Die Liebe ist des Gesetzes Erfüllung. Röm. 13, 10.

Unsere Erkenntnis Gottes hat nun auch eine große Bedeutung für unsere Gemeinschaft mit Gott. Für den Pantheisten, der Gott nur als das unbewußte Leben in der Welt betrachtet, ergibt sich als Aufgabe der Religion, daß der Mensch mit seinem Leben in dem allgemeinen Weltgeist aufgehe.

Dem Heiden erscheinen seine Götter vornehmlich als Spender irdischer Gaben (wenn sie dieselben dem Menschen nicht aus Neid vorenthalten); aber ein unbedingtes Vertrauen kann der Heide seinen Göttern nicht entgegenbringen, da sie weder allmächtig, noch allwissend, noch heilig sind, und da ein Gott dem anderen oft entgegenwirkt; die heidnische Religion ist hauptsächlich eine Religion der Furcht Gottes; aber die Furcht Gottes wird in der Bibel mit Recht als der Weisheit Anfang bezeichnet.

Viel höher steht die Religion Israels; auf den einen, allmächtigen und allwissenden Gott kann der Israelit ganz anders vertrauen, als der Heide auf seine Götter; aber der heilige Gott fordert auch vom Menschen, daß er heilig werde.

Aber höher als die Furcht vor Gott steht die Liebe zu Gott, und erst der Gott des Christentums, der Gott der Liebe, erweckt auch im Menschen Liebe, und die Liebe zu Gott erweckt auch Liebe zu den Mitmenschen. Über die Liebe zu Gott und den Brüdern kann aber keine Religion den Menschen hinausführen, und so ist das Christentum als die vollkommenste Religion zu betrachten, welche den Menschen auch zur vollkommensten Sittlichkeit führen kann.

C. 10—12. (125—127.) Gott und die Welt.

10. (125.) „Ich glaube an Gott den Schöpfer Himmels und der Erde." (III³, 20—22.)

1. Mose 1, 1—2, 4a. Psalm 104. 1. Mose 2, 4b—25.

Unser Glaube an Gott ist aber nicht bloß ein Wissen von der Existenz eines Gottes, sondern ein Glaube an den sich in der Welt offenbarenden Gott; Gott hat sich aber zunächst geoffenbart in der Schöpfung der Welt. Nicht bloß aus dem schon daseienden Chaos gestaltet, wie die heidnischen Religionen sagen, sondern von Gott geschaffen ist die Welt, wie die Bibel sagt. Aber nicht auf einmal fertig stand die Welt da, sondern sie ist aus dem von Gott zuerst geschaffenen Stoffe allmählich gebildet worden. Die Geschichte der allmählichen Weltgestaltung sucht die

Wissenschaft zu erkennen; die Bibel bietet in ihren beiden Schöpfungsgeschichten (1. Mose 1, 1—2, 4a und 2, 4b—2, 25) nicht wissenschaftliche, sondern religiöse Darstellungen der allmählichen Weltgestaltung. Die erste Schöpfungsgeschichte stellt die Schöpfung der ganzen Welt dar (acht Werke in sechs Tagen)[1]) und als die Krone derselben den Menschen; die zweite spricht vorwiegend nur vom Menschen und läßt, indem sie, ebenso wie die erste, den Menschen als das Ziel der Schöpfung betrachtet, um seinetwillen Pflanzen und Tiere entstanden sein. Beide Erzählungen stehen nun zwar in wissenschaftlicher Hinsicht nicht über dem Standpunkte ihrer Zeit, welcher die Erde als Mittelpunkt der Welt galt, und geben auf viele Fragen der Wissenschaft keine oder wenigstens keine uns befriedigende Antwort. Aber infolge des sie durchdringenden Glaubens an den einen, ewigen und allmächtigen Gott, also nach ihrem religiösen Gehalt, ragen sie über alle anderen Schöpfungsgeschichten der anderen Völker empor[2]). Aus diesem Glauben ergab sich, was die anderen Völker nicht wußten, daß Gott der Schöpfer, nicht bloß der Bildner der Welt ist, daß der Mensch nach dem Bilde Gottes geschaffen ist, und daß alles Erschaffene gut und vollkommen ist. Mit diesem religiösen Gehalte der biblischen Schöpfungsgeschichte stimmt auch die Naturwissenschaft überein; da aber die Bibel kein Lehrbuch der Naturwissenschaft ist, so kommt es nicht darauf an, ob sie mit den einzelnen Ergebnissen dieser Wissenschaft übereinstimmt oder nicht.

11. (126.) Deismus, Pantheismus und Theismus. (III³, 23.)

Wie steht nun Gott der von ihm geschaffenen Welt gegenüber?

a. Nach der Anschauung des Deismus hat Gott zwar die Welt geschaffen, aber der von ihm geschaffenen Welt steht er nunmehr fremd und gesondert gegenüber. Die Welt ist eine vollkommene, ewig sich bewegende Maschine, aber Gott ist in ihr nicht zu finden, denn er thront über der Welt und ferne von ihr im Himmel; es gibt auch für den Frommen keine Gemeinschaft mit Gott. Indem der Deismus den richtigen Gedanken vertritt, daß Gott über Welt und Mensch erhaben ist (transzendent) und auch ein besonderes Leben hat, verliert er darüber den Gott in der Welt, von dem doch die Bibel ebenfalls predigt[3]).

b. Dem Deismus gegenüber betont der Pantheismus mit Recht das Bibelwort: „In Gott leben und weben und sind wir“ (Apg. 17, 28); alles Leben in der Welt ist in der Tat göttliches Leben; Gott ist der Welt innewohnend (immanent), und der Fromme in der Welt steht in wirklicher

[1]) Beachte den Parallelismus der beiden Dreitagewerke:
1. Licht geschaffen. 4. Lichtkörper geschaffen.
2. Scheidung der Wasser und Bildung des Himmels. 5. Wasser- und Lufttiere geschaffen.
3. (Doppelwerk.) Land vom Wasser geschieden und Pflanzen geschaffen. 6. (Doppelwerk.) Landtiere und Mensch geschaffen.
An diese Schöpfungsgeschichte schließt sich Psalm 104 an, aber ohne der Tage zu gedenken und ohne die Werke zu zählen.

[2]) Auch über die der Babylonier, auf der sie zunächst beruhen.

[3]) Vgl. Schiller, Die Götter Griechenlands.

Gemeinschaft mit Gott. Aber der Pantheismus betrachtet nun Gott als bloß in der Welt wohnend, nicht als über die Welt erhaben, und darum betrachtet er Gott nur als Leben, nicht als Geist; Gott ist entweder eine stets unbewußt wirkende Macht, oder er entwickelt sich erst im Menschen zu Bewußtsein und Willen; im ersteren Falle sind die Geschöpfe größer als Gott, im zweiten Falle begreift man nicht, warum sich Gott überhaupt zu Bewußtsein und Willen entwickelt haben soll.

c. Die Transzendenz Gottes, d. h. seine Erhabenheit über die Welt, welche der Deismus lehrt, und die Immanenz Gottes, d. h. sein Innewohnen in der Welt, welches der Pantheismus betont, werden mit Recht im Theismus miteinander vereinigt, welcher Gott als sowohl über der Welt wohnend, als auch in der Welt waltend betrachtet; der Theismus ist die Gottesanschauung der Bibel.

12. (127.) Die Erhaltung und Regierung der Welt.

(III³, 24 und 25.)

Der erste Artikel.

a. „Ich glaube an Gott .... Schöpfer Himmels und der Erde."
„Ich glaube, daß .... gegeben hat."

b. Ps. 104, 27–30. 145, 15–16.
„Und noch erhält, dazu .... versorget."
„Unser täglich Brot gib uns heute!"

c. Ps. 139. 5. Mose 32, 8–12. Apg. 14, 15–16. 17, 22–31.
„Wider alle Fährlichkeit .... bewahret."
„Für deine Ehr' wir danken, daß du, Gott Vater, ewiglich regierst ohn' alles Wanken."

d. „Und das alles .... Würdigkeit."

e. „Des alles .... schuldig bin."

a. Wenn wir Menschen von Gott zunächst, wie die ganze Welt, geschaffen worden sind, so weist uns in Übereinstimmung mit der Bibel der erste Artikel auch noch darauf hin, welche herrlichen Gaben wir mit unserem Leibe („Augen ..... Glieder") und mit unserer Seele („Vernunft und alle Sinne", d. h. Geisteskräfte) von Gott erhalten haben.

b. Aber Gott, der Schöpfer der Welt, ist nun auch der Erhalter der Welt, wie sowohl die Bibel (Ps. 104, 27–30 und Ps. 145, 15–16) als auch der erste Artikel sagt („und noch erhält .... versorget"). Gott erhält aber die Welt durch die in ihr vorhandenen Mittel und in der von ihm geordneten gesetzlichen Weise, worauf (für den einzelnen Menschen) Luther ausführlich hinweist („dazu Kleider .... versorget"). Daß nun Gott uns gebe, was wir zur Erhaltung des Lebens bedürfen, darum bitten wir im Vaterunser in der vierten Bitte: „Unser täglich Brot gib uns heute!". Aber wenn wir auch Gott um das tägliche Brot bitten dürfen und sollen, so wird doch nicht ohne sein eigenes Tun (Arbeit) der Mensch von Gott erhalten.

c. Die Welt im ganzen, wie auch das Leben des einzelnen Menschen, wird aber von Gott nicht bloß erhalten, sondern auch regiert (vgl. Ps. 139). Luther weist zwar in seiner Erklärung des 1. Art. nur darauf hin, daß Gott uns vor dem Übel bewahrt; dazu darf man aber mit

Recht hinzufügen, daß Gott den Menschen auch zum Guten hinführt, sowohl den einzelnen Menschen wie auch die ganze Menschheit, wie die Betrachtung der Weltgeschichte und der Führung der einzelnen Menschen zeigt.

d. Aber ist denn überhaupt eine Tätigkeit Gottes in der Welt noch anzunehmen, wenn doch unverbrüchliche Ordnungen in der Welt walten? Dieser Glaube ist trotzdem festzuhalten; die Ordnung in der Welt stammt ja einerseits von Gott her, und wenn andererseits der Mensch trotz der feststehenden Ordnungen die Natur dennoch nach seinem Willen gestalten kann, so wird das wohl auch für Gott nicht unmöglich sein, und daß Gott dies getan hat, erkennen wir, wenn wir darauf achten, wie er immer wieder in auffallender Weise die Naturmächte den sittlichen Zwecken dienstbar gemacht hat (Pharao, Armada, Napoleon I.).

Aber ist denn ein Eingreifen Gottes noch möglich, wenn der Mensch wirklich frei ist? Auch die Freiheit des Menschen hemmt nicht Gottes Walten in der Welt; die Weltgeschichte zeigt deutlich Gottes Eingreifen in der Sendung der großen Männer, die doch nicht ein Produkt ihrer Zeit sind, und in der Benützung des Bösen zum Guten, und das Einzelleben zeigt Gottes Eingreifen in der Bekehrung der Sünder, ohne daß ihnen ihre Freiheit genommen wird.

e. Dem Gotte nun, der ihn geschaffen hat und der ihn erhält und bewahrt und regiert, und zwar „aus lauter väterlicher .... und Würdigkeit", wird der Christ zunächst danken für die erhaltenen Güter, und Gott loben, auch wenn er zum Danke keinen Anlaß hätte („des alles ich ihm zu danken und zu loben schuldig bin"), und seine Dankbarkeit auch darin bewähren, daß er sich bemüht, Gott zu „dienen und gehorsam zu sein".

In diesem Gotte nun, der ihn geschaffen hat und erhält und bewahrt und regiert, „findet des Menschen Seele die Heimat der Ruh'".

Zweiter Abschnitt.

„Du bist zwar Gottes Sohn,
Doch ach, nur der verlorne."
„Ich glaube an Gott den Heiligen."

13. (128.) Der Mensch und die Sünde. (III³, 26—32.)

a. Ihr sollt heilig sein, denn ich bin heilig, der Herr euer Gott.
3. Mose 19, 2. Vgl. Nr. 122, 2.

b. „Gott schuf den Menschen ihm zum Bilde,
Zum Bilde Gottes schuf er ihn."
1. Mose 2, 7; 1, 26—30. Psalm 8.

Als das letzte und vollkommenste Wesen ist der Mensch von Gott geschaffen worden, ein Bild Gottes und der Herr der Schöpfung. Ein Bild Gottes soll aber der Mensch in geistiger Beziehung werden, und zwar zunächst dadurch, daß er zur Erkenntnis der Welt gelangt und dadurch die Herrschaft über die Schöpfung gewinnt. Aber auch in sittlicher Beziehung muß sich der Mensch entwickeln, indem er zur Erkenntnis des Guten und Bösen gelangt und nur das Gute tut. Diese Erkenntnis aber sollte er erlangen, wie Jesus sie erlangt hat, ohne selber zu sündigen; er hat sie in Wirklichkeit erlangt, indem er sündigte. Wie ist es beim Menschen zur Sünde gekommen?

c. Die Frage nach dem Ursprunge der Sünde

wird von den Völkern und den Forschern sehr verschieden beantwortet; die Bibel weist in der Regel nur darauf hin, daß die Sünde unter den Menschen allgemein verbreitet ist; nur an wenigen Stellen, namentlich in 1. Mose 3 (dem Abschluß der zweiten Schöpfungsgeschichte), wird die Entstehung der Sünde dargestellt; aber auch hier werden uns von der Bibel in Form der Erzählung Glaubenswahrheiten dargeboten, nicht eine Geschichtsdarstellung (ebenso wie in den Schöpfungsgeschichten).

d. Die Erzählung der Bibel vom Sündenfall.

1. Mose 2, 8—9 u. 15—17; 3, 1—24. Röm. 5, 12—19.
Augustinus und Pelagius. (Nr. 77 B.) Augsb. Konf. 2. 19. 18.

In Gemeinschaft mit Gott (Paradies) befand sich der von Gott erschaffene Mensch, aber er war noch ein geistiges Kind, und wenn er zum geistigen Manne werden sollte, so mußte er das Gute und das Böse unterscheiden lernen. Das hat er gelernt, aber in unrechter Weise. Von außen versucht (Schlange), übertritt er ein ihm von Gott (im Gewissen) gegebenes Verbot, indem er daran zweifelt, ob das Sünde sei, was ihm sein Gewissen verbietet, und indem er glaubt, die Sünde werde ihm nichts schaden, wie er bisher, auf sein Gewissen hörend, gemeint hat, und indem er sich von der Sünde sogar großen Nutzen verspricht. Der Mensch gewinnt nun zwar wirklich durch sein Tun etwas Gutes, nämlich Erkenntnis des Guten und Bösen, aber indem er zum Sünder wird. Aber auf die Frage, wie die durch den ersten Menschen in die Welt eingetretene Sünde zu der alle Menschen beherrschenden Macht geworden ist, gibt die Bibel nur selten Auskunft (Röm. 5, 12—19). Daher ist es begreiflich, daß die ältere Kirche darüber eine andere Ansicht hatte als die spätere; jene finden wir bei Pelagius, diese bei Augustinus, deren verschiedene Ansichten über diese Frage oben (Kirchengeschichte Nr. 77) dargelegt worden sind; die Bibel stimmt wesentlich mit der Ansicht des Augustinus überein, und die Augsb. Konfession (Art. 2. 19. 18) bekennt ausdrücklich ihre Übereinstimmung mit der Lehre des Augustinus, nach welcher die durch Adams Tatsünde in ihm entstandene Neigung zur Sünde sich auf alle seine Nachkommen vererbt hat (Erbsünde).

e. Die Sünde in der Welt.

Ps. 90. Ps. 51. Ps. 32. Röm. 7, 7—25.

Daß alle Menschen Sünder sind, darüber klagen schon die Heiden, aber noch mehr die Israeliten, und im Neuen Testament besonders der Apostel Paulus (Röm. 7, 7—25).

Auf die Sünde folgt aber die Strafe, indem der Mensch aus dem Paradiese verstoßen wird, d. h. die ungetrübte Gemeinschaft mit Gott verliert, fortan mit der Sünde unaufhörlich zu kämpfen hat, und im Tode und in den Übeln der Welt Strafen für seine Sünden erfährt. Aber nicht ganz unglücklich wird der gefallene Mensch, da auch der sündige Mensch noch Religion hat, da auch der Sünder noch ein Gewissen besitzt, auch wenn er das Gute nicht recht erkennt und namentlich dasselbe oft nicht tut, und da auch der Sünder noch auf ein besseres Leben im Jenseits hofft.

f. Die Rückkehr des verlorenen Sohnes zum Vater.
Luk. 15, 11—32. Matth. 4, 17. Joh. 3, 1—18.

„Wir sind (als verlorene Söhne) allzumal Sünder und mangeln des Ruhmes, den wir bei Gott haben sollten" (Röm. 3, 23); darum bekennen wir in jedem Gottesdienste und besonders auch vor der Feier des h. Abendmahls unsere Sünde, und beten täglich: „Vergib uns unsere Schuld!" Aber wir sollen die Sünde nicht bloß beklagen, sondern auch überwinden, indem wir „Buße tun", d. h. „von neuem geboren werden", und wie der verlorene Sohn zum Vater zurückkehren.

Wie aber der Mensch von der Herrschaft der Sünde befreit wird, das zeigen die folgenden Abschnitte der Glaubenslehre.

Dritter Abschnitt.

„Also hat Gott die Welt geliebt, daß er seinen eingeborenen Sohn gab, auf daß alle, die an ihn glauben, nicht verloren werden, sondern das ewige Leben haben." Joh. 3, 16.

„Ich glaube an Gott den Vater."

Einleitung. (III, 33.)

a. Gott ist Liebe. 1. Joh. 4, 16.

„Ich glaube an Gott den Vater." — Vgl. Nr. 122, 3.

b. Ein verlorner Sohn ist der nach dem Bilde Gottes geschaffene Mensch infolge seiner Sünde geworden; aber der gnädige Gott will, daß die Menschen nicht verloren werden, sondern das ewige Leben gewinnen. Aber wenn auch alle Heilsveranstaltungen, welche Gott getroffen hat, auf seiner Liebe beruhen (Joh. 3, 16), so mußte doch auch seine Heiligkeit gewahrt werden, indem der Sünder nicht bloß von der Schuld, sondern auch von der Macht der Sünde befreit wird. Wie geschieht das?

c. Das geschieht nicht durch die natürliche Entwickelung des einzelnen Menschen und der ganzen Menschheit (darauf beruht das Heidentum), sondern durch die Offenbarung. Die schon im Volke Israel vorhandene Offenbarung ist aber erst im Christentum zu ihrer Vollendung gekommen.

Was ist das Wesen des Christentums?

14. (129.) Das Christentum. (III, 34—36.)

1. Das Christentum ist zunächst die vollkommenste Religion

a. als eine monotheistische,

b. und als eine universalistische Religion, denn nur beim Glauben an einen Gott und zwar für alle Menschen ist ein unbedingtes Vertrauen auf Gott möglich;

c. als eine sittliche Religion, insofern in derselben die sittlichen Güter als die höchsten von Gott erbeten werden, insofern der christliche Gott selber eine sittliche, heilige Macht ist, und insofern Gott ein sittliches Tun auch von seinen Verehrern fordert.

2. Das Christentum ist sodann eine geoffenbarte Religion.

a. Auch die Heiden haben Religion, und was sie Richtiges in ihrer Religion haben, beruht auf Offenbarung; aber sie haben den rechten Glauben an Gott mehr und mehr verloren, und zur vollkommenen Gemeinschaft mit Gott ist kein einziges heidnisches Volk gelangt.

b. Die wahre Religion beruht nun nicht, wie der Rationalismus behauptete, auf der natürlichen Entwickelung der menschlichen Anlage zur Religion (aus dieser hat sich das Heidentum entwickelt) oder des Gewissens (aus diesem entwickelt sich die Sittlichkeit, nicht die Religion), sondern auf einem besonderen Wirken Gottes in der Menschheit, und zwar im Volke Israel, durch welches das Judentum und das Christentum entstanden sind.

c. Diese im Judentum und im Christentum vorhandene besondere Wirksamkeit Gottes, die Offenbarung, bestand aber in der immer größer werdenden Erleuchtung auserwählter Menschen, welche die Aufgabe hatten und erfüllten, ihre Mitmenschen in die zunächst in ihnen durch Gott hervorgerufene Gottesgemeinschaft hineinzuziehen.

d. Dies besondere Wirken Gottes in der Offenbarung ist allerdings ein Wunder, aber wenn die Schöpfung der Welt ein Wunder ist und dennoch geglaubt wird, so darf auch die durch die Offenbarung bezweckte Vollendung der Schöpfung uns nicht befremden, obwohl sie ebenfalls ein Wunder ist. Ohne eine Offenbarung wäre die Entstehung der biblischen Religion gar nicht zu begreifen.

e. Die Urkunde der durch Moses, die Propheten und Jesus Christus geschehenen Offenbarung ist die Bibel, auf deren Bedeutung anderwärts (Nr. 3c und 147b) hingewiesen worden ist.

3. Das Christentum ist die Vollendung der Offenbarung.

a. Aber nicht auf einmal hat Gott sich den Menschen vollkommen geoffenbart, sondern allmählich hat er sich immer vollkommener geoffenbart. Wie sich nun Gott allmählich den Menschen immer vollkommener geoffenbart hat, zuerst durch Moses, dann durch die Propheten, zuletzt durch Jesus Christus, ist in der heiligen Geschichte gezeigt worden (Hebr. 1, 1—2. Röm. 10, 2. Matth. 28, 19).[1])

b. Auch das Judentum ist eine geoffenbarte Religion, aber erst das Christentum ist die vollendete Offenbarung. Die vollendete Offenbarung ist aber das Christentum gegenüber dem Judentum, insofern es erstens eine Weltreligion (nicht eine Volksreligion) ist; insofern sodann die Gemeinschaft mit Gott nicht mehr an bestimmte Orte gebunden und nicht mehr durch besondere Priester und äußere Opfer vermittelt und nicht mehr durch ein äußeres Gesetz geregelt, sondern die freie Tat des den

---

[1]) Vgl. Nr. 3.

Menschen von innen treibenden Gottesgeistes ist; insofern endlich das christliche Gottesreich nicht auf das Diesseits beschränkt ist (wie im Judentum), sondern im Jenseits vollendet werden soll. Diese Vollendung verdankt aber das Christentum nicht der von selbst eingetretenen inneren Entwickelung des Judentums[1]), sondern der vollkommenen Offenbarung Gottes in Jesus Christus.

c. Im Christentum wird nun dem Menschen das vollkommene Gottesreich dargeboten zunächst als eine Gabe, indem der Mensch in die Gemeinschaft mit Gott aufgenommen wird; aber das Reich Gottes stellt dem Menschen, der in dasselbe aufgenommen wird, auch eine Aufgabe, nämlich die, daß er ein heiliger Mensch werde. So ist also das Christentum einerseits Religion, indem es den Menschen zu Gott führt, und andrerseits führt es den Menschen zur Sittlichkeit. Da also im Christentum Religion und Sittlichkeit miteinander verbunden sind, so ist es auch in dieser Hinsicht die vollkommenste Religion.

15—17. (130—132.) **Wie durch Jesus Christus das vollkommene Gottesreich gegründet worden ist.** (III, 37.)

Das Christentum, in welchem die Gemeinschaft der sündigen Menschen mit Gott wiederhergestellt und eine vollkommene Gemeinschaft des Menschen mit Gott begründet wird, ist durch Jesus Christus gegründet worden. Wenn nun dargelegt werden soll, wie durch Jesus Christus das Christentum gegründet worden ist, so ist zunächst vom Werke Jesu Christi zu sprechen, durch welches ja zunächst das Christentum begründet worden ist. Sein Werk hat aber Jesus vollbracht in seinem Leben, und darum ist nach seinem Werke sein Leben zu besprechen. Das Werk der Vollendung des Gottesreiches konnte aber von Jesus in seinem Leben nur darum vollbracht werden, weil in der Person Jesu die vollkommene Offenbarung Gottes in der Welt erschienen ist. Von der Person Jesu ist also schließlich noch zu sprechen.

Vom Werke Jesu, vom Leben Jesu, von der Person Jesu — nach diesen drei Beziehungen wird also im folgenden von Jesus Christus gesprochen werden.

15. (130.) **Wie ist durch das Wirken und Leiden Jesu Christi die Gemeinschaft der Menschen mit Gott wiederhergestellt und vollendet worden?** (III, 38—45.)

Einleitung.

Wenn dargelegt werden soll, wie die sündige Menschheit durch Jesus Christus zur vollkommenen Gemeinschaft mit Gott geführt worden ist, so ist zunächst vom Werke Jesu Christi zu sprechen. Die Wirksamkeit Jesu beruhte aber zunächst auf seinem Worte, durch welches er das Himmelreich verkündete und gründete. Indem nun Jesus vom Himmelreich

---

[1]) Die ohne Offenbarung eingetretene Weiterentwickelung des Judentums hat zum Pharisäismus geführt, auf welchem das heutige Judentum beruht. Eine menschliche Weiterentwickelung des Judentums ist auch der Islam.

predigte, ist er ein Prophet. Der Glaube an das von Jesus gepredigte Wort führte aber die Menschen zum Glauben an seine Person, als den Messias, den König des vollkommenen Gottesreiches. Endlich aber verkündete Jesus auch, daß er sein Leben in den Tod geben müsse, und daß erst durch seinen Tod sein Werk zur Vollendung geführt werde. Indem er sein Leben zum Opfer hingibt, ist er ein Priester.

Der zweite Artikel unseres Katechismus weist zwar, ohne des Prophetenamts zu gedenken, nur auf das Priesteramt und auf das Königsamt Jesu hin; aber die Voraussetzung für diese beiden Ämter Jesu bildet das Prophetenamt. In diesen drei Ämtern vollzieht sich das Werk Jesu, und in dieser Weise soll dasselbe im folgenden dargestellt werden.

1. Jesus als Prophet.

Wenn Jesus zunächst durch die Predigt das vollkommene Gottesreich zu gründen unternommen hat, so ist er ein Prophet gewesen, und als ein Prophet, der des Gottesreiches Nähe verkündet, ist Jesus zunächst seinen Zeitgenossen erschienen. Als Prophet hat aber Jesus gepredigt, geweissagt und Wunder getan, und eine Predigt war auch sein Leben und sein Leiden. Wenn aber Jesus durch die Predigt das Gottesreich gründen wollte, so verzichtete er nicht bloß auf die Anwendung von Gewalt, sondern er verzichtete auch darauf, dasselbe mit einem Schlage zu gründen; dann konnte sich das Gottesreich nur langsam und allmählich entwickeln, wie das Jesus in seinen Gleichnissen dargelegt hat (Matth. 13 u. Mark. 4, 26—29).

Durch die Predigt Jesu ist nun das Gottesreich gegründet worden, und durch die in der Kirche fortdauernde Predigt wird dasselbe noch heute erhalten und weiter ausgebreitet. Bei der in der Predigt seiner Nachfolger weiter ertönenden Predigt Jesu soll auch die Kirche allezeit bleiben (Apg. 2, 42); ein unfehlbares Lehramt besitzt aber die Kirche nicht.

2. Jesus als König.

Durch die Predigt Jesu ist aber das Gottesreich nicht bloß verkündet, sondern auch gegründet worden, und so haben denn seine Jünger (zuerst Petrus: Matth. 16) in ihm mit Recht den Messias, den König des von den Propheten verheißenen Gottesreiches gesehen. Aber das von Jesus zunächst gegründete Gottesreich war allerdings noch nicht das von den Propheten verheißene vollkommene Gottesreich, sondern dieses Reich wird erst am Ende der Tage gegründet werden und ist auch für uns noch ein Gegenstand der Hoffnung. Aber trotzdem ist Jesus doch auch für uns ein König, da er das Gottesreich, auch das noch nicht vollendete, leitet durch seinen Stellvertreter, den heiligen Geist (nicht aber durch den Papst, der sich mit Unrecht als seinen Stellvertreter betrachtet), und dasselbe auch dereinst zur Vollendung führen wird.

3. Der Tod Jesu; Jesus als Priester.

Zum himmlischen Königsthron ist aber Jesus nur durch den Tod gelangt; indem er nun sein Leben hingibt zum Heil der Menschen, ist er ein Priester geworden. Der Tod Jesu ist aber, wie das ganze Erlösungswerk, eine Tat der **Liebe** Gottes, aber zugleich auch das kräftigste Mittel, um die **Heiligkeit** Gottes zur Geltung zu bringen; inwiefern beides der Fall ist, wird das Folgende zeigen.

a. **Die Weissagung des A. T.** Hebr. 9, 12. Jes. 43, 21—25. Jer. 23, 5—6. Vergebung der Sünden gewann der Israelit durch die von den **Priestern** für ihn dargebrachten **Opfer**; aber „durch der Böcke und der Kälber Blut konnte nicht eine ewige Erlösung erfunden werden" (Hebr. 9, 12). Dem **Messias** wird nun zwar im A. T. eine die Sündenvergebung vermittelnde Tätigkeit nicht zugeschrieben, aber dieselbe wird in dem zu gründenden **Neuen** Bunde von **Gott** erwartet. **Wie** das aber geschehen werde, wußten auch die Propheten nicht; höchstens die Weissagung von dem unschuldig leidenden Gottesknechte (Jes. 53) ließ den Israeliten davon etwas ahnen.

b. **Der Tod Jesu und der Glaube an den Gekreuzigten.** Matth. 16, 21. Luk. 24, 19—21. Apg. 2, 22—24. Während nun die Jünger darauf warteten, daß Jesus das vollkommene Gottesreich aufrichte, verkündete Jesus seit dem Bekenntnis des Petrus ihnen immer aufs neue seinen Tod (Matth. 16, 21); trotzdem waren sie bei seinem Tode überrascht und verzagt (Luk. 24, 19—21); aber von ihren Zweifeln wurden sie befreit durch die Auferstehung Jesu und durch die daran geknüpfte Hoffnung auf seine baldige Wiederkunft zur Aufrichtung seines Reiches.

Als sie nun seit dem Pfingstfeste von Jesus als dem Messias zu predigen anfingen, da wiesen sie vor den Juden zunächst nur darauf hin, daß Jesus **trotz** seines Todes der Messias sei, da er ja vom Tode auferstanden sei und bald wiederkommen werde, um das vollkommene Gottesreich aufzurichten. Aber eine besondere **Heilsbedeutung** wird dem Tode Jesu in der **ältesten** Predigt der Apostel nicht beigelegt.

c. **Die Heilsbedeutung des Todes Jesu nach der Predigt Jesu und der Apostel.** Aber der Tod Jesu ist, wie die Apostel allmählich erkannt haben, nicht bloß eine göttliche Zulassung oder Fügung, welche bei dem irdischen Sinne der einen **anderen** Messias erwartenden Juden unvermeidlich war, sondern der Tod Jesu hat auch eine Bedeutung für unser Heil. Welches ist nun die Heilsbedeutung des Todes Jesu?

α. 2. Mose 24, 3—8. (Hebr. 9, 19—22.) Matth. 26, 28. 1. Petr. 1, 2. Hebr. 9, 15—18. Röm. 3, 21—26. Die Apostel haben im Tode Jesu zunächst ein **Sühnopfer** erkannt, entweder ein solches, wie es für jede Sünde **immer aufs neue**, oder ein solches, wie es bei der sinaitischen Bundschließung **einmal**, oder wie es beim großen Versöhnungsopfer **alljährlich** dargebracht wurde. Die Deutung des Todes Jesu als des Mittels einer neuen Bundschließung beruht auf den Abendmahlsworten (Matth. 26, 28) und ist namentlich Hebr. 9, 15—28 weiter ausgeführt. Die Deutung nach dem Versöhnungsopfer findet sich namentlich bei Paulus (Röm. 3, 21—26): Christus ist der NTliche „Gnadenstuhl", d. h. der am großen Versöhnungstage vom Hohenpriester mit dem Opferblute besprengte Deckel der Bundeslade. Durch das Sühnopfer des Todes **Jesu** wird, wie Paulus erkennt, der Mensch **wirklich** von der Sünde befreit, was durch das ATliche Sühnopfer nicht wirklich erreicht wurde.

Aber aus dem A. T. konnte man nicht erkennen, warum der Tod Jesu ein besseres Sühnopfer sei als die Sühnopfer des Alten Bundes.

β. Ps. 49, 8—9. Mark. 8, 36—37; 10, 45. 1. Tim. 2, 5—6. 1. Petr. 1, 18—19. Hebr. 9, 13—14. Phil. 2, 8. Joh. 10, 17—18. Die Apostel haben sodann den Tod Jesu als ein Lösegeld betrachtet (Ps. 49, 8—9. Mark. 8, 36—37. Mark. 10, 45), durch welches der Mensch von den Folgen der Sünde (dem Todesverhängnis) losgekauft wird (wie beim Sühnopfer von der Schuld der Sünde); vgl. 1. Petr. 1, 18—19 und Kat. II, 2: „Nicht mit Gold oder Silber, sondern ... Lammes." Dieser Tod hatte aber in Gottes Augen einen hohen Wert, weil er eine Tat des Gehorsams war (Hebr. 9, 13—14. Phil. 2, 8. Joh. 10, 17—18).

Aber warum durch diese Tat Jesu der Mensch von der Sünde befreit wird, ist damit noch nicht erklärt.

γ. Jes. 52, 13—53, 12. Luk. 22, 37. 1. Petr. 2, 21—25. 2. Kor. 5, 21. Gal. 3, 13. Die Apostel haben endlich in Jesus auch den unsere Sünden stellvertretend tragenden Gottesknecht (nach Jes. 53) gesehen. Aber warum Gott den Tod Jesu als stellvertretend ansieht, ist aus dem A. T. nicht zu erklären.

d. Der Tod Jesu als das Mittel unserer Versöhnung mit Gott. Röm. 8, 32; 5, 10; 5, 5b.

Der Tod Jesu war zunächst eine geschichtliche Notwendigkeit; die damaligen Juden erwarteten einen Messias, welcher ein äußeres Reich aufrichten würde, und so war es begreiflich, daß sie Jesum verkannten und töteten. Gott hat nun aber dieses Schicksal über Jesum kommen lassen, weil durch den Tod Jesu das erreicht werden konnte, was seine Predigt vergeblich erstrebt hatte: die Buße, d. h. die Sinnesänderung des Volkes, wenn es im Tode Jesu seine größte Sünde und Gottes höchste Liebesoffenbarung erkannte; eine solche Liebe zu den Sündern mußte ja auf das Herz des Sünders einen Eindruck machen und ihn anderen Sinnes machen. Wenn Gott „seines eigenen Sohnes nicht verschont hat, sondern hat ihn für uns alle dahingegeben, wie sollte er uns mit ihm nicht alles schenken" (Röm. 8, 32), auch die Vergebung der Sünden! Und wer von Gott Vergebung der Sünden erhält, der erhält doch auch den Trieb ins Herz, fortan nicht mehr zu sündigen, sondern den wiederzulieben, der ihn zuerst geliebt hat. So ist nun der Tod Jesu das rechte Sühnopfer, das ausreichende Lösegeld und ein wirklich stellvertretender Tod geworden, weil wir durch ihn der Sünden vergebenden Liebe Gottes gewiß werden (Röm. 8, 32) und zugleich von der Macht der Sünde befreit werden; wir sind durch den Tod Jesu mit Gott versöhnt, indem sowohl die Schuld der Sünde uns erlassen, als auch die Macht der Sünde über uns gebrochen ist.

Im Tode Jesu hat sich also nicht bloß die Liebe Gottes offenbart, sondern auch seine Heiligkeit ist in dieser Tat seiner Liebe gewahrt worden, da ja der Tod Jesu den Sünder nicht bloß von der Schuld, sondern auch von der Macht der Sünde befreit. Durch den Tod Jesu ist also das wirklich erreicht worden, was im A. T. nur begehrt und gehofft wurde, die wirkliche Vergebung und Überwindung der Sünde.

e. Die Sendung Jesu in die Welt wäre auch schon darum ein großer Beweis der Liebe Gottes zu den verlorenen Menschen, wenn wir in Jesus nur einen großen Propheten zu sehen hätten. Aber Jesus hat ja vom Reiche Gottes nicht bloß als Prophet gepredigt, sondern er hat dasselbe auch als König gegründet, und durch die Gründung eines Gottesreiches ist uns ja der Weg zur Frömmigkeit viel besser geebnet, als wenn wir nur sein Wort besäßen. Endlich aber hat Jesus noch viel mehr für uns getan, indem er als Priester sein Leben für uns dahingegeben und den schmerzlichen Tod am Kreuze erlitten hat; sein Tod ist der größte Beweis seiner Liebe und der Liebe Gottes, der ihn gesandt hat.

Indem wir also zunächst in der Predigt Jesu und in der durch ihn bewirkten Gründung des Gottesreiches einen Beweis seiner Liebe sehen, aber vornehmlich in seinem Tode den größten Beweis seiner Liebe erblicken, fühlen wir uns dazu getrieben, wieder zu lieben den, der uns zuerst geliebt hat, und wir sprechen mit dem Dichter des schönen Liedes:

„Der am Kreuz ist meine Liebe."

16. (131.) **Wie hat Jesus in seinem Leben das Werk der Erlösung vollbracht?** (III, 46.)

Phil. 2, 5—11. Kat. II, 2. „Der empfangen ist . . . und die Toten."

a. Das Werk Jesu ist aber vollbracht worden im Leben Jesu. Aber das Leben Jesu entsprach nicht dem Bilde der Juden von dem von ihnen erwarteten Messias, denn es war ein Leben in Niedrigkeit. Dieses Rätsel löst der Apostel Paulus in seinem Philipperbriefe (K. 2, 5—11) dadurch, daß er darauf hinweist, daß Jesus allerdings zunächst in Niedrigkeit erschienen sei, aber um alsdann zu der ihm gebührenden Hoheit emporzusteigen.

Der Apostel sagt nämlich vom Leben Jesu folgendes:

Jesus ist für uns ein Vorbild der Demut, weil er, obwohl innerlich Gott gleich (in göttlicher Gestalt), doch nicht mit Gewalt danach trachtete, auch äußerlich Gott gleich zu sein. Die Juden erwarteten einen Messias in äußerer göttlicher Herrlichkeit, aber Jesus weist es als eine Versuchung des Teufels zurück (Matth. 4), göttliche Ehre auf Erden durch äußere Wunder und mit der Gewalt des Schwertes zu gewinnen. Er hat sich vielmehr entäußert, d. h. auf die äußere Herrlichkeit und Ehre verzichtet, obwohl sie ihm gebührte; ja, er hat sich erniedrigt und ist gehorsam geworden bis zum Tode, ja zum Tode am Kreuz; er ist gestorben, als wäre er ein Sünder; sein Leib wurde begraben, und seine Seele stieg in die Unterwelt hinab.

Wenn nun so auch das Leben Jesu in der tiefsten Erniedrigung endete und das Werk seines Lebens vereitelt zu sein schien, so hat er doch gerade durch sein Leiden und Sterben das Werk der Erlösung vollbracht. Zum Lohn für seine Erniedrigung wurde aber Jesus von Gott aus dem Tode erweckt, und seitdem kommt der Menschensohn auf den Wolken des Himmels, d. h. in göttlicher Herrlichkeit, fortwährend herab auf die Erde, um das vollkommene Gottesreich aufzurichten (Matth. 26, 64), und seine Jünger sahen in dem Auferstandenen den verheißenen Gründer des vollkommenen Gottesreiches.

b. Diesen Entwickelungsgang des Lebens Jesu von dem Stande der Erniedrigung zum Stande der Erhöhung stellt auch der Katechismus dar („Der empfangen ist . . . niedergefahren zur Hölle", und „Am dritten Tage . . . und die Toten").

c. „Der am Kreuz ist meine Liebe" — so sprachen wir mit dem frommen Dichter, indem wir, das ganze Werk Jesu betrachtend, in seinem Tode den höchsten Beweis seiner Liebe zu den Menschen erkannten. Aber daß wir nun in seinem Tode nicht das Ende seiner Wirksamkeit, sondern den Grund unseres Heils sehen, das verdanken wir der Auferstehung Jesu, „welcher ist um unserer Sünde willen dahingegeben und um unserer Gerechtigkeit willen auferwecket" (Röm. 4, 25). Indem wir zu dem Glauben gelangen, daß er nicht im Tode geblieben ist, erkennen wir in ihm den Quell des neuen Lebens der Menschheit und den Grund des Heils auch für die nach ihm lebenden Menschen, und sprechen mit dem frommen Dichter:

„Jesus lebt, sein Heil ist mein."

17. (132.) Wie hat sich in der Person Jesu seine Gemeinschaft mit Gott dargestellt? (III, 47—51.)

Psalm 8, 5. Dan. 2, 27—45; 7, 1—18 u. V. 27. Matth. 26, 62—64. Matth. 16, 13—17.
Ps. 110. Matth. 22, 41—46. Joh. 8, 46. Matth. 11, 25—30. Joh. 10, 22—39. Joh. 1, 1—18.
Arius und Athanasius (Nr. 76c). Augsb. Konf. Art. 3. Kat. II, 2.
„Ich glaube an Jesum . . . Herrn."
„Ich glaube, daß Jesus Christus . . . sei mein Herr."

Das Werk der Zurückführung der verlorenen Menschheit zum Vater konnte aber im Leben Jesu darum vollbracht werden, und das Leben Jesu konnte von der Niedrigkeit des Gekreuzigten zur Hoheit des Auferstandenen darum emporsteigen, weil in der Person Jesu Christi die vollkommene Offenbarung Gottes in der Menschheit erschienen ist. Wie hat sich in der Person Jesu seine vollkommene Gemeinschaft mit Gott dargestellt?

a. Jesus hat sich, als er öffentlich auftrat, zunächst „den Menschensohn" genannt. Aus Ps. 8, 5 ergibt sich, daß „Menschensohn" zunächst so viel ist als „Mensch": aber in diesem Ausdruck ist ausdrücklich darauf hingewiesen, daß der Mensch nicht von Gott herstammt, und so weist dieser Ausdruck auf die Niedrigkeit des Menschen im Gegensatz zu Gott hin. Jesus ist ja nun auch zunächst in Niedrigkeit unter den Menschen erschienen, an Leib und Seele den anderen Menschen gleichend.

Aber Jesus hat sich nicht einen Menschensohn, sondern den Menschensohn genannt, und diese Bezeichnung erklärt sich nicht aus Ps. 8, 5, sondern aus Dan. 7, 13, wo im Gegensatz zu den mit Tieren verglichenen Weltreichen das wahre Gottesreich als das Reich eines Menschensohnes bezeichnet wird. Als diesen Menschensohn, der das vollkommene Gottesreich auf Erden gründen soll, bezeichnet sich Jesus besonders deutlich vor dem Hohenpriester kurz vor seinem Tode (Matth. 26, 62—64).

b. Der Name „Menschensohn" ist aber nur wenig verschieden von dem anderen Namen, welcher im A. T. und daher auch im N. T. dem Gründer des vollkommenen Gottesreiches beigelegt wird, nämlich Gottessohn, mit welchem zunächst das Volk Israel, sodann der König des Volkes, endlich aber besonders der verheißene Messias bezeichnet wird, als der erwählte Gegenstand der göttlichen Liebe. Zwar die Zeitgenossen Jesu haben nun in dem „Menschensohn" nicht sofort den „Gottessohn", den Messias, erkannt, aber wohl hat Petrus diesen Glauben ausgesprochen (Mark. 8, 27—30; Matth. 16, 13—17), obwohl Jesus das nicht tat, was die Juden von dem Gottessohn, d. h. dem Messias, erwarteten, da er ja, wie es schien, das Gottesreich nicht aufrichtete.

c. Der Messias ist nun nach der Weissagung ein Nachkomme Davids, aber als solcher ist er doch auch nur ein Mensch. Wenn nun in Ps. 110 der Messias als Davids Herr bezeichnet wird, wie kann er das sein als Davids Sohn? Diese Frage legte Jesus einst den Schriftgelehrten vor (Matth. 22, 41—46), und sie konnten dieselbe nicht beantworten, da das, was Jesus meinte, über das A. T. hinausreichte.

Der Messias wird ja allerdings im A. T. Gottes Sohn genannt, aber auch der Gottessohn des A. T. kann noch sündigen (2. Sam. 7, 14—15); Jesus aber sagt im N. T. (Joh. 8, 46) von sich: „Niemand unter euch kann mich einer Sünde zeihen". Er steht also über dem Davidssohn und dem Gottessohn des A. T. schon dadurch, daß er ein sündloser Mensch ist.

Über den ATlichen Messias stellt sich Jesus aber auch dadurch, daß er sagt (Matth. 11, 25—30; Luk. 10, 17—22), daß ihm alles, d. h. die Aufrichtung des Gottesreiches, vom Vater übertragen sei, und daß nur er, der Sohn, die Menschen zum Vater führen könne, da er allein mit dem Vater in vollkommener Gemeinschaft stehe, was bei dem ATlichen Gottessohn nicht der Fall ist.

Und ebenso stellt sich Jesus über den ATlichen Messias, wenn er von sich sagt (Joh. 10, 30): „Ich und der Vater sind eins".

d. So ist also der Gottessohn des N. T. größer als der des A. T. (der Messias), und diesen Gedanken Jesu finden wir nun besonders entwickelt, aber in eigentümlicher Weise, im Prolog des Evang. Joh. (1, 1—18).

Im Anschluß nämlich an das A. T., in welchem die Weisheit und das Wort Gottes allmählich eine gewisse Selbständigkeit Gott gegenüber gewonnen hatten, und in Anknüpfung an die Philosophie seiner Zeit unter den Heiden, welche von dem Worte oder der Vernunft (beides bedeutet das griechische Wort Logos) sprachen als der Mittelursache der Schöpfung, aber ohne daß Jesus in dieser Weise von seiner Person gesprochen hatte, hat Johannes Jesum für das menschgewordene Wort erklärt. Durch das Wort ist die Welt geschaffen worden; das Wort Gottes haben die Propheten verkündet; in Jesus hat sich Gott, nachdem er vor Zeiten zu den Israeliten durch die Propheten geredet hat, den Menschen aufs vollkommenste geoffenbart.

Der in drei Abschnitte zerfallende Prolog des Evang. Joh. (1, 1—18) verkündet aber zunächst im allgemeinen (V. 1—5), daß Gott sich in der Welt offenbart, aber keine Aufnahme gefunden habe; sodann (V. 6—13), wie, nachdem Johannes die Offenbarung Gottes in Jesu vorbereitet habe, Gott sich in Jesus geoffenbart, aber diese Offenbarung nur bei einigen Menschen Glauben gefunden habe; endlich aber (V. 14—18), wie das fleischgewordene Wort die Gläubigen zur vollen Gemeinschaft mit dem Vater geführt habe.

e. Jesus ist also zunächst ein Menschensohn, d. h. ein Mensch, sodann der Menschensohn und der Gottessohn, beides im Sinne des A. T., d. h. der zur Aufrichtung des Himmelreichs auf Erden erschienene Messias. Aber Jesus ist auch der Sohn Gottes in einem noch höheren Sinne, nämlich als der persönliche Gottessohn ohne Sünde, der mit Gott in der vollkommensten Lebens- und Liebesgemeinschaft steht; die Person Jesu ist die vollkommenste Offenbarung Gottes in der Welt.

f. Mit dieser Erkenntnis von der Person Jesu, welche wir aus der Bibel gewonnen haben, stimmt auch die Lehre des Athanasius überein. Im arianischen Streite handelte es sich nämlich um die Frage, ob in Christus sich wirklich der wahre Gott vollkommen geoffenbart habe; nur die Lehre des Athanasius entspricht der Bibel und wird dem wahren Wesen der Religion gerecht, welche in der Gemeinschaft mit Gott besteht: nur derjenige, der selber in vollkommener Gemeinschaft mit Gott stand, konnte auch die Menschen zur wahren Gemeinschaft mit Gott führen. Diese Lehre des Athanasius ist nun im 3. Art. der Augsb. Konfession und in unserem Katechismus (Art. 2) als die Lehre der evangelischen Kirche dargestellt, und so befindet sich die evangelische Kirche auch in der Lehre von Jesus Christus in Übereinstimmung mit der h. Schrift.

g. Den Glauben an Jesum als den Sohn Gottes im höheren Sinne (wie auch die tiefere Erkenntnis des Wertes seines Lebens und Wirkens) verdankten aber die Apostel vornehmlich der Auferstehung Jesu, durch welche die Jünger nicht bloß beim Glauben an Jesus erhalten, sondern auch in ihrer Erkenntnis von der Bedeutung der Person und des Werkes Jesu wesentlich gefördert worden sind. Namentlich seit der Auferstehung war ihnen Jesus nicht mehr bloß ein Gesandter Gottes, sondern der Sohn Gottes, und sein Tod nicht mehr bloß der Tod eines Märtyrers, sondern ein von Gott verordnetes Mittel zur Vergebung und Überwindung der Sünde, und sein Fortleben im Himmel die Bürgschaft eines vollkommenen ewigen Lebens auch der Gläubigen.

h. Daß nun auch wir mit den Aposteln und der ganzen Christenheit in dem von Gott in die Welt gesandten Jesus Christus, dem Propheten, dem König, dem Priester, unser Heil finden und mit dem frommen Dichter sprechen: „Der am Kreuz ist meine Liebe" — dazu hat uns die Betrachtung des Werkes Jesu geführt. Aber daß wir den Wert seines Wirkens und Sterbens besser und tiefer erkennen, das verdanken wir der Betrachtung seines Lebens, welches zwar in Niedrigkeit begann, aber durch die Auferstehung zur Erhöhung führte, so daß wir mit dem Dichter sprechen: „Jesus lebt, sein Heil ist mein." Und noch weiter hat uns die Betrachtung der Person Jesu geführt. Einen Menschen haben wir zunächst in Jesus erkannt, und als Mensch hat ja Jesus auf Erden sein Werk vollbracht und den Tod erlitten. Aber dieser Mensch ist doch ein anderer Mensch gewesen als wir — das hat den Jüngern besonders seine Auferstehung von den Toten gezeigt, und in dem Auferstandenen haben sie immer vollkommener die Offenbarung Gottes wahrgenommen, so daß der Apostel gläubig bekannte (2. Kor. 5, 19): „Gott war in Christo und versöhnte die Welt mit ihm selber." Und auch wir erkennen, wenn die Person Jesu uns nahetritt, in dem Gekreuzigten und Auferstandenen die vollkommenste Offenbarung Gottes und sprechen mit unserem frommen Dichter:

„Wo Gott und die Menschheit in einem vereinet,
Wo alle vollkommene Fülle erscheinet,
Da, da ist das beste, notwendigste Teil,
Mein Ein und mein Alles, mein seligstes Heil"[1].

18. (133.) Der heilige Geist und die Dreieinigkeit. (III, 52 und 53.)

a. Der heilige Geist.

Joh. 14, 16—17 u. V. 26; 16, 13—15.
„Ich glaube, daß ich nicht aus eigener Vernunft noch Kraft an Jesum Christum, meinen Herrn, glauben oder zu ihm kommen kann."
„Ich glaube an den heiligen Geist."

α. Als Jesus seinen Tod herannahen sah, da verhieß er seinen Jüngern, als seinen Stellvertreter, den heiligen Geist, der aber nicht eine neue Offenbarung bringen (wie wir sie Christus verdanken), sondern nur die Aneignung der Offenbarung Gottes in Christus bewirken werde. Und das Wort Christi hat sich erfüllt: seit dem ersten Pfingstfeste fühlten sich die Jünger ergriffen und erfüllt vom Geiste Gottes, und zu allen Zeiten und an allen Orten ist seitdem in der christlichen Kirche die Wirksamkeit des heiligen Geistes zu spüren.

Auch wir haben nicht aus eigener Kraft an Christus geglaubt und sind nicht aus eigener Kraft zu Christus gekommen, sondern auch wir sind zu Christus geführt worden durch die in der Predigt von Christus uns erfassende Kraft des heiligen Geistes, welcher in allen Kirchen sich wirksam erweist.

β. Wenn nun zunächst alle Christen in gleicher Weise vom Geiste Gottes erleuchtet werden, so war doch an den Aposteln, da sie mit Christus in persönlichem Verkehr gestanden hatten, eine höhere Erleuchtung wahrzunehmen, als an den anderen Christen; aber unfehlbar waren weder die Apostel, noch die Päpste, noch die Reformatoren; der heilige Geist wird aber dereinst die Christenheit in alle Wahrheit leiten und zur vollkommenen Frömmigkeit führen.

γ. So erfährt also der Christ an seinem Herzen und in seinem ganzen Leben die Kraft des heiligen Geistes, und die ganze christliche Kirche ist getragen und erfüllt vom heiligen Geiste. Aber wenn auch der Christ die Kraft des heiligen Geistes an sich erfährt, so bleibt ihm doch das Wesen des heiligen Geistes, wie das Wesen der Gottheit überhaupt, verborgen. Aber es kommt ja auch nicht darauf an, das Wesen des heiligen Geistes zu erkennen, sondern seine Kraft an sich zu erfahren; wer dieselbe an sich erfährt, der wird von Herzen einstimmen in das Bekenntnis unseres Glaubens: „Ich glaube an den heiligen Geist."

[1]) Was von dem Werke, dem Leben und der Person Jesu Christi im Vorhergehenden (Nr. 130—132) gesagt worden ist, das finden wir kurz zusammengefaßt im zweiten Artikel mit Luthers Erklärung und auch im dritten Artikel der Augsb. Konfession. (Vgl. Handbuch III³, Nr. 51 [50].)

b. Unser Glaube an den dreieinigen Gott.

5. Mose 6, 4. Der Herr unser Gott ist ein einiger Herr.
Matth. 28, 19. Gehet hin und lehret alle Völker und taufet sie in den[1]) Namen des Vaters und des Sohnes und des heiligen Geistes.
2. Kor. 13, 13. Die Gnade unseres Herrn Jesu Christi und die Liebe Gottes und die Gemeinschaft des heiligen Geistes sei mit uns allen!
Augsb. Konf. Art. 1.

Das Christentum hält natürlich fest an der Predigt des A. T. von dem einen Gotte; aber das Christentum lehrt uns in dem einen Gotte einen dreieinigen Gott erkennen. Gott hat sich nämlich geoffenbart als Vater, der uns geschaffen, als Sohn, der uns erlöst hat, und als heiligen Geist, der uns zu Christus führt. Indem nun die alte Kirche glaubte, daß sich in Christus der wahre Gott geoffenbart habe, hat sie im arianischen Streite mit Recht daran festgehalten, daß in Christus nicht ein von Gott verschiedenes Wesen, sondern der höchste Gott selber sich geoffenbart habe, und ebenso mit Recht gelehrt, daß im heiligen Geiste der höchste Gott selber in den Gläubigen wohne; mit Recht hat der 1. Art. der Augsb. Konfession diesen Glauben auch als den Glauben der evangelischen Kirche bekannt. Wenn sich nun aber Gott als dreieiniger Gott offenbart, so darf man mit Recht annehmen, daß er auch nach seinem Wesen ein dreieiniger Gott sein müsse. Aber das Geheimnis der Dreieinigkeit zu erkennen, das ist dem Christen auf Erden nicht beschieden, und darauf kommt es auch nicht an, denn unsere Seligkeit beruht nicht auf der Erkenntnis des dreieinigen Gottes, sondern auf der Gemeinschaft mit dem dreieinigen Gott.

19. (134.) Wie der heilige Geist durch die Gnadenmittel, die Predigt und die Sakramente, die Menschen zu Christus führt und bei Christus erhält. (III, 54—61.)

Katech. IV und V und Anhang zum Katech. Nr. 154 B.
Augsb. Konf. Art. 5. 9. 10. (22. 24.) 12. 11. (25.) 13[2]).

A. Einleitung.

a. „Solchen Glauben [an die Gnade Gottes in Christus] zu erlangen, hat Gott das Predigtamt eingesetzt, Evangelium und Sakramente gegeben, dadurch er, als durch Mittel, den heiligen Geist gibt, welcher den Glauben wirket, wo und wenn er will, in denen, so das Evangelium hören" [und die Sakramente empfangen]; denn „nicht ohne das leibliche Wort des Evangelii können wir [wie die Wiedertäufer glaubten][3]) den heiligen Geist erlangen" — so heißt es mit Recht in der Augsb. Konf. (Art. 5). Aber die Kraft und der Segen der Predigt und der Sakramente sind nicht gebunden an ein Priesteramt, wie in der katholischen Kirche gelehrt wird.

b. Der Glaube kommt also zunächst aus der Predigt (Röm. 10, 11); der Gegenstand der Predigt ist aber „das Evangelium, welches lehret, daß

---

[1]) So lautet dies Wort nach dem Grundtext.
[2]) Eine Ergänzung zu diesem Abschnitt bieten Nr. 147 b und c und 109 Ba.
[3]) Aber nur die früheren Wiedertäufer, nicht mehr die heutigen; aber noch heute die Quäker.

wir durch Christus' Verdienst, nicht durch unser Verdienst, einen gnädigen Gott haben, so wir solches glauben" (Art. 5). Aber der Glaube wird auch erweckt und gefördert durch die Sakramente, welche ebenfalls, wie die Augsb. Konf. sagt (Art. 13), „eingesetzt sind, unsern Glauben zu erwecken und zu stärken; derhalben sie auch Glauben fordern und dann recht gebraucht werden, so man sie im Glauben empfähet und den Glauben dadurch stärket".

c. Als Sakramente betrachtet aber die Augsb. Konfession, ebenso wie Luthers Katechismus, nur die Taufe und das heilige Abendmahl; von diesen beiden heiligen Handlungen und von der Predigt, den Gnadenmitteln, wird genauer gesprochen in den oben angeführten Artikeln der Augsb. Konf. und in Luthers Katechismus; an den letzteren soll sich die folgende Darlegung im einzelnen anschließen[1]).

B. Die Predigt und die Sakramente.

1. Die Einsetzung der Predigt und der Sakramente.

a. „Ich glaube, daß ich nicht aus eigener Vernunft (noch Kraft) an Jesum Christum meinen Herrn glauben (oder zu ihm kommen) kann, sondern der heilige Geist hat mich durch das (mir gepredigte) Evangelium berufen" — so heißt es in unserem Katechismus (Kat. II, 3); der Glaube kommt ja, wie der Apostel Paulus mit Recht sagt (Röm. 10, 17), aus der Predigt. Die Predigt ist nun von Christus eingesetzt worden, indem er kurz vor seiner Himmelfahrt zu seinen Jüngern sagte: „Gehet hin in alle Welt und prediget das Evangelium aller Kreatur" (Mark. 16, 15). Die Aufgabe der Predigt ist also die Verkündigung des Wortes Gottes (Röm. 10, 17). Das Wort Gottes wird nun zunächst mündlich in der Kirche gepredigt; es ist aber auch schriftlich aufgezeichnet in der Heiligen Schrift, und die mündliche Predigt ist nur dann eine rechte Predigt, wenn sie übereinstimmt mit der Predigt des Wortes Gottes in der Heiligen Schrift. (Vgl. Nr. 146 b.)

Außer der Predigt hat aber Jesus auch die Taufe (kurz vor der Himmelfahrt) und das heilige Abendmahl (in der Nacht, da er verraten ward) eingesetzt als Mittel zur Begründung und Erhaltung seines Reiches. Die Einsetzung der Taufe durch Jesum ist ausgesprochen Matth. 28, 18—20[2]):

Gehet hin[3]) und machet zu meinen Jüngern alle Völker, indem ihr sie taufet in den Namen[4]) des Vaters und des Sohnes und des heiligen Geistes, und indem ihr sie lehret halten alles, was ich euch befohlen habe.

Die Einsetzung des heiligen Abendmahls ist berichtet in den drei ersten

[1]) Warum Luther kein Lehrstück von der Predigt in seinem Katechismus hat, ist unten (145 C b) dargelegt.

[2]) Der Wortlaut des Spruches ist wichtig wegen der Wiedertäufer, welche auf Grund dieses Spruches mit Unrecht die Kindertaufe geradezu verbieten.

[3]) Die Worte des Katechismus „in alle Welt" sind hier aufgenommen aus Mark. 16, 15.

[4]) So nach dem Grundtext, d. h. die Getauften sollen eintreten in die Gemeinschaft mit dem dreieinigen Gott. — „In dem Namen" (was nicht dasteht) d. h. „im Auftrage".

Evangelien und im 1. Korintherbriefe des Apostels Paulus (Matth. 26, 26—28; Mark. 14, 22—24; Luk. 22, 19—20; 1. Kor. 11, 23—26). Die Abendmahlsworte sind in kürzerer Form überliefert bei Matthäus und Markus, etwas erweitert bei Lukas und Paulus, namentlich durch den Zusatz: „Solches tut zu meinem Gedächtnis!" Die Worte Jesu lauten nach dem Grundtext der vier Berichte also[1]): Nehmet, esset, das ist mein Leib für euch (der für euch gegeben wird); das tut zu meinem Gedächtnis. Trinket alle daraus; denn das ist mein Blut des Bundes (dieser Kelch ist der neue Bund in meinem Blut), das für viele (für euch) vergossen wird (zur Vergebung der Sünden). Dies tut, so oft ihr trinket, zu meinem Gedächtnis.

b. Daß nun Predigt, Taufe und Abendmahl als die von Christus selbst eingesetzten Gnadenmittel dem Christen darzubieten seien — die Taufe nur einmal, Predigt und Abendmahl immer aufs neue — wird (in Übereinstimmung mit der Augsburger Konfession: Art. 5, 9 und 10) von allen christlichen Parteien anerkannt (mit Ausnahme der Quäker, welche, wie die alten — aber nicht mehr die heutigen — Wiedertäufer, den heiligen Geist auch ohne Gnadenmittel wirken lassen). Allerdings wird ja in manchen der kleineren Kirchen die Predigt sehr vernachlässigt und dadurch die Kenntnis des wahren Christentums verringert. Besonders aber weist die Augsburger Konfession darauf hin (Art. 22), daß bei der katholischen Abendmahlsfeier dem Feiernden (auch dem das Abendmahl nur genießenden Priester) gegen das Wort Christi („Trinket alle daraus") der Kelch vorenthalten wird. Gegen diese erst im Mittelalter aufgekommene katholische Sitte[2]) richtete sich zunächst die Opposition der Hussiten („Utraquisten" — „sub utraque forma", unter beiderlei Gestalt, feierten sie wieder — nach alter Sitte — das heilige Abendmahl), und die evangelische Kirche reicht — in Übereinstimmung mit der alten und mit der morgenländischen Kirche — mit Recht auch dem Laien den Kelch beim Abendmahl.

2. Was nützen denn die Predigt, die Taufe und das heilige Abendmahl?

Durch diese von Gott verordneten Gnadenmittel treten wir zunächst, indem wir durch sie Vergebung der Sünden erlangen, in das Reich Gottes ein; wo aber Vergebung der Sünden ist, da ist auch, wie Luther mit Recht sagt, Leben und Seligkeit. Wenn zunächst die Predigt auf die Gnade Gottes gegen die Sünder hinweist, so weist die Taufe, als eine sinnbildliche Reinigung, ebenfalls darauf hin, daß wir durch Christus von der Sünde frei werden, und dasselbe predigt das heilige Abendmahl durch die in ihm dargereichten Sinnbilder des Leibes und Blutes des für uns gestorbenen Heilands.

Wer aber Vergebung der Sünden erhalten hat, der erhält auch Leben und Seligkeit, wie Luther mit Recht sagt. Wer nämlich von der Schuld der Sünde befreit ist, der wird auch von der Macht der Sünde frei und gelangt dadurch zu wahrem Leben; der wird, wie Luther sagt, erlöst vom

[1]) Nur die gesperrt gedruckten Worte sind in allen oder wenigstens in den beiden älteren Berichten (Matthäus und Markus) vorhanden.

[2]) Dieselbe ist aber nicht, wie die Augsb. Konfession sagt, durch die Priester aufgebracht worden, sondern durch die Laien; vgl. die Anm. zu Art. 22 der Augsb. Konfession.

Tode und Teufel, die ihn beherrschen. Wer aber von der Schuld und von der Macht der Sünde befreit ist, der besitzt die Seligkeit, welche hier auf Erden beginnt und durch den Tod nicht gestört, sondern vollendet wird.

So bieten also Predigt und Taufe und Abendmahl dem Menschen dasselbe dar, nämlich Vergebung der Sünden, Leben und Seligkeit; aber Predigt und Taufe und Abendmahl nützen dem Menschen nur dann, wenn er glaubt an das, was ihm verkündigt wird.

3. Wie können Predigt und Sakramente solche große Dinge tun?

a. Wenn schon des Menschen Wort mächtig wirkt, so ist noch viel mehr das Wort Gottes (als Träger des Geistes Gottes, der aus dem Verkündiger des Wortes Gottes spricht) „lebendig und kräftig und schärfer, denn kein zweischneidig Schwert" (Hebr. 4, 12), aber es wirkt nur auf denjenigen Menschen, welcher dafür empfänglich ist und daran glaubt.

Und von der Taufe sagt Luther mit Recht (Kat. IV, 2): „Wasser tut's freilich nicht", sondern der Geist [1]) Gottes, der mit und bei dem Wasser ist (und der durch das Wort der Erwachsenen auf das heranwachsende Kind einwirkt), macht den Menschen gerecht und selig, zu einem neuen Menschen.

Und vom heiligen Abendmahl sagt ebenso der Katechismus (V, 2): „Essen und Trinken tut's freilich nicht", sondern der Glaube an Jesum, der für ihn seinen Leib und sein Blut hingegeben hat, gewährt dem Menschen Vergebung der Sünden und damit natürlich auch Leben und Seligkeit.

b. Wenn nun nach unserem Glauben durch die Gnadenmittel zwar Großes gewirkt wird, aber die Elemente bei den Sakramenten bleiben, was sie sind, so lehrt dagegen die katholische Kirche, allerdings nur beim heiligen Abendmahl (nicht bei der Taufe), daß durch das Wort des Priesters die Elemente, Brot und Wein, in Leib und Blut Christi verwandelt werden (Transsubstantiation). Aber diese Lehre stimmt nicht überein mit dem, was Paulus sagt (1. Kor. 10, 16): „Der gesegnete Kelch, welchen wir segnen, ist der nicht die Gemeinschaft des Blutes Christi? Das Brot, das wir brechen, ist das nicht die Gemeinschaft des Leibes Christi?" Wo nämlich Gemeinschaft ist, da müssen zwei Dinge vorhanden sein, also hier das Element und Christus, nicht aber, wie die katholische Kirche lehrt, nicht mehr die Elemente, sondern nur Leib und Blut Christi.

c. Aber die katholische Kirche hat außerdem im Anschluß an diese Lehre noch eine andere, ebenso irrige Lehre aufgestellt, indem sie behauptet, daß in der Abendmahlsfeier das Opfer Christi beständig aufs neue dargebracht werde zur Vergebung der Sünden der Menschen. Dieses Opfer wird nun nach ihrer Lehre täglich vom Priester wiederholt in der sogen. Messe, in welcher derselbe durch Hersagung der Abendmahlsworte Brot und Wein in Leib und Blut Christi verwandelt und dieselben Gott immer aufs neue zum Opfer darbringt. Wir halten ein solches stets erneuertes Opfer weder für nötig, noch halten wir ein solches Opfer für möglich, und der Katholik vermag auch nicht klar zu machen, wie ein solches Opfer in der Messe dargebracht werde. Der Evangelische fordert, daß der Christ das für die

---

[1]) So dürfte wohl deutlicher zu sagen sein.

Menschheit dargebrachte Opfer Christi sich immer aufs neue durch den Glauben aneigne, aber eine Wiederholung dieses Opfers hält er weder für möglich, noch für notwendig.

d. Wenn nun in der Augsb. Konfession der Gegensatz gegen die katholische Lehre vom Abendmahl weniger hervortritt (nicht in Art. 10, sondern nur in Art. 24), so wird dagegen ein anderer Gegensatz scharf betont, nämlich der gegen die reformierte Kirche, der sich darin kundgibt, daß nach lutherischer Lehre jeder Abendmahlsgast Leib und Blut Christi empfängt, nach reformierter Lehre nur der gläubige. Als Melanchthon diesen Gegensatz in einer späteren Ausgabe der Augsb. Konfession zurücktreten ließ (1540, in der später sogenannten Variata), da wurde er von den strengen Lutheranern heftig angegriffen. Wir sind heute der Meinung, daß beide Auffassungen des heiligen Abendmahls in der evangelischen Kirche berechtigt sind.

4. Wodurch ist der Segen der uns dargebotenen Gnadenmittel bedingt?

a. Von den ihm dargebotenen Gnadenmitteln empfängt der Mensch aber nur dann einen Segen, wenn er durch dieselben zur Reue und zum Glauben und zur Frömmigkeit geführt wird; sonst heißt es: „Brot und Wein und Wasser und Wort ist kein nütze" (Joh. 6, 63).

b. Aber der Segen der uns dargebotenen Gnadenmittel ist nicht davon abhängig, daß man im Momente ihres Empfanges für denselben empfänglich ist; dann dürften allerdings, wie die Wiedertäufer lehren, die Kinder nicht getauft werden; es ist bei der Taufe stets so, wie es bei der Predigt und beim heiligen Abendmahl oft der Fall ist, daß man den Segen der Gnadenmittel erst später empfängt; da aber niemand zu sagen vermag, wann ein Kind oder ein Erwachsener wirklich für den Segen der Gnadenmittel empfänglich sei, so dürfen wir bei der Kindertaufe bleiben, um so mehr, als wir die Konfirmation haben, in welcher die getauften Kinder selber versprechen, bei dem dreieinigen Gott zu bleiben, dem sie in der Taufe anvertraut worden sind [1]). Dagegen wird das heilige Abendmahl nur in der morgenländischen Kirche schon dem Kinde bei der Taufe gegeben, bei uns erst dem konfirmierten Kinde, in der katholischen Kirche nach der neuen Bestimmung von Papst Pius X. schon vom siebenten Jahre an.

c. Wenn es sodann auch bei uns üblich ist, vor dem Genuß des heiligen Abendmahls, um des Segens dieses Gnadenmittels teilhaftig zu werden, zu beichten [2]), d. h. seine Sünden zu bekennen, so ist das eine „feine, äußerliche" Zucht, wie das auch bei uns dabei noch übliche Fasten, aber geboten ist weder Fasten noch Beichten, und namentlich ist es nicht nötig, wie die Augsb. Konfession (Art. 11) sagt, in der Ohrenbeichte dem Priester „alle Missetaten und Sünden zu erzählen", wie die katholische Kirche fordert, und völlig unrichtig ist es, wenn bei der Ohrenbeichte dem Sünder vom Priester allerlei gute Werke als Strafe der Sünde auferlegt werden, durch deren Vollbringung der Mensch sich die Vergebung der Sünden verdient; Vergebung der Sünden erlangen wir „durch Glauben, nicht durch unser Genugtun" mit guten Werken (Augsb. Konf. Art. 12).

---

[1]) Vgl. Nr. 148, Anhang. [2]) Vgl. Nr. 148, Anhang.

C. Die Predigt, die Sakramente und die heiligen Handlungen.

a. Predigt, Taufe und Abendmahl sind Gnadenmittel, und sie wirken sämtlich dasselbe, nämlich Vergebung der Sünden, Leben und Seligkeit. Aber die Predigt wirkt auf das Ohr mittels der gewöhnlichen Sprache, Taufe und Abendmahl auf das Auge mittels sinnbildlicher Darstellung; die Predigt ist sodann zunächst für die ganze Gemeinde, Taufe und Abendmahl sind für jeden einzelnen Christen bestimmt.

b. Wenn nun Predigt, Taufe und Abendmahl sämtlich Gnadenmittel sind, so sind Taufe und Abendmahl doch eine besondere Art der Gnadenmittel, nämlich Sakramente, wie man seit längerer Zeit in der Kirche sagt, d. h. heilige Handlungen, welche von Christus selbst eingesetzt sind und bei welchen dem Menschen unter sichtbaren Zeichen (Elementen) unsichtbare Gnadengüter dargereicht werden.

c. Diese Definition, welche auch die Katholiken billigen, paßt aber nur für Taufe und Abendmahl, nicht für die fünf anderen katholischen Sakramente (Absolution, Firmelung, Ehe, Priesterweihe, letzte Ölung); dieselben werden zwar zum Teil auch von uns als heilige Handlungen festgehalten (Absolution, Konfirmation, Ehe — es gibt jedoch auch noch andere heilige Handlungen), aber sie sind keine Sakramente; nur die Predigt darf den beiden Sakramenten zur Seite gestellt werden, aber ein Sakrament ist sie nicht, sondern nur ein Gnadenmittel; ja, die Predigt ist sogar das hauptsächlichste Gnadenmittel, da ohne dieselbe der Glaube überhaupt nicht entstehen kann. Daher können im Notfall die Sakramente entbehrt werden, aber die Predigt ist für den Menschen unentbehrlich, um zum Glauben an die Gnade Gottes in Christus zu gelangen [1].

II. Der Römerbrief.

Vierter Abschnitt.

Wie wird der Mensch vor Gott gerecht?

A. Der Römerbrief.

20. (135.) Die Christengemeinde in Rom; der Römerbrief; Einleitung und Schluß des Briefes; Übersicht des Römerbriefes.

(III, 62 u. 63.)

a. In der seit der Makkabäerzeit entstandenen Judengemeinde von Rom hatte sich schon früh eine Christengemeinde gebildet (aber von Petrus weder gegründet, noch von ihm als Bischof geleitet); ursprünglich eine judenchristliche Gemeinde, ist dieselbe durch den Zutritt vieler Heidenchristen bald eine vorwiegend heidenchristliche Gemeinde geworden. Daher hat Paulus, der Heidenapostel, auch an diese Gemeinde einen Brief geschrieben.

[1] Vgl. Nr. 146 b und c.

Nachdem er nämlich im Osten überall das Evangelium verkündet hatte, wollte er dasselbe auch im Westen des Römerreichs predigen. Damit ihm nun nicht von der römischen Gemeinde bei seiner Wirksamkeit im Westen Schwierigkeiten bereitet würden, wie sie ihm im Osten durch die judenchristlichen Irrlehrer bereitet worden waren, schrieb er einen Brief an die römische Gemeinde, und indem er ihr seine Predigt vorlegte, hoffte er, daß dieselbe ihre Billigung finden werde. Von Rom wollte er dann sofort nach Spanien gehen.

Aber Paulus ist wohl nicht nach Spanien gekommen; denn als er diesen Brief in Korinth (oder schon in Kenchreä, dem östlichen Hafen von Korinth) schrieb, begab er sich (am Ende seiner dritten Missionsreise) nach Jerusalem, und daselbst wurde er gefangen genommen. Als Gefangener ist er dann allerdings noch nach Rom gekommen. Über den Ausgang seines Lebens ist schon oben (Nr. 68) gesprochen worden.

An der Echtheit des Römerbriefes wird von keinem Forscher gezweifelt.

b. Dieser Brief kommt nun für uns hier in Betracht, weil er besonders deutlich die Frage beantwortet, die wir in diesem Abschnitt der Glaubenslehre betrachten wollen: Wie wird der Mensch vor Gott gerecht?

c. Inhaltsübersicht des Römerbriefes[1]).

1. Einleitung und Schluß des Briefes: 1, 1—7 und 8—17; 15, 14—33; 16, 1—20 und 21—27.

Mit dem Worte „Paulus" beginnt (wie alle Paulinischen Briefe — vgl. dagegen den Hebräerbrief) der Gruß des Briefes, auf welchen dann die Einleitung folgt. Dieselbe beginnt (wie in allen Paulinischen Briefen, außer dem Galaterbrief) mit einer Danksagung für das Gute, welches an der Gemeinde zu rühmen ist. Darauf erklärt Paulus, daß er trotz seines sehnlichsten Wunsches zu ihnen noch nicht habe kommen können, obwohl er als Heidenapostel auch ihnen zu predigen sich verpflichtet fühle. Nunmehr ist er beim Thema des Briefes angelangt (1, 16—17): „Der Gerechte wird seines Glaubens leben."

Der Schluß des Briefes enthält eine Rechtfertigung dafür, daß er überhaupt an sie schreibt, und eine Mitteilung über seinen Reiseplan, sodann Grüße und Mahnungen (aber keinen Gruß an Petrus) und endlich das eigentliche Schlußwort.

Der Römerbrief handelt also von der Glaubensgerechtigkeit; er zerfällt aber (wie die meisten Briefe des Apostels) in einen belehrenden (1, 18—11, 36) und einen praktischen Teil (12, 1—15, 13). In der folgenden Inhaltsangabe ist der praktische Teil mit dem entsprechenden Abschnitt des belehrenden Teils verbunden.

2. Das Thema des Briefes: Die Glaubensgerechtigkeit: 1, 18—15, 13.

a. Die Notwendigkeit der Glaubensgerechtigkeit: 1, 18—3, 20.

α. Die Heiden sind Sünder: 1, 18—32.

β. Die Juden sind Sünder: 2, 1—3, 20.

---

[1]) Zusammenfassung nach der Lektüre des Briefes.

b. Das Wesen der Glaubensgerechtigkeit: 3, 21—5, 21.
 α. Das Wesen der Glaubensgerechtigkeit: 3, 21—31.
 β. Die Gerechtigkeit der Frommen vor Christus: K. 4.
 γ. Die Heilsgewißheit des Gerechtfertigten: 5, 1—11.
 δ. Jakobus und Paulus: Jak. 2, 14—26.
 ε. Adam, Moses und Christus: 5, 12—21.

c. Das neue Leben des Christen, die Folge der Glaubensgerechtigkeit: Röm. 6—8; 12, 1—15, 13.
 α. Das neue Leben des Christen in Freiheit vom Gesetz: Röm. 6, 1—2 u. 12—14; 7, 7—25. Gal. 3, 10—14 und 19—29. Röm. 10, 4.
 β. Das neue Leben des Christen im Geiste: Röm. 8.
 γ. Mahnungen
  αα. an die allgemeinen christlichen Pflichten in Gemeinde und Haus: Röm. 12 u. 13, 7—14; vgl. Matth. 22, 34—40; 1. Kor. 13; Luk. 10, 25—37; Philemonbrief;
  ββ. an die Pflichten gegen den Staat: Röm. 13, 1—7; vgl. 1. Petri 2, 13—17; Matth. 22, 15—22; Off. Joh. 13; Apg. 4, 19—20 u. 5, 28—29;
  γγ. zum Frieden im Streite der Parteien innerhalb der christlichen Kirche: Röm. 14, 1—15, 13.

d. Die Glaubensgerechtigkeit in ihrer geschichtlichen Verwirklichung: K. 9—11.

21. (136.) Das Thema des Römerbriefes: Die Gerechtigkeit aus dem Glauben. (III, 64—67.)

„Wie wird der Mensch vor Gott gerecht?"
Röm. 1, 18—15, 13.

Auf den Gruß und die Einleitung, womit der Römerbrief beginnt (K. 1, 1—15), folgt das Thema des Briefes (1, 16—17): „Ich schäme mich des Evangeliums von Christo nicht, denn es ist eine Kraft Gottes, die da selig macht alle, die daran glauben, die Juden vornehmlich und auch die Griechen, sintemal darinnen offenbaret wird die Gerechtigkeit, die vor Gott gilt, welche kommt aus Glauben in Glauben, wie denn geschrieben steht: Der Gerechte wird seines Glaubens leben." In vier Teilen wird nun dies Thema ausgeführt: Notwendigkeit, Wesen, Folge und geschichtliche Verwirklichung der Glaubensgerechtigkeit.

1. Der erste Teil des Römerbriefes legt die Notwendigkeit der Glaubensgerechtigkeit dar, und zwar zunächst für die Heiden, aber auch für die Juden: Röm. 1, 18—3, 20 („Nicht durch des Gesetzes Werke").

a. Die Heiden sind Sünder: K. 1, 18—32. Auch die Heiden haben von Natur eine gewisse Gotteserkenntnis und Sittlichkeit besessen, aber sie haben dieselbe durch ihre Schuld verloren, und durch den Götzendienst sind sie in die schrecklichste Unsittlichkeit geraten, so daß sie das Böse nicht nur selber tun, sondern dasselbe auch an anderen billigen, als wenn sie gar kein Gewissen mehr hätten; die Heiden sind also nicht vor Gott gerecht.

b. Die Juden sind Sünder: K. 2, 1—3, 20. Aber auch die Juden sind dem Gerichte Gottes verfallen, denn sie tun selber, was sie an den Heiden verdammen. Zwar haben sie vor den Heiden voraus, daß sie ein Gesetz Gottes haben; aber auch die Juden sind Sünder, trotz ihres Gesetzes, und nur das haben sie vor den Heiden voraus, daß sie Erkenntnis der Sünde haben; aber „durch das Gesetz kommt [nur] Erkenntnis der Sünde" (Röm. 3, 20).

2. Der zweite Teil des Römerbriefes legt das Wesen der Glaubensgerechtigkeit dar: K. 3, 21—5, 21 („Sondern allein durch den Glauben").

a. Das Wesen der Glaubensgerechtigkeit: K. 3, 21—31 (Gal. 2, 11—21). Was Heiden und Juden nicht erlangt haben, die Gerechtigkeit vor Gott, das ist durch Christus den Menschen zuteil geworden, aber nicht durch die Erfüllung des Gesetzes, sondern durch den Glauben an die in Christus geoffenbarte Gnade Gottes, welcher unsere Sünden nicht mehr bloß ungestraft läßt, wie in der früheren Zeit, sondern sie uns vergibt, so daß wir von der Schuld der Sünde befreit werden. „So halten wir nun dafür, daß der Mensch gerecht werde (d. h. Vergebung der Sünden erlange) ohne des Gesetzes Werke allein (richtiger Zusatz Luthers) durch den Glauben" (Röm. 3, 28)[1]).

b. Die Gerechtigkeit der Frommen vor Christus: K. 4 (bes. V. 1—13 u. 23—25); vgl. Gal. 3, 7—14 (—29) und Hebr. 11. Wenn im A. T. das Gesetz als das Mittel galt, zur Gerechtigkeit vor Gott zu gelangen, so hat doch auch schon das A. T. in seinen Geschichten und Einrichtungen, wie auch in der Weissagung, auf die neue Ordnung der Dinge hingewiesen, in welcher die vollkommene Gerechtigkeit auf einem anderen Wege, nämlich durch den Glauben, erreicht werden solle; das findet Paulus namentlich ausgesprochen in der Geschichte Abrahams, der von Gott um seines Glaubens willen für gerecht erklärt wird, und der Hebräerbrief zeigt (Kap. 11), daß das Leben der ATlichen Frommen überhaupt ein Leben im Glauben gewesen ist.

c. Die Heilsgewißheit des Gerechtfertigten: K. 5, 1—11. Mit der Rechtfertigung ist nun dem Menschen auch die Gewißheit des Friedens mit Gott für die Gegenwart, und zugleich die Gewißheit der Bewahrung vor dem Zorne Gottes in der Zukunft gegeben; da wir jetzt mit Gott versöhnt sind, so haben wir seinen Zorn auch für später nicht mehr zu fürchten[2]).

d. Jak. 2, 14—26. Mit der Lehre des Paulus von der Rechtfertigung allein aus dem Glauben steht scheinbar im Widerspruch die Lehre des Jakobus, welcher bekanntlich sagt: „So sehet ihr nun, daß der Mensch durch die Werke gerecht wird, nicht durch den Glauben

[1]) *λογιζόμεθα γὰρ* (oder *οὖν*) *δικαιοῦσθαι πίστει ἄνθρωπον χωρὶς ἔργων νόμου.* Luther: So halten wir es nun (Rev. Bibel: So halten wir nun dafür), daß der Mensch gerecht werde ohne des Gesetzes Werke, allein durch den Glauben (lateinisch: sola fide). — Eine Rechtfertigung seiner Übersetzung dieses Bibelwortes hat Luther gegeben in seinem „Sendschreiben vom Dolmetschen"; vgl. Quellenb. II, 4 und Handb. III, 69.

[2]) Vgl. die Lieder von Luther: „Nun freut euch lieben Christen g'mein", von Speratus: „Es ist das Heil uns kommen her" und von Paul Gerhardt: „Ist Gott für mich, so trete".

allein" (2, 24). Aber Jakobus bekämpft nicht (wie Luther von der „strohernen Epistel" glaubte) die Lehre des Paulus, sondern nur das tote Christentum mancher Anhänger des Paulus, deren Glaube nur in Gefühlen oder Worten bestand, aber nicht, wie auch Paulus fordert, „in der Liebe tätig" war. Allerdings zeigt Jakobus nicht, wie der Mensch durch den Glauben Vergebung der Sünden erlangt, sondern wie sein Glaube sich im Leben betätigen soll (was Paulus in Kap. 6—8 des Römerbriefes zeigt); er zeigt nur, wie der Mensch von der Macht der Sünde, nicht aber, wie er von der Schuld der Sünde befreit wird; man darf aber nicht verlangen, daß jede Schrift des N. T. jede Lehre darstelle.

e. Adam, Moses und Christus: K. 5, 12—21. Nachdem Paulus dargelegt hatte, daß alle Menschen Sünder geworden, aber auch, daß sie alle durch Christus gerecht geworden sind (K. 1, 18—5, 11), vergleicht er nun noch Christus mit Adam und Moses. Durch Adam sind Sünde und Tod in die Welt gekommen, durch Christus Gerechtigkeit und Leben; Moses hat keine neue Epoche in der Entwickelung der Menschheit begründet, denn durch das Gesetz wird die Sünde nur gesteigert, nicht aber überwunden; das ist erst durch Christus geschehen.

3. Der dritte Teil des Römerbriefes stellt das neue Leben des Christen, die Folge der Glaubensgerechtigkeit, dar: K. 6—8; 12, 1—15, 13.

Durch die Gnade Gottes wird zunächst der Mensch für gerecht erklärt, d. h. von der Schuld der Sünde befreit; aber der Gerechtfertigte wird auch tatsächlich gerecht, d. h. von der Macht der Sünde befreit; wie das geschieht, zeigt Paulus in K. 6—8 des Römerbriefes.

a. Das neue Leben des Christen in Freiheit vom Gesetz: Röm. 6, 1—2 u. 12—14; 7, 7—25. Gal. 3, 10—14 u. 19—29. Röm. 10, 4. Daß der Gerechtfertigte auch geheiligt wird, beruht, wie Paulus mit Recht lehrt, zunächst darauf, daß derselbe nicht mehr unter dem Gesetz steht; denn das Gesetz vermag nur im Menschen die vorher schlummernde Sünde zu erwecken und dadurch die Sehnsucht nach Erlösung hervorzurufen; aber den Menschen von der Sünde zu befreien vermag das Gesetz nicht[1]).

Zwar sollte ja eigentlich das Gesetz (sowohl das mosaische Gesetz der Juden, als auch das Gewissensgesetz der Heiden) ein Riegel sein, um der Sünde zu wehren; aber es hat als solcher wenig ausgerichtet; es hat vielmehr gerade die Sünde gemehrt. Aber gerade dadurch ist es ein Spiegel für den Menschen geworden, in welchem er seine Sünde (Röm. 3, 20) und den um der Sünde willen auf ihm lastenden Fluch erkennt (Gal. 3, 10—14). Deshalb hat das Gesetz nicht eine bleibende Bedeutung für den Menschen, sondern es war nur unser Zuchtmeister, der uns in Schranken hielt; Christus ist des Gesetzes Ende (Gal. 3, 19—29. Röm. 10, 4). Daß das Gesetz aber doch noch vom Christen erfüllt wird und insofern eine

[1]) Als ein Seitenstück zu Röm. 7, 7—25 darf Luthers Selbstbekenntnis in V. 2 u. 3 seines Liedes „Nun freut euch lieben Christen g'mein" (vgl. unten Lied 34) angesehen werden.

Regel für den Christen bleibt, ist bei der Auslegung der Bergpredigt gezeigt worden (Nr. 54).

b. Das neue Leben des Christen im Geiste: K. 8. Nachdem der Mensch Vergebung der Sünden erlangt hat, wirkt nun der ihm geschenkte Geist Gottes in ihm auch ein neues Leben in Gerechtigkeit und macht ihn des vollkommenen Heils gewiß, dessen fester Grund auf der Vorherbestimmung des Gerechtfertigten zur ewigen Seligkeit beruht.

c. Ermahnung zu christlichem Wandel.

Wie nun der Wandel des Christen im einzelnen sich gestaltet, zeigt der zweite, praktische Teil des Römerbriefes (K. 12, 1—15, 13), welcher an den theoretischen Teil (K. 1, 18—11, 36) sich anschließt. Derselbe zerfällt in drei Abschnitte: K. 12 u. 13, 7—14; K. 13, 1—7; K. 14, 1—15, 13.

Der erste Abschnitt (K. 12 u. 13, 7—14) handelt von den Pflichten des Christen überhaupt, sowohl im Verhältnis zur Gemeinde, als auch im Bereich des Hauses, und stellt, wie Christus (Matth. 22, 34—40) und wie der erste Korintherbrief (K. 13), als die Hauptpflicht des Christen die Liebe hin, welche ja von Jesus und von Paulus auch gegenüber dem Samariter und dem Sklaven (Luk. 10, 25—37; Philemonbrief) gefordert wird.

Der zweite Abschnitt (K. 13, 1—7) stellt die Pflichten des Christen gegenüber dem Staate hin, und fordert Gehorsam gegen die Obrigkeit, welche als eine göttliche Ordnung zu betrachten ist, auch wenn sie von Menschen eingesetzt ist (1. Petri 2, 13—17), und wenn sie auch, wie damals in Rom, ein Kaiser Nero ist. Anderwärts wird aber auch auf die Schranke des Gehorsams gegen die Obrigkeit hingewiesen: Matth. 22, 15—22; Off. Joh. 13; Apg. 4, 19—20 u. 5, 28—29.

Der dritte Abschnitt (K. 14, 1—15, 13) ermahnt zum Frieden im Streite der Parteien innerhalb der christlichen Kirche. Die ängstlichen Christen, welche Fleisch und Wein sich versagten und die jüdischen Festtage noch beobachteten, sollen ihre freier denkenden Mitchristen nicht verdammen; aber die freier denkenden Christen sollen auch ihre ängstlichen Mitchristen nicht verachten, sondern bereit sein, um ihnen keinen Anstoß zu geben, auch auf manchen erlaubten Genuß zu verzichten.

Der Abschnitt schließt mit einem Segenswunsche: 15, 13.

4. Die Glaubensgerechtigkeit in ihrer geschichtlichen Verwirklichung: K. 9—11; die Lehre von der Prädestination.

a. Die Glaubensgerechtigkeit in ihrer geschichtlichen Verwirklichung: K. 9, 1—5 u. 30—33. K. 10. 11, 1—2a u. 25—36. Als das Thema seines Evangeliums hatte Paulus bezeichnet (1, 16), daß das Evangelium eine Gotteskraft sei zur Rettung für jeden Glaubenden, den Juden vornehmlich und auch den Heiden. Aber wenn doch nun, wie es sich schon damals zeigte, die Juden als Volk nicht glaubten, so konnte es ja scheinen, daß das Evangelium sein Ziel nicht erreiche. Deshalb legt nun Paulus noch dar, daß die jetzige Verwerfung der Juden wegen ihres Unglaubens der Verheißung Gottes nicht widerspreche, sondern durch das eigene Verhalten der Juden verschuldet sei (K. 9 u. 10), und wie Gott dennoch Mittel und Wege finden werde, um seine Verheißung zur vollen Erfüllung zu bringen, wenn auch die Juden erst nach den Heiden sich bekehren würden (K. 11).

b. Die Lehre von der Prädestination. Auf Röm. 9—11 haben sich vornehmlich diejenigen Kirchenlehrer berufen (aber mit Unrecht), welche glauben, daß Gott die einen zur Seligkeit vorherbestimmt habe (Prädestination), während er die anderen in der Sünde zugrunde gehen lasse (Augustinus), in welche er ja sogar schon die ersten Menschen hineingestoßen habe (Calvin), so daß also des Menschen Bekehrung und Seligkeit allein ein Werk Gottes sei, ohne alle Mitwirkung des Menschen. Aber Paulus redet erstens hier überhaupt nicht von der ewigen Seligkeit, sondern von der auf Erden wahrnehmbaren Bevorzugung der Heiden vor den Juden; sodann wird zwar in der Bibel öfters unsere Bekehrung und Seligkeit allein auf Gott zurückgeführt (Phil. 2, 13), aber ebenso oft wird dieselbe als ein Werk der Menschen betrachtet, und sie werden ermahnt, selber zu schaffen, daß sie selig werden (Phil. 2, 12). So wird es also richtig sein, unsere Bekehrung und Seligkeit als ein Werk sowohl Gottes als auch des Menschen zu betrachten, auch wenn es uns nicht gelingt, dies Zusammenwirken Gottes und des Menschen uns ganz deutlich zu machen; Gottes Wille kann es, auch wenn auf Erden die einen vor den anderen etwas vorausbaben, nimmermehr sein, daß ein Teil der von ihm geschaffenen Menschen ohne ihre Schuld der ewigen Verdammnis anheimfalle.

22. (137.) Luthers Vorrede zum Römerbrief. 1522. (III, 69.)[1]

Diese Epistel ist das rechte Hauptstück des Neuen Testaments und das allerlauterste Evangelium, welche wohl würdig und wert ist, daß sie ein Christenmensch nicht allein von Wort zu Wort auswendig wisse, sondern täglich damit umgehe, als mit täglichem Brot der Seele; denn sie nimmer kann zu viel und zu wohl gelesen oder betrachtet werden, und je mehr sie gehandelt wird, je köstlicher sie wird und baß [besser] schmecket.

Darum ich auch meinen Dienst dazu tun will, und durch diese Vorrede einen Eingang dazu bereiten, so viel mir Gott verliehen hat, damit sie desto besser von jedermann verstanden werde; denn sie bisher mit Glossen [Deutungen] und mancherlei Geschwätz übel verfinstert ist, die doch an ihr selbst ein helles Licht ist, fast genugsam, die ganze Schrift zu erleuchten.

Aufs erste müssen wir der Sprache kundig werden, und wissen, was St. Paulus meinet durch diese Worte: Gesetz [Sünde, Gnade], Glaube, Gerechtigkeit [Fleisch, Geist und dergleichen]; sonst ist kein Lesen nütz daran[2].

Das Wörtlein Gesetz mußt du hie nicht verstehen menschlicherweise, daß es eine Lehre sei, was für Werke zu tun oder zu lassen sind, wie es mit Menschengesetzen zugeht, da man dem Gesetz mit Werken genugtut, ob's Herz schon nicht da ist; Gott richtet nach des Herzens Grund. Darum

[1] Verkürzt. — „Das poetische Gegenbild der Vorrede Luthers zum Römerbriefe" ist das im Jahre 1523 gedichtete Lied von Paul Speratus: „Es ist das Heil uns kommen her". (Vgl. unten Lied 35.)

[2] Der folgende Abschnitt ist verkürzt.

fordert auch sein Gesetz des Herzens Grund, und läßt ihm [sich] an Werken nicht genügen, sondern strafet vielmehr die Werke, ohne Herzens Grund getan, als Heuchelei und Lügen. Aber ein solches Herz gibt niemand, denn Gottes Geist; der macht den Menschen dem Gesetz gleich, daß er Lust zum Gesetz gewinnt von Herzen, und hinfort nicht aus Furcht noch Zwang, sondern aus freiem Herzen alles tut.

So gewöhne dich nun der Rede, daß viel ein ander Ding ist, des Gesetzes Werke tun und das Gesetz erfüllen.

Des Gesetzes Werk ist alles, das der Mensch tut oder tun kann am Gesetz aus seinem freien Willen und eigenen Kräften. Weil aber unter und neben solchen Werken bleibet im Herzen Unlust und Zwang zum Gesetz, sind solche Werke alle verloren und kein nütze; so meinet St. Paulus am 3. Kap., da er spricht: Durch Gesetzes Werke wird vor Gott kein Mensch gerecht.

Das Gesetz erfüllen ist, mit Lust und Liebe seine Werke tun, und frei ohne des Gesetzes Zwang göttlich und wohl leben, als wäre kein Gesetz oder Strafe. Solche Lust aber freier Liebe gibt der heilige Geist ins Herz, wie er spricht im 5. Kap. [Die Liebe Gottes ist ausgegossen in unser Herz durch den heiligen Geist, welcher uns gegeben ist.] Der Geist aber wird nicht, denn allein in, mit und durch den Glauben an Jesum Christ gegeben. Daher kommt's, daß allein der Glaube gerecht macht und das Gesetz erfüllt, denn er bringt den Geist aus Christi Verdienst. Der Geist aber macht ein lustig und frei Herz, wie das Gesetz fordert; so gehen denn die guten Werke aus dem Glauben von selbst. Das meinet St. Paulus 3, 31, wo er spricht: Wir richten das Gesetz auf durch den Glauben, das ist, wir erfüllen's durch den Glauben.

Glaube ist nicht der menschliche Wahn und Traum, den etliche für Glauben halten; und wenn sie sehen, daß keine Besserung des Lebens noch gute Werke folgen, und doch vom Glauben viel hören und reden können, fallen sie in den Irrtum und sprechen, der Glaube sei nicht genug, man müsse Werke tun, solle man fromm und selig werden. Das macht, wenn sie das Evangelium hören, so fallen sie daher, und machen ihnen aus eigenen Kräften einen Gedanken im Herzen, der spricht: Ich glaube. Das halten sie denn für einen rechten Glauben. Aber wie es ein menschlich Gedicht und Gedanke ist, den des Herzens Grund nimmer erfährt, also tut er auch nichts, und folgt keine Besserung hernach.

Aber Glaube ist ein göttlich Werk in uns, das uns wandelt und neu gebiert aus Gott (Joh. 1, 13), und tötet den alten Adam, macht uns ganz andere Menschen von Herzen, Mut, Sinn und allen Kräften, und bringt den heiligen Geist mit sich. O, es ist ein lebendig, geschäftig, tätig, mächtig Ding um den Glauben, daß es unmöglich ist, daß er nicht ohne Unterlaß sollte Gutes wirken. Er fragt auch nicht, ob gute Werke zu tun sind, sondern ehe man fragt, hat er sie getan, und ist immer im Tun. Wer aber nicht solche Werke tut, der ist ein glaubloser Mensch, tappt und sieht um sich nach dem Glauben und guten Werken, und weiß weder, was Glaube oder gute Werke sind, wäschet und schwatzt doch viel Worte vom Glauben und guten Werken.

Glaube ist eine lebendige, erwegene [völlige] Zuversicht auf Gottes Gnade, so gewiß, daß er tausendmal darüber stürbe. Und solche Zuversicht und Erkenntnis göttlicher Gnade macht fröhlich, trotzig [zuversichtlich] und lustig gegen Gott und alle Kreaturen, welches der heilige Geist tut im Glauben. Daher der Mensch ohne Zwang willig und lustig wird, jedermann Gutes zu tun, jedermann zu dienen, allerlei zu leiden, Gott zu Liebe und zu Lob, der ihm solche Gnade erzeigt hat, also daß unmöglich ist, Werke vom Glauben [zu] scheiden, ja so unmöglich, als Brennen und Leuchten vom Feuer mag geschieden werden.

Darum siehe dich für vor deinen eigenen falschen Gedanken, und [vor] unnützen Schwätzern, die vom Glauben und guten Werken klug sein wollen zu urteilen, und sind die größten Narren. Bitte Gott, daß er den Glauben in dir wirke; sonst bleibst du wohl ewiglich ohne Glauben, du dichtest und tust, was du willst oder kannst.

Gerechtigkeit ist nun solcher Glaube, und heißt Gottes Gerechtigkeit, oder Gerechtigkeit, die vor Gott gilt, darum, daß sie Gott gibt, und rechnet für Gerechtigkeit um Christi willen, unseres Mittlers, und macht den Menschen, daß er jedermann gibt, was er schuldig ist. Denn durch den Glauben wird der Mensch ohne Sünde und gewinnt Lust zu Gottes Geboten; damit gibt er Gott seine Ehre, und bezahlt ihm, was er ihm schuldig ist; aber den Menschen dient er williglich, womit er kann, und bezahlt damit auch jedermann. Solche Gerechtigkeit kann Natur, freier Wille und unsere Kräfte nicht zuwegebringen; denn wie niemand ihm selber kann den Glauben geben, so kann er auch den Unglauben nicht wegnehmen; wie will er denn eine einige kleinste Sünde wegnehmen? Darum ist's alles falsch, Heuchelei und Sünde, was außer dem Glauben oder im Unglauben geschieht, es gleiße, wie gut es mag (Röm. 14, 23: Was nicht aus dem Glauben gehet, das ist Sünde).

Ohne solchen Verstand dieser Wörter wirst du diese Epistel St. Pauli, noch kein Buch der Heiligen Schrift nimmermehr verstehen. Darum hüte dich vor allen Lehrern, die anders diese Worte brauchen [1]).

Also finden wir in dieser Epistel aufs allerreichlichste, was ein Christ wissen soll, nämlich, was Gesetz, Evangelium, Sünde, Strafe, Gnade, Glaube, Gerechtigkeit, Christus, Gott, gute Werke, Liebe, Hoffnung, Kreuz sei, und wie wir uns gegen jedermann, er sei fromm oder Sünder, stark oder schwach, Freund oder Feind, und gegen uns selber halten sollen. Dazu das alles mit Schriften trefflich gegründet, mit Exempeln sein selbst und der Propheten beweiset, daß nichts mehr hie zu wünschen ist. Darum es auch scheint, als habe St. Paulus in dieser Epistel wollen einmal in die Kürze verfassen die ganze christliche und evangelische Lehre, und einen Eingang bereiten in das ganze Alte Testament. Denn ohne Zweifel, wer diese Epistel wohl im Herzen hat, der hat des Alten Testaments Licht und Kraft bei sich; darum lasse sie ein jeglicher Christ ihm [sich] gemein [vertraut] und stetig in Übung sein. Da gebe Gott seine Gnade zu! Amen! [2])

[1]) Die nun folgende Inhaltsangabe des Römerbriefes ist aus Mangel an Raum weggelassen; sie ist für den Schüler entbehrlich.

[2]) Luthers Schrift vom Dolmetschen, in welcher Luther namentlich auch seine Übersetzung von Röm. 3, 28 („allein") rechtfertigt, findet der Schüler in meinem Quellenbuch für den Religionsunterricht, Teil II, Nr. 4. (Leipzig, Teubner.)

23. (138.) B. Die Heilsordnung. (III, 68—71.)

Röm. 8, 30. Welche Gott verordnet hat, die hat er auch berufen: welche er aber berufen hat, die hat er auch gerecht gemacht; welche er aber hat gerecht gemacht, die hat er auch herrlich gemacht.

Kat. II, 3: Der heilige Geist hat mich durch das Evangelium berufen, mit seinen Gaben erleuchtet, im rechten Glauben (an die Vergebung der Sünden oder die Rechtfertigung) geheiligt und erhalten.

Augsb. Konf. Art. 4. 6. 20, bzw. 15 und 16. 26 und 27. (Vgl. Nr. 141.)

a. Die Rechtfertigung, von welcher der Römerbrief vornehmlich handelt, wird von der evangelischen Kirche mit Recht als die Hauptlehre[1]) des ganzen Christentums betrachtet, und sie ist nun auch ausführlich dargestellt in der Augsb. Konf. (Art. 4, 6, 20, bzw. 15 und 16, 26 und 27); Luther sagt aber von dieser Lehre mit Recht in den Schmalkaldischen Artikeln (II, 1): Von diesem Artikel kann man nichts weichen oder nachgeben, es falle Himmel und Erden oder was nicht bleiben will.

b. Die Rechtfertigung ist aber der Mittelpunkt der Heilsordnung, in welcher alles zusammengefaßt ist, was Gott am Menschen tut, um ihn zum Heil zu führen; die einzelnen Stufen derselben soll uns der Katechismus zeigen.

Die erste Stufe der Heilsordnung, wie sie in der Erklärung des dritten Artikels dargestellt ist, ist die Berufung, durch welche die Völker und die einzelnen Menschen immer aufs neue, bis sie dem Rufe Gottes folgen, von Gott durch die Predigt aufgefordert werden zum Eintritt in das Reich Gottes.

Die zweite Stufe ist die Erleuchtung, durch welche die Berufenen zuerst zur Erkenntnis ihrer Sünde und zur Reue über dieselbe und sodann zur Erkenntnis der den Sündern angebotenen Gnade Gottes geführt werden.

Die dritte Stufe, der Mittelpunkt der Heilsordnung, ist die Rechtfertigung, durch welche dem Menschen, der seine Sünde bereut, auf Grund des Glaubens an die in Christus geoffenbarte Gnade Gottes Vergebung der Sünden geschenkt wird. Hier tritt besonders der Gegensatz gegen die katholische Kirche hervor, welche dem Glauben die guten Werke als gleich notwendig für den Empfang der Rechtfertigung zur Seite stellt, wodurch der Mensch schließlich zu größerem Vertrauen auf seine oder der Heiligen (im Ablaß ihm zugute kommenden) guten Werke verleitet wird, als auf die Gnade Gottes.

Auf die Rechtfertigung folgt als vierte Stufe der Heilsordnung die Heiligung, das neue Leben, aber nicht als Mittel, um die Gnade Gottes zu erlangen, sondern von selbst entspringend aus der Dankbarkeit gegen Gott, und allerdings nötig, um im Gnadenstande zu bleiben.

Die fünfte Stufe ist die Erhaltung im Glauben und in der Frömmigkeit, deren auch der Fromme bedarf, um nicht wieder von Gott abzukommen.

c. Berufung, Erleuchtung, Rechtfertigung, Heiligung und Erhaltung — das sind also die fünf Stufen der Heilsordnung[2]).

---

[1]) Als das Materialprinzip unserer Kirchenlehre; das Formalprinzip ist die Lehre von der alleinigen Autorität der Heiligen Schrift.

[2]) Vgl. hierzu Nr. 147 a.

24. (139.) C. Die Frömmigkeit und Sittlichkeit des Christen.

(III, 72—84.)

I. Die Frömmigkeit des Christen.

Wer durch Christus mit Gott in Gemeinschaft getreten ist, der wird zunächst das rechte Verhältnis zu Gott gewinnen; er wird Gott nicht mehr bloß als den Allmächtigen fürchten, wie die Heiden, und auch in ihm nicht mehr bloß, wie die Juden, nur den heiligen und gerechten Gott sehen, sondern er wird Gott lieben als seinen Vater.

Dies rechte Verhältnis des Christen zu Gott, welches zunächst ein inneres ist, wird sich aber auch äußerlich kundgeben, einerseits im Gebet[1]) und im rechten Gebrauch des Namens Gottes, wie ihn Luther im zweiten Gebote angibt, und andrerseits in der Teilnahme an dem kirchlichen Leben seiner Glaubensgenossen. Jeder Christ ist ja ein Glied seiner Gemeinde, seiner besonderen Kirche, ja, der ganzen Kirche, und gegen diese Gemeinschaften hat er ebenfalls Pflichten zu erfüllen. Der Christ wird sich also am Gottesdienste seiner Gemeinde (vgl. das dritte Gebot), wie auch an den Liebeswerken derselben und an der Verwaltung der äußeren Angelegenheiten derselben in angemessener Weise beteiligen. Er wird sodann nach Kräften mitwirken an den Werken der größeren Gemeinschaft, zu welcher seine Gemeinde gehört, und der ganzen evangelischen Kirche (Mission, Bibelverbreitung usw.). Ja, er wird auch ein Zusammenwirken mit anderen Christen (auch mit Nichtchristen) zu gemeinsamen Werken der Liebe nicht für unberechtigt halten, wie ja die Neuzeit in solchen Liebeswerken vielfach die Genossen der verschiedenen Religionen zu gemeinsamem Streben vereinigt.

II. Die Sittlichkeit des Christen.

Daß der Christ, nachdem er durch die ihm zuteil gewordene Vergebung der Sünden von der Schuld der Sünde befreit worden ist, auch von der Macht der Sünde befreit und ein heiliger, sittlicher Mensch werden soll, darauf haben uns der Römerbrief und die im dritten Artikel zusammengefaßte Heilsordnung hingewiesen. Wie nun der Christ ein heiliger, sittlicher Mensch werde, das soll im folgenden dargelegt werden[2]).

a. Das Gewissen.

Der Mensch kann ein sittlicher Mensch nur darum werden, weil er ein freies Wesen ist; wo keine Freiheit ist, da ist auch keine Sittlichkeit.

Aber der freie Mensch ist nicht ohne weiteres ein sittlicher Mensch, denn es kommt darauf an, wie der Mensch seine Freiheit gebraucht; er kann sie gebrauchen, um Böses zu tun — das geschieht ja oft genug; er kann sie aber auch dazu gebrauchen, um Gutes zu tun, und dazu soll er seine Freiheit gebrauchen — das sagt dem Menschen sein Gewissen, und nur wer der Stimme seines Gewissens folgt, der fühlt sich glücklich.

---

[1]) Vom Vaterunser ist oben in der Heil. Gesch. (Nr. 54d und e) genauer gesprochen.

[2]) Diese Aufgabe wird gelöst von der Sittenlehre (Ethik, Moral), während die bisherigen Darlegungen der Glaubenslehre angehören.

Aber zunächst folgt der Mensch bei seinem Tun nicht seinem Gewissen, sondern seinen Trieben und den seinen Willen bestimmenden Autoritäten, welche ihm in der menschlichen Gemeinschaft entgegentreten. Aber der Mensch soll allmählich dahin gelangen, daß sein Wollen nicht mehr bloß durch seine Triebe und durch die Autorität seiner Mitmenschen, sondern durch ihn selber, nämlich durch sein Gewissen, bestimmt wird; nur dann ist er in Wahrheit ein freier Mensch.

Aber wenn der Mensch der Stimme seines Gewissens folgt, so ist er zwar ein sittlicher Mensch, aber er tut doch nicht immer, was Gott wohlgefällt, denn das Gewissen sagt nicht immer und nicht überall dem Menschen das Rechte, sondern nur allmählich wird das Gewissen so entwickelt und verfeinert, daß es dem Menschen wirklich stets das Gute zeigt.

b. Das sittliche Ideal des Christentums.

Daß nun der Mensch allmählich immer besser erkennt, was wahrhaft gut und böse ist, das verdankt er dem ihm entgegentretenden sittlichen Ideal, namentlich dem sittlichen Ideal des Christentums. Wenn sich nämlich jeder Stand und jedes Lebensalter zunächst sein eigenes Ideal schafft, und auch jedes Volk und jede Zeit ihre besonderen Ideale hat, so sind doch alle diese Ideale noch mehr oder weniger unvollkommen; das vollkommenste Ideal hat die Menschheit erst durch das Christentum erhalten, und zwar für das persönliche Leben des einzelnen Menschen in der Person Jesu Christi, für das Leben der Menschheit in dem von Jesus gegründeten Reiche Gottes [1]).

c. Das sittliche Leben des Christen.

Auf dem Gewissen des Menschen, welcher ein sittliches Ideal kennt und zu verwirklichen sucht, beruht nun das sittliche Leben des Christen.

α. Die Grundlage des sittlichen Lebens ist die Freiheit des Menschen; aber die Freiheit gewährt dem Menschen doch nur die Möglichkeit eines sittlichen Lebens; in Wirklichkeit aber sehen wir den einzelnen Menschen und die ganze Menschheit die ihnen verliehene Freiheit mißbrauchen, um Böses zu tun, und weder das in allen Menschen vorhandene Gewissen noch das dem Volke Israel von Gott gegebene Gesetz haben den Menschen wirklich zur vollkommenen Sittlichkeit geführt; dem Worte des Philosophen gegenüber: „Du kannst, denn du sollst", zeigt die Wirklichkeit, daß es für den natürlichen Menschen richtig ist, zu sagen: „Du sollst, aber du kannst nicht". Dazu nun, daß der Mensch „kann, was er soll", gelangt er nur durch den Glauben an die Gnade Gottes, in welchem er frei wird zunächst von der ihn drückenden Schuld der Sünde, aber sodann auch von der ihn beherrschenden Macht der Sünde; nur der Gläubige „kann, was er soll", und auch er bleibt noch oft hinter diesem Ziele der christlichen Sittlichkeit zurück, und auch er muß täglich beten: „Vergib uns unsere Schuld!"

β. Wenn nun der Christ ein sittlicher Mensch werden will, so zeigt sich das in seinem persönlichen Leben, und es führt ihn zur rechten Stellung

---

[1]) Wie verschieden aber das christliche Ideal in den verschiedenen Kirchen aufgefaßt wird, zeigen Nr. 89 c und 146 a.

gegenüber seinen Mitmenschen. Von diesen beiden Aufgaben des sittlichen Menschen soll im folgenden genauer gesprochen werden.

γ. Die Sittlichkeit des Menschen zeigt sich zunächst in seinem persönlichen Leben: in seinem Beruf, in welchem er tut, was er soll, also fleißig arbeitet; in der Erholung von der Arbeit, wenn er sich Ruhe und seiner würdige Vergnügungen gönnt; aber auch im Leiden, indem er dasselbe geduldig erträgt und es sich zum Segen gereichen läßt.

δ. Wenn also der Mensch zunächst für sich selber ein sittlicher Mensch sein will, so hat er doch auch Pflichten gegen seine Mitmenschen zu erfüllen, und zwar zunächst gegen seine einzelnen Mitmenschen, sodann auch gegenüber den Gemeinschaften, denen er angehört.

αα. Die Pflichten, welche der Mensch gegen seine einzelnen Mitmenschen zu erfüllen hat, sind die Pflichten der Achtung des Nächsten, der Gerechtigkeit und der Liebe (vgl. Gebot 5—8 und die Bergpredigt). Zu achten hat der Mensch seiner Mitmenschen Leben, Menschenwürde, Eigentum, Ehre, wie ihr Recht auf Wahrheit. Aber nicht bloß achten soll der Mensch seinen Mitmenschen und ihm nichts Böses antun, sondern er soll ihm auch Gutes erweisen, indem er ihm zunächst Gerechtigkeit erweist, was ja schon die Heiden verlangt haben, sodann aber auch Liebe, wie das Christentum fordert, und zwar sogar dem Feinde; erst die Liebe ist des Gesetzes Erfüllung.

ββ. Aber der Mensch steht nicht bloß einzelnen Menschen gegenüber, sondern er gehört auch als religiöser wie als sittlicher Mensch Gemeinschaften an, und diesen gegenüber hat er ebenfalls Pflichten zu erfüllen (vgl. das vierte Gebot)[1].

Die nächste Gemeinschaft, welcher jeder Mensch angehört, ist das Haus, und so hat denn jeder Pflichten zu erfüllen gegen seine Eltern und deren Stellvertreter (Gehorsam, Ehrfurcht und Dankbarkeit), gegen Geschwister und Freunde, gegen Genossen des Berufs und der Geselligkeit.

Sodann hat der Christ auch dem Staate gegenüber Pflichten zu erfüllen, welchem er Schutz nach außen und nach innen, eine Rechtsordnung und die Pflege der Kultur zu verdanken hat. Dafür ist nun der Christ dem Staate zum Gehorsam verpflichtet, ja, zur Opferwilligkeit, die mehr als das Gebotene leistet. Aber allerdings gilt auch noch heute das Wort, welches Jesus den Pharisäern zugerufen hat: „Gebet dem Kaiser, was des Kaisers ist, und Gotte, was Gottes ist"; aber in der Neuzeit geschieht es viel weniger, als früher, daß der Christ der Obrigkeit den Gehorsam verweigern muß um Gottes willen, natürlich auf seine Gefahr und zu seinem Schaden.

Aber wir haben endlich auch Pflichten gegen die Gesellschaft und gegen die Menschheit zu erfüllen. So gilt es, das Schöne, das die Menschheit geschaffen hat, nicht unbeachtet zu lassen, gegen das Wahre, welches für die edelsten Menschen der Gegenstand des eifrigsten Strebens ist, nicht gleichgültig zu sein, aber vor allem das Gute in der Menschheit zu fördern. Das Gute fördert aber nur derjenige, welcher allen

[1]) Von den Pflichten gegen die Religionsgemeinschaft ist schon oben (I) gesprochen worden.

Menschen Liebe entgegenbringt; die Liebe wird sich bewähren zunächst in der Hilfe, die den einzelnen Leidenden gebracht wird, aber auch in dem Interesse an der sozialen Frage, d. h. an der Frage, wie den Armen überhaupt das Leben erträglich und menschenwürdig gemacht werden könne; das kann aber nicht bloß durch äußere Unterstützung erreicht werden, sondern es bedarf auch der sittlichen Veredelung der Armen; an beiden Aufgaben soll der Christ nach Kräften mitarbeiten.

ε. Aber die sittliche Vollendung des einzelnen Menschen wie auch der Menschheit wird hier auf Erden niemals erreicht; der Christ aber hofft auf ein vollkommenes Gottesreich im Himmel, wo sowohl der einzelne Mensch als auch die Menschheit sittlich vollkommen sein werden.

ζ. So führt nun das Streben und Hoffen auf eine vollkommene Sittlichkeit den Menschen zum Glauben an ein ewiges Leben; aber der Glaube an ein ewiges Leben setzt den Glauben an Gott voraus. So führt also die Sittlichkeit zur Religion. Andererseits aber führt auch die Religion zur Sittlichkeit, indem sie den Menschen zum Guten antreibt und beim Guten festhält, auch wenn er trotz seiner Sittlichkeit nicht glücklich, sondern vielleicht sogar unglücklich wird.

So sind Religion und Sittlichkeit aufs engste miteinander verbunden.

Fünfter Abschnitt.

Das Reich Gottes auf Erden und im Himmel.

25. (140.) (III, 85—90.)

a. Das israelitische Gottesreich.

Nicht bloß der einzelne Mensch soll vor Gott gerecht werden, sondern alle Menschen, indem sie in das Reich Gottes eingehen. Ein Reich Gottes war nun schon im Volke Israel gegründet worden; aber das israelitische Gottesreich war noch nicht das vollkommene Gottesreich, da zunächst nicht alle Israeliten wirklich fromm waren, sodann nicht alle Menschen diesem Reiche angehörten, und endlich auch die israelitische Religion selber noch nicht vollkommen war. Wenn nun auch schon die Propheten von einem vollkommenen Gottesreiche gepredigt haben, so ist dasselbe doch erst im Christentum recht verkündet und wirklich gegründet worden.

b. Das christliche Gottesreich.

„Ich glaube eine heilige, allgemeine christliche Kirche, die Gemeinde der Heiligen." Augsb. Konf. Art. 7. 8. 14. (28.) 15. (26. 27.) 16.

Wenn nun der Christ im dritten Artikel bekennt, daß er glaube eine heilige, allgemeine christliche Kirche, die Gemeinde der Heiligen, so bekennt er damit, daß er glaube, daß das vollkommene

Gottesreich durch Jesus Christus gegründet worden ist. Welches ist der Inhalt dieses Glaubens?

α. Das N. T., welchem das Wort „Kirche“ (kyriakón, später kyriaké) noch nicht bekannt ist, versteht unter dem von ihm gebrauchten Worte ekklesia (Gemeinde) entweder die Einzelgemeinde oder die Christenheit, aber nicht das, was wir unter Kirche verstehen, nämlich eine rechtlich organisierte Verbindung aller oder einiger Gemeinden; eine solche hat es nämlich zur Zeit der Apostel noch nicht gegeben; der dritte Artikel erklärt also das Wort „Kirche“ richtig durch das Wort „Christenheit“.

β. Die Kirche ist nun, wie die Augsb. Konf. (Art. 7 u. 8) mit Recht sagt, die Versammlung aller Gläubigen und Heiligen, welche durch das Wort Gottes und die Sakramente begründet, erhalten und verbreitet wird. Aber wenn auch die Gnadenmittel für die Kirche unentbehrlich sind, so bedarf es doch nicht „allenthalben gleichförmiger Zeremonien“, und man darf vollends nicht glauben, daß bestimmte Zeremonien „zur Seligkeit nötig“ seien. Die Verwaltung der Gnadenmittel und die Regierung der Kirche ist auch nicht, wie der Katholik glaubt, einem bestimmten Amte oder Stande von Christus übertragen worden, sondern beides zu ordnen ist die Sache der Gemeinde; aber weder die Gemeinde noch ihre Leiter sind unfehlbar, wie der Katholik von seiner Kirche und vom Papste lehrt.

γ. Die Christenheit oder die Kirche soll nun zuvörderst eine allgemeine (catholica — vgl. das Apostolikum!) christliche Kirche sein, nicht bloß eine Volksreligion, wie das Judentum, und dieser Aufgabe sucht sie gerecht zu werden durch die Mission. Die katholische Kirche ist also nicht die allgemeine Kirche, sondern, wie jede besondere Kirche, nur ein Teil derselben.

δ. Die Christenheit soll ferner eine einige Kirche sein, und trotz aller Spaltungen gibt es noch heute eine gewisse Einheit im Glauben, ja sogar in den Gebräuchen, indem doch wenigstens alle Christen das Vaterunser als Gebet gebrauchen und die meisten Christen auch die Gnadenmittel für nötig halten. Nach Einigung ihrer getrennten Parteien strebt die evangelische Kirche in der Union, in der Einigung der deutschen evangelischen Landeskirchen und in der evangelischen Allianz, aber eine Vereinigung aller Kirchen ist zunächst nicht zu erwarten.

ε. Endlich soll die Christenheit auch eine heilige Kirche werden; aber auch dies Ziel wird zwar von ihr erstrebt, ist aber noch nirgends erreicht; diesem Ziel nachzustreben ist zunächst die Aufgabe jedes einzelnen Christen; dies Ziel für das Volk zu erstreben, ist die Aufgabe der inneren Mission und auch des christlichen Staates. (Vgl. Augsb. Konf. 16.)

ζ. Das Ziel der Kirche ist also noch nirgends und in keiner Beziehung erreicht, und keine sichtbare Kirche ist die wahre Kirche; die katholische Kirche hat sich von dem Ideal der Kirche sogar immer weiter entfernt, die evangelische Kirche ist demselben wieder nähergekommen; aber eine ganz vollkommene Kirche ist keine der vorhandenen Kirchen; die wahre Kirche ist die unsichtbare Gemeinde der in allen sichtbaren Kirchen vorhandenen rechten Christen.

η. Wenn also keine sichtbare Kirche die wahre Kirche ist, so ist es auch nicht nötig, zu einer bestimmten sichtbaren Kirche zu gehören, um des Heils teilhaftig zu werden; das Heil findet der Christ zwar nur in Christus, aber nicht ausschließlich in einer einzelnen sichtbaren Kirche.

c. Das vollkommene Gottesreich.

α. Die Vollendung des Gottesreiches.

Dan. 2, 44—45; 7, 17—18 und 27. Matth. 23, 37—25, 46. Off. Joh. 17—19 und 20 und 21—22. 1. Kor. 15, 20—28. Röm. 11, 36.
Augsb. Konf. Art. 17.

Das Christentum ist die Vollendung des Judentums, aber auch die christliche Kirche ist noch nicht das vollkommene Gottesreich; dasselbe ist auch für den Christen noch ein Gegenstand der Hoffnung. Die Predigt Jesu von der Vollendung des von ihm gegründeten Gottesreiches hat sich aber zunächst an die Weissagung des Propheten Daniel angeschlossen, und auf derselben beruht die Predigt von seiner Wiederkunft. Aber wenn auch Jesus in Übereinstimmung mit den früheren Propheten von seiner baldigen Wiederkunft zur Aufrichtung seines Reiches gesprochen hat, so hat er es doch abgelehnt, Tag und Stunde derselben bestimmen zu wollen, und indem er darauf hingewiesen hat, daß die Welt erst für das über sie zu haltende Gericht reif werden müsse, hat er darauf hingedeutet, daß seine Wiederkunft nicht als einmaliges Ereignis, sondern als ein historischer Prozeß, als der Prozeß der Umgestaltung der Welt durch das Christentum, anzusehen ist. Das von ihm verheißene vollkommene Gottesreich ist aber nicht ein irdisches Gottesreich, wie es die Propheten des A. T. verkündeten, und wie es nach der Off. Joh. als ein „tausendjähriges Reich" dem ewigen Gottesreiche vorangehen soll, sondern ein himmlisches, ewiges Gottesreich, an welchem auch die Verstorbenen teilhaben sollen; die Augsb. Konfession verwirft darum die Lehre von einem vollkommenen Gottesreiche auf Erden und verweist den Christen auf das vollkommene Gottesreich im Himmel (Art. 17).

β. Die Unsterblichkeit der Seele. Aber ist denn die Hoffnung der Christen auf ein ewiges Leben nicht ein eitler Wahn? Gibt es denn auch wirklich eine Unsterblichkeit?

Der Materialist kennt nur eine Unvergänglichkeit der Materie, und der Pantheist nur ein Weiterleben des Einzelgeistes in dem allgemeinen Weltgeist, der Christ aber glaubt an eine persönliche Fortdauer jeder einzelnen Seele.

Dieser Glaube ist zunächst, wie der Glaube an Gott, allgemein verbreitet, und ein allgemein verbreiteter Glaube wird wohl kein leerer Wahn sein. Aber für die Richtigkeit dieses Glaubens lassen sich auch noch andere Beweise anführen.

Die geistigen Tätigkeiten der Seele sind nicht materieller Art; darum ist für dieselben auch eine immaterielle Ursache anzunehmen, nämlich die Seele; was aber nicht materiell ist, braucht auch nicht zugrunde zu gehen.

Das ist auch darum nicht nötig, weil die Seele ein einfaches Wesen ist, welches sich zu allen Zeiten und in allen seinen Tätigkeiten als dasselbe Wesen betrachtet; ein einfaches Wesen kann sich aber nicht auflösen.

Auch liegen in jeder Seele so viele Keime zu einer höheren Entwickelung, welche hier nicht zur Entfaltung kommen, daß man zu der Annahme geführt wird, eine solche Entfaltung werde einst in einem anderen Leben eintreten.

Endlich aber lebt in jeder Seele sowohl das Verlangen nach Glück als auch ein Trieb zum Guten. Wenn nun im irdischen Leben Glück und Tugend oft nicht miteinander verbunden sind, so wird man zu der Annahme veranlaßt, daß dieselben einst im Jenseits miteinander verbunden sein werden.

So meint denn der Mensch aus guten Gründen an die Unsterblichkeit der Seele glauben zu dürfen, obgleich auch dieser Glaube, wie der Glaube an Gott, durch Beweise nicht erzwungen werden kann.

7. Die Auferstehung und die ewige Seligkeit. 1. Kor. 15. Das Christentum predigt nun aber nicht bloß von einer Unsterblichkeit der Seele, sondern auch von einer Auferstehung des Leibes, auf welche zwar noch nicht das ältere, aber doch bereits das spätere Judentum hoffte. Dieser Glaube beruht aber für den Christen nicht auf einem Verstandesbeweise, sondern auf der Tatsache der Auferstehung Jesu. Die Bedeutung dieser Tatsache für den christlichen Glauben hat besonders der Apostel Paulus (1. Kor. 15) entwickelt. Durch die Auferstehung erhält der Christ nicht etwa wieder einen irdischen, sondern einen unvergänglichen Leib. Aber nicht bloß auf eine Erneuerung und Vollendung des einzelnen Menschen hofft der Christ, sondern auch auf eine Erneuerung des Himmels und der Erde, indem das vollkommene und ewige himmlische Gottesreich erscheint, in welchem alle Verheißungen Gottes erfüllt sind, das Reich der vollkommenen Gemeinschaft mit Gott und der ewigen Seligkeit[1]).

Die Augsb. Konfession: Nr. 147. Luthers Katechismus: Nr. 148[2]).

[1]) Eine Zusammenfassung der Abschnitte 135—140 enthält der dritte Artikel: Heilsordnung, Kirche, Vollendung des Heils.

[2]) Zur Glaubens- und Sittenlehre gehören noch die Abschnitte: Die heilige Schrift: Nr. 141—143. Der Glaube der evangelischen Kirche und die Bekenntnisschriften: Nr. 144—148.

II. Kirchenbuch.

A. Die heilige Schrift [1]).

1. (141.) Einteilung und Entstehung der heiligen Schrift.

(I, 71 A. II, 13 u. 14.) [2])

1. Einteilung der heiligen Schrift.

a. Unsere Religion verdanken wir nicht unseren Vorfahren, auch nicht einem anderen Volksstamme der Indogermanen, sondern dem zum Volksstamme der Semiten gehörenden Volke Israel, welchem Gott sich in besonderer Weise geoffenbart hat. Die Kunde davon, wie Gott vor Zeiten manchmal und mancherlei Weise zu den Israeliten geredet hat durch Moses und die Propheten, und wie er am letzten zu ihnen geredet hat durch seinen Sohn Jesus Christus, liegt uns vor in der Bibel oder der heiligen Schrift. Ja, die Bibel reicht einerseits noch weiter zurück, indem sie die Offenbarung im Volke Israel zurückführt bis auf die erste Offenbarung Gottes, die Schöpfung der Welt, und indem sie andererseits die Offenbarung Gottes in Christus enden läßt mit dem neuen Himmel und der neuen Erde, auf welche die Christen hoffen. Vom Anfang bis zum Ende dieser Welt reicht also der Gesichtskreis der heiligen Schrift.

b. Dies große Buch zerfällt nun, wie schon das Titelblatt angibt, in zwei Hauptteile, das Alte und das Neue Testament. Das Alte Testament wird aber in der ältesten Stelle der Bibel, wo von einer (natürlich noch nicht abgeschlossenen) Sammlung heiliger Schriften (der Grundlage unseres Alten Testaments) die Rede ist (Dan. 9, 2) „die Bücher" genannt; von der griechischen Übersetzung dieses Wortes (biblia) stammt unser Wort „Bibel", d. h. die Bücher. Später nannte man dieses Buch auch „die Bücher des Alten Bundes". Indem aber die lateinische Bibel das griechische Wort für „Bund" fälschlich mit „testamentum" übersetzte (was das Wort allerdings ebenfalls heißen kann, aber nicht hier), entstand die unrichtige Bezeichnung „Altes Testament". Danach haben dann die Bücher des Neuen Bundes den Namen „Neues Testament" erhalten.

---

[1]) Dieser Abschnitt schließt sich an an Nr. 1—3 des Hilfsbuchs, namentlich an 3c, und er findet eine Ergänzung in Nr. 147b.

[2]) In der Klammer ist der betr. Abschnitt des Handbuchs angegeben.

c. Das Alte und das Neue Testament enthalten nun aber dreierlei Bücher: Geschichtsbücher, Lehrbücher und Weissagungsbücher (prophetische Schriften). Die Geschichtsbücher erzählen, wie Gott sich im Volke Israel geoffenbart und ein Reich Gottes gegründet hat, zunächst nur für dies eine Volk, aber bestimmt für alle Völker. Die Lehrbücher lassen uns erkennen, was die Frommen des Alten und des Neuen Bundes auf Grund der Offenbarung Gottes glauben und wie sie leben. Die Weissagungsbücher enthalten die Predigten der Propheten im Volke Israel und in der Christenheit von der Vollendung des Reiches Gottes.

d. Nachdem in der letzten Zeit vor Christi Geburt das Alte Testament, und um das Jahr 400 nach Christus das Neue Testament zusammengestellt und abgeschlossen worden war, besaß nunmehr die christliche Kirche die ganze heilige Schrift, wie sie uns heute als ein Buch vorliegt, und über den Umfang der Bibel ist die christliche Kirche im ganzen einig. Wenn allerdings die katholische (sowohl die römische, wie auch die griechische) Kirche zur Bibel auch die Apokryphen rechnet (d. h. Schriften frommer Juden, welche nach dem Abschluß des Alten Testaments geschrieben worden waren, aber unter die heiligen Bücher nicht mehr aufgenommen wurden), so dulden zwar die Lutheraner dieselben in ihrer Bibel als „nützlich und gut zu lesen", aber sie stellen sie den anderen Büchern nicht gleich; strengere Reformierte dagegen weisen dieselben aus der Bibel hinaus, weshalb die Bibeln der englischen Bibelgesellschaft dieselben nicht enthalten. Abgesehen von diesen Büchern, stimmen die drei großen Kirchen über den Umfang der Bibel überein, und sie betrachten die Bibel als die Richtschnur (griechisch: Kanon) für ihr Glauben und Leben; die kleineren Kirchen haben in ihrem N. T. zum Teil auch noch andere alte Schriften.

2. Entstehung der heiligen Schrift.

e. In unserer Bibel, die wir zunächst als Ganzes vor uns haben, sind also eine große Anzahl von heiligen Schriften verschiedener Männer und verschiedener Zeiten vereinigt; wie ist nun diese Sammlung heiliger Schriften entstanden?

α. Das Alte Testament (ohne die Apokryphen), wie es sich seit etwa 2000 Jahren in den Händen der Juden und auch der Christen befindet, besteht aus 39 Büchern, welche uns die äußere Geschichte und die innere Entwickelung des Reiches Gottes im Alten Bunde bis zur Zeit nach dem Exil vorführen, und in einem Zeitraum von etwa tausend Jahren von verschiedenen Männern geschrieben worden sind. Wie ist diese Sammlung entstanden?

Der erste Teil des Alten Testaments sind die fünf Bücher Mosis, welche in der hebräischen Bibel unter dem Namen „das Gesetz" den ersten Teil des A. T. bilden; lange Zeit hat das Volk Gottes nichts weiter von heiligen Schriften besessen als dies „Gesetz", und der gemeine Mann besaß auch diese kleine heilige Schrift nicht, denn Bücher waren ja in der alten Zeit wenig verbreitet, und die wenigsten Menschen konnten früher lesen und schreiben.

Den zweiten Teil ihrer Bibel nennen die Israeliten „Propheten", und sie bezeichnen damit die von prophetischen Männern verfaßten Geschichtsbücher Josua, Richter, Samuels und der Könige nebst den Büchern der eigentlichen Propheten (außer Daniel); dieser zweite Teil des A. T., der bis in die Zeit nach dem Exil hinabreicht, ist natürlich erst in dieser Zeit dem „Gesetz" beigefügt worden.

Noch später ist der dritte und letzte Teil des A. T., „Schriften" von den Israeliten genannt (wie wir die ganze Bibel nennen), den beiden älteren Teilen angefügt worden; derselbe umfaßt geschichtliche (Ruth, Chronik, Esra, Nehemia und Esther), prophetische (Daniel) und namentlich Lehrbücher und dichterische Bücher (Psalmen, Sprüche, Prediger, Hohes Lied, Hiob, Klagelieder).

Mit dieser Sammlung war für die Israeliten ihre heilige Schrift („Gesetz, Propheten und Schriften") abgeschlossen, und seit den Tagen der Makkabäer hat bei ihnen kein Buch mehr ein gleiches Ansehen erlangt, wie diese Bücher der älteren Zeit.

β. Als die hebräische Bibel ins Griechische übersetzt wurde, entstanden unter den Juden außerhalb Palästinas noch mehrere mehr oder weniger wertvolle Schriften, welche in der griechischen Bibel Aufnahme fanden, während sie den Juden in Palästina unbekannt waren und von ihnen auch nicht in ihre Bibel aufgenommen wurden, obgleich sie zum Teil ursprünglich in hebräischer Sprache verfaßt waren und erst später ins Griechische übersetzt wurden. Da die alten Christen meist nicht Hebräisch verstanden, sondern nur Griechisch und Lateinisch, so hielten sie sich an die griechische und an die lateinische Bibel, und da die griechische Bibel diese Bücher enthielt, so waren dieselben auch in die lateinische übergegangen, und das ganze Mittelalter hat dieselben ebensogut als heilige Bücher angesehen, wie die alten Schriften der hebräischen Bibel. Erst in der Reformationszeit und durch die evangelischen Kirchen wurden sie von der ursprünglichen Bibel wieder gesondert, und der Name „Apokryphen", der sonst nur die von der Kirche gänzlich verworfenen Bücher bezeichnete, auch auf diese Bücher übertragen, so daß bei Luther ihre Überschrift bekanntlich lautet: „Apokrypha. Das sind Bücher, welche der heiligen Schrift nicht gleichgehalten und doch nützlich und gut zu lesen sind." Und bei dieser Ansicht Luthers ist die evangelische Kirche im ganzen geblieben; strengere Reformierte aber haben dieselben aus der Bibel hinausgewiesen, und die britische Bibelgesellschaft verbreitet seit dem Jahre 1825 nur Bibeln ohne Apokryphen.

Während nun die Apokryphen des Alten Testaments in unseren Bibeln meist zu finden sind, haben dagegen die zahlreich vorhandenen Apokryphen des Neuen Testaments mit Recht keine Aufnahme in die Volksbibel gefunden; dieselben sind zwar für den Gelehrten interessant und wertvoll, enthalten aber neben wenigem Schönen und Anziehenden allzuviel gänzlich Verkehrtes, als daß es sich empfehlen könnte, ihnen auch nur einen bescheidenen Platz in unserer Bibel zu gönnen.

γ. Für die Christen war nun zunächst das A. T. die heilige Schrift; für die Lauterkeit der eigentlich christlichen Predigt beriefen sie sich zuerst nur auf die mündliche Predigt der Apostel und der Jünger derselben. Als nun aber allerlei Irrlehrer auftraten, welche sich gleichfalls auf die Lehre der Apostel beriefen, bildete sich allmählich (vom 2.—4. Jahrhundert) ein Kanon des Neuen Testaments, in welchen die von den Aposteln oder ihren nächsten Schülern herrührenden Schriften aufgenommen wurden. Von den vielen Schriften nun, welche bis dahin entstanden waren und von denen in den verschiedenen Gemeinden verschiedene zu Ansehen gelangt waren, fanden zunächst nur die vier Evangelien, die Apostelgeschichte, die Paulinischen Briefe (nicht der Hebräerbrief), der erste Brief des Petrus und der des Johannes allgemeine Anerkennung, während dieselbe dem Hebräerbriefe, dem zweiten Briefe Petri, dem zweiten und dritten Briefe Johannis, den Briefen des Jakobus und des Judas und der Offenbarung Johannis meist noch versagt wurde; dagegen wurden damals noch manche Schriften in den Gemeinden anerkannt und vorgelesen, welche später allgemein verworfen worden sind. Seinen Abschluß hat der Kanon des N. T. im Morgenlande durch die Synode von Laodicea im Jahre 360 erhalten, welche jedoch die Offenbarung Johannis vom N. T. noch ausschloß; dagegen ist dieselbe im Abendlande, wo die Sammlung des N. T. auf den Synoden zu Rom (382), zu Hippo (383) und zu Carthago (397) abgeschlossen wurde, in das N. T. aufgenommen und auch von der griechischen Kirche seitdem als kanonische Schrift anerkannt worden. Seitdem besteht das N. T. aus 27 Büchern: den 4 Evangelien, der Apostelgeschichte, den 13 Paulinischen Briefen, dem Hebräerbriefe, den 7 sogenannten katholischen Briefen (d. h. Briefen ohne spezielle Adresse, also für die ganze Kirche bestimmt) und der Offenbarung Johannis. Diese Sammlung heiliger Schriften ist seitdem von den Christen dem Alten Testament als das Neue Testament zur Seite gestellt worden, und in diesen beiden Sammlungen, welche die christliche Bibel bilden, erblickt die Kirche[1]) seitdem ihre kanonischen Schriften, ihre Richtschnur (Kanon = Richtschnur) für christliches Glauben und Leben.

3. Grundsprachen und Text der Bibel: Heil. Gesch.[3] Nr. 14.

2. (142.) Die Übersetzung der Bibel. (I, 71 C.)

1. Die griechische und die lateinische Bibel.

a. Als die Juden aus dem Exil zurückgekehrt waren und ihre frühere Muttersprache, das Hebräische, mehr und mehr verlernten, und sich dafür in ihrem Heimatlande der aramäischen, in den anderen Ländern, wo sie wohnten, der damals allgemein verbreiteten griechischen Sprache bedienten, da wurden ihnen auch ihre heiligen Schriften, die ja in hebräischer Sprache verfaßt sind (nur Esra und Daniel zum Teil in aramäischer), unverständlich, und der Vorleser in der Synagoge mußte, je nach der Gegend, das, was er vorlas, in das Aramäische oder in das Griechische übersetzen, damit es von den Zuhörern verstanden würde. Das war aber eine Aufgabe, der nur wenige Vorleser gewachsen waren, namentlich wenn es sich um die Übersetzung ins Griechische handelte, und so machte sich das Bedürfnis einer griechischen Übersetzung der Bibel geltend. Dieselbe ist jedenfalls allmählich entstanden und war um das Jahr 150 vor Chr. vollendet, und sie ist natürlich von gelehrten Juden angefertigt worden. Nach der Sage ist dagegen die hebräische Bibel auf den Wunsch eines Heiden für die Heiden

---

[1]) Aber nur die drei großen Kirchen; die kleineren Kirchen haben in ihrem N. T. zum Teil auch noch andere alte Schriften.

ins Griechische übersetzt worden, nämlich auf den Wunsch des ägyptischen Königs Ptolemäus II. (285—247) für die Bibliothek in Alexandria, und zwar von 72 Juden (daher der Name Septuaginta = 70), von jedem ganz übersetzt, wobei die 72 Übersetzungen buchstäblich übereinstimmten, also offenbar von Gott eingegeben waren.

Dieser griechischen, nicht mehr der hebräischen Bibel, bedienten sich fortan Juden und Christen; diese fügten allmählich auch noch die Bücher des Neuen Testaments hinzu, die sämtlich in derjenigen Sprache geschrieben waren, in die das Alte Testament zuerst übersetzt worden ist. So besaß denn das christliche Morgenland die heiligen Bücher in der allen verständlichen griechischen Sprache, und die morgenländische Kirche bedient sich für die griechischen Gemeinden noch heute dieser griechischen Bibel, und sogar in den Schulen des heutigen Griechenlands wird das N. T. im Grundtext gelesen, obwohl doch die heutige griechische Sprache von der der alten Griechen sehr verschieden ist.

b. Im Abendlande war aber das Griechische viel weniger verbreitet, hier verstanden alle das Lateinische; darum begehrte man hier frühzeitig eine lateinische Übersetzung der Bibel. Und schon gegen Ende des 2. Jahrhunderts hat es eine solche gegeben; da sie aber sehr mangelhaft war, so übersetzte ein gelehrter Theologe der lateinischen Kirche, Hieronymus, der im Jahre 420 gestorben ist[1]), das A. T. aus dem Hebräischen, das er von einem Juden erlernt hatte, und revidierte die Übersetzung des N. T., und seine Übersetzung wurde im Abendlande allmählich allgemein angenommen. Noch heute wird sie in der katholischen Kirche gebraucht; von ihrem allgemeinen Gebrauch heißt sie seit dem Tridentiner Konzil die Vulgata.

2. Die deutsche Bibel vor Luther.

a. Auch das deutsche Volk hat schon in alter Zeit eine Bibel in seiner Muttersprache erhalten. Als nämlich im 4. Jahrhundert das Christentum auch zu den Westgoten gekommen war, hat unter diesem Volke Wulfila (d. h. Wölflein — die Griechen nannten ihn Ulfila) vierzig Jahre lang als hoch angesehener Bischof gewirkt († 383), und um sein Volk im Christentum zu erhalten und zu befestigen, hat er die Bibel aus dem Griechischen ins Gotische übersetzt. In Wulfila hat Luther schon einen Vorgänger gehabt, von dem er freilich nichts gewußt hat, denn erst nach Luthers Tode wurde die kostbare Handschrift (codex argenteus) in der Abtei Werden an der Ruhr gefunden, von wo sie nach Prag und später nach Upsala gekommen ist, und erst in noch späterer Zeit hat man entdeckt, welchen kostbaren Schatz sie birgt.

b. Die gotische Sprache aber, die älteste uns bekannte deutsche Sprache, ist mit dem Volke, das sie sprach, untergegangen; von den anderen deutschen Sprachen, welche noch heute weiterleben, ist für uns das Hochdeutsche vornehmlich wichtig. Es vergingen viele Jahrhunderte, ehe es zu einer vollständigen hochdeutschen Bibelübersetzung kam, nach der ja auch die Kirche des Mittelalters nicht so sehr verlangte; auch war ein großes Buch im

---

[1]) Der Traum des Hieronymus: Ciceronianus es, non Christianus; ubi enim thesaurus tuus, ibi et cor tuum.

Mittelalter gar zu teuer. Doch hat es im späteren Mittelalter an deutschen Bibeln nicht ganz gefehlt.

c. Als die Buchdruckerkunst erfunden war, wurden auch alsbald deutsche Bibeln gedruckt, und es sind von den vor Luthers Zeit gedruckten vielen Bibeln 14 hochdeutsche und 4 plattdeutsche Ausgaben einer Übersetzung der heiligen Schrift erhalten, welche freilich nur aus der lateinischen Bibel ziemlich ungeschickt und fehlerhaft übersetzt waren. Alle diese Übersetzungen sind vor Luthers Bibel verschwunden, wie die Sterne vor der aufgehenden Sonne.

3. Luthers Bibel.

(Nr. 153 C, 1. Quell. II, 4—6, vgl. auch oben Nr. 100.)

a. Auf die Bibel hatte sich Luther berufen, um seine Predigt zu rechtfertigen; da war es natürlich, daß er daran dachte, die Bibel dem Volke in die Hand zu geben, damit jeder selbst erkenne, daß seine Predigt der Bibel entspreche. Schon in den früheren Jahren hatte er einige kleine Stücke der Bibel übersetzt und ausgelegt; aber an die Übersetzung der ganzen Bibel konnte er erst während seiner unfreiwilligen Muße auf der Wartburg (im Jahre 1521) denken, und das N. T. hat er hier wirklich zustande gebracht. Als er wieder in Wittenberg war, arbeitete er dasselbe mit Melanchthon noch einmal durch und zog auch andere Freunde vielfach zu Rate. Neben der Revision ging der Druck des Buches her, und Ende September 1522 konnte dasselbe erscheinen. Inzwischen hatte Luther auch das A. T. zu übersetzen angefangen, wobei ihm neben Melanchthon namentlich auch Aurogallus, der Lehrer des Hebräischen in Wittenberg, zur Seite stand, und dasselbe erschien in einzelnen Teilen in den Jahren 1523—1534.

b. Als endlich alle Teile der heiligen Schrift übersetzt und wiederholt einzeln herausgegeben worden waren, da ließ Luther im Jahre 1534 seine Bibel als Ganzes neu erscheinen. Auch hier wieder war vieles gebessert, und bei jeder neuen Auflage des Gesamtwerkes, die immer wieder erschienen, hat Luther an seinem Werke gefeilt und gebessert. Leider haben nach seinem Tode seine Anhänger diese fortgehende Besserung des großen Werkes fast ganz unterlassen. In unseren Tagen aber hat die Hallesche Bibelgesellschaft die Berichtigung der Lutherbibel im Jahre 1857 in die Hand genommen, und, nachdem zunächst im Jahre 1870 das revidierte Neue Testament und im Jahre 1883 eine ganze revidierte Bibel erschienen war, besitzen wir nunmehr (seit dem Jahre 1892) eine „durchgesehene" (revidierte) Lutherbibel, von welcher im Jahre 1913 eine sprachlich revidierte neue Ausgabe erschienen ist.

c. Luther hat seine Arbeit ernst und schwer genommen, aber er hat nun auch seinem Volke eine Bibelübersetzung geschenkt, wie sie wohl kein anderes Volk besitzt; daher hat sein Werk auch für das deutsche Volk eine Bedeutung gewonnen, wie nur wenige Bücher sie gewonnen haben.

3. (143.) Die Verbreitung der Bibel. (I, 71 E.)

a. Luther hatte dem deutschen Volke die Bibel trefflich übersetzt, und sie war seitdem immer aufs neue an vielen Orten gedruckt worden. Aber noch war die heilige Schrift zu teuer, als daß jeder Arme und jedes Schulkind sie sich hätte anschaffen können; diesem Übelstande hat zuerst der Freiherr Hildebrand von Canstein durch die Gründung der noch heute bestehenden Bibelanstalt in Halle abgeholfen (1710), welche noch immer das deutsche Volk mit „guten und wohlfeilen Ausgaben" der heiligen Schrift versorgt.

b. Eine noch größere Bibelgesellschaft ist hundert Jahre später in England gegründet worden (1804), die „britische und ausländische Bibelgesellschaft", die das Wort Gottes in allen Sprachen und in allen Ländern zu verbreiten beschloß. Überall haben sich seitdem noch andere Bibelgesellschaften gebildet, eine in Amerika und noch 24 in Deutschland außer der Cansteinischen, und in regem Eifer verbreiten dieselben in allen Ländern und Sprachen (heute in mehr als 600 von vielleicht 1000 Sprachen) die heilige Schrift [1]).

c. So ist denn auch auf diesem Gebiete zwar Großes in der letzten Zeit getan worden, aber noch viel Größeres bleibt zu tun übrig; denn die Bibel zu verbreiten hält ja die evangelische Kirche, in Übereinstimmung mit der alten Kirche (aber in höherem Grade als die katholische Kirche), für ihre Pflicht [2]).

B. Der Glaube der evangelischen Kirche und die Bekenntnisschriften.

1. (144.) Die Bekenntnisschriften der verschiedenen Kirchen.

(I, 64—68.)

a. Aus der Bibel kann der Christ erkennen, wie Gott sich den Menschen geoffenbart hat, und wie das Christentum entstanden ist; aber da es unmöglich war, daß jeder erst die ganze Bibel durchstudierte, um ein Christ werden zu können, und da es ja zunächst noch kein Neues Testament gab, so waren schon in der alten Zeit die Hauptstücke des christlichen Glaubens kurz und einfach zusammengestellt worden. So war das sogenannte apostolische Glaubensbekenntnis entstanden, welches später in den Glaubensstreitigkeiten der alten Kirche im Nicänischen und im Athanasianischen Bekenntnis erweitert und ausgelegt worden ist. Diese Glaubensbekenntnisse der alten Kirche haben sowohl die Katholiken als auch die Evangelischen anerkannt als übereinstimmend mit der Predigt der Apostel in der heiligen Schrift [3]). Aber als sich nun aus der alten Kirche die katholische und aus dieser die evangelische Kirche entwickelte, da genügten dieselben (die ja auch weder den eigentlich katholischen noch den evan-

---

[1]) Die Bibel in der Weltliteratur: Festschrift der britischen Bibelgesellschaft zum 7. März 1904 (Joh. 3, 16) in 403 Sprachen oder Formen — 2. Aufl.: 498 Sprachen oder Formen, 20 Pfg. Vgl. KG [3] Nr. 71 E, 2. Eine Ergänzung zu dieser Schrift ist im Jahre 1909 erschienen (und wird umsonst geliefert): „Proben von denjenigen (26) Sprachen, welche in den deutschen Kolonieen gesprochen werden".

[2]) Hierher gehören noch der Abschnitt Nr. 146 b: Die Bedeutung der heiligen Schrift, und die am Ende des Buches befindlichen Abschnitte Nr. 155, 1: Die Bücher der heiligen Schrift, und Nr. 155, 2: Zahlen der heiligen Geschichte.

[3]) Die morgenländische Kirche erkennt aber das Athanasianum nicht an; das Apostolikum erkennt sie zwar als richtig an, aber sie gebraucht im Unterricht wie im Gottesdienst nur das Bekenntnis von Nicäa-Konstantinopel.

gelischen Glauben enthalten) weder für die katholische noch für die evangelische Kirche, da beide Kirchen sich mit Recht auf diese Bekenntnisse beriefen. So sind denn im 16. Jahrhundert (und zwar für beide Kirchen) neue Bekenntnisse entstanden, die uns die Entwickelung der Kirche und den Unterschied der verschiedenen Kirchen erkennen lassen.

b. Zunächst entstanden Luthers Katechismen, der große und der kleine, im Jahre 1529, welche die Hauptsache im Christentum kindlich und einfach darstellen, ohne der Glaubensstreitigkeiten zu gedenken.

Demnächst verfaßte Melanchthon im Jahre 1530 die Augsburgische Konfession, und zu ihrer Verteidigung gegen die Angriffe der Katholiken die Apologie der Konfession, jene eine kurze und einfache Darstellung des evangelischen Glaubens, diese eine gelehrte und ausführliche Rechtfertigung der von den Katholiken angefochtenen Lehren der Augsburgischen Konfession.

Als ein Konzil die Glaubensstreitigkeiten entscheiden sollte, verfaßte Luther im Jahre 1537 die Schmalkaldischen Artikel, in denen er, schärfer als Melanchthon in der Konfession, den Gegensatz gegen die katholischen Lehren und Bräuche hervorhob.

Als allmählich in der evangelischen Kirche allerlei Streitigkeiten um den rechten Glauben ausbrachen, sollten dieselben durch eine neue Bekenntnisschrift, die sogenannte Konkordienformel, die im Jahre 1580 mit den anderen alten und neuen Bekenntnissen zusammen in dem Konkordienbuche herausgegeben wurde, beigelegt werden; das ist ihr aber nicht gelungen; die lutherische Kirche hat diese Schrift schon damals nur zum Teil anerkannt und sich später noch mehr von ihr abgewandt.

Die schweizerische Reformation hat ihren Glauben vornehmlich in dem von Ursinus und Olevianus im Jahre 1563 verfaßten Heidelberger Katechismus ausgesprochen, die evangelische Kirche Englands in den im Jahre 1562 verfaßten und im Jahre 1571 als Glaubensbekenntnis anerkannten 39 Artikeln.

Auch die kleineren evangelischen Kirchenparteien haben ihren Glauben in besonderen Bekenntnissen dargestellt.

c. Gegenüber der Reformation hat die katholische Kirche ihren Glauben in den Dekreten des Tridentiner Konzils (1545—1563), in einem eigenen, dem Römischen Katechismus und in dem Tridentinischen Glaubensbekenntnis, einem Auszug aus den Dekreten des Konzils, dargelegt. Dazu sind im Jahre 1870 die Beschlüsse des Vatikanischen Konzils gekommen, durch welches namentlich erst die Unfehlbarkeit des Papstes als Kirchenlehre hingestellt worden ist, so daß nunmehr neben den Glaubensbestimmungen der von dieser Kirche anerkannten zwanzig allgemeinen Konzilien (325—1869/70) auch alle Erklärungen der Päpste in Glaubenssachen als Norm des Glaubens anzusehen sind.

Die morgenländische Kirche, welche bei dem von ihr allein gebrauchten nicänischen Bekenntnis geblieben ist (unter Anerkennung des apostolischen, aber Verwerfung des Athanasianischen), erkennt nur die Beschlüsse von sieben allgemeinen Konzilien (325—787) als für den Glauben bindend an, und ein eigentliches Glaubensbekenntnis ist von ihr seit der alten

Zeit nicht mehr aufgestellt worden; aber sie hat ihren Gegensatz gegen die evangelischen Kirchen im Jahre 1643 ausgesprochen, indem sie ein Bekenntnis des Metropoliten von Kiew, Petrus Mogilas, allgemein als dem rechten Glauben entsprechend anerkannt hat.

d. Alle Kirchen aber, große wie kleine, bekennen, daß ihr Glaube mit der heiligen Schrift sich in Übereinstimmung befinden müsse, und sie sind alle der Meinung, daß ihre Bekenntnisse der heiligen Schrift nicht widersprechen[1]); wir sind der Meinung, daß unsere Kirche das Christentum am richtigsten und am tiefsten erfaßt hat, richtiger und tiefer, als die morgenländische und die römische Kirche; aber auch unser Wissen ist Stückwerk, und auch wir wollen und sollen immer noch tiefer und gründlicher in die Geheimnisse der göttlichen Offenbarung einzudringen suchen.

e. Die Glaubensbekenntnisse der christlichen Kirche.
1. Das apostolische Glaubensbekenntnis. Siehe Nr. 75 B.
2. Das nicänische Glaubensbekenntnis. Siehe Nr. 76 c.
3. Das sogen. Athanasianische Glaubensbekenntnis. Siehe Nr. 76 d.
4. Die Augsburgische Konfession. Siehe Nr. 147.
5. Dr. Martin Luthers kleiner Katechismus. Siehe Nr. 145 und 148.

5. (145.) Der Katechismus. (Nr. 153 C, 2. I, 69.)[2])

A. Die Entstehung des Katechismus.

Unter den Bekenntnisschriften der christlichen Kirchen nimmt aber die erste Stelle ein der Katechismus. Ein solches Buch, wie es jetzt im Katechismus dem Kinde in die Hand gegeben wird, hat es vor Luther nicht gegeben; aber die Grundlage zu diesem Buche, die Aufstellung und Ausbildung der Hauptstücke des Christentums, verdankte Luther der alten Kirche. Wenn nämlich in der alten Zeit Heiden, natürlich Erwachsene, wie noch heute in den Missionsländern, zum christlichen Glauben übertreten wollten, so wurden sie natürlich zuerst über den christlichen Glauben eingehend unterrichtet und auch ihr Wandel beobachtet, damit sie nicht unvorbereitet und unwürdig die heilige Taufe empfingen. Den christlichen Glauben lernten sie aber kennen, indem ihnen die großen Taten Gottes, von der Weltschöpfung an bis zur Begründung der Kirche unter Juden und Heiden, verkündet wurden, wie dieselben auch jetzt in unserem Schulbuche, der „biblischen Geschichte“, der Jugend zuerst erzählt werden, und wie sie allmählich in dem sogenannten apostolischen Glaubensbekenntnis kurz zusammengefaßt worden sind; diesen Glauben sollten ja die Täuflinge bei der Taufe als den ihrigen bekennen. Ebenso erhielten sie, da ja der Christ, und zwar besser als der Heide, beten soll, bei dieser Unterweisung eine Anleitung zum Beten, und welche bessere Anweisung dazu hätte ihnen gegeben werden können, als die im Vaterunser den Christen gegebene Form und Weise des rechten Gebetes! Endlich gab man den Täuflingen auch

---

[1]) „Die heilige Schrift ist allein die einige wahrhaftige Richtschnur, nach der alle Lehrer und Lehren zu richten und zu urteilen sind.“ Konkordienformel I, 1.
[2]) Der Text von Luthers Katechismus ist unten abgedruckt: Nr. 148.

Ermahnungen zu christlichem Leben und Wandel; aber da man in der alten Zeit ein besonderes Gewicht darauf legte, daß die Christen vom Joche des mosaischen Gesetzes frei seien und nicht mehr aus Furcht vor den Drohungen des Gesetzes, sondern vom Geiste Gottes getrieben Gutes täten, so benutzte die Kirche bei der Anleitung zum christlichen Leben nicht die zehn Gebote, die man als nur für die Juden gültig ansah, sondern legte den Täuflingen das Wort Jesu (oder ein ähnliches) ans Herz: „Du sollst lieben Gott deinen Herrn von ganzem Herzen, von ganzer Seele und von ganzem Gemüte, und deinen Nächsten als dich selbst." Hatten so die Täuflinge eine dreifache Unterweisung über der Christen Glauben, Beten und Leben empfangen, so wurden sie, vornehmlich am Ostersonnabend, wo des Nachts die Auferstehung gefeiert wurde, getauft, und am Sonntag nach Ostern empfingen sie zum ersten Male das heilige Abendmahl; die Zwischenzeit aber wurde dazu benutzt, um sie über die Lehre von den Sakramenten genauer zu unterweisen, von der sie bis dahin noch wenig oder nichts vernommen hatten. So war auch das Hauptstück von den Sakramenten der alten Kirche nicht fremd. Das letzte Jahrhundert vor der Reformation hat auch noch den letzten Baustein herbeigetragen zu dem Gebäude, welches Luther aufführen sollte, indem die zehn Gebote, nunmehr als Norm der Sittlichkeit anerkannt, immer aufs neue erklärt und ausgelegt wurden.

Wenn so Luther die Hauptstücke des Christentums auch bereits aufgestellt vorfand, ja, wenn auch schon die alte Kirche und die Kirche des Mittelalters Schriften hervorgebracht hatten, welche als Anfänge unseres Katechismus angesehen werden können, so bleibt doch Luther derjenige, welcher erst in unserem Sinne den Katechismus der Kirche gegeben hat, denn erst Luther hat die allmählich aufgestellten Hauptstücke des Christentums in einem Buche zusammengestellt und diesem Buche auch erst den sonst in anderem Sinne gebrauchten Namen „Katechismus" gegeben, und erst nach Luthers Zeit, und von ihm dazu angeregt, haben auch die anderen Kirchen für ihre Angehörigen einen „Katechismus" zusammengestellt.

B. Die Katechismen der anderen Kirchen, besonders der Heidelberger Katechismus.

a. Von Luthers Beispiel angeregt, haben die anderen Kirchen ebenfalls Katechismen geschaffen. So gibt es denn jetzt einen griechischen Katechismus; derselbe hat die Hauptstücke in der Ordnung hintereinander, wie sie in der Geschichte nacheinander aufgestellt worden sind: Glaube[1]), Gebet, Gesetz; ebenso einen auf Anregung des Tridentiner Konzils verfaßten römischen Katechismus, der sie anders geordnet hat: Glaube[2]), Gesetz, Gebet, so daß ihre Folge der Zusammenstellung von Glaube, Liebe (im Gesetz gefordert und aus dem Glauben herkommend) und Hoffnung (auf die ja das Vaterunser wenigstens in zwei Bitten hindeutet) entspricht; vom reformierten Katechismus wird alsbald Ausführlicheres gesagt werden.

---

[1]) Daß aber in der griechischen Kirche nicht das apostolische, sondern das nicänische Glaubensbekenntnis gebraucht wird, ist schon oben bemerkt worden.

[2]) Im Katechismus wird das apostolische Glaubensbekenntnis zugrunde gelegt, während in der Messe das nicänische Bekenntnis gebraucht wird.

Diesen Hauptkatechismen stehen in allen Kirchen (auch in der lutherischen) noch andere mehr oder weniger verbreitete zur Seite, und auch von den kleineren Religionsparteien hat jede ihren besonderen Katechismus.

b. Der bedeutendste Katechismus neben dem Lutherschen ist unstreitig der Heidelberger Katechismus, der in der ganzen reformierten Kirche als ein rechtes Bekenntnis ihres Glaubens anerkannt worden ist. Derselbe ist zu Heidelberg im Jahre 1563 erschienen, in der Hauptstadt der Kurpfalz, auf Veranlassung und unter Mitwirkung des Kurfürsten Friedrich III. und der bedeutendsten Theologen der pfälzischen Kirche von zwei frommen Männern, dem Professor Ursinus und dem Hofprediger Olevianus, ausgearbeitet. Wie Luthers Katechismus, so beruht auch der Heidelberger Katechismus vornehmlich auf dem Römerbriefe; ja, seine Einteilung ist wohl diesem Briefe entnommen. Wenn der Apostel Paulus am Ende des 7. Kapitels seines Römerbriefes ausruft: „Ich elender Mensch, wer wird mich erlösen von dem Leibe dieses Todes? Ich danke Gott durch Jesum Christum unserm Herrn“ — so haben die Verfasser des Heidelberger Katechismus wohl nach diesem Worte des Paulus ihren Katechismus in drei Teile geteilt: „Von des Menschen Elend“ — „Von des Menschen Erlösung“ — „Von der Dankbarkeit“. In diesen drei Teilen (mit ihren 129 Fragen) sind die fünf Hauptstücke des Lutherschen Katechismus enthalten. Der erste Teil, die Einleitung, weist auf die Sünde des Menschen hin, aber die zehn Gebote sind nicht an dieser Stelle ausgelegt (wie das Luther getan hat). Der zweite Teil enthält den christlichen Glauben und die Sakramente. Der dritte Teil enthält die zehn Gebote und das Vaterunser, denn ein frommer Wandel und das Gebet sind die vornehmsten Stücke der Dankbarkeit des von der Sünde erlösten Menschen. Die Hauptstücke folgen also aufeinander so, wie im katholischen Katechismus: Glaube, Gesetz, Gebet; daß aber trotzdem beide Katechismen grundverschieden sind, versteht sich von selbst[1]).

C. Luthers Katechismus. (Nr. 153 C, 2. Quell. II, 7—9. KG³ 69.)

a. Vor allen diesen Katechismen sind die beiden Katechismen Luthers entstanden. Als nämlich Luther, durch die Erfahrungen bei der Kirchenvisitation dazu bestimmt, wo er bei Geistlichen und Laien die gröbste Unwissenheit fand, daran ging, einen Katechismus zu schaffen, entstanden nach mancherlei früheren Schriften, welche denselben Zweck verfolgten, am An-

[1]) Bekannt und mit Recht berühmt ist die erste Frage und Antwort des Heidelberger Katechismus:

Was ist dein einiger Trost im Leben und im Sterben?

Daß ich mit Leib und Seele, beides im Leben und im Sterben, nicht mein, sondern meines getreuen Heilandes Jesu Christi eigen bin, der mit seinem teuren Blut für alle meine Sünden vollkömmlich bezahlet und mich aus aller Gewalt des Teufels erlöset hat, und also bewahret, daß ohne den Willen meines Vaters im Himmel kein Haar von meinem Haupte fallen kann, ja, auch mir alles zu meiner Seligkeit dienen muß. Darum er mich auch durch seinen heiligen Geist des ewigen Lebens versichert, und ihm forthin zu leben von Herzen willig und bereit macht.

fange des Jahres 1529 ungefähr gleichzeitig der Große und der Kleine Katechismus, und zwar erst der letztere in der Form von Frage und Antwort (die seitdem für die eigentliche Form eines Katechismus gilt) und in so einfacher und dabei so trefflicher Form, daß dies Buch bis auf den heutigen Tag noch von keiner derartigen Schrift übertroffen worden ist.

b. Luther stellte aber in seinem Katechismus (und dadurch unterscheidet sich derselbe von allen anderen) die zehn Gebote dem Glauben voran und ließ erst auf das Vaterunser die in den anderen Katechismen dem Glauben nachfolgenden Sakramente folgen. Aus welchem Grunde er das aber getan hat, und was für ein Zusammenhang der Hauptstücke in Luthers Katechismus anzunehmen ist, ist fraglich.

Nach der Meinung einiger Forscher gliedert sich Luthers Katechismus in zwei Teile (I—III und IV—V), von denen der erste die Frage beantwortet: „Wie wird der Mensch vor Gott gerecht?" Die Antwort lautet: „Nicht durch des Gesetzes Werke (Hauptstück I), denn durch das Gesetz kommt [nur] Erkenntnis der Sünde (Röm. 3, 20), — sondern durch den Glauben (Hauptstück II), — denn so halten wir nun dafür, daß der Mensch gerecht werde ohne des Gesetzes Werke allein durch den Glauben (Röm. 3, 28); — als Gerechtfertigte können wir nunmehr (Röm. 8, 15; Gal. 4, 6) beten zu Gott als unserem Vater (Hauptstück III). Der zweite Teil beantwortet die sich hieran anknüpfende Frage: „Wie kommt der Mensch zum Glauben?" Die Antwort lautet: Durch die Sakramente (Hauptstück IV und V). Diese Antwort wäre aber nur dann vollständig, wenn dem Lehrstücke von den Sakramenten ein Lehrstück vom Worte Gottes voranginge, denn der Glaube kommt ja doch zunächst aus der Predigt des Wortes Gottes; ein solches Hauptstück hat Luther aber nicht vorgefunden, und der Katechismus enthält ja eben nur, was er vorgefunden hat; der später (im Jahre 1531) von ihm selber dem Katechismus beigegebene Abschnitt von der Beichte enthält, aber freilich auf die Beichte beschränkt, eine kurze Belehrung über die Bedeutung der Predigt oder des Wortes Gottes; dagegen stammt das Hauptstück „Vom Amt der Schlüssel" nicht von Luther her, sondern aus den im Jahre 1533 von Brenz (dem Reformator von Württemberg) oder von Osiander (dem Reformator von Nürnberg) verfaßten Nürnberger Kinderpredigten und ist schon vor Luthers Tod in manche Katechismen aufgenommen worden. Diese Lücke des Katechismus ist ausgefüllt in der Augsb. Konfession (Art. 5), welche mit Recht sagt: „Solchen Glauben zu erlangen hat Gott das Predigtamt eingesetzt, Evangelium und Sakramente gegeben, dadurch er als durch Mittel den heiligen Geist gibt, welcher den Glauben wirket in denen, so das Evangelium hören [und die Sakramente empfangen]." Unter den anderen Anhängen, die dem Katechismus später noch beigegeben worden sind, ist namentlich die sogenannte Haustafel zu beachten; hinter dem Vaterunser kann man nämlich ein Hauptstück von dem neuen Leben des Gläubigen vermissen, wie ja auch in der alten Kirche an dieser Stelle das Wort von der Liebe zu Gott und den Menschen seine Stelle fand, weshalb auch in den anderen Katechismen die zehn Gebote hinter dem Glauben stehen; dasselbe wird einigermaßen in der Haustafel dargestellt.

Dagegen sind andere Forscher der Meinung, daß Luther bei seiner Anordnung der Hauptstücke einen anderen Gedankengang im Sinne gehabt habe. Danach wird uns zunächst in den zehn Geboten gezeigt, was Gott von uns getan und gelassen haben wolle; das ist das erste, was der Mensch wissen muß, und darum ist es ganz angemessen, daß der Katechismus mit dem Gesetz beginnt. Darauf wird dem Menschen im christlichen Glauben gezeigt, was Gott für uns getan habe, damit wir seinen Willen tun können. Damit wir nun aber Gottes Gebote wirklich halten, dazu bedarf es von unserer Seite des Gebets. Auf diese drei Hauptstücke des Christentums folgen dann noch die Lehrstücke von den Sakramenten, durch welche dem Menschen, wie auch durch das Wort Gottes, Vergebung der Sünden zuteil wird, und wo Vergebung der Sünden ist, da ist auch ein frommer Wandel zu finden. Bei dieser Fassung des Zusammenhanges der Hauptstücke zielt schließlich alles im Katechismus hin auf die Frömmigkeit und Sittlichkeit, von der das Gesetz Gottes handelt, dem darum auch mit Recht die erste Stelle im Katechismus zukommt[1]).

c. Wenn man in Luthers Katechismus auch wohl dieses oder jenes vermissen kann, so ist dennoch dies kleine Büchlein eins der trefflichsten Bücher, die von Luther und von anderen großen Männern jemals geschrieben worden sind, und noch heute bildet es mit Recht in einem großen Teile der evangelischen Kirche die Grundlage für den Unterricht im christlichen Glauben. Wenn Luther gesagt hat, er müsse immer ein Kind und Schüler des Katechismus bleiben und er bleibe es auch gerne, so wollen auch wir gerne Schüler des Katechismus bleiben.

D. Luthers Vorrede zum Kleinen Katechismus: Nr. 153 D, 2.

E. Der Wert des Katechismus: Nr. 153 D, 2.

F. Luthers Katechismus mit Anmerkungen und Bibelsprüchen: Nr. 148.

6. (146.) Der Glaube der evangelischen Kirche im Unterschiede vom katholischen Glauben. (I, 60—63.)[2])

Aus den Bekenntnisschriften der verschiedenen Kirchen erkennen wir nun die Verschiedenheit des Glaubens in den verschiedenen Kirchen. Dieselbe soll im folgenden dargelegt werden.

a. Luthers (wie auch der anderen Reformatoren) ganzes Wirken und Lehren hat seinen letzten Grund in der Erfahrung, die ihm geworden, daß der Mensch allein durch den Glauben an die Gnade Gottes in Christus die Rechtfertigung, d. h. die Vergebung der Sünden, erlange. Wir stehen nämlich Gotte nicht bloß als Geschöpfe, sondern als Sünder gegenüber, und unsre Sünde läßt uns Gottes Zorn

[1]) Die unlängst vorgenommene Revision des Lutherschen Katechismus bezweckte nicht (wie bei der Bibel) eine Umgestaltung des Wortlauts, sondern nur eine übereinstimmende Festsetzung des Textes unter Beseitigung der allmählich in den verschiedenen Gegenden hervorgetretenen Verschiedenheiten.

[2]) Vgl. Nr. 89.

fürchten. Aber Gott hat sich nun in Christus als einen gnädigen Gott geoffenbart, und seiner Gnade werden wir teilhaftig und gewiß durch den Glauben. So findet denn die evangelische Kirche auf die Frage: „Wie wird der Mensch vor Gott gerecht?" die Antwort im Römerbrief K. 3, 28: „So halten wir nun dafür, daß der Mensch gerecht werde ohne des Gesetzes Werke allein durch den Glauben."

Dieser Lehre tritt nun der Katholik in dreifacher Hinsicht entgegen. Zunächst behauptet er, daß das Heil des Menschen nicht bloß auf der vom Menschen im Glauben immer aufs neue angeeigneten Gnade Gottes in Christus beruhe, sondern Christus müsse immer aufs neue geopfert werden, und das geschehe in der Messe, in welcher durch den Priester immer aufs neue Brot und Wein in Leib und Blut Christi verwandelt und Gotte zum Opfer dargebracht werden.

Sodann ist der Katholik der Meinung, daß es rätlich sei, sich nicht bloß an Gott mit seinem Gebete um Gnade und allerlei Güter zu wenden, sondern auch an die Heiligen und besonders an die Maria, damit diese bei Gott für ihn Fürbitte einlegen und dadurch sein Gebet unterstützen. Der evangelische Christ glaubt dieser Fürbitte der Heiligen nicht zu bedürfen, sondern er wendet sich in seinem Gebet unmittelbar an Gott.

Endlich bestreitet der Katholik, daß die Rechtfertigung des Menschen allein auf dem Glauben beruhe, nicht bloß deshalb, weil ja das Wort „allein" nur ein Zusatz von Luther ist, sondern auch deshalb, weil er unter „Rechtfertigung" etwas anderes versteht als Luther. Luther versteht unter diesem Worte des Paulus „Vergebung der Sünden", während der Katholik dasselbe deutet als „Gerechtmachung", d. h. Umwandlung des Sünders in einen Gerechten. Diese Umwandlung ist nach der katholischen Lehre zwar ein Werk Gottes, aber sie kann nur erfolgen unter Mitwirkung des menschlichen Willens, welcher der Gnade Gottes zustimmen muß. Erst der „Gerechtfertigte" (d. h. wie Luther sagt, der „Geheiligte") kann unter dem Beistande der Gnade Gottes gute, d. h. für die Ewigkeit verdienstliche Werke vollbringen. Da nun aber auch der „Gerechtfertigte" immer wieder sündigt, so bedarf es für ihn nach katholischer Lehre des Sakraments der Buße, in welchem ihm die Sünden vergeben werden. Und hier zeigt sich nun deutlicher als bei der in beiden Kirchen verschieden gedeuteten „Rechtfertigung" der Unterschied in der Lehre der beiden Kirchen, indem der Katholik als Mittel zur Erlangung der Vergebung der Sünden bezeichnet: contritio cordis (Reue des Herzens), confessio oris (Beichte des Mundes) und satisfactio operis (Genugtuung des Werkes); jedenfalls ist die dritte Forderung mit der Lehre der evangelischen Kirche nicht zu vereinigen; wir betrachten als die Voraussetzung für die Vergebung der Sünden zwar Reue und Glauben, aber nicht gute Werke.

Aber allerdings — so lehrt der evangelische Christ —, wenn der Mensch zum Glauben an die Gnade Gottes in Christus gekommen ist, dann fühlt er sich dazu angetrieben, auch den Willen Gottes zu tun, und da er denselben jetzt aus Liebe tut, nicht aus Zwang, so ist er jetzt im Besitze einer besseren Frömmigkeit als früher, wo er das Gesetz nur aus Furcht vor der Strafe Gottes erfüllte.

Aber wenn der evangelische Christ jetzt Gottes Willen tut, so glaubt er einerseits nicht, wie der Katholik, daß er durch sein Tun sich die Gnade Gottes verdiene, und andererseits glaubt er nicht, daß er ganz besondere Dinge tun müsse, um sich Gottes Wohlgefallen zu erwerben, sondern er tut, was in seinem Beruf und in seinem Stande seine Pflicht ist, und darin bewährt sich die rechte Frömmigkeit des Christen. Es gibt nämlich nicht ein zweifaches Christentum, wie der Katholik lehrt, eins für die gewöhnlichen und ein höheres für die vollkommenen Christen, sondern nur ein einziges Christentum für alle Menschen, welches beruht auf dem Glauben an die Gnade Gottes in Christus, durch welche der Mensch Vergebung der Sünden erlangt, und welches sich bewährt in der Erfüllung der Pflichten des Berufs, in welchen Gott den Menschen gestellt hat. Der Katholik dagegen lehrt, daß es zwar für den gewöhnlichen Christen genüge, wenn er die zehn Gebote Gottes und die fünf Gebote der Kirche[1]) erfülle, aber nicht für denjenigen Christen, welcher vollkommen fromm sein wolle; ein solcher müsse auch die drei evangelischen Ratschläge beobachten, nämlich: beständige Ehelosigkeit, vollkommene Armut und Gehorsam gegen einen geistlichen Oberen. Der evangelische Christ bestreitet die Richtigkeit dieser Behauptung; er bleibt bei dem, was Paulus sagt, daß der Mensch gerecht werde durch den Glauben, und bestreitet jedes Verdienst der guten Werke.

b. Aber wie kommt nun der Mensch zum Glauben[2])?

Unsere Kunde von der Offenbarung Gottes beruht zunächst auf der uns zuteil gewordenen mündlichen Predigt des Evangeliums, wie ja auch Jesus seinen Jüngern zunächst nur die mündliche Predigt des Evangeliums aufgetragen hatte. Aber wie schon die Propheten des A. T. nicht bloß mündlich gepredigt, sondern ihre Predigt auch in Schriften aufgezeichnet hatten, so haben auch die Apostel und ihre nächsten Schüler von Jesus Christus nicht bloß mündlich gepredigt, sondern ihre Predigt auch schriftlich aufgezeichnet, und diese Schriften bilden, zusammen mit den Schriften des Alten Bundes, die heilige Schrift.

Es war ja nun sehr gut, daß die Predigt der Propheten und der Apostel auch schriftlich aufgezeichnet worden ist, denn wenn auch die Kunde von der Offenbarung Gottes durch die bloße mündliche Predigt sich hätte erhalten können, so wäre dieselbe doch im Laufe der Jahrhunderte allmählich so umgestaltet worden, daß wir über ihren wirklichen Inhalt sehr ungewiß sein würden, da niemand entscheiden könnte, welches der wahre christliche Glaube sei.

[1]) Dieselben lauten also: 1. Du sollst die angesetzten Feiertage halten. 2. Du sollst alle Sonn- und Feiertage die heilige Messe mit Andacht hören. 3. Du sollst die gebotenen Fasttage und den Unterschied der Speisen halten. 4. Du sollst zum wenigsten einmal im Jahre deinem verordneten Priester deine Sünden beichten. 5. Du sollst das allerheiligste Sakrament des Altars wenigstens einmal im Jahre, um die österliche Zeit, empfangen.

[2]) Vgl. Nr. 134 und Heil. Gesch.[4] Nr. 15.

Aber nur in der evangelischen Kirche wird nun die Bedeutung der heiligen Schrift vollkommen gewürdigt.

Wenn nach unserer Meinung die Kunde von der den Menschen zuteil gewordenen Offenbarung Gottes rein und unverfälscht nur in der heiligen Schrift zu finden ist, so bemerkt der Katholik zunächst, die Bibel sei unvollständig ohne die Apokryphen (welche die evangelische Kirche der heiligen Schrift zwar „als gut und nützlich zu lesen" beizugeben gestattet, aber mit Recht ihr nicht völlig gleichstellt). Sodann fordert der Katholik, daß bei der Erforschung des Inhalts der heiligen Schrift nicht der hebräische und griechische Grundtext, sondern die kirchliche Übersetzung, die lateinische Vulgata, zugrunde gelegt werde, da sie (jedenfalls in allen für Glauben und Leben bedeutsamen Stellen) eine durchaus entsprechende und richtige Übersetzung sei (was wir natürlich bestreiten). Aber auch die Vulgata mit den Apokryphen genügt dem Katholiken noch nicht, seine Kirche lehrt und fordert so viel Dinge von ihm, die doch auch in ihrer Bibel nicht zu finden sind; wo sind dieselben zu finden? Nach der Lehre der Katholiken in der Tradition, der Überlieferung, welche als angeblich notwendige Ergänzung zur Bibel hinzukommen muß, wenn man das wahre und ganze Christentum haben will; die Apostel haben ja nicht alles aufgeschrieben, was sie gepredigt haben; ihre weitere Predigt ist aber von den Kirchenvätern aufgeschrieben worden. Von dieser Überlieferung muß man sich auch bei der Auslegung der heiligen Schrift leiten lassen, um den rechten Sinn derselben zu erfassen, nicht von der Wissenschaft und Frömmigkeit, die oft irreführen, was angeblich die Überlieferung nicht tut. Indes, wer bestimmt denn, was eigentlich Überlieferung von den Aposteln her ist? Es gibt ja auch falsche Überlieferungen! Das tut die Kirche, die (nach katholischer Lehre) unfehlbar ist; die Kirche aber spricht ihre Lehre aus durch die Konzilien (die Versammlungen der Bischöfe), und so sind die Konzilien unfehlbar. Da nun aber ein Konzil doch nicht immer versammelt ist, die Kirche ein unfehlbares Organ aber immer haben muß, so kommt die Unfehlbarkeit — nach der neusten Lehre — auch dem Papste zu; wer aber an einen unfehlbaren Papst glaubt, der kann eigentlich die Bibel entbehren. Bibel oder Papst — das ist also schließlich der Gegensatz in den Antworten der beiden Kirchen auf die Frage, worauf der Glaube des Christen beruhe.

Aber freilich darf man auch die Bibel nicht in unrichtiger Weise betrachten und auslegen. Die Bibel ist nicht ein Lehrbuch weltlicher Wissenschaft, sondern ein Religionsbuch; sie ist also nicht dazu da, um Fragen der Wissenschaft zu entscheiden, z. B. die Frage, ob sich die Sonne um die Erde dreht oder die Erde um die Sonne. Auch darf man, wenn man eine religiöse Frage nach der Bibel entscheiden will, nicht alle einzelnen Teile der Bibel als für den Christen gleichwertig betrachten; nicht das Alte, sondern das Neue Testament, als die Urkunde der vollkommenen Offenbarung, ist maßgebend für des Christen Glauben und Leben; das Alte Testament ist für den Christen nur so weit maßgebend, als es mit dem Neuen Testament übereinstimmt. Aber auch vom Neuen Testamente, wie von der ganzen Bibel, darf man nicht jedes einzelne Wort als maßgebend betrachten, sondern man muß jedes einzelne Bibelwort stets im Zusammenhange der ganzen Bibel betrachten; nur die ganze Bibel, vornehmlich die Predigt Jesu, ist maßgebend für des Christen Glauben und Leben.

c. Vergebung der Sünden auf Grund unseres Glaubens empfangen wir aber nicht bloß durch die Predigt des Wortes Gottes, sondern auch durch die Sakramente, d. h. heilige Handlungen, von Christus selbst eingesetzt, bei denen dem Menschen unter sichtbaren Zeichen die unsichtbaren Gnadengüter (Vergebung der Sünden, Leben und Seligkeit) gereicht werden. Solcher Handlungen kennt die evangelische Kirche nur zwei, Taufe und Abendmahl; die katholische Kirche zählt deren sieben, indem sie das ganze Leben des Menschen mit einem Kranze heiliger Handlungen umgibt. Der Neugeborene empfängt die Taufe; der Heranwachsende empfängt die Firmelung (unserer Konfirmation entsprechend — die von Christus jedoch nicht eingesetzt ist), die Absolution (bei der Ohrenbeichte, wo der Priester die Sünde vergibt und allein vergeben kann — uns vergibt Gott unsere Sünde, auch ohne Beichte vor dem Geistlichen) und das heilige Abendmahl; der Erwachsene empfängt entweder die Priesterweihe (wir Evangelischen betrachten uns nach der heiligen Schrift sämtlich als Priester) oder die Ehe (die wir nicht als Sakrament ansehen); der Sterbende empfängt die letzte Ölung (im N. T. angewandt zur Wiederherstellung des Kranken). So bleiben denn von diesen sieben heiligen Handlungen für den Evangelischen nur zwei als Sakramente übrig, Taufe und Abendmahl, und wenn in der Lehre von der Taufe beide Kirchen ziemlich übereinstimmen, so gehen sie um so weiter beim heiligen Abendmahl in Lehre und Brauch auseinander. Die Evangelischen haben sich zwar untereinander über diese schwierige Lehre nicht ganz verständigen können[1]), aber der katholischen Lehre und Übung gegenüber sind sie einig. Nach der letzteren wird beim heiligen Abendmahl durch des Priesters Wort Brot und Wein verwandelt in Leib und Blut Christi (transsubstantiatio — aber Paulus spricht nur von einer Gemeinschaft des Leibes und Blutes Christi), wobei, da in diesem Leibe auch schon Blut ist, dem Laien nach der katholischen Lehre der Kelch nicht gereicht zu werden braucht (aber Jesus hat ausdrücklich gesagt: Trinket alle daraus), und diesen Leib Christi empfängt man nicht bloß im heiligen Abendmahl, sondern der Priester bringt auch, wie oben gesagt, diesen Leib Christi stets aufs neue Gotte als ein (unblutiges) Opfer dar zur Vergebung der Sünden; das geschieht in der Messe; aber nach unserer Meinung braucht das Opfer Jesu nicht immer aufs neue vom Priester dargebracht, sondern nur immer aufs neue im Glauben angeeignet zu werden. Also auch hier wieder zwischen beiden Kirchen ein scharfer Gegensatz: Abendmahl oder Messe[2]).

d. So besteht denn ein entschiedener Gegensatz zwischen evangelischem und katholischem Christentum: Glaube oder Werke, Bibel oder Papst, Abendmahl oder Messe — dazwischen gibt es noch heute keine Vermittelung, und darauf beruhen die anderen Abweichungen zwischen evangelischem und katholischem Christentum, welche anderwärts dargelegt worden sind.

---

[1]) Vgl. Nr. 109 B a.
[2]) Vgl. Nr. 88.

7. (147). Die Augsburgische Konfession. Confessio Augustana [1]).

(Handbuch I, 70 und Handbuch III³, Nr. 97–99.)

1. Einleitung.

a. Als der Kaiser Karl V. erkannte, daß der von ihm im Jahre 1521 auf dem Reichstage zu Worms geächtete Ketzer Dr. Martin Luther so viele Anhänger gefunden habe, daß es nicht möglich sei, dieselben ohne weiteres zu unterdrücken, beschloß er, im Jahre 1530 einen neuen Reichstag zu halten, um die Einheit des Glaubens wiederherzustellen. Für diesen Reichstag, der im Jahre 1530 in Augsburg abgehalten wurde, wurde nun von Melanchthon eine Schrift verfaßt, welche — dem Wunsche des Kaisers entsprechend — darlegte, was die Anhänger Luthers glaubten und was sie verwürfen. Melanchthon stellte, um eine Wiedervereinigung beider Kirchen zu ermöglichen, die Sache so dar, daß die Evangelischen im wesentlichen mit den Katholiken übereinstimmten, und nur in der Verwerfung einiger erst in der späteren Zeit entstandenen Mißbräuche von ihnen abwichen. Trotz dieses vermittelnden Standpunkts wurde die von ihm vorgelegte Schrift von den Katholiken nicht anerkannt, und nun wurde sie erst das, was sie eigentlich nicht war, eine nur von den Evangelischen anerkannte Bekenntnisschrift i h r e s Glaubens.

b. Nachdem die Augsb. Konfession vorgelesen worden war, wurden die beiden Exemplare, aus welchen die Vorlesung erfolgt war, dem Kaiser übergeben. Derselbe behielt das lateinische Exemplar für sich, während er das deutsche dem Erzbischof von Mainz als dem Reichserzkanzler übergab, damit es dem Reichsarchiv zu Mainz einverleibt würde. Beide Exemplare sind heute nicht mehr vorhanden. Aber schon vor der Vorlesung waren von beiden Exemplaren Abschriften gemacht worden, welche wenigstens im ganzen übereinstimmen; auf Grund derselben wurde diese Schrift trotz des Verbotes des Kaisers schon im Jahre 1530 gedruckt; Melanchthon selber gab seine Schrift nebst der Apologie erst im Jahre 1531 heraus, zuerst in lateinischer, dann auch in deutscher Sprache.

c. Immer aufs neue hat Melanchthon die Augsb. Konfession in beiden Sprachen herausgegeben, und da er dabei von dem Streben geleitet wurde, seine Gedanken immer besser und deutlicher auszudrücken, so hat er unbedenklich an dieser Schrift gefeilt und geändert, wie es ihm gut schien, und daran hat zunächst niemand Anstoß genommen. Als nun vollends mit den mehr reformiert als lutherisch denkenden Süddeutschen die Wittenberger Concordia geschlossen worden war (1536) [2]), während die Trennung von den Katholiken, welche durch die ursprüngliche Augsb. Konfession verhindert

[1]) Der Text ist berichtigt nach der Ausgabe von T s c h a c k e r t, 1901.
[2]) Vgl. Nr. 101 c.

werden sollte, für immer erfolgt schien (und auch wirklich erfolgt war), da hielt es Melanchthon für nötig, den ursprünglich vorhandenen Gegensatz gegen die reformierten Glaubensgenossen möglichst zu beseitigen, wie er früher den Gegensatz gegen die Katholiken gemildert hatte. Diese Umgestaltung der ursprünglichen Augsb. Konfession ist aber vornehmlich in der Ausgabe des Jahres 1540 erfolgt, und so sprach man später (aber nicht sofort nach dem Jahre 1540) von einer Variata (veränderte Konfession) im Gegensatze zur Invariata (ursprüngliche Ausgabe), und die strengen Lutheraner der späteren Zeit haben Melanchthon aus diesen Änderungen ein großes Verbrechen gemacht, namentlich auch deshalb, weil er im 10. Artikel, bei der Lehre vom Abendmahl, den Gegensatz gegen die Reformierten nicht mehr ausgedrückt hatte. Luther hat an diesen Änderungen keinen Anstoß genommen, und die Neuzeit erkennt an, daß Melanchthon das eigentliche Wesen des Glaubensbekenntnisses nicht verändert hat.

Noch heute gilt die Augsb. Konfession mit Recht als das wichtigste Glaubensbekenntnis der evangelischen Kirche.

2. Die Augsburgische Konfession.

Ps. 119, 46. Ich rede von deinen Zeugnissen vor Königen und schäme mich nicht.

A. Vorrede [1]).

Allerdurchleuchtigster, großmächtigster, unüberwindlichster Kaiser, allergnädigster Herr [2]). Als Eure Kaiserliche Majestät kurz vorschiener Zeit [3]) einen gemeinen Reichstag allhier gen Augsburg gnädiglichen ausgeschrieben, mit Anzeig und ernstem Begehr, von Sachen unsern und des christlichen Namens Erbfeind, den Türken, betreffend, und wie demselben mit beharrlicher Hilfe stattlichen widerstanden, auch, wie [4]) der Zwiespalten halben in dem heiligen Glauben und der christlichen Religion gehandelt möge werden, zu rathschlagen und Fleiß anzukehren, alle eines jeglichen Gutbedünken, Opinion und Meinung zwischen uns selbst in Lieb und Gütigkeit zu hören, zu ersehen und zu erwägen, und dieselben zu einer einigen christlichen Wahrheit zu bringen und zu vergleichen, alles, so zu beiden Theilen nicht recht ausgelegt oder gehandelt wäre, abzuthun, und durch uns alle ein einige und wahre Religion anzunehmen und zu halten, und wie wir alle unter einem Christo sind und streiten, also auch alle in einer Gemeinschaft, Kirchen und Einigkeit zu leben [5]), und wir [quumque

[1]) Verkürzt.

[2]) Lateinisch: Invictissime Imperator, Caesar Auguste, Domine clementissime.

[3]) D. h. in der kürzlich verschienenen, d. h. vergangenen Zeit.

[4]) Das hängt ab von dem nachfolgenden „zu rathschlagen und Fleiß anzukehren".

[5]) Diese Äußerungen der Evangelischen schließen sich an das Ausschreiben des Kaisers für den Reichstag an, in welchem es hieß:

„Förter [Ferner] wie der Irrung und Zwiespalt halben in dem heiligen Glauben und der christlichen Religion gehandelt und beschlossen werden möge und solle. Und damit solches desto besser und heilsamlicher geschehen möge, die nos] [1]) die unten benannten Churfürst [2]) [Elector et Principes] und Fürsten sammt unsern Verwandten, gleich andern Churfürsten, Fürsten und Ständen dazu erfordert [worden sind] [3]), so haben wir uns darauf dermaßen erhaben [4]), daß wir sonder Ruhm mit den ersten hierher kommen [inter primos affuimus] [5]).

Und als denn auch [Quum igitur — also nicht zu schreiben: Und alsdenn auch] E. K. M. [6]) zu unterthänigster Folgthuung berührtes E. K. M. Ausschreibens und demselbigen gemäß, dieser Sachen halben, den Glauben berührend, an Churfürsten, Fürsten und Stände ingemein gnädiglichen, auch mit höchstem Fleiß und ernstlich begehrt, daß ein jeglicher, vermöge vorgemeldts E. K. M. Ausschreibens, sein Gutbedünken, Opinion und Meinung derselbigen Irrungen, Zwiespalten und Misbräuch halben u. s. w. zu Deutsch und Latein in Schrift stellen und überantworten sollte: darauf denn, nach genommenem Bedacht und gehaltenem Rath, E. K. M. [Dativ] an vergangener Mittwochen [22. Juni 1530] ist fürgetragen worden, als wollten wir auf unserm Theil das Unsere, vermöge E. K. M. Fürtrags, in Deutsch und Latein auf heut Freitag [24. Juni] übergeben [7]). Hierum und E. K. M. zu unterthänigstem Gehorsam überreichen und übergeben wir unser Pfarrherren, Prediger und ihrer Lehren, auch unseres Glaubens Bekenntnis, was und welchergestalt sie aus Grunde göttlicher heiliger Schrift in unsern Landen, Fürstenthumen, Herrschaften, Städten und Gebieten predigen, lehren, halten und Unterricht thun.

Und sind gegen E. K. M., unsern allergnädigsten Herrn, wir in aller Unterthänigkeit erbötig, so die anderen Churfürsten, Fürsten und Stände dergleichen gezwiefachte schriftliche Übergebung ihrer Meinung und Opinion in Latein und Deutsch jetzt auch thun werden, daß wir uns mit ihren Liebden und ihnen gern von bequemen gleichmäßigen Wegen unterreden, und [in Betracht] derselbigen, so viel der Gleichheit nach immer möglich [quantum honeste fieri potest], vereinigen wollen, damit unser beiderseits, als Parten, schriftlich Fürbringen und Gebrechen [Beschwerde] zwischen uns selbst in Lieb und Gütigkeit gehandelt, und dieselben Zwiespalten zu einer

Zwietrachten hinzulegen, Widerwillen zu lassen, vergangene Irrsal Christo unserm Seligmacher zu ergeben, und Fleiß anzukehren, alle eines jeglichen Gutbedünken, Opinion und Meynung zwischen uns selbsten in Liebe und Gütlichkeit zu hören, zu verstehen und zu erwegen, die zu einer einigen Christlichen Wahrheit zu bringen und zu vergleichen; alles, so zu beiden Theilen nicht recht ist ausgelegt oder gehandelt, abzuthun; durch uns alle eine einige und wahre Religion anzunehmen und zu halten; und wie wir alle unter einem Christo seyn und streiten, also alle in einer Gemeinschaft, Kirchen und Einigkeit zu leben."

[1]) Der Vordersatz geht (trotz des Absatzes in beiden Texten) noch weiter, wie der lateinische Text zeigt durch die Wiederaufnahme von quum.

[2]) Singularis; nur ein Kurfürst, der von Sachsen, gehörte zu den Unterzeichnern der A. K.

[3]) Bis hierher reicht der Vordersatz (trotz des im Grundtext befindlichen Absatzes bei: „Und wir", und trotz des „evocati sumus", wofür wohl „simus" zu lesen ist; vgl. Müller, Symb. Bücher, S. 830).

[4]) Diese alte Form ist noch in dem Adjektivum „erhaben" erhalten.

[5]) Schon am 2. Mai, während der Kaiser erst am 15. Juni eintraf.

[6]) Eure Kaiserliche Majestät — hier der Nominativ.

[7]) Die Vorlesung wurde aber auf den folgenden Tag (Sonnabend, den 25. Juni) verschoben.

einigen wahren Religion, wie wir alle unter einem Christo sind und streiten und Christum [unum Christum] bekennen sollen, alles nach laut [iuxta] oftgemeldts E. K. M. Ausschreibens und nach göttlicher Wahrheit, geführt möge werden; als wir denn auch Gott den Allmächtigen mit höchster Demuth anrufen und bitten wollen, seine göttliche Gnade dazu zu verleihen. Amen!

Wo aber bei unsern Herrn, Freunden und besonders[1] den Churfürsten, Fürsten und Ständen des andern Theils die Handlung dermaßen, wie E. K. M. Ausschreiben vermag [sapienter duxit], „bequeme Handlung unter uns selbst in Lieb und Gütigkeit"[2] [scilicet cum tali mutua praesentatione scriptorum ac sedata collatione — das wünschte das Kaiserliche Ausschreiben] nit verfahen [non processerit] noch ersprießlich sein wollt, als doch an uns in keinem, das mit Gott und Gewissen zu christlicher Einigkeit dienstlich sein kann oder mag, erwinden [fehlen] soll, wie E. K. M., auch gemeldte unsere Freunde, die Churfürsten, Fürsten, Stände und ein jeder Liebhaber christlicher Religion, dem diese Sachen fürkommen, aus nachfolgendem unserm und der Unsern Bekenntnissen [Singul.] gnädiglich, freundlich und genugsam werden zu vernehmen haben —[3])

so erbieten gegen E. K. M. wir uns hiermit in aller Unterthänigkeit und zum Überfluß, in berührtem Fall ferner auf ein solch gemein, frei, christlich Concilium, darauf [de quo congregando, d. h. welches zu versammeln] auf allen Reichstägen[4]), so [quae] E. K. M. bei ihrer Regierung [annis imperii Majestatis Vestrae] im Reich gehalten [hat], durch Churfürsten, Fürsten und Stände aus hohen und tapfern Bewegungen [Beweggründen] geschlossen [beschlossen worden ist], an welches auch zusammt E. K. M. wir uns von wegen dieser großwichtigsten Sachen [Singul.] in rechtlicher Weise und Form vorschiener Zeit [iam ante, d. h. schon früher] berufen und appellirt haben, der wir hiermit nachmals [adhuc][5]) anhängig bleiben und uns durch diese oder nachfolgende Handlung (es werden denn diese zwiespaltigen Sachen endlich in Lieb und Gütigkeit, laut E. K. M. Ausschreibens, gehört, erwogen, beigelegt und zu einer christlichen Einigkeit vergleichet) nicht zu begeben wissen, davon wir hiemit öffentlich bezeugen und protestiren.

Und seind das unsere und der Unsern Bekenntnis, wie unterschiedlichen von Artikeln zu Artikeln hernach folget.

---

[1]) Kolde: besondern, Tschackert: Besonderen, (beide mit folgendem Komma, das dann auch — mit Tschackert — hinter „Teils" zu setzen ist). „Besondere" ist ein Titel oder eine Anrede, die in der damaligen Zeit üblich ist, z. B.: „Ehrbare, Liebe, Besondere".

[2]) Worte des Kaiserlichen Ausschreibens.

[3]) Zu diesem langen Vordersatze folgt nun — nach Zwischenschiebung einer hier weggelassenen Begründung des folgenden Anerbietens, auf einem Konzil oder auf einem Reichstag über die Religionssache weiter zu verhandeln — im letzten Absatze der Vorrede der Nachsatz: „So erbieten . . ." Der lateinische Text faßt das Vorhergehende geschickt zusammen: In eventum ergo talem, quod in causa religionis dissensiones inter nos et partes amice et in caritate non fuerint compositae, d. h.: Für den Fall nun, daß in der Religionssache der Zwiespalt zwischen uns und den Gegnern nicht freundlich und in Liebe beigelegt würde.

[4]) Andere Beispiele dieser seltenen Form siehe bei Sanders s. v. Tag.

[5]) Nach Müller (Symb. Bücher, S. 829) und Tschackert (Augsb. Konf. 1901) zu lesen: „nochmals".

B. Artikel des Glaubens und der Lehre.[1])

I. Artikel 1. 2. (19 und 18.) 3. (21.)

Der alte Glaube der ganzen Christenheit[2]).

Also hat Gott die Welt geliebt, daß er seinen eingeborenen Sohn gab, auf daß alle, die an ihn glauben, nicht verloren werden, sondern das ewige Leben haben. Joh. 3, 16.

„Diese Artikel sind in keinem Zank noch Streit, weil wir zu beiden Theilen dieselbigen bekennen. Darum nicht vonnöthen jetzt davon weiter zu handeln." Schmalkald. Art. I.

Der 1. Artikel. Von Gott.

Erstlich wird einträchtiglich gelehret und gehalten, laut des Beschluß concilii Nicaeni[3]), daß ein einig göttlich Wesen sei, welches genannt wird und wahrhaftiglich ist Gott, und seind doch drei Personen in demselben einigen göttlichen Wesen, gleich gewaltig, gleich ewig, Gott Vater, Gott Sohn, Gott heiliger Geist, alle drei Ein göttlich Wesen, ewig, ohne Stück, ohne Ende, unermeßlicher Macht, Weisheit und Güte, ein Schöpfer und Erhalter aller sichtbaren und unsichtbaren Dinge. Und wird durch das Wort Persona verstanden nicht ein Stück, nicht eine Eigenschaft in einem andern, sondern das selbst bestehet, wie denn die Väter in dieser Sachen dies Wort gebraucht haben.

Derohalben werden verworfen alle Ketzereien, so diesem Artikel zuwider sind, als Manichäi, die zween Götter gesetzt haben, ein bösen und ein guten[4]), item [ebenso] Valentiniani[5]), Ariani, Eunomiani[6]), Mahometisten und alle dergleichen, auch[7]) Samosateni, alt und neu[8]), so nur eine Person setzen und von diesen zweien, Wort und heiligem Geist, Sophisterei machen und sagen, daß es nicht müssen unterschiedene Personen sein, sondern Wort bedeute leiblich Wort oder Stimme und der heilige Geist sei erschaffene Regung in Kreaturen[9]).

[1]) Die Gliederung in die Abschnitte I—V und die Überschriften derselben stammen, wie sich von selbst versteht, nicht von Melanchthon her, sondern sind im Interesse des Schülers vom Herausgeber dieses Buches gemacht. Wenn der Lehrer die Artikel in der ursprünglichen Ordnung lesen wollte, so wird er dieselbe leicht herausfinden. [2]) Der alte Glaube der ganzen Christenheit (Nr. 125—133) wird noch vollständiger, als hier, zusammengefaßt in folgender Weise: a. Der erste Artikel. b. Augsb. Konf. 2. (19 u. 18.) c. Der zweite Artikel; Augsb. Konf. 3. (21.) d. Der dritte Artikel. e. Augsb. Konf. 1. [3]) Das Folgende beruht aber mehr auf dem Athanasianischen als auf dem nicänischen Bekenntnis. [4]) Der Manichäismus war eine dualistische Mischreligion aus Parsismus und Christentum, gestiftet von Mani um 250 n. Chr. [5]) Eine Partei der sogen. Gnostiker, welche ein angeblich höheres Christentum in ihrer Erkenntnis (Gnosis) gegenüber dem einfachen Glauben besaßen. [6]) Die entschiedensten Anhänger des Arius. [7]) Älteste Ausgabe: auch die Juden und Samosateni; in Tschackerts Ausgabe ist dieser Zusatz nicht vorhanden. [8]) Anhänger des Bischofs Paulus von Samosata in Asien (um das Jahr 260) in der alten Zeit, und ihre Gesinnungsgenossen im 16. Jahrhundert (zunächst einige Zeitgenossen der Reformatoren, später namentlich die Socinianer). — [9]) Auf die abweichende Lehre der morgenländischen Kirche, welche den heiligen Geist nur vom Vater ausgehen läßt, nicht von Vater und Sohn, ist hier nicht hingewiesen.

Der 2. Artikel. Von der Erbsünde.

Weiter wird bei uns gelehret, daß nach Adam's Fall alle Menschen, so natürlich geboren werden, in Sünden empfangen und geboren werden, das ist, daß sie alle von Mutterleibe an voller böser Lust und Neigung sind, und keine wahre Gottesfurcht, keinen wahren Glauben an Gott von Natur haben können; daß auch dieselbige angeborene Seuche und Erbsünde wahrhaftiglich Sünde sei, und verdamme alle die unter ewigen Gottes Zorn, so nicht durch die Taufe und heiligen Geist wiederum neu geboren werden.

Hieneben werden verworfen die Pelagianer und andere, so die Erbsünde nicht für Sünde haben, damit sie die Natur fromm machen durch natürliche Kräfte, zu Schmach dem Leiden und Verdienst Christi.

Der 19. und 18. Artikel[1]).

Von Ursach der Sünde. Vom freien Willen.

19. Von Ursach der Sünde wird bei uns also gelehret, daß, wiewohl Gott der Allmächtige die ganze Natur geschaffen hat und erhält, so wirket doch der verkehrte Wille die Sünde in allen Bösen und Verächtern Gottes, wie denn des Teufels Wille ist und aller Gottlosen, welcher alsbald, so Gott die Hand abgethan[2]), sich von Gott zum Argen gewandt hat, wie Christus spricht Joh. 8, 44: Der Teufel redet Lügen aus seinem Eigenen.

18. Vom freien Willen wird also gelehret, daß der Mensch etlichermaßen einen freien Willen hat, äußerlich ehrbar zu leben und zu wählen unter den Dingen, so die Vernunft begreift; aber ohne Gnade, Hilfe und Wirkung des heiligen Geistes vermag der Mensch nicht, Gott gefällig zu werden, Gott herzlich zu fürchten, oder zu glauben, oder die angeborenen bösen Lüste aus dem Herzen zu werfen; sondern solches geschieht durch den heiligen Geist, welcher durch Gottes Wort gegeben wird. Denn Paulus spricht 1. Kor. 2, 14: Der natürliche Mensch vernimmt nichts vom Geiste Gottes[3]).

Der 3. Artikel. Von dem Sohne Gottes.

Item [Ebenso], es wird gelehret, daß Gott der Sohn sei Mensch worden, geboren aus der reinen Jungfrau Maria, und daß die zwo Naturen, göttliche und menschliche, in Einer Person also unzertrennlich vereinigt, Ein Christus sind, welcher wahrer Gott und wahrer Mensch ist, wahrhaftig geboren, gelitten, gekreuziget, gestorben und begraben, daß er

[1]) Diese beiden Artikel, dem erst in Augsburg von Melanchthon noch angefügten Anhang zur Augsb. Konf. angehörend (Art. 18–21), werden hier eingefügt, da sie Erläuterungen zum 2. Artikel enthalten.

[2]) Besser der lateinische Text: non adiuvante Deo, d. h. ohne Gottes Mitwirkung.

[3]) Die im gewöhnlichen lat. Text (nach der ersten gedruckten Ausgabe) enthaltene Abwehr der pelagianischen Ansichten hat im deutschen Texte keine Stelle gefunden, vermutlich deswegen, weil sie sich aus dem 2. Art. von selbst ergab. Die im deutschen Text noch angeführte Stelle aus einem angeblichen Werke Augustins (welches aber nicht Hypognostika, sondern Hypomnestika heißt) ist, als entbehrlich und nicht beweiskräftig, oben weggelassen worden.

ein Opfer wäre, nicht allein für die Erbsünde[1], sondern auch für alle anderen Sünden, und Gottes Zorn versühnete[2].

Item, daß derselbige Christus sei abgestiegen zur Hölle, wahrhaftig am dritten Tage von den Toten auferstanden, aufgefahren gen Himmel, sitzend zur Rechten Gottes, daß er ewig herrsche über alle Kreaturen und regiere, daß er alle, so an ihn glauben, durch den heiligen Geist heilige, reinige, stärke und tröste, ihnen auch Leben und allerlei Gaben und Güter austeile, und wider den Teufel und wider die Sünde schütze und beschirme.

Item, daß derselbige Herr Christus endlich wird öffentlich kommen, zu richten die Lebendigen und die Toten u. s. w. laut des Symboli apostolorum[3].

Der 21. Artikel. Vom Dienst der Heiligen[4].

Vom Heiligendienst wird von den Unsern also gelehret, daß man der Heiligen gedenken soll, auf daß wir unseren Glauben stärken, so wir sehen, wie ihnen Gnade widerfahren, auch wie ihnen durch Glauben geholfen ist; dazu, daß man Exempel nehme von ihren guten Werken, ein jeder nach seinem Beruf, gleichwie Kaiserl. Majestät seliglich und göttlich dem Exempel Davids folgen mag, Krieg wider den Türken zu führen; denn sie beide sind in königlichem Amt, welches Schutz und Schirm ihrer Unterthanen fordert. Durch Schrift aber mag man nicht beweisen, daß man die Heiligen anrufen oder Hilfe bei ihnen suchen soll. Denn es ist allein ein einiger Versühner und Mittler gesetzt zwischen Gott und den Menschen, Jesus Christus, 1. Tim. 2, 5, welcher ist der einige Heiland, der einige oberste Priester, Gnadenstuhl und Fürsprecher vor Gott, Röm. 8, 34. Und derselbe hat allein zugesagt, daß er unser Gebet erhören wolle. Das ist auch der höchste Gottesdienst nach der Schrift, daß man denselbigen Jesum Christum in allen Nöthen und Anliegen von Herzen suche und anrufe, 1. Joh. 2, 1: So jemand sündiget, haben wir einen Fürsprecher bei Gott, der gerecht ist, Jesum.

II. Artikel 4. 6. 20.[5]

Wie wird der Mensch vor Gott gerecht?

So halten wir nun dafür, daß der Mensch gerecht werde ohne des Gesetzes Werke allein durch den Glauben. Röm. 3, 28.

„Von diesem Artikel kann man nichts weichen oder nachgeben, es falle Himmel und Erden oder was nicht bleiben will.“ Schmalk. Art. II, 1.

[1] Das ist zwar nicht katholische Kirchenlehre, aber (vgl. die Anmerk. von Kolde in seiner Ausgabe der Augustana zu Art. 3 und 24) es wurde doch damals und früher vielfach so gelehrt.

[2] Und zwar so, daß eine Wiederholung seines Opfers in der Messe nicht nötig ist; vgl. Art. 24.

[3] D. h.: laut des apostolischen Glaubensbekenntnisses.

[4] Auch dieser hier eingefügte Artikel gehört dem erst in Augsburg angefügten Anhange der Konfession an; er weist mit Recht darauf hin, daß wir neben Christus keine anderen Mittler des Heils bedürfen.

[5] Wenn sich die evangelische Kirche zunächst an den Glauben der alten Kirche anschloß (Art. 1—3), so hat sie doch denselben von den im Laufe der Zeit damit verbundenen Irrtümern befreit und nach der h. Schrift erneuert und weiterentwickelt: das zeigen die folgenden Artikel der Augsb. Konfession.

Der 4. Artikel. Von der Rechtfertigung.

Weiter wird gelehret, daß wir Vergebung der Sünden und Gerechtigkeit vor Gott nicht erlangen mögen durch unser Verdienst, Werke und Genugthun, sondern daß wir Vergebung der Sünden bekommen und vor Gott gerecht werden aus Gnaden um Christus willen durch den Glauben, so wir glauben, daß Christus für uns gelitten hat, und daß uns um seinetwillen die Sünde vergeben, Gerechtigkeit und ewiges Leben geschenkt wird. Denn diesen Glauben will Gott für Gerechtigkeit vor ihm halten und zurechnen, wie St. Paulus sagt zu den Römern am [im] dritten und vierten [Kapitel][1]).

Item docent, quod homines non possint iustificari coram Deo propriis viribus, meritis aut operibus, **sed gratis iustificentur propter Christum per fidem**, cum credunt se in gratiam recipi et peccata remitti propter Christum, qui sua morte pro nostris peccatis satisfecit. Hanc fidem imputat Deus pro iustitia coram ipso, Rom. 3 et 4.

Der 6. Artikel. Vom neuen Gehorsam.

Auch wird gelehret, daß solcher Glaube gute Früchte und gute Werke bringen soll, und daß man müsse gute Werke thun, allerlei, so Gott geboten hat, um Gottes willen, doch nicht, auf solche Werke zu vertrauen, dadurch Gnade vor Gott zu verdienen. Denn wir empfahen Vergebung der Sünde und Gerechtigkeit durch den Glauben an Christum, wie Christus selbst spricht Luk. 17: So ihr dies alles gethan habt, sollt ihr sprechen: Wir sind untüchtige Knechte.

Also lehren auch die Väter[2]). Denn Ambrosius spricht[3]): Also ist's beschlossen bei Gott, daß, wer an Christum glaubt, selig sei, und nicht durch Werke, sondern allein durch den Glauben, ohne Verdienst, Vergebung der Sünden habe.

Item docent, quod fides illa debeat bonos fructus parere, et quod oporteat bona opera mandata a Deo facere propter voluntatem Dei, non ut confidamus per ea opera iustificationem coram Deo mereri. Nam remissio peccatorum et iustificatio fide apprehenditur, sicut testatur et vox Christi: Cum feceritis haec omnia, dicite, servi inutiles sumus. Idem docent et veteres scriptores ecclesiastici. Ambrosius enim inquit: Hoc constitutum est a Deo, ut qui credit in Christum, salvus sit, sine opere, sola fide, gratis accipiens remissionem peccatorum.

---

[1]) Wie groß der Gegensatz in dieser Lehre zwischen beiden Kirchen ist, erkennen wir besonders deutlich, wenn wir die Aussagen der Apologie der Augsb. Konfession und des Tridentinischen Konzils hinsichtlich dieser Lehre vergleichen.

Apol. Conf.: Justificari significat non ex impio justum effici, sed justum pronuntiari.

Concil. Trident. sess. 6: Justificatio non est sola peccatorum remissio, sed et sanctificatio et renovatio interioris hominis. Si quis dixerit, sola fide impium justificari, ita ut intelligat, nihil aliud requiri, quod ad justificationis gratiam cooperetur — anathema sit.

[2]) Melanchthon urteilt hier, wie in der ganzen Schrift, über „die Väter" zu günstig.

[3]) Diese Stelle gehört nicht dem Ambrosius an, wie man damals meinte.

Der 20. Artikel. Vom Glauben und guten Werken[1].

Den Unsern wird mit Unwahrheit aufgelegt, daß sie gute Werke verbieten. Denn ihre Schriften von zehn Geboten und andere beweisen, daß sie von rechten christlichen Ständen und Werken guten nützlichen Bericht und Ermahnung gethan haben, davon man vor dieser Zeit wenig gelehret hat, sondern allermeist in allen Predigten auf kindische unnöthige Werke, als Rosenkränze, Heiligendienst, Mönchwerden, Wallfahrten, gesetzte Fasten, Feiern, Brüderschaften u. s. w. getrieben. Solche unnöthige Werke rühmet auch unser Widerpart nun nicht mehr so hoch als vor Zeiten; darzu haben sie auch gelernet nun vom Glauben zu reden, davon sie doch in Vorzeiten gar nichts gepredigt haben; lehren dennoch nun, daß wir nicht allein aus Werken vor Gott gerecht werden, sondern setzen den Glauben an Christum darzu und sprechen: Glauben und Werke machen uns gerecht vor Gott; welche Rede etwas mehr Trosts bringen mag, denn so man allein lehrt auf Werke zu vertrauen.

Dieweil nun die Lehre vom Glauben, die das Hauptstück ist im christlichen Wesen, so lange Zeit, wie man bekennen muß, nicht getrieben worden, sondern allein Werklehre an allen Orten gepredigt, ist davon durch die Unsern solcher Unterricht geschehen:

Erstlich, daß uns unsere Werke nicht mögen mit Gott versöhnen und Gnade erwerben, sondern solchs geschieht allein durch den Glauben, so man glaubt, daß uns um Christus willen die Sünden vergeben werden, welcher allein der Mittler ist, den Vater zu versöhnen (1. Tim. 2, 5). Wer nun vermeinet, solches durch Werke auszurichten und Gnade zu verdienen, der verachtet Christum und sucht einen eigenen Weg zu Gott wider das Evangelium.

Diese Lehre vom Glauben ist öffentlich und klar im Paulo an vielen Orten gehandelt, sonderlich zu den Ephes. 2, 8: Aus Gnaden seid ihr selig worden durch den Glauben, und dasselbige nicht aus euch, sondern es ist Gottes Gabe, nicht aus Werken, damit sich niemand rühme, u. s. w. Und daß hierin kein neuer Verstand eingeführet sei, kann man aus Augustino beweisen, der diese Sache fleißig handelt, und auch also lehret, daß wir durch den Glauben an Christum Gnade erlangen und vor Gott gerecht werden, und nicht durch Werke, wie sein ganzes Buch de spiritu et litera[2]) ausweiset.

Wiewohl nun diese Lehre bei unversuchten Leuten sehr verachtet wird, so befindet sich doch, daß sie den blöden und erschrockenen Gewissen sehr tröstlich und heilsam ist. Denn das Gewissen kann nicht zu Ruhe und Friede kommen durch Werke, sondern allein durch Glauben, so es bei sich

[1]) Dieser hier eingefügte Artikel gehört wiederum zu den vier erst in Augsburg als Anhang noch beigefügten Artikeln, welche die Protestanten gegen neuerdings vorgebrachte Anklagen (nämlich hier, daß sie die guten Werke gering schätzten, ja verböten) in Schutz nehmen sollten. — In den späteren Ausgaben der Augsb. Konfession ist dieser Artikel, in welchem der Kern der apostolischen Predigt besonders schön und treffend dargelegt ist, noch weiter ausgeführt worden. Der Lehrer findet denselben in dieser Gestalt z. B. in Krahners Gymnasial-Katechismus.

[2]) Vom Geist und vom Buchstaben.

gewißlich schleußt, daß es um Christus willen einen gnädigen Gott habe, wie auch Paulus spricht Röm. 5, 1: So wir durch den Glauben sind gerecht worden, haben wir Ruhe und Friede vor Gott.

Diesen Trost hat man vor Zeiten nicht getrieben in Predigten, sondern die armen Gewissen auf eigne Werke getrieben; und sind mancherlei Werke fürgenommen. Denn etliche hat das Gewissen in die Klöster gejagt, der Hoffnung, daselbst Gnade zu erwerben durch Klosterleben; etliche haben andere Werke erdacht, damit Gnade zu verdienen und für die Sünde gnug zu thun. Derselbigen viele haben erfahren, daß man dadurch nicht ist zu Frieden kommen [1]). Darum ist noth gewesen, diese Lehre vom Glauben an Christum zu predigen und fleißig zu treiben, daß man wisse, daß man allein durch den Glauben, ohne Verdienst, Gottes Gnade ergreifet.

Es geschieht auch Unterricht, daß man hie nicht von solchem Glauben redet, den auch die Teufel oder Gottlosen haben, die auch die Historien glauben, daß Christus gelitten habe und auferstanden sei von den Toten; sondern man redet vom wahren Glauben, der da glaubet, daß wir durch Christum Gnade und Vergebung der Sünde erlangen.

Und der nun weiß, daß er einen gnädigen Gott durch Christum hat, [der] kennet also Gott, rufet ihn an, und ist nicht ohne Gott wie die Heiden. Denn Teufel und Gottlose glauben diesen Artikel: Vergebung der Sünden, nicht; darum sind sie Gott feind, können ihn nicht anrufen, nichts Gutes von ihm hoffen. Und also, wie jetzt angezeigt ist, redet die Schrift vom Glauben, und heißet nicht Glauben ein solches Wissen, das Teufel und gottlose Menschen haben; denn also wird vom Glauben gelehret zu den Hebr. am 11., daß glauben sei nicht allein die Historien wissen, sondern Zuversicht haben zu Gott, seine Zusage zu empfahen. Und Augustinus erinnert uns auch, daß wir das Wort Glauben in der Schrift verstehen sollen, daß es heiße Zuversicht zu Gott, daß er uns gnädig sei, und heiße nicht allein solche Historien wissen, wie auch die Teufel wissen.

Ferner wird gelehret, daß gute Werke sollen und müssen geschehen, nicht daß man darauf vertraue, Gnade damit zu verdienen, sondern um Gottes willen und Gott zu Lob; der Glaube ergreift allzeit allein Gnade und Vergebung der Sünden. Und dieweil durch den Glauben der heilige Geist gegeben wird, so wird auch das Herz geschickt, gute Werke zu thun; denn zuvor, dieweil es ohne den heiligen Geist ist, so ist es zu schwach; dazu ist es ins Teufels Gewalt, der die arme menschliche Natur zu viel Sünden treibet, wie wir sehen an den Philosophen, welche sich unterstanden [conati, welche versucht haben], ehrlich und unsträflich zu leben, haben aber dennoch solches nicht ausgerichtet, sondern sind in viele große öffentliche Sünden gefallen. Also gehet es mit dem Menschen, so er außer rechtem Glauben ohne den heiligen Geist ist, und sich allein durch eigene menschliche Kräfte regieret.

Derhalb ist diese Lehre vom Glauben nicht zu schelten, daß sie gute Werke verbiete, sondern vielmehr zu rühmen, daß sie lehre gute Werke zu thun, und Hilfe anbiete, wie man zu guten Werken kommen möge. Denn außer dem Glauben und außerhalb Christo ist menschliche Natur und Ver-

---

[1]) Luthers eigenes Erlebnis.

mögen viel zu schwach, gute Werke zu thun, Gott anzurufen, Geduld zu haben im Leiden, den Nächsten zu lieben, befohlene Ämter fleißig auszurichten, gehorsam zu sein, böse Lust zu meiden. Solche hohe und rechte Werke mögen nicht geschehen ohn die Hilfe Christi, wie er selbst spricht Joh. 15, 5: Ohne mich könnt ihr nichts thun [1]).

Falso accusantur nostri, quod bona opera prohibeant. Nam scripta eorum, quae exstant de decem praeceptis et alia simili argumento testantur, quod utiliter docuerint de omnibus vitae generibus et officiis, quae genera vitae, quae opera in qualibet vocatione Deo placeant. De quibus rebus olim parum docebant concionatores; tantum puerilia et non necessaria opera urgebant, ut certas ferias, certa ieiunia, fraternitates, peregrinationes, cultus sanctorum, rosaria, monachatum et similia. Haec adversarii nostri admoniti nunc dediscunt nec perinde praedicant haec inutilia opera, ut olim. Incipiunt etiam fidei mentionem facere, de qua olim mirum erat silentium. Docent nos non tantum operibus iustificari, sed coniungunt fidem et opera, et dicunt nos fide et operibus iustificari. Quae doctrina tolerabilior est priore et plus afferre potest consolationis quam vetus ipsorum doctrina.

Cum igitur doctrina de fide, quam oportet in ecclesia praecipuam esse, tam diu iacuerit ignota, quemadmodum fateri omnes necesse est, de fidei iustitia altissimum silentium fuisse in concionibus, tantum doctrinam operum versatam esse in ecclesiis, nostri de fide sic admonuerunt ecclesias:

Principio, quod opera nostra non possint reconciliare Deum aut mereri remissionem peccatorum et gratiam, sed hanc tantum fide consequimur, credentes, quod propter Christum recipiamur in gratiam, qui solus positus est mediator et propitiatorium, per quem reconcilietur Pater. Itaque qui confidit operibus se mereri gratiam, is aspernatur Christi meritum et gratiam, et quaerit sine Christo humanis viribus viam ad Deum, cum Christus de se dixerit: Ego sum via, veritas et vita.

Haec doctrina de fide ubique in Paulo tractatur; Eph. 2: Gratia salvi facti estis per fidem, et hoc non ex vobis, Dei donum est, non ex operibus, ne quis glorietur.

Et ne quis cavilletur a nobis novam Pauli interpretationem excogitari, tota haec causa habet testimonia patrum. Nam Augustinus multis voluminibus defendit gratiam et iustitiam fidei contra merita operum. Et similia docet Ambrosius De vocatione gentium et alibi. Sic enim inquit De vocatione gentium: Vilesceret redemptio sanguinis Christi, nec misericordiae Dei humanorum operum

[1]) In dieser Lehre von der Rechtfertigung allein aus dem Glauben stimmen alle evangelischen Christen miteinander überein, und alle stimmen ein in die berühmte erste Frage und Antwort des Heidelberger Katechismus:

„Was ist dein einiger Trost im Leben und im Sterben?"

„Daß ich mit Leib und Seel', beides im Leben und im Sterben, nicht mein, sondern meines getreuen Heilands Jesu Christi eigen bin, der mit seinem teuren Blut für alle meine Sünden vollkömmlich bezahlet und mich aus aller Gewalt des Teufels erlöset hat, und also bewahret, daß ohne den Willen meines Vaters im Himmel kein Haar von meinem Haupte fallen kann, ja, auch mir alles zu meiner Seligkeit dienen muß. Darum er mich auch durch seinen heiligen Geist des ewigen Lebens versichert, und ihm forthin zu leben von Herzen willig und bereit macht."

praerogativa succumberet, si iustificatio, quae fit per gratiam, meritis praecedentibus deberetur, ut non munus largientis, sed merces esset operantis.

Quamquam autem haec doctrina contemnitur ab imperitis, tamen experiuntur piae et pavidae conscientiae plurimum eam consolationis afferre, quia conscientiae non possunt reddi tranquillae per ulla opera, sed tantum fide, cum certo statuunt, quod propter Christum habeant placatum Deum, quemadmodum Paulus docet Rom. 5: Iustificati per fidem, pacem habemus apud Deum. Tota haec doctrina ad illud certamen perterrefactae conscientiae referenda est, nec sine illo certamine intelligi potest. Quare male iudicant de ea re homines imperiti et profani, qui christianam iustitiam nihil esse somniant nisi civilem et philosophicam iustitiam.

Olim vexabantur conscientiae doctrina operum, non audiebant ex evangelio consolationem. Quosdam conscientia expulit in desertum, in monasteria, sperantes ibi se gratiam merituros esse per vitam monasticam. Alii alia excogitaverunt opera ad promerendam gratiam et satisfaciendum pro peccatis. Ideo magnopere fuit opus hanc doctrinam de fide in Christum tradere et renovare, ne deesset consolatio pavidis conscientiis, sed scirent, fide in Christum apprehendi gratiam et remissionem peccatorum.

Admonentur etiam homines, quod hic nomen fidei non significat tantum historiae notitiam, qualis est in impiis et diabolo, sed significet fidem, quae credit non tantum historiam, sed etiam effectum historiae, videlicet hunc articulum, remissionem peccatorum, quod videlicet per Christum habeamus gratiam, iustitiam et remissionem peccatorum.

Iam qui scit se per Christum habere propitium Patrem, is vere novit Deum, scit se ei curae esse, invocat eum, denique non est sine Deo, sicut gentes. Nam diaboli et impii non possunt hunc articulum credere, remissionem peccatorum. Ideo Deum tamquam hostem oderunt, non invocant eum, nihil boni ab eo exspectant. Augustinus etiam de fidei nomine hoc modo admonet lectorem et docet in scripturis nomen fidei accipi non pro notitia, qualis est in impiis, sed pro fiducia, quae consolatur et erigit perterrefactas mentes.

Praeterea docent nostri, quod necesse sit bona opera facere, non ut confidamus per ea gratiam mereri, sed propter voluntatem Dei. Tantum fide apprehenditur remissio peccatorum ac gratia. Et quia per fidem accipitur Spiritus Sanctus, iam corda renovantur et induunt novos affectus, ut parere bona opera possint. Sic enim ait Ambrosius: Fides bonae voluntatis et iustae actionis genitrix est. Nam humanae vires sine Spiritu Sancto plenae sunt impiis affectibus et sunt imbecilliores, quam ut bona opera possint efficere coram Deo. Ad haec sunt in potestate diaboli, qui impellit homines ad varia peccata, ad impias opiniones, ad manifesta scelera; quemadmodum est videre in philosophis, qui et ipsi conati honeste vivere, tamen id non potuerunt efficere, sed contaminati sunt multis manifestis sceleribus. Talis est imbecillitas hominis, cum est sine fide et Spiritu Sancto et tantum humanis viribus se gubernat.

Hinc facile apparet, hanc doctrinam non esse accusandam, quod bona opera prohibeat, sed multo magis laudandam, quod ostendit, quomodo bona opera facere possimus. Nam sine fide nullo modo potest humana natura primi aut secundi praecepti opera facere. Sine fide non invocat Deum, nihil a Deo exspectat, non tolerat crucem, sed quaerit humana praesidia, confidit humanis praesidiis. Ita regnant in corde omnes cupiditates et humana consilia, cum abest fides et fiducia erga Deum. Quare et Christus dixit: Sine me nihil potestis facere, Iohan. 15. Et ecclesia canit:

Sine tuo numine
Nihil est in homine,
Nihil est innoxium [1]).

III. Artikel 5. 9. 10. (22. 24.) 12. 11. (25.) 13.

Wie kommt der Mensch zum Glauben?

„Solchen Glauben zu erlangen, hat Gott das Predigtamt eingesetzt, Evangelium und Sakramente gegeben.“ Augsb. Konf. 5.

Der 5. Artikel. Vom Predigtamt.

Solchen Glauben zu erlangen, hat Gott das Predigtamt eingesetzt, Evangelium und Sakramente [2]) gegeben, dadurch er als durch Mittel den heiligen Geist gibt, welcher den Glauben wirket, wo und wenn er will, in denen, so das Evangelium hören, welches lehret, daß wir durch Christus' Verdienst, nicht durch unser Verdienst, einen gnädigen Gott haben, so wir solches glauben.

Und werden verdammt die Wiedertäufer und andere, so lehren, daß wir ohne das leibliche Wort des Evangelii den heiligen Geist durch eigene Bereitung, Gedanken und Werke erlangen.

Der 9. Artikel. Von der Taufe.

Von der Taufe wird gelehret, daß sie nöthig sei, und daß dadurch Gnade angeboten werde; daß man auch die Kinder taufen soll, welche durch solche Taufe Gott überantwortet und gefällig werden.

Derhalben werden die Wiedertäufer verworfen, welche da lehren, daß die Kindertaufe nicht recht sei.

Der 10. Artikel. Vom heiligen Abendmahl.

Vom Abendmahl des Herrn wird also gelehret, daß wahrer Leib und Blut Christi wahrhaftiglich unter der Gestalt des Brotes und Weines im Abendmahl gegenwärtig sei und allda ausgetheilt und genommen werde.

Derhalben wird auch die Gegenlehre verworfen.

De coena domini docent, quod corpus et sanguis Christi vere adsint et distribuantur vescentibus in coena Domini; et improbant secus docentes [3]).

---

[1]) Eine Strophe des Pfingstliedes Veni Sancte Spiritus et emitte. Dasselbe ist eine Dichtung des Königs Robert von Frankreich (998—1031), des Sohnes von Hugo Capet. Es gehört zu den fünf lateinischen Liedern, welche in der Messe Aufnahme gefunden haben. In das evangelische Gesangbuch ist dies Lied nicht aufgenommen worden.

[2]) Wie der lateinische Text zeigt, ist das im deutschen Texte stehende Wort „Sakrament“ als Pluralis anzusehen.

[3]) Viel größer, als es nach dem Wortlaut der Augsb. Konfession auf den ersten Blick scheinen könnte, ist die Verschiedenheit der beiden Kirchen in der Lehre vom h. Abendmahl (Art. 10). Die Confutatio Pontificia konnte sagen: Decimus articulus in verbis nihil offendit, quia fatentur, in Eucharistia, post consecrationem

Der 22. Artikel. Von beider Gestalt des Sakraments[1]).

Den Laien wird bei uns beide Gestalt des Sakraments gereicht, aus dieser Ursache, daß dies ist ein klarer Befehl und Gebot Christi, Matth. 26: „Trinket alle daraus!" Da gebeut Christus mit klaren Worten von dem Kelch, daß sie alle daraus trinken sollen.

legitime factam, corpus et sanguinem Christi substantialiter et vere adesse. Doch das war nicht richtig.

a. Die nach dem Glauben der Katholiken beim heiligen Abendmahl durch des Priesters Wort bewirkte Verwandlung von Brot und Wein in Leib und Blut Christi, die Transsubstantiation, war im Jahre 1530 für die Evangelischen nicht mehr ein Gegenstand des Glaubens. Wenn Melanchthon auf diesen großen Unterschied zwischen beiden Kirchen hier nicht hinweist, so hängt das damit zusammen, daß die Augsb. Konfession ursprünglich das gemeinsame Bekenntnis der beiden Kirchen sein sollte, so daß also die Verschiedenheit der Lehre über das h. Abendmahl nicht als Grund zur kirchlichen Spaltung angesehen werden sollte. Dieser Standpunkt war aber weder damals noch heute aufrechtzuerhalten; wurde doch die viel geringere Abweichung der Schweizer Reformatoren von den Lutheranern Jahrhunderte lang als Grund der kirchlichen Trennung angesehen!

b. Wenn die Augsb. Konfession von diesem Gegensatz in der Lehre vom h. Abendmahl schweigt, so rügt sie es dagegen als einen Mißbrauch der katholischen Kirche bei der Feier des h. Abendmahls (den die griechische Kirche nicht kennt), daß nur der das h. Abendmahl zelebrierende Priester (nicht die Laien, ja, nicht einmal die das h. Abendmahl bloß genießenden Priester) gegen das ausdrückliche Gebot Christi („Trinket alle daraus") Brot und Wein genießt, während die Abendmahlsgäste nur das Brot erhalten (Art. 22).

c. Dagegen tritt nun die Augsb. Konfession ausdrücklich der reformierten Abendmahlslehre entgegen, wenn sie sagt (Art. 10): „Derhalben wird auch die Gegenlehre verworfen."

Auf dem im Jahre 1529 zwischen den Wittenbergern und den Schweizern abgehaltenen Religionsgespräch zu Marburg war festgestellt worden, daß beide Parteien einig seien in der Verwerfung der katholischen Lehre vom h. Abendmahl, aber nicht in der positiven Lehre vom h. Abendmahl. Wie nun Luther um dieser Abweichung willen in der Abendmahlslehre sich im Jahre 1529 weigerte, die Reformierten als Glaubensbrüder anzuerkennen, so erklärte im Jahre 1530 Melanchthon in der Augsb. Konfession (Art. 10) ausdrücklich, daß die (reformierte) Gegenlehre verworfen werde. Als nun aber durch die Wittenberger Konkordie im Jahre 1536 bestimmt wurde, daß, wiewohl beide Teile sich über die Lehre vom h. Abendmahl nicht ganz verglichen hätten, doch Gott hoffentlich seine Gnade geben werde, daß der Streit aufhöre — da konnte sich Melanchthon für berechtigt halten, bei einer im Jahre 1540 erfolgten Neubearbeitung der Augsb. Konfession (welche die strengen Lutheraner später als Confessio variata, d. h. Veränderte Konfession, bezeichnet haben) den 10. Art. so abzuändern, daß er den Schlußsatz (von der Verwerfung der Reformierten) wegließ und den Artikel so faßte:

Vom Abendmahl des Herrn wird also gelehrt, daß mit Brot und Wein den beim Abendmahl Essenden Leib und Blut Christi wahrhaft dargereicht werde. De coena domini docent, quod cum pane et vino vere exhibeantur corpus et sanguis Christi vescentibus in coena domini.

Wegen dieser Änderung ist Melanchthon später aufs heftigste angegriffen worden, obwohl sie doch den lutherischen Glauben nicht verleugnet, denn die Reformierten lehren: Nicht den Essenden, sondern nur den Glaubenden werden Leib und Blut Christi mitgeteilt; die Ungläubigen empfangen nur Brot und Wein. Die Neuzeit hat (äußerlich namentlich durch die im Jahre 1817 begründete Union) anerkannt, daß eine Abweichung in der Lehre vom h. Abendmahl kein genügender Grund zur Trennung der in den Hauptlehren übereinstimmenden lutherischen und reformierten Kirche sei.

[1]) Verkürzt.

Und damit niemand diese Worte anfechten oder glossieren [mißdeuten] könne, als gehöre es den Priestern allein zu, so zeiget Paulus 1. Kor. 11, 26 an, daß die ganze Versammlung der Korinther-Kirche beide Gestalten gebraucht hat. Und dieser Brauch ist lange Zeit in der Kirche blieben, wie man durch die Historien und der Väter Schriften beweisen kann[1]. Nun ist's öffentlich, daß solche Gewohnheit, wider Gottes Gebot, auch wider die alten Kanones eingeführt, unrecht ist. Derhalben hat sich nicht gebühret, derjenigen Gewissen, so das heilige Sakrament nach Christus' Einsetzung zu gebrauchen begehrt haben, zu beschweren, und zu zwingen, wider unsres Herrn Christi Ordnung zu handeln.

Der 24. Artikel. Von der Messe[2].

... Dabei [d. h. außer anderen Irrtümern] ist auch der gräuliche Irrtum gestraft[3], daß man gelehret hat, unser Herr Christus habe durch seinen Tod allein für die Erbsünde genuggethan und die Messe eingesetzt zu einem Opfer für die anderen Sünden, und also die Messe zu einem Opfer gemacht für die Lebendigen und Toten, dadurch Sünden wegzunehmen und Gott zu versöhnen. Darum ist erstlich Unterricht geschehen, daß kein Opfer für Erbsünde und andere Sünde sei, denn der einige Tod Christi; zum anderen, daß wir vor Gott Gnade erlangen durch Glauben und nicht durch Werke; zum dritten, so ist das heilige Sakrament eingesetzt, daß unser Glaube dadurch erweckt und die Gewissen getröstet werden, welche durch das Sakrament erinnert werden, daß ihnen Gnade und Vergebung der Sünden von Christo zugesagt ist; derhalben fordert dies Sakrament Glauben und wird ohne Glauben vergeblich gebraucht[4].

[1]) „Und solcher Brauch wird auch heutiges Tages gehalten in der griechischen Kirche; so ist er auch in der römischen Kirche gewesen, wie die Väter zeugen. Nun dringen sie darauf, daß es christlich und recht sei, beiderlei Gestalt zu verbieten. Ich halte wohl, es sei die größte und vornehmste Ursache, warum sie das heutiges Tages so festhalten, damit der Pfaffenstand heiliger scheine gegen den Laienstand." Apol. der Konf. 22 (10). Das wird bestritten von Loofs, Symbolik I, § 56, 4, Anm. 8, und von Drews, Theol. Encykl.[3] Bd. 12, S. 721—722: Der Kelch ist den Laien nicht von der Kirche entzogen worden, sondern die Laien haben im Mittelalter — aus verschiedenen Gründen — allmählich auf denselben verzichtet; das Konzil von Konstanz hat im Jahre 1415 eine bereits bestehende Sitte für rechtmäßig erklärt (gegen Wiclif und Huß); ganz durchgeführt wurde die Kelchentziehung erst durch Papst Benediktus XIV. (1740—1758.)

[2]) Verkürzt.

[3]) Vgl. Anm. 1 zu Art. 3.

[4]) Gegen die Messe wendet sich bekanntlich besonders scharf auch der Heidelberger Katechismus (Frage 80): „Die Messe ist also im Grunde nichts anderes, denn eine Verleugnung des einigen Opfers und Leidens Jesu Christi und eine vermaledeite Abgötterei."

Aber nicht weniger scharf auch Luther in den Schmalk. Art. II, 2: „Die Messe im Papsttum muß der größte und schrecklichste Greuel sein, und ist über und für allen anderen päpstlichen Abgöttereien die höchste und schönste gewesen."

Auf diesen schweren Vorwurf erwidert das Trident. Konzil (Sess. 22, cap. 2): „Durch dieses unblutige Opfer [in der Messe] empfangen wir aufs reichlichste die Früchte des blutigen Opfers [Christi am Kreuze], so daß also durch die Messe die Ehre Christi durchaus nicht geschmälert [sondern eher erhöht] wird." — Aber dadurch wird doch, wie wir glauben, die Messe nicht gerechtfertigt.

Artikel 12. 11. 25. 13.
„Wer empfängt denn solch Sakrament würdiglich[1]?"

Der 12. Artikel. Von der Buße.

Von der Buße wird gelehret, daß die, so nach der Taufe gesündigt haben, zu aller Zeit, so sie zur Buße kommen, mögen Vergebung der Sünden erlangen, und ihnen die Absolution von der Kirche nicht soll geweigert werden. Nun ist wahre rechte Buße eigentlich nichts anderes denn[2] Reue und Leid oder Schrecken haben über die Sünde, und doch daneben glauben an das Evangelium und Absolution, daß die Sünde vergeben und durch Christum Gnade erworben sei, welcher Glaube das Herz wiederum tröstet und zufrieden macht. Danach soll auch Besserung folgen, und daß man von Sünden lasse; denn dies sollen die Früchte der Buße sein, wie Johannes spricht Matth. 3, 8: Wirket rechtschaffene Früchte der Buße.

Hie werden verworfen die, so lehren, daß diejenigen, so einst sind fromm worden, nicht wieder fallen mögen[3].

Es werden auch verdammet die Novatiani, welche die Absolution denen, so nach der Taufe gesündigt hatten, weigerten[4].

Auch werden die verworfen, so nicht lehren, daß man durch den Glauben Vergebung der Sünden erlange, sondern durch unser Genugthun[5].

Der 11. Artikel. Von der Beichte.

Von der Beichte wird also gelehret, daß man in der Kirche privatam absolutionem [die Einzellossprechung] erhalten und nicht fallen lassen soll, wiewohl in der Beichte nicht noth ist, alle Missethaten und Sünden zu erzählen, dieweil doch solches nicht möglich ist; Psalm 19, 13: Wer kennet die Missethat?

Der 25. Artikel. Von der Beichte[6].

Die Beichte ist durch die Prediger dies Theils nicht abgethan. Denn diese Gewohnheit wird bei uns gehalten, das Sakrament nicht zu reichen

---

[1]) Wer aber das h. Abendmahl zum Segen empfangen will, der muß Reue und Glauben haben; seine Reue über die Sünde spricht der Sünder aber aus in der Beichte. So folgen nunmehr die Artikel 12 (Buße = Reue), 11 (Beichte) und 13 (Rechter Brauch im Glauben) nacheinander. Da der 11. Art. sein richtiges Verständnis aus Art. 12 gewinnt, so ist derselbe hier (wie Melanchthon später selber getan hat) vor den 11. Art. gestellt worden.

[2]) Müller, Symb. Bücher, S. 829 und auch Tschackert fügen diese drei Wörter [nichts anderes denn] dem gewöhnlichen Texte bei.

[3]) Das wurde von manchen Wiedertäufern behauptet, die ja darauf ausgingen, eine wirkliche Gemeinde der Heiligen herzustellen.

[4]) Um das Jahr 250 entstand in Rom eine Spaltung über die Frage, ob man die in der Verfolgung abgefallenen Christen wieder in die Kirche aufnehmen dürfe. Dem römischen Bischof Cornelius, welcher dies für recht hielt, trat eine strengere Partei unter Novatianus entgegen, welche den Abgefallenen die Wiederaufnahme verweigerte. Diese Partei glaubte (mit der älteren Kirche), daß die Taufe dem Menschen zwar Vergebung der früheren, aber nicht der späteren Sünden zusichere; daher kam es ja auch, daß die alten Christen sich gern erst auf dem Totenbette taufen ließen, damit die Taufe alle ihre Sünden wegnehme.

[5]) Hier bekämpft Melanchthon die Katholiken; vgl. Anm. 2 auf der folg. Seite.

[6]) Verkürzt.

denen, so nicht zuvor verhört und absolviert sind. Dabei wird das Volk fleißig unterrichtet, wie tröstlich das Wort der Absolution sei, wie hoch und theuer die Absolution zu achten; denn es sei nicht des gegenwärtigen Menschen Stimme oder Wort, sondern Gottes Wort, der da die Sünde vergibt. Denn sie wird an Gottes Statt und aus Gottes Befehl gesprochen [1]).

Von diesen nöthigen Stücken haben in Vorzeiten die Prediger, so von der Beichte viel lehreten, nicht ein Wörtlein gerühret, sondern allein die Gewissen mit langer Erzählung der Sünden, mit Genugthun, mit Ablaß, mit Wallfahrten und dergleichen gemartert. Und viele unserer Widersacher bekennen selbst, daß dieses Theils [von den Unsern] von rechter christlicher Buße [Beichte] schicklicher denn zuvor in langer Zeit geschrieben und gehandelt sei [2]).

[1]) Vgl. hierzu, was Luther in seinem Katechismus (Großer Kat., Von der Taufe, und Kleiner Kat., Anhang) von der Buße, d. h. Beichte, sagt:

„Und hier siehst du, daß die Taufe mit ihrer Kraft und Deutung begreift auch das [von ihm damals noch als solches angesehene] dritte Sakrament, welches man genannt hat die Buße [d. h. Beichte], als die eigentlich nichts anders ist, denn die Taufe, nämlich ein Wiedergang und Zutreten zur Taufe, daß man das wiederholt und treibt, so man zuvor angefangen und doch davon gelassen hat."

„Was ist aber die Beichte?"

„Die Beichte begreift zwei Stücke in sich: eins, daß man die Sünden bekenne; das andere, daß man die Absolution oder Vergebung vom Beichtiger empfahe als von Gott selbst, und ja nicht daran zweifle, sondern fest glaube, die Sünden seien dadurch vergeben vor Gott im Himmel."

[2]) In der Forderung der Reue und des Glaubens als Bedingungen der Vergebung der Sünden stimmen alle Christen überein; aber der Katholik behauptet, daß Reue und Glauben noch nicht genügen, um Vergebung der Sünden zu erlangen, sondern daß es dazu auch der Beichte und der Genugtuung bedürfe. Der Katholik nämlich lehrt (mit der alten Kirche), daß die früheren Sünden zwar durch die Taufe ohne weiteres getilgt würden, aber nicht die späteren; zur Tilgung derselben gebe es ein besonderes Sakrament, das Sakrament der Buße oder der Absolution. Wer nämlich nach der Taufe gesündigt hat, für den genügt es nicht, daß er Reue und Glauben hat, um Vergebung der Sünden zu erlangen, sondern er braucht dazu drei Dinge: Reue, Beichte und Genugtuung (contritio cordis, confessio oris und satisfactio operis). Dieser (auf dem Konzil von Florenz, 1439, anerkannten) Lehre der Scholastiker tritt die Augsb. Konfession entgegen.

Zwar Reue und Glauben halten auch wir für notwendig, um Vergebung der Sünden zu erlangen, aber nicht die Beichte und die Genugtuung.

Der Katholik nämlich betrachtet als weitere Bedingung für die Erlangung der Vergebung der Sünden die Beichte, in welcher man dem Priester „alle Missetaten und Sünden erzählen" muß, um von denselben losgesprochen zu werden (Art. 11 und 25). Die Augsb. Konfession verwirft diese Forderung der Beichte, und besonders der Ohrenbeichte, als einer Bedingung der Vergebung der Sünden. Aber die Augsb. Konfession verwirft nicht die Beichte überhaupt, sondern sie meint, daß man in der Kirche privatam absolutionem (d. h. Beichte und Zusicherung der Vergebung durch den Geistlichen an jeden einzelnen Christen) erhalten und nicht fallen lassen soll (Art. 11), allerdings nicht als ein göttliches Gebot, ohne dessen Befolgung der Mensch keine Vergebung der Sünden erhalten könne, sondern als eine heilsame menschliche Ordnung.

Vergebung der Sünden wird zwar dem Christen auch schon in der für alle Menschen geltenden Predigt verkündigt, und wer an die Predigt von der Gnade Gottes glaubt, der empfängt darum auch in der Predigt Vergebung der Sünden. Da nun aber die Predigt auch jedem einzelnen Menschen gilt, so darf auch

Der 13. Artikel. Vom Gebrauch der Sakramente[1]).

Vom Brauch der Sakramente wird gelehret, daß die Sakramente eingesetzt sind nicht allein darum, daß sie Zeichen seien, dabei man äußerlich die Christen kennen möge, sondern daß es [sie] Zeichen und Zeugnis seien göttlichen Willens gegen uns, unsern Glauben dadurch zu erwecken und zu stärken, derhalben sie auch Glauben fordern, und dann recht gebraucht werden, so man sie im Glauben empfähet und den Glauben dadurch stärket.

IV. Artikel 7 u. 8. 14. (28.) 15. 16. (23. 26. 27.)

Kirche und Staat.

Der 7. und 8. Artikel. Von der Kirche[2]).

7. Es wird auch gelehret, daß alle Zeit müsse eine heilige christliche Kirche sein und bleiben, welche ist die Versammlung aller Gläubigen, bei

---

jedem einzelnen Menschen das Wort von der Gnade Gottes besonders zugerufen werden, und das geschieht in der Absolution bei der Beichte. Als nun aber gewissenhafte evangelische Geistliche bedenklich wurden, jedem Beichtenden, weil sie ihm doch nicht ins Herz sehen könnten, die Absolution zuzusprechen, da wurde aus der in der älteren Zeit üblichen Privatbeichte die allgemeine Beichte und aus der Privatabsolution die allgemeine Absolution; nur in kleineren Gemeinden ist als Rest der früher üblichen Privatbeichte und Privatabsolution nach der allgemeinen Beichte, die jetzt überall allein üblich ist, noch die Privatabsolution erhalten geblieben (privata absolutio, wie es in Art. 11 heißt), obwohl man doch gerade an dieser, nicht an der Privatbeichte, Anstoß genommen hatte. Natürlich kann auch die heute meist übliche allgemeine Absolution zur bloßen Form werden, von welcher der Mensch keinen Nutzen, sondern Schaden hat; aber gegen den Mißbrauch gibt es eben bei keiner Sache einen ausreichenden Schutz.

Wenn nun die Augsb. Konfession schon die Beichte wenigstens nicht für notwendig erklärt, so verwirft sie vollends die andere Forderung der katholischen Kirche, daß derjenige, welcher Vergebung der Sünden erhalten wolle, nicht bloß Reue und Beichte, sondern auch Genugtuung durch gute Werke brauche. Nach unserer Meinung erlangt der Mensch „durch Glauben Vergebung der Sünden, nicht durch sein Genugtun“ (Art. 12).

Wenn nämlich der Katholik reuig beichtet, so erhält er zwar vom Priester die Vergebung zugesprochen, aber nur die Vergebung der Sündenschuld und der ewigen Strafe; dagegen muß er noch die zeitlichen Strafen der Sünde auf sich nehmen. Das ist nur insofern richtig, als allerdings auch der bußfertige Mensch die ihm von Gott auferlegten zeitlichen Strafen für die Sünden erdulden muß. Aber dem Katholiken werden von seinem Priester, wenn er beichtet, zeitliche Strafen für seine Sünden auferlegt, indem ihm der Priester gewisse Leistungen auferlegt, durch welche er Gott für seine Sünden genugtun soll (Fasten, Beten, Wallfahren usw.). Wer diese Werke nicht tut, muß im Fegfeuer seine Sünden abbüßen. Aber die Kirche gewährte doch auch wieder Befreiung von den geforderten Werken der Genugtuung und Errettung aus dem Fegfeuer durch den Ablaß, den sie den Gläubigen gewährte (und noch heute gewährt) auf Grund der guten Werke, welche die Heiligen im Überfluß vollbracht haben. Den Ablaß aber verschaffte man sich für Geld, und so wurde man für Geld befreit von der Pflicht der Genugtuung und erlöst aus der Pein des Fegfeuers. Diese Lehre und Übung der katholischen Kirche hat bekanntlich Luther im Jahre 1517 zum Beginn seines Reformationswerkes veranlaßt.

[1]) Zu den Sakramenten rechnete Melanchthon damals auch noch die „Buße“.

[2]) Der 7. Artikel müßte die Überschrift haben: Von der beständigen Dauer der Kirche; Melanchthon will sagen: es hat allezeit eine rechte Kirche gegeben.

welchen das Evangelium rein gepredigt und die heiligen Sakramente laut des Evangelii gereicht werden.

Denn dieses ist genug zu wahrer Einigkeit der christlichen Kirche[1], daß da einträchtiglich nach reinem Verstand das Evangelium gepredigt und die Sakramente dem göttlichen Worte gemäß gereicht werden. Und ist nicht **noth** zu wahrer Einigkeit der christlichen Kirche, daß allenthalben **gleichförmige Ceremonien, von Menschen eingesetzt, gehalten** werden[2], wie Paulus spricht Ephes. 4, 4—5: Ein Leib, Ein Geist, wie ihr berufen seid zu einerlei Hoffnung eures Berufs, Ein Herr, Ein Glaube, Eine Taufe.

8. Item, wiewohl die christliche Kirche eigentlich nichts anderes ist, denn die Versammlung aller Gläubigen und Heiligen, jedoch dieweil in diesem Leben viel falscher Christen und Heuchler, auch öffentliche Sünder unter den Frommen bleiben, [so] sind die Sakramente gleichwohl kräftig, obschon die Priester, dadurch sie gereicht werden, nicht fromm sind, wie denn Christus selbst anzeigt Matth. 23, 2: Auf dem Stuhl Mosis sitzen die Schriftgelehrten und Pharisäer; alles nun, was sie euch sagen, das ihr halten sollt, das haltet und thut's!

Derhalben werden die Donatisten und alle andern verdammt, so anders halten[3].

Der 14. (28.) und 15. (23.) Artikel.

Von kirchlichen Ordnungen[4].

14. Vom Kirchenregiment wird gelehret, daß niemand in der Kirche ohne ordentlichen Beruf öffentlich lehren oder predigen oder Sakramente reichen soll[5].

15. Von **Kirchenordnungen**, von Menschen gemacht[6]), **lehret**

[1]) Daß das im deutschen Grundtext hier und im folgenden Satze stehende Wort „Kirchen" als Singularis anzusehen ist, zeigt der lateinische Text.

[2]) Vgl. den alten Spruch: In necessariis unitas, in non necessariis libertas, in utrisque caritas.

[3]) Eine Partei in Afrika, im 4. Jahrhundert entstanden, welche behauptete, daß die Sakramente nur dann wirksam seien, wenn sie von frommen Priestern verwaltet würden, und welche eine von Sündern freie Kirche herstellen wollte.

[4]) Melanchthons Überschriften: „Vom Kirchen-Regiment" und „Von Kirchenordnungen", entsprechen nicht ganz dem Inhalt dieser Artikel, namentlich ist unter „Kirchen-Regiment" nicht das zu verstehen, was **wir** darunter verstehen, die Regierung der Kirche, sondern entsprechend dem Sprachgebrauch des Mittelalters (rector = Pfarrer) die **seelsorgerische** Leitung der Gemeinde durch die Predigt und die Sakramente, wie ja auch der Art. 14 nur von diesen Dingen spricht. Vgl. **Mejer**, Rechtsleben der evangelischen Landeskirchen (1889) II, 7.

[5]) Dafür zu sorgen, daß in der Kirche gepredigt und die Sakramente dargereicht werden, ist, wie Art. 28 zeigt, die Aufgabe der kirchlichen Vorgesetzten, also damals der Bischöfe. „Dieweil nun die Gewalt der Bischöfe ewige Güter gibt, und allein durch das Predigtamt geübt und getrieben wird, so hindert sie die Polizei und das weltliche Regiment nichts überall. Denn das weltliche Regiment gehet mit viel anderen Sachen um, denn das Evangelium; welche Gewalt schützt nicht die Seelen, sondern Leib und Gut wider äußerliche Gewalt mit dem Schwert und leiblichen Pönen [Strafen]. Darum soll man die zwei Regimente, das geistliche und weltliche, nicht ineinander mengen und werfen" — wie das im Mittelalter geschehen ist und von der katholischen Kirche noch heute für recht gehalten wird.

[6]) Um Gottesdienst und Verfassung der Kirche zu gestalten und zu regeln.

man diejenigen halten, so ohne Sünde mögen gehalten werden[1]), und zu Frieden und guter Ordnung in der Kirche dienen, als gewisse Feiern, Feste und dergleichen. Doch geschieht Unterricht dabei, daß man die Gewissen nicht damit beschweren soll, als sei solch Ding nöthig zur Seligkeit[2]).

Darüber [Etiam] wird gelehret, daß alle Satzungen und Traditionen, von Menschen dazu gemacht, daß man dadurch Gott versöhne und Gnade verdiene, dem Evangelio und der Lehre vom Glauben an Christum entgegen sind. Derhalben sind Klostergelübde und andere Traditionen von Unterschied der Speise, Tage u. s. w., dadurch man vermeint Gnade zu verdienen und für Sünde genugzuthun, untüchtig und wider das Evangelium.

Der 16. Artikel. Von weltlichem Regiment und Stand[3]).

Vgl. Art. 26 und 27 und Luthers „Beschluß der zehn Gebote" im Großen Katechismus.

Von Polizei und weltlichem Regiment wird gelehret, daß alle Obrigkeit in der Welt und geordnete Regimente und Gesetze gute Ordnung, von Gott geschaffen und eingesetzt, sind, und daß Christen mögen in Obrigkeit-, Fürsten- und Richteramt ohne Sünde sein, nach kaiserlichen und andern üblichen Rechten Urtheil und Recht sprechen, Übelthäter mit dem Schwerte strafen, rechte Kriege führen, streiten, kaufen und verkaufen, aufgelegte Eide thun, Eigenes haben, ehelich sein u. s. w.

Hie werden verdammt die Wiedertäufer, so lehren, daß der obangezeigten keins christlich sei.

Auch werden diejenigen verdammt, so lehren, daß christliche Vollkommenheit sei, Haus und Hof, Weib und Kind leiblich verlassen und sich der vorberührten Stücke äußern [entäußern], so doch das allein rechte Vollkommenheit ist: rechte Furcht Gottes und rechter Glaube an Gott; denn das Evangelium lehret nicht ein äußerlich, zeitlich, sondern innerlich, ewig Wesen und Gerechtigkeit des Herzens, und stößt weltlich Regiment, Polizei

---

[1]) Art. 23 bestreitet das hinsichtlich des vom Priester geforderten Gelübdes der Ehelosigkeit.

[2]) Darum können solche Ordnungen auch an verschiedenen Orten und zu verschiedenen Zeiten verschieden sein, und jedenfalls sind sie nicht als göttliche Gesetze, sondern als menschliche Ordnungen anzusehen. Der 28. Artikel weist namentlich auch auf die Bedeutung des Sonntags hin. „Die es dafür achten, daß die Ordnung vom Sonntag für [statt] den Sabbath als nötig aufgerichtet sei, die irren sehr. Denn die heilige Schrift hat den Sabbath abgetan, und lehret, daß alle Ceremonien des alten Gesetzes nach Eröffnung des Evangelions mögen nachgelassen werden und dennoch [Tschackert: demnach], weil vonnöten gewest ist, einen gewissen Tag zu verordnen, auf daß das Volk wüßte, wann es zusammenkommen sollte, hat die christliche Kirche den Sonntag dazu verordnet, und zu dieser Veränderung desto mehr Gefallens und Willens gehabt, damit die Leute ein Exempel hätten der christlichen Freiheit, daß man wüßte, daß weder die Haltung des Sabbaths noch eines anderen Tages vonnöten sei." Darum soll man auch nicht „stellen Form und Maß, wiefern man am Feiertag arbeiten mag; was sind solche Disputationes anders, denn Fallstricke der Gewissen?" Diesen freien Standpunkt des Christen haben diejenigen Evangelischen in England und in Amerika wieder aufgegeben, welche die Sonntagsfeier wieder nach dem Sabbathgesetz geordnet sehen wollen.

[3]) Melanchthon: Von Polizei und weltlichem Regiment.

und Ehestand nicht um, sondern will, daß man solches alles halte als wahrhaftige Gottesordnung und in solchen Ständen christliche Liebe und rechte gute Werke, ein jeder nach seinem Beruf, beweise. Derhalben sind die Christen schuldig, der Obrigkeit unterthan und ihren Geboten und Gesetzen gehorsam zu sein in allem, so ohne Sünde geschehen mag. Denn so der Obrigkeit Gebot ohne Sünde nicht geschehen mag, soll man Gott mehr gehorsam sein, denn den Menschen; Apostelgesch. 5, 29[1]).

Der 26. Artikel. Vom Unterschied der Speise[2]).

In Vorzeiten hat man also gelehret, gepredigt und geschrieben, daß Unterschied der Speise und dergleichen Traditionen, von Menschen eingesetzt, dazu dienen, daß man dadurch Gnade verdiene und für die Sünden genugthue. Aus diesem Grund hat man täglich neue Fasten, neue Ceremonien, neue Orden und dergleichen erdacht, und auf solches heftig und hart ge-

[1]) Wenn es auch die Hauptaufgabe des Christen ist, an die Gnade Gottes in Christus zu glauben und durch den heiligen Geist geheiligt zu werden, so steht doch der Christ durch Gottes Ordnung auch in einem natürlichen Leben, welches ebenfalls eine berechtigte Ordnung ist; auch der Christ gehört der Familie und dem Staate an. Die Augsb. Konfession tritt nun zuerst dem Irrtum der Wiedertäufer entgegen, daß das Christentum die Teilnahme am weltlichen Leben verbiete, weshalb z. B. noch heute die Mennoniten Eid und Kriegsdienst für nicht erlaubt halten. Sodann tritt sie entgegen dem Irrtum der Katholiken, welche zwar das Leben in der Ehe und in der Welt nicht für sündlich halten, aber es doch für einen höheren Standpunkt der Frömmigkeit halten, auf die Ehe zu verzichten und aus der Welt sich zurückzuziehen.

In der katholischen Kirche hält man nämlich, wie die Augsb. Konfession mit Recht tadelt (Art. 26), „für ein weltlich, ungeistlich Wesen diejenigen Werke, so jeder nach seinem Beruf zu tun schuldig ist, als daß der Hausvater arbeitet Weib und Kind zu ernähren und zu Gottesfurcht aufzuziehen, die Hausmutter Kinder gebiert und ihrer wartet, ein Fürst und Obrigkeit Land und Leute regiert, usw. Solche Werke, von Gott geboten, mußten ein weltlich und unvollkommen Wesen sein; aber die Traditiones [Armut, Ehelosigkeit und Klosterleben] mußten den prächtigen Namen haben, daß sie allein heilige, vollkommene Werke hießen."

„Und wenn nun" (so heißt es in der Apologie Art. 15) „die Leute also durch so großen und prächtigen Schein der [selbsterdachten] Heiligkeit betrogen werden, so folget denn unzählig Fahr und Unrat daraus, nämlich daß Christi Erkenntnis und das Evangelium vergessen wird, und daß man alles Vertrauen auf solche Werke setzet. Und ist über den Irrtum noch der Jammer dabei, daß, wenn die Leute in dem Wahn sein [sind], daß solche Satzungen nötig seien zur Seligkeit, die Gewissen ohne Unterlaß in Unruhe und Qual sein, daß sie ihre Orden, ihre Möncherei, ihre aufgelegte Werke, nicht so gestrenge gehalten haben."

Diesem Irrtum gegenüber weist die Augsb. Konfession (Art. 16) mit Recht darauf hin, daß der Christ gerade seine Frömmigkeit zeige durch seine Teilnahme an den göttlichen Ordnungen des weltlichen Lebens, in welche Gott jeden Menschen hineinstellt. Staat und Ehe sind göttliche Ordnungen des menschlichen Lebens — das ist eine Erkenntnis, die wir der Reformation verdanken. Darum soll sich der Christ nicht aus der Welt zurückziehen, sondern in der Welt seine Frömmigkeit bewähren; das Einsiedlerleben und die Ehelosigkeit sind nicht als eine höhere Stufe der Frömmigkeit zu betrachten.

Auch ist der Staat, da er eine selbständige göttliche Ordnung ist, dem Papste nicht untertan, sondern Staat und Kirche stehen nebeneinander als gleich selbständige und voneinander unabhängige Ordnungen Gottes, deren jede eine besondere Aufgabe zu lösen hat.

[2]) Verkürzt. — Lateinisch: De discrimine ciborum.

trieben, als seien solche Dinge nöthige Gottesdienste, dadurch man Gnade verdiene, so man's halte, und große Sünde geschehe, so man's nicht halte. Daraus sind viel schädlicher Irrthümer in der Kirchen gefolget.

Erstlich ist dadurch die Gnade Christi und die Lehre vom Glauben verdunkelt, welche uns das Evangelium mit großem Ernst fürhält, und treibt hart darauf, daß man das Verdienst Christi hoch und theuer achte, und wisse, daß gläuben an Christum hoch und weit über alle Werke zu setzen sei. Solche Lehre ist schier ganz verloschen dadurch, daß man hat gelehret Gnade zu verdienen mit gesetzten Fasten, Unterschied der Speise, Kleidern u. s. w.

Zum andern haben auch solche Traditiones Gottes Gebot verdunkelt, denn man setzte diese Traditiones weit über Gottes Gebote. Dies hielt man allein für christlich Leben: wer die Feier also hielt, also betete, also fastete, also gekleidet war; das nannte man geistlich, christlich Leben[1]). Daneben hielt man andere nöthige gute Werke für ein weltlich, ungeistlich Wesen, nämlich diese, so jeder nach seinem Beruf zu thun schuldig ist, als daß der Hausvater arbeitet, Weib und Kind zu ernähren und zu Gottesfurcht aufzuziehen, die Hausmutter Kinder gebiert und ihrer wartet, ein Fürst und Obrigkeit Land und Leute regiert u. s. w. Solche Werke, von Gott geboten, mußten ein weltlich und unvollkommen Wesen sein, aber die Traditiones mußten den prächtigen Namen haben, daß sie allein heilige, vollkommene Werke hießen. Derhalben war kein Maß noch Ende, solche Traditiones zu machen.

Zum dritten sind solche Traditiones zu hoher Beschwerung der Gewissen gerathen. Denn es war nicht möglich, alle Traditiones zu halten, und waren doch die Leute der Meinung, als wäre solches ein nöthiger Gottesdienst, und Gerson schreibet[2]), daß viele hiermit in Verzweiflung gefallen, etliche sich auch selbst umbracht haben, darum, daß sie keinen Trost von der Gnade Christi gehöret haben.

Darum haben die Unsern nicht aus Frevel oder Verachtung geistliches Gewalts von diesen Sachen gelehret, sondern es hat die hohe Noth gefordert, von obangezeigten Irrthumen Unterricht zu thun, welche aus Mißverstand der Tradition gewachsen sein. Denn das Evangelium zwinget, daß man die Lehre vom Glauben solle und müsse in Kirchen treiben, welche doch nicht mag verstanden werden, so man vermeint, durch eigene erwählte Werke Gnade zu verdienen.

Und ist davon also gelehret, daß man durch Haltung gedachter menschlicher Traditionen nicht kann Gnade verdienen oder Gott versühnen oder für die Sünde genugthun. Und soll derhalben kein nöthiger Gottesdienst daraus gemacht werden.

Daß man aber den Unsern hie Schuld gibt, als verbieten sie Kasteiung und Zucht, wie Jovinianus[3]), wird sich viel anders aus ihren Schriften befinden.

---

[1]) Substantivum, wie der lat. Text zeigt: aber bei Tschackert: leben.

[2]) Kanzler der Universität Paris, † 1429, berühmt als eifriger Vertreter der Rechte der Konzilien gegenüber dem Papste.

[3]) Ein römischer Mönch des 4. Jahrhunderts, der bereits die Werkheiligkeit bekämpfte — aber schwerlich „Kasteiung und Zucht".

Denn sie haben allezeit gelehret vom heiligen Kreuz, daß Christen zu leiden schuldig sind, und dieses ist rechte, ernstliche und nicht erdichtete Kasteiung.

Daneben wird auch gelehret, daß ein jeglicher schuldig ist, sich mit leiblicher Übung, als Fasten und andrer Arbeit, also zu halten, daß er nicht Ursach zu Sünden gebe, nicht damit Gnade zu verdienen, sondern den Leib geschickt zu halten, daß er nicht verhindere, was einem jeglichen nach seinem Beruf zu schaffen befohlen ist. Und wird also nicht das Fasten verworfen, sondern daß man ein nöthigen Dienst daraus auf bestimmte Tage und Speise zu Verwirrung der Gewissen gemacht hat [1]).

Der 27. Artikel. Von Klostergelübden [2]).

Von den Klostergelübden hat man eine solche Meinung, daß sie der Taufe gleich wären, und daß man mit dem Klosterleben Vergebung der Sünden und Rechtfertigung für Gott verdienet. Ja, sie setzten noch mehr dazu, daß man mit dem Klosterleben verdienet nicht allein Gerechtigkeit vor Gott und Frommkeit, sondern auch, daß man damit hielte die Gebote und Räthe, im Evangelio verfaßt, und wurden also die Klostergelübde höher gepreiset denn die Taufe.

Item [Ebenso], daß man mehr verdiente mit dem Klosterleben denn mit allen andern Ständen, so von Gott geordnet sind, als Pfarrherr-, Predigerstand, Obrigkeit-, Fürsten-, Herrenstand und dergleichen, die alle nach Gottes Gebot, Wort und Befehl in ihrem Beruf ohne erdichtete Geistlichkeit dienen, wie denn dieser Stücke keines mag verneint werden, denn man findet's in ihren eigenen Büchern.

Das alles wird darum angezogen, ohne alle Verunglimpfung, damit man je desto baß vernehmen und verstehen möge, was und wie die Unsern predigen und lehren.

Erstlich lehren sie bei uns von denen, die zur Ehe greifen, also, daß alle die, so zum ledigen Stand nicht geschickt sind, Macht, Fug und Recht haben, sich zu verehelichen. Denn das Gelübde soll in möglichen Sachen, willig und ungezwungen sein. Wie aber die ewige Keuschheit in des Menschen Gewalt und Vermögen stehe, weiß man wohl.

Und die Unsern wenden noch mehr Ursachen für, daß Klostergelübde nichtig und unbündig sind. Denn aller Gottesdienst, von den Menschen ohne Gottes Gebot und Befehl eingesetzt und erwählet, Gerechtigkeit und Gottes Gnade zu erlangen, sei wider Gott und dem heiligen Evangelio und Gottes Befehl entgegen. Derhalben auch die, so durch Gelübde wollen rechtfertig werden, sind von Christo ab und fehlen der Gnade Gottes. Denn dieselben rauben Christo seine Ehre, der allein gerecht macht, und geben solche Ehre ihren Gelübden und Klosterleben.

Ja, die Mönche haben noch wohl ungeschicktere und ungereimtere Dinge erdichtet und gesagt, daß sie ihre guten Werke den andern mittheilten.

Über das alles haben sie auch die Leute des überredet, daß die er-

[1]) Vgl. Luthers Wort: „Fasten und leiblich sich bereiten ist wohl eine feine äußerliche Zucht".
[2]) Verkürzt.

dichteten geistlichen Orden Stände sind christlicher Vollkommenheit[1]). Die christliche Vollkommenheit ist, daß man Gott von Herzen und mit Ernst fürchtet, und doch auch eine herzliche Zuversicht, Glauben und Vertrauen fasset, daß wir um Christus willen einen gnädigen, barmherzigen Gott haben, daß wir mögen und sollen von Gott bitten und begehren, was uns noth ist, und Hilfe von ihm in allen Trübsalen gewißlich nach eines jeden Beruf und Stand gewarten, daß wir indes sollen mit Fleiß äußerlich gute Werke thun und unsers Berufs warten. Darin stehet die rechte Vollkommenheit und der rechte Gottesdienst, nicht im Betteln oder in einer schwarzen oder grauen Kappe.

So viel gottloser Meinung und Irrthum kleben in den Klostergelübden: daß sie sollen rechtfertigen und fromm für Gott machen, daß sie die christliche Vollkommenheit sein sollen, daß man damit beide, des Evangelions Räthe und Gebote, halte, daß sie haben die Übermaßwerke [opera supererogationis], die man Gott nicht schuldig sei. Dieweil denn solches alles falsch, eitel und erdichtet ist, so macht es auch die Klostergelübde nichtig und unbündig [unverbindlich][2]).

---

[1]) Vgl. über diese Frage Loofs, Symbolik I, § 52, 4.

[2]) Mit der Augsb. Konfession stimmt in der Verwerfung des Mönchtums als einer höheren Frömmigkeit vollständig überein Luther in seiner Erklärung zu dem „Beschluß der zehn Gebote" im Großen Katechismus.

„So haben wir nun die zehn Gebote, einen Ausbund [was man als Muster für den Käufer herausbindet: das Beste] göttlicher Lehre, was wir tun sollen, daß unser ganzes Leben Gott gefalle, und den rechten Born und Röhre, aus und in welchen quellen und gehen müssen alles, was gute Werke sein sollen, also daß außer den zehn Geboten kein Werk noch Wesen gut und Gott gefällig kann sein, es sei so groß und köstlich vor der Welt, wie es wolle. Laß nun sehen, was unsere großen Heiligen rühmen können von ihren geistlichen Orden und großen, schweren Werken, die sie erdacht und aufgeworfen haben, und diese [die zehn Gebote] fahren lassen, gerade als wären diese viel zu gering oder allbereit längst ausgerichtet.

Ich meine ja, man sollte hier alle Hände voll zu schaffen haben, daß man diese hielte, Sanftmut, Geduld und Liebe gegen Feinde, Keuschheit, Wohltat usw., und was solche Stücke mit sich bringen. Aber solche Werke gelten und scheinen nicht vor der Welt Augen, denn sie sind nicht seltsam [sonderlich] und aufgeblasen, an sonderliche eigene Zeit, Stätte, Weise und Geberde geheftet, sondern gemeine tägliche Hauswerke, so ein Nachbar gegen den andern treiben kann; darum haben sie kein Ansehen . . . Daß [aber] ein Pfaffe in einer güldenen Kasel [Priestergewand] steht oder ein Laie den ganzen Tag in der Kirche auf den Knieen liegt, das heißt ein köstlich Werk, das niemand genug loben kann. Aber daß ein armes Mägdlein eines jungen Kindes wartet und treulich tut, was ihr befohlen ist, das muß nichts heißen; was sollten sonst Mönche und Nonnen in ihren Klöstern suchen?

Siehe aber, ist es nicht eine verfluchte Vermessenheit der verzweifelten Heiligen, so da sich unterstehen, höher und besser Leben und Stände zu finden, denn die zehn Gebote lehren; geben vor, es sei ein schlecht Leben [eine hinreichende Frömmigkeit] für den gemeinen Mann, ihres aber sei für die Heiligen und Vollkommenen, und die elenden blinden Leute sehen nicht, daß es kein Mensch so weit bringen kann, daß er eins von den zehn Geboten halte, wie es zu halten ist, sondern noch beides, der Glaube und das Vaterunser, zu Hilfe kommen muß, dadurch man solches suche und bitte und ohne Unterlaß empfange. Darum ist ihr Rühmen gerade so viel, als wenn ich rühmte und sagte: „„Ich habe zwar nicht einen Groschen zu bezahlen, aber zehn Gulden traue ich wohl zu bezahlen.""

Das rede und treibe ich darum, daß man doch des leidigen Mißbrauchs, der so tief eingewurzelt hat und noch jedermann anhängt, loswerde, und sich gewöhne, in allen Ständen auf Erden allein hierher [auf die zehn Gebote] zu sehen und

V. Artikel 17.

Die Hoffnung des Christen.

Der 17. Artikel. Von der Wiederkunft Christi zum Gericht.

Auch wird gelehret, daß unser Herr Jesus Christus am jüngsten Tage kommen wird zu richten, und alle Toten auferwecken, den Gläubigen und Auserwählten ewiges Leben und ewige Freude geben, die gottlosen Menschen aber und die Teufel in die Hölle und ewige Strafe verdammen.

Derhalben werden die Wiedertäufer verworfen, so lehren, daß die Teufel und verdammte Menschen nicht ewige Pein und Qual haben werden.

Item, hie werden verworfen etliche jüdische Lehren, die sich auch itzund eräugen [1]), daß vor der Auferstehung der Toten eitel Heilige, Fromme ein weltlich Reich haben und alle Gottlosen vertilgen werden [2]).

---

sich damit zu bekümmern [um ihre Erfüllung]. Denn man wird noch lange keine Lehre noch Stände aufbringen, die den zehn Geboten gleich sind, weil sie so hoch sind, daß sie niemand durch Menschenkraft erlangen kann, und wer sie erlangt, ist ein himmlisch, englisch Mensch, weit über alle Heiligkeit der Welt. Nimm sie nur vor und versuche dich wohl, lege alle Kraft und Macht daran, so wirst du wohl so viel zu schaffen gewinnen, daß du keine andere Werke oder Heiligkeit suchen noch achten wirst."

Vgl. auch im Großen Katechismus die Erklärung des 4. Gebots: „Sollte nicht ein Herz springen und von Freude zerfließen, wenn es zur Arbeit ginge und täte, was ihm befohlen wäre, daß es könnte sagen: Siehe, das ist besser, denn aller Karthäuser Heiligkeit, ob sie sich gleich zu Tode fasten und ohne Unterlaß auf den Knieen beten. Denn hier hast du einen gewissen Text und göttlich Zeugnis, daß er dies geheißen hat, aber von jenem [ist] kein Wort befohlen. Aber das ist der Jammer und [die] leidige Blindheit der Welt, daß solches niemand glaubt; so hat uns der Teufel bezaubert mit falscher Heiligkeit und Schein eigener Werke."

[1]) Die Variata bezeichnet als die Vertreter dieser „jetzigen" Meinung ausdrücklich die Wiedertäufer. — Aus dem richtigen Worte „eräugen" [von „Auge" abstammend] ist später „ereignen" geworden.

[2]) Mit der Predigt von dem vollkommenen Gottesreich im Himmel schließt, wie das apostolische Glaubensbekenntnis, so auch die ursprüngliche Augsb. Konfession. In diesem Punkte stimmen ja nun alle christlichen Parteien im ganzen überein, aber auch hier fehlt es im einzelnen nicht an Differenzen.

Eine Abweichung von der katholischen Lehre ist zwar nicht hier, aber schon in Art. 12 angedeutet, wenn es daselbst heißt: „Auch werden die verworfen, so nicht lehren, daß man durch Glauben Vergebung der Sünde erlange, sondern durch unser Genugtun." Das war nämlich die Lehre der Katholiken, und diese Lehre hatte zur Folge, daß der Katholik auch aus dem von ihm geglaubten Fegfeuer durch eigene gute Werke oder durch Leistungen der Kirche (Messe, Ablaß, Seligsprechung des Papstes) erlöst zu werden hoffte. Aus diesem Grunde verwarfen die Evangelischen die Lehre vom Fegfeuer; auch für den Verstorbenen kann es nach ihrer Meinung keine andere Rettung geben, als durch den Glauben an die Gnade Gottes; überdies ist ja die Lehre vom Fegfeuer aus der heiligen Schrift nicht zu begründen.

Ebenso verwarfen die Evangelischen die Behauptung der Wiedertäufer, daß alle Menschen dereinst selig werden sollen, da auch diese Behauptung aus der heiligen Schrift nicht zu erweisen sei.

Endlich verwarfen die Evangelischen auch die damals ebenfalls von den Wiedertäufern erneuerte, wie sie meinten, jüdische Lehre von einem vor

C. Anhang (Art. 18—21), zweiter Teil (Art. 22—28) und Schluß der Augsb. Konfession.

a. Die vier letzten Lehrartikel der Augsb. Konfession (18—21), welche derselben, wie schon oben bemerkt, von Melanchthon nachträglich noch beigefügt worden sind, sind schon oben an geeigneter Stelle eingefügt worden. Es sind folgende Artikel:

18. Vom freien Willen. Vgl. Art. 2.
19. Von Ursach der Sünden. Vgl. Art. 2.
20. Vom Glauben und guten Werken. Vgl. Art. 6.
21. Vom Dienst der Heiligen. Vgl. Art. 3.

Nachdem die Augsb. Konfession den Inhalt des evangelischen Glaubens in 21 Artikeln dargelegt hat, schließt sie diese Darlegung mit den folgenden Worten:

Dies ist fast [etwa] die Summa der Lehre, welche in unsern Kirchen zu rechtem christlichen Unterricht und Trost der Gewissen, auch zu Besserung der Gläubigen gepredigt und gelehret ist; wie wir denn unsere eigene Seelen und Gewissen je nicht gerne wollten vor Gott mit Misbrauch göttliches Namens oder Worts in die höchste und größte Fahr setzen, oder auf unsere Kinder und Nachkommen eine andere Lehre, denn so [welche] dem reinen göttlichen Wort und christlicher Wahrheit gemäß, fällen oder erben. So denn dieselbige in heiliger Schrift klar gegründet und darzu gemeiner christlicher, ja auch römischer Kirchen, so viel aus der Väter Schriften zu vermerken, nicht zuwider noch entgegen ist, so achten wir auch, unsere Widersacher können in obangezeigten Artikeln nicht uneinig mit uns sein. Derhalben handeln diejenigen ganz unfreundlich, geschwind und wider alle christliche Einigkeit und Liebe, so die Unsern derhalben als Ketzer abzusondern, zu verwerfen und zu meiden ihnen selbst ohne einigen beständigen Grund göttlicher Gebote oder Schrift fürnehmen. Denn die Irrung und Zank ist fürnehmlich über etlichen Traditionen und Misbräuchen. So denn nun an den Hauptartikeln kein befindlicher Ungrund oder Mangel, und dies unser Bekenntnis göttlich und christlich ist, sollten sich billig die Bischöfe wann schon bei uns der Tradition halben ein Mangel wäre, gelinder erzeigen, wiewohl wir verhoffen, beständige Gründe und Ursachen darzuthun, warum bei uns etliche Traditionen und Misbräuche geändert sind.

---

der Auferstehung der Toten zu erwartenden (und von den Wiedertäufern bald darauf, im Jahre 1534, in Münster wirklich aufgerichteten) irdischen Gottesreiche, für welches sie ebenfalls eine ausreichende Begründung in der heiligen Schrift vermißten. Wenn die neuere Theologie versucht hat, auf Grund der prophetischen Schriften der Bibel hinsichtlich der Entwickelung der Kirche und der Welt zum vollkommenen Gottesreiche eine genauere Erkenntnis zu gewinnen, als die Reformatoren sie besessen haben, so stehen diese Forschungen natürlich nicht im Widerspruch mit den Grundsätzen, nach welchen in der Augsb. Konfession gelehrt wird; dieselbe will ja nur solche Behauptungen verwerfen, welche der heiligen Schrift widersprechen, läßt aber freien Raum für die weitere Erforschung der Bibel hinsichtlich der Vollendung des Gottesreiches. Was aber hinsichtlich der „letzten Dinge" als Lehre der heiligen Schrift anzusehen sei, ob und was von einem tausendjährigen Reiche zu lehren sei — darüber gehen die Meinungen der Gelehrten noch heute auseinander.

b. Der nun folgende zweite Teil der Augsb. Konfession hat folgende Überschrift und beginnt also:

Artikel, von welchen Zwiespalt ist, da erzählet werden die Misbräuche, so geändert sind.

So nu von den Artikeln des Glaubens in unsern Kirchen nicht gelehret wird zuwider der heiligen Schrift oder gemeiner christlichen Kirchen, sondern allein etliche Misbräuche geändert sind, welche zum Theil mit der Zeit selbst eingerissen, zum Theil mit Gewalt aufgerichtet[1], erfordert unser Nothdurft, dieselbigen zu erzählen und Ursache anzuzeigen, warum hierinne Änderung geduldet ist, damit Kaiserl. Majestät erkennen möge, daß hierinne nicht unchristlich oder freventlich gehandelt, sondern daß wir durch Gottes Gebot, welches billig höher zu achten denn alle Gewohnheit, gedrungen sind solche Änderung zu gestatten.

Dieser Abschnitt besteht nun aus 7 Artikeln, welche, viel ausführlicher, als die Artikel des Glaubens, folgende Mißbräuche besprechen.

22. Von beider Gestalt des Sakraments. Vgl. Art. 10.
23. Vom Ehestand der Priester. Vgl. Art. 15, Anm. 3.
24. Von der Messe. Vgl. Art. 10.
25. Von der Beichte. Vgl. Art. 11.
26. Vom Unterschied der Speise. Vgl. Art. 16.
27. Von Klostergelübden. Vgl. Art. 16.
28. Von der Bischöfe Gewalt. Vgl. Art. 14, Anm. 1.

Auf diese Artikel ist bei den Glaubensartikeln hingewiesen und, soweit es nötig schien, sind sie oben abgedruckt worden.

c. Der „Beschluß" der Ausburgischen Konfession lautet aber also:

Dies sind die fürnehmsten Artikel, die jetzt für streitig geachtet werden. Denn wiewohl man viel mehr Misbräuche und Unrichtigkeit hätte anziehen können, so haben wir doch, die Weitläuftigkeit und Länge zu verhüten, allein die fürnehmsten vermeldet, daraus die andern leichtlich zu ermessen ... Dafür soll es auch nicht gehalten werden, daß in deme [in dem Gesagten] jemand ichtes [etwas] zu Haß oder Unglimpf geredt oder angezogen sei, sondern wir haben allein die Stück erzählet, die wir für nöthig anzuziehen und zu vermelden geachtet haben, damit man daraus desto baß zu vernehmen habe, daß bei uns nichts, weder mit der Lehre noch Ceremonien, angenommen ist, das entweder der heiligen Schrift oder gemeiner christlichen Kirchen zu entgegen[2] wäre. Denn es ist je [ja] am Tage und offentlich, daß wir mit allem Fleiß mit Gottes Hilfe, ohne Ruhm zu reden, verhütet haben, damit je kein neue und gottlose Lehre sich in unsern Kirchen heimlich einflechte, einreiße und überhandnehme.

Diese obgemeldten Artikel haben wir dem Ausschreiben nach übergeben wollen zu einer Anzeigung unser Bekenntnis und der Unsern Lehre.

[1]) Hier verrät sich wieder der Standpunkt Melanchthons bei der Abfassung seines Bekenntnisses: die Reformation hat viel mehr erstrebt und erreicht, als hier angenommen ist.

[2]) „Zu entgegen" nicht etwa: allzu entgegen, sondern einfach: entgegen.

Und ob jemand befunden würde, der daran Mangel hätte [d. h. fände], dem ist man ferneren Bericht [latiorem informationem] mit Grund göttlicher heiliger Schrift zu thun erbötig.

Eurer Kaiserlichen Majestät
unterthänigste
Churfürst, Fürsten und Städte:

Johanns Hertzog zu Sachsen Churfürst.
Georg Marggraf zu Brandenburg[1].
Ernst Hertzog zu Braunschweig und Lünenburg.
Philipp Landgraff zu Hessen.
Wolfgang Fürst zu Anhalt.
Die Stadt Nürnbergk.
Die Stadt Reutlingen[2].

D. Die Spaltung der christlichen Kirche.

Schluß der „Apologie der Augsburgischen Konfession".

Daß Uneinigkeit und Spaltung in der Kirche ist, weiß man, wie sich diese Händel erstlich zugetragen haben, und wer Ursach zur Trennung geben, nämlich die Indulgenzkrämer[3]), die unleidliche Lügen unverschämt predigten und nachmals den Luther verdammten, daß er dieselbige Lügen nicht billigte, dazu erregten für und für mehr Händel, daß Luther ander mehr Irrtum anzufechten verursacht ward. Dieweil aber unser Gegenteil die Wahrheit nicht hat dulden wollen, und sich unterstehet öffentlichen Irrtum noch mit Gewalt zu handhaben, ist leichtlich zu richten, wer an der Trennung schuldig ist. Es sollt ja billig alle Welt, alle Weisheit, alle Gewalt Christo und seinem heiligen Wort weichen; aber der Teufel ist Gottes Feind, darum erregt er alle seine Macht wider Christum, Gottes Wort zu dämpfen und unterzudrücken. Also ist der Teufel mit seinen Gliedern, so sich wider Gottes Wort legt, Ursach der Spaltung und Uneinigkeit; denn wir zum höchsten Frieden gesucht haben, des wir noch zum höchsten begehren, sofern, daß wir nicht gedrungen werden Christum zu lästern und zu verleugnen. Denn Gott weiß, der aller Herzen Richter ist, daß wir an dieser schrecklichen Uneinigkeit nicht Lust oder Freude haben. So hat der Gegenteil bis anher kein Frieden machen wollen, darin nicht gesucht sei, daß wir die heilsame Lehre von Vergebung der Sünde durch Christum ohn unser Verdienst sollten fallen lassen, dadurch doch Christus zum höchsten gelästert würde.

[1]) Herr von Ansbach und Jägerndorf, aus der fränkischen Linie der Hohenzollern, ein Enkel von Albrecht Achilles, † 1543. Sein Bruder Albrecht war Herzog von Preußen † 1568; seine Vettern, ebenfalls Enkel von Albrecht Achilles, waren Joachim I. von Brandenburg † 1535, und Albrecht, Erzbischof von Mainz und Magdeburg † 1545.

[2]) Auch der Kurprinz von Sachsen, Johann Friedrich, und ein zweiter Herzog von Lüneburg, Franz, vielleicht auch Albrecht, Graf und Herr zu Mansfeld, als Führer der Grafen, der Ritter und des Adels, hatten die Augsb. Konfession wohl mit unterschrieben; im Verlaufe des Reichstags sind auch noch die Städte Kempten, Windsheim, Heilbronn und Weißenburg (in Franken) der Augsb. Konfession beigetreten.

[3]) D. h. Ablaßhändler.

Und wiewohl nicht ohne ist, daß, wie die Welt pflegt, in dieser Spaltung dennoch Ärgernis durch Frevel und ungeschickte Leute etwa fürgefallen, denn der Teufel richtet solche Ärgernis an zu Schmach dem Evangelio: so sind sie doch alle nicht zu achten gegen dem hohen Trost, den diese Lehre mit sich bracht hat, die lehret, daß wir um Christus willen ohn unser Verdienst Vergebung der Sünden und einen gnädigen Gott haben. Item, daß sie unterrichtet, daß Gottesdienst nicht sei, verlassen weltliche Stände und Oberkeit, sondern daß solche Stände und Oberkeit Gott gefallen und rechte heilige Werke und Gottesdienst seien.

Wir hoffen, es sollen alle Gottfürchtige in dieser unser Schrift[1]) genugsam sehen, daß unser Lehre christlich und allen Frommen tröstlich und heilsam sei. Darum bitten wir Gott, daß er Gnade verleihe, daß sein heiliges Evangelium bei allen erkannt und geehret werde, zu seinem Lobe und zu Friede, Einigkeit und Seligkeit unser aller, und erbieten uns hiemit, wo es not ist, von allen Artikeln weiter Bericht zu tun.

E. Luthers Vermahnung an die Geistlichen, versammelt auf dem Reichstag zu Augsburg.

a. Gnade und Friede von Gott unserm Vater und dem Herrn Jesu Christo!

Wiewohl mir, liebe Herren, nicht gebührt, auf diesem Reichstag persönlich zu erscheinen, und ob ich erscheinen müßte oder sollte, doch nichts nütze da sein könnte, als an dem in solcher Pracht und Geschäft nichts gelegen sein würde: so habe ich mir doch vorgenommen, über meine geistliche Gegenwärtigkeit (die ich mit ganzem meinem Herzen durch Gebet und Flehen zu meinem Gott fleißig und redlich mit Gottes Hilfe beweisen will) auch schriftlich und mit dieser meiner stummen und schwachen Botschaft unter euch zu sein.

Sollte aber dieser Reichstag (da Gott gnädiglich vor sei) ohne Ende zergehen und nicht etwas Redliches ausgerichtet werden, und alle Welt nun lange Zeit her mit Reichstagen und Concilien vertröstet und aufgezogen [hingezogen], und alle Hoffnung gefehlt und umsonst gewesen [sein], ist zu besorgen, es würde ein Verzweifeln daraus kommen, und jedermann würde des Vertröstens und Harrens allzu müde werden, und das vergebliche lange Gaffen Ungeduld und böses Blut machen. Denn es kann und mag länger so nicht stehen, wie es jetzt steht, sonderlich mit euch selbst und mit euerm Stande und Wesen, das wißt und fühlt ihr besser, denn ich euch sagen kann. So tue ich euch hiermit, was ich tue, euch zum Besten um Friede und Einigkeit willen.

Weil man [nun] vergessen hat, wie es dazumal stand in der Welt, ehe meine Lehre anfing, und nun niemand will nie[2]) etwas Ubles getan haben, so muß ich die alten Larven hervorziehen und den Geistlichen ihre ver-

[1]) Der Apologie der Augsb. Konfession.
[2]) Die doppelte Negation hebt sich in der alten Sprache nicht auf.

gessene Tugend vor die Augen stellen, damit sie sehen oder wieder daran gedenken, was in der Welt sollte geworden sein, wo unser Evangelium nicht gekommen wäre, und wir auch zu unserm Trost sehen, wie mannigfaltige herrliche Frucht das Wort Gottes getan habe.

b. Wahres und falsches Christentum[1]).

c. Es will aber zu viel und zu lang werden, mehr Stücke zu behandeln. Gott helfe euch auf dem Reichstage also fahren, daß uns nicht not sei, alles von neuem wieder anzufangen, denn das ist auch nicht gut; so sind wir der Mühe lieber überhoben. Doch daß ihr nicht denket, es seien lose Drohworte, das [was] ich jetzt sage, will ich hier, so viel mir jetzt einfällt, Stücke und Artikel erzählen, so auf beiden Seiten getrieben werden.

Die Stücke, so nötig sind in der rechten christlichen Kirche zu handeln[2]), da wir mit umgehen, solche Stücke hat nie kein Bischof gehandelt, und sind dazu von den Euren auch nie gründlich verstanden noch gelehrt, und ein großer Teil gar verblichen. Das dürft ihr nicht leugnen, wir sind in euren Schulen auferzogen; so sind eure Bücher noch vorhanden, die solches zeugen; so zeuget alle Welt, daß [solches] zuvor nie ist gepredigt. Nun ist's gewiß, daß an diesen Stücken gelegen und die christliche Kirche mit diesen versorgt ist, und bedarf eure unnötigen Zusätze nicht überall [ganz und gar nicht].

Die Stücke [aber], so in der gleißenden Kirche in Übung und Brauch sind gewesen — wer vermag es, alles zu erzählen in solcher Kürze[3])? Wohl ist's wahr, daß unter diesen Stücken etliche sind, die nicht zu verwerfen sind, und derselben etliche sind gefallen, die ich nicht wollte, daß sie gefallen wären, können aber wohl leichtlich wieder aufkommen.

Wenn man solche Stücke hätte lassen bleiben, ein Kinderspiel für die Jugend und junge Schüler, damit [womit] sie hätten ein kindliches Bild gehabt christlicher Lehre und Lebens, wie man doch muß Kindern Tocken[4]), Puppen, Pferde und andere Kinderwerke vorgeben, und [es] wäre bei dem Brauche geblieben, wie man die Kinder lehrt, S. Niklas und dem Christkind fasten, daß sie ihnen sollen des Nachts bescheren, wie sich's läßt ansehen, daß unsere Vorfahren gemeint haben, so wäre es wohl zu leiden, daß man Palmesel[5]), Himmelfahrt[6]) und dergleichen viel ließe gehen und geschehen, denn da wäre kein Gewissen mit verwirrt. Können wir solche Kinderspiele, die leidlich sind, helfen erhalten um der Jugend willen, ohne Nachteil der rechten, ernsten Hauptstücke, so wollen wir's gern tun. Aber daß wir sie für Artikel des Glaubens halten und auch in Bischofshüten narren, daraus wird nichts, zürne und lache, wer da will!

[1]) Auf Luthers Darlegungen über das wahre und das falsche Christentum im einzelnen muß hier verzichtet werden.
[2]) Sie werden von Luther aufgezählt.
[3]) Das Register derselben bei Luther umfaßt 114 Nummern.
[4]) Puppen, aus allerlei Stoff, auch aus Zucker und Pfefferkuchen.
[5]) Eine Nachahmung des Einzugs Jesu in Jerusalem.
[6]) Emporziehen einer Christusbildsäule in der Kirche.

Summa, es war Jammer und Herzeleid mit Predigen und Lehren; dennoch schwiegen alle Bischöfe still und sahen nichts Neues, die doch jetzt eine neue Mücke in der Sonne sehen können[1]).

d. Darum bieten wir euch an die Wahl. Erstlich weil ihr doch bischöfliches Amt und Werk nicht könnt noch wollt verhegen [verwalten], als die ihr zu predigen und Gewissen zu trösten und richten, doch wahrlich, wahrlich nicht taugt samt allen euern Gelehrten, so laßt *uns* doch euer Amt, das ihr schuldig seid, ausrichten, gebt uns das Evangelium frei zu lehren, und laßt uns dem armen Volk, das fromm zu sein begehrt, dienen. Verfolgt und wehrt doch dem nicht, das *ihr* nicht könnt und doch schuldig seid und *andere* für euch tun wollen.

Zum andern, so wollen wir über das [für das, was wir tun] nichts von euch begehren, noch Sold von euch nehmen, sondern wo [wie] uns sonst Gott ernährt gewarten [abwarten], auf daß ihr also beide, der Arbeit und Lohn, der Mühe und Kosten, überhoben seid.

Zum dritten wollen wir euch lassen bleiben, was ihr seid, und lehren — wie ihr denn bisher getan — daß man euch solle Fürsten und Herren sein [lassen] um Friedens willen und eure Güter lassen. Denn was schadet uns das, ob ihr Herren und Fürsten seid? Wollt ihr nicht für euch und [für] euren Stand und Amt tun, was recht ist, wohlan, davon werden nicht wir, sondern ihr Rechenschaft geben.

Allein haltet doch Friede und verfolgt uns nicht! Wir bitten ja nicht *mehr*, haben auch nie anders gebeten, denn ums freie Evangelium. Ihr könnt *uns* und wir *euch* zum Frieden helfen.

Mehr und höher können wir uns wahrlich nicht entbieten, nämlich euer Amt wollen *wir* ausrichten, *selbst* wollen wir uns, ohne eure Kosten, ernähren; euch wollen wir helfen bleiben, wie ihr seid [nämlich weltliche Landesherren]. Was sollen wir doch mehr tun?[2]) . . .

e. Wollen sie[3]) aber das Evangelium dämpfen, dessen mögen sie ihr Abenteuer stehen [das mögen sie auf ihre eigene Gefahr hin wagen]: wir predigen doch, was wir wollen. Auch sitzen sie so fest nicht. Haben sie Lust zu Unglück, so hat Gott bald einen andern Münzer erweckt, der sie vollends stürze. Die Lutherischen bleiben wohl Meister, weil Christus bei ihnen und sie bei ihm bleiben, wenn gleich Hölle, Welt, Teufel, Fürsten und alles sollte unsinnig werden[4]).

---

[1]) D. h.: sie erkannten nicht, daß in *ihrer* Kirche lauter Neuerungen aufgekommen seien; nur in *Luthers* Lehre sahen sie eine Neuerung.

[2]) Aus den Bischöfen sollen also — wenigstens für die Evangelischen — nur Landesherren werden, denen allerdings — wie ja auch heute — die Kirche ihres Landes in äußeren Dingen untertan ist. Das ist schon damals geschehen, wo der Bischof in seinem Lande die Evangelischen duldete; ja, im Jahre 1803 wurden an die Stelle der Bischöfe überall in Deutschland weltliche Herren eingesetzt.

[3]) Wechsel der Person infolge der Weglassung eines Abschnitts.

[4]) Luthers Erwartung ist zunächst schon im Jahre 1532, für immer im Jahre 1555 in Erfüllung gegangen.

8 A. (148 A.) Dr. Martin Luthers kleiner Katechismus mit Anmerkungen und Bibelsprüchen[1].

A. Das erste Hauptstück[2].

Die zehn Gebote. (II, 61.)[3])

Das erste Gebot.

Ich bin der Herr, dein Gott.
Du sollst nicht andere Götter haben neben mir[4]).

Was ist das?

Wir sollen Gott über alle Dinge fürchten, lieben und vertrauen.

*5. Mose 6, 4. Höre, Israel, der Herr unser Gott ist ein einiger Herr.
*Matth. 4, 10. Du sollst anbeten Gott deinen Herrn, und ihm allein dienen.

---

[1]) Vgl. oben Nr. 146. — Text nach dem revidierten Katechismus. Stuttgart, Grüninger, 1885. — Von den 175 dem Katechismus beigegebenen Sprüchen sind die zunächst zu lernenden (120) durch ein vorgesetztes Sternchen bezeichnet.

[2]) Da die beiden Tafeln, auf welchen die ursprünglichen zehn Gebote verzeichnet waren, nicht erhalten sind, die zehn Gebote uns aber in zwei Überlieferungen erhalten sind (2. Mose 20 und 5. Mose 5), welche nicht buchstäblich miteinander übereinstimmen, so ist es nicht möglich, die ursprüngliche Fassung des Zehngebots anzugeben; doch sind die Unterschiede sachlich unbedeutend und fast nur in den (wahrscheinlich nicht als ursprünglich anzusehenden) Erläuterungen der Gebote enthalten. Der Hauptunterschied ist der, daß es im 5. Buch Mose nicht an erster Stelle heißt: „Du sollst nicht begehren deines Nächsten Haus", sondern „Weib". Im Grundtexte aber bilden unsere beiden letzten Gebote nur ein Gebot, und so kam denn auf die Ordnung der Gegenstände in demselben nicht so viel an, wie bei uns, die wir zwei Gebote daraus gemacht haben. Der Luthersche „Schluß der Gebote" steht im Grundtexte an beiden Stellen hinter dem in Luthers Katechismus fehlenden Bilderverbot. Unser Katechismus schließt sich im allgemeinen an den Text von 2. Mose 20 an.

[3]) Vgl. Luthers Lieder: „Mensch, willst du leben seliglich" und „Dies sind die heil'gen zehn Gebot'".

[4]) Die Anrede („Ich bin der Herr, dein Gott"), welche Luther in seinem Katechismus nicht hatte, ist nach Luthers Tode mit Recht aufgenommen worden; sie ist allerdings wohl mehr als eine Einleitung zum ganzen Gesetz anzusehen, als speziell zum ersten Gebot; die Schule mag sie aber mit dem ersten Gebot verbinden. Den nur für die Israeliten passenden Zusatz der Anrede in der Bibel: „Der ich dich aus Ägyptenland, aus dem Diensthause, geführt habe", hat der Katechismus mit Recht weggelassen; vgl. Jerem. 23, 7 (u. 16, 14—15): „Es wird die Zeit kommen", spricht der Herr, „daß man nicht mehr sagen wird: So wahr der Herr lebt, der die Kinder Israel aus Ägyptenland geführt hat". Wenn aber Jeremias (23, 8) hinweist auf den Gott, der Israel aus Babel führen wird, so müßte natürlich der Christ hinweisen auf den Gott, der uns in Christus von der Sünde erlöst hat. — Die letzten Worte des Gebots: „neben mir" sind mit Recht nach der Bibel dem Luthertexte zugesetzt worden.

2. Mose 20, 4—5. Du sollst dir kein Bildnis noch irgend ein Gleichnis machen, weder des, das oben im Himmel, noch des, das unten auf Erden, oder des, das im Wasser unter der Erde ist. Bete sie nicht an, und diene ihnen nicht[1])!

Joh. 14, 9. Wer mich sieht, der sieht den Vater.

Ps. 33, 8. Alle Welt fürchte den Herrn, und vor ihm scheue sich alles, was auf dem Erdboden wohnt.

Tob. 4, 6. Dein Leben lang habe Gott vor Augen und im Herzen, und hüte dich, daß du in keine Sünde willigst und tust wider Gottes Gebote.

*Ps. 111, 10. Die Furcht des Herrn ist der Weisheit Anfang.

*1. Joh. 4, 19. Lasset uns ihn lieben, denn er hat uns zuerst geliebt.

Ps. 73, 25—26. Herr, wenn ich nur dich habe, so frage ich nichts nach Himmel und Erde. Wenn mir gleich Leib und Seele verschmachtet, so bist du doch, Gott, allezeit meines Herzens Trost und mein Teil.

*1. Joh. 5, 3. Das ist die Liebe zu Gott, daß wir seine Gebote halten, und seine Gebote sind nicht schwer.

*Ps. 37, 5. Befiehl dem Herrn deine Wege und hoffe auf ihn, er wird's wohl machen.

Matth. 10, 28. Fürchtet euch nicht vor denen, die den Leib töten, und die Seele nicht können töten. Fürchtet euch aber vielmehr vor dem, der Leib und Seele verderben kann in die Hölle.

Lesen: Matth. 19, 16—26. Luk. 12, 13—21. Matth. 6, 19—34. Luk. 16, 19—31.

Das zweite Gebot.

Du sollst den Namen des Herrn, deines Gottes, nicht unnützlich führen; denn der Herr wird den nicht ungestraft lassen, der seinen Namen mißbraucht[2]).

Was ist das?

Wir sollen Gott fürchten und lieben, daß wir bei seinem Namen nicht fluchen, schwören, zaubern, lügen oder trügen, sondern denselben in allen Nöten anrufen, beten, loben und danken[3]).

[1]) Das in der Bibel auf das erste Gebot folgende Bilderverbot, welches Luther in Übereinstimmung mit dem katholischen Katechismus weggelassen, aber der reformierte Katechismus wieder aufgenommen hat, zieht Luther in Betracht bei der Erklärung der Abgötterei; dasselbe verbietet aber nicht die Abgötterei, sondern die Verehrung des rechten Gottes unter einem Bilde. — Über dieses Verbot sagt der Heidelberger Katechismus in Frage 98 folgendes: „Mögen aber nicht die Bilder, als der Laien Bücher, in den Kirchen geduldet werden?" [So rechtfertigen die Katholiken die Aufstellung der Bilder in den Kirchen.] — „Nein; denn wir sollen nicht weiser sein als Gott, welcher seine Christenheit nicht durch stumme Götzen, sondern durch die lebendige Predigt seines Wortes will unterwiesen haben."

[2]) Die dem Texte des Gebotes in der Bibel beigefügte Drohung fehlt zwar in Luthers Originaltext, aber nur darum, weil sie damals nicht üblich war; im Großen Katechismus ist sie erklärt.

[3]) Man kann in der Erklärung aller Gebote vom zweiten bis zum zehnten (ausgenommen das achte) doppelt konstruieren: entweder ergänzt man im zweiten Teile aus dem Vorhergehenden das Verbum sollen, so daß die folgenden Verba Infinitive sind (wie im achten Gebot), oder (und das ist richtig) die zweite Hälfte

*Matth. 7, 21. Es werden nicht alle, die zu mir sagen: „Herr, Herr!" in das Himmelreich kommen, sondern die den Willen tun meines Vaters im Himmel.

Jak. 3, 9—10. Durch die Zunge loben wir Gott den Vater, und durch sie fluchen wir den Menschen, die nach dem Bilde Gottes gemacht sind. Aus einem Munde geht Loben und Fluchen. Es soll nicht, liebe Brüder, also sein.

Hebr. 6, 16. Der Eid macht ein Ende alles Haders, dabei es fest bleibt unter ihnen.

*Matth. 5, 37. Eure Rede sei: Ja, ja; nein, nein; was darüber ist, das ist vom Übel.

Matth. 12, 36. Ich sage euch aber, daß die Menschen müssen Rechenschaft geben am jüngsten Gericht von einem jeglichen unnützen Wort, das sie geredet haben.

Gal. 6, 7. Irret euch nicht, Gott läßt sich nicht spotten.

*Ps. 106, 1. Danket dem Herrn, denn er ist freundlich, und seine Güte währet ewiglich.

*Ps. 50, 15. Rufe mich an in der Not, so will ich dich erretten, und du sollst mich preisen[1]).

Ps. 19, 15. Laß dir wohlgefallen die Rede meines Mundes und das Gespräch meines Herzens vor dir, Herr, mein Hort und mein Erlöser!

Lesen: Matth. 5, 33—37. Matth. 23, 16—22.

Das dritte Gebot.

Du sollst den Feiertag heiligen.

Was ist das?

Wir sollen Gott fürchten und lieben, daß wir die Predigt und sein Wort nicht verachten, sondern dasselbe heilig halten, gerne hören und lernen.

*Ps. 26, 6—8. Ich halte mich Herr, zu deinem Altar, da man hört die Stimme des Dankens, und da man predigt alle deine Wunder. Herr, ich habe lieb die Stätte deines Hauses und den Ort, da deine Ehre wohnet.

*Luk. 11, 28. Selig sind, die das Wort Gottes hören und bewahren!

*Kol. 3, 16. Lasset das Wort Christi unter euch reichlich wohnen in aller Weisheit; lehret und vermahnet euch selbst mit Psalmen und Lobgesängen und geistlichen lieblichen Liedern, und singet dem Herrn in eurem Herzen!

2. Thess. 3, 10. So jemand nicht will arbeiten, der soll auch nicht essen.

der Erklärung von daß abhängen lassen. Im neunten Gebot ist das Schlußwort sein heute allerdings nur Infinitiv, zu welchem „sollen" zu ergänzen ist; vielleicht hat es Luther als Konjunktiv (seien) oder als Indikativ (was es bei ihm ebenfalls war) gemeint. Vgl. Ebeling, Luthers Katech. (zu Gebot 6).

[1]) Frühere und Rev. Bibel: „so sollst du mich preisen"; Kautzsch: „und du sollst mich preisen".

Das vierte Gebot.

Du sollst deinen Vater und deine Mutter ehren, auf daß dirs wohlgehe und du lange lebest auf Erden[1]).

Was ist das?

Wir sollen Gott fürchten und lieben, daß wir unsere Eltern und Herren nicht verachten noch erzürnen, sondern sie in Ehren halten, ihnen dienen, gehorchen, sie lieb und wert haben.

*Sprüche 30, 17. Ein Auge, das den Vater verspottet, und verachtet der Mutter zu gehorchen, das müssen die Raben am Bach aushacken und die jungen Adler fressen.

Eph. 6, 1—2. Ihr Kinder, seid gehorsam euren Eltern in dem Herrn, denn das ist billig. „Ehre Vater und Mutter", das ist das erste Gebot, das Verheißung hat.

*Hebr. 13, 17. Gehorchet euren Lehrern und folget ihnen, denn sie wachen über eure Seelen, als die da Rechenschaft dafür geben sollen, auf daß sie das mit Freuden tun und nicht mit Seufzen, denn das ist euch nicht gut.

*Röm. 13, 1. Jedermann sei untertan der Obrigkeit, die Gewalt über ihn hat. Denn es ist keine Obrigkeit ohne von Gott; wo aber Obrigkeit ist, die ist von Gott verordnet.

Apg. 5, 29. Man muß Gott mehr gehorchen denn den Menschen.

Sirach 3, 11. Des Vaters Segen baut den Kindern Häuser, aber der Mutter Fluch reißt sie nieder.

Lesen: Sirach 3, 1—18.

Das fünfte Gebot.

Du sollst nicht töten.

Was ist das?

Wir sollen Gott fürchten und lieben, daß wir unserm Nächsten an seinem Leibe keinen Schaden noch Leid tun, sondern ihm helfen und fördern in allen Leibesnöten.

*1. Mose 9, 6. Wer Menschenblut vergießt, des Blut soll auch durch Menschen vergossen werden, denn Gott hat den Menschen zu seinem Bilde gemacht.

*1. Joh. 3, 15. Wer seinen Bruder haßt, der ist ein Totschläger, und ihr wisset, daß ein Totschläger hat nicht das ewige Leben bei ihm bleibend.

*Matth. 5, 43—45. Ihr habt gehört, daß gesagt ist: Du sollst deinen Nächsten lieben und deinen Feind hassen. Ich aber sage euch: Liebet eure Feinde; segnet, die euch fluchen; tut wohl denen, die euch hassen; bittet für die, so euch beleidigen und verfolgen, auf daß ihr Kinder seid eures Vaters

[1]) Die in der Bibel vorhandene, dem Gebote angefügte Verheißung hat Luther erst im Jahre 1542 beigefügt, aber nicht in ATlicher („auf daß du lange lebest im Lande, das dir der Herr, dein Gott, gibt"), sondern in NTlicher Form (Ephes. 6, 2—3).

im Himmel; denn er läßt seine Sonne aufgehen über die Bösen und über die Guten, und läßt regnen über Gerechte und Ungerechte.

Joh. 13, 34—35. Ein neu Gebot gebe ich euch, daß ihr euch unter einander liebet, wie ich euch geliebt habe, auf daß auch ihr einander liebhabet. Dabei wird jedermann erkennen, daß ihr meine Jünger seid, so ihr Liebe unter einander habt.

Lesen: Matth. 5, 21—26 und 38—42 und 43—48.

Das sechste Gebot.

Du sollst nicht ehebrechen.

Was ist das?

Wir sollen Gott fürchten und lieben, daß wir keusch und züchtig leben in Worten und Werken und ein jeglicher sein Gemahl[1]) lieben und ehren[2]).

*1. Kor. 15, 33. Lasset euch nicht verführen. Böse Geschwätze verderben gute Sitten.

*Ps. 51, 12. Schaffe in mir, Gott, ein reines Herz, und gib mir einen neuen gewissen Geist.

*Matth. 5, 8. Selig sind, die reines Herzens sind, denn sie werden Gott schauen.

Lesen: Matth. 5, 27—32.

Das siebente Gebot.

Du sollst nicht stehlen.

Was ist das?

Wir sollen Gott fürchten und lieben, daß wir unseres Nächsten Geld oder Gut nicht nehmen, noch mit falscher Ware oder Handel an uns bringen, sondern ihm sein Gut und Nahrung[3]) helfen bessern und behüten.

*1. Tim. 6, 9—10. Die da reich werden wollen, die fallen in Versuchung und Stricke und viel törichte und schädliche Lüste, welche versenken die Menschen ins Verderben und Verdammnis; denn Geiz ist eine Wurzel alles Übels.

*1. Tim. 6, 6. Es ist aber ein großer Gewinn, wer gottselig ist und lässet sich genügen.

1. Petr. 4, 10. Dienet einander, ein jeglicher mit der Gabe, die er empfangen hat, als die guten Haushalter der mancherlei Gnade Gottes.

[1]) Das Gemahl bezeichnet in der alten Sprache beide Gatten.
[2]) Der Pluralis (statt des zu erwartenden Singularis) ist wohl aus dem noch nachwirkenden wir zu erklären.
[3]) Nahrung, d. h. das, womit man sich seine Nahrung erwirbt.

Das achte Gebot.

Du sollst nicht falsch Zeugnis reden wider deinen Nächsten.

Was ist das?

Wir sollen Gott fürchten und lieben, daß wir unsern Nächsten nicht fälschlich belügen[1], verraten, afterreden[2] oder bösen Leumund[3] machen, sondern sollen ihn entschuldigen, Gutes von ihm reden und alles zum Besten kehren.

*Eph. 4, 25. Leget die Lüge ab und redet die Wahrheit, ein jeglicher mit seinem Nächsten, sintemal wir unter einander Glieder sind.

*1. Petr. 4, 8. Die Liebe decket auch der Sünden Menge.

Matth. 7, 12. Alles, was ihr wollt, daß euch die Leute tun sollen, das tut ihr ihnen auch; das ist das Gesetz und die Propheten.

Lesen: Matth. 7, 1—5.

Das neunte Gebot[4].

Du sollst nicht begehren deines Nächsten Haus.

Was ist das?

Wir sollen Gott fürchten und lieben, daß wir unserm Nächsten nicht mit List nach seinem Erbe oder Hause stehen[5] und mit einem Schein des Rechtes an uns bringen, sondern ihm dasselbe zu behalten förderlich und dienstlich sein.

Das zehnte Gebot.

Du sollst nicht begehren deines Nächsten Weib, Knecht, Magd, Vieh oder alles, was sein ist.

Was ist das?

Wir sollen Gott fürchten und lieben, daß wir unserm Nächsten nicht sein Weib, Gesinde oder Vieh abspannen[6], abdringen oder abwendig machen, sondern dieselben anhalten, daß sie bleiben und tun, was sie schuldig sind.

[1]) Fälschlich, d. h. absichtlich, gehört nur zum nächstfolgenden Worte; jemanden belügen bedeutet bei Luther Unwahres von ihm aussagen.

[2]) Afterreden, d. h. hinter (= mittelhochd. after) dem Rücken eines andern von ihm reden; dann redet man aber in der Regel mehr Böses als Gutes.

[3]) Leumund (sprachlich falsch gedeutet: der Leute Mund), d. h. Ruf; die Endung „und" hat hier den vollen Vokal noch behalten, der in Tugend (althochdeutsch: tugundi), wie gewöhnlich, abgeschwächt worden ist.

[4]) Im Großen Katechismus hat Luther, wie in allen seinen katechetischen Schriften, außer dem Kleinen Katechismus, dem Grundtext entsprechend, beide Gebote zusammengefaßt; dieselben sind bekanntlich nur deshalb voneinander getrennt worden, um nach der Weglassung des Bilderverbots doch die Zehnzahl festhalten zu können. Wenn in manchen katholischen Katechismen das 9. Gebot lautet: „Du sollst nicht begehren deines Nächsten Weib" — so stimmt das überein mit 5. Mose 5, während unser Katechismus mit 2. Mose 20 übereinstimmt.

[5]) Nach etwas stehen, d. h. mit seinem Begehren auf etwas gerichtet sein.

[6]) Gewöhnlich läßt man den drei Objekten die drei Prädikate in umgekehrter Ordnung entsprechen; aber „abspannen" wird von Luther nicht in unserem Sinne gebraucht, sondern es bedeutet: abspenstig machen.

Matth. 15, 19. Aus dem Herzen kommen arge Gedanken: Mord, Ehebruch, Dieberei, falsch Zeugnis, Lästerung; das sind die Stücke, die den Menschen verunreinigen.

*Jak. 1, 13—15. Niemand sage, wenn er versucht wird, daß er von Gott versucht werde; denn Gott kann nicht versucht werden zum Bösen, und er selbst versucht niemand; sondern ein jeglicher wird versucht, wenn er von seiner eigenen Lust gereizt und gelockt wird. Danach, wenn die Lust empfangen hat, gebiert sie die Sünde; die Sünde aber, wenn sie vollendet ist, gebiert sie den Tod.

Gal. 5, 24. Welche aber Christo angehören, die kreuzigen ihr Fleisch samt den Lüsten und Begierden.

Was sagt nun Gott von diesen Geboten allen?

Er sagt also: Ich, der Herr dein Gott, bin ein eifriger[1]) Gott, der über die, so[2]) mich hassen, die Sünde der Väter heimsucht[3]) an den Kindern bis ins dritte und vierte Glied; aber denen, so mich lieben und meine Gebote halten, tue ich wohl in tausend Glied[4]).

Was ist das?

Gott dräuet zu strafen alle, die diese Gebote übertreten; darum sollen wir uns fürchten vor seinem Zorn und nicht wider solche Gebote tun. Er verheißet aber Gnade und alles Gute allen, die solche Gebote halten; darum sollen wir ihn auch lieben und vertrauen und gerne tun nach seinen Geboten[5]).

*Röm. 2, 6. Gott wird geben einem jeglichen nach seinen Werken.

*Gal. 6, 7. Irret euch nicht, Gott läßt sich nicht spotten, denn was der Mensch sät, das wird er ernten.

*Spr. 14, 34. Gerechtigkeit erhöhet ein Volk, aber die Sünde ist der Leute Verderben.

Lesen: 2. Mose 20, 1—17. 5. Mose 5, 6—21. 3. Mose 19, 1—18 u. 30—37. Matth. 22, 34—40. Luk. 10, 25—37. Matth. 4, 23—7, 29[6]).

---

[1]) Die frühere Lesart: „ein starker, eifriger Gott" ist zwar sachlich angemessen, aber in der Bibel nicht begründet.

[2]) Indeklinables Relativpronomen (mittelhochdeutsch).

[3]) Heimsuchen, d. h. segnend oder strafend (in seinem Hause) besuchen — heute nur in dem letzteren Sinne.

[4]) Unveränderter Pluralis der älteren Sprache, wie er beim Neutrum regelrecht ist, also wohl (als Dativ gefaßt): in tausend Gliedern. — Der auf 5. Mose 7, 9 beruhende Ausdruck („tausend Glieder" d. h. „Generationen") lautet 2. Mose 20, 6: „auf Tausende hinaus", und dies bezeichnet wohl nicht tausend Generationen, sondern den weiten Kreis der um den Frommen lebenden Menschen, denen Gott um des Frommen willen Gutes erweist.

[5]) Während Luther diesen Schluß der Gebote, der im Grundtext hinter dem Bilderverbot steht, im Großen Katechismus noch hinter dem ersten Gebot, aber auch am Schluß der Gebote behandelt, hat er denselben im Kleinen Katechismus nur hierher gestellt.

[6]) Vgl. Luthers „Schluß der Gebote" in seinem Großen Katechismus, im Gegensatz zu der Lehre der Katholiken von den fünf Geboten der Kirche und den drei evangelischen Ratschlägen (Nr. 146a).

B. Das zweite Hauptstück [1]).

Der Glaube. (I, 66.) [2])

Der erste Artikel.

Von der Schöpfung.

Ich glaube an Gott den Vater [3]), den Allmächtigen [4]), Schöpfer Himmels und der Erde [5]).

Was ist das?

Ich glaube, daß mich Gott geschaffen hat samt allen Kreaturen, mir Leib und Seele, Augen, Ohren und alle Glieder,

[1]) Die ältere Form des apostolischen Glaubensbekenntnisses — welche namentlich noch nicht enthielt die Ausdrücke: „Schöpfer Himmels und der Erde", „niedergefahren zur Hölle", „die Gemeinde der Heiligen", „ein ewiges Leben" — lautete also:

1. Ich glaube an Gott den Vater, den Allmächtigen, 2. Und an Jesum Christum, seinen eingeborenen Sohn, unsern Herrn, 3. Geboren vom Heiligen Geiste und der Jungfrau Maria, 4. Unter Pontius Pilatus gekreuzigt und begraben, 5. Am dritten Tage auferstanden von den Toten, 6. Aufgefahren gen Himmel, 7. Sitzend zur Rechten des Vaters, 8. Von wo er kommt, zu richten die Lebendigen und die Toten, 9. Und an (den) heiligen Geist, 10. Eine [Artikel!] heilige Kirche, 11. Vergebung der Sünden, 12. Auferstehung des Fleisches.

Als der Zusatz hinzukam „Ein ewiges Leben", wurden zur Erhaltung der Zwölfteilung des Bekenntnisses Nr. 5 und 6 in einen Abschnitt zusammengezogen. — Vgl. Luthers Lied „Wir glauben all an einen Gott" (Nr. 32).

[2]) „Bisher hat man den Glauben geteilt in zwölf Artikel [und so wird der Glaube noch heute im katholischen Katechismus eingeteilt], wiewohl, wenn man alle Stücke, so in der Schrift stehen und zum Glauben gehören, einzeln fassen sollte, gar viel mehr Artikel sind, auch nicht alle deutlich mit so wenig Worten mögen ausgedrückt werden. Aber daß man's aufs leichteste und einfältigste fassen könnte, wie es für die Kinder zu lehren ist, wollen wir den ganzen Glauben kürzlich fassen in drei Hauptartikel nach den drei Personen in der Gottheit, dahin alles, was wir glauben, gerichtet ist, also daß der erste Artikel von Gott dem Vater erkläre die Schöpfung, der andere von dem Sohne die Erlösung, der dritte von dem heiligen Geist die Heiligung. Als wäre der Glaube aufs allerkürzeste in so viel Worte gefaßt: Ich glaube an Gott den Vater, der mich geschaffen hat; ich glaube an Gott den Sohn, der mich erlöst hat; ich glaube an den heiligen Geist, der mich heilig macht. Ein Gott und ein Glaube, aber drei Personen, darum auch drei Artikel." Luther, Gr. Katech., Teil II.

[3]) Das Wort „Vater" bezeichnet hier (nach Luther) das Verhältnis Gottes zu uns.

[4]) Dies Wort (omnipotentem) kann nach dem lateinischen Texte zu dem vorhergehenden (patrem) oder zu dem nachfolgenden Worte (creatorem) als Attribut gezogen, oder, wie man jetzt für richtiger hält, als selbständige Aussage gefaßt werden — und dafür spricht der älteste (griechische) Text, wo dieses Wort durch ein Substantivum ausgedrückt ist (pantokrator d. h. Allherrscher). Auch Luther sagt im Großen Katechismus: „Aber davon weiter zu sagen, gehört in die andern zwei Stücke dieses Artikels, da man spricht: Vater allmächtigen". Unrichtig war die früher übliche Verbindung mit dem folgenden, erst später beigefügten Zusatz: „Schöpfer Himmels und der Erde".

[5]) „Erden" war die ältere Form des Genitiv und Dativ Singularis (vgl noch heute: „auf Erden").

Vernunft und alle Sinne[1]) gegeben hat und noch erhält[2]); dazu[3]) Kleider und Schuh, Essen und Trinken, Haus und Hof, Weib und Kind, Acker, Vieh und alle Güter; mit aller Notdurft und Nahrung des[4]) Leibes und Lebens reichlich und täglich versorget[5]), wider alle Fährlichkeit beschirmet und vor allem Übel behütet und bewahret; und das alles aus lauter väterlicher, göttlicher Güte und Barmherzigkeit ohne all mein Verdienst und Würdigkeit; des alles[6]) ich ihm zu danken und zu loben und dafür zu dienen und gehorsam zu sein schuldig bin. Das ist gewißlich wahr[7]).

a. „Ich glaube an Gott, den Vater, den [Heiligen und] Allmächtigen."

*2. Mose 20, 2—3. Ich bin der Herr, dein Gott; du sollst nicht andere Götter haben neben mir[8]).

*2. Mose 20, 4—5. Du sollst dir kein Bildnis noch irgend ein Gleichnis machen, weder des, das oben im Himmel, noch des, das unten auf Erden, oder des, das im Wasser unter der Erde ist. Bete sie nicht an, und diene ihnen nicht!

*1. Mose 17, 1. Ich bin der allmächtige Gott; wandle vor mir und sei fromm!

*3. Mose 19, 2. Ihr sollt heilig sein, denn ich bin heilig, der Herr, euer Gott.

*1. Joh. 4, 16. Gott ist Liebe, und wer in der Liebe bleibet, der bleibet in Gott, und Gott in ihm.

b. „Schöpfer Himmels und der Erde."

„Ich glaube, daß mich Gott geschaffen hat . . . gegeben hat."

Hebr. 11, 3. Durch den Glauben merken wir, daß die Welt durch Gottes Wort fertig ist, daß alles, was man sieht, aus nichts geworden ist.

Lesen: 1. Mose 1, 1—2, 4a. Psalm 104. „Wenn ich, o Schöpfer, deine Macht."
1. Mose 2, 4b—25. Psalm 8.

[1]) „Sinne" bedeutet hier „Kräfte der Seele"; vgl. den Großen Katechismus: omnes sensus rationem, rationis usum virtutemque intelligentiae.

[2]) Objekt nicht: mich, sondern die vorhergenannten Dinge, und „mir" dazuzudenken.

[3]) „Dazu" d. h. „außerdem" (latein. Text: ad haec).

[4]) Text der Eisenacher Konferenz: „dieses".

[5]) Nach der lat. Übersetzung dieser Stelle: et omnia bona cum (mit d. h. zugleich mit) omnibus vitae necessariis copiose et quotidie largiatur (versorget) glaubten neuere Forscher annehmen zu müssen, daß der deutsche Text anders, als gewöhnlich, zu deuten sei, nämlich: dazu Kleider . . . und alle Güter (ohne das Semikolon!) mit (d. h. zugleich mit) aller Notdurft . . . versorget (d. h. besorget, bescheret). Da diese Deutung aber von anderen für unrichtig erklärt wird, so wird die Schule wohl dabei bleiben, daß der Satz unter Ergänzung von „mich" in der gewöhnlichen Weise zu deuten sei.

[6]) Genitiv: für das alles.

[7]) Übersetzung von Amen. — „Gewißlich" ist die ältere Adverbialform zu dem Adjektivum „gewiß".

[8]) Der Spruch ist in der Fassung des Katechismus zu lernen.

c. „Und noch erhält . . . versorget."

*Ps. 145, 15—16. Aller Augen warten auf dich [Herr], und du gibst ihnen ihre Speise zu seiner Zeit. Du tust deine Hand auf, und erfüllest alles, was lebet, mit Wohlgefallen.

Lesen: Matth. 6, 25—34. „Bis hierher hat mich Gott gebracht."

d. „Wider alle Fährlichkeit . . . bewahret."

Jes. 55, 8—9. Meine Gedanken sind nicht eure Gedanken, und eure Wege sind nicht meine Wege, spricht der Herr, sondern so viel der Himmel höher ist, denn die Erde, so sind auch meine Wege höher, denn eure Wege, und meine Gedanken, denn eure Gedanken.

Ps. 73, 25—26. Herr, wenn ich nur dich habe, so frage ich nichts nach Himmel und Erde. Wenn mir gleich Leib und Seele verschmachtet, so bist du doch, Gott, allezeit meines Herzens Trost und mein Teil.

*Röm. 8, 28. Wir wissen aber, daß denen, die Gott lieben, alle Dinge zum Besten dienen.

Lesen: Ps. 1. 23. 91. 37. 73. 121.
Das Buch Hiob (Auswahl).
Luk. 16, 19—31.
„Wer nur den lieben Gott läßt walten." „Befiehl du deine Wege." „Was Gott tut, das ist wohlgetan."

e. „Für deine Ehr' wir danken, daß du, Gott Vater, ewiglich regierst ohn' alles Wanken."

Die Heidenwelt: Apg. 17, 22—31.
Heilige Geschichte: Hebr. 1, 1—2.
Die Weltgeschichte.
Der einzelne Mensch (Luthers Lebensführung).

f. „Und das alles aus . . . Würdigkeit."

[Weshalb Gott so große Dinge vollbringen kann und vollbracht hat und noch heute vollbringt.]

a. Der allmächtige Gott.

*Ps. 90, 1—2. Herr Gott, du bist unsre Zuflucht für und für. Ehe denn die Berge wurden und die Erde und die Welt geschaffen wurden, bist du, Gott, von Ewigkeit zu Ewigkeit.

Lesen: Ps. 90.

*Ps. 104, 24. Herr, wie sind deine Werke so groß und so viel! Du hast sie alle weislich geordnet, und die Erde ist voll deiner Güter.

Lesen: Ps. 139.

*Ps. 139, 1—4. Herr, du erforschest mich und kennest mich. Ich sitze oder stehe auf, so weißt du es; du verstehest meine Gedanken von ferne. Ich gehe oder liege, so bist du um mich und siehest alle meine Wege. Denn siehe, es ist kein Wort auf meiner Zunge, das du, Herr, nicht alles wissest.

*Ps. 139, 7—10. Wo soll ich hingehen vor deinem Geist, und wo soll ich hinfliehen vor deinem Angesicht? Führe ich gen Himmel, so bist du da. Bettete ich mir in die Hölle, siehe, so bist du auch da. Nähme ich Flügel der Morgenröte und bliebe am äußersten Meer, so würde mich doch deine Hand daselbst führen und deine Rechte mich halten.

β. Der heilige Gott.

*Hiob 34, 11. Gott vergilt dem Menschen, danach er verdient hat.

γ. Der gnädige Gott.

Röm. 2, 4. Verachtest du den Reichtum seiner Güte, Geduld und Langmütigkeit? Weißt du nicht, daß dich Gottes Güte zur Buße leitet?

*Jes. 54, 10. Es sollen wohl Berge weichen und Hügel hinfallen, aber meine Gnade soll nicht von dir weichen, und der Bund meines Friedens soll nicht hinfallen, spricht der Herr, dein Erbarmer.

*Joh. 3, 16. Also hat Gott die Welt geliebt, daß er seinen eingeborenen Sohn gab, auf daß alle, die an ihn glauben, nicht verloren werden, sondern das ewige Leben haben.

„Wie groß ist des Allmächtgen Güte."

g. „Des alles ich . . . schuldig bin."

*Ps. 106, 1. Danket dem Herrn, denn er ist freundlich, und seine Güte währet ewiglich!

Lesen: Ps. 103. 29. 19. 46. 150.

„Lobe den Herren, den mächtigen König der Ehren." „Nun danket alle Gott." „Sei Lob und Ehr' dem höchsten Gut."

1. Sam. 15, 22. Gehorsam ist besser denn Opfer, und Aufmerken besser denn das Fett von Widdern.

h. „Das ist gewißlich wahr."

Der zweite Artikel.

Von der Erlösung.

Ich glaube an Jesum Christum, Gottes eingebornen Sohn, unsern Herrn, der empfangen ist vom heiligen Geiste, geboren von der Jungfrau Maria, gelitten unter Pontio Pilato [1], gekreuziget, gestorben und begraben, niedergefahren zur Hölle [2], am dritten Tage wieder auferstanden von den Toten, aufgefahren gen Himmel, sitzend zur Rechten Gottes, des allmächtigen Vaters, von dannen [3]) er kommen wird, zu richten die Lebendigen und die Toten.

Was ist das?

Ich glaube, daß Jesus Christus, wahrhaftiger Gott vom Vater in Ewigkeit geboren, und auch wahrhaftiger Mensch, von der Jungfrau Maria geboren, sei mein Herr, der mich verlornen und verdammten Menschen erlöset hat, erworben und gewonnen von allen Sünden, vom Tode und von der Gewalt des Teufels; nicht mit Gold oder Silber, sondern mit seinem heiligen, teuren Blute und mit seinem un-

[1]) „Unter Pontio Pilato" gehörte ursprünglich nicht, wie man heute verbindet, zu „gelitten", sondern zu „gekreuzigt", wie die ältere Form des Glaubensbekenntnisses zeigt.

[2]) Hölle = Totenreich (Hades), nicht: Aufenthaltsort der Verdammten. — Katholischer und Heidelb. Katech.: „abgestiegen zu der Hölle". Vgl. Theol. Encykl.[3], Bd. 9: Höllenfahrt Christi.

[3]) von dannen, heute: von wo.

schuldigen Leiden und Sterben; auf daß ich sein eigen sei, und in seinem Reiche unter ihm lebe und ihm diene in ewiger Gerechtigkeit, Unschuld und Seligkeit, gleichwie er ist auferstanden vom Tode, lebet und regieret in Ewigkeit. Das ist gewißlich wahr.

A. Übergang zum zweiten Artikel.

1. Das Bild Gottes; die Sünde; das Heidentum.

a. Lesen: 1. Mose 1, 26—30 und 2, 7; Ps. 8.

*1. Mose 1, 27. Gott schuf den Menschen ihm zum Bilde, zum Bilde Gottes schuf er ihn.

b. Lesen: 1. Mose 2, 8—9 und 15—17; Kap. 3; Ps. 51; Ps. 90.

*Röm. 3, 23. Sie sind allzumal Sünder und mangeln des Ruhmes, den sie bei Gott haben sollten.

c. Lesen: 1. Mose 11, 1—9; Röm. 1, 18—23; Apg. 17, 16—31.

d. *1. Mose 3, 15. Gott der Herr sprach zur Schlange: Ich will Feindschaft setzen zwischen dir und dem Weibe, und zwischen deinem Samen und ihrem Samen; derselbe soll dir den Kopf zertreten, und du wirst ihn in die Ferse stechen.

2. Die Offenbarung Gottes im Alten Bunde.

a. Die Gnade Gottes: Luk. 15.

b. Die Offenbarung Gottes im alten Bunde:

*1. Mose 12, 1—3. Der Herr sprach zu Abraham: Gehe aus deinem Vaterlande und von deiner Freundschaft und aus deines Vaters Hause in ein Land, das ich dir zeigen will. Und ich will dich zum großen Volke machen, und in dir sollen gesegnet werden alle Geschlechter auf Erden.

*2. Mose 19, 5—6 und 3. Mose 26, 12. Der Herr sprach zu Mose: So sollst du sagen zu den Kindern Israel: Werdet ihr meiner Stimme gehorchen und meinen Bund halten, so sollt ihr mein Eigentum sein vor allen Völkern, und ihr sollt mir ein priesterlich Königreich und ein heiliges Volk sein. Ich will euer Gott sein, und ihr sollt mein Volk sein.

Lesen: 5. Mose 4, 5—14 u. V. 32—40; Ps. 19; Ps. 1.

c. Das Gesetz des Alten Bundes: Röm. 2, 17—24; Röm. 7, 18—24; Röm. 3, 20b.

3. Die Hoffnung auf die Gründung eines vollkommenen Gottesreiches. Die messianische Weissagung.

a. Lesen: 2. Sam. 7, 1—16.

*2. Sam. 7, 12—14. Der Herr sprach zu David: Wenn nun deine Zeit hin ist, daß du mit deinen Vätern schlafen liegst, will ich deinen Samen nach dir erwecken, und ich will den Stuhl seines Königreichs bestätigen ewiglich; ich will sein Vater sein, und er soll mein Sohn sein.

*Jes. 9, 5—6 (bez. 6—7). Uns ist ein Kind geboren, ein Sohn ist uns gegeben, und die Herrschaft ist auf seiner Schulter; und er heißt Wunderbar-Rat, Kraft-Held, Ewig-Vater, Friedefürst, auf daß seine Herrschaft groß werde und des Friedens kein Ende auf dem Stuhl Davids und in seinem Königreich.

*Micha 5, 1. Und du Bethlehem Ephratha, die du klein bist unter den Städten in Juda, aus dir soll mir der kommen, der in Israel Herr sei, welches Ausgang von Anfang und von Ewigkeit her gewesen ist.

*Sach. 9, 9. Du Tochter Zion, freue dich sehr, und du Tochter Jerusalem, jauchze; siehe, dein König kommt zu dir, ein Gerechter und ein Helfer, arm, und reitet auf einem Esel und auf einem jungen Füllen der Eselin.

Lesen: Ps. 2.

*Ps. 110, 4. Du bist ein Priester ewiglich nach der Weise Melchisedeks.

Lesen: 1. Mose 14, 14—20.

b. *5. Mose 18, 15. Moses sprach: Einen Propheten wie mich wird der Herr dein Gott dir erwecken aus dir und aus deinen Brüdern; dem sollt ihr gehorchen.

*Jerem. 31, 31—34. Siehe, es kommt die Zeit, spricht der Herr, da will ich mit dem Hause Israel und mit dem Hause Juda einen neuen Bund machen: ich will mein Gesetz in ihr Herz geben und in ihren Sinn schreiben, und sie sollen mein Volk sein, so will ich ihr Gott sein.

*Jes. 53, 4—5. Fürwahr, er trug unsre Krankheit und lud auf sich unsre Schmerzen; wir aber hielten ihn für den, der geplagt und von Gott geschlagen und gemartert wäre. Aber er ist um unsrer Missetat willen verwundet und um unsrer Sünde willen zerschlagen; die Strafe liegt auf ihm, auf daß wir Frieden hätten, und durch seine Wunden sind wir geheilt.

c. Lesen: Jes. 40, 1—11.

*Mal. 3, 1. Siehe, ich will meinen Engel senden, der vor mir her den Weg bereiten soll, und bald wird kommen zu seinem Tempel der Herr, den ihr suchet; und der Engel des Bundes, des ihr begehret, siehe, er kommt! spricht der Herr Zebaoth.

d. *Joh. 4, 22. Das Heil kommt von den Juden.

*Hebr. 1, 1—2. Nachdem vor Zeiten Gott manchmal und mancherlei Weise geredet hat zu den Vätern durch die Propheten, hat er am letzten in diesen Tagen zu uns geredet durch den Sohn.

*2. Kor. 1, 20. In Christus sind alle Gottes-Verheißungen Ja und Amen.

B. Der zweite Artikel.

a. „Ich glaube, daß Jesus Christus sei mein Herr."

„Auf daß ich sein eigen sei und in seinem Reiche ... Gerechtigkeit, Unschuld und Seligkeit."

Lesen: Matth. 13 und Mark. 4, 26—29.

*Matth. 4, 17. Tut Buße, das Himmelreich ist nahe herbeigekommen.

*Matth. 6, 33. Trachtet am ersten nach dem Reiche Gottes und nach seiner Gerechtigkeit, so wird euch solches alles zufallen.

*Röm. 14, 17. Das Reich Gottes ist nicht Essen und Trinken, sondern Gerechtigkeit und Friede und Freude in dem heiligen Geiste.

*Matth. 11, 28. Kommet her zu mir alle, die ihr mühselig und beladen seid, ich will euch erquicken.

*1. Kor. 1, 30. Christus ist uns gemacht von Gott zur Weisheit und zur Gerechtigkeit und zur Heiligung und zur Erlösung.

*Joh. 14, 6. Ich bin der Weg und die Wahrheit und das Leben; niemand kommt zum Vater denn durch mich.

b. „Ich glaube an Jesum Christum ... Herrn."

„Ich glaube, daß Jesus Christus ... Herr."

„Empfangen vom ... Maria."

Lesen: Mark. 8, 27—30. Matth. 16, 13—20.

*(Mark. 8, 29.) Matth. 16, 16. Du bist Christus [der Messias], des lebendigen Gottes Sohn.

Lesen: Ps. 110.

*Joh. 8, 46. Welcher unter euch kann mich einer Sünde zeihen?

*Luk. 2, 49. Wisset ihr nicht, daß ich sein muß in dem, das meines Vaters ist?

*Joh. 14, 9. Wer mich sieht, der sieht den Vater.

*Kol. 2, 9. In ihm wohnt die ganze Fülle der Gottheit leibhaftig.

(Lesen: Joh. 1, 1—18.)

(Joh. 1, 1—3. Im Anfang war das Wort, und das Wort war bei Gott, und Gott war das Wort. Dasselbe war im Anfang bei Gott. Alle Dinge sind durch dasselbe gemacht, und ohne dasselbe ist nichts gemacht, was gemacht ist.)

*Joh. 1, 14. Und das Wort ward Fleisch und wohnte unter uns, und wir sahen seine Herrlichkeit, eine Herrlichkeit als des eingeborenen Sohnes vom Vater, voller Gnade und Wahrheit.

c. „Gelitten ... Hölle."

„Der mich verlornen ... Sterben."

*Joh. 3, 16. Also hat Gott die Welt geliebt, daß er seinen eingeborenen Sohn gab, auf daß alle, die an ihn glauben, nicht verloren werden, sondern das ewige Leben haben.

*Matth. 20, 28. Des Menschen Sohn ist nicht gekommen, daß er sich dienen lasse, sondern daß er diene und gebe sein Leben zu einer Erlösung für viele.

*1. Petr. 1, 18—19. Wisset, daß ihr nicht mit vergänglichem Silber und Gold erlöst seid von eurem eitlen Wandel nach väterlicher Weise, sondern mit dem teuren Blute Christi, als eines unschuldigen und unbefleckten Lammes.

Röm. 8, 32. Wenn Gott seines eigenen Sohnes nicht hat verschonet, sondern hat ihn für uns alle dahingegeben, wie sollte er uns mit ihm nicht alles schenken.

2. Kor. 5, 19. Gott war in Christo und versöhnte die Welt mit ihm selber, und rechnete ihnen ihre Sünden nicht zu, und hat unter uns aufgerichtet das Wort von der Versöhnung.

*Gal. 4, 4—5. Da die Zeit erfüllet ward, sandte Gott seinen Sohn, geboren von einem Weibe und unter das Gesetz getan, auf daß er die, so unter dem Gesetze waren, erlöste, daß wir die Kindschaft empfingen.

*1. Joh. 4, 19. Lasset uns ihn lieben, denn er hat uns zuerst geliebet.

d. „Am dritten Tage wieder auferstanden ... und die Toten."

„Gleichwie er ist ... in Ewigkeit."

*Pil. 2, 5—11. Ein jeglicher sei gesinnt, wie Jesus Christus auch war, welcher, ob er wohl in göttlicher Gestalt war, hielt er's nicht für einen

Raub, Gott gleich sein, sondern entäußerte sich selbst und nahm Knechtsgestalt an, ward gleichwie ein anderer Mensch und an Gebärden als ein Mensch erfunden; er erniedrigte sich selbst und ward gehorsam bis zum Tode, ja, zum Tode am Kreuz.

Darum hat ihn auch Gott erhöht, und hat ihm einen Namen gegeben, der über alle Namen ist, daß in dem Namen Jesu sich beugen sollen aller derer Kniee, die im Himmel und auf Erden und unter der Erde sind, und alle Zungen bekennen sollen, daß Jesus Christus der Herr sei, zur Ehre Gottes des Vaters.

e. „Amen." „Das ist gewißlich wahr."

*1. Tim. 1, 15. Das ist gewißlich wahr und ein teuer wertes Wort, daß Christus Jesus gekommen ist in die Welt, die Sünder selig zu machen.

Der dritte Artikel.

Von der Heiligung.

Ich glaube an den heiligen Geist, eine [1]) heilige, allgemeine [2]) christliche Kirche, die Gemeinde der Heiligen [3]), Vergebung der Sünden [4]), Auferstehung des Fleisches [5]) und ein ewiges Leben. Amen [6]).

Was ist das?

Ich glaube, daß ich nicht aus eigener Vernunft noch Kraft an Jesum Christum, meinen Herrn, glauben oder zu ihm

[1]) Später auch von Luther nicht als Artikel, sondern als Zahlwort gefaßt, wie im Nicänischen Glaubensbekenntnis und auch im damaligen lateinischen Texte des apostolischen Glaubensbekenntnisses.

[2]) Luther hat das im lateinischen Texte befindliche Wort „katholische" Kirche ausgedrückt durch „christliche" Kirche. Da diese Übersetzung aber nicht mehr richtig verstanden wird, so hat man in der Neuzeit dasselbe deutlicher ausgedrückt durch Hinzufügung des Wortes „allgemeine" Kirche. — Katholischer Katechismus: „eine heilige, katholische Kirche, Gemeinschaft der Heiligen". — Die „Gemeinschaft der Heiligen" umfaßt nach dem katholischen Katechismus: die streitende Kirche auf Erden, die leidende Kirche der Seelen im Fegfeuer, die triumphierende Kirche der Seligen im Himmel.

[3]) „Eine heilige christliche Kirche sollte auf recht Deutsch und unsere Muttersprache heißen eine christliche Gemeine oder Sammlung, oder aufs allerbeste und klarste eine heilige Christenheit. Die Gemeinde der Heiligen ist nichts anderes, denn die Glosse oder Auslegung, da jemand hat wollen deuten, was die christliche Kirche heiße." Großer Katechismus. Ob diese Deutung dem ursprünglichen Sinne der Worte entspricht, ist sehr zweifelhaft. Der ursprüngliche Sinn des Wortes (Sanctorum communio) ist zwar nicht: Gemeinschaft mit den Heiligtümern (Sakramenten) der Kirche, aber wahrscheinlich: Gemeinschaft mit den vollendeten Heiligen im Himmel. — Die Schule wird bei Luthers Deutung bleiben.

[4]) Katholischer Katechismus: Nachlaß der Sünden.

[5]) „Auf recht Deutsch würden wir also reden: Auferstehung des Leibes." Großer Katech. — „Wenn es auch möglich ist, mit den Wendungen: Niedergefahren zur Hölle und Auferstehung des Fleisches richtige und evangelische Vorstellungen zu verbinden, so ist doch nicht abzusehen, warum man diesem Verständnis nicht durch die direkte Einstellung der schriftgemäßen Formulierungen: Niedergefahren zu den Toten und Auferstehung des Leibes entgegenkommen sollte, wozu doch schon Luther den Weg gewiesen." Kleinert, Der Preußische Agendenentwurf (1894), S. 35.

[6]) Vgl. die Erklärung dieses Wortes beim Vaterunser!

kommen kann; sondern der heilige Geist hat mich durch das Evangelium berufen, mit seinen Gaben erleuchtet, im rechten Glauben geheiliget und erhalten; gleichwie er die ganze Christenheit auf Erden berufet, sammelt, erleuchtet, heiliget und bei Jesu Christo erhält im rechten, einigen Glauben[1]); in welcher Christenheit er mir und allen Gläubigen täglich alle Sünden reichlich vergibt, und am jüngsten Tage mich und alle Toten auferwecken wird, und mir samt allen Gläubigen in Christo ein ewiges Leben geben wird. Das ist gewißlich wahr.

a. „Ich glaube an den heiligen Geist, Vergebung der Sünden."

*Joh. 3, 5—6. Es sei denn, daß jemand geboren werde aus Wasser und Geist, so kann er nicht in das Reich Gottes kommen. Was vom Fleisch geboren wird, das ist Fleisch, und was vom Geist geboren wird, das ist Geist.

*Joh. 14, 26. Der Tröster, der heilige Geist, welchen mein Vater senden wird in meinem Namen, der wird euch alles lehren und euch erinnern alles des, das ich euch gesagt habe.

*1. Tim. 2, 4. Gott will, daß allen Menschen geholfen werde und sie zur Erkenntnis der Wahrheit kommen.

*Röm. 3, 20. Durch das Gesetz kommt Erkenntnis der Sünde.

*Röm. 3, 28. So halten wir nun dafür, daß der Mensch gerecht werde ohne des Gesetzes Werke, allein durch den Glauben.

*2. Kor. 5, 17. Ist jemand in Christo, so ist er eine neue Kreatur; das Alte ist vergangen, siehe, es ist alles neu geworden.

*Apg. 2, 42. Sie blieben aber beständig in der Apostel Lehre und in der Gemeinschaft und im Brotbrechen und im Gebet.

Phil. 2, 12—13. Schaffet, daß ihr selig werdet, mit Furcht und Zittern; denn Gott ist's, der in euch wirket beides, das Wollen und das Vollbringen, nach seinem Wohlgefallen.

b. „Eine heilige ... Kirche, die Gemeinde der Heiligen."

1. Petr. 2, 9. Ihr seid das auserwählte Geschlecht, das königliche Priestertum, das heilige Volk, das Volk des Eigentums, daß ihr verkündigen sollt die Tugenden des, der euch berufen hat von der Finsternis zu seinem wunderbaren Licht.

c. „Auferstehung des Fleisches und ein ewiges Leben."

*Psalm 90, 12. Herr, lehre uns bedenken, daß wir sterben müssen, auf daß wir klug werden.

*Off. Joh. 14, 13. Selig sind die Toten, die in dem Herrn sterben, von nun an; ja, der Geist spricht, daß sie ruhen von ihrer Arbeit, denn ihre Werke folgen ihnen nach.

2. Kor. 4, 14. Wir wissen, daß der, der den Herrn Jesum hat auferwecket, wird auch uns auferwecken durch Jesum.

---

[1]) D. h. im rechten Glauben, der nur einer ist — deshalb Komma zwischen den beiden Attributen zu setzen.

*Off. Joh. 21, 4. Gott wird abwischen alle Tränen von ihren Augen, und der Tod wird nicht mehr sein, noch Leid, noch Geschrei, noch Schmerz wird mehr sein, denn das Erste ist vergangen.

d. *2. Kor. 13, 13. Die Gnade unsers Herrn Jesu Christi und die Liebe Gottes und die Gemeinschaft des heiligen Geistes sei mit uns allen!

e. „Amen.“ „Das ist gewißlich wahr.“

C. Das dritte Hauptstück [1]).

1. Grundtext und Übersetzungen des Vaterunsers.

Das Vaterunser ist uns in zweifacher Überlieferung erhalten (Matth. 6 und Luk. 11), aber die beiden Überlieferungen stimmen nicht ganz miteinander überein, indem bei Lukas die Anrede nur lautet; „Vater“ und die dritte und siebente Bitte ganz fehlen; der Schluß ist überhaupt ein späterer Zusatz. In der Kirche wird überall die längere Form des Vaterunsers gebraucht, aber in der katholischen Kirche von dem Schlusse nur das „Amen“.

Im folgenden sind dargeboten der griechische Text, der lateinische und der gotische Text, wie auch der Text der drei Hauptkatechismen, des katholischen, des Lutherschen (vom Jahre 1542) und des Heidelberger Katechismus. Der griechische Text ist nach Matth. 6 gegeben; das gesperrt Gedruckte ist die kürzere Form des Vaterunsers, wie sie sich (mit einigen Abweichungen im Texte) bei Luk. 11 findet.

a. Matth. 6 und Luk. 11.

Πάτερ ἡμῶν ὁ ἐν τοῖς οὐρανοῖς,
ἁγιασθήτω τὸ ὄνομά σου,
ἐλθάτω ἡ βασιλεία σου,
γενηθήτω τὸ θέλημά σου ὡς ἐν οὐρανῷ καὶ ἐπὶ γῆς,
τὸν ἄρτον ἡμῶν τὸν ἐπιούσιον δὸς ἡμῖν σήμερον,
καὶ ἄφες ἡμῖν τὰ ὀφειλήματα ἡμῶν ὡς καὶ ἡμεῖς
ἀφήκαμεν τοῖς ὀφειλέταις ἡμῶν,
καὶ μὴ εἰσενέγκῃς ἡμᾶς εἰς πειρασμόν,
ἀλλὰ ῥῦσαι ἡμᾶς ἀπὸ τοῦ πονηροῦ.
[ὅτι σοῦ ἐστιν ἡ βασιλεία καὶ ἡ δύναμις καὶ ἡ δόξα εἰς τοὺς αἰῶνας.
ἀμήν.]

b. Lateinisches Vaterunser.

Pater noster, qui es in coelis,
sanctificetur nomen tuum,
adveniat regnum tuum,
fiat voluntas tua sicut in coelo et in terra,
panem nostrum quotidianum da nobis hodie,

[1]) Vgl. Luthers Lied: Vater unser im Himmelreich.

et dimitte nobis debita nostra, sicut et nos dimittimus
debitoribus nostris,
et ne nos inducas in tentationem,
sed libera nos a malo! Amen.

c. Das Vaterunser der gotischen Bibel[1].

Atta unsar, thu (ßu) in himinam,
veihnai (wîchnai) namo thein (ßin),
qimai (kwimai) thiudinassus (ßiud.) theins (ßins),
vairthai (vĕrßai) vilja theins (ßîns) sve in himina jah (jach)
ana airthai (ĕrßai).
hlaif (chlaif) unsarana thana (ßana) sinteinan (sintinan) gif un
himma daga,
jah (jach) aflet uns thatei (ßatî) skulans sijaima, svasve jah (jach)
veis (vis) afletam thaim (ßaim) skulam unsaraim,
jah (jach) ni briggais (bringais) uns in fraistubnjai,
ak lausei (lausi) uns af thamma (ßamma) ubilin!
Unte theina (ßîna) ist thiudangardi (ßiud.) jah (jach) mahts (machts)
jah (jach) vulthus (vulßus) in aivins. Amen.

d. 1. Katholischer Katechismus. 2. Luthers Katechismus (1542).
3. Heidelberger Katechismus.

1. Vater unser, der du bist in dem Himmel
2. VAter vnser, der du bist im Himel[2])
3. Unser Vater, der du bist im Himmel

1. geheiliget werde dein Name
2. geheiliget werde dein Name
3. geheiliget werde dein Name

1. zukomme uns dein Reich
2. dein Reich kome
3. dein Reich komme

1. dein Wille geschehe, wie im Himmel also auch auf Erden
2. dein wille geschehe, Wie im Himel, also auch auff Erden
3. dein Wille geschehe, wie im Himmel, also auch auf Erden

1. gib uns heute unser tägliches Brot
2. vnser teglich Brod gib vns heute
3. unser täglich Brot gib uns heute

1. vergib uns unsere Schulden, wie auch wir vergeben unsern
Schuldigern
2. vnd verlasse vns vnser schulde, Als wir verlassen vnsern
Schüldigern
3. vergib uns unsere Schulden, wie auch wir vergeben unsern
Schuldigern

[1]) Vor h und r wird fast immer ai als ĕ, au als ŏ gesprochen.
[2]) Erst im Jahre 1531 ist die Anrede in Luthers Katechismus aufgenommen
worden.

1. führe uns nicht in Versuchung
2. vnd füre vns nicht in versuchung
3. führe uns nicht in Versuchung

1. sondern erlöse uns von dem Übel.
2. sondern erlöse vns von dem vbel.
3. sondern erlöse uns von dem Bösen.

1. Amen.
2. Amen[1].
3. Denn dein ist das Reich, die Kraft und die Herrlichkeit, in Ewigkeit. Amen.

2. Das Vaterunser. (II, 120.)

Vater unser, der du bist im Himmel[2].

Was ist das?

Gott will uns damit locken, daß wir glauben sollen, er sei unser rechter Vater, und wir seine rechten Kinder, auf daß wir getrost und mit aller Zuversicht ihn bitten sollen, wie die lieben Kinder ihren lieben Vater.

*Ps. 50, 15. Rufe mich an in der Not, so will ich dich erretten, und du sollst mich preisen.

*Ps. 19, 15. Laß dir wohlgefallen die Rede meines Mundes und das Gespräch meines Herzens vor dir, Herr, mein Hort und mein Erlöser!

*Matth. 7, 7. Bittet, so wird euch gegeben; suchet, so werdet ihr finden; klopfet an, so wird euch aufgetan!

*Luk. 22, 42. Nicht mein, sondern dein Wille geschehe!

*1. Joh. 3, 1. Sehet, welch eine Liebe hat uns der Vater erzeigt, daß wir Gottes Kinder sollen heißen.

Röm. 8, 15. Ihr habt nicht einen knechtischen Geist empfangen, daß ihr euch abermals fürchten müßtet, sondern ihr habt einen kindlichen Geist empfangen, durch welchen wir rufen: Abba[3], lieber Vater!

Ps. 115, 3. Unser Gott ist im Himmel, er kann schaffen, was er will.

1. Tim. 2, 1—2. So ermahne ich nun, daß man vor allen Dingen zuerst tue Bitte, Gebet, Fürbitte und Danksagung für alle Menschen, für die Könige und für alle Obrigkeit, auf daß wir ein ruhiges und stilles Leben führen mögen in aller Gottseligkeit und Ehrbarkeit.

Jak. 1, 6—7. Der Mensch bitte aber im Glauben und zweifle nicht; denn wer da zweifelt, der ist gleich wie die Meereswoge, die vom Winde

[1]) Erst im 18. Jahrhundert ist die Doxologie in Luthers Katechismus aufgenommen worden.

[2]) Luther hält sich im Katechismus an die altdeutsche Wortstellung (vgl. das gothische atta unsar), während er in der Bibel übersetzt „Unser Vater", wie auch der reformierte Katechismus, beide übereinstimmend mit unserm heutigen Sprachgebrauch. — Die Anrede mit ihrer Erklärung ist dem Katechismus erst im Jahre 1531 beigegeben worden.

[3]) Aramäisch = Vater.

getrieben und gewebt[1] wird; solcher Mensch denke nicht, daß er etwas von dem Herrn empfangen werde.

*1. Thess. 5, 17. Betet ohne Unterlaß!

Lesen: Matth. 7, 7—11. Luk. 11, 5—13. Luk. 18, 1—8a. Matth. 6, 5—8. Luk. 18, 9—14. Matth. 6, 9—15. Luk. 11, 1—4.

Die erste Bitte.

Geheiliget werde dein Name.

Gottes Name ist zwar an ihm selbst heilig; aber wir bitten in diesem Gebet, daß er auch bei uns heilig werde.

Wie geschieht das?

Wo[2] das Wort Gottes lauter und rein gelehrt wird, und wir auch heilig als die Kinder Gottes danach leben; das hilf uns, lieber Vater im Himmel! Wer aber anders lehret und lebet, denn das Wort Gottes lehret, der entheiliget unter uns den Namen Gottes; davor behüte uns, himmlischer Vater!

*3. Mose 19, 2. Ihr sollt heilig sein, denn ich bin heilig, der Herr euer Gott.

Matth. 5, 16. Lasset euer Licht leuchten vor den Leuten, daß sie eure guten Werke sehen und euren Vater im Himmel preisen!

*Joh. 17, (11 und) 17. Heiliger Vater, heilige uns in deiner Wahrheit dein Wort ist die Wahrheit!

Die zweite Bitte.

Dein Reich komme[3].

Was ist das?

Gottes Reich kommt wohl[4] ohne unser Gebet von ihm selbst; aber wir bitten in diesem Gebet, daß es auch zu uns komme.

Wie geschieht das?

Wenn der himmlische Vater uns seinen heiligen Geist gibt, daß wir seinem heiligen Worte durch seine Gnade glauben, und göttlich leben, hier zeitlich und dort ewiglich.

*Hebr. 1, 1—2. Nachdem vor Zeiten Gott manchmal und mancherleiweise geredet hat zu den Vätern durch die Propheten, hat er am letzten in diesen Tagen zu uns geredet durch den Sohn.

[1] D. h. bewegt.
[2] „Wo“ nach älterem Sprachgebrauch (der noch erhalten ist in „wo möglich“, „wo nicht“) = „wenn“, wie in der Erklärung der beiden folgenden Bitten.
[3] Wenn Luther in seiner Auslegung uns bitten heißt, daß das Reich Gottes „auch zu uns komme“, so ist diese Auslegung nach Luther sogar in den Text eingedrungen („Zu uns komme dein Reich“), aber aus demselben mit Recht wieder verdrängt worden. In Luthers Auslegung treten die Mission („auch zu uns“) und das zukünftige Reich der Herrlichkeit gar zu sehr zurück („und dort ewiglich“) hinter dem Gnadenreiche der Gegenwart.
[4] Wohl = gewiß, ohne Zweifel.

*Matth. 6, 33. Trachtet am ersten nach dem Reiche Gottes und nach seiner Gerechtigkeit, so wird euch solches alles zufallen.

*1. Tim. 2, 4. Gott will, daß allen Menschen geholfen werde, und sie zur Erkenntnis der Wahrheit kommen.

Die dritte Bitte.

Dein Wille geschehe, wie im Himmel, also auch auf Erden.

Was ist das?

Gottes guter, gnädiger Wille geschieht wohl ohne unser Gebet; aber wir bitten in diesem Gebet, daß er auch bei uns geschehe.

Wie geschieht das?

Wenn Gott allen bösen Rat und Willen bricht und hindert, so uns den Namen Gottes nicht heiligen und sein Reich nicht kommen lassen wollen, als da ist des Teufels, der Welt und unsers Fleisches Wille, sondern[1]) stärket und behält uns fest in seinem Wort und Glauben, bis an unser Ende; das ist sein gnädiger, guter Wille.

*Matth. 26, 41. Der Geist ist willig, aber das Fleisch ist schwach.

*Joh. 4, 34. Meine Speise ist die, daß ich tue den Willen des, der mich gesandt hat, und vollende sein Werk.

* Luk. 22, 42. Nicht mein, sondern dein Wille geschehe!

Apg. 14, 22. Wir müssen durch viele Trübsale in das Reich Gottes gehen.

Die vierte Bitte.

Unser täglich Brot gib uns heute.

Was ist das?

Gott gibt täglich Brot auch wohl ohne unsere Bitte allen bösen Menschen; aber wir bitten in diesem Gebet, daß er's[2]) uns erkennen lasse und mit Danksagung empfangen[3]) unser täglich Brot.

Was heißt denn täglich Brot?[4])

Alles, was zur Leibes-Nahrung und -Notdurft gehört, als Essen, Trinken, Kleider, Schuh, Haus, Hof, Acker, Vieh, Geld, Gut, fromm Gemahl, fromme Kinder, fromm Gesinde,

[1]) D. h.: sondern wenn er uns stärket . . .

[2]) es, d. h., wie Luther meint: das tägliche Brot als sein Geschenk; vgl. die lateinische Übersetzung: ut agnoscamus hoc beneficium. — Im ursprünglichen Texte fehlt das „es".

[3]) Ergänze: lasse.

[4]) Als zum „täglichen Brot" gehörend zählt Luther 22 Dinge „und desgleichen" auf.

fromme und treue Oberherren, gut Regiment[1], gut Wetter, Friede, Gesundheit, Zucht[2], Ehre, gute Freunde, getreue Nachbarn und desgleichen.

*Spr. 30, 8. Armut und Reichtum gib mir nicht, laß mich aber mein beschieden Teil Speise dahinnehmen!

*Matth. 6, 34. Sorget nicht für den andern Morgen, denn der morgende Tag wird für das Seine sorgen; es ist genug, daß ein jeglicher Tag seine eigene Plage habe.

*2. Thess. 3, 10. So jemand nicht will arbeiten, der soll auch nicht essen.

*Ps. 145, 15–16. Aller Augen warten auf dich [Herr], und du gibst ihnen ihre Speise zu seiner Zeit. Du tust deine Hand auf, und erfüllest alles, was lebet, mit Wohlgefallen.

*Matth. 5, 45. Gott läßt seine Sonne aufgehen über die Bösen und über die Guten, und läßt regnen über Gerechte und Ungerechte.

*Ps. 106, 1. Danket dem Herrn, denn er ist freundlich, und seine Güte währet ewiglich.

Lesen: Matth. 6, 19–34.

Die fünfte Bitte.

Und vergib uns unsre Schuld, wie wir vergeben unsern Schuldigern.

Was ist das?

Wir bitten in diesem Gebet, daß der Vater im Himmel nicht ansehen wolle unsre Sünden, und um derselben willen solche Bitten nicht versagen; denn wir sind der keines wert, das wir bitten, haben's[3] auch nicht verdienet; sondern er wolle es uns alles aus Gnaden geben, denn wir täglich viel sündigen und wohl[4] eitel[5] Strafe verdienen. So[6] wollen wir wiederum auch herzlich vergeben, und gerne wohltun denen, die sich an uns versündigen.

*Ps. 51, 3. Gott, sei mir gnädig nach deiner Güte, und tilge meine Sünden nach deiner großen Barmherzigkeit!

*Matth. 6, 14–15. So ihr den Menschen ihre Fehler vergebet, so wird euch euer himmlischer Vater auch vergeben. Wo ihr aber den Menschen ihre Fehler nicht vergebet, so wird euch euer Vater eure Fehler auch nicht vergeben.

Lesen: Matth. 18, 21–35.

*Matth. 5, 44. Liebet eure Feinde; segnet, die euch fluchen; tut wohl denen, die euch hassen; bittet für die, so euch beleidigen und verfolgen!

*Röm. 12, 20. So nun deinen Feind hungert, so speise ihn; dürstet ihn, so tränke ihn. Wenn du das tust, so wirst du feurige Kohlen auf sein Haupt sammeln.

[1]) D. h. eine gute Regierung seitens der eben genannten Oberherren.
[2]) D. h. Genügsamkeit, Mäßigkeit (vgl. den lateinischen Text: modestiam).
[3]) es, d. h. das, um was wir in den vorangehenden Bitten gebeten haben.
[4]) wohl = gewiß, ohne Zweifel.
[5]) eitel, d. h. nichts als.
[6]) So = dafür.

Die sechste Bitte.

Und führe uns nicht in Versuchung.

Was ist das?

Gott versucht zwar niemand; aber wir bitten in diesem Gebet, daß uns Gott wolle behüten und erhalten, auf daß uns der Teufel, die Welt und unser Fleisch nicht betrüge, und[1]) verführe in Mißglauben[2]), Verzweiflung und andere große Schande und Laster, und ob wir damit[3]) angefochten würden, daß wir doch endlich gewinnen und den Sieg behalten.

Jak. 1, 13—14. Niemand sage, wenn er versucht wird, daß er von Gott versucht werde; denn Gott kann nicht versucht werden zum Bösen, und er selbst versucht niemand. Sondern ein jeglicher wird versucht, wenn er von seiner eigenen Lust gereizt und gelockt wird.

1. Kor. 15, 33. Lasset euch nicht verführen; böse Geschwätze verderben gute Sitten.

*1. Kor. 10, 13. Gott ist getreu, der euch nicht läßt versuchen über euer Vermögen, sondern macht, daß die Versuchung so ein Ende gewinne, daß ihr's könnet ertragen.

*Mark. 14, 38. Wachet und betet, daß ihr nicht in Versuchung fallet; der Geist ist willig, aber das Fleisch ist schwach.

Jak. 1, 12. Selig ist der Mann, der die Anfechtung erduldet, denn nachdem er bewährt ist, wird er die Krone des Lebens empfangen, welche Gott verheißen hat denen, die ihn liebhaben.

*Röm. 8, 28. Wir wissen, daß denen, die Gott lieben, alle Dinge zum Besten dienen.

Matth. 18, 6. Wer aber ärgert dieser Geringsten einen, die an mich glauben, dem wäre besser, daß ein Mühlstein an seinen Hals gehängt, und er ersäuft würde im Meer, da es am tiefsten ist.

Die siebente Bitte.

Sondern erlöse uns von dem Übel[4]).

Was ist das?

Wir bitten in diesem Gebet als in der Summa, daß uns der Vater im Himmel von allerlei Übel Leibes und der Seele, Gutes und Ehre erlöse, und zuletzt, wenn unser Stündlein kommt, ein seliges Ende beschere, und mit Gnaden von diesem Jammertal zu sich nehme in den Himmel.

*Röm. 12, 12. Seid fröhlich in Hoffnung, geduldig in Trübsal, haltet an am Gebet!

---

[1]) und dadurch.
[2]) Mißglaube, d. h. falscher Glaube.
[3]) Nämlich mit Mißglauben usw.
[4]) Heidelberger Katechismus: „Sondern erlöse uns von dem Bösen".

Hebr. 12, 6. Welchen der Herr liebhat, den züchtigt er.

*2. Tim. 4, 18. Der Herr wird mich erlösen von allem Übel, und mir aushelfen zu seinem himmlischen Reich.

*Off. 2, 10. Sei getreu bis an den Tod, so will ich dir die Krone des Lebens geben.

*Ps. 37, 37. Bleibe fromm und halte dich recht, denn solchem wird es zuletzt wohlgehen.

Lesen: Röm. 8, 28—39.

Denn dein ist das Reich und die Kraft und die Herrlichkeit in Ewigkeit[1]). Amen.

Was heißt Amen?[2])

Daß ich soll gewiß sein, solche Bitten sind dem Vater im Himmel angenehm und erhöret, denn er selbst hat uns geboten, also zu beten, und verheißen, daß er uns will erhören. Amen, Amen[3]), das heißt: Ja, ja, es soll also geschehen.

Sprüche siehe bei der Anrede!

D. Das vierte Hauptstück.

Das Sakrament der heiligen Taufe. (III, 54—61.)

Zum ersten.

Was ist die Taufe?

Die Taufe ist nicht allein schlecht[4]) Wasser, sondern sie ist das Wasser in Gottes Gebot gefasset und mit Gottes Wort verbunden.

Welches ist denn solch Wort Gottes?

Da[5]) unser Herr Christus spricht Matthäi am letzten:

Gehet hin in alle Welt, lehret alle Völker und taufet sie im Namen des Vaters und des Sohnes und des heiligen Geistes[6]).

[1]) Luther hat von dem (hier zugesetzten) Schlusse des Vaterunsers, der bekanntlich erst ein Zusatz der christlichen Kirche ist und zu seiner Zeit nicht gebräuchlich war und noch heute in der katholischen Kirche nicht gebräuchlich ist (und erst im 18. Jahrhundert in unsern Katechismus aufgenommen worden ist), nur das Wort „Amen" erklärt.

[2]) Das hebräische Wort Amen (= „Das ist gewißlich wahr"), mit welchem schon die Juden ihre Gebete schlossen oder eine Ansprache des Priesters bestätigten, haben auch die Christen beibehalten; nur die Franzosen haben dasselbe übersetzt: ainsi soit-il.

[3]) Beides ist Subjekt, und dasselbe wird noch einmal aufgenommen in dem folgenden Pronomen „das".

[4]) Schlechtes, d. h. einfaches.

[5]) Da = wo, d. h. dasjenige Wort Gottes, in welchem.

[6]) Nach dem Grundtext (vgl. Nr. 134 B, 1) lautet dieses Wort: Gehet hin [in alle Welt: Mark. 16, 15] und [im Katech. nicht enthalten] machet zu meinen

Zum andern.

Was gibt oder nützet die Taufe?

Sie wirkt Vergebung der Sünden, erlöset vom Tode und Teufel, und gibt die ewige Seligkeit allen, die es glauben, wie die Worte und Verheißung Gottes lauten.

Welches sind denn solche Worte und Verheißung Gottes?

Da unser Herr Christus spricht Marci am letzten:

Wer da glaubet und getauft wird, der wird selig werden; wer aber nicht glaubet, der wird verdammet werden.

Zum dritten.

Wie kann Wasser solche große Dinge tun?

Wasser tut's freilich nicht, sondern das Wort Gottes, so mit und bei dem Wasser ist, und der Glaube, so solchem Worte Gottes im Wasser trauet; denn ohne Gottes Wort ist das Wasser schlecht Wasser und keine Taufe; aber mit dem Worte Gottes ist es eine Taufe, das ist, ein gnadenreich Wasser des Lebens und ein Bad der neuen Geburt im heiligen Geiste; wie Sankt Paulus sagt zu Tito im dritten Kapitel:

Gott macht uns selig[1]) durch das Bad der Wiedergeburt und Erneuerung des heiligen Geistes, welchen er ausgegossen hat über uns reichlich durch Jesum Christum, unsern Heiland, auf daß wir durch desselben Gnade gerecht und Erben seien des ewigen Lebens nach der Hoffnung. Das ist gewißlich wahr.

Zum vierten.

Was bedeutet denn solch Wassertaufen?

Es bedeutet, daß der alte Adam in uns durch tägliche Reue und Buße soll ersäufet werden, und sterben mit allen Sünden und bösen Lüsten; und wiederum täglich herauskommen und auferstehen ein neuer Mensch, der in Gerechtigkeit und Reinigkeit vor Gott ewiglich lebe.

Wo stehet das geschrieben?

Sankt Paulus zu den Römern am sechsten spricht:

Wir sind samt Christo durch die Taufe begraben in den Tod, auf daß, gleichwie

Jüngern alle Völker [ursprünglich im Katech.: Heiden], indem ihr sie taufet in den Namen des Vaters, des Sohnes und des heiligen Geistes, und indem ihr sie lehret halten alles, was ich euch befohlen habe. Vgl. das Lied (Nr. 86): „Ich bin getauft auf deinen Namen, Gott Vater, Sohn und heil'ger Geist."

[1]) Die vier ersten Worte sind (aus der Bibel) erst im revidierten Katechismus aufgenommen worden.

Christus ist von den Toten auferwecket durch die Herrlichkeit des Vaters, also sollen[1]) auch wir in einem neuen Leben wandeln.

Mark. 10, 14. Lasset die Kindlein zu mir kommen und wehret ihnen nicht, denn solcher ist das Reich Gottes[2]).

E. Das fünfte Hauptstück.

Das Sakrament des Altars oder das heilige Abendmahl.

(III, 54—61.)

Was ist das Sakrament des Altars?

Es ist der wahre Leib und Blut unsers Herrn Jesu Christi, unter dem Brot und Wein uns Christen zu essen und zu trinken von Christo selbst eingesetzt.

Wo stehet das geschrieben?

So schreiben die heiligen Evangelisten Matthäus, Markus, Lukas und Sankt Paulus[3]):

Unser Herr Jesus Christus, in der Nacht, da er verraten ward, nahm er das Brot, dankte und brach's und gab es seinen Jüngern und sprach: Nehmet hin und esset[4]); das ist mein Leib, der für euch gegeben wird; solches tut zu meinem Gedächtnis.

Desselbigengleichen nahm er auch den Kelch nach dem Abendmahl[5]), dankte und gab ihnen den und sprach: Nehmet hin und trinket alle daraus; dieser Kelch ist das neue Testament[6]) in meinem Blut, das für euch vergossen wird zur Vergebung der Sünden; solches tut, so oft ihr's trinket, zu meinem Gedächtnis.

[1]) Das Wort „sollen" bliebe besser weg.

[2]) Luther handelt in seinem Großen Katechismus zuletzt noch von der Berechtigung der Kindertaufe; auf der Sitte der Kindertaufe beruht die erst nach Luther üblich gewordene Konfirmation, von welcher Luther natürlich im Katechismus nicht redet.

[3]) Die bei der Einsetzung des h. Abendmahls von Jesus gesprochenen Worte, welche, als die Handlung bloß erklärend, nicht buchstäblich festgehalten, sondern freier überliefert worden sind, sind in kürzerer Fassung bei Matthäus und Markus, in erweiterter Fassung (namentlich auch durch den Zusatz: „Solches tut zu meinem Gedächtnis!") bei Lukas und Paulus (1. Kor. 11) überliefert. Die Worte Jesu lauten nach dem Grundtext (vgl. Nr. 134 B, 1) der vier Berichte also: Nehmet, esset, das ist mein Leib für euch (der für euch gegeben wird); das tut zu meinem Gedächtnis. Trinket alle daraus; denn das ist mein Blut des Bundes (dieser Kelch ist der neue Bund in meinem Blut), das für viele (für euch) vergossen wird (zur Vergebung der Sünden). Dies tut, so oft ihr trinket, zu meinem Gedächtnis.

Nur die gesperrt gedruckten Worte sind in allen oder in den beiden älteren Berichten (Matthäus und Markus) vorhanden.

[4]) Und hier in Luthers Text einzuschieben auf Grund der Tradition empfiehlt sich, um die Übereinstimmung mit dem zweiten Gliede (nehmet hin und trinket) herzustellen und um das Auswendiglernen zu erleichtern.

[5]) D. h. nach dem jüdischen Passahmahl.

[6]) D. h. der neue Bund.

Was nützet denn solch Essen und Trinken?

Das zeigen uns diese Worte:

Für euch gegeben und vergossen zur Vergebung der Sünden;

nämlich, daß uns im Sakrament Vergebung der Sünden, Leben und Seligkeit durch solche Worte gegeben wird; denn wo Vergebung der Sünden ist, da ist auch Leben und Seligkeit.

Wie kann leiblich Essen und Trinken solche große Dinge tun?

Essen und Trinken tut's freilich nicht, sondern die Worte, so da stehen:

Für euch gegeben und vergossen zur Vergebung der Sünden;

welche Worte sind neben dem leiblichen Essen und Trinken als[1]) das Hauptstück im Sakrament; und wer denselben Worten glaubt, der hat, was sie sagen und wie sie lauten, nämlich Vergebung der Sünden.

Wer empfängt denn solch Sakrament würdiglich?

Fasten und leiblich sich bereiten ist wohl[2]) eine feine äußerliche Zucht[3]); aber der ist recht würdig und wohl geschickt, wer den Glauben hat an diese Worte:

Für euch gegeben und vergossen zur Vergebung der Sünden.

Wer aber diesen Worten nicht glaubt oder zweifelt, der ist unwürdig und ungeschickt; denn das Wort: **Für euch** fordert eitel[4]) gläubige Herzen.

1. Kor. 10, 16. Der gesegnete Kelch, welchen wir segnen, ist der nicht die Gemeinschaft des Blutes Christi? Das Brot, das wir brechen, ist das nicht die Gemeinschaft des Leibes Christi?

1. Kor. 11, 28—29. Der Mensch prüfe aber sich selbst, und also esse er von diesem Brot und trinke von diesem Kelch. Denn welcher unwürdig isset und trinket, der isset und trinket sich selber zum Gericht, damit daß er nicht unterscheidet den Leib des Herrn.

Anhang zu Luthers Katechismus.[5])

1. Die Predigt. (III, 54—61.)

„Ich glaube, daß ich nicht aus eigener Vernunft . . . durch das Evangelium . . . im rechten, einigen Glauben." Katech. II, 3, Erkl.

„Solchen Glauben zu erlangen, hat Gott das Predigtamt eingesetzt, Evangelium und Sakramente gegeben, dadurch er,

---

[1]) Heute überflüssig; lateinischer Text: tanquam caput et summa = so zu sagen das Hauptstück.

[2]) wohl = gewiß, ohne Zweifel.

[3]) Zucht = Sitte.

[4]) eitel = ganz.

[5]) Von den folgenden Zugaben zum Katechismus ist 1. vor, 2. und 3. nach dem vierten Hauptstück durchzunehmen.

als durch Mittel, den heiligen Geist gibt, welcher den Glauben wirket, wo und wenn er will, in denen, so das Evangelium hören." Augsb. Konf. Art. 5.

Sprüche zu dem Hauptstücke von der Predigt[1]).

a. Die Einsetzung der Predigt.

Röm. 10, 17. So kommt der Glaube aus der Predigt, das Predigen aber durch das Wort Gottes.

Mark. 16, 15. Gehet hin in alle Welt und prediget das Evangelium aller Kreatur.

2. Tim. 3, 15. Weil du von Kind auf die heilige Schrift weißt, kann dich dieselbe unterweisen zur Seligkeit durch den Glauben an Christum Jesum.

b. Der Inhalt der Predigt.

Röm. 3, 28. So halten wir nun dafür, daß der Mensch gerecht werde[2]) ohne des Gesetzes Werke, allein durch den Glauben.

Joh. 3, 16. Also hat Gott die Welt geliebt, daß er seinen eingeborenen Sohn gab, auf daß alle, die an ihn glauben, nicht verloren werden, sondern das ewige Leben haben.

Röm. 1, 16. Ich schäme mich des Evangeliums von Christo nicht, denn es ist eine Kraft Gottes, die da selig macht alle, die daran glauben, die Juden vornehmlich und auch die Griechen.

c. Die Kraft der Predigt.

Hebr. 4, 12. Das Wort Gottes ist lebendig und kräftig und schärfer denn kein zweischneidig Schwert, und dringt durch, bis daß es scheidet Seele und Geist, auch Mark und Bein, und ist ein Richter der Gedanken und Sinne des Herzens.

d. Wer wird des Segens der Predigt teilhaftig?

Luk. 11, 28. Selig sind, die das Wort Gottes hören und bewahren.

Matth. 7, 21. Es werden nicht alle, die zu mir sagen „Herr, Herr", in das Himmelreich kommen, sondern die den Willen tun meines Vaters im Himmel.

Jak. 1, 22. Seid aber Täter des Worts und nicht Hörer allein, wodurch ihr euch selbst betrüget.

2. Die Konfirmation. (III, 54—61.)[3])

Geistlicher. Liebe Kinder, ihr seid durch die heilige Taufe in den Gnadenbund des dreieinigen Gottes aufgenommen, im evangelischen Be-

[1]) Von den folgenden Sprüchen sind vornehmlich die unter a zu lernen. Die Sprüche sind geordnet (a—d) im Anschluß an die vier Fragen der Hauptstücke IV und V.

[2]) D. h.: Vergebung der Sünden erhalte.

[3]) Das Folgende bietet den Gang der in der Regel an einen Gottesdienst sich anschließenden kirchlichen Handlung, um die Besprechung derselben in der Schule zu erleichtern.

kenntnis unterwiesen und zum Verständnis des göttlichen Wortes angeleitet, und begehret nunmehr, zum Tisch des Herrn in der Gemeinde zugelassen zu werden. So tut nun, was eure Eltern und Paten dereinst in eurem Namen getan haben, und bekennet unsern christlichen Glauben.

Konfirmanden. Ich glaube an Gott ... Amen.

Geistl. Wollet ihr solchem Glauben gemäß wandeln, der Sünde absagen und eurem Heiland nachfolgen,

so antwortet: Ja, mit Gottes Hilfe.

Konfirm. Ja, mit Gottes Hilfe.

so bezeuget dies, indem ihr euch zu eurem Taufgelübde bekennt.

Konfirm. Ich entsage dem Bösen [dem Teufel] und allen seinen Werken und allem seinen Wesen, und ergebe mich dir, du dreieiniger Gott, Vater, Sohn und heiliger Geist, in Glauben und Gehorsam dir treu zu sein bis an mein letztes Ende. Amen.

Geistl. Wollet ihr auch, damit ihr solches alles vermöget, die euch dargebotenen Gnadenmittel gewissenhaft gebrauchen, euch mit fleißigem Gebet zu Gottes Wort und Tisch treulich halten, der Ordnung und Zucht der Kirche euch willig unterwerfen und also mit Gottes Hilfe als getreue Glieder unserer evangelischen Kirche im rechten Glauben und gottseligen Leben beharren bis ans Ende, so antwortet: Ja, wir wollen es mit Gottes Hilfe.

Konfirm. Ja, wir wollen es mit Gottes Hilfe.

Geistl. Das helfe euch Gott, der allmächtige Vater, um Jesu Christi willen durch seinen heiligen Geist. Er gebe euch zum Wollen das Vollbringen, daß ihr in diesem allen möget bleiben, wachsen und zunehmen.

Gebet.

Segen.

Der Gott und Vater unseres Herrn Jesu Christi, der in euch angefangen hat das gute Werk, der wolle es durch seinen heiligen Geist bestätigen und vollführen bis an den Tag Jesu Christi. Amen.

[Gesang der Konfirmierten.]

Geistl. Liebe Kinder, nachdem ihr auf euer Bekenntnis und Gelübde den Segen der Kirche empfangen habt, so erteile ich, als ein verordneter Diener der Kirche, euch die Befugnis, das Abendmahl des Herrn mitzufeiern und also an allen geistlichen Gütern und Gaben der Gemeinde teilzunehmen, deren Haupt unser Herr Jesus Christus ist.

Ansprache an die Gemeinde.

Gebet.

Liedervers der Gemeinde.

Vaterunser.

Segen.

3. Die Beichte. (III, 54—61.)[1]

a. Was ist die Beichte?

Die Beichte begreift zwei Stücke in sich: eins, daß man die Sünde bekenne; das andere, daß man die Absolution oder Vergebung vom Beich tiger empfahe als von Gott selbst, und ja nicht daran zweifle, sondern fes glaube, die Sünden seien dadurch vergeben vor Gott im Himmel[2].

b. Wie pflegen wir zu beichten?

Allmächtiger Gott, barmherziger Vater, ich armer, elender, sündige Mensch bekenne dir alle meine Sünde und Missetat, die ich begangen mi Gedanken, Worten und Werken, damit ich dich jemals erzürnet und dein Strafe zeitlich und ewiglich verdient habe. Sie sind mir aber alle herzlic leid und reuen mich sehr, und ich bitte dich um deiner grundlosen Barm herzigkeit und um des unschuldigen und bitteren Leidens und Sterben deines lieben Sohnes Jesu Christi willen, du wollest mir armen sünd haften Menschen gnädig und barmherzig sein, mir alle meine Sünden ver geben und zu meiner Besserung deines Geistes Kraft verleihen. Amen.

Darauf fragt der Pastor die Beichtenden:

Ist das nun euer ernstlicher Wille [euer aufrichtiges Bekenntnis], be gehrt ihr Vergebung der Sünden um Christi willen, und habt ihr der festen und aufrichtigen Vorsatz, euer sündliches Leben zu bessern, so ant wortet: „Ja".

Die Beichtgemeinde antwortet: „Ja".

c. Wie werden wir von der Sünde losgesprochen?

Auf solch euer Bekenntnis verkündige ich euch allen, die ihr eur Sünden herzlich bereut und euch des Verdienstes Jesu Christi im wahre Glauben getröstet und den festen Vorsatz habt, euer Leben zu bessern, kraf meines Amtes, als ein berufener und verordneter Diener des Wortes, di Gnade Gottes und die Vergebung eurer Sünden im Namen des Vater und des Sohnes und des heiligen Geistes. Amen.[3]

---

[1]) Dieser Unterricht Luthers von der Beichte (von welchem hier nur di erste Frage aufgenommen worden ist) ist dem Katechismus erst im Jahre 153 beigefügt worden. Nr. b und c sind aus der Agende beigefügt.

[2]) „Und hier siehst du, daß die Taufe mit ihrer Kraft und Deutung be greift auch das dritte Sakrament [als welches Luther damals noch die „Buße" betrachtete], welches man genannt hat die Buße [d. h. Beichte], als die eigent lich nichts anderes ist, denn die Taufe, nämlich ein Wiedergang und Zutreten zur Taufe, daß man das wiederholt und treibt, so man zuvor angefangen und doch davon gelassen hat." Luther, Großer Katech., Von der Taufe.

[3]) Vgl. Nr. 145: Die Entstehung des Katechismus. Nr. 153 C, 2: Luthers Vorrede zum kleinen Katechismus. Nr. 153 C, 2: Der Wert des Katechismus

C. Der christliche Gottesdienst.

9. (149.) Der evangelische Sonntags-Gottesdienst.

(I, 72. Quell. II, 3.)[1])

Zum Glauben an Gott und zum Gebet wird durch die Predigt zunächst der einzelne Christ geführt. Aber die einzelnen Christen schließen sich nun zusammen zu Gemeinden, und auch in der Gemeinde wird das Wort Gottes gepredigt und zu Gott gebetet. So entsteht der gemeinsame Gottesdienst der Christen, und es ist oben gezeigt worden, wie sich derselbe in der alten und in der mittelalterlichen Kirche gestaltet hat. Im folgenden soll nun gezeigt werden, wie sich der evangelische Gottesdienst gestaltet hat.

a[2]). Aus dem Gottesdienste der alten Kirche, dessen Hauptbestandteile Gebet und Gesang, Vorlesung und Auslegung der h. Schrift und die Abendmahlsfeier gewesen waren, hatte sich allmählich der Gottesdienst der morgenländischen Kirche und der katholischen Kirche des Mittelalters entwickelt. Als das Hauptstück des ganzen katholischen Gottesdienstes gilt aber die Messe, d. h. die auf Grund der Verwandlung von Brot und Wein in Leib und Blut Christi erfolgende Wiederholung des Opfers Christi zur Vergebung der Tatsünden der Gläubigen. Ein Opfer kann aber nur durch einen Priester dargebracht werden, nicht durch einen Laien. So werden nun durch den katholischen Priester jeden Tag, indem er die Einsetzungsworte über Brot und Wein spricht, in der Messe Brot und Wein verwandelt in Leib und Blut Christi, nicht bloß zum Genuß beim h. Abendmahl, sondern vornehmlich dazu, um Christum dem Vater immer aufs neue als Opfer darzubringen für die sonst ungesühnt bleibenden Tatsünden der Gläubigen.

b. Als nun Luther erkannt hatte, daß die Lehre der Katholiken vom Abendmahl falsch sei, konnte er auch die katholische Messe nicht mehr billigen, durch welche die Predigt und der Gemeindegesang fast verdrängt worden waren. Aber während die Wittenberger Schwärmer alles auf einmal umändern wollten, ging Luther mit der Umänderung des Gottesdienstes sehr langsam vor, und erst nach der in den Jahren 1527—1529 abgehaltenen Kirchenvisitation ist der Gottesdienst in Sachsen allgemein umgestaltet worden. Aus der katholischen Messe sind seitdem die evangelische Liturgie und die Abendmahlsfeier geworden; aber die letztere hat sich mehr und mehr von dem gewöhnlichen Gottesdienst, mit welchem sie früher verbunden war, getrennt und ist zu einer besonderen gottesdienstlichen Feier geworden, wie das ja auch in der ersten christlichen Kirche geschehen war.

Wenn sich also der evangelische Gottesdienst vom katholischen Gottesdienste vornehmlich dadurch unterscheidet, daß von uns die Messe verworfen wird, so unterscheidet er sich vom katholischen Gottesdienste auch noch in anderer Beziehung; zunächst nämlich dadurch, daß er in jedem Lande in der Landessprache gehalten wird, während die katholische Kirche für den Hauptteil des Gottesdienstes, die Messe, die lateinische Sprache fordert. Aber noch wichtiger ist es, daß der katholische Gottesdienst vor-

[1]) Vgl. auch meine Schrift: Der Sonntags-Gottesdienst in der preußischen Landeskirche. (Progr. des Gymnasiums zu Nakel-Netze, 1896, Nr. 163.) [2]) Vgl. Nr. 64 und 88.

nehmlich ein Werk des Priesters ist und ohne einen solchen nicht gehalten werden kann, während der evangelische Gottesdienst ein Tun der Gemeinde ist, wobei der Geistliche nur im Namen der Gemeinde handelt und nur das tut, was jeder andere ebensogut tun könnte, da ja alle Christen Priester sind und wir keine besonderen Priester haben, wenn es nicht im Interesse der Ordnung läge, bestimmte Dinge einzelnen Gliedern der Gemeinde zu übertragen. Ihren Höhepunkt erreicht die Mittätigkeit der Gemeinde im Kirchengesang. Endlich ist auch erst im evangelischen Gottesdienst die Predigt wieder in ihr Recht eingesetzt worden, welche in der katholischen Kirche so sehr hinter der Messe zurückgetreten war und noch heute zurücksteht, daß sie nicht einmal im Hauptgottesdienste für nötig gilt.

Enger als Luther hat sich die anglikanische Kirche an den Gottesdienst der alten Kirche angeschlossen; weiter als Luther hat sich von demselben die reformierte Kirche entfernt, welche den Gottesdienst auf die einfachste, den biblischen Andeutungen sich anschließende Form zurückzuführen suchte. Allmählich aber haben sich die beiden evangelischen Kirchen Deutschlands auch auf diesem Gebiete einander mehr genähert, so daß heute zwischen lutherischem und reformiertem Gottesdienst, wenigstens in Deutschland, kein großer Unterschied mehr besteht. Diejenige Gottesdienstordnung, welche jetzt in Preußen üblich ist, ist seit dem Jahre 1816 von dem Könige Friedrich Wilhelm III. allmählich eingeführt und im Jahre 1894 revidiert und vervollkommnet worden. Durch dieselbe hat der Hauptgottesdienst in der preußischen Landeskirche folgende Gestalt erhalten.

c. Der evangelische Christ wird, wenn er nach dem Läuten der Glocken in die Kirche eintritt, von den würdigen, den ganzen Kirchenraum ausfüllenden Tönen der Orgel empfangen, welche, wie sie den Gottesdienst anfängt und schließt, so auch seine einzelnen Teile zu einem niemals durch eine Pause unterbrochenen Ganzen verbindet. Unser Hauptgottesdienst zerfällt aber in vier Hauptteile: Liturgie, Gesang, Predigt und Kirchengebet, denen ein Eingang vorangeht und ein Schluß nachfolgt. Den Eingang des Gottesdienstes bildete in der alten Zeit ein vom Chor gesungener Bibelspruch (von dem ja bekanntlich manche Sonntage ihren Namen erhalten haben), jetzt in der Regel ein für den Beginn des Gottesdienstes geeignetes Lied. Inzwischen hat der Geistliche den Altar betreten, und es beginnt der erste Teil des Gottesdienstes, die sogenannte Liturgie, welche in zwei Abschnitte zerfällt, das Sündenbekenntnis und die Schriftvorlesung, welche von einleitenden und abschließenden kürzeren Worten des Geistlichen und der Gemeinde eingeschlossen sind. Der Gemeinde, die ihrem Gotte gegenübertritt, ist es natürlich, zunächst ihrer Sünde zu gedenken, und deshalb spricht der Geistliche in ihrem Namen zuerst das Sündenbekenntnis: „Allbarmherziger Gott und Vater“ usw., und die Gemeinde stimmt in diese Bitte ein mit dem altkirchlichen Rufe: „Kyrie eleison, Christe eleison, Kyrie eleison“. (Herr, erbarme dich unser usw.) Auf dies bußfertige Bekenntnis der Sünde verkündigt der Geistliche der Gemeinde im zweiten Teile der Liturgie die Gnade Gottes, indem er, nachdem er zunächst auf das Engelwort hingewiesen hat: „Ehre sei Gott“ usw., jetzt meistens nur einen oder früher mehrere Abschnitte aus dem Worte Gottes vorliest. Dazu sind seit alter Zeit bestimmte Abschnitte ausgewählt, die sogenannten Perikopen, die jedem Sonntage zugeteilt sind[1]). Zu dem vernommenen Worte drückt die Gemeinde ihre Zustimmung aus, indem sie mit dem Geistlichen im Herzen einstimmt in das kirchliche Glaubensbekenntnis, oder wohl auch selber statt desselben das daraus entstandene Lutherlied anstimmt: „Wir glauben all' an einen Gott." Damit hat die Liturgie ihren Abschluß erreicht.

Nach der Liturgie folgt das Hauptlied, welches sich an das verlesene Gotteswort anschließt oder auf die kommende Predigt vorbereitet.

Während des Gesanges besteigt der Pastor die Kanzel, um in der Predigt das Wort Gottes der Gemeinde zu erklären und ans Herz zu legen.

Auf die Predigt folgt als letzter Teil des Gottesdienstes das allgemeine Kirchengebet, welches im Vaterunser seinen würdigen Abschluß findet.

Der ganze Gottesdienst gewinnt endlich seinen Schluß durch den Segen des Geistlichen und einen Schlußvers der Gemeinde; unter den Klängen der Orgel verläßt die Gemeinde das Gotteshaus.

d. Die Ordnung des Sonntags-Gottesdienstes in der preußischen Landeskirche.

Gemeinde: Eingangslied.

Geistlicher[2]): Im Namen des Vaters und des Sohnes und des heiligen Geistes. Amen.

Unsere Hilfe stehet im Namen des Herrn, der Himmel und Erde gemacht hat.

Eingangsspruch (wechselnd).

Gemeinde: Ehre sei dem Vater und dem Sohne und dem heiligen Geiste, wie es war im Anfang, jetzt und immerdar, und von Ewigkeit zu Ewigkeit! Amen.

Geistlicher[3]): [Lasset uns vor dem Herrn unsere Sünden bekennen:]

Sündenbekenntnis (in wechselnder Form).

Gemeinde: Herr, erbarme dich unser. Christe, erbarme dich unser. Herr, erbarme dich unser!

Oder:

Kyrie eleison. Christe eleison. Kyrie eleison[4]).

Geistlicher: Gnadenverkündigung (in wechselnder Form).

Ehre sei Gott in der Höhe[5])!

Gemeinde: Und Friede auf Erden und den Menschen ein Wohlgefallen! Amen, Amen, Amen[6]).

Geistlicher: Der Herr sei mit euch!

Gemeinde: Und mit deinem Geiste!

[1]) Den alten Perikopen sind unlängst neue zur Seite gestellt worden, um die Gemeinde noch umfassender in die heilige Schrift einzuführen.

[2]) Während der katholische Priester die liturgischen Stücke sämtlich singt, werden dieselben in der evangelischen Kirche jetzt sämtlich meistens gesprochen; der Gesang hat sich nur in den lutherischen Kirchen, sonst höchstens für den Segen, das Vaterunser und die Abendmahlsworte erhalten.

[3]) Was in eckige Klammern eingeschlossen ist, darf auch wegbleiben.

[4]) Ἐλέησον ist der Imper. Aor. von dem Verbum ἐλεέω (η nach der späteren und heutigen Aussprache des Griechischen als i gesprochen — sprich: ele—ison!).

[5]) Wenn die Gemeinde hierauf mit dem Liedervers antwortet: „Allein Gott in der Höh' sei Ehr'", so liest der Geistliche die ganze Lobpreisung: „Ehre sei ... Wohlgefallen."

[6]) An den Festtagen kann hierauf der Chor den „großen Lobgesang" singen: „Wir loben dich." Vgl. Lied 31d.

Geistlicher: Lasset uns beten: (Gebet vor der Schriftvorlesung[1]) — in wechselnder Form).

Gemeinde: Amen.

Geistlicher: Verlesung der Epistel.
Spruch nach der Epistel.
Hallelujah[2]).

Gemeinde: Hallelujah, Hallelujah, Hallelujah.

Geistlicher: Verlesung des Evangeliums.
Gelobt seist du, o Christus!

Gemeinde: Ehre sei dir, Herr!

Geistlicher: [Lasset uns in Einmütigkeit des Glaubens mit der gesamten Christenheit also bekennen:] Glaubensbekenntnis[3]).

Gemeinde: Amen, Amen, Amen.

Gemeinde: Predigtlied.

Geistlicher: Predigt. (Liedervers der Gemeinde.) Abkündigungen. Segen.

Gemeinde: Liedervers.

[Geistlicher: Erhebet eure Herzen!

Gemeinde: Wir erheben sie zum Herrn.

Geistlicher: Lasset uns danken dem Herrn, unserm Gott!

Gemeinde: Recht und würdig ist es.

Geistlicher: Recht ist es und wahrhaft würdig und heilbringend, dir, Allmächtiger, Dank zu sagen zu allen Zeiten und an allen Orten durch Jesum Christum, unsern Herrn, (um dessentwillen du uns verschont hast, uns unsere Sünden vergibst und die ewige Seligkeit verheißest,) und mit allen Engeln und Erzengeln und dem ganzen Heere der himmlischen Heerscharen singen wir dir und deiner unendlichen Herrlichkeit einen Lobgesang.

Gemeinde: Heilig, heilig, heilig ist der Herr Zebaoth. Alle Lande sind seiner Ehre voll. Hosianna in der Höh'[4]). Gelobt sei, der da kommt im Namen des Herrn. Hosianna in der Höh'!]

Geistlicher: Kirchengebet (in wechselnder Form).
Gebet des Herrn.

Gemeinde: Amen.

Geistlicher: Segen.

Gemeinde: Amen, Amen, Amen. Schlußvers (vor oder nach dem Segen).

e. Allgemeines Kirchengebet. (Gewöhnliche Form.)

Herr Gott, himmlischer Vater, wir bitten dich, du wollest deine christliche Kirche mit allen ihren Lehrern und Dienern durch deinen heiligen Geist regieren, daß sie bei der reinen Lehre deines Wortes erhalten, der wahre Glaube in uns erweckt und gestärkt werde, auch die Liebe gegen alle Menschen in uns erwachse und zunehme. Segne nach deiner Verheißung die Predigt des Evangeliums zur Ausbreitung deines Reiches auch unter

---

1) Dieselbe kann auch auf einen Schriftabschnitt beschränkt werden.
2) D. h. Lobet den Herrn!
3) Das Apostolikum kann auch durch das Nicänische Bekenntnis oder durch das Lutherlied „Wir glauben all' an einen Gott" oder ein anderes Glaubenslied ersetzt werden.
4) D. h.: Hilf doch, du Gott in der Höhe!

Heiden und Juden, und laß dir den Dienst deiner Knechte an diesem Werke wohlgefallen! Wende die Augen deiner Barmherzigkeit auf alle, die deinen Namen bekennen und die unter dem Joche der Ungläubigen seufzen; sei aber insonderheit allen denen gnädig und barmherzig, die mit uns denselben teuren Glauben empfangen haben, dermalen aber noch in vieler Gefahr, Not und Verfolgung leben![1])

Laß, o Herr, deine Gnade groß werden über deinen Knecht[2]) Wilhelm, den Kaiser, unsern König und Herrn, über die Kaiserin und Königin, über den Kronprinzen, über sämtliche Königliche Prinzen und Prinzessinnen und alle, welche dem Kaiser und dem Königlichen Hause anverwandt und zugetan sind! Erhalte sie uns bei langem Leben, zum beständigen Segen und christlichen Vorbilde! Verleihe dem Kaiser, unserm Könige, eine lange und gesegnete Regierung! Beschütze das Königliche Kriegsheer und die gesamte deutsche Kriegsmacht zu Wasser und zu Lande, insonderheit auch die Schiffe und die Luftfahrzeuge, welche auf der Fahrt sind, und alle treuen Diener des Kaisers und Königs und des Vaterlandes; lehre sie stets wie Christen ihres Eides gedenken, und laß dann ihre Dienste gesegnet sein zu deiner Ehre und des Vaterlandes Bestem!

Segne uns und alle Königlichen Länder, sei du des Deutschen Reiches und Volkes starker Schutz und Schirm! Laß deine Gnade ruhen auf seinen Fürsten und freien Städten, gib ihnen allen eine friedevolle und gesegnete Regierung in ihren Landen, und laß Glauben und Treue, Kraft und Einigkeit unseres Volkes Ruhm und Ehre sein!

Nimm alle christliche Obrigkeit in deine gnädige Obhut, und hilf, daß sie mit dem Kaiser, unserm Könige, und allen Regierenden im Reiche unter deinem Segen trachte, dein himmlisches Reich auf Erden bauen zu helfen und deines Namens Herrlichkeit zu preisen!

Hilf einem jeden in seiner Not, und sei ein Heiland aller Menschen, vorzüglich deiner Gläubigen! Bewahre uns vor einem bösen, unbußfertigen Tode, und bringe endlich uns alle in dein ewiges Himmelreich durch Jesum Christum, unsern Herrn! Amen.

10. (150.) **Das christliche Gesangbuch; Das Choralbuch; die Orgel in der Kirche.** (Nr. 153 C, 3. I, 73. Quell. II, 10—12.)

A. Unser Gesangbuch.

a. Im gemeinsamen Gottesdienste wird einerseits das Wort Gottes verkündigt, aber andererseits wird in demselben auch gebetet. Nun kann ja die Gemeinde zusammen beten, indem entweder der Geistliche im Namen aller zu Gott betet, wobei die Gemeinde im Herzen mitbetet[3]), oder indem die einzelnen zusammen sprechen; aber das letztere kann doch nur geschehen, wenn alle eine bestimmte Formel (z. B. das Vaterunser) auswendig können. Ein gemeinsames Sprechen ist aber nicht leicht und in der Regel auch nicht sehr schön. So war es denn ein Fortschritt, daß aus dem

[1]) „sei aber ..." ist ein Zusatz König Friedrich Wilhelms IV. von Preußen, infolge der Gründung des Gustav-Adolf-Vereins.

[2]) Dieser Ausdruck (statt des früheren „Seine Majestät") ist durch Friedrich den Großen in das Kirchengebet eingesetzt worden.

[3]) Das geschieht in der sogenannten Liturgie.

gemeinsamen Sprechen ein gemeinsames Singen wurde, welches sowohl leichter als auch schöner ist, als das gemeinsame Sprechen.

Diesen Fortschritt haben nun schon die Israeliten gemacht, indem in ihrem Gottesdienste die Gebete (ihr Gebetbuch war aber der Psalter) von einem Chor der Leviten (allerdings noch nicht von der ganzen Gemeinde) gesungen wurden. Der Psalter, das Gebetbuch und Gesangbuch der Juden, war aber zunächst auch das Gebetbuch und Gesangbuch der Christen. Bald aber begannen die Christen auch in neuen Liedern zu singen von dem jetzt nicht mehr bloß verheißenen, sondern bereits erschienenen Sohne Gottes, der gekommen war, die Sünder selig zu machen, und der einst wiederkommen sollte zur Vollendung seines Werkes. Und so hat denn schon die alte griechische Kirche Lieder hervorgebracht, die uns zum Teil noch erhalten sind, ja sogar noch heute von uns gesungen werden, nachdem sie erst ins Lateinische, dann ins Deutsche übertragen worden sind[1]). Ein Gemeindegesang und ein Gesangbuch sind aber in der heutigen morgenländischen Kirche nicht vorhanden, sondern nur ein Chorgesang geschulter Sänger, und zwar ohne Orgel und Instrumentalmusik.

Von den Griechen der alten Zeit kam sodann das Kirchenlied zu den Lateinern; der Bischof Ambrosius von Mailand hat um das Jahr 350 den in der damaligen griechischen Kirche üblichen volksmäßigen Gemeindegesang auch in der Kirche des Abendlandes heimisch gemacht, und der sogenannte Ambrosianische Lobgesang („Te Deum laudamus", von Luther übersetzt als „Herr Gott, dich loben wir", in katholischen Gesangbüchern „Großer Gott, wir loben dich"), der ihm früher (aber mit Unrecht) zugeschrieben wurde, verkündet noch heute das Lob des frommen Bischofs[2]). Auch andere ursprünglich lateinische Lieder werden noch heute in unseren Kirchen gesungen[3]), andere sind in unser Gesangbuch allerdings nicht aufgenommen worden, verdienen aber gekannt zu werden[4]).

In der römischen Kirche wird aber seit Gregor dem Großen nur noch vom Chor und in lateinischer Sprache gesungen, nicht mehr von der Gemeinde, wie vor Gregor, und nicht in der Muttersprache, wie in der alten Kirche. Es konnte nun nicht ausbleiben, daß allmählich die Gemeinde ihr früheres Recht wieder beanspruchte und wieder selbst in der Muttersprache zu singen begehrte, namentlich bei einem so sangeslustigen Volke, wie es das deutsche Volk seit alten Zeiten ist. Und so hat denn unser Volk schon im Mittelalter angefangen, geistliche Lieder zu singen, teils aus dem Lateinischen übersetzte, teils frei gedichtete deutsche Lieder[5]), freilich weniger beim kirchlichen Gottesdienste, wo die Priester das möglichst verhinderten, als bei Wallfahrten, Prozessionen und ähnlichen Feiern außerhalb der Kirche.

---

[1]) Vgl. das Lied „Allein Gott in der Höh' sei Ehr'" (Nr. 31).

[2]) Vgl. Lied Nr. 53.

[3]) Vgl. Lied Nr. 7, 22 und 91.

[4]) Vgl. Lied Nr. 23 und 100 (das letztere in deutscher Nachbildung nur in wenigen Gesangbüchern).

[5]) So die Lieder „Gelobet seist du Jesu Christ", „Christ ist erstanden", „Nun bitten wir den heilgen Geist". — Daß das deutsche Lied aus dem lateinischen entstanden ist, läßt uns noch erkennen das Lied „In dulci jubilo, nun singet und seid froh" (Lied Nr. 5), in welchem lateinische und deutsche Zeilen miteinander abwechseln.

b. Mit der Reformation kam auch für das Kirchenlied eine neue Zeit; hierfür ist aber wieder, wie für die Umgestaltung der Kirche überhaupt, Luther der Anfänger und Bahnbrecher geworden[1]. Er kehrte zu den Grundsätzen der alten Kirche zurück, daß der Gottesdienst nicht bloß eine Sache des Priesters, sondern der ganzen Gemeinde sei, und daß die Gemeinde in der ihr allein verständlichen Muttersprache Gott preisen dürfe und solle. Mit dem evangelischen Gesangbuche ist zugleich das evangelische Choralbuch entstanden; beide Bücher haben sich allmählich immer mehr erweitert und vergrößert, und in beiden besitzt der evangelische Christ neben seiner Bibel und dem Katechismus einen Schatz, auf den er mit Stolz zeigen darf, wenn der Katholik ihn auf die Herrlichkeiten seiner Kirche hinweist.

Um nun der Gemeinde ein Gesangbuch in der ihr allein verständlichen Muttersprache zu verschaffen, hat Luther folgenden Weg eingeschlagen. Er überarbeitete zunächst Psalmen (z. B. Psalm 46: „Ein feste Burg ist unser Gott") und andere biblische Abschnitte. Er übertrug sodann ältere lateinische („Herr Gott dich loben wir") und überarbeitete ältere deutsche Lieder („Gelobet seist du Jesu Christ"), und er dichtete endlich auch Originallieder („Nun freut euch lieben Christen g'mein" — das älteste seiner Lieder). An Luther, der 36 Lieder gedichtet und einige wahrscheinlich auch selbst mit einer Melodie versehen hat, schlossen sich nun auch bei diesem Werke bald seine Freunde und Anhänger an und lieferten wertvolle Beiträge zum evangelischen Gesangbuch. Auch in der reformierten Kirche traten allmählich Liederdichter auf und erschienen Gesangbücher, doch wurde zunächst der von Lobwasser im Jahre 1573 aus dem Französischen in deutsche Verse gebrachte Psalter das Gesangbuch der reformierten Kirche.

Hatte nun das 16. Jahrhundert vornehmlich Glaubenslieder geschaffen, in welchen der evangelische Glaube im allgemeinen zum Ausdruck gebracht wurde, so wurden in den späteren Jahrhunderten vornehmlich Andachtslieder gedichtet, in welchen der einzelne Christ seine Gedanken und Gefühle aussprach. Der Hauptdichter des siebzehnten Jahrhunderts ist Paul Gerhardt, gestorben als Pastor zu Lübben im Jahre 1676, dessen 130 Lieder zu den besten des evangelischen Liederschatzes gehören[2]. Auch im achtzehnten Jahrhundert ist (namentlich durch Anhänger des Pietismus, später auch durch Gellert — 54 Lieder) und ebenso im neunzehnten das evangelische Gesangbuch noch durch manches schöne Lied bereichert worden.

c. Das erste evangelische Gesangbuch ist schon im Jahre 1524 erschienen, und seitdem sind immer aufs neue Gesangbücher herausgegeben worden. Aber in der alten Zeit besaß der gemeine Mann noch kein Gesangbuch; im Gottesdienst wurden nur wenige Lieder gesungen, und diese konnten die Leute auswendig. Erst später gewannen die Gesangbücher eine größere Verbreitung, aber die Leute besaßen verschiedene Gesangbücher. Später wurde in jeder Gemeinde oder in jedem Gebiete dasselbe Gesangbuch eingeführt.

Wenn nun in der evangelischen Kirche Deutschlands überall Luthers Bibel gebraucht wird, und in den meisten Schulen derselbe Katechismus,

[1]) „Vorrede Martini Luther" 1525 (zu seinem Gesangbuch), unten abgedruckt im Quellenbuch: Nr. 153 C, 3.

[2]) Vgl. Nr. 109 B c.

nämlich der Katechismus Luthers, so besitzen wir dagegen noch nicht ein allgemeines Gesangbuch für alle deutschen Gemeinden, sondern in jeder Provinz oder in jedem Lande wird noch heute ein besonderes Gesangbuch gebraucht. Hoffentlich wird es einmal dahin kommen, daß in allen Gemeinden unseres Vaterlandes dasselbe Gesangbuch gebraucht wird; bis jetzt ist nur das deutsche Heer im Besitz eines gemeinsamen Gesangbuchs.

B. Das Choralbuch; die Orgel in der Kirche.

a. Das schönste Gesangbuch wäre aber für die Gemeinde nur ein Gebetbuch, nicht ein Gesangbuch, wenn die Lieder nicht ihre Melodieen hätten, und zwar solche, welche von der ganzen Gemeinde, auch ohne daß sie viel von Musik versteht, leicht gelernt und behalten werden können. Diesen Melodieenschatz unserer Kirche vereinigt das Choralbuch.

Unser Choralbuch ist in derselben Weise entstanden, wie das Gesangbuch. Wie Luther der alten Kirche einen Teil seiner Lieder verdankt, so hat er auch die Melodieen der alten lateinischen wie auch der wenigen schon vorhandenen deutschen Lieder in seine Gemeinde herübergenommen; ja, sogar Melodieen weltlicher Lieder haben die evangelischen Tonsetzer vielfach für die geistlichen Lieder zugrunde gelegt.

In der alten Zeit wurden aber die Kirchenlieder noch nicht von der Orgel begleitet, sondern die Orgel begann nur den Gottesdienst mit einem Vorspiel, oder es wurde der Gemeinde die Melodie vorgespielt; dann aber sang die Gemeinde allein, etwa unter Führung eines Schülerchors; etwa seit dem Jahre 1700 ist aber die Orgel zur beständigen Begleiterin des Gemeindegesanges geworden.

b. Auch das Choralbuch ist, wie das Gesangbuch, vornehmlich eine Schöpfung der lutherischen Kirche; die reformierte Kirche hat zunächst nur zu ihren Psalmen Melodieen erhalten; später hat sie sich das lutherische Choralbuch angeeignet und dasselbe mit einem Teil ihrer Melodieen bereichert, wie auch die lutherische Kirche französische und schon früher böhmische Melodieen sich angeeignet hat.

c. Auch das Choralbuch hat, wie das Gesangbuch, allmählich einen so großen Umfang gewonnen, daß wir fast zu viele Melodieen besitzen, und auch die Choräle haben, wie die Kirchenlieder, allmählich viele Änderungen erfahren. Auch hier betrachtet es unsere Zeit als ihre Aufgabe, aus den vielen Chorälen die besten herauszusuchen und dieselben in der angemessensten Form der Gemeinde darzubieten; aber wie es noch kein allgemeines Gesangbuch für die ganze evangelische Kirche gibt, so gibt es auch noch nicht ein allgemeines Choralbuch.

11. (151.) Das christliche Kirchenjahr.

(I³, 74—76. II², 109 und 138; II³, 109 und 134.)

a. Daß der Christ „allezeit bete", fordert der Apostel mit Recht, und im Leben des einzelnen Christen und im christlichen Hause gilt es noch heute, daß alles durch das Gebet geweiht wird; darum haben auch die alten Christen, solange sie noch wie eine Familie möglichst zusammenhielten, jeden Tag sich vereinigt zu gemeinsamem Gebet und zur gemeinsamen Feier des h. Abendmahls, welches sich an ein gemeinsames Mahl, das Liebesmahl, anschloß.

Aber schon in sehr früher Zeit wurde ein bestimmter Tag in der Woche besonders gefeiert, nicht der Sonnabend, den die Christen als Glieder des Volkes Israel zunächst noch feierten, sondern der Sonntag. Aber wie die Juden auch Jahresfeste feierten, namentlich Ostern, Pfingsten und Laubhüttenfest, so wurden schon in der ältesten Zeit, freilich in neuer Bedeutung, Ostern und Pfingsten auch von den Christen gefeiert; statt des dritten Festes feierten die Christen, aber erst seit dem 4. Jahrhundert, das Weihnachtsfest. Indem nun diese drei Feste, durch eine Vorfeier und eine Nachfeier erweitert, zu Festzeiten wurden, bildete sich allmählich eine festliche Jahreshälfte aus, der eine festlose Hälfte gegenüberstand; so ist neben dem bürgerlichen Jahre nach und nach das Kirchenjahr entstanden.

b. Den Anfang des Kirchenjahres bildet in der Kirche des Abendlandes die Adventszeit (d. h. die Zeit der Ankunft — adventus — des Herrn), an deren vier Sonntagen die Gemeinde ermahnt wird, des Heilands zu gedenken, der einst in die Welt kommen sollte, alsdann auf die Erde gekommen ist, noch jetzt in der Gläubigen Herz kommt, und dereinst wiederkommen wird, zu richten die Lebendigen und die Toten. Am 25. Dezember wird alsdann das Weihnachtsfest gefeiert, als das Fest der Geburt des Herrn, früher drei Tage lang (jetzt freilich meist nur an zwei Tagen), wie auch die anderen großen Feste, zu Ehren des dreieinigen Gottes. Dieses Fest fällt immer auf den 25. Dezember, ist also ein unbewegliches Fest, während Ostern und Pfingsten bewegliche Feste sind, da sie innerhalb bestimmter Grenzen auf eine ganze Reihe von Tagen fallen können.

Acht Tage nach Weihnachten wird das Neujahrsfest gefeiert; an diesem Tage hat Jesus seinen Namen bekommen. Auf den 6. Januar fällt das Epiphanienfest, seinem Namen nach das Fest der Erscheinung des Herrn, d. h. der Offenbarung Jesu als des Sohnes Gottes; als solcher ist er aber nach der ursprünglichen Bedeutung des Festes bei der Taufe erkannt worden; wir denken jetzt an diesem Tage an die Erscheinung der Weisen aus dem Morgenlande, und denken dabei daran, daß in Jesus das Heil nicht bloß für die Juden erschienen ist, sondern auch für die Heiden.

Mit den 1—6 Sonntagen nach Epiphanias (je nachdem Ostern früh oder spät fällt) schließt die erste Festzeit der festlichen Hälfte des Kirchenjahres, die Weihnachtszeit.

Mit den nun folgenden Sonntagen Septuagesimä, Sexagesimä und Quinquagesimä oder Esto mihi (der 64., der 57. und der 50. Tag vor Ostern) fängt die zweite große Festzeit des Kirchenjahres, die Osterzeit, an. Dem eigentlichen Feste geht nämlich auch hier eine Vorbereitungszeit voran, die Fastenzeit oder Passionszeit, in der alten Kirche durch strenges Fasten, bei uns durch die Passionsandachten ausgezeichnet. Diese Zeit beginnt in der griechischen Kirche schon nach dem letzten Epiphaniassonntag (also 70 Tage vor Ostern), in der katholischen Kirche aber erst nach dem Fastnachtsdienstage, der die weltliche Freude und alle Lustbarkeit beendet (caro vale — Fleisch, lebe wohl — daher Carneval), mit der Aschermittwoch (46 Tage vor Ostern)[1]), wo der Priester den Kirchenbesuchern

[1]) Aber da früher an den Sonntagen nicht gefastet wurde, so umfaßte die Fastenzeit doch nur 40 Tage.

Asche aufs Haupt streut mit den Worten: „Gedenke, o Mensch, daß du Asche bist und wieder zu Asche werden wirst!" Die nun folgenden Sonntage haben, wie schon der Sonntag Esto mihi (Ps. 31, 3), ihren Namen von dem Anfangsworte des Bibelspruches, mit dem der Gottesdienst in der alten Kirche begann: Invocavit (Ps. 91, 15), Reminiscere (Ps. 25, 6), Oculi (Ps. 25, 15), Laetare (Jes. 54, 1) und Judica (Ps. 43, 1). Mit dem letzten Sonntage vor Ostern, dem Palmsonntage, dem Tage des Einzugs Jesu in Jerusalem, beginnt die stille oder große Woche, deren große Ereignisse in auffallender Stille kirchlich gefeiert werden, auch Karwoche genannt, d. h. Woche der Trauer, der Klage (von dem altdeutschen Worte kara, d. h. Trauer, Klage).

In der Karwoche wird zunächst noch der „grüne Donnerstag" gefeiert; er ist der Tag des letzten Mahles Jesu, auf welches alsbald die Gefangennehmung folgte. Jesu Tod erfolgte am Tage darauf, dem Karfreitag, der in der evangelischen Kirche zu einem der größten Feiertage geworden ist. Am dritten Tage darauf ist Jesus vom Tode zu neuem Leben erstanden; das feiert die Kirche am Osterfeste. Ostern ist ein bewegliches Fest, es fällt nach den Bestimmungen des Konzils von Nicäa (325) auf den ersten Sonntag nach dem ersten Vollmond im Frühling, in die Zeit vom 22. März bis zum 25. April. Die sechs Sonntage nach Ostern haben wieder ihren Namen von dem Anfangsspruche des Gottesdienstes: Quasimodogeniti (1. Petr. 2, 2), Misericordias Domini (Ps. 33, 5), Jubilate (Ps. 66, 2), Cantate (Ps. 98, 1), Rogate (Joh. 16, 24), Exaudi (Ps. 27, 7). Der Donnerstag vor dem letzten derselben, der 40. Tag nach Ostern, ist der Tag der Himmelfahrt des Herrn, mit welchem die Osterzeit ihren Abschluß gewinnt.

Die zehn Tage nach Himmelfahrt mit dem Sonntag Exaudi bilden die Vorzeit des dritten großen Festes der Christenheit, des Pfingstfestes, an welchem über die ersten Jünger Jesu der heilige Geist ausgegossen und die christliche Kirche gegründet worden ist. Die Woche nach Pfingsten endet mit dem Trinitatisfeste, d. h. dem Feste der heiligen Dreieinigkeit, an welchem die Christenheit noch einmal zusammenfassend der großen Taten ihres Gottes gedenkt, wie der Vater den Sohn in die Welt gesandt hat, wie der Sohn für die Sünder gestorben und auferstanden ist, und wie der heilige Geist ein neues Leben unter den Völkern erweckt hat. Mit dem Trinitatisfeste ist die dritte große Festzeit, die Pfingstzeit, und zugleich nun auch die festliche Hälfte des Kirchenjahres geschlossen.

c. Die nun folgenden 22—27 Sonntage nach Trinitatis (je nachdem Ostern früher oder später gefallen ist)[1] bilden die festlose Hälfte des Kirchenjahres; in sie fallen nur noch einige kleinere Feste: das Erntefest, gefeiert am Sonntage nach dem Michaelistage (dem 29. September), das Reformationsfest, meist erst am Sonntage nach dem 31. Oktober gefeiert, und das Totenfest am letzten Sonntage des Kirchenjahres. Zu verschiedener Zeit (seit 1893 in fast ganz Norddeutschland am Mittwoch vor dem Totenfest) wird in verschiedenen evangelischen Kirchen ein Bußtag (auch wohl mehr als einer) gefeiert. Die Katholiken feiern außer den genannten großen und kleinen Festen am Donnerstag nach Trinitatis das Fronleichnamsfest, d. h. das Fest des Leibes des Herrn, zum Andenken

[1]) Der Katholik zählt aber diese Sonntage von Pfingsten an, und er hat daher 23—28 Sonntage nach Pfingsten.

an das in jeder Messe sich vollziehende Wunder der Verwandlung von Brot und Wein in Leib und Blut Christi; außerdem haben sie, ihrem Glauben entsprechend, noch eine Anzahl Feste zu Ehren der Maria, der Heiligen, der Reliquien und der Engel, welche die evangelische Kirche nicht mehr feiert.

d. Das Weihnachtsfest: I³, 75.

e. Ostern und Pfingsten; weltliche Feste und Schulfeste: I³, 76.

12. (152.) Das christliche Gotteshaus und der Kirchhof.

(I³, 77—79.)

a. Zunächst im Hause betet der einzelne Christ und mit ihm seine Angehörigen; aber wenn die christliche Gemeinde zusammenkommt, um gemeinsam zu beten, so bedarf sie eines besonderen Hauses, in welchem sie zusammenkommen und den gemeinsamen Gottesdienst abhalten kann. Dieses Haus kann heute der Christ schon von ferne erblicken, indem der Turm oder die zwei und mehr zum Himmel emporragenden und gen Himmel weisenden Türme ihn dasselbe leicht auffinden lassen. Vom Turme herab rufen die Glocken zum Gottesdienste. Unter dem Turm oder zwischen den Türmen befindet sich die Vorhalle der Kirche; nachdem man sie durchschritten, gelangt man zu der eigentlichen Kirchentür; an derselben ist bei den katholischen Kirchen ein Becken mit Weihwasser angebracht, damit sich der Katholik nach alter Sitte vor dem Gebet erst die Hände wasche — ein schöner Brauch schon der alten Juden und Heiden; die evangelische Kirche hat diese Sitte dennoch abgeschafft, weil das Volk das Weihwasser in abergläubischer Weise gebrauchte. An der Kirchtür ist auch der „Gotteskasten" angebracht, in welchen man, wenn man die Kirche verläßt, eine Gabe für die Armen legt.

Der Katholik macht aber beim Eintritt in die Kirche, nachdem er die Hand in das Weihwasser getaucht, mit derselben das seit uralter Zeit in der Kirche übliche Kreuzeszeichen und spricht dabei: „Im Namen Gottes des Vaters, des Sohnes und des heiligen Geistes! Amen." In der evangelischen Kirche ist auch diese Sitte allmählich verschwunden, gleichfalls infolge des Aberglaubens, der sich an das Kreuzschlagen schon sehr früh angeschlossen hat.

Sobald der Katholik in die Nähe des Hochaltars kommt, auf welchem stets die Hostie ausgestellt ist, durch welche die Kirche nach seiner Meinung erst zum Hause Gottes gemacht wird, so verneigt er sich vor derselben, da in ihr ja Christus verborgen sein soll; der evangelische Christ glaubt das nicht, hat also auch keinen Grund, sich vor dem Altar zu verbeugen; er betet, wenn er in die Kirche kommt, ein Vaterunser, nach alter Sitte stehend und das Haupt etwas neigend. Das tut er aber erst, nachdem er aus der Vorhalle in die eigentliche Kirche, entweder in den unteren Raum oder auf eins der Chöre, gekommen ist. In dem für die Gemeinde bestimmten Raume befinden sich bei den Evangelischen viele, bei den Katholiken wenige, bei den Griechen vielfach gar keine Bänke, da der Zuhörer bei jenen in der Regel sitzt, bei den letztgenannten Parteien kniet oder steht.

Im Schiff, dem Hauptraum der Kirche, ist für den Prediger die Kanzel angebracht; dem Katholiken ist aber freilich die Predigt durchaus nicht so wichtig wie die Messe, und nur diese muß er nach dem Kirchengebot jeden Sonntag anhören.

Über der Vorhalle der Kirche oder auch an einer anderen Stelle, auf einem besonderen Chore, befindet sich die Orgel. Der Orgel gegenüber befindet sich der Hauptaltar der Kirche, etwas höher als das Schiff, daher Hochaltar genannt; außerdem enthalten die katholischen Kirchen — die griechischen und die evangelischen nicht — noch mehr oder weniger Nebenaltäre. Je nach der Festzeit ist der Altar (wie auch die Kanzel) mit einer farbigen Decke bekleidet (weiß, rot, grün, violett, schwarz). Auf derselben stehen das Kreuz und die Kerzen (Christus ist das Licht der Welt), außerdem bei den Katholiken das Tabernakel oder Sakramentshäuschen mit der geweihten Hostie, und vor dem Kreuz liegt das Meßbuch, in der evangelischen Kirche die Altarbibel. Vor dem Hochaltar brennt in der katholischen Kirche die ewige Lampe; beim Gottesdienste erfüllt Weihrauchduft die Kirche — wie der Rauch, so soll das Gebet zu Gott aufsteigen. Zur Seite des Hochaltars befindet sich die Sakristei.

Als Schmuck der katholischen Kirchen dienen vornehmlich die Bilder. Von den evangelischen Kirchen hat die lutherische die Bilder mehr geduldet, als die reformierte, die vielfach auch das Kreuz auf dem Altar beseitigt hat[1]); es ist ihr das auch nicht zu verargen; wem die katholischen Mönche und Soldaten das Kreuz ins Gesicht schlagen, wenn er es nicht anbeten will (wie das bei den Ketzerverfolgungen geschehen ist), der wird es auch auf dem Altar nicht dulden wollen.

So unterscheidet sich also das katholische Gotteshaus in gar mancher Beziehung von dem Gotteshause des evangelischen Christen.

b. Nicht von jeher haben aber die Christen so schöne und so große Gotteshäuser gehabt, wie sie heute in vielen Städten und Dörfern zu finden sind; ja, sie haben in der ältesten Zeit überhaupt noch keine besonderen Gotteshäuser besessen. In der ältesten Zeit hielten sie nämlich ihren Gottesdienst in Privathäusern, und daher gab es in jeder Stadt mehrere Gemeinden, da ein Wohnhaus wohl selten groß genug war, um die ganze Ortsgemeinde aufnehmen zu können. Als die Verfolgungen aufhörten, wurden aber sofort besondere Gotteshäuser gebaut oder etwa schon vorhanden gewesene, aber zerstörte neugebaut, und jede Gemeinde besaß fortan ihr besonderes Kirchengebäude. Daß die einzelnen Kirchen aber in sehr verschiedener Weise gebaut sind, weiß jeder, der schon verschiedene Kirchen gesehen und miteinander verglichen hat.

c. Um die Kirche herum lag in der alten Zeit stets, heute in den Städten meistens nicht mehr (aber wohl noch auf den Dörfern) der (von seiner Lage so genannte) Kirchhof, die Ruhestätte der entschlafenen Christen. Aber nicht auf dem Kirchhof findet der Christ das Ende seines Lebens, sondern im Himmel, denn er hofft ja auf eine Auferstehung der Toten und auf ein ewiges Leben im Himmel.

---

[1]) Heidelberger Katech., Frage 98: „Mögen aber nicht die Bilder als der Laien Bücher in den Kirchen geduldet werden?" „Nein: denn wir sollen nicht weiser sein denn Gott, welcher seine Christenheit nicht durch stumme Götzen, sondern durch die lebendige Predigt seines Wortes will unterwiesen haben."

III. 153. Quellenbuch[1]).

A. Zur Geschichte der alten und der katholischen Kirche.

1. Zu Nr. 72. Die Verfolgung des Christentums durch die römischen Kaiser. KG.³ 10.

2. Zu Nr. 72. Märtyrer-Geschichten und Sagen. KG.³ 11.

3. Zu Nr. 80. Klagelied der vier Patriarchate über den Fall von Konstantinopel. KG.³ 25.

4. Zu Nr. 115C. Die Hoffnung der griechischen Kirche. KG.³ 99C.

5. Zu Nr. 81—83. Der Kampf um den Glauben in Deutschland. KG.³ 26—28.

6. Zu Nr. 85—87 und 90a. Der Papst als der Herr der Kirche und der Welt. KG.³ 31—33.

7. Zu Nr. 111—112. Das Papsttum seit der Reformation. KG.³ 85—90.

8. Zu Nr. 115C. Die Hoffnung der katholischen Kirche. KG.³ 99. Vgl. unten B 16.

B. Zur Geschichte der evangelischen Kirche.

1. Zu Nr. 94. Luthers Leben bis zum Jahre 1517. Quellenbuch I, 2.

2. Zu Nr. 95 und 96. Johann Tetzel und der Ablaß.

a. Warum Mykonius keinen Ablaß bekommen hat. 1510.

Wie es bei dem Ablaßhandel zugegangen ist, soll uns ein Mann erzählen, der mit Tetzel selbst zu tun gehabt hat, Friedrich Mykonius, damals Schüler der Lateinischen Schule in Annaberg, gestorben als evangelischer Superintendent in Gotha 1546[2]).

---

[1]) Eine Übersicht über sämtliche Quellenstücke in meinen Schriften ist beigegeben jedem Bande meines Handbuchs für den Religionsunterricht.

[2]) Vgl. KG.³ Nr. 45 u. 51 d.

Johannes Tetzel von Pirna in Meißen[1]), ein Dominikanermönch, war ein gewaltiger Ausschreier des Ablasses des römischen Papstes. Er verharrte mit diesem seinem Vorhaben zwei Jahre in der dazumal neuen Stadt Annaberg (im Kurfürstentum Sachsen)[2]) und betörte das Volk so sehr, daß sie alle glaubten, es wäre kein anderer Weg, Vergebung der Sünde und das ewige Leben zu erlangen. Zuletzt, um Pfingsten 1510, dräute er, er wolle das rote Kreuz niederlegen und die Tür des Himmels zuschließen und die Sonne auslöschen, und es würde nimmermehr wieder dazu kommen, daß man um so ein geringes Geld Vergebung der Sünden und ewiges Leben erlangen könnte. Es wurden auch Briefe angeschlagen, daß man zum Schluß die Ablaßbriefe nicht so teuer wie im Anfang verkaufen würde, und am Ende des Briefes war geschrieben, den Armen würde man sie umsonst geben.

Es hatte mir aber mein lieber Vater von den römischen Ablaßbriefen gesagt, das wären nur Netze, womit man den Einfältigen das Geld abfischte, und man könnte gewiß die Vergebung der Sünden mit Geld nicht kaufen; wir hätten alles allein von Gott, und umsonst. Aber die Pfaffen wurden zornig, wenn man solches sagte. Da blieb ich im Zweifel, wem ich mehr glauben sollte, meinem lieben Vater oder den Priestern; doch glaubte ich diesen mehr. Aber das einzige glaubte ich nicht, daß die Vergebung der Sünden nicht könnte erlangt werden außer mit Geld, zumal von den Armen. Deshalb gefiel mir wunderwohl der Schluß des Briefes: „Den Armen soll man sie umsonst geben."

Da ging ich nun zu den Kommissarien und bat sie um die Briefe von der Vergebung der Sünden „aus Gnade für die Armen". Da gingen die Priester aus der Stube in die Kammer, die daneben war, zu Tetzel. Sie zeigten ihm mein Begehr an und baten auch für mich, daß er mir die Ablaßbriefe umsonst geben möchte. Endlich nach langer Beratschlagung kommen sie wieder und sagen: „In des Papstes Brief steht, daß die gewiß teilhaftig würden der Schätze der Kirche, die Geld gäben. Darum kann dir deine Bitte nicht gewährt werden." Dagegen habe ich auf den angeschlagenen Brief hingewiesen, nach welchem der Ablaß den Armen umsonst gegeben werden sollte. Da gehen sie wieder zu Tetzel hinein, aber er bleibt bei seiner Erklärung. Ich aber bleibe fest und sage, daß sie mir unrecht täten; den Gott und der Papst nicht ausschließen wollten von der Gnade, den verwürfen sie um weniger Pfennige willen. Da sagten sie mir, ich sollte nur einen Groschen geben; ich sagte, ich hätte ihn nicht, ich wäre arm. Zuletzt kam es darauf, ich sollte nur sechs Pfennige geben; da antwortete ich, ich hätte auch nicht einen einzigen Pfennig. Ich hörte aber, daß sie wegen zwei Dingen in Sorge waren, erstlich: man sollte mich in keinem Fall ohne Ablaßbrief weggehen lassen, denn dies könne ein von andern angelegter Plan sein, und möchte hernach ein böses Spiel daraus entstehen, dieweil in des Papstes Brief klar stünde, den Armen solle man es umsonst geben. Ferner aber, man müßte dennoch etwas von mir nehmen, damit nicht die andern hörten, die Ablaßbriefe würden umsonst ausgegeben,

---

[1]) Nach anderen war Tetzel in Leipzig geboren; eine Zeitlang ist er Prior der Dominikaner in Glogau (in Schlesien) gewesen. — [2]) Sein Geldkasten und sein (jetzt erneuertes) Wohnhaus werden noch heute in Annaberg gezeigt.

und wollte es dann ein jeglicher umsonst haben. Da gibt mir einer der Priester sechs Pfennige, daß ich sie dem Kommissarius geben sollte; durch diesen Beitrag würde ich auch ein Aufbauer der Kirche St. Peters zu Rom und ein Erwürger der Türken und würde teilhaftig der Gnade Christi. Aber da sagte ich, wenn ich Ablaß für Geld kaufen wollte, so könnte ich wohl ein Buch verkaufen und ihn um mein eigen Geld kaufen; ich wollte ihn aber haben umsonst, geschenkt, um Gottes willen, oder sie würden Rechenschaft vor Gott dafür geben, daß sie meiner Seele Seligkeit versäumt und verscherzt hätten wegen sechs Pfennigen.

Nach langem Gespräch fragten mich die Priester, von wem ich geschickt sei und wer mich abgerichtet habe, solche Sachen mit ihnen zu verhandeln. Ich sagte ihnen, daß ich von keinem Menschen dazu angetrieben worden sei, nur im Vertrauen auf die umsonst geschenkte Vergebung der Sünden hätte ich solche Bitte gestellt. Da boten sie mir abermals die sechs Pfennige an, daß ich dafür die Ablaßbriefe kaufte; ich aber bin darauf beständig geblieben, daß mir die Ablaßbriefe sollten umsonst geschenkt werden; wo nicht, wollte ich die Sache dem lieben Gott befehlen und anheimstellen. Da wurde ich von ihnen entlassen. Ich war zum Teil betrübt, daß ich keinen Ablaßbrief bekommen hatte, zum Teil erfreut, daß trotzdem noch einer im Himmel wäre, der ohne Geld die Sünden vergeben wolle.

b. Drei Ablaßzettel. Quellenb. I, 3. Kirchengesch.[8] Nr. 45e.

3. Zu Nr. 96bc. **Der Anfang der Reformation.** Quellenb. I, 3–5.

4. Zu Nr. 97abc. **Der Fortgang der Reformation.** Quellenb. I, 6—7.

5. Zu Nr. 97. **Luther auf der Wartburg und die Rückkehr nach Wittenberg. 1522.** Quellenb. I, 8.

a. „Lebt Luther noch oder haben sie ihn gemördert?" Dürers Tagebuch, 1521.

„Lebt Luther noch oder haben sie ihn gemördert, das ich nit weiß, so hat er das gelitten um der christlichen Wahrheit willen und um daß er gestraft hat das unchristliche Pabsttum, das do strebt wider Christus Freilassung mit seiner großen Beschwerung der menschlichen Gesetzt ... So wir diesen Mann verlieren, der do klärer geschrieben hat, dann nie keiner in 140 Jahrn [seit Wiclif] gelebt, dem du ein solchen evangelischen Geist geben hast, bitten wir dich, o himmlischer Vater, daß du deinen heiligen Geist wiederum gebest einem andern, der do dein heilige christliche Kirch allenthalben wieder versammel, auf daß wir all rein und christlich wieder leben werden, daß aus unsern guten Werken alle Unglaubige, als Türken, Heiden, Calacuten, zu uns selbst begehren und christlichen Glauben annehmen .. O Gott, ist Luther todt, wer wird uns hinfürt das heilig Evangelium so klar fürtragen! ...[1]) O ihr Christenmenschen, bittet Gott um Hilf, denn sein Urtheil nahet und sein Gerechtigkeit wird offenbar!"

---

[1]) Erasmus, an den Dürer dachte, war nicht geeignet, an Luthers Stelle zu treten.

b. An den Kurfürsten Friedrich von Sachsen.
5. März 1522[1].

Gunst und Friede von Gott, unserm Vater, und unserm Herrn Jesu Christo, und mein untertänigsten Dienst.

Durchlauchtigster, Hochgeborener Kurfürst, Gnädigster Herr!

Ew. Kurfürstl. Gnaden Schrift und gnädigs Bedenken ist mir zukommen auf Freitag zu Abend, als ich auf morgen, Sonnabend, wollt ausreiten. Und daß es E. K. G. aufs allerbest meine, bedarf freilich bei mir weder Bekenntnis noch Zeugnis; denn ich mich des, so viel menschlich Erkundung gibt, gewiß achte. Wiederumb aber, daß ichs auch gut meine, dünkt mich, ich wisse es aus höher[er] denn aus menschlicher Erkundung; damit aber ist nichts getan...

Was ich geschrieben habe[2], ist aus Sorgen geschehen, daß ich E. K. G. wollt trösten, nicht meiner Sach halben, deren ich dazumal kein Gedanken hatte, sondern des ungeschickten Handels halben, nämlich zu Wittemberg, zu großer Schmach des Evangelii, durch die Unsern entstanden. Da war mir angst, E. K. G. würden des ein groß Beschwerung tragen. Denn mich auch selbs der Jammer hat zutrieben, daß, wo ich nicht gewiß wäre, daß lauter [das lautere] Evangelium bei uns ist, hätte ich verzaget an der Sach ...

Von meiner Sach aber, gnädigster Herr, antwort ich also: E. K. G. weiß, oder weiß sie es nicht, so laß sie es ihr hiermit kund sein, daß ich das Evangelium nicht von Menschen, sondern allein vom Himmel durch unsern Herrn Jesum Christum habe ... Ich komme gen Wittemberg in gar viel einem höhern Schutz, denn des Kurfürsten. Ich habs auch nicht in Sinn, von E. K. G. Schutz begehren. Ja, ich halt, ich wolle E. K. G. mehr schützen, denn sie mich schützen könnte. Dazu wenn ich wüßte, daß mich E. K. G. könnte und wollt schützen, so wollt ich nicht kommen. Dieser Sachen soll noch kann kein Schwert raten oder helfen; Gott muß hie allein schaffen ohn alles menschliche Sorgen und Zutun. Darumb, wer am meisten gläubt, der wird hie am meisten schützen. Dieweil ich denn nu spür, daß E. K. G. noch gar schwach ist im Glauben, kann ich keinerleiwege E. K. G. fur den Mann ansehen, der mich schützen oder retten könnte.

Daß nu auch E. K. G. begehrt zu wissen, was sie tun solle in dieser Sachen, sintemal sie es acht[et], sie habe viel zu wenig getan, antworte ich untertäniglich: E. K. G. hat schon allzu viel getan und sollt gar nichts tun. Denn Gott will und kann nicht leiden E. K. G. oder mein Sorgen und Treiben. Er wills ihm gelassen haben, des und kein anders[3]; da mag sich E. K. G. nach richten. Gläubt E. K. G. dies, so wird sie sicher sein und Friede haben; gläubt sie nicht, so gläube doch ich, und muß E. K. G. Unglauben lassen seine Qual in Sorgen haben, wie sichs gebührt allen Ungläubigen zu leiden. Dieweil denn ich nicht will E. K. G. folgen,

[1]) Als Luther gegen den Willen des Kurfürsten von der Wartburg, wo er sich acht Monate aufgehalten hatte, nach Wittenberg zurückkehrte, um den daselbst aufgetretenen „Schwärmern" entgegenzutreten, da schrieb er am Tage vor seinem Eintreffen den folgenden Brief an den Kurfürsten — „wohl der majestätischste und berühmteste unter allen Briefen des Reformators" (Buchwald, M. Luther, 1902, S. 254). — [2]) In einem früheren Briefe. — [3]) Dessen, d. h. einer, und keines andern, soll die Sorge sein.

so ist E. K. G. fur Gott entschuldiget, so ich gefangen oder getötet würde. Fur den Menschen soll E. K. G. also sich halten: nämlich der Oberkeit als ein Kurfürst gehorsam sein, und Kaiserliche Majestät lassen walten in E. K. G. Städten und Ländern an Leib und Gut, wie sichs gebührt nach Reichsordnung, und ja nicht wehren noch sich widersetzen der Gewalt, noch Widersatz oder irgendwie Hindernis begehren, so sie mich fahen oder töten will. Denn die Gewalt soll niemand brechen noch [ihr] widerstehen, denn allein der, der sie eingesetzt hat; sonst ists Empörung, und wider Gott. Ich hoffe aber, sie werden der Vernunft brauchen, daß sie E. K. G. erkennen werden als in einer höhern Wiege geboren, denn daß sie selb sollt Stockmeister[1]) über mir werden. Wenn E. K. G. die Tor offen läßt und das frei kurfürstliche Geleit hält, wenn sie selb kämen mich zu holen oder ihre Gesandten, so hat E. K. G. dem Gehorsam gnug getan. Sie können ja nicht Höhers von E. K. G. fodern, denn daß sie den Luther wollen bei E. K. G. wissen.

Und das soll geschehen ohn E. K. G. Sorgen, Tun und einiger Fahr. Denn Christus hat mich nicht gelehrt, mit eines andern Schaden ein Christ sein. Werden sie aber ja so unvernünftig sein und gebieten, daß E. K. G. selb die Hand an mich lege, will ich E. K. G. alsdann sagen, was zu tun ist. Ich will E. K. G. [vor] Schaden und Fahr sicher halten an Leib, Gut und Seele meiner Sachen halben, es gläube es E. K. G. oder gläubs nicht.

Hiermit befehle ich E. K. G. in Gottes Gnaden . . . . Wenn E. K. G. gläubte, so würde sie Gottes Herrlichkeit sehen; weil sie aber noch nicht gläubt, hat sie auch noch nichts gesehen. Gott sei Lieb und Lob in Ewigkeit! Amen.

Geben zu Borna[2]) bei dem Gleitsmann, am Aschermittwoch [5. März] Anno 1522.

Ew. Kurfürstl. Gnaden untertäniger Diener.
Martin Luther.

c. Luther und die Schweizer Studenten. Von Johann Keßler. 4. März 1522[3]).

Da wir die h. Schrift zu studieren gen Wittenberg reisten, sind wir nach Jena im Lande Thüringen, weiß Gott, in einem wüsten Gewitter ge-

[1]) Stock bedeutete früher Gefängnis; also Stockmeister = Büttel. — [2]) In Borna bei Leipzig kehrte Luther am 5. März bei seinem Freunde Michael von der Straßen ein, welcher kurfürstlicher Geleitsmann war, d. h. die Geleitsobrigkeit übte; am 6. März traf er in Wittenberg ein. — [3]) Als Luther von der Wartburg nach Wittenberg zurückkehrte, da trafen am 4. März in Jena, im Wirtshaus zum Schwarzen Bär, welches noch heute besteht (wo am Lutherfeste des Jahres 1883 jeder Gast einen Abdruck des obigen Berichts erhielt), zwei junge Schweizer mit ihm zusammen, welche nach Wittenberg zogen, um daselbst Theologie zu studieren. Der eine derselben, Johann Keßler, hat uns über sein Zusammentreffen mit Luther das Folgende berichtet. Zu diesem Berichte bemerkt Freytag (Bilder aus der Vergangenheit, Bd. II, 2, Nr. 3) mit Recht: „In der treuherzigen Darstellung Keßlers ist nichts merkwürdiger, als die heitere Ruhe des gewaltigen Mannes (Luther), der unter Acht und Bann durch Thüringen ritt, im Herzen leidenschaftliche Sorge um die größte Gefahr, welche seiner Lehre drohte, um den Fanatismus seiner eigenen Parteigenossen." — Johann Keßler, der sich in Wittenberg dem Evangelium zugewandt hatte, wurde nach seiner Rückkehr in seiner Vaterstadt St. Gallen, da er

kommen und nach vielem Umfragen in der Stadt um eine Herberge, wo wir über Nacht blieben, haben wir keine erhaschen noch erfragen können: überall ward uns Herberge abgeschlagen. Denn es war Fastnacht [4. März 1522], wo man nicht viel Sorge für die Pilger und Fremdlinge trägt Da haben wir uns aus der Stadt wieder herausgewandt, um weiter zu gehen, ob wir ein Dorf erreichten, wo man uns doch beherbergen wollte. Indem begegnete uns unter dem Tor ein ehrbarer Mann, sprach freundlich zu uns und fragte, wo wir doch so spät hinwollten, da wir in keiner Nähe weder Haus noch Hof, wo man uns behielt, vor finstrer Nacht erreichen würden. Zudem sei es ein Weg leicht zu fehlen und sich zu verirren; deshalb wolle er uns raten allhier zu bleiben.

Wir antworteten: „Lieber Vater, wir sind bei allen Wirtshäusern gewesen, wohin man uns hin und her gewiesen hat; allenthalben aber hat man uns abgewiesen und Herberge versagt, müssen also aus Not fürbaß ziehen." Da sprach er, ob wir auch im Wirtshaus zum schwarzen Bär gefragt hätten. Da sprachen wir: „Es ist uns nie vorgekommen, Lieber, sagt, wo finden wir dies?" Da zeigte er's uns ein wenig vor der Stadt. Und als wir den schwarzen Bär sahen, siehe, wie uns vorher alle Wirte Herberge abgeschlagen hatten, so kam hier der Wirt unter die Tür, empfing uns und erbot sich selbst gutwillig uns zu beherbergen und führte uns in die Stube.

Dort fanden wir einen Mann allein am Tische sitzen und vor ihm lag ein Büchel; er grüßte uns freundlich, hieß uns näher kommen und zu sich an den Tisch setzen. Als wir so seine Freundlichkeit und Herzlichkeit erkannten, setzten wir uns zu ihm, wie er geheißen, an seinen Tisch. Wir vermeinten aber nicht anders, als es wäre ein Reiter, der nach Landesgewohnheit da saß, mit einem roten Lederkäppel, in Hosen und Wams, ohne Rüstung, ein Schwert an der Seite, die rechte Hand auf des Schwertes Knopf, mit der andern das Heft umfassend. Seine Augen waren schwarz und tief, blitzend und funkelnd wie ein Stern, so daß sie nicht wohl mochten angesehn werden.

Bald fing er an zu fragen, von wannen wir gebürtig wären; doch gab er sich selbst Antwort: „Ihr seid Schweizer, woher seid ihr aus dem Schweizerland?" Wir antworteten: „Von St. Gallen." Da sprach er: „Wollt ihr von hier, wie ich höre, nach Wittenberg, so findet ihr dort gute Landsleute." Da fragten wir ihn: „Wißt Ihr uns nicht zu bescheiden, ob Martinus Luther jetzt zu Wittenberg oder an welchem Ort er sonst sei?" Antwortete er: „Ich habe gewisse Kundschaft, daß der Luther jetzt nicht zu Wittenberg ist; er wird aber bald dahin kommen. Philippus Melanchthon aber ist dort, er lehrt die griechische Sprache, so auch andere die hebräische lehren. In Treue will ich euch raten, beide zu studieren; denn sie sind notwendig, die h. Schrift zu verstehen." Sprachen wir: „Gott sei gelobt! Denn so Gott unser Leben fristet, wollen wir nicht ablassen, bis wir den Mann [Luther] sehen und hören; denn seinetwegen haben wir diese Fahrt

katholischer Priester nicht werden wollte, zunächst Sattler, später Lehrer, dann Vorsteher der Kirche seiner Vaterstadt, bei deren Übertritt zur Reformation er wesentlich mitgewirkt hatte. Er ist im Jahre 1574 gestorben.

unternommen, da wir vernahmen, daß er das Priestertum samt der Messe als einen ungegründeten Gottesdienst umstoßen will. Dieweil wir von Jugend auf von unsern Eltern dazu gezogen und bestimmt sind Priester zu werden, wollen wir gern hören, was er uns für einen Unterricht geben wird, und mit welchem Fug er solchen Vorsatz zu Wege bringen will."

Da fragte er uns: „Was hält man im Schweizerland von dem Luther?" [Wir antworteten:] „Mein Herr, es sind, wie allenthalben mancherlei Meinungen. Manche können ihn nicht genugsam erheben und Gott danken, daß er seine Wahrheit durch ihn geoffenbart und die Irrtümer zu erkennen gegeben hat; manche aber verdammen ihn als einen verruchten Ketzer, und vor andern die Geistlichen."

Unter solchem Gespräch ward er uns gar heimlich [d. i. vertraut und lieb], so daß mein Gesell das Büchel, das vor ihm lag, aufhob und aufsperrte: es war ein hebräischer Psalter. Da legte er es schnell wieder hin, und der Reiter nahm es zu sich. Und mein Gesell sprach: „Ich wollte einen Finger von der Hand hergeben, daß ich diese Sprache verstünde." Antwortete er: „Ihr werdet sie wohl begreifen, wenn ihr anders Fleiß anwendet; auch ich begehre sie weiter zu erlernen, und übe mich täglich darin."

Diese Reden kamen uns gar fremd an dem Reiter vor, so daß uns bedünken wollte, er sei eine andere Person, als ein gemeiner Reiter.

Unterdes ging der Tag ganz hinunter, und es wurde sehr dunkel, bis der Wirt an den Tisch kam. Als er unser hoch Verlangen und Begierde nach dem Luther vernommen, sprach er: „Liebe Gesellen, wäret ihr vor zwei Tagen hier gewesen, so wär' es euch gelungen; denn hier an dem Tisch hat er gesessen und — er zeigte mit dem Finger — an der Stelle." Das verdroß uns sehr; doch sprachen wir: „Nun freuet uns doch, daß wir in dem Haus und an dem Tische sitzen, wo er saß." Darüber mußte der Wirt lachen und ging so zur Tür hinaus.

Nach einer kleinen Weile ruft mich der Wirt, ich soll vor die Stubentür zu ihm herauskommen, und sprach zu mir: „Dieweil ich erkenne, daß ihr den Luther zu hören und sehen begehrt: der ist's, der bei euch sitzet." Diese Worte nahm ich für Spott; er antwortete: „Er ist es gewißlich." Ich ging wieder in die Stube, wandte mich heimlich zu meinem Gesellen und raunte ihm zu: „Der Wirt hat mir gesagt, der sei der Luther." Er aber sprach: „Er hat vielleicht gesagt, es sei der Hutten"; die Reiterkleidung gemahnte nämlich mehr an den Hutten, denn an den Luther. Währenddem kamen zwei Kaufleute, und einer von ihnen legte ein uneingebundenes Buch neben sich. Da fragte Martinus, was das für ein Buch wäre. Er sprach: „Es ist Dr. Luthers Auslegung etlicher Evangelien und Episteln, erst neu gedruckt und ausgegangen; habt ihr die nie gesehen?" Sprach Martinus: „Sie werden mir auch bald zukommen."

Da sprach der Wirt: „Nun verfügt euch zum Tisch, wir wollen essen." Wir aber sprachen und baten den Wirt, er möchte mit uns Nachsicht haben und uns etwas Besonderes geben. Da sprach der Wirt: „Lieben Gesellen, setzt euch nur zu den Herren an den Tisch, ich will euch anständig halten." Da das Martinus hörte, sprach er: „Kommt herzu, ich will die Zehrung mit dem Wirt schon abmachen."

Unter dem Essen sprach Martinus viel gottselige, freundliche Reden. Danach sagten die Kaufleute auch ihre Meinung, und sprach der ältere: „Ich bin ein einfältiger, schlichter Laie, versteh' mich auf die Händel nicht besonders; das sprech' ich aber, wie ich die Sach' ansehe: der Luther muß entweder ein Engel vom Himmel, oder ein Teufel aus der Hölle sein."

Als Luther zur Ruhe ging, sagte er zu uns: „So ihr nach Wittenberg kommt, grüßet mir den Dr. Hieronymus Schurf!" Sprachen wir: „Wir wollen das gerne tun, doch wie sollen wir Euch nennen, daß er den Gruß von Euch verstehe?" Sprach er: „Saget nichts weiter als: der kommen wird, läßt Euch grüßen — so versteht er die Worte sogleich."

Am andern Morgen ist Luther aufgesessen und auf Wittenberg zugeritten. Am Samstag darauf sind wir bei dem Dr. Hieronymus Schurf eingekehrt; da fanden wir den Reiter Martinus und Philippus Melanchthon, Jonas und Amsdorf. Er grüßt uns und lacht, zeigt mit dem Finger und spricht: „Dies ist der Philipp Melanchthon, von dem ich euch gesagt hab'."

d. Hans Sachs, Die Wittenbergisch Nachtigall, die man jetzt höret überall (1523).

Vgl. Hans Sachs, Ausgabe von Reclam, Bd. 1283, Nr. 32.

6. Zu Nr. 98. Vom Wormser Edikt bis zum Augsburger Religionsfrieden. 1521—1555. Quellenb. I, 10—11; II, 2.

a. Wie Luther in Koburg seinen Freunden in Augsburg zur Seite gestanden hat. 1530.

Mathesius, Luthers Leben, neunte Predigt.

Ob aber wohl unser Doktor auf zeitigen [den Zeitumständen angemessenen] Rat und Befehl seiner Obrigkeit und christliches Bedenken seiner Freunde und Brüder in seinem Gewahrsam [der Feste Koburg] allein blieb [während der Kurfürst mit den andern Theologen nach Augsburg reiste], dennoch ist ohne sein Bedenken, Rat und Vorwissen in Religionssachen von den Protestierenden nichts vorgenommen [worden], wie aus seinen Schriften und Ratschlägen, die in seinen Werken zusammengebracht, zu sehen ist.

[Zunächst stand Luther den Seinigen mit seinem Gebet zur Seite.]

Veit Dietrich, der diese Zeit auf den Herrn Doktor in seinem Pathmos [Koburg] wartete[1]), schreibt an Herrn Melanchthon den 30. Juli[2]) [1530] aus Koburg folgendes:

[1]) Veit Dietrich (geb. 1506), der im J. 1522 die Universität Wittenberg bezog, trat bald Melanchthon und Luther besonders nahe; er wurde Luthers Haus- und Tischgenosse und immer mehr sein vertrauter Famulus und Sekretär. Als solcher begleitete er Luther zum Religionsgespräch in Marburg (1529) und nach Koburg (1530); aus Koburg stammt sein Bericht über Luthers Beten. Seit dem Jahre 1535 lebte er in Nürnberg als Prediger an der Sebalduskirche, wo er im Jahre 1549 gestorben ist. Veit Dietrich, Nikolaus Medler († 1551 als Superintendent in Bernburg) und Johann Spangenberg († 1550 als Generalsuperintendent zu Eisleben, der Vater von Cyriakus Spangenberg — beide haben Luthers Lieder erklärt) hat Luther selbst als seine drei echten Schüler bezeichnet (Theol. Enzykl.[3] 12, S. 497, Zeile 28—31). — [2]) Vielmehr: Juni.

„Ich kann nicht genug bewundern die ausnehmende Standhaftigkeit, die Heiterkeit, den Glauben und die Hoffnung dieses Mannes in so herber Zeit[1]), er nährt aber dieselbe ohne Unterlaß durch fleißiges Treiben des göttlichen Wortes. Kein Tag vergeht, wo er nicht zum mindesten drei Stunden, und zwar die zum Studieren passendsten Stunden, aufs Gebet verwendet. Einmal glückte mir's, daß ich ihn beten hörte. Guter Gott, welch ein Glauben war in seinen Worten! Mit so großer Ehrfurcht bittet er Gott und mit solchem Glauben und solcher Hoffnung, daß man meint, er rede mit einem Vater und mit einem Freunde. Ich weiß, sagte er, daß du unser Gott und Vater bist; also bin ich gewiß, daß du die Verfolger deiner Kinder wirst zuschanden machen; tust du es nicht, so ist die Gefahr dein und unser zumal; dein ist dieser ganze Handel! So etwa hörte ich, von ferne stehend, ihn mit heller Stimme beten. Auch mir brannte das Herz mächtig, als er so vertraulich, so ernst, so ehrerbietig mit Gott sprach und unterm Gebet auf die Verheißungen in den Psalmen drang, als der gewiß war, daß alles geschehen werde, was er bitte."

Das waren Dr. Luthers Seufzer und Geschrei, welche Veit Dietrich unserm lieben Präzeptor [Lehrer] Herrn Philippus in seiner Betrübnis und Zagen gehorsamlich vorhält neben christlicher Vermahnung, er wolle vergebne Sorge und Bekümmernis fahren lassen und in diesem Fall Dr. Luthers Exempel treulich folgen und auf den allmächtigen Gott und seinen Sohn auch trotzen, der werde eine feurige Mauer um alle sein, die auf seine Güte trauen und seinen Namen vor den Menschen mit Freudigkeit bekennen.

Neben solchem täglichen und brünstigen Gebet schrieb Dr. Luther viel trefflicher, geistreicher und friedlicher Ratschläge und Briefe an seinen Kurfürsten und die Botschafter des Herrn Christi gen Augsburg.

Neben solchem steten Gebet und viel gutes Rats und Trostes, so unser Doktor täglich in seinen Briefen den Bekennern mitteilte, hielt er am Wort an, studierte, verdolmetschte die Propheten [die noch nicht übersetzt waren], arbeitete am Psalter, erlusterte [erfreute] sich auch an den weisen Fabeln Äsops [des griechischen Fabeldichters], die er zur [bei] Gelegenheit vor die Hand nahm[2]); daneben läßt er viel gottselige und tröstliche Bücher ausgehen, wie er auch eine starke Vermahnung an die Geistlichen, auf dem Reichstag zu Augsburg versammelt, mit hohem Ernst fertigt, darin er ihnen die römische und mönchische Religion mit allen Farben abmalt und sie zur Buße und Besserung mit Gottes Wort lockt, welches Buch junge Leute, so im Papsttum nicht gewesen oder die Möncherei nicht gesehen, nur fleißig lesen sollen, damit sie sehen, was des Papstes Religion gewesen, ehe Gott viel Kirchen und Predigtstühle durch sein Evangelium fegen [reinigen] oder

---

[1]) In diese Zeit und an diesen Ort gehört nach der ältesten Überlieferung die Geschichte vom Tintenfaß. — [2]) Aber Luther kannte nicht den echten Äsop, sondern nur eine Fabelsammlung des Mittelalters, die seinen Namen trug. — „Man kann Luther auch zu den Satirikern rechnen; das Geistvollste darin hat er vielleicht in der Fabel vom Löwen und Esel geleistet, in welcher er den Streit zwischen Staat und Kirche in dem Bilde eines Wettkampfes zwischen Löwe und Esel darstellt, in welchem der Löwe den kürzeren zieht." König, Lit. Gesch. I, 225. (25. Aufl.]

durch den Ofen setzen und abtreiben [läutern] ließ, und damit die wahre Religion, so bei uns lauter und rein geht, ihnen desto lieber sei [1]).

Etwan [Bisweilen] ließ sich der Satan mit Knistern, Rauschen und Rumpeln hören [2]), da er das meiste Teil der Welt in seinen Klammern hält; aber nunmals will er durch die Papisten der Propheten und Apostel Schriften rein ab- und wegreißen, oder durch seine höllischen Gelehrten unter dem Namen der wahren Religion sie gefährlich deuten und auslegen, damit er die erste Weissagung des verheißenen Weibessamens ins Werk bringe [zur Erfüllung bringe] und Jesum Christum in seine Ferse oder Füße steche, und die selige Botschaft des Sohnes Gottes anfechte, und das Wort und Sakrament aus den wieder geweihten Kirchen und gesäuberten und geschmückten Herzen mit List und Gewalt wegreiße.

Weil ihm nun der Satan und die meiste Welt nach Leib, Leben und Seele trachten, ergreift er mit gläubiger Zuversicht den schönen Vers 17 des 118. Psalms: „Ich werde nicht sterben, sondern leben und des Herrn Werk verkündigen", und ist bei sich in Kraft des Geistes aus Gottes Wort auf das allergewisseste, die Rechte des Herrn werde zu Augsburg und allenthalben den Sieg wider alle Pforten der Hölle gewißlich erhalten.

Diesen wunderschönen Vers hat er [auch] mit seiner eignen Hand sich an alle Wände vorgeschrieben [angeschrieben] und neben der Antiphonie [Wechselgesang] In pace in id ipsum [dormiam et requiescam — Psalm 4, 9: Ich liege und schlafe ganz mit Frieden] oftmals gesungen, und daneben begehrt von Ludwig Sensli [Senfl, † c. 1555], dem christlichen und weitberühmten des [Kurfürsten] von Baiern Komponisten [3]), der wolle ihm diese zwei Gesänge mit etlichen Stimmen schmücken, denn die liebliche Musika könne mit und neben Gottes Wort den Teufel und sein Geplämpe [Spuk] verjagen und ein betrübtes Herz erquicken und trösten. Sensli willfahrte mit Freuden Dr. Luther.

Neben solchem täglichen Lesen, Schreiben, Trost- und Ratgeben hat Dr. Luther viel Gesandte und gute Freunde täglich abzufertigen.

Dr. Urbanus Rhegius [seit 1520 Domprediger zu Augsburg], so damals von Augsburg zum Fürsten zu Lüneburg zog [in welchem von Herzog Ernst dem Bekenner beherrschten Lande er die evangelische Kirche begründet und geordnet hat], hat auch unsern Doktor unterwegs zu Coburg Rats halben angesprochen und viel gutes Berichts und Trostes aus solchem Gespräch bekommen, wie er zwei schöne Zeugnisse dem Herrn Luther nachschreibt, die in seinen lateinischen Werken zu sehen sind. Des teuren Mannes Bücher habe er wohl zuvor auch mit Fleiß und Danksagung gelesen und viel daraus studiert, aber nun habe er, Gott Lob, den großen Propheten selber gesehen und gehört, welches bei ihm sein Lebtag solle unvergessen sein und bleiben [4]).

Hie soll ich noch mit einem Wort erwähnen, wie unser Doktor in seinem Pathmos [Koburg] und [in seiner] Anfechtung vielmals vom Pfarrer des

---

[1]) Diese Schrift ist (verkürzt) abgedruckt Nr. 147 E und im 2. Teil des Quellenbuchs. — [2]) Die Geschichte vom Tintenfaß wird ursprünglich von Koburg erzählt. — [3]) Senfl war, obwohl Katholik, Luthers persönlicher Freund. Seine Motetten bezeichnen den Höhepunkt der musikalischen Entwicklung Deutschlands im Reformationszeitalter. — [4]) Die interessanten Urteile des Urb. Rhegius über Luther findet der Lehrer in der trefflichen Mathesius-Ausgabe von Loesche.

Orts, Herrn Johann Karg[1]), die h. Absolution begehrt und durch das h. Abendmahl herzlichen Trost bekommen habe, wie er seinen Beichtvater deswegen oft gerühmt, durch welches [dessen] Wort ihn der Herr Christus trefflich erquickt [habe].

Als nun der Kurfürst zu Sachsen vom Reichstag nach Coburg kommt, bringt er Dr. Luther mit andern Gelehrten durch Altenburg[2]) wieder nach Torgau und Wittenberg [wo Luther am 11. Oktober anlangte].

b. Luthers Vermahnung an die Geistlichen in Augsburg. Quellenb. II, 2. Vgl. oben 147 E.

c. Luthers Briefe aus Koburg. Quellenb. I, 11.

7. Die Augsburgische Konfession. (Nr. 147.)

Die Spaltung der christlichen Kirche: Schluß der „Apologie der Augsburg. Konfession". Nr. 147 D.

8. Zu Nr. 99a. Luther und die Seinen. (Quellenb. I, 12.)

a. Meiner herzlieben Hausfrauen, Katharin Lutherin zu eigen Handen. 1532.

Gott zum Gruß in Christo. Meine herzliebe Käthe! Ich hoffe, wo Doctor Brück[3]) wird Urlaub kriegen, wie er mich vertröstet, so will ich mit ihm kommen morgen oder übermorgen. Bitte Gott, daß er uns frisch und gesund heimbringe . . . .[4])

Weil Johannes[5]) wegzeucht, so will's die Not [der Anlaß] und Ehre fodern, daß ich ihn lasse ehrlich [anständig] von mir kommen. Denn du weißt, daß er treulich und fleißig gedienet hat, und wahrlich dem Evangelio nach sich demütig gehalten, und alles getan und gelitten. Darum denke du, wie oftmal wir haben bösen Buben und undankbaren Schülern gegeben, da es alles verloren gewest ist. So greif dich nu hier an, und laß an[6]) einem solchen frommen Gesellen auch nichts mangeln, da du weißt, daß es wohl angelegt und Gott gefällig ist. Ich weiß wohl, daß wenig da ist; aber ich gäbe ihm gerne zehn Gulden, wenn ich sie hätte. Aber unter fünf Gulden sollst du ihm nicht geben, weil er nicht gekleidet [gut mit Kleidung versehen] ist. Was du drüber kannst geben, das tue, da bitte ich um. Laß du ja nichts fehlen, weil [so lange als] ein Becher[7]) da ist. Denke, wo du es kriegest, Gott wird wohl andres geben; das weiß ich. Hiemit Gott befohlen. Amen.

Bust[8]) mir den jungen Hansen von meinetwegen, und heißet Hänschen, Lenchen und Mume Lenen[9]) für den lieben Fürsten und für mich beten.

---

[1]) Dieser Name ist jedenfalls nicht richtig. — [2]) In Altenburg, im Hause Spalatins, hat, wie Mathesius erzählt, Luther einen Gedanken, den er in seiner „Vermahnung an die Geistlichen in Augsburg" ausgesprochen hatte, in dem Verse ausgedrückt: Pestis eram vivus, moriens ero mors tua, Papa. Eine Pest war ich für dich, o Papst, solange ich lebte; wenn ich sterbe, werde ich dein Tod sein. — [3]) Der Kanzler des Kurfürsten. — [4]) Aus Torgau, wo Luther bei dem kranken Kurfürsten war. — [5]) Ein Diener Luthers, Johannes Kuschmann, der ihm mehrere Jahre treu gedient hatte. — [6]) Heute der bloße Dativ üblich. — [7]) Ein silberner Becher, wie sie Luther öfters als Geschenk erhielt. — [8]) D. h. bußt, küßt; vgl. noch heute das dialektische Bussel = Kuß. — [9]) Vgl. Anm. 3 auf der folg. Seite.

Ich kann in dieser Stadt, wiewohl itzt Jahrmarkt ist, nichts finden zu kaufen für die Kinder. Wo ich nichts brächte Sonderliches, so schaffe mir da etwas Vorrats.

Dienstags nach Reminiscere 1523. D. Martinus Luther.

b. Luthers Brief an seinen Sohn Johannes. 1530[1]).

Gnad und Friede in Christo. Mein herzliebes Sönichen! Ich sehe gern, das Du wol lernest und vleissig betest. Thue also, mein Sönichen, und fare fort. Wenn ich heim komme, so wil ich dir ein schön Jarmarkt mitbringen. Ich weis ein hübschen, lustigen Garten, da gehen viel Kinder innen, haben güldene Röcklin an und lesen schöne Öpfel unter den Bäumen, und Birnen, Kirschen, Spilling [eine Pflaumenart] und Pflaumen, singen, springen und sind fröhlich; haben auch schöne kleine Pferdlin mit gülden Zäumen und silbern Sätteln. Da fragt ich den Man, des der Garten ist, wes die Kinder wären? Da sprach er: Es sind die Kinder, die gern beten, lernen und from sind. Da sprach ich: Lieber Man, ich hab auch einen Son, heißt Hänsichen Luther, möcht er nicht auch in den Garten komen, das er auch solche schöne Öpfel und Birn essen möchte und solche feine Pferdlin reiten und mit diesen Kindern spielen? Da sprach der Man: Wenn er gern betet, lernet und from ist, so soll er auch in den Garten komen; Lippus und Jost auch[2]). Und wenn sie alle zusamen komen, so werden sie auch Pfeifen, Pauken, Lauten und allerlei Seitenspiel haben, auch tanzen und mit kleinen Armbrüsten schiessen.

Und er zeigt mir dort eine feine Wiesen im Garten, zum Tanzen zugericht, da hiengen eitel güldene Pfeifen, Pauken und feine silberne Armbrüste. Aber es war noch früe, das die Kinder noch nicht gessen hatten; darumb kundte ich des Tanzes nicht erharren. Und sprach zu dem Man: Ach, lieber Herr, ich wil flugs hingehen und das alles meinen lieben Sönlin Hänsichen schreiben, das er ja vleissig bete, wol lerne und from sei, auf das er auch in diesen Garten kome; aber er hat eine Mume Lene, die mus er mitbringen[3]). Da sprach der Man: Es soll ja sein, gehe hin und schreibe ihm also.

Darumb, liebes Sönlin Hänsichen, lerne und bete ja getrost, und sage es Lippus und Justen auch, daß sie auch lernen und beten. So werdet ihr mit einander in den Garten komen. Hiemit bis [= sei] dem lieben allmächtigen Gott befohlen, und grüsse Mumen Lenen und gib ihr einen Buss[4]) von meinetwegen.

Anno 1530. Dein lieber Vater
Martinus Luther.

[1]) Diesen lieblichen Brief an seinen vier Jahre alten Sohn schrieb Luther im Jahre 1530 von der Feste Koburg her, wo er während des Augsburger Reichstages weilte, „nach der Kinder Witz und Verstand gerichtet" — wie eine alte Ausgabe der Werke Luthers mit Recht sagt. Dieser Brief ist so abgedruckt, wie er von Luther geschrieben worden ist. — [2]) Söhne von Luthers Freunden Melanchthon und Justus Jonas, nach ihren Vätern Lippus (= Philippus) und Jost (unten: Just) genannt. — [3]) Magdalene von Bora, Tante von Luthers Frau, mit dieser zugleich aus dem Kloster getreten und seitdem in Luthers Hause lebend. — [4]) Heute im Dialekt: Bussel = Kuß.

c. Der Tod von Luthers Tochter Magdalene. 1542. Luthers Tischreden, Nr. 2492 und 2493.

Da Luthers Tochter Magdalene sehr krank lag, sprach er: Ich habe sie sehr lieb; aber, lieber Gott, da es dein Wille ist, daß du sie dahinnehmen willst, so will ich sie gern bei dir wissen. Und da sie also im Bette lag, sprach er zu ihr: Magdalenchen, mein Töchterlein, du bliebest gern hier bei deinem Vater und ziehest auch gern zu jenem Vater! Sprach sie: Ja, herzer [lieber] Vater, wie Gott will! Da sagte der Vater: Du liebes Töchterlein, der Geist ist willig, aber das Fleisch ist schwach! Und wandte sich herum und sprach: Ich habe sie ja sehr lieb; ist das Fleisch so stark [in der Liebe], was wird denn der Geist sein?

Da nun Magdalenchen in [den letzten] Zügen lag und jetzt sterben wollte, fiel der Vater vor dem Bette auf seine Knie, weinte bitterlich und betete, daß sie Gott wolle erlösen. Da verschied sie und entschlief in Vaters Händen. Die Mutter war aber auch in derselben Kammer, doch weiter vom Bette um der Traurigkeit willen. Das geschah ein wenig nach neun Horen [Uhr] am Mittwoch des [nach dem] 17. Sonntags nach Trinitatis Anno 1542.

Da sie nun in den Sarg gelegt war, sprach er: Du liebes Lenchen, wie wohl ist dir geschehen! Sah sie also liegend an und sprach: Ach du liebes Lenchen, du wirst wieder aufstehen und leuchten wie ein Stern, ja, wie die Sonne! Da man ihr aber den Sarg zu eng und zu kurz gemacht hatte, sprach er: Das Bett ist ihr zu klein, weil sie nun gestorben ist. Ich bin ja fröhlich im Geist, aber nach dem Fleisch bin ich sehr traurig; das Fleisch will nicht heran, das Scheiden vexiert [beunruhigt] einen über die Maße sehr. Wunderding ists, wissen, daß sie gewiß im Frieden und ihr wohl ist, und doch noch so traurig sein!

Und da das Volk kam, die Leiche helfen zu bestatten, und den Doktor nach gemeinem Brauch und Gewohnheit anredeten und sprachen, es wäre ihnen seine Betrübnis l e i d, sprach er: Es soll euch [vielmehr] l i e b sein: ich habe einen Heiligen gen Himmel geschickt, ja, einen lebendigen Heiligen! O hätten wir einen solchen Tod! Einen solchen Tod wollte ich auf diese Stunde annehmen. Da sagte einer: Ja, es ist wohl wahr; doch behält ein jeder gern die Seinen. Doktor Martinus antwortete: Fleisch ist Fleisch und Blut ist Blut. Ich bin froh, daß sie hinüber ist, keine Traurigkeit ist da, denn des Fleisches.

Da man sie einscharrte und begrub, sprach er: Es ist die Auferstehung des Fleisches! Und da man wieder von dem Begräbnis kam, sprach er: Meine Tochter ist nun beschickt, beide an Leib und Seele usw. Wir Christen haben nichts zu klagen, wir wissen, daß es also sein muß. Wir sind ja des ewigen Lebens aufs allergewisseste, denn Gott, der es uns durch und um seines lieben Sohnes willen zugesagt hat, der kann ja nicht lügen.

Wenn meine Tochter Magdalene, sagte auf eine Zeit Doktor Martinus Luther, wieder sollte lebendig werden und sollte mir das türkische Königreich mitbringen, so wollt' ich's nicht tun. O, sie ist wohlgefahren! Beati mortui, qui in Domino moriuntur. [Selig sind die Toten, die in dem Herrn sterben.] Wer also stirbt, der hat das ewige Leben gewiß. Ich wollte, daß ich und meine Kinder und ihr alle solltet so hinfahren, denn es werden böse Zeiten hernach folgen. Es ist keine Hilfe noch Rat mehr auf Erden, das sehe ich, denn [als] der jüngste Tag. Ich hoffe auch, ob Gott will, er soll nicht lange außen bleiben[1].

d. Luthers Testament (1542). Quellenb. I, 12e.

9. Von Dr. Luthers täglichem Wandel und Wesen. Quellenb. I, 13a.

10. Aus Luthers Tischreden. Quellenb. I, 14.

11. Zu Nr. 99b. Luthers Tod. Quellenb. I, 15.

12. Zu Nr. 99c. Luthers Beruf und Bedeutung. Quellenb. I, 16.

a. Wie der Mönch Luther von Rom losgekommen und zur Freiheit eines Christenmenschen gelangt ist. Luthers Brief an seinen Vater vom 21. Nov. 1521. (Vorwort zu seiner Schrift von den Klostergelübden.)

b. Luthers Beruf und Bedeutung[2].

Weil ich der deutsche Prophet bin — denn solchen hoffärtigen Namen muß ich mir hinfort selbst zumessen, meinen Papisten und Eseln zur Lust und Gefallen — so will mir gleichwohl, als einem treuen Lehrer, gebühren, meine lieben Deutschen zu warnen. Welcher Deutsche nun meinem Rate folgen will, der folge; wer nicht will, der lasse es. Ich suche hiermit nicht das Meine, sondern euer, der Deutschen, Heil und Seligkeit.

Ich, Doktor Martinus, bin dazu berufen und gezwungen, daß ich mußte Doktor werden ohne meinen Dank aus lauter Gehorsam; da hab' ich das Doktorat müssen annehmen und meiner allerliebsten Heiligen Schrift schwören und geloben, sie treulich und lauter zu predigen und lehren. Über solchem Lehren ist mir das Papsttum in den Weg gefallen und hat mir wollen wehren; darüber ist's ihm auch gegangen, wie vor Augen, und soll ihm noch immer ärger ergehen.

Das ist [aber] ohne meinen Willen geschehen [daß ich auftrat], während mir viel Menschen widerrieten. Aber da ich gereizt war, ging ich herzu wie ein geblendetes Pferd. Hätte ich aber gewußt, das ich jetzt weiß, so

[1] „Grabschrift Magdalenchin Luthers, D. Martini Luthers Töchterlin, vom Vater selber [verfaßt]":

Dormio cum sanctis hic Magdalena, Lutheri
  Filia et hoc strato tecta quiesco meo.
Filia mortis eram, peccati semine nata,
  Sanguine sed vivo, Christe, redempta tuo.

Hie schlaf ich Lenichn, D. Luthers töchterlein,
Rug [Ruhe] mit alln heilign in mein bettlein;
Die ich in sünden war geborn,
Hett ewig müssen sein verlorn,
Aber ich leb nun und habs gut,
Herr Christe, erlöst mit deinem blut.

[2] Die folgende Darlegung ist eine Zusammenstellung von Äußerungen Luthers über seinen Beruf, entnommen (aber verkürzt) der „Christlichen Welt" (1896, Nr. 48), wo die Belegstellen für Luthers Worte angegeben sind.

hätten mich kaum zehn Rosse dazu ziehen sollen; ein gutes Werk wird selten aus Weisheit und Vorsichtigkeit vorgenommen, sondern es muß alles in einem Irrsal oder Unwissenheit geschehen.

Ich hab's oft gesagt und sag's noch, ich wollte nicht der Welt Gut nehmen für mein Doktorat. Denn ich müßte wahrlich zuletzt verzagen und verzweifeln in der großen, schweren Sache, so auf mir liegt, wo ich als ein Schleicher hätte ohne Beruf und Befehl angefangen. Ich habe mich nicht selbst aus dem Papsttum getan, denn ich hielt feste bei der Kirche, aber sie wollte mich nicht leiden und verbannet mich.

Die Papisten sollen mir hinfort weichen, ich will ihnen nicht weichen; ich will bleiben, sie sollen untergehen; denn mein Leben soll ihr Henker sein und mein Tod ihr Teufel; nach meinem Tode soll man allererst den Luther recht fühlen[1]).

Wenn mich der Teufel, sprach Luther, müßig findet und ich an Gottes Wort nicht gedenke, so macht er mir ein Gewissen, gleich als hätte ich nicht recht gelehrt und die Regimente zerstört und zerrissen, und gemacht, daß so viel Ärgernis und Aufruhr durch meine Lehre gekommen sei. Wo [Wenn] ich aber Gottes Wort ergreife, so habe ich gewonnen Spiel, schütze mich wider den Teufel und sage also: Ich weiß und bin's gewiß aus Gottes Wort, das wird mir nicht lügen, daß diese Lehre nicht mein ist, sondern des Sohnes Gottes.

Ich weiß, gottlob! daß meine Sache gut, recht und göttlich ist; denn ist das Evangelium, Taufe, Sakrament und Absolution recht, so habe ich auch recht. Ist Christus nicht im Himmel und ein Herr über alles, so ist meine Sache unrecht. Tischr. Nr. 32 und 1551.

c. Aus Bugenhagens Leichenpredigt. Quellenb. I, 16, b.

d. Aus Melanchthons Leichenrede. Quellenb. I, 16, c.

e. Hans Sachs, Ein Epitaphium oder Klagred ob der Leich Doctor Martini Lutheri (1546). Hans Sachs, Ausg. von Reclam, Bd. 1283, Nr. 39.

f. Was Mathesius von der Universität Wittenberg berichtet. Luthers Leben, Predigt 8.

13. Zu Nr. 103d. Der Westfälische Friede.

a. „Danck-Lied vor die Verkündigung des [Westfälischen] Friedens" von Paulus Gerhardt (1653): „Gott Lob, nun ist erschollen".

b. Münsterischer Postilion, das ist: Wahrhafftige newe Zeitung von dem lang gewünschten Frieden in Teutschland. — Im Thon: Wenn mein Stündlein vorhanden ist. — Gedruckt zu Hohen-Embs [in Vorarlberg, Tirol] bey Hans Kyhl, im Jahr Christi 1649. [Hagenbach, Kirchengesch. V, S. 83—85.]

c. Zu Nr. 103e. Die Vertreibung der evangelischen Salzburger.

---

[1]) Daß es aber auch Luther nicht an Anfechtungen hinsichtlich seines Berufs gefehlt hat, zeigt z. B. das folgende Wort.

α. Die Salzburger Emigranten in Friedberg in der Wetterau. „Geistliche Fama, 1732.“ [Hagenbach, Kirchengesch. VI, S. 55 s.]

β. Die wunderbare Führung Gottes an einer Salzburgischen Dirne[1]).

Ein salzburgisches Mädchen zog mit ihren Landsleuten fort, ohne zu wissen, wie es ihr ergehen oder wo sie Gott hinführen würde. Als sie nun durch das Öttingische[2]) reiseten, kam eines reichen Bürgers Sohn aus Altmühl zu ihr und fragte sie, wie es ihr im dasigen Lande gefalle. Sie gab zur Antwort: Herr, ganz wohl. Er fuhr fort, ob sie denn bei seinem Vater wohl dienen wolle. Sie antwortete: Ja, gerne, sie wollte treu und fleißig sein, wenn er sie in seine Dienste annehmen wolle. Darauf erzählete sie ihm alle ihre Bauerarbeit, die sie verstände. Sie könne das Vieh füttern, die Kühe melken, das Feld bestellen, Heu machen und dergleichen mehr verrichten.

Nun hatte der Vater diesen seinen Sohn oft angemahnt, daß er doch heiraten möchte, wozu er sich aber vorher nie entschließen können. Da aber besagte Emigranten da durchzogen, und er dieses Mädchens ansichtig ward, gefiel ihm dieselbe. Er ging daher zu seinem Vater, erinnerte denselben, wie er ihn so oft zum Heiraten angespornet, und entdeckte ihm dabei, daß er sich nunmehr eine Braut ausgesucht hätte. Er bäte, der Vater möchte ihm nun erlauben, daß er dieselbe nehmen dürfte. Der Vater frug ihn, wer dieselbe sei. Er gab ihm zur Antwort: es sei eine Salzburgerin, die ihm sehr wohl gefiele. Wollte ihm nun der Vater nicht erlauben, daß er dieselbe nehmen dürfte, so würde er auch niemals heiraten. Als nun der Vater nebst seinen Freunden und dem herzugeholten Prediger sich lange vergeblich bemüht hatte, ihm solches aus dem Sinne zu reden, es aber doch endlich zugegeben, so stellte dieser seinem Vater die Salzburgerin dar. Das Mädchen aber wußte von nichts anderm, als daß man sie zu einer Dienstmagd verlangte. Und deswegen ging sie auch mit dem jungen Menschen nach dem Hause seines Vaters. Dem Vater hingegen stund in dem Gedanken, als hätte der Sohn der Salzburgerin sein Herz schon eröffnet. Daher fragte er sie, wie ihr denn ihr Sohn gefiele, und ob sie ihn denn wohl heiraten wolle. Weil sie nun davon nichts wußte, so meinte sie, man suche sie zu äffen. Sie fing darauf an, man sollte sie nur nicht foppen. Zu einer Magd hätte man sie verlanget, und zu dem Ende wäre sie seinem Sohne nachgegangen. Wollte man sie nun dazu nehmen, so wolle sie allen Fleiß und Treue beweisen und ihr Brot schon verdienen. Foppen aber ließe sie sich nicht. Der Vater blieb dabei, daß es sein Ernst wäre, und der Sohn entdeckte ihr auch darauf die wahre Ursache, warum er sie mit nach seines Vaters Hause geführet, nämlich er habe ein herzliches Verlangen sie zu heiraten. Das Mädchen sah ihn darauf an, stund ein klein wenig stille und sagte endlich: wenn es sein Ernst wäre, daß er sie haben wollte, so wäre sie es auch zufrieden, und so wollte sie ihn halten wie ihr Auge im Kopfe. Der Sohn reichte ihr hierauf ein Ehepfand; sie aber griff sofort in den Busen, zog einen Beutel heraus, darin 200 Du-

[1]) Aus Göcking, Vollkommene Emigrationsgeschichte. 1734. — [2]) Fürstentum Öttingen, seit 1806 und 1810 zu Bayern und zu Württemberg gehörend.

caten[1]) staken, und sagte: sie wolle ihm hiermit auch einen Mahlschatz geben[2]). Folglich war die Verlobung richtig. Hat man wohl nicht Ursache, bei solchen Umständen voller Verwunderung auszurufen: Herr, wie gar unbegreiflich sind deine Gerichte und wie unerforschlich deine Wege![3])

γ. Schaitbergers Exulantenlied.

Noch ehe die große Auswanderung aus dem Salzburgischen Lande erfolgte (1731), wanderten bereits im Jahre 1685 über 1000 Evangelische aus. Ihr Führer und Berater war ein einfacher Bergmann, Joseph Schaitberger (geb. 1658) aus Dürnberg bei Hallein, der in Nürnberg ein Asyl fand, wo er mit seinem Weibe, von seinen im Salzburgischen zurückgehaltenen Kindern getrennt, sein Leben als Holzarbeiter und Drahtzieher fristete. Außer dem folgenden Liede, mit welchem viele Salzburger ihr Vaterland verlassen haben — dasselbe ist ursprünglich im österreichischen Dialekt verfaßt — hat er für seine in der Heimat noch zurückgebliebenen Glaubensgenossen zahlreiche Sendschreiben verfaßt, durch welche er sie im evangelischen Glauben zu befestigen suchte; dieselben wurden im Jahre 1708 zusammengedruckt als „Evangelischer Sendbrief", und dieses Buch wurde zum Lieblingsbuche der evangelischen Salzburger. In Nürnberg, wo er Aufnahme gefunden hatte, ist im Jahre 1733 dieser gefeierte Führer seiner Landsleute gestorben.

1. Ich bin ein armer Exulant,
also muß ich mich schreiben;
man tut mich aus dem Vaterland
um Gottes Wort vertreiben.

2. Doch weiß ich wohl, Herr Jesu mein,
es ist dir auch so gangen;
jetzt soll ich dein Nachfolger sein;
mach's, Herr, nach dei'm Verlangen!

3. Ein Pilgrim bin ich auch nunmehr,
muß reisen fremde Straßen,
drum bitt' ich dich, mein Gott und Herr:
du wollst mich nicht verlassen.

4. Ach steh' mir bei, du starker Gott,
dir hab' ich mich ergeben;
verlaß mich nicht in meiner Not,
wenn's kosten soll mein Leben.

5. Den Glauben hab' ich frei bekannt,
des darf ich mich nicht schämen,
ob man mich einen Ketzer nennt
und tut mir's Leben nehmen.

6. Ketten und Band' war mir nur Ehr'
um Jesu will'n zu dulden;
denn dieses macht die Glaubenslehr',
und nicht mein bös Verschulden.

7. Ob mir der Satan und die Welt
all mein Vermögen rauben,
wenn ich nur diesen Schatz behalt',
Gott und den rechten Glauben.

8. Herr, wie du willt, ich geb' mich drein,
bei dir will ich verbleiben;
ich will mich gern dem Willen dein
geduldig unterschreiben.

[1]) Goldmünze im Werte von 10 Mark. — [2]) Den „Mahlschatz" gibt eigentlich der Bräutigam den Eltern der Braut, um diese dadurch zu erkaufen; die Braut erhält von ihren Eltern die „Mitgift". — [3]) Goethe hat diese Geschichte in die Zeit der Revolution, in seine Gegenwart, verlegt, um sie dem Leser noch interessanter zu machen.

9. Muß ich gleich in das Elend fort,
so will ich mich nicht wehren;
ich hoffe doch, Gott wird mir dort
auch gute Freund' bescheren.

10. Nun will ich fort in Gottes Nam',
alles ist mir genommen;
doch weiß ich schon, die Himmelskron'
werd' ich einmal bekommen.

11. So geh' ich heut von meinem Haus,
die Kinder muß ich lassen;
mein Gott, das treibt mir Tränen aus,
zu wandern fremde Straßen.

12. Ach führ' mich, Gott, in eine Stadt,
wo ich dein Wort kann haben;
damit will ich mich früh und spat
in meinem Herzen laben.

13. Soll ich in diesem Jammertal
noch lang' in Armut leben,
Gott wird mir dort im Himmelssaal
ein' bessre Wohnung geben.

14. Wer dieses Liedlein hat gemacht,
der wird hier nicht genennet;
des Papstes Lehr' hat er veracht't
und Christum frei bekennet.

14. Zu Nr. 109. Die Einigung der evangelischen Kirchen.

a. Das Edikt des Großen Kurfürsten. 1666.
Kirchengesch.[3] 83 C.

b. Paul Gerhardt. Von Schmidt von Lübeck (1766—1849).
Liederbuch, zu Lied 41.

c. Die Unionsurkunde. 1817. Hilfsb. 109 C.

d. Der Deutsche Evangelische Kirchenausschuß an die evangelischen Gemeinden Deutschlands. 1903.
Kirchengesch.[3] Nr. 83 E.

15. Zu Nr. 115 D. Die Lehninsche Weissagung.

Kirchengesch.[3] Nr. 99 D, c.

In den letzten Jahren des Großen Kurfürsten von Brandenburg ist eine Weissagung eines uns nicht bekannten Verfassers, angeblich eines Mönches des Klosters Lehnin in Brandenburg, aufgetaucht, welche darauf hinweist, daß das Geschlecht der protestantischen Hohenzollern mit Friedrich Wilhelm III. zugrunde gehen, und ganz Deutschland unter einem katholischen Kaiser wieder katholisch werden solle. Diese aus 100 lateinischen Versen bestehende Weissagung lautet in ihren Hauptteilen also:

V. 1—12: Einleitung.

13—46: Brandenburgs Geschichte bis zu Joachim I.

47—54: Joachim II.

47. Doch gar traurige Pest bringt jetzt dem Lande ein Weibsbild
[Elisabeth, die evangelisch gewordene Gemahlin Joachims I.],
Sie, vom Gifte berührt der frischerwachsenen Schlange [Luthers],
Und wird währen dies Gift bis zum elften Stamme hinabwärts
[bis zu Friedrich Wilhelm III.].

Nun wird der, o Lehnin, der dich maßlos hasset, hervorgehn [Joachim II.],
Scharf wie ein Messer, ein Wüstling, voll Atheismus und Ehbruch;
Er verwüstet die Kirche, verhandelt die Güter des Klerus.
Geh' von dannen, mein Volk, kein Schützer wird dir verbleiben,
Bis die Stunde dir schlägt, die alles wieder zurückbringt!

55–75: Bis zum Tode des Großen Kurfürsten.

76–100. Von 1688 bis zum Untergange der Hohenzollern und der Wiederherstellung des Klosters Lehnin.

76. Denn wer ihm nachfolgt [König Friedrich I.], tritt nicht in die Spuren des Vaters.
Betet, ihr Brüder, und schont nicht der Tränen, elende Mütter,
Denn sein Name nur ist ein Vorbild froher Regierung.
Ach, nichts Gutes verbleibt, zieht aus, ihr alten Bewohner!
Aber im Tode liegt er, von innen und außen zerrüttet[1].
Bald tobt, während die große Gebärerin seufzet, ein Jüngling
Plötzlich einher; doch wer kann den zerrütteten Staat herstellen?
Nehmen wird er [Friedrich Wilhelm I.] die Fahne, doch grause Geschicke beklagen;
Weht es im Süden herauf, will Leben er borgen den Klöstern[2].
Welcher ihm folgt [Friedrich der Große], ahmt nach die bösen Sitten der Väter,
[Qui sequitur, pravos imitatur pessimus avos]
Hat nicht Kraft im Gemüt, noch eine Gottheit im Volke;
Wessen Hilf' er begehrt, der wird entgegen ihm stehen,
Und er im Wasser sterben, das Oberste kehrend zu unterst[3].
Sein Sohn[4] [Friedrich Wilhelm II.] blüht und erlangt, was er nun und nimmer gehoffet;
Doch sein trauriges Volk wird weinen in selbigen Zeiten.
Denn nun scheinet der Wurf des erstaunlichen Loses zu kommen,
Und es ahnt nicht der Fürst, daß eine neue Macht wächst.
Endlich führet der letzte von diesem Stamme [Friedrich Wilhelm III.] den Scepter,
Israel waget den grausen, mit Tod zu büßenden Frevel,
Und der Hirt [der Papst] erhält die Herde, Deutschland den [katholischen] König
Wieder zurück; die Mark vergißt jetzt jegliches Übel,
Wagt es, die Ihren [die zurückgekehrten Mönche] zu pflegen, und ihrer freut sich kein Fremdling;
Und von Lehnin und Chorin ersteht die alte Bedachung,
Und es glänzet der Klerus nach alter Weise von Ehren,
Und es stellet kein Wolf mehr nach dem erlesenen Schafstall.

---

[1]) Daß der Kurfürst zum König wird, davon weiß der angebliche Prophet nichts. — [2]) Was soll das heißen? Er stellt die Klöster wieder her? — [3]) Friedrich der Große ist nicht ertrunken. — [4]) Nicht der Sohn, sondern der Neffe.

C. Kirchenbuch.

1. Zu Nr. 142. Die Lutherbibel.

a. Wie Luther die Bibel übersetzt hat. Hilfsb. Nr. 142, 3. Kirchengesch.³ Nr. 71 C, 3.

b. Die Revision der Lutherbibel[1]). Mathesius, Luthers Leben, dreizehnte Predigt[2]). Quellenb. II, 5.

Als nun erstlich die ganze deutsche Bibel ausgegangen war [1522—1534], und ein Tag lehrte immer neben der Anfechtung den andern[3]), nimmt Doctor Luther die Bibel von Anfang wieder vor sich mit großem Ernst, Fleiß und Gebet, und übersieht [revidiert] sie durchaus, und weil sich[4]) der Sohn Gottes versprochen hatte, er wolle dabei sein, wo ihrer etliche in seinem Namen zusammenkommen und um seinen Geist bitten, verordnet Doctor Martin Luther gleich einen eignen Sanhedrim[5]) von den besten Leuten, so damals vorhanden, welche wöchentlich etliche Stunden vor dem Abendessen in des Doctors Kloster[6]) zusammenkamen, nämlich D. Johann Bugenhagen, D. Justus Jonas, D. Creuziger [Cruciger], M. [Magister] Philippus [Melanchthon], Matthäus Aurogallus, dabei [wobei] M. Georg Rörer, der Corrector, auch war[7]); oftmals kamen [auch] fremde Doctoren und Gelehrte zu diesem hohen Werk, als D. Bernhard Ziegler[8]), D. Forstemius[9]).

Wenn nun D. Luther zuvor die ausgegangene Bibel übersehen, und daneben bei Juden und fremden Sprachkundigen sich erlernt [belehrt], und sich bei alten Deutschen von guten Worten erfragt hatte, wie er sich etliche Schöpse abstechen ließ, damit ihn ein deutscher Fleischer berichte, wie man ein jedes am Schafe nenne, kam D. Martin Luther in das Consistorium[10]) mit seiner alten lateinischen und neuen deutschen Bibel, dabei er auch stetig den hebräischen Text hatte. Herr Philippus [Melanchthon] brachte mit sich den griechischen Text, D. Creuziger neben dem Hebräischen die chaldäische Bibel; die Professoren hatten bei sich ihre Rabbinen[11]), D. Pommer [Bugenhagen] hatte auch einen lateinischen Text vor sich, darin er sehr wohl bekannt war. Zuvor hat sich ein jeder auf den Text gerüstet, davon man ratschlagen sollte, griechische und lateinische neben den jüdischen Auslegern übersehen [überblickt]. Darauf proponiert [legt vor] dieser Präsident

[1]) Vgl. O. Reichert, Die Wittenberger Bibelrevisionskommission von 1531 bis 1541. 1906.

[2]) Mathesius, Prediger in Joachimsthal in Böhmen, der in den Jahren 1562—1564 vor seiner Gemeinde über Luthers Leben gepredigt hat, berichtet hier vornehmlich von der im J. 1541 erschienenen (siebenten) Ausgabe der Lutherbibel.

[3]) Nach dem lateinischen Sprichwort: Dies diem docet.

[4]) Dieses Wort läßt man heute weg.

[5]) Richtiger: Sanhedrin (Synedrium), die oberste Behörde des späteren jüdischen Volkes; wir würden heute sagen: Revisionskommission.

[6]) Das ihm der Kurfürst zur Wohnung überwiesen hatte.

[7]) Diese Männer kennt der Schüler von dem Lutherbilde her; vgl. Nr. 100.

[8]) Ein Freund des Mathesius, Professor des Hebräischen in Leipzig, † 1552.

[9]) Johann Forster, ein Freund von Luther und auch von Mathesius, † 1556 als Professor in Wittenberg.

[10]) Oben sagte Mathesius: Sanhedrim.

[11]) Die jüdischen Erklärer der Bibel.

[Luther] einen Text, und ließ die Stimmen herumgehen, und hörte, was ein jeder dazu zu reden hätte nach Eigenschaft der Sprache oder nach der alten Doctoren Auslegung.

Wunderschöne und lehrhaftige Reden sollen bei dieser Arbeit gefallen sein, welcher M. Georg [Rörer] etliche aufgezeichnet, und die hernach als kleine Glößlein [1]) und Auslegungen auf den Rand zum Text gedruckt sind.

D. Luther gab drei Regeln, darauf man gut Achtung haben sollte, weil die Bibel ein Buch Gottes wäre, das er durch seines Geistes Antreibung von Aposteln und Propheten hätte aufschreiben lassen, daß sich ohne herzliches Gebet dieser Arbeit niemand unterwände [2]), denn Gottes Wort müßte durch Gottes Geist erklärt werden, wie er auch in seinem Brief von der Dolmetschung schreibt: es gehöre zu dieser Arbeit ein recht, fromm, treu, fleißig, furchtsam [gottesfürchtig], christlich, gelehrt, erfahren und geübt Herz, dazu gute und kernige Worte, wenn man die Bibel recht und verständig geben wolle.

Nun [3]) rede die Bibel vornehmlich von Gottes Wesen und Willen, und am allermeisten vom ewigen Sohne Gottes, seiner Menschwerdung und Opfer, von seiner Kirche, von weltlichen Regimenten und vom Haushalten. Wenn nun der Text von Christo und seiner Kirche nicht rede, so müsse er von weltlicher Obrigkeit oder dem heiligen Ehestand und Hauswesen lauten. Das sind die drei heiligen Hierarchieen [4]) und Stände, davon die Bibel redet. So die Juden und andere [Ausleger] neue Auslegungen erträumen, die weder von der Kirche Gottes noch von Regimenten oder Hauswesen lauten, die solle man schlecht [einfach] wegtun oder verwerfen.

Danach [5]) solle man fleißig merken auf die Eigenschaften der jüdischen Wörter und dieser Sprache Art oder Weise zu reden. Denn die heilige Sprache habe ihre besondere Art und Figuren, die nicht alle anderen Sprachen geben und erreichen können.

Auf solche vorgehende Vermahnung sagt nun ein jeder, wie er es wußte mit [auf Grund] der Grammatik oder aus guter Folge [Schlußfolgerung], das mit dem Vorgehenden und Nachfolgenden übereinstimmt, oder [mit dem] Zeugnis Gelehrter zu erweisen, bis endlich im 42. Jahr [genauer: 1541] dies Werk durch Gottes Gnade vollbracht ward, wiewohl hernachmals, als D. Luther wider die Juden schrieb, immer von Tag zu Tag der Verstand [das Verständnis] wuchs und viel schöner Sprüche heller und klarer gegeben wurden, welche nach D. Luthers Absterben von M. Georg Rörer mit Vorwissen und Rat der Gelehrten von Wittenberg in die letzten Bibeln mit eingebracht sind [6]).

Gottes Buch ist so voller göttlicher Geheimnisse, daß wir es vollkömmlich in dieser Welt nicht auslernen werden, sondern trachten, denken, suchen,

[1]) Das folgende Wort ist die Erklärung dieses Fremdworts.
[2]) Das ist die erste Regel.
[3]) Nun folgt die zweite Regel.
[4]) Das Fremdwort wird wieder durch das folgende deutsche Wort erklärt.
[5]) Nun folgt die dritte Regel.
[6]) Andere haben aber diese Änderungen für Fälschungen Rörers erklärt; vgl. Grimm, Geschichte der luth. Bibelübersetzung (1884), S. 38—39.

forschen, fragen sollen wir, wie Christus sagt (Joh. 5, 39). Aber Schüler bleiben wir, so lange wir in diesem finstern Fleisch und natürlichen Licht leben, ob wir schon die Erstlinge des Geistes haben. Behüte Gott alle Theologen, daß sie nicht Meister in oder über die Schrift werden. Ein Elephant ersäuft in diesem Meer, sagt Luther aus St. Gregor [1], ein Lämmlein, das Christum sucht und hält sich daran, das fußt [faßt Fuß] und kommt durch.

Fein ist es geredet, wie Santes Pagninus [2]) schreibt, [des] Hieronymus [3]) und andrer großen Leute Fleiß, den sie an die Bibel gewandt, rede nicht unsrer Faulheit und Trägheit das Wort, sondern wir sollen für und für studieren, als wollten wir ewig leben, und also leben, als sollten wir morgen sterben. Ich besprach mich auf eine Zeit zu Leipzig mit Doctor Ziegler, dem teuren Hebraisten, und drang auf Doctor Luther's Version [Übersetzung]; er hielt mir den hebräischen Text vor; wenn wir allein auf einer Dolmetschung uns gründen könnten [4], dürften [brauchten] wir forthin nicht mehr studieren, auch die hebräische Bibel nicht; die Schrift, so man mit Ernst darin lieset, gibt alle Tage etwas Neues, sagt Doctor Pommer [Bugenhagen].

Dies erwähne ich hie bei dieser Dolmetschung, damit ich allen denen das Wort rede, die in christlicher und demütiger Einfalt heut zu Tage lesen und studieren und der Schrift nachforschen. Derer Patron [aber] will und soll ich traun nicht sein, die alles tadeln und verwerfen, und machen doch nichts Besseres, sondern immer übel ärger, denen unser Doctor in seinem Brief von der Dolmetschung sehr gründlich antwortet, welche D. Wenzel Linck ließ ausgehen. Viele wollen richten, aber wenige können dichten.

Leset eurer deutschen Bibel zu Ehren, lieben Freunde, des Doctors schöne Schrift von seiner Dolmetschung, so werdet ihr merken, was [wie viel] Sorge, Arbeit und Nachdenkens er gebraucht habe. „Ich bin", sagt er, „neben dem Herrn Philippus [Melanchthon] und Aurogallus wohl vierzehn ganzer Tage über einer Zeile oder [einem] Wort gesessen, bis sich's hat deutsch reden lassen." Euch, meine Pfarrkinder, alt und jung, vermahne ich [Mathesius] als euer Pfarrer, ihr Laien wollet diesen Schatz erkennen, Gott und seinem auserlesenen Werkzeug für die deutsche Bibel danken, und dieselbe lassen euer liebstes, bestes und seligstes Buch sein, das uns eigentlich den rechten Weg zum ewigen Leben weiset, und daneben mit herzlichem Gebet und wahrhaftigem Ernst die Ausleger hören, die euch Gott durch richtige Wahl und Beruf zugeschickt; am besten ist der beste Kauf [5].

So viel diesmal von der Dolmetschung der deutschen Bibel.

---

[1]) Papst Gregor der Große (590—604) sagt von der Bibel: Scriptura sacra fluvius planus et altus, in quo et agnus ambulet et elephas natet.

[2]) Dominikaner aus Lucca, † 1541, ein gelehrter Kenner der hebräischen Sprache und der rabbinischen Literatur.

[3]) Der Verfasser der lateinischen Bibelübersetzung.

[4]) Das tun die Katholiken hinsichtlich der Vulgata.

[5]) Nicht „schlechte und billige", sondern gute und teure Ware ist der beste Kauf.

c. Die Sprache der Lutherbibel. Vgl. Nr. 143d; Quellenb. II, 4a b und Kirchengesch.[3] Nr. 71 E.

„Ich habe keine gewisse, sonderliche, eigene Sprache im Deutschen, sondern gebrauche der gemeinen deutschen Sprache, daß mich beide, Ober- und Niederländer [Oberdeutsche und Niederdeutsche], verstehen mögen. Ich rede nach der sächsischen Kanzlei, welcher alle Fürsten und Könige in Deutschland nachfolgen; alle Reichsstädte, Fürstenhöfe schreiben nach der sächsischen und unsers Fürsten Kanzlei; darum ists auch die gemeinste [verbreitetste] deutsche Sprache. Kaiser Maximilian und Kurfürst Friedrich [der Weise], Herzog zu Sachsen, haben im römischen Reich die deutschen Sprachen [Dialekte] in eine gewisse Sprache gezogen"[1]).

d. Luthers „Sendbrief vom Dolmetschen"[2]). 1530[3]).

Dem ehrbaren und fürsichtigen[4]) N., meinem günstigen Herrn und Freunde.

Gnad und Friede in Christo! Ehrbar, fürsichtiger lieber Herr und Freund! Ich hab euer Schrift empfangen mit den zwo Questen oder Fragen, darin ihr meines Berichts begehrt. Erstlich: Warümb ich zun Römern am [im] dritten Kapitel die Wort S. Pauli „Arbitramur hominem iustificari ex fide absque operibus legis" also verdeutscht habe: „Wir halten, daß der Mensch gerecht werde ohn des Gesetzes Werk [Plur.], allein durch den Glauben." Und [eure Schrift] zeigt darneben an, wie die Papisten sich uber[5]) die Maßen unnütz machen[6]), weil im Text Pauli nicht stehet das Wort sola „allein"; und sei solcher Zusatz von mir nicht zu leiden in Gottes Worten etc. Zum andern: Ob auch die verstorben Heiligen fur[5]) uns bitten, weil wir lesen, daß ja die Engel fur uns bitten etc.[7]).

Auf die erste Frage, wo [wenn] es euch gelüstet, mügt ihr euern Papisten von meinetwegen antworten also:

Zum ersten: Wenn ich, D. Luther, mich hätte mügen des versehen, daß die Papisten alle auf einen Haufen so geschickt wären, daß sie ein Kapitel in der Schrift künden recht und wohl verdeutschen, so wollt ich furwahr mich der Demut haben finden lassen[8]) und sie umb Hülf und Bei-

---

[1]) Vgl. Behaghel, Die deutsche Sprache (2. Aufl., 1902), S. 50—58.

[2]) Dolmetschen wird heute nur vom mündlichen Übersetzen aus einer fremden Sprache gebraucht.

[3]) Diese Schrift, welche Luther während seines Aufenthaltes auf der Feste Koburg (während des Augsburger Reichstags) im Jahre 1530 verfaßte, schickte er an seinen Freund Wenzeslaus Linck, Prediger in Nürnberg (1525—1547), als einen Brief, den er geschrieben habe, um sich wegen seiner Bibelübersetzung zu rechtfertigen, und er forderte ihn auf, denselben so herauszugeben, als ob er ihn von einem ihm unbekannten Manne empfangen hätte. Linck ist dieser Aufforderung alsbald nachgekommen. Die ursprünglich mit dieser Schrift verbundene Darlegung über die Frage, „ob die verstorbenen Heiligen für uns bitten", ist, als für die hier verhandelte Frage nicht in Betracht kommend, weggelassen.

[4]) D. h. einsichtig, verständig (Ehrentitel eines Ratsherrn).

[5]) „Fur" und „uber" haben bei Luther noch nicht den heute üblichen Umlaut.

[6]) Mit leerem Gerede darüber. [7]) Vgl. Anm. 3, Schluß.

[8]) Ich lasse mich einer Sache finden, d. h. ich erweise mich im Besitz einer Sache.

stand gebeten, das Neue Testament zu verdeutschen. Aber dieweil ich gewußt und noch fur Augen sehe, daß ihr keiner recht weiß, wie man dolmetschen oder deutsch reden soll, hab ich sie und mich solcher Mühe uberhaben[1]). Das merkt man aber wohl, daß sie aus meinem Dolmetschen und Deutsch lernen deutsch reden und schreiben, und stehlen mir also meine Sprache, davon sie zuvor wenig gewußt, danken mir aber nicht dafur, sondern brauchen sie viel lieber wider mich. Aber ich günne es ihn wohl, denn es thut mir doch sanft, daß ich auch meine undankbare Jünger, dazu meine Feinde, reden gelehret habe.

Zum andern mügt ihr sagen, daß ich das Neue Testament verdeutscht habe auf mein bestes Vermögen und auf mein Gewissen; habe damit niemand gezwungen, daß er es lese, sondern frei gelassen, und allein zu Dienst gethan denen, die es nicht besser machen können. Ist niemand verboten, ein bessers zu machen. Wers nicht lesen will, der lasse es liegen, ich bitte und feier[2]) niemand drümb. Es ist mein Testament und mein Dolmetschung, und soll mein bleiben und sein. Hab ich drinnen etwa [irgendwo] gefehlet (das mir doch nicht bewußt, und freilich ungern einen Buchstaben mutwilliglich wollt unrecht verdolmetschen), daruber wil ich die Papisten nicht zu Richter[3]) leiden; denn sie haben noch zur Zeit zu lange Ohren dazu, und ihr ika ika[4]) ist zu schwach, mein Verdolmetschen zu urteilen. Ich weiß wohl, und sie wissens weniger denn des Müllers Tier, was fur Kunst, Fleiß, Vernunft, Verstand zum guten Dolmetscher gehöret, denn sie habens nicht versucht. Es heißt: Wer am Wege bauet, der hat viel Meister. Also gehet mirs auch; diejenigen, die noch nie haben recht reden können, schweige denn dolmetschen, die sind allzumal meine Meister, und ich muß ihr aller Jünger sein. Und wenn ich sie hätte sollen fragen, wie man die ersten zwei Wort Matthäi 1, Liber generationis (Geschlechtsregister), sollte verdeutschen, so hätte ihr keiner gewußt gack dazu zu sagen[5]) und urteilen[6]) mir nu das ganze Werk, die feinen Gesellen. Also ging es S. Hieronymo[7]) auch, da er die Biblia dolmetscht; da war alle Welt sein Meister, er allein war es, der nichts kunde [konnte]; und urteileten dem guten Mann sein Werk diejenigen, so ihm nicht gnug[8]) gewest wären, daß sie ihm die Schuch hätten sollen wischen. Darümb gehört große Geduld dazu, so jemand etwas öffentlich Guts thun will, denn die Welt will Meister Klüglin[9]) bleiben und muß immer das Roß unter dem Schwanz zäumen, alles meistern und selbs nichts können, das ist ihr Art, davon sie nicht lassen kann.

[1]) Das alte a des Particips ist noch heute erhalten in dem Adjekt. „erhaben".
[2]) Feiern, d. h. Liebes oder Schönes sagen.
[3]) Luther läßt bisweilen (mit Unrecht) die Flexionsendung weg.
[4]) Wir sagen heute ia.
[5]) D. h. gackern wie die Hühner.
[6]) Beurteilen und verurteilen.
[7]) Hieronymus, der Verfasser der noch heute gebrauchten lateinischen Bibelübersetzung, † 420.
[8]) gnug, jetzt nur als Adverbium, wurde früher auch als Adjektivum gebraucht: genügend, geeignet.
[9]) Klüglin oder Klügling, d. h. naseweiser Besserwisser — ein Lieblingsausdruck Luthers.

Ich wollte noch gern den Papisten ansehen, der sich herfur thät und etwa eine Epistel S. Pauli oder einen Propheten verdeutschet, so fern daß [ohne daß] er des Luthers Deutsch und Dolmetschen nicht dazu gebraucht; da sollt man sehen ein fein, schön, löblich Teutsch oder Dolmetschen, denn wir haben ja gesehen den Sudler zu Dresen[1]), der mein Neu Testament gemeistert hat (ich will seinen Namen in meinen Büchern nicht mehr nennen; so hat er auch nu seinen Richter, und ist sonst wohl bekannt), der bekennet, daß mein Teutsch süße und gut sei, und sahe wohl, daß ers nicht besser machen kund, und wollt es doch zu schanden machen, fuhr zu und nahm fur sich mein Neu Testament, fast von Wort zu Wort, wie ichs gemacht habe, und thät meine Vorrede, Glosse [Erklärung] und Namen davon, schreib seinen Namen, Vorrede und Glosse dazu, verkauft also mein Neu Testament unter seinem Namen. Wanne [Ach], lieben Kinder, wie geschach mir da so wehe, da sein Landsfürst mit einer greulichen Vorrede verdampt und verbot des Luthers Neu Testament zu lesen, doch daneben gebot des Sudlers Neu Testament zu lesen, welchs doch eben dasselbige ist, das der Luther gemacht hat.

Und daß nicht jemand hie denke, ich lüge, so nimm beide Testament fur dich, des Luthers und des Sudlers, halt sie gegenander, so wirstu sehen, wer in allen beiden der Dolmetscher sei. Denn was er in [an] wenig Orten geflickt und geändert hat (wiewohl mirs nicht alles gefället), so kann ichs doch wohl leiden, und schadet mir sonderlich nichts, so viel es den Text betrifft, darümb ich auch nie darwider habe wöllen schreiben, sondern habe der großen Weisheit müssen lachen, daß man mein Neu Testament so greulich gelästert, verdampt, verboten hat, weil es unter meinem Namen ist ausgegangen, aber doch müssen lesen, weil [als] es unter eines andern Namen ist ausgangen. Wiewohl, was das fur ein Tugent sei, einem andern sein Buch lästern und schänden, darnach dasselbige stehlen und unter eigenem Namen dennoch aus lassen gehen, und also durch frembde verlästerte Erbeit[2]) eigen Lob und Namen suchen, das laß ich seinen Richter finden. Mir ist indes genug und bin froh, daß meine Erbeit (wie S. Paulus auch rühmet)[3]) muß auch durch meine Feinde gefödert, und des Luthers Buch, ohn Luthers Namen, unter seiner Feinde Namen gelesen werden. Wie künd ich mich baß rächen?

Und daß ich wieder zur Sachen komme: Wenn euer Papist sich viel unnütze machen will mit dem Wort sola, allein, so sagt ihm flugs also: Doktor Martinus Luther wills also haben, und spricht: Papist und Esel sei ein Ding. Sic volo, sic jubeo, sit pro ratione voluntas[4]). Denn wir wöllen nicht der Papisten Schüler noch Jünger, sondern ihre Meister und Richter

[1]) Der „Sudler zu Dresen" ist Hieronymus Emser zu Dresden, Sekretär und Orator des Herzogs Georg von Sachsen (des entschiedensten Gegners von Luther), der im Jahre 1527, Luthers Übersetzung des N. T. scheltend aber benützend, eine angeblich bessere Übersetzung herausgab. Er „fand seinen Richter", d. h. er starb schon im Jahre 1527.

[2]) Arbeit. Dieser Vokalwechsel (e für a) gehört zu den mitteldeutschen Elementen in Luthers Sprache.

[3]) Philipp. 1, 15—18.

[4]) Wort des lateinischen Dichters Juvenalis. (So will ich, so befehle ich, mein Wille sei statt eines Grundes.)

sein; wöllen auch einmal stolzieren und pochen mit den Eselsköpfen [1]. Und wie Paulus wider seine tollen Heiligen sich rühmet [2], so will ich mich auch wider diese meine Esel rühmen: Sie sind Doktores, ich auch; sie sind gelehrt, ich auch; sie sind Prediger, ich auch; sie sind Theologi, ich auch; sie sind Disputatores, ich auch; sie sind Philosophi, ich auch; sie sind Dialectici, ich auch; sie sind Legenten [3], ich auch; sie schreiben Bücher, ich auch.

Und will weiter rühmen: Ich kann Psalmen und Propheten auslegen, das können sie nicht; ich kann dolmetschen, das können sie nicht; ich kann die heiligen Schrifft lesen, das können sie nicht; ich kann bitten [beten], das können sie nicht; und daß ich herunter komme [4]: ich kann ihr eigen Dialectica und Philosophia baß denn sie selbs allesampt, und weiß dazu furwahr, daß ihr keiner ihren Aristotelem verstehet. Und ist einer unter ihn allen, der ein Proemium [Vorwort] oder Kapitel im Aristotele recht verstehet, so will ich mich lassen prellen [5]. Ich rede itzt nicht zu viel, denn ich bin durch ihre Kunst alle erzogen, und erfahren von Jugend auf, weiß fast [sehr] wol, wie tief und weit sie ist. So wissen sie auch wol, daß ichs alles weiß und kann, was sie können; noch handeln die heillosen Leute gegen mir, als wäre ich ein Gast [Fremder] in ihrer Kunst, der allererst heut morgen kommen wäre, und noch nie weder gesehen noch gehört hätte, was sie lehren oder können. So gar herrlich prangen sie herein [einher] mit ihrer Kunst und lehren mich, was ich fur zwenzig [6] Jahren an den Schuhen zurissen [7] hab, daß ich auch mit jener Metzen [Dirne] auf all ihr Plärren und Schreien singen muß: Ich habs fur sieben Jahren gewißt [8], daß Hufnägel eisen [Adjektiv] sind [9].

Das sei auf euer erste Frage geantwortet, und bitt euch, wöllet solchen Eseln ja nicht anders noch mehr antworten auf ihr unnütze Geplärre vom Wort sola, denn also viel: D. Luther wills so haben und spricht: Er sei ein Doctor uber alle Doctor im ganzen Papsttum, da solls bei bleiben. Ich will sie hinfurt schlecht [einfach] verachten und veracht haben [verachtet wissen], so lange sie solche Leute, ich wollt sagen, Esel sind; denn es sind solche unverschämte Tropfen [10] unter ihn, die auch ihr eigen, der Sophisten, Kunst nie gelernt haben, wie Doctor Schmid [11] und Doctor Rotzlöffel [12] und seine

[1] Pochen mit, d. h. sich stolz gebaren wie sie.
[2] Vgl. 2. Kor. 11, 17—31.
[3] D. h. sie halten Vorlesungen.
[4] Zu ihnen herabsteige.
[5] Ich lasse mich prellen wie ein auf ein Netz aufgelaufener Fuchs, der durch Anziehen des Netzes in die Luft geschleudert und wieder aufgefangen wird — ein derartiges, ziemlich rohes Kinderspiel der damaligen Zeit.
[6] Zwenzig mitteldeutsch, wofür Luther auch zweinzig sagt (mittelhochdeutsch); auch zwanzig kommt schon im 14. Jahrhundert vor.
[7] Mitteldeutsche Vorsilbe zur oder zu statt zer.
[8] Mittelhochdeutsche Form.
[9] Der Ursprung dieser Redensart ist uns nicht bekannt.
[10] Tropfen: heute Tröpfe, Dummköpfe.
[11] Luther meint den Rat und Beichtvater König Ferdinands, Johann Faber (Faber d. h. Schmied), der später Bischof von Wien wurde.
[12] So nennt Luther seinen Gegner Cochläus, indem er dessen Namen unrichtig) von cochlear d., h. Löffel ableitet und dies Wort im Sinne des heutigen „Laffe" versteht, in einer Zusammensetzung, die nur durch die damalige itte, auch der Gebildeten, zu entschuldigen ist.

gleichen, und legen sich gleich wol wider mich in dieser Sachen, die nicht allein uber die Sophisterei, sondern auch (wie S. Paulus sagt) uber aller Welt Weisheit und Vernunft ist. Zwar es dürft ein Esel nicht viel singen, man kennet ihn sonst wohl bei [an] den Ohren.

Euch aber und den Unsern will ich anzeigen, warümb ich das Wort sola hab wöllen brauchen, wiewohl Roma. 3 nicht sola sondern solum oder tantum von mir gebraucht ist[1]), also fein sehen die Esel meinen Text an. Aber doch hab ichs[2]) sonst anderswo [im Sinne von] sola fide gebraucht, und will auch beide solum und sola haben.

Ich hab mich des geflissen [befleißigt] im Dolmetschen, daß ich rein und klar Deutsch geben möchte. Und ist uns wohl oft begegenet, daß wir 14 Tage, drei, vier Wochen haben ein einiges Wort gesucht und gefragt, habens dennoch zuweilen nicht funden. Im Hiob erbeiten [arbeiteten] wir also, M. Philipps[3]), Aurogallus[4]) und ich, daß wir in vier Tagen zuweilen kaum drei Zeilen kunden fertigen. Lieber, nu es verdeutscht und bereit ist, kanns ein jeder lesen und meistern; läuft einer itzt mit den Augen durch drei oder vier Blätter und stößt nicht einmal an, wird aber nicht gewahr, welche Wacken [große Feldsteine] und Klötze da gelegen sind [haben], da er itzt uber hin gehet, wie uber ein gehofelt [gehobelt] Brett, da wir haben müßt schwitzen und uns ängsten, ehe denn wir solche Wacken und Klötze aus dem Wege räumten, auf daß man künde so fein daher gehen. Es ist gut pflügen, wenn der Acker gereinigt ist; aber den Wald und die Stöcke[5]) ausrotten und den Acker zurichten, da will niemand an. Es ist bei der Welt kein Dank zu verdienen; kann doch Gott selbs mit der Sonnen, ja mit Himmel und Erden, noch mit seines eigen Sohns Tod keinen Dank verdienen. Sie sei und bleibe Welt, [in] des Teufels Namen, weil sie ja nicht anders will.

Also habe ich hie Roma. 3 fast [gar] wohl gewußt, daß im lateinischen und griechischen Text das Wort „solum“ [allein] nicht stehet und hetten mich solchs die Papisten nicht dürfen [brauchen zu] lehren. Wahr ists, diese vier Buchstaben sola stehen nicht drinnen, welche Buchstaben die Eselsköpf ansehen, wie die Kuhe ein neu Thor; sehen aber nicht, daß [es] gleichwohl die Meinung des Textes in sich hat[6]), und wo mans will klar und gewaltiglich [in seiner ganzen Bedeutung] verdeutschen, so gehöret es hinein; denn ich habe deutsch, nicht lateinisch noch griechisch reden wöllen, da ich deutsch zu reden im Dolmetschen furgenommen hatte. Das ist aber die Art unser deutschen Sprache, wenn sich ein Rede begibt von zweien Dingen, der man eins bekennet und das ander verneinet, so braucht man des Worts „solum“ (allein) neben dem Wort „nicht“ oder „kein“; als wenn man sagt:

---

[1]) „Allein durch den Glauben“ hat Luther übersetzt (solum fide), nicht durch den alleinigen Glauben oder durch den Glauben allein (sola fide).

[2]) Ichs d. h. ich es, nämlich die Worte „allein durch den Glauben“.

[3]) M. (Magister) Philipps d. h. Melanchthon.

[4]) Professor der hebräischen Sprache in Wittenberg.

[5]) Baumstümpfe; diese Bedeutung des Wortes ist noch erhalten in der Redeweise „über Stock und Stein“.

[6]) Daß es (Akkusativ: den Sinn des Wortes sola) die Meinung (der Sinn) des Textes in sich hat (enthält).

„Der Bauer bringt allein Korn und kein Geld"; item [ebenso]: „Ich hab' wahrlich jetzt nicht Geld, sondern allein Korn"; ich hab allein gessen[1]) und noch nicht getrunken; hastu allein geschrieben und nicht uberlesen? Und dergleichen unzählige Weise in täglichem Brauch. In diesen Reden allen, ob's gleich die lateinische oder griechische Sprache nicht thut, so thuts doch die deutsche, und ist ihr Art, daß sie das Wort „allein" hinzusetzt, auf daß das Wort „nicht" oder „kein" deste[2]) völliger und deutlicher sei. Denn wiewol ich auch sage: „Der Baur bringt Korn und kein Geld", so lautet doch das Wort „kein Geld" nicht so völlig und deutlich, als wenn ich sage „der Baur bringt allein Korn und kein Geld", und hilft hie das Wort „allein" dem Wort „kein" so viel, daß es eine völlige deutsche, klare Rede wird, denn man muß nicht die Buchstaben in der lateinischen Sprachen fragen, wie man soll deutsch reden, wie diese Esel thun, sondern man muß die Mutter im Hause, die Kinder auf der Gassen, den gemeinen Mann auf dem Markt drümb fragen, und denselbigen auf das Maul[3]) sehen, wie sie reden, und darnach dolmetschen, so verstehen sie es denn und merken, daß man deutsch mit ihn redet.

Als, wenn [Zum Beispiel, wenn] Christus spricht [Matth. 12, 34: **Ex abundantia cordis os loquitur.** Wenn ich den Eseln soll folgen, die werden mir die Buchstaben furlegen und also dolmetschen: Aus dem Uberfluß des Herzen redet der Mund. Sage mir, ist das deutsch geredt? Welcher Deutscher verstehet solchs? Was ist Uberfluß des Herzen fur ein Ding? Das kann kein Deutscher sagen, er wollt denn sagen, es sey, das einer allzu ein groß Herz habe, oder zu viel Herzens habe, wiewohl das auch noch nicht recht ist; denn Uberfluß des Herzen ist kein Deutsch[4]), so wenig als das Deutsch ist: Uberfluß des Hauses, Uberfluß des Kachelofens, Uberfluß der Bank; sondern also redet die Mutter im Hause und der gemein Mann: Wes das Herz voll ist, des gehet der Mund uber; das heißt gut deutsch geredt, des ich mich geflissen [befleißigt] und leider nicht allwege erreicht noch getroffen habe; denn die lateinischen Buchstaben[5]) hindern aus der Maßen [über die Maßen] sehr, gut deutsch zu reden.

Also, wenn der Verräter Judas sagt Matthäi 26: Ut quid[6]) perditio haec? und Marci 14: Ut quid perditio ista unguenti facta est? Folge ich den Eseln und Buchstabilisten, so muß ichs also verdeutschen: Warümb ist diese Verlierung der Salben [Singul.] geschehen? Was ist aber das fur Deutsch? Welcher Deutscher redet also: Verlierung der Salben ist geschehen? Und wenn ers wohl [richtig] verstehet, so denkt er, die Salbe sei verloren, und

---

[1]) gessen ist entstanden aus geessen, und darum richtiger als gegessen, wo die Vorsilbe ge fälschlich noch einmal vorgesetzt ist.

[2]) Mittelhochdeutsche Form statt der im Neuhochdeutschen üblichen althochdeutschen Form desto mit erhaltenem vollen Endvokal.

[3]) Hier nicht in unedler Bedeutung.

[4]) Vgl. aber Schiller, Wall. Tod I, 4, 174:

> Und was der Zorn und was der frohe Mut
> Mich sprechen ließ im Überfluß des Herzens . . .

und Strophe 6 des Kirchenliedes „Sei Lob und Ehr' dem höchsten Gut":

> So kommt und hilft der Überfluß, der Schöpfer selbst . . .

[5]) Hier = Worte.

[6]) Ut quid ergänze: fiat d. h. Wozu.

[man] müsse sie etwa wieder suchen, wiewohl das auch noch dunkel und ungewiß lautet. Wenn nu das gut deutsch ist, warümb treten sie nicht herfur und machen uns ein solch fein, hübsch neu deutsch Testament und lassen des Luthers Testament liegen? Ich meine, ja, sie sollten ihre Kunst an den Tag bringen. Aber der deutsche Mann redet also: Ut quid etc.: Was soll doch solcher Unrat?[1]) oder: Was soll doch solcher Schade? Item [Ebenso]: Es ist schade umb die Salbe. Das ist gut deutsch, daraus [woraus] man verstehet, daß Magdalene mit der verschütten Salben sei unrätlich[2]) umbgangen und habe Schaden gethan; das war Judas Meinung, denn er gedacht bessern Rat damit zu schaffen.

Item [Ebenso], da der Engel Mariam grüßet und spricht: Gegrüßet seistu Maria voll Gnaden, der Herr mit dir. Wohlan, so ists bisher schlecht den lateinischen Buchstaben [Worten] nach verdeutschet; sage mir aber, ob solchs auch gut deutsch sei. Wo redet der deutsche Mann also: Du bist voll Gnaden? Und welcher Deutscher verstehet, was gesagt sei [was das bedeute] voll Gnaden? Er muß denken an ein Faß voll Bier oder Beutel voll Geldes. Darümb hab ichs verdeutscht: Du Holdselige, damit doch ein Deutscher deste mehr hinzu kann denken, was der Engel meinet mit seinem Gruß. Aber hie wöllen die Papisten toll werden uber mich, daß ich den engelischen Gruß verderbet habe[3]). Wiewohl ich dennoch damit noch nicht das beste Deutsch habe troffen; und hätte ich das beste Deutsch hie sollen nehmen und den Gruß also verdeutschen: Gott grüße dich, du liebe Maria (denn so viel will der Engel sagen, und so würde er geredet haben, wenn er hätte wöllen sie deutsch grüßen) — ich halt, sie sollten sich wohl selbs erhenkt haben fur großer Andacht zu der lieben Maria, daß ich den Gruß so zu nichte gemacht hätte.

Aber was frage ich darnach, [ob] sie toben oder rasen. Ich will nicht wehren, daß sie verdeutschen, wie s i e wöllen; ich will aber auch verdeutschen, nicht wie s i e wöllen, sondern wie i c h will. Wer es [mein Dolmetschen] nicht haben will, der laß mirs stehen und halt seine Meisterschaft bei sich, denn ich will ihr[4]) wider[5]) sehen noch hören. Sie dürfen[6]) fur mein Dolmetschen nicht Antwort geben, noch Rechenschaft tun. Das hörestu wol; i c h will sagen: Du holdselige Maria, du liebe Maria, und lasse s i e sagen: Du voll Gnaden Maria. Wer deutsch kann, der weiß wohl, welch ein herzlich fein Wort das ist: Die liebe Maria, der liebe Gott, der liebe Kaiser, der liebe Fürst, der liebe Mann, das liebe Kind. Und ich weiß nicht, ob man das Wort „liebe" auch so herzlich und gnugsam in lateinischer oder andern Sprachen reden müge, daß also dringe und klinge ins Herz durch alle Sinne, wie es thut in unser Sprache.

---

[1]) Verschwendung oder, wie es in der revid. Bibel heißt: Vergeudung.

[2]) Verschwenderisch.

[3]) D e n e n g e l i s c h e n G r u ß, d. h. des Engels Gruß, v e r d e r b t h a b e durch seine r i c h t i g e Übersetzung (holdselige), während die Katholiken u n r i c h t i g übersetzen: „gnadenreiche" d. h. Gnadenspenderin; das im griechischen Texte stehende Wort ist ein Participium Perf. Passivi (= begnadete).

[4]) Das Objekt im Genitiv im negativen Satze, wie z. B. auch im Polnischen.

[5]) W i d e r mitteldeutsch für w e d e r.

[6]) S i e d ü r f e n n i c h t d. h. sie brauchen nicht.

Denn ich halte, S. Lucas, als ein Meister in hebräischer und griechischer Sprache, hab das hebräische Wort, so der Engel gebraucht, wöllen mit dem griechischen kecharitomene treffen und deutlich geben, und denk mir, der Engel Gabriel habe mit Maria geredt, wie er mit Daniel redet, und nennet ihn Hamudoth und Isch Hamudoth, vir desideriorum[1], das ist, du lieber Daniel; denn das ist Gabrielis Weise zu reden, wie wir im Daniel sehen. Wenn ich nu den Buchstaben nach aus der Esel Kunst sollt des Engels Wort verdeutschen, müßte ich also sagen: Daniel, du Mann der Begierungen, oder: Daniel, du Mann der Lüste. O, das wäre schön deutsch! Ein deutscher Mann höret wohl, daß Lüste oder Begierunge deutsche Wort sind, wiewohl es nicht eitel reine deutsche Wort [ganz gutes Deutsch] sind, sondern Lust und Begier wären wohl besser; aber wenn sie so zusammen gefasset werden: Du Mann der Begierungen, so weiß kein Deutscher, was gesagt ist, denkt, daß Daniel vielleicht voll böser Lust stecke. Das hieße denn fein gedolmetschet. Darümb muß ich hie die Buchstaben fahren lassen, und forschen, wie der deutsche Mann solchs redet, welchs der hebräische Mann Isch Hamudoth redet; so finde ich, daß der deutsche Mann also spricht: Du lieber Daniel, du liebe Maria, oder: Du holdselige Magd, du mädliche [jungfräuliche] Jungfrau, du zartes Weib, und dergleichen[2]. Denn wer dolmetschen will, muß großen Vorrat von Worten haben, daß er die Wahl könne haben, wo [wenn] eins an allen Orten nicht lauten [passen] will.

Und was soll ich viel und lange sagen von Dolmetschen? Sollt ich aller meiner Wort Ursachen und Gedanken anzeigen, ich müßte wohl ein Jahr dran zu schreiben haben. Was Dolmetschen fur Kunst, Mühe und Erbeit sei, das hab ich wohl erfahren; darümb will ich keinen Papstesel, noch Maulesel, die nichts versucht haben, hierin zum Richter oder Tadeler leiden. Wer mein Dolmetschen nicht will, der laß es anstehen; der Teufel dank ihm, wers ungerne hat oder ohn mein Willen und Wissen meistert. Solls gemeistert werden, so will ichs selber thun; wo ichs selber nicht thue, da lasse man mir mein Dolmetschen mit Frieden, und mache ein iglicher[3], was er will fur sich selbs, und habe ihm[4]) ein gut Jahr.

Das kann ich mit gutem Gewissen zeugen, daß ich meine höchste Treue und Fleiß drinnen erzeigt, und nie keine falsche [schlechte] Gedanken gehabt habe; denn ich habe keinen Heller dafur genommen [von den Buchdruckern und Verlegern], noch gesucht, noch damit gewonnen. So hab ich meine Ehre drinnen nicht gemeinet [gesucht], das weiß Gott mein Herr, sondern habs zu Dienst gethan den lieben Christen, und zu Ehren einem, der droben sitzt, der mir alle [jede] Stunde so viel Guts thut, daß, wenn ich tausendmal so viel und fleißig dolmetscht[e], dennoch nicht eine Stunde verdienet hätte zu leben, oder ein gesund Auge zu haben. Es ist alles seiner Gnaden und Barmherzigkeit, was ich bin und habe, ja, es ist seines teuern Bluts und

[1]) Daniel 9, 23 und 10, 11 u. 19, von Kautzsch übersetzt: Liebling (des Himmels).

[2]) Dem griechischen Texte noch mehr entsprechend wäre etwa: Du Hochbegnadigte.

[3]) Das Mitteldeutsche braucht i für je; noch heute bekannt ist die Form itzt.

[4]) Ihm d. h. für sich. Sich ist früher nur Akkusativ; der Dativ wurde ersetzt durch ihm, ihr, ihnen.

sauren Schweißes [ergänze: Verdienst]; drümb solls auch, ob [wenn] Gott will, alles ihm zu Ehren dienen mit Freuden und von Herzen. Lästern mich die Sudeler und Papstesel, wohlan, so loben mich die frommen Christen sampt ihrem Herrn Christo, und bin allzu reichlich belohnet, wo mich nur ein einiger [einziger] Christ fur einen treuen Erbeiter erkennet. Ich frage nach Papsteseln nichts; sie sind nicht wert, daß sie mein Erbeit sollen erkennen [kennen lernen]; und sollt mir im Grund meines Herzen leid sein, daß sie mich lobeten. Ihr Lästern ist mein höchster Ruhm und Ehre; ich will doch ein Doctor, ja, ein ausbündiger[1]) Doctor sein, und sie sollen mir den Namen nicht nehmen bis an den jüngsten Tag, das weiß ich furwahr.

Doch hab ich widerumb nicht allzu frei die Buchstaben lassen fahren, sondern mit großen Sorgen sampt meinen Gehülfen[2]) drauf gesehen, daß, wo etwa an einem Wort gelegen ist, hab ichs nach den Buchstaben behalten und bin nicht so frey davon gangen [abgegangen]. Als [Zum Beispiel], Joh. 6, da Christus spricht: Diesen hat Gott der Vater versiegelt; da wäre wohl besser Deutsch gewest: Diesen hat Gott der Vater gezeichent, oder: Diesen meinet Gott der Vater. Aber ich habe ehe wöllen der deutschen Sprache abbrechen [Abbruch tun], denn von dem Wort weichen. Ach, es ist Dolmetschen ja nicht eines iglichen Kunst, wie die tollen Heiligen meinen; es gehöret dazu ein recht, frumm, treu, fleißig, furchtsam [gottesfürchtig], christlich, gelehret, erfahren, geübet Herz. Darumb halt ich, daß kein falscher Christ noch Rottengeist [Schwärmer] treulich dolmetschen könne, wie das wohl scheinet [sich deutlich zeigt] in den Propheten zu Wormbs verdeutschet[3]), darin doch wahrlich großer Fleiß geschehen, und meinem Deutschen fast [sehr] nachgegangen ist; aber es sind Jüden dabei gewest, die Christo nicht große Hulde erzeigt haben; sonst wäre Kunst und Fleiß genug da.

Das sey vom Dolmetschen und Art der Sprachen [Singul.] gesagt.

Aber nu hab ich nicht allein der Sprachen [Gen. Sing.] Art vertrauet und gefolget, daß ich zun Römern am dritten „solum" (allein) habe hinzugesetzt, sondern der Text und die Meinung S. Pauli fordern und erzwingens mit Gewalt. Denn er handelt ja daselbs das H a u p t s t ü c k christlicher Lehre, nämlich daß wir durch den Glauben an Christum, ohn alle Werke des Gesetzs gerecht werden, und schneidt alle Werk so rein abe, daß er auch spricht: Des Gesetzes (das doch G o t t e s Gesetz und Wort ist) Werk nicht helfen zur Gerechtigkeit; und setzt zum Exempel Abraham, daß derselbige sei so gar ohn Werk gerecht worden, daß auch das höhest Werk, das dazumal neu geboten ward von Gott fur und uber allen andern Gesetzen und Werken, nämlich die Beschneidung, ihm nicht geholfen habe zur Gerechtigkeit, sondern [er] sei ohn die Beschneidung und ohn alle Werk gerecht worden durch den Glauben, wie er spricht Kap. 4: „Ist Abraham durch die Werk gerecht worden, so mag er sich rühmen, aber nicht fur Gott." Wo man aber alle Werk so rein abschneidt, da muß ja die Meinung sein, daß allein der Glaube gerecht mache; und wer deutlich und dürre von

---

[1]) A u s b ü n d i g d. h. vortrefflich. „Ausbund" ist das beste Stück einer Ware, das der Kaufmann als Muster für den Käufer herausbindet.

[2]) Der Leser kennt dieselben von dem Lutherbilde her, welches die Bibelrevision darstellt.

[3]) Von den Wiedertäufern Hetzer und Denck im Jahre 1527.

solchem Abschneiden der Werk reden will, der muß sagen: Allein der Glaube und nicht die Werk machen uns gerecht; das zwinget die Sache selbs neben der Sprachen [Gen. Sing.] Art.

Ja, sprechen sie, es laut [lautet] ärgerlich, und die Leute lernen daraus verstehen, daß sie kein gute Werke thun dürfen. Lieber, was soll man sagen? Ists nicht viel ärgerlicher, daß S. Paulus selbs nicht sagt: „Allein der Glaube", sondern schüttets wohl gröber heraus und stößet dem Faß den Boden aus und spricht: „Ohne des Gesetzs Werk", und zun Galatern am andern [2, 16]: „Nicht durch die Werke des Gesetzes"; und das viel mehr an andern Orten. Denn das Wort „allein der Glaube" möcht noch eine Glosse [Umdeutung] finden, aber das Wort „ohn Werk des Gesetzes" ist so grob, ärgerlich, schändlich, daß man mit keiner Glosse helfen kann. Wie viel mehr möchten hieraus die Leute lernen kein gut Werk thun, da sie hören mit so dürren, starken Worten von den Werken selbs predigen „kein Werk, ohn Werk, nicht durch Werk". Ist nu das nicht ärgerlich, daß man „ohn Werk, kein Werk, nicht durch Werk" predigt, was solls denn ärgerlich sein, so man dies „allein der Glaube" predigt.

Und das [was] noch ärgerlicher ist: S. Paulus verwirft nicht schlechte, gemeine[1]) Werke, sondern [solche] des Gesetzes selbs. Daraus möchte wohl jemand sich noch mehr ärgern und sagen, das Gesetz sei verdampt und verflucht fur [vor] Gott, und man solle eitel Böses thun, wie die thäten [Indikativ] zun Römern am dritten [3, 8]: „Laßt uns Böses thun, auf daß es gut werde", wie auch ein Rottengeist[2]) zu unser Zeit anfing. Sollt man umb solcher Ärgernis willen S. Paulus Wort verleugnen, oder nicht frisch und frei vom Glauben reden?

Lieber, eben S. Paulus und wir wöllen solch Ärgernis haben, und lehren umb keiner ander Ursach willen so stark wider die Werk, und treiben allein auf den Glauben, denn daß die Leute sich sollen ärgern, stoßen und fallen, damit sie mügen lernen und wissen, daß sie durch ihre gute Werk nicht frumb werden, sondern allein durch Christus Tod und Auferstehen. Können sie nu durch gute Werk des Gesetzes nicht frumm werden, wie viel weniger werden sie frumm werden durch böse Werk und ohn Gesetz? Darümb folget es nicht [darf man nicht schließen]: Gute Werk helfen nicht, drümb helfen böse Werk, gleich als nicht fein folget: die Sonne kann dem Blinden nicht helfen, daß er sehe, drümb muß ihm die Nacht und Finsternis helfen, daß er sehe.

Mich wundert aber, daß man sich in dieser öffentlichen [offenkundigen] Sachen [Singul.] so mag sperren. Sage mir doch, ob Christus Tod und Auferstehen unser Werk sei, das wir thun, oder nicht? Es ist ja nicht unser Werk, noch einiges [irgendeines] Gesetzes Werk. Nun macht uns ja allein Christus Tod und Auferstehen frei von Sünden und frumm, wie Paulus sagt Ro. 4: „Er ist gestorben umb unser Sünde willen und auferstanden umb unser Gerechtigkeit willen." Weiter sage mir: Welchs ist

---

[1]) Beide Worte bedeuten: gewöhnliche Werke.

[2]) Es ist vielleicht Thomas Münzer gemeint, oder Agricola, der das Gesetz nicht mehr gepredigt sehen wollte.

das Werk, damit [womit] wir Christus Tod und Auferstehen fassen und halten? Es muß ja kein äußerlich Werk, sondern allein der einige Glaube im Herzen sein; derselbige allein, ja gar allein und ohn alle Werk fasset solchen Tod und Auferstehen, wo es gepredigt wird durchs Evangelion. Was ists denn nu, daß man so tobet und wütet, ketzert und brennet, so die Sache im Grunde selbs klärlich daliegt und beweiset, daß allein der Glaube Christus Tod und Auferstehen fasse ohne alle Werk, und derselbige Tod und Auferstehen sei unser Leben und Gerechtigkeit? So es denn an ihm selbs öffentlich also ist, daß allein der Glaube uns solch Leben und Gerechtigkeit bringet, fasset und gibt, warümb soll man denn nicht auch also reden? Es ist nicht Ketzerei, daß der Glaube allein Christum fasset und das Leben gibt; aber Ketzerei muß es sein, wer solchs sagt oder redet. Sind sie nicht toll, thöricht und unsinnig? Die Sachen [Singul.] bekennen sie fur recht und strafen doch die Rede von derselbigen Sache fur unrecht! Einerlei zugleich muß beide recht und unrecht sein!

Auch bin ichs nicht allein, noch der erste, der da sagt: Allein der Glaube macht gerecht. Es hat [so] fur mir Ambrosius, Augustinus und viel andere gesagt. Und wer S. Paulum lesen und verstehen soll, der muß wohl so sagen und kann nicht anders; seine Worte sind zu stark und leiden kein, ja gar kein Werk. Ists kein Werk, so muß [es] der Glaube allein sein. O wie sollt es so gar eine feine, besserliche, unärgerliche Lehre sein, wenn die Leute lernten, daß sie neben dem Glauben auch durch Werk fromm möchten werden; das wär so viel gesagt, daß nicht allein Christus Tod unser Sünde wegnehmen, sondern unser Werk thäten auch etwas dazu. Das hieße Christus Tod fein geehret, daß unser Werk ihm hülfen und künden das auch thun, das er thut, auf daß wir ihm gleich gut und stark wären. Es ist der Teufel, der das Blut Christi nicht kann ungeschändet lassen.

Weil nu die Sache im Grund selbs fodert, daß man sage, allein der Glaube macht gerecht, und unsrer deutschen Sprachen [Singul.] Art, die solchs auch leret [lehrt] also auszusprechen, habe dazu der heiligen Väter Exempel, und zwinget auch die Fahr [Gefahr] der Leute, daß sie nicht an den Werken hangen bleiben, und des Glaubens feilen [fehlen] und Christum verlieren, sonderlich zu dieser Zeit, da sie so lang her der Werk gewohnt und [erst] mit Macht davon zu reißen sind [gerissen werden müssen]: so ists nicht allein recht, sondern auch hoch vonnöthen, daß man aufs allerdeutlichst und völligst heraus sage: Allein der Glaube ohn Werk macht frumm. Und reuet mich, daß ich nicht auch dazu gesetzt habe: „alle und aller", also: „ohn alle Werk aller Gesetz", daß es voll und rund herausgesprochen wäre. Darumb solls in meinem neuen Testament bleiben, und sollten alle Papstesel toll und thöricht werden, so sollen sie mirs nicht herausbringen.

Ex Eremo octava Septembris 1530. Martinus Luther euer guter Freund[1].

[1]) Ex Eremo d. h.: Aus der Einsamkeit; so bezeichnete Luther die Feste Koburg, wo er im Jahre 1530 während des Augsburger Reichstages verweilte. — octava, d. h. am achten Tage.

e. Summarien [summarische Übersichten] über die Psalmen und von Ursachen des Dolmetschens. 1533[1]).

f. Vom Nutzen der alten Sprachen — ein Abschnitt aus Luthers Schrift „An die Ratsherren aller Städte deutschen Landes, daß sie christliche Schulen aufrichten und halten sollen". 1524. Reclams Universal-Bibliothek Nr. 2373. (20 Pfennig.)

g. Die Gestalt der Lutherbibel. Vgl. Kirchengesch.[3] Nr. 71C, 3e.

aa. Titel der Lutherbibel.

Der Titel des ersten Druckes der ersten vollständigen Lutherbibel im Jahre 1534 lautete also[2]):

Biblia, das ist, die gantze Heilige Sch rifft Deudsch. Mart. Luth. Wittemberg. Begnadet mit Kür- furstlicher zu Sachsen freiheit. Gedruckt durch Hans Lufft. M.D.XXXIIII.

bb. Die Gottesnamen in der Lutherbibel[3]).

Es soll auch wissen, wer diese Bibel liest, daß ich mich beflissen habe, den Namen Gottes, den die Juden „Tetragrammaton" heißen[4]), mit [vier] großen Buchstaben auszuschreiben, nämlich also: HERR, und den andern, den sie heißen Adonai, halb mit [zwei] großen Buchstaben, nämlich also: HErr[5]). Denn unter allen Namen Gottes werden diese zween allein dem rechten wahren Gott zugeeignet, die andern aber werden oft auch den Engeln und Heiligen [und auch den Götzen] zugeschrieben [zu ihrer Bezeichnung angewendet].

cc. Psalm 23 nach Luthers letzter Bibelausgabe (1545)[6]).

DER HERR ist mein Hirte, Mir wird nichts mangeln. Er weidet mich auff einer grünen Awen[7]), Und füret mich zum frischen Wasser. Er erquicket meine Seele, er füret mich auff rechter Strasse, Umb seines Namens willen. Und ob ich schon wandert im finstern Tal, fürchte ich kein Unglück, denn du bist bey mir, Dein Stecken und Stab trösten mich. Du bereitest fur[8]) mir einen Tisch gegen meine Feinde, Du salbest mein Haubt mit öle, Und schenckest mir vol ein. Gutes und Barmhertzigkeit werden mir folgen mein leben lang, Und werde bleiben im Hause des HERRN imerdar.

[1]) Verfaßt zur Rechtfertigung seiner von der früheren Übersetzung stärker abweichenden neueren Übersetzung der Psalmen vom Jahre 1531.

[2]) Siehe die Nachbildung dieses Titels in der Literaturgeschichte von König, Bd. I. Beilage Nr. 39, und in Buchwalds Luther (1902), S. 327.

[3]) Aus Luthers Vorrede auf die fünf Bücher Mose, 1523.

[4]) Der Gottesname Jehovah, aus vier Konsonanten bestehend (das bezeichnet das griechische Wort Tetragrammaton), wird von den Juden gar nicht ausgesprochen, sondern dafür ein anderer Gottesname gesprochen.

[5]) Den dritten der gewöhnlichen Gottesnamen des A. T., Elohim, übersetzt Luther mit „GOtt".

[6]) In Königs Literaturgeschichte (Beilage 38) findet der Leser eine Nachbildung von Luthers eigenhändiger Niederschrift dieses Psalms in der Übersetzung vom Jahre 1524; die spätere Fassung, welche oben gegeben ist, stammt aus dem Jahre 1531.

[7]) Sprich: Auen; für u steht oft v oder w.

[8]) In „fur" und „uber" ist auch in der letzten Bibelausgabe der Umlaut noch nicht vorhanden oder noch nicht bezeichnet.

h. Luthers Vorrede auf den Psalter. HG.[3] Nr. 80 C.
Luthers Vorrede zum Römerbrief. Hilfsb. Nr. 137.

i. Was Luther vom Bibellesen sagt. Quellenb. II, 6.

k. Vorrede Dr. Martin Luthers über den ersten Teil seiner deutschen Bücher, im Jahre 1539 ausgegangen.

l. „Wo keine Bibel ist im Haus."

Wo keine Bibel ist im Haus,
Da sieht's gar öd' und traurig aus;
Da kehrt der böse Feind gern ein,
Da mag der liebe Gott nicht sein.
Drum Menschenkind, ach Menschenkind,
Daß nicht der Böse Raum gewinnt,
Gib deinen blanksten Taler aus,
Und kauf' ein Bibelbuch ins Haus!
Schlag's mit dem frühsten Morgen auf,
Hab' all dein Sehnen und Sinnen drauf;
Fang' drin die Abc-Schul' an
Und buchstabier' und lies sodann,
Und lies dich immer mehr hinein;
Schlag' auf darin dein Kämmerlein
Und lies dir immer mehr heraus;
Mach' dir ein wahres Bollwerk draus,
Und pflanze still hoch oben drauf
Die allerschönsten Sprüchlein auf!
Hell laß sie flattern, mutig wehn,
Als deine Banner laß sie sehn;
Als deinen Schild drück's an dein Herz
Und halt' dich dran in Freud' und Schmerz!
O du mein liebes Menschenkind,
Hast du noch keins, so kauf's geschwind!
Und ging' dein letzter Groschen drauf,
Geh', eile, flieg' und schlag' es auf,
Lies mit Gebet, und schlag' es du
Nur mit des Sarges Deckel zu!
Des Lesens und des Lebens Lauf
Beginn' und höre mit ihm auf!

Der Verfasser dieses Gedichtes ist nicht bekannt. Es stammt nicht her von Luther, auch nicht von Lehr, dem Verfasser des Liedes „Mein Heiland nimmt die Sünder an", auch nicht von Engel, † 1898 als Seminar-Oberlehrer in Annaberg, da dasselbe schon im Jahre 1833 (vor Engels Geburt) im „Anhaltischen Volksfreund" abgedruckt ist, aber in kürzerer Form, ohne Zeile 11—20 und 23—26.

m. Die Bilderbibel. Von Freiligrath (1810—1876).
Vgl. Kirchengesch.[3] Nr. 71 E, 5.

1. Du Freund aus Kindertagen,
Du brauner Foliant,
Oft für mich aufgeschlagen
Von meiner Lieben Hand;
Du, dessen Bildergaben
Mich Schauenden ergötzten,
Den spielvergeßnen Knaben
Nach Morgenland versetzten:

2. Du schobst für mich die Riegel
Von ferner Zone Pforten,
Ein kleiner, reiner Spiegel
Von dem, was funkelt dorten!
Dir Dank! Durch dich begrüßte
Mein Aug' ein' fremde Welt,
Sah Palm', Kamel und Wüste
Und Hirt und Hirtenzelt.

3. Du brachtest sie mir näher,
Die Weisen und die Helden,
Wovon begeistert Seher
Im Buch der Bücher melden;
Die Mädchen, schön und bräutlich,
So ihre Worte schildern;
Ich sah sie alle deutlich
In deinen feinen Bildern.

4. Der Patriarchen Leben,
Die Einfalt ihrer Sitte,
Wie Engel sie umschweben
Auf jedem ihrer Schritte;
Ihr Ziehn und Herdentränken,
Das hab' ich oft gesehn,
Konnt' ich mit stillem Denken
Vor deinen Blättern stehn.

5. Mir ist, als lägst du prangend
Dort auf dem Stuhle wieder,
Als beugt' ich mich verlangend
Zu deinen Bildern nieder;
Als stände, was vor Jahren
Mein Auge staunend sah,
In frischen, wunderbaren,
Erneuten Farben da;

6. Als säh' ich in grotesken,
Verworrenen Gestalten
Aufs neue die Moresken,
Die bunten, mannigfalten,
Die jedes Bild umfaßten,
Bald Blumen, bald Gezweig,
Und zu dem Bilde paßten,
An sinn'ger Deutung reich;

7. Als trät' ich, wie vor Zeiten,
Zur Mutter bittend hin,
Daß sie mir sollte deuten
Jedweden Bildes Sinn;
Als lehrt' zu jedem Bilde
Sie Sprüche mich und Lieder,
Als schaute sanft und milde
Der Vater auf uns nieder.

8. O Zeit, du bist vergangen!
Ein Märchen scheinst du mir!
Der Bilderbibel Prangen,
Das gläub'ge Aug' dafür,
Die teuren Eltern beide,
Der stillzufriedne Sinn,
Der Kindheit Lust und Freude —
Alles dahin, dahin!

n. Die Bibel in der Weltliteratur. Kirchengesch.[3] Nr. 71 E, 2. Vgl. The Gospel in Many Tongues (Das Evangelium in vielen Sprachen). Festschrift der Britischen Bibelgesellschaft zum 7. März 1904. (Joh. 3, 16 in 403 Sprachen oder Formen. 20 Pfg. — zweite Auflage: 498 Sprachen oder Formen.)

2. Zu Nr. 145. Luthers Katechismus.

A. Die Entstehung von Luthers Katechismus. Quellenb. II, 7. (Mathesius, Luthers Leben, Predigt 6.)

B. Die Vorreden zu Luthers Katechismen. Quellenb. II, 8.

Vorrede zum Kleinen Katechismus. 1529[1]).

Martinus Luther allen treuen, frommen Pfarrherrn und Predigern Gnade, Barmherzigkeit und Friede in Jesu Christo, unserm Herrn!

Diesen Katechismus oder christliche Lehre in solche kleine, schlechte, einfältige Form zu stellen, hat mich gezwungen und gedrungen die klägliche, elende Not, so ich neulich erfahren habe, da ich auch ein Visitator war. Hilf, lieber Gott, wie manchen Jammer habe ich gesehen, daß der gemeine Mann doch so gar nichts weiß von der christlichen Lehre, sonderlich auf den Dörfern, und leider viele Pfarrherren fast [= sehr] ungeschickt und untüchtig sind zu lehren, und sollen doch alle Christen heißen, getauft sein und

[1]) Verkürzt.

der heiligen Sakramente genießen; können weder Vaterunser noch den Glauben oder Zehn Gebote, leben dahin wie das liebe Vieh und unvernünftige Säue, und nun das Evangelium kommen ist, dennoch fein gelernet haben, aller Freiheit meisterlich zu mißbrauchen.

Darum bitte ich um Gottes willen euch alle, meine lieben Herren und Brüder, so Pfarrherrn oder Prediger sind, wollet euch eures Amts von Herzen annehmen, euch erbarmen über euer Volk, das euch befohlen ist, und uns helfen den Katechismus in die Leute, sonderlich in das junge Volk, bringen, und welche es nicht besser vermögen, diese Tafeln und Formen vor sich nehmen und dem Volk von Wort zu Wort vorbilden[1]). Und nämlich also:

Aufs erste, daß der Prediger vor allen Dingen sich hüte und meide mancherlei oder anderlei Text und Form der Zehn Gebote, Vaterunser, Glauben, der Sakramente usw., sondern nehme einerlei Form für [vor] sich, darauf er bleibe und dieselbe immer treibe, ein Jahr wie das andere. Denn das junge und alberne Volk muß man mit einerlei gewissem Text und Formen lehren, sonst werden sie gar leicht irre, wenn man heute sonst [= so] und über ein Jahr so lehret, als wollte man es bessern, und wird damit alle Mühe und Arbeit verloren.

Zum andern: Wenn sie den Text wohl können, so lehre sie denn hernach auch den Verstand [d. h. die Erklärung in dem „Was ist das?" des Katechismus], daß sie wissen, was es gesagt sei, und nimm abermal für [vor] dich dieser Tafeln Weise oder sonst eine kurze einige Weise, welche du willst, und bleibe dabei und verrücke sie mit keiner Syllaben nicht, gleichwie vom Text jetzt [eben] gesagt ist, und nimm dir der Weile [= etwas Zeit] dazu. Denn es ist nicht not, daß du alle Stücke auf einmal vornehmest, sondern eins nach dem andern. Wenn sie das erste Gebot zuvor wohl verstehen, darnach nimm das andere vor dich und so fort an [weiter], sonst werden sie überschüttet, daß sie keins wohl behalten.

Zum dritten: Wenn du sie nun solchen kurzen Katechismus gelehret hast, alsdann nimm den Großen Katechismus vor dich[2]), und gib ihnen auch reichern und weitern Verstand. Daselbst streiche ein jeglich Gebot, Bitte, Stück aus mit seinen mancherlei Werken, Nutz, Frommen, Fahr [Gefahr] und Schaden, wie du das alles reichlich findest in so vielen Büchlein davon gemacht. Und insonderheit treibe das Gebot und Stück am meisten, das bei deinem Volk am meisten Not leidet.

Zuletzt: Weil nun die Tyrannei des Papstes ab ist, so wollen sie nicht mehr zum Sakrament gehen und verachten's. Hier ist aber [abermals] not zu treiben, doch mit diesem Bescheid: wir sollen niemand zum Glauben oder zum Sakrament zwingen, auch kein Gesetz, noch Zeit, noch Stätte bestimmen; aber also predigen, daß sie sich selbst ohne unser Gesetz dringen, und gleich [scheinbar] uns Pfarrherren zwingen das Sakrament zu

---

[1]) Der Katechismus war ursprünglich in Plakatform, jedes Hauptstück auf einer Tafel, erschienen; daher noch der Ausdruck für das eine Stück des Katechismus: Haustafel.

[2]) Der zu gleicher Zeit mit dem Kleinen verfaßt wurde.

reichen. Kommen sie aber nicht, so laß sie fahren und sage ihnen, daß sie des Teufels sind, die ihre große Not und Gottes gnädige Hilfe nicht achten noch fühlen.

Wenn du aber solches nicht treibest, oder machest ein Gesetz und Gift daraus[1]), so ist es deine Schuld, daß sie das Sakrament verachten. Wie sollten sie nicht faul sein, wenn du schläfst und schweigest? Darum siehe darauf, Pfarrherr und Prediger! Unser Amt ist nun ein ander Ding worden, denn es unter dem Papst war; es ist nun ernst und heilsam worden. Darum hat es nun viel mehr Mühe und Arbeit, Fahr und Anfechtung, darzu wenig Lohn und Dank in der Welt. Christus aber will unser Lohn selbst sein, so wir treulich arbeiten. Das helfe uns der Vater aller Gnaden, dem sei Lob und Dank in Ewigkeit durch Christum, unsern Herrn! Amen.

In der späteren Vorrede zum Großen Katechismus (1530) sagt Luther also:

Viele meinen, der Katechismus sei eine schlechte [unbedeutende], geringe Lehre, welche sie mit einem Mal überlesen und dann alsbald können, das Buch in Winkel werfen und gleich [gewissermaßen] sich schämen, mehr drinnen zu lesen. Das sage ich aber für mich: Ich bin auch ein Doctor und Prediger, ja, so gelehrt und erfahren, als die alle sein mögen, die solche Vermessenheit und Sicherheit haben; noch [dennoch] tue ich wie ein Kind, das man den Katechismus lehret, und lese und spreche auch von Wort zu Wort des Morgens, und wenn ich Zeit habe, die zehn Gebote, Glauben, das Vaterunser, Psalmen usw., und muß noch täglich dazu lesen und studieren, und kann dennoch nicht bestehen, wie ich gern wollte, und muß ein Kind und Schüler des Katechismus bleiben, und bleib's auch gerne.

C. Der Wert des Katechismus. Vgl. oben Nr. 148 und Quellenb. II, 9.

a. Ich, wiewohl ich ein alter Doctor der heiligen Schrift bin, so bin ich doch noch nicht aus der Kinderlehre gekommen, und verstehe die zehn Gebote Gottes, den Glauben und das Vaterunser noch nicht recht; ich kann's nicht ausstudieren noch auslernen, aber ich lerne noch täglich daran, und bete den Katechismus mit meinem Sohn Hans und mit meinem Töchterlein Magdalena.

Luther, Tischreden, Erlanger Ausg. Nr. 791.

b. Wenn D. Luther in seinem Laufe sonst nichts Gutes gestiftet und angerichtet hätte, denn daß er beide Catechismen in Häuser, Schulen und auf den Predigtstuhl, und das Gebet vor und nach dem Essen und wenn man schlafen geht und aufsteht, wieder in die Häuser gebracht, so könnte ihm die ganze Welt das nimmermehr genugsam danken oder bezahlen.

Mathesius, Luthers Leben, sechste Predigt.

c. Der Katechismus, den Luther im Jahre 1529 herausgab, von dem er sagt, er bete ihn selbst, so ein alter Doctor er auch sei, ist ebenso kindlich

[1]) Im lateinischen Texte ist nur von Gesetzen die Rede.

wie tiefsinnig, so faßlich wie unergründlich, einfach und erhaben. Glückselig wer seine Seele damit nährt, wer daran festhält! Er besitzt einen unvergänglichen Trost in jedem Momente: nur hinter einer leichten Hülle den Kern der Wahrheit, der dem Weisesten der Weisen genugtut!

Ranke, Reformationsgeschichte, Bd. 2, S. 313 (Buch IV, 5).

D. Das Vaterunser: Grundtext und Übersetzungen.
Vgl. Nr. 148 C.

E. Mathias Claudius' Auslegung des Vaterunsers.

F. Ludwig Richter, Das Vaterunser in Bildern.
L. Richter, Lebenserinnerungen (1901), S. 29 u. 125.

3. Zu Nr. 150. Unser Gesangbuch. Quellenb. II, 10.

A. Griechische und lateinische Lieder des Hilfsbuchs.

B. Luthers erste Vorrede zu seinem Gesangbuch. 1524.

Daß geistliche Lieder singen gut und Gott angenehm sei, achte ich, sei keinem Christen verborgen, dieweil jedermann nicht allein das Exempel der Propheten und Könige im Alten Testament (die mit Singen und Klingen, mit Dichten und allerlei Saitenspiel Gott gelobt haben), sondern auch solcher Brauch sonderlich mit Psalmen gemeiner Christenheit von Anfang, kund ist. Ja, auch S. Paulus solches 1. Kor. 14 einsetzt, und den Kolossern gebeut, von Herzen dem Herrn [zu] singen geistliche Lieder und Psalmen, auf daß dadurch Gottes Wort und christliche Lehre auf allerlei Weise getrieben und geübt werden.

Demnach habe auch ich, samt etlichen anderen, zum guten Anfang und [um] Ursache zu geben denen, die es besser vermögen, etliche geistliche Lieder zusammengebracht, das heilige Evangelium, so [welches] jetzt von Gottes Gnaden wieder aufgegangen ist, zu treiben und in Schwang zu bringen, daß wir auch uns möchten rühmen, wie Moses in seinem Gesang tut [2. Mose 15], daß Christus unser Lob und Gesang sei, und nichts wissen sollen zu singen noch zu sagen, denn [als] Jesum Christum unsern Heiland, wie Paulus sagt 1. Kor. 2.

Und sind dazu [die Lieder] auch in vier Stimmen gebracht, nicht aus andrer Ursache, denn daß ich gerne wollte, daß die Jugend, die doch sonst soll und muß in der Musika und andern rechten Künsten erzogen werden, etwas hätte, damit [womit] sie der Buhllieder und fleischlichen Gesänge loswürde, und anstatt derselben etwas Heilsames lernete, und also das Gute mit Lust, wie der Jugend gebührt, einginge. Auch daß ich nicht der Meinung bin, daß durchs Evangelium sollten alle Künste zu Boden geschlagen werden und vergehen, wie etliche übergeistlich gesinnte Leute vorgeben, sondern ich wollte alle Künste, sonderlich die Musika, gerne sehen im Dienste des, der sie gegeben und geschaffen hat. [Ich] bitte derhalben, ein jeglicher frommer Christ wolle solches [Gesangbüchlein] ihm [sich] gefallen lassen, und wo ihm Gott mehr oder desgleichen [Lieder zu dichten] verleihet, helfen fördern.

Es ist sonst leider alle Welt allzu laß [schlaff] und zu vergeßlich, die arme Jugend zu ziehen und zu lehren, daß man nicht allererst darf auch Ursache dazu geben. Gott gebe uns seine Gnade! Amen[1]).

C. Der Wert von Luthers Gesangbuch. Quellenb. II, 10c.

D. Ein feste Burg ist unser Gott. Liederbuch Nr. 89.

E. Gedichte zu den Kirchenliedern Nr. 41, 43 und 54.

4. Der Sonntagsgottesdienst in der preußischen Landeskirche.

Hilfsb. Nr. 149 d e. Kirchengesch.[3] Nr. 72.

5. Das Weihnachtsfest.

R. Heidrich, Christnachtsfeier und Christnachtsgesänge in der evangelischen Kirche. Göttingen, Vandenhoeck, 1907.

a. Verbot der Christnachtsfeier: Nr. 1.
b. Erhaltung der Christnachtsfeier: Nr. 2.
c. Gestaltung der Christnachtsfeier: Nr. 3.
d. Entstehung und Entwicklung des Christnachtsgesanges: Nr. 4–14.
e. Verbreitung und Gestaltung des Christnachtsgesanges in der evangelischen Kirche: Nr. 15–33.

[1]) Auf dem Titelblatte der letzten Ausgabe seines Gesangbuchs (1543) fügte Luther hinzu:

Warnung.
Viel falscher Meister itzt Lieder tichten,
Sihe dich für, vnd lern sie recht richten.
Wo Gott hin bawet sein Kirch und sein wort,
Da wil der Teufel sein mit trug und mord.

Statt u steht bei Luther oft v oder w; daher hier vnd = und, „bawet“ = „bauet“.

IV. 154. Liederbuch[1]).

Von den etwa 100000 Kirchenliedern, die es heute gibt, sind in den heutigen Gesangbüchern nur etwa 3800 Lieder enthalten. Von diesen 3800 Liedern sind aber etwa 1750 Lieder nur in je einem Gesangbuch enthalten.

Von den etwa 2000 Liedern, die in mehr als einem Gesangbuch enthalten sind, sind aber in allen 39 Gesangbüchern nur 39 Lieder (bzw. 50 Lieder — vgl. das Folgende!) enthalten; sodann sind enthalten

in 30—38 Gesangbüchern 185 Lieder,
„ 20—29 „ 157 „
„ 10—19 „ 265 „

Von den 185 Liedern in 30—38 Gesangbüchern sind aber 11 auch noch in allen eingeführten Gesangbüchern enthalten, so daß also in allen eingeführten Gesangbüchern 50 Lieder enthalten sind.

In der Hälfte der Gesangbücher (20—39) sind also 39 + 185 + 157 = 381 Lieder enthalten; in drei Vierteln (10—39) der Gesangbücher noch weitere 265 Lieder, also im ganzen 646 Lieder.

Die heute eingeführten Gesangbücher enthalten aber nur 411 (Elsaß-Lothringen) bis 823 Lieder (Hamburg) — also nur einen kleinen Teil ($^1/_9$—$^2/_9$) der in allen heutigen Gesangbüchern enthaltenen etwa 3800 Lieder.

Ein a vor der Nummer des Liedes bedeutet, daß dasselbe in allen 39, oder doch in allen 36 in Deutschland eingeführten Gesangbüchern enthalten ist; a—1, daß es in einem der eingeführten Gesangbücher, a—2, daß es in zweien derselben nicht enthalten ist, usw. Diese Angaben beruhen auf den Büchern von Dietz (Tabellarische Nachweisung des Liederbestandes, 1904) und König (Kleines Kirchenlieder-Lexikon, 1907) über 39 Gesangbücher. — Von den in allen eingeführten Gesangbüchern enthaltenen 50 Liedern fehlen im folgenden Liederbuch nur 8 Lieder, nämlich folgende: Alle Menschen müssen sterben. Auferstehn, ja auferstehn. Halt im Gedächtnis Jesum Christ. Ich will dich lieben, meine Stärke. Macht hoch die Tür, die Tor' macht weit. Sollt' ich meinem Gott nicht singen. Wer ist wohl wie du. Wie schön leuchtet der Morgenstern.

Von den unten aufgenommenen 100 deutschen Liedern sind die meisten vollständig abgedruckt; von den 8 Liedern, welche in allen eingeführten Gesangbüchern enthalten, aber hier nicht abgedruckt sind, ist doch die erste Zeile angegeben; außerdem sind aufgenommen 1 griechisches Lied, 10 lateinische Lieder und ein lateinisch-deutsches Mischlied.

[1]) Ein Liederverzeichnis ist in Nr. 155 gegeben.

A. Weihnachtslieder.

Luk. 3, 4—5. Jes. 40, 3—4.
Mel.: Von Gott will ich nicht lassen.

a. 1. Mit Ernst, o Menschenkinder,
das Herz in euch bestellt;
bald wird das Heil der Sünder,
der wunderstarke Held,
den Gott aus Gnad' allein
der Welt zum Licht und Leben
versprochen hat zu geben,
bei allen kehren ein.

2. Bereitet doch fein tüchtig
den Weg dem großen Gast;
macht seine Steige richtig[1],
laßt alles, was er haßt!
Macht alle Bahnen recht[1]:
die Tal laßt sein erhöhet,
macht niedrig, was hoch stehet,
was krumm ist, gleich und schlecht![1])

3. Ein Herz, das Demut liebet,
bei Gott am höchsten steht;
ein Herz, das Hochmut übet,
mit Angst zugrunde geht;
ein Herz, das richtig ist
und folget Gottes Leiten,
das kann sich recht bereiten,
zu dem kommt Jesus Christ.

4.[2] Ach, mache du mich Armen
in dieser Gnadenzeit[3]
aus Güte und Erbarmen,
Herr Jesu, selbst bereit!
Zeuch in mein Herz hinein
vom Stall und von der Krippen,
so werden Herz und Lippen
dir allzeit dankbar sein.

Gedichtet von Valentin Thilo, Diakonus in Königsberg, † 1620, überarbeitet von seinem Sohne Valentin Thilo, Universitäts-Professor zu Königsberg, † 1662.

a. 1b. Macht hoch die Tür, die Tor' macht weit.
Georg Weissel, 1590—1635, Pastor in Königsberg (in Ostpreußen).

Matth. 21, 1—9.
Mel.: Valet will ich dir geben.

a. 2. Wie soll ich dich empfangen,
und wie begegn' ich dir,
o aller Welt Verlangen,
o meiner Seelen Zier!
O Jesu, Jesu, setze
mir selbst die Fackel bei,
damit, was dich ergötze,
mir kund und wissend[4] sei.

2. Dein Zion streut dir Palmen
und grüne Zweige hin,
und ich will dir in Psalmen
ermuntern meinen Sinn.
Mein Herze soll dir grünen
in stetem Lob und Preis
und deinem Namen dienen,
so gut es kann und weiß.

3. Was hast du unterlassen
zu meinem Trost und Freud'?
Als Leib und Seele saßen
in ihrem größten Leid,
als mir das Reich genommen,
da Fried' und Freude lacht,
da bist du, mein Heil, kommen
und hast mich froh gemacht.

4. Ich lag in schweren Banden,
du kommst und machst mich los;
ich stand in Spott und Schanden,
du kommst und machst mich groß,
und hebst mich hoch zu Ehren,
und schenkst mir großes Gut,

[1] D. h. gerade. [2] Die letzte Strophe ist gegeben in der in Norddeutschland allgemein angenommenen Umarbeitung des Hannoverschen Gesangbuches vom Jahre 1659, „welche dem Liede einen harmonischen Abschluß gibt" (Koch-Lauxmann, Die Kernlieder unserer Kirche, 1876). Dieselbe lautete ursprünglich: „Das war Johannis Stimme, das war Johannis Lehr': Gott strafet den mit Grimme, der ihm nicht gibt Gehör. O Herr Gott, mach' auch mich zu deines Kindes Krippen, so sollen meine Lippen mit Ruhm erheben dich." [3] Ursprünglich: zu dieser heil'gen Zeit. [4] wissend = gewußt, bekannt.

das sich nicht läßt verzehren,
wie irdisch Reichtum tut.

5. Nichts, nichts hat dich getrieben,
zu mir vom Himmelszelt,
als das geliebte Lieben,
damit du alle Welt
in ihren tausend Plagen
und großen Jammerlast,
die kein Mund aus kann sagen,
so fest umfangen hast.

10. Er kommt zum Weltgerichte,
zum Fluch dem, der ihm flucht,
mit Gnad' und süßem Lichte
dem, der ihn liebt und sucht.
Ach komm, ach komm, o Sonne,
und hol' uns allzumal
zum ew'gen Licht und Wonne
in deinen Freudensaal!

Paul Gerhardt, Pastor in Mittenwalde, in Berlin und in Lübben. 1607—1676.

Mel.: Ach Jesu, meiner Seelen Freude.

a—2. 3. Dein König kommt in niedern Hüllen,
ihn trägt der lastbar'n Eslin Füllen,
empfang' ihn froh, Jerusalem!
Trag' ihm entgegen Friedenspalmen,
bestreu' den Pfad mit grünen Halmen:
so ist's dem Herren angenehm.

2. O mächt'ger Herrscher ohne Heere,
gewalt'ger Kämpfer ohne Speere,
o Friedensfürst von großer Macht:
es wollen dir der Erde Herren
den Weg zu deinem Throne sperren,
doch du gewinnst ihn ohne Schlacht.

3. Dein Reich ist nicht von dieser Erden,
doch aller Erde Reiche werden
dem, das du gründest, untertan.
Bewaffnet mit des Glaubens Worten,
zieht deine Schar nach den vier Orten
der Welt hinaus und macht dir Bahn.

4. Und wo du kommest hergezogen,
da ebnen sich des Meeres Wogen,
es schweigt der Sturm, von dir bedroht;
du kommst, auf den empörten Triften
des Lebens neuen Bund zu stiften,
und schlägst in Fesseln Sünd' und Tod.

5. O Herr von großer Huld und Treue,
o komme du auch jetzt aufs neue
zu uns, die wir sind schwer verstört!
Not ist es, daß du selbst hienieden
kommst, zu erneuen deinen Frieden,
dagegen sich die Welt empört.

6. O laß dein Licht auf Erden siegen,
die Macht der Finsternis erliegen,
und lösch' der Zwietracht Glimmen aus,
daß wir, die Völker und die Thronen,
vereint als Brüder wieder wohnen
in deines großen Vaters Haus![1])

Friedrich Rückert, 1789—1866.

4a. Quem pastores laudavere,
quibus angeli dixere:
absit vobis iam timere!
Natus est rex gloriae.

2. Ad quem reges ambulabant
aurum, myrrham, thus portabant;
hoc sincere immolabant
principi victoriae.

3. Exultemus cum Maria
et coelesti hierarchia
jubilando voce pia
dulci cum symphonia!

4. Christo regi incarnato,
per Mariam nobis dato,
accinatur hoc affato:
laus, honor et gloria!

[1]) Das im Jahre 1824 gedichtete Lied deutet in dieser Strophe hin auf die Hoffnung auf eine Einigung Deutschlands.

4 b. Nunc angelorum gloria
hominibus
resplenduit in mundo.
Quam celebris victoria
recolitur
in corde laetabundo!
Novi partus gaudium [gaudia]
virgo mater produxit,
et sol verus in tenebris illuxit.
Huic sit memoria, memoria!
Huic sit memoria, memoria![1]

2.[2] Magnum nomen domini
Emanuel,
quod est: Nobiscum deus.
Culpae datur hodie
remissio,
laetetur homo reus.
Redemptori domino
redempti jubilemus;
hic est dies et annus jubilaeus.
Huic sit memoria, memoria!
Huic sit memoria, memoria!

3. Pastores, palam dicite
in Bethlehem
quem genuit Maria,
deum verum et hominem,
errantium
qui est salus et via:
Lux de caelo claruit
pace jam reformata,
et genitrix permansit illibata.
Huic sit memoria, memoria!
Huic sit memoria, memoria!

4. Rex regum natus hodie
de virgine,
conserva nos constanter.
Natus est nobis hodie
de Maria,
apparuit clementer.
Laus, honor et gloria
sit deo in excelsis,
hominibus pax bonae voluntatis[3].
Huic sit memoria, memoria!
Huic sit memoria, memoria![4]

5. In dulci jubilo
nun singet und seid froh!
Unsres Herzens Wonne
leit[5] in praesepio,
und leuchtet als die Sonne
matris in gremio.
Alpha es et O,
Alpha es et O!

2. O Jesu parvule,
nach dir ist mir so weh!
Tröst' mir mein Gemüte,
o puer optime,
durch alle deine Güte,
o princeps gloriae,
trahe me post te,
trahe me post te!

[1]) Im deutschen Text lauten die beiden letzten Zeilen aller vier Strophen: Gottes Sohn ist Mensch geborn, ist Mensch geborn, hat versöhnt des Vaters Zorn, des Vaters Zorn.

[2]) Ursprünglich stand Vers 3 vor Vers 2.

[3]) Luk. 2, 14 lautet nach einem anderen Texte: Ehre sei Gott in der Höhe und Friede auf Erden unter Menschen des Wohlgefallens. [5]) D. h. liegt.

[4]) Diese beiden in der Christnacht gesungenen Lieder wurden miteinander in der Weise zu einem Gesange, dem sogen. „Quempas", verbunden, daß auf die erste Strophe des ersten die erste des zweiten und so fort gesungen wurde. Die Strophen des ersten Liedes wurden so gesungen, daß entweder vier Knaben je eine Zeile sangen, oder daß der Schülerchor in vier Teile geteilt wurde und jeder Chor je eine Zeile sang. Dagegen wurde das zweite Lied vom ganzen Schülerchor gesungen, unter Begleitung der Orgel und der „Instrumentisten". Heute wird das „Quempas" zwar an vielen Orten noch gesungen, aber in der Regel nur deutsch (nicht mehr lateinisch oder lateinisch und deutsch), und vielfach in einer Umgestaltung, welche nur noch den Kundigen an die demselben zugrunde liegenden alten Lieder erinnert. — Der deutsche Text der beiden Lieder lautet: „Den die Hirten lobten sehre", und „Heut sind die lieben Engelein"; vgl. meine „Christnachtsfeier", 1907, Nr. 19.

3. Ubi sunt gaudia?
Nirgends mehr denn da,
da die Engel singen
nova cantica,
und die Schellen klingen
in regis curia.
Eia, wär'n wir da!
Eia, wär'n wir da!

4. Mater et filia
du bist Jungfrau Maria;
wir wären all verloren
per nostra crimina;
so hat sie uns erworben
coelorum gaudia.
Eia, wär'n wir da!
Eia, wär'n wir da![1])

Eigene Melodie.

6. Es ist ein Ros' entsprungen
aus einer Wurzel zart,
als uns die Alten sungen:
aus Jesse kam die Art,
und hat ein Blümlein bracht
mitten im kalten Winter
wohl zu der halben Nacht.

2. Das Röslein, das ich meine,
davon Jesaias sagt,
hat uns gebracht alleine
Marie, die reine Magd.
Aus Gottes ew'gem Rat
hat sie ein Kind geboren
wohl zu der halben Nacht.

3. O Jesu, bis zum Scheiden
aus diesem Jammertal
laß dein' Hilf' uns geleiten
hin in den Freudensaal,
in deines Vaters Reich,
da wir dich ewig loben!
O Gott, uns das verleih'![2])

Eigene Melodie.

a. 7. Gelobet seist du, Jesu Christ,
daß du Mensch geboren bist
von einer Jungfrau, das ist wahr;
des freuet sich der Engel Schar.
Halleluja![3])

2. Des ew'gen Vaters einig Kind
jetzt man in der Krippe find't,
in unser armes Fleisch und Blut
verkleidet sich das ew'ge Gut[4]).
Halleluja!

3. Den aller Welt Kreis nie beschloß,
der liegt in Marien Schoß;
er ist ein Kindlein worden klein,
der alle Ding erhält allein.
Halleluja!

[1]) Für dieses wohl schon im 13. Jahrhundert entstandene Lied gibt es auch einen ganz lateinischen, wie auch einen ganz deutschen Text („Nun singet und seid froh"). Für die letzte Strophe, welche für das evangelische Gesangbuch nicht zu brauchen war, findet sich — aber als dritte Strophe — in Luthers Gesangbuch vom Jahre 1545 folgende Strophe:

O patris caritas,
O nati lenitas!
Wir waren all verloren
Per nostra crimina.
So hat er uns erworben
Coelorum gaudia!
Eia, wär'n wir da!
Eia, wär'n wir da!

[2]) Dies aus der katholischen Kirche stammende Lied (von 23 Strophen), ursprünglich ein Marienlied, ist erst in der evangelischen Kirche zu einem Christusliede (wie es hier dargeboten ist) umgestaltet worden. Die ursprüngliche Fassung bietet mein Quellenbuch II, 12e. Bei der „Rose" denkt der Dichter an Maria, an Jesus erst bei dem „Blümlein". Das in manchen evangelischen Gesangbüchern statt „Rose" stehende „Reis", welches mit Jes. 11, 1—2 übereinstimmt, steht schon in einem Gesangbuch vom Jahre 1658, ist aber als eine spätere Korrektur der ursprünglichen Lesart anzusehen. Vgl. Theol. Jahresber., Bd. 20, S. 1238 (Spitta).

[3]) Hallelujah d. h. Lobet den Herrn. — Ursprünglich stand hier in allen Versen das an den Ursprung des deutschen Kirchenliedes erinnernde „Kyrieleis" (Luther: Kyrioleis) d. h. Kyrie eleison = Herr, erbarme dich.

[4]) D. h. der Bringer des ewigen Heils.

4. Das ewig Licht geht da[1] herein,
gibt der Welt ein neuen Schein;
es leucht wohl mitten in der Nacht,
und uns des Lichtes Kinder macht.
Hallelujah!

5. Der Sohn des Vaters, Gott von Art,
ein Gast in der Welt hie ward,
und führt uns aus dem Jammertal,
er macht uns Erben in sein'm Saal.
Hallelujah!

6. Er ist auf Erden kommen arm,
daß er unser sich erbarm'
und in dem Himmel mache reich
und seinen lieben Engeln gleich.
Hallelujah!

7. Das hat er alles uns getan,
sein' groß' Lieb' zu zeigen an;
des freu' sich alle Christenheit
und dank' ihm des in Ewigkeit.
Hallelujah!

Martin Luther, 1524[2].

Luk. 2, 1—14.

Eigene Melodie.

8.[3] „Vom Himmel hoch, da komm' ich her,
ich bring' euch gute neue Mär.
Der guten Mär bring' ich so viel,
davon ich sing'n und sagen will[4].

2. Euch ist ein Kindlein heut gebor'n,
von einer Jungfrau auserkor'n,
ein Kindelein so zart und fein[5];
das soll eur' Freud' und Wonne sein.

3. Es ist der Herr Christ, unser Gott,
der will euch führ'n aus aller Not,
er will eur Heiland selber sein,
von allen Sünden machen rein.

4. Er bringt euch alle Seligkeit,
die Gott der Vater hat bereit[6],
daß ihr mit uns[7] im Himmelreich
sollt leben nun und ewiglich.

5. So merket nun das Zeichen[8] recht,
die Krippe, Windelein so schlecht[9],
da findet ihr das Kind gelegt,
das alle Welt erhält und trägt."

6.[10] Des laßt uns alle fröhlich sein
und mit den Hirten geh'n hinein,
zu sehn, was Gott uns hat beschert,
mit seinem lieben Sohn verehrt[11].

[1] Da d. h. bei der Geburt Jesu.

[2] Die erste Strophe dieses Liedes, welche auf einem lateinischen Liede des Mittelalters beruht, war schon vor Luther vorhanden. Die anderen Strophen hat er hinzugedichtet; in katholischen Gesangbüchern sind andere (zum Teil ähnliche) Verse hinzugefügt worden. Vgl. Quellenbuch II, Nr. 2d.

[3] Das Lied ist ein Kirchenlied für die Weihnachtsfeier vor der Krippe (Luther kannte den Weihnachtsbaum noch nicht). Strophe 1—5 spricht der Engel (an der Krippe stehend), der die Kinder zuletzt auf die Krippe hinweist. Strophe 6—15 sprechen die Kinder, indem sie an die Krippe herantreten und das Jesuskind begrüßen (Strophe 6—13) und zuletzt (Strophe 14—15), eine Kette bildend, die Krippe umtanzen. Über eine merkwürdige Verwendung dieses Liedes in Schweina (Unterfranken) vgl. Koch-Lauxmann, Kernlieder, S. 21—22.

[4] Die erste Strophe des Liedes lehnt sich an an ein älteres Volkslied (abgedruckt bei Erk-Böhme, Deutscher Liederhort, 1894, Bd. 3, S 2): „Ich kumm' aus fremden Landen her, Und bring' euch viel der neuen Mär'; Der neuen Mär' bring' ich so viel, Mehr denn ich euch hie sagen will." -- Vers 1—5 spricht der Engel.

[5] D. h. lieblich und schön. -- [6] D. h. bereitet, bestimmt für euch schon längst, aber jetzt auch gewährt. -- [7] mit uns Engeln.

[8] Das Zeichen ist angegeben in den beiden folgenden Zeilen: Das in der Krippe in den einfachen Windeln liegende Kind. — [9] D. h. schlicht, einfach.

[10] Bis hierher hat der Engel gesprochen; das folgende sprechen nun die Kinder.

[11] D. h.: wie er uns mit seinem lieben Sohne beschenkt hat (Luther sagt noch: jemanden mit einer Sache verehren, d. h. beschenken).

7. Merk' auf, mein Herz, und sieh dort hin:
Was liegt dort in dem Krippelein?
Wes ist das schöne Kindelein?
Es ist das liebe Jesulein.

8. Bis[1]) willekomm, du edler Gast,
den Sünder nicht verschmähet hast,
und kommst ins Elend[2]) her zu mir;
wie soll ich immer[3]) danken dir?

9. Ach Herr, du Schöpfer aller Ding',
wie bist du worden so gering,
daß du da liegst auf dürrem Gras,
davon ein Rind und Esel[4]) aß.

10. Und wär' die Welt vielmal so weit,
von Edelstein und Gold bereit't[5]),
so wär' sie doch dir viel zu klein,
zu sein ein enges Wiegelein.

11. Der Sammet und die Seiden dein[6]),
das ist grob Heu und Windelein,
darauf du, Kön'g, so groß und reich
herprangst, als wär's dein Himmelreich.

12. Das hat also[7]) gefallen dir,
die[8]) Wahrheit anzuzeigen mir,
wie aller Welt Macht, Ehr' und Gut
vor dir nichts gilt, nichts hilft, noch tut.

13. Ach mein herzliebes Jesulein,
mach' dir ein rein sanft[9]) Bettelein,
zu ruhen in mein's Herzens Schrein,
daß ich nimmer vergesse dein;

14[10]). davon ich allzeit fröhlich sei[11]),
zu springen, singen immer frei
das rechte Susaninne[12]) schon[13])
mit Herzenslust den süßen Ton[14]).

15. Lob, Ehr' sei Gott im höchsten Thron,
der uns schenkt seinen eingen Sohn!
Des freuen sich der Engel Schar
und singen uns solch neues Jahr[15]).

Martin Luther, 1535.

Eigene Melodie.

9. Lobt Gott, ihr Christen alle, gleich
in seinem höchsten Thron,
der heut schleußt auf sein Himmelreich
und schenkt uns seinen Sohn.

2. Er kommt aus seines Vaters Schoß
und wird ein Kindlein klein,
er liegt dort elend, nackt und bloß,
in einem Krippelein.

3. Er äußert sich all seiner G'walt,
wird niedrig und gering,
und nimmt an sich ein's Knechts Gestalt,
der Schöpfer aller Ding'.

4. Er liegt an seiner Mutter Brust,
ihr' Milch, die ist sein' Speis',

[1]) Auch schon für Luther ältere Form von „wesen" (statt „wis"), wofür auch schon bei ihm „sey".
[2]) In das fremde, unglückliche Land. [3]) D. h. jemals.
[4]) Die man als an der Krippe stehend dachte nach Jes. 1, 3. — [5]) D. h. bereitet. — [6]) Die dir gebührten. — [7]) D. h. so, in dieser Weise. — [8]) Die Wahrheit, welche in den folgenden zwei Zeilen angegeben ist. — [9]) D. h. weicher als die hölzerne Krippe. — [10]) Nun bilden die Kinder eine Kette und umtanzen die Krippe. — [11]) Davon d. h. wovon, worüber ich nicht bloß jetzt, sondern alle Zeit fröhlich sein soll.
[12]) Susa ninne d. h.: Schlaf' ein, Kindlein! Also Susaninne = Wiegenlied. — Heute steht im Gesangbuch dafür in der Regel: Hosianna d. h.: Hilf doch, o Herr! — Vgl. Religionszeitschr., Bd. 5, S. 124.
[13]) Schon ist das alte Adverbium zu schön (wie fruh und spat zu früh und spät und fast [sehr] zu fest).
[14]) Einen solchen „süßen Ton" enthält die folgende Strophe.
[15]) Mit dem 25. Dezember begann noch zu Luthers Zeit das neue Jahr.

an dem die Engel sehn ihr' Lust;
denn er ist Davids Reis,

5. das aus sein'm Stamm entsprießen sollt
in dieser letzten Zeit,
durch welchen Gott aufrichten wollt
sein Reich, die Christenheit.

6. Er wechselt mit uns wunderlich:
Fleisch und Blut nimmt er an,
und gibt uns in sein's Vaters Reich
die klare Gottheit dran.

7. Er wird ein Knecht und ich ein Herr,
das mag ein Wechsel sein!
Wie könnt' er doch sein freundlicher,
das Herze-Jesulein!

8. Heut schleußt er wieder auf die Tür
zum schönen Paradeis;
der Cherub steht nicht mehr dafür:
Gott sei Lob, Ehr' und Preis.

Nicolaus Herman † 1561[1].

Mel.: Nun komm, der Heiden Heiland.

a—2. **10.** Gott sei Dank durch alle Welt,
der sein Wort beständig hält,
und der Sünder Trost und Rat
zu uns hergesendet hat!

2. Was der alten Väter Schar
höchster Wunsch und Sehnen war,
und was sie geprophezeit,
ist erfüllt in Herrlichkeit.

3. Zions Hilf' und Abrams Lohn,
Jakobs Heil, der Jungfrau Sohn,
der wohl zweigestammte Held
hat sich treulich eingestellt.

4. Sei willkommen, o mein Heil,
Hosianna, o mein Teil!
Richte du auch eine Bahn
dir in meinem Herzen an!

5. Zeuch, du Ehrenkönig, ein;
es gehöret dir allein;
mach' es, wie du gerne tust,
rein von aller Sünden Wust!

6. Und gleich wie dein Zukunft[2] war
voller Sanftmut, ohn' Gefahr,
also sei auch jederzeit
deine Sanftmut mir bereit!

7. Tröste, tröste meinen Sinn,
weil ich schwach und blöde bin,
und des Satans schlaue List
sich zu hoch für mich vermißt.

8. Tritt der Schlange Kopf entzwei,
daß ich, aller Ängste frei,
dir im Glauben um und an
selig bleibe zugetan;

9. daß, wenn du, o Lebensfürst,
prächtig wiederkommen wirst,
ich dir mög' entgegengehn
und vor dir gerecht bestehn.

Heinrich Held, Rechtspraktikant zu Guhrau in Schlesien, † um 1650.

Tit. 2, 11—15.

Mel.: O daß ich tausend Zungen hätte.

a—2. **11.** Dies ist die Nacht, da mir erschienen
des großen Gottes Freundlichkeit;
das Kind, dem alle Engel dienen,
bringt Licht in meine Dunkelheit;
und dieses Welt- und Himmelslicht
weicht hunderttausend Sonnen nicht.

2. Laß dich erleuchten, meine Seele,
versäume nicht den Gnadenschein!
Der Glanz in dieser kleinen Höhle
streckt sich in alle Welt hinein;
er treibet weg der Höllen Macht,
die Sünden-, Kreuz- und Todesnacht.

5. Drum Jesu, schöne Weihnachtssonne,
bestrahle mich mit deiner Gunst!

[1]) N. Herman war seit 1516 Kantor und Lehrer in Joachimsthal in Böhmen; sein Zeitgenosse und Freund Johannes Mathesius, der bekannte Luther-Biograph, war der Pastor dieser Gemeinde. [2]) D. h. Ankunft.

Dein Licht sei meine Weihnachtswonne
und lehre mich die Weihnachtskunst,
wie ich im Lichte wandeln soll
und sei des Weihnachtsglanzes voll.

Caspar Friedrich Nachtenhöfer,
Pastor in Koburg, 1624—1685.

Mel.: Vom Himmel hoch da komm' ich her.

a. 12. Dies ist der Tag, den Gott gemacht [1]),
sein werd' in aller Welt gedacht!
Ihn preise, was durch Jesum Christ
im Himmel und auf Erden ist!

2. Die Völker haben dein geharrt,
bis daß die Zeit erfüllet ward;
da sandte Gott von seinem Thron
das Heil der Welt, dich, seinen Sohn.

3. Wenn ich dies Wunder fassen will,
so steht mein Geist vor Ehrfurcht still;
er betet an und er ermißt,
daß Gottes Lieb' unendlich ist.

4. Damit der Sünder Gnad' erhält,
erniedrigst du dich, Herr der Welt,
nimmst selbst an unsrer Menschheit teil,
erscheinst im Fleisch und wirst uns Heil.

5. Dein König, Zion, kommt zu dir:
„Ich komm', im Buche steht von mir;
Gott, deinen Willen tu' ich gern."
Gelobt sei, der da kommt im Herrn!

6. Herr, der du Mensch geboren wirst,
Immanuel und Friedefürst,
auf den die Väter hoffend sahn,
dich Gott, Messias, bet' ich an.

7. Du, unser Heil und höchstes Gut,
vereinest dich mit Fleisch und Blut,
wirst unser Freund und Bruder hier,
und Gottes Kinder werden wir.

8. Gedanke voller Majestät,
du bist es, der das Herz erhöht;
Gedanke voller Seligkeit,
du bist es, der das Herz erfreut!

9. Durch Eines Sünde fiel die Welt,
Ein Mittler ist's, der sie erhält:
was zagt der Mensch, wenn der ihn schützt,
der in des Vaters Schoße sitzt?

10. Jauchzt, Himmel, die ihr ihn erfuhrt,
den Tag der heiligsten Geburt,
und Erde, die ihn heute sieht,
sing' ihm, dem Herrn, ein neues Lied!

11. Dies ist der Tag, den Gott gemacht,
sein werd' in aller Welt gedacht!
Ihn preise, was durch Jesum Christ
im Himmel und auf Erden ist!

Christian Fürchtegott Gellert,
Universitätsprofessor in Leipzig, 1715—1769.

Eigene Melodie.

13. Stille Nacht, heilige Nacht!
Alles schläft, einsam wacht
nur das traute, hochheilige Paar.
Holder Knabe im lockigen Haar,
schlaf' in himmlischer Ruh!

2. Stille Nacht, heilige Nacht!
Hirten erst kund gemacht;
durch der Engel Halleluja
tönt es laut von fern und nah:
Christ, der Retter ist da!

3. Stille Nacht, heilige Nacht!
Gottes Sohn, o wie lacht
Lieb' aus deinem göttlichen Mund,
da uns schläget die rettende Stund',
Christ, in deiner Geburt!

Gedichtet von Joseph Mohr, † 1848 als (katholischer) Geistlicher zu Wagrain bei St. Johann im Pongau, komponiert von Franz Gruber, † 1863 als Stadtpfarrchorregent und Organist in Hallein bei Salzburg. — Gedichtet und komponiert am 24. Dezember 1818 in Arnsdorf bei Oberndorf an der Salzach, ist das Lied zu einem in allen Erdteilen und in allen Kirchen gesungenen Weltvolksliede geworden; aber von den ursprünglichen 6 Versen des Liedes werden in der Regel nur die 3 oben abgedruckten (1. 6. 2) gesungen. Über der Tür des Schulhauses zu Arnsdorf ist im J. 18·7 eine Marmortafel angebracht worden mit der Inschrift:

„Stille Nacht, heilige Nacht!"
Wer hat dich, o, Lied gemacht?
Mohr hat mich so schön erdacht,
Gruber zu Gehör gebracht —
Priester und Lehrer vereint.
1818—1897.

---

[1]) Vgl. Psalm 118, 24.

33a. O du fröhliche, o du selige, gnadenbringende Weihnachtszeit.

Siehe unten Nr. 33.

Mel.: Allein Gott in der Höh' sei Ehr'.

14. Bis hieher hat mich Gott gebracht
durch seine große Güte;
bis hieher hat er Tag und Nacht
bewahrt Herz und Gemüte,
bis hieher hat er mich geleit,
bis hieher hat er mich erfreut,
bis hieher mir geholfen.

2. Hab' Lob und Ehre, Preis und Dank
für die bisher'ge Treue,
die du, o Gott, mir lebenslang
bewiesen täglich neue.
In mein Gedächtnis schreib' ich an:
der Herr hat Großes mir getan,
bis hieher mir geholfen.

3. Hilf fernerweit, mein treuster Hort,
hilf mir zu allen Stunden;
hilf mir an all und jedem Ort;
hilf mir durch Jesu Wunden,
damit ich sag' bis in den Tod:
durch Christi Blut hilf mir mein Gott,
er hilft, wie er geholfen.

Aemilia Juliana, Gemahlin des Reichsgrafen Albert Anton von Schwarzburg-Rudolstadt, 1637—1706, Dichterin von 587 Kirchenliedern.

Mel.: Nun laßt uns Gott dem Herren.

a. 15[1]). Nun laßt uns gehn und treten
mit Singen und mit Beten
zum Herrn, der unserm Leben
bis hieher Kraft gegeben.

2. Wir gehn dahin und wandern
von einem Jahr zum andern,
wir leben und gedeihen
vom alten zu dem neuen.

6. Ach Hüter unsers Lebens,
fürwahr, es ist vergebens
mit unserm Tun und Machen,
wo nicht dein' Augen wachen.

7. Gelobt sei deine Treue,
die alle Morgen neue;
Lob sei den starken Händen,
die alles Herzleid wenden!

8. Laß ferner dich erbitten,
o Vater, und bleib' mitten
in unserm Kreuz und Leiden
ein Brunnen uns'rer Freuden!

11. Sprich deinen milden Segen
zu allen unsern Wegen,
laß Großen und auch Kleinen
die Gnadensonne scheinen!

12. Sei der Verlass'nen Vater,
der Irrenden Berater,
der Unversorgten Gabe,
der Armen Gut und Habe!

13. Hilf gnädig allen Kranken,
gib fröhliche Gedanken
den hochbetrübten Seelen,
die sich mit Schwermut quälen.

14. Und endlich, was das meiste,
füll' uns mit deinem Geiste,
der uns hier herrlich ziere
und dort zum Himmel führe.

15. Das alles wollst du geben,
o meines Lebens Leben,
mir und der Christenschare
zum sel'gen neuen Jahre!

Paul Gerhardt, Pastor in Mittenwalde, in Berlin und in Lübben, 1607—1676.

[1]) Verkürzt. Die hier weggelassenen Strophen 3, 4, 5, 9 u. 10 beziehen sich auf die Zeit des 30jährigen Krieges, in dessen letzter Zeit das Lied gedichtet worden ist.

B. Osterlieder.

16a. Agnus Dei, qui tollis peccata mundi,
Str. 1 u. 2: miserere nobis!
Str. 3: dona nobis pacem!

Eigene Melodie.

a—2. **16b.** Christe, du Lamm Gottes,
der du trägst die Sünde der Welt,
Str. 1 u. 2: erbarm' dich unser!
Str. 3: gib uns deinen Frieden!
Amen[1]).

Eigene Melodie.

a—1. **16c.** O Lamm Gottes, unschuldig
am Stamm des Kreuzes geschlachtet,
allzeit erfunden geduldig,
wiewohl du warest verachtet;
all' Sünd' hast du getragen,
sonst müßten wir verzagen:
Str. 1: erbarm' dich unser, o Jesu!
Str. 2: erbarm' dich unser, o Jesu!
Str. 3: gib uns dein Frieden, o Jesu!

Vgl. zu Nr. 31a.

Mel.: Herr Jesu Christ, dich zu uns wend'.

17. Christi Blut und Gerechtigkeit,
das ist mein Schmuck und Ehrenkleid:
damit will ich vor Gott bestehn,
wenn ich zum Himmel werd' eingehn.

Nicolaus Ludwig Graf von Zinzendorf, 1700—1760[2]).

Mel.: Herr und Ältster deiner Kreuzgemeinde.

18. Die wir uns allhier beisammen finden,
schlagen unsre Hände ein,
uns auf deine Marter zu verbinden,
dir auf ewig treu zu sein.
Und zum Zeichen, daß dies Lobgetöne
deinem Herzen angenehm und schöne,
sage „Amen" und zugleich
„Friede, Friede sei mit euch!"

Christian Renatus Graf von Zinzendorf (Sohn des Begründers der Brüdergemeinde), 1727—1752[3]).

Luk. 23, 22.

Eigene Melodie.

a. **19.** Herzliebster Jesu, was hast du verbrochen,
daß man ein solch scharf Urteil hat gesprochen?
Was ist die Schuld, in was für Missetaten
bist du geraten?

2. Du wirst gegeißelt und mit Dorn gekrönet,
ins Angesicht geschlagen und verhöhnet,
du wirst, mit Essig und mit Gall' getränket,
ans Kreuz gehenket!

3. Was ist die Ursach' aller solcher Plagen?
Ach, meine Sünden haben dich geschlagen!
Ich, ach Herr Jesu, habe dies verschuldet,
was du erduldet!

7. O große Lieb', o Lieb' ohn' alle Maße,
die dich gebracht auf diese Marterstraße,
ich lebte mit der Welt in Lust und Freuden,
und du mußt leiden!

---

[1]) Die Änderung in der dritten Strophe erinnert daran, daß sich die Gemeindeglieder nach der dritten Strophe den in der alten Kirche üblichen Friedenskuß gaben. — Das auf Joh. 1, 29 beruhende Lied ist aus der griechischen in die lateinische und von dieser in die evangelische Kirche gekommen.

[2]) Anfangsstrophe des von ihm gedichteten Liedes von 33 Strophen.

[3]) Schlußstrophe (4. Strophe) des Liedes: Marter Gottes, wer kann dein vergessen.

8. Ach großer König, groß zu allen Zeiten,
wie kann ich g'nugsam solche Treu ausbreiten?
Kein menschlich Herz vermag es auszudenken,
was dir zu schenken.

15. Wenn dort, Herr Jesu, wird vor deinem Throne
auf meinem Haupte stehn die Ehrenkrone,
da will ich dir, wenn alles wird wohl klingen,
Lob und Dank singen.

Johannes Heermann[1]).

Joh. 1, 29. Jes. 53, 4—7.
Mel.: An Wasserflüssen Babylon.

a—2. 20[2]). Ein Lämmlein geht und trägt die Schuld
der Welt und ihrer Kinder,
es geht und träget in Geduld
die Sünden aller Sünder;
es geht dahin, wird matt und krank,
ergibt sich auf die Würgebank,
verzeiht sich[3]) aller Freuden;
es nimmet an Schmach, Hohn und Spott,
Angst, Wunden, Striemen, Kreuz und Tod,
und spricht: ich will's gern leiden.

5. Mein' Lebetage will ich dich
aus meinem Sinn nicht lassen;
dich will ich stets, gleich wie du mich,
mit Liebesarmen fassen.
Du sollst sein meines Herzens Licht,
und wenn mein Herz in Stücke bricht,
sollst du mein Herze bleiben;
ich will mich dir, mein höchster Ruhm,
hiermit zu deinem Eigentum
beständiglich verschreiben.

6. Ich will von deiner Lieblichkeit
bei Nacht und Tage singen,
mich selbst auch dir zu aller Zeit
zum Freudenopfer bringen;
mein Bach des Lebens soll sich dir
und deinem Namen für und für
in Dankbarkeit ergießen,
und was du mir zu gut getan,
das will ich stets, so tief ich kann,
in mein Gedächtnis schließen.

Paul Gerhardt, Pastor in Mittenwalde, in Berlin und in Lübben, 1607—1676.

—

Mel. O Welt, ich muß dich lassen.

a. 21[4]). O Welt, sieh hier dein Leben
am Stamm des Kreuzes schweben,
dein Heil sinkt in den Tod.
Der große Fürst der Ehren
läßt willig sich beschweren
mit Schlägen, Hohn und großem Spott.

3. Wer hat dich so geschlagen,
mein Heil, und dich mit Plagen
so übel zugericht't?
Du bist ja nicht ein Sünder,
wie wir und unsre Kinder,
von Missetaten weißt du nicht.

---

[1]) Geb. 1585, als Jüngling Hauslehrer bei dem Pastor Valerius Herberger in Fraustadt, schon im Jahre 1608 in Brieg zum Dichter gekrönt, Verfasser von etwa 400 Kirchenliedern, 1611—1638 Prediger zu Köben an der Oder, gestorben 1647 in Lissa in Polen, wohin er sich zurückgezogen hatte, als er sein Predigtamt wegen dauernder Kränklichkeit aufgeben mußte. — Das Lied beruht auf den Meditationes des Bischofs Anselmus von Canterbury (nicht des Augustinus). H. war der erste, der die von Opitz aufgestellten Gesetze der Dichtkunst auf das Kirchenlied anwendete; das Versmaß dieses Liedes ist die sapphische Strophe mit Hinzufügung des Reims. — Aus dem Liede Heermanns „Treuer Wächter Israel" stammt das Wort: „Eine Mauer um uns bau', daß dem Feinde dafür grau'"; vgl. das Gedicht von Clemens Brentano († 1842): „Die Gottesmauer".

[2]) Verkürzt (10 Strophen).

[3]) D. h.: verzichtet auf. — [4]) Verkürzt (16 Strophen).

4. Ich, ich und meine Sünden,
die sich wie Körnlein finden
des Sandes an dem Meer,
die haben dir erreget
das Elend, das dich schläget,
und das betrübte Marterheer.

5. Ich bin's, ich sollte büßen,
an Händen und an Füßen
gebunden in der Höll';
die Geißeln und die Banden,
und was du ausgestanden,
das hat verdienet meine Seel'.

9. Ich bin, mein Heil, verbunden
all Augenblick' und Stunden
dir überhoch und sehr;
was Leib und Seel' vermögen,
das soll ich billig legen
allzeit an deinen Dienst und Ehr'.

10. Nun, ich kann nicht viel geben
in diesem armen Leben,
eins aber will ich tun:
es soll dein Tod und Leiden,
bis Leib und Seele scheiden,
mir stets in meinem Herzen ruhn.

Paul Gerhardt, Pastor in Mittenwalde, in Berlin und in Lübben, 1607—1676[1].

Mel.: Herzlich tut mich verlangen.

a. 22a. O Haupt[2]) voll Blut und Wunden,
voll Schmerz und voller Hohn;
o Haupt, zum Spott gebunden
mit einer Dornenkron';
o Haupt, sonst schön gezieret
mit höchster Ehr' und Zier,
jetzt aber höchst schimpfieret,
gegrüßet seist du mir!

2. Du edles Angesichte,
davor sonst schrickt und scheut
das große Weltgewichte,
wie bist du so bespeit,
wie bist du so erbleichet?
Wer hat dein Augenlicht,
dem sonst kein Licht nicht gleichet,
so schändlich zugericht't?

3. Die Farbe deiner Wangen,
der roten Lippen Pracht
ist hin und ganz vergangen;
des blassen Todes Macht
hat alles hingenommen,
hat alles hingerafft,
und daher bist du kommen
von deines Leibes Kraft.

4. Nun, was du, Herr, erduldet,
ist alles meine Last,
ich hab' es selbst verschuldet,
was du getragen hast;
schau her, hier steh' ich Armer,
der Zorn verdienet hat;
gib mir, o mein Erbarmer,
den Anblick deiner Gnad'!

5. Erkenne mich[3]), mein Hüter,
mein Hirte, nimm mich an!
Von dir, Quell aller Güter,
ist mir viel Gut's getan:
dein Mund hat mich gelabet
mit Milch und süßer Kost,
dein Geist hat mich begabet
mit mancher Himmelslust.

6. Ich will hier bei dir stehen,
verachte mich doch nicht!
Von dir will ich nicht gehen,
wann dir dein Herze bricht;
wann dein Haupt wird erblassen
im letzten Todesstoß,
alsdann will ich dich fassen
in meinen Arm und Schoß.

7. Es dient zu meinen Freuden
und kommt mir herzlich wohl,
wenn ich in deinem Leiden

[1]) Vers 3—5 dieses Liedes sind von Bach in seine Passionsmusiken (nach Matthäus und nach Johannes) verwoben.
[2]) In Luthers Bibel und bei Gerhardt noch: „Häupt", wie wir noch heute sagen in dem Ausdruck „zu Häupten".
[3]) Erkenne mich als einen der Deinen!

mein Heil, mich finden soll.
Ach möcht' ich, o mein Leben
an deinem Kreuze hier
mein Leben von mir geben,
wie wohl geschähe mir!

8. Ich danke dir von Herzen,
o Jesu, liebster Freund,
für deines Todes Schmerzen,
da du's so gut gemeint.
Ach gib, daß ich mich halte
zu dir und deiner Treu,
und wenn ich nun erkalte,
in dir mein Ende sei.

9. Wann ich einmal soll scheiden,
so scheide nicht von mir,
wann ich den Tod soll leiden,
so tritt du dann herfür;
wann mir am allerbängsten
wird um das Herze sein,
so reiß' mich aus den Ängsten
kraft deiner Angst und Pein!

10. Erscheine mir zum Schilde,
zum Trost in meinem Tod,
und laß mich sehn dein Bilde
in deiner Kreuzesnot;
da will ich nach dir blicken,
da will ich glaubensvoll
dich fest an mein Herz drücken.
Wer so stirbt, der stirbt wohl[1].

Paul Gerhardt, Pastor in Mittenwalde, in Berlin und in Lübben, 1607—1676[2].

22 b. Salve, caput cruentatum,
Totum spinis coronatum,
Conquassatum, vulneratum,
Arundine sic verberatum
Facie sputis illita.

2. Salve, cuius dulcis vultus
Immutatus et incultus
Immutavit suum florem,
Totus versus in pallorem,
Quem coeli tremit curia.

3. Omnis vigor atque viror
Hinc recessit, non admiror,
Mors apparet in adspectu,
Totus pendens in defectu,
Attritus aegra macie.

4. Sic affectus, sic despectus,
Propter me sic interfectus,
Peccatori tam indigno
Cum amoris in te signo
Appare clara facie.

5. In hac tua passione
Me agnosce, pastor bone,
Cuius sumpsi mel ex ore
Haustum lactis ex dulcore
Prae omnibus deliciis.

6. Non me reum asperneris
Nec indignum dedigneris,
Morte tibi iam vicina
Tuum caput hic inclina,
In meis pausa brachiis.

7. Tuae sanctae passioni
Me gauderem interponi,
In hac cruce tecum mori
Praesta crucis amatori,
Sub cruce tua moriar.

8. Morti tuae iam amarae
Grates ago, Jesu care,
Qui es clemens, pie Deus,
Fac, quod petit tuus reus,
Ut absque te non finiar.

9. Dum me mori est necesse,
Noli mihi tunc deesse,
In tremenda mortis hora
Veni, Jesu, absque mora,
Tuere me et libera.

[1] Vgl. die Anm. zu Nr. 92, 3.
[2] Nach dem lateinischen Liede Salve caput cruentatum, welches nebst anderen Liedern — aber nicht mit Recht) dem h. Bernhard von Clairvaux, † 1153, zugeschrieben wird. — Dieses Lied ist das letzte von sieben Liedern, in welchen der Dichter die verschiedenen Glieder des am Kreuze hängenden Erlösers anredet und feiert, und es ist das schönste der sieben Lieder. Das Lied wurde nach dem Befehl König Friedrich Wilhelms I. von Preußen bei seinem Begräbnis geblasen.

10. Cum me iubes emigrare,
Jesú care, tunc appare,
O amator amplectende,
Temet ipsum tunc ostende
In cruce salutifera.

---

23. Stabat mater dolorosa
Juxta crucem lacrimosa,
Dum pendebat filius,
Cuius animam gementem
Contristatam et dolentem
Pertransivit gladius.

2. O quam tristis et afflicta
Fuit illa benedicta
Mater Unigeniti,
Quae moerebat et dolebat
Et tremebat, dum videbat
Nati poenas incliti.

3. Quis est homo, qui non fleret,
Matrem Christi si videret
In tanto supplicio?
Quis non posset contristari,
Piam matrem contemplari
Dolentem cum filio?

4. Pro peccatis suae gentis
Vidit Jesum in tormentis
Et flagellis subditum,
Vidit suum dulcem natum
Morientem, desolatum,
Dum emisit spiritum.

5. Pia mater, fons amoris,
Me sentire vim doloris
Fac, ut tecum lugeam.
Fac, ut ardeat cor meum
In amando Christum Deum,
Ut sibi[1]) complaceam.

6. Sancta mater, istud agas,
Crucifixi fige plagas
Cordi meo valide.
Tui nati vulnerati,
Tam dignati pro me pati,
Poenas mecum divide.

7. Fac me vere tecum flere,
Crucifixo condolere,
Donec ego vixero.
Juxta crucem tecum stare,
Et me tibi sociare
In planctu desidero.

8. Virgo virginum praeclara,
Mihi jam non sis amara,
Fac me tecum plangere.
Fac ut portem Christi mortem,
Passionis fac consortem
Et plagas recolere.

9. Fac me plagis vulnerari,
Cruce hac inebriari
Et cruore filii.
Inflammatus et accensus
Per te, virgo, sim defensus
In die iudicii.

10. Fac me cruce custodiri,
Morte Christi praemuniri,
Confoveri gratia.
Quando corpus morietur,
Fac ut animae donetur
Paradisi gloria[2]).

24. Christ ist erstanden
von der Marter alle;
des soll'n wir alle froh sein,
Christ soll unser Trost sein.
Kyrieleis!

2. Wär' er nicht erstanden,
die Welt, die wär' vergangen;
seit daß er erstanden ist,
so loben wir den Herrn Jesum Christ.
Kyrieleis!

---

[1]) Sibi hier für ei.

[2]) Angeblich gedichtet von Jakopone da Todi (Jacobus de Benedictis, † 1306, der als Mitglied eines von Papst Bonifatius VIII. verfolgten Bundes bis zum Tode des Papstes eingekerkert wurde), wurde dieses Lied schon um das Jahr 1350 auch ins Deutsche übertragen; aber für das evangelische Gesangbuch wäre es nur in einer den Charakter des Liedes umgestaltenden (die Marienverehrung beseitigenden) Umgestaltung brauchbar.

3. Halleluja, Halleluja, Halleluja!
Des soll'n wir alle froh sein,
Christ will unser Trost sein!
Kyrieleis[1].

Hiob 19, 25—27. 1. Kor. 15, 35—49.

Eigene Melodie.

a. **25.** Jesus, meine Zuversicht
und mein Heiland, ist im Leben:
dieses weiß ich, sollt' ich nicht
darum mich zufrieden geben,
was die lange Todesnacht
mir auch für Gedanken macht?

2. Jesus, er, mein Heiland, lebt;
ich werd' auch das Leben schauen,
sein, wo mein Erlöser schwebt:
warum sollte mir denn grauen?
Lässet auch ein Haupt sein Glied,
welches es nicht nach sich zieht?

3. Ich bin durch der Hoffnung Band
zu genau mit ihm verbunden;
meine starke Glaubenshand
wird in ihn gelegt befunden,
daß mich auch kein Todesbann
ewig von ihm trennen kann.

4. Ich bin Fleisch und muß daher
auch einmal zu Asche werden;
das gesteh' ich, doch wird er
mich erwecken aus der Erden,
daß ich in der Herrlichkeit
um ihn sein mög' allezeit.

5. Dann wird eben diese Haut
mich umgeben, wie ich gläube;
Gott wird werden angeschaut
dann von mir in diesem Leibe,
und in diesem Fleisch werd' ich
Jesum sehen ewiglich.

6. Dieser meiner Augen Licht
wird ihn, meinen Heiland, kennen:
ich, ich selbst, kein Fremder nicht,
werd' in seiner Liebe brennen;
nur die Schwachheit um und an[2]
wird von mir sein abgetan.

7. Was hier kranket, seufzt und fleht,
wird dort frisch und herrlich gehen;
irdisch werd' ich ausgesät,
himmlisch werd' ich auferstehen:
hier geh' ich natürlich ein,
dort, da werd' ich geistlich sein.

8. Seid getrost und hoch erfreut,
Jesus trägt euch, meine Glieder[3];
gebt nicht statt der Traurigkeit:
sterbt ihr, Christus ruft euch wieder,
wenn einst die Posaun' erklingt[4],
die auch durch die Gräber dringt.

9. Lacht der finstern Erdenkluft,
lacht des Todes und der Höllen,
denn ihr sollt euch durch die Luft
eurem Heiland zugesellen;
dann wird Schwachheit und Verdruß
liegen unter eurem Fuß.

10. Nur daß ihr den Geist erhebt
von den Lüsten dieser Erden[5],
und euch dem schon jetzt ergebt,
dem ihr beigefügt wollt werden;
schickt das Herze da hinein,
wo ihr ewig wünscht zu sein.

? Luise Henriette von Oranien, Gemahlin des Großen Kurfürsten, 1627—1667[6].

[1]) Zu der ersten Strophe dieses Liedes, die aus dem 12. Jahrhundert stammt und vielleicht das älteste deutsche Kirchenlied ist, sind später in katholischen und evangelischen Gesangbüchern noch zwei Strophen hinzugefügt worden. — Dieses Lied war vor der Reformation auch ins Lateinische übersetzt und in die Liturgie der katholischen Kirche aufgenommen worden. — [2]) D. h.: die Schwachheit, die dem irdischen Leibe anhaftet. — [3]) Nicht die Glieder der Gemeinde, sondern die des eigenen Leibes sind in den drei letzten Versen angeredet. — [4]) Ursprünglich: Wenn die letzte Tromp't' erklingt. — [5]) Die ursprüngliche Lesart „von den Lüsten dieser Erden“ gibt zwar einen guten Sinn (vgl. Matth. 6, 21 und Kol. 3, 2), aber der in ihr enthaltene Gedanke liegt uns gar zu fern. — [6]) Die auf der Lutherschen Übersetzung von Hiob 19, 25—27 beruhenden Strophen 5 und 6

Mel.: Jesus meine Zuversicht.

a. 26. Jesus lebt, mit ihm auch ich;
Tod, wo sind nun deine Schrecken?
Jesus lebt und wird auch mich
von den Toten auferwecken.
Er verklärt mich in sein Licht;
dies ist meine Zuversicht.

2. Jesus lebt, ihm ist das Reich
über alle Welt gegeben;
mit ihm werd' auch ich zugleich
ewig herrschen, ewig leben.
Gott erfüllt, was er verspricht;
dies ist meine Zuversicht.

3. Jesus lebt; wer nun verzagt,
lästert ihn und Gottes Ehre;
Gnade hat er zugesagt,
daß der Sünder sich bekehre.
Gott verstößt in Christo nicht;
dies ist meine Zuversicht.

4. Jesus lebt, sein Heil ist mein,
sein sei auch mein ganzes Leben;
reines Herzens will ich sein
und den Lüsten widerstreben.
Er verläßt den Schwachen nicht;
dies ist meine Zuversicht.

5. Jesus lebt; ich bin gewiß,
nichts soll mich von Jesu scheiden,
keine Macht der Finsternis,
keine Herrlichkeit, kein Leiden;
er gibt Kraft zu jeder Pflicht;
dies ist meine Zuversicht.

6. Jesus lebt; nun ist der Tod
mir der Eingang in das Leben.
Welchen Trost in Todesnot
wird das meiner Seele geben,
wenn sie gläubig zu ihm spricht:
Herr, Herr, meine Zuversicht!

Christian Fürchtegott Gellert, Universitäts-Professor in Leipzig, 1715—1769[1]).

33 b. O du fröhliche, o du selige,
gnadenbringende Osterzeit.
Siehe unten Nr. 33.

C. Pfingstlieder.

Mel.: Nun freut euch lieben Christen g'mein.

a—1. 27. Auf Christi Himmelfahrt allein
ich meine Nachfahrt gründe,
und allen Zweifel, Angst und Pein
hiemit stets überwinde;
denn weil das Haupt im Himmel ist,
wird seine Glieder Jesus Christ
zur rechten Zeit nachholen.

2. Weil er gezogen himmelan
und große Gab' empfangen,
mein Herz auch nur im Himmel kann,
sonst nirgends Ruh' erlangen;
denn wo mein Schatz gekommen hin,
da ist auch stets mein Herz und Sinn;
nach ihm mich stets verlanget.

3. Ach Herr, laß diese Gnade mich
von deiner Auffahrt spüren,
daß mit dem wahren Glauben ich
mag meine Nachfahrt zieren,
und dann einmal, wenn dir's gefällt,
mit Freuden scheiden aus der Welt.
Herr, höre doch mein Flehen!

Aus dem Lüneburger Gesangbuch vom Jahre 1661 stammende (wohlgelungene) Umarbeitung des Liedes von Josua Wegelin, Pfarrer zuerst in Augsburg, seit 1627 in Preßburg in Ungarn, 1604—1640: „Allein auf Christi Himmelfahrt mein' Nachfahrt ich tu' gründen".

Eigene Melodie.

a—2. 28. Nun bitten wir den heiligen Geist
um den rechten Glauben allermeist,

(welche, dem streng reformierten Glauben entsprechend, den neuen Leib aus den Elementen des alten Leibes hervorgehen lassen) finden für den Schüler ihre Berichtigung in Str. 7. Neuere Forscher sind der Meinung, daß dieses Lied von der Kurfürstin nicht gedichtet worden ist.

[1]) Das Lied ist eine Nachdichtung von Lied 25.

daß er uns behüte an unserm Ende,
wenn wir heimfahren aus diesem
Elende[1]).
Kyrieleis.

2. Du wertes Licht, gib uns deinen
Schein,
lehr' uns Jesum Christ kennen allein,
daß wir an ihm bleiben, dem treuen
Heiland,
der uns bracht hat zum rechten
Vaterland!
Kyrieleis.

3. Du süße Lieb', schenk' uns deine
Gunst,
laß uns empfinden der Liebe Brunst,
daß wir uns von Herzen einander
lieben
und im Frieden auf einem Sinn
bleiben!
Kyrieleis.

4. Du höchster Tröster in aller Not,
hilf, daß wir nicht fürchten Schand'
noch Tod,
daß in uns die Sinne nicht verzagen,
wenn der Feind wird das Leben
verklagen!
Kyrieleis. Martin Luther, 1524[2].

Eigene Melodie.

a—1. **29.** Komm heiliger Geist,
Herre Gott,
erfüll' mit deiner Gnaden Gut
deiner Gläubigen Herz, Mut und
Sinn,
dein' brünstige Lieb' entzünd' in ihn'n!
O Herr, durch deines Lichtes Glanz[3])
zu dem Glauben versammelt hast
das Volk aus aller Welt Zungen,
das sei dir, Herr, zu Lob gesungen!
Halleluja, Halleluja.

2. Du heiliges Licht, edler Hort,
laß uns leuchten des Lebens Wort,
und lehr' uns Gott recht erkennen,
von Herzen Vater ihn nennen!
O Herr, behüt' vor fremder Lehr',
daß wir nicht Meister suchen mehr,
denn Jesum mit rechtem Glauben
und ihm aus ganzer Macht vertrauen.
Halleluja, Halleluja.

3. Du heilige Brunst, süßer Trost,
nun hilf uns fröhlich und getrost
in dein'm Dienst beständig bleiben,
die Trübsal uns nicht abtreiben!
O Herr, durch dein' Kraft uns bereit',
und stärk' des Fleisches Blödigkeit[4]),
daß wir hier ritterlich ringen,
durch Tod und Leben zu dir dringen!
Halleluja, Halleluja.

Nach dem folgenden lateinischen Liede gedichtet
von Martin Luther 1524

29 b. Veni sancte spiritus.
Reple tuorum corda fidelium.
Et tui amoris in eis ignem accende,
Qui per diversitatem linguarum cunctarum
Gentes in unitate fidei congregasti.
Alleluja. Alleluja[5]).

Jesaias 11, 2.

Mel.: Wie schön leuchtet der Morgenstern.

a. **30.** O heilger Geist, kehr' bei
uns ein
und laß uns deine Wohnung sein,

[1]) D. h. Ausland, Fremde; die Erde ist nicht unsere wahre Heimat.
[2]) Die erste Strophe dieses Liedes, welche wohl schon aus dem 12. Jahrhundert stammt und zu den ältesten deutschen geistlichen Liedern gehört (wie auch das Lied: Christ ist erstanden), ist von Luther aufgenommen, und zu ihr sind von ihm drei Strophen hinzugefügt worden.
[3]) Ursprünglich: Glast (vgl. in der folgenden Zeile: hast).
[4]) D. h. Verzagtheit.
[5]) Dieses Lied wird dem König Robert von Frankreich (998—1031), einem Sohne Hugo Capets, zugeschrieben; jedenfalls stammt es aus dem elften Jahrhundert. Indem Luther eine ältere Übersetzung übernahm, vermehrte er dieselbe (1524) mit zwei neuen Strophen.

o komm, du Herzenssonne!
Du Himmelslicht, laß deinen Schein
bei uns und in uns kräftig sein
zu steter Freud' und Wonne!
Sonne, Wonne,
himmlisch Leben willst du geben,
wenn wir beten;
zu dir kommen wir getreten.

2. Du Quell, draus alle Weisheit fleußt,
die sich in fromme Seelen geußt,
laß deinen Trost uns hören,
daß wir in Glaubenseinigkeit
auch können alle Christenheit
dein wahres Zeugnis lehren.
Höre, lehre,
daß wir können Herz und Sinnen
dir ergeben,
dir zum Lob und uns zum Leben!

3. Steh' uns stets bei mit deinem Rat
und führ' uns selbst den rechten Pfad,
die wir den Weg nicht wissen.
Gib uns Beständigkeit, daß wir
getreu dir bleiben für und für,
wenn wir nun leiden müssen.
Schaue, baue,
was zerrissen und geflissen
dich zu schauen
und auf deinen Trost zu bauen!

7. Gib, daß in reiner Heiligkeit
wir führen unsre Lebenszeit;
sei unsres Geistes Stärke,
daß uns forthin sei unbewußt
die Eitelkeit, des Fleisches Lust
und seine toten Werke.
Rühre, führe
unser Sinnen und Beginnen
von der Erden,
daß wir Himmelserben werden.

Michael Schirmer, Konrektor am Gymnasium zum grauen Kloster in Berlin, 1606—1673, im Jahre 1657 zum Dichter gekrönt.

33c. O du fröhliche, o du selige, gnadenbringende Pfingstenzeit.
Siehe unten Nr. 33.

Luk. 2, 14.
Eigene Melodie.

a. **31a.** Allein Gott in der Höh' sei Ehr'
und Dank für seine Gnade,
darum daß nun und nimmermehr
uns rühren[1]) kann kein Schade.
Ein Wohlgefall'n Gott an uns hat,
nun ist groß Fried' ohn' Unterlaß,
all Fehd' hat nun ein Ende.

2. Wir loben, preis'n, anbeten dich;
für deine Ehr' wir danken[2]),
daß du, Gott Vater, ewiglich
regierst ohn' alles Wanken.
Ganz unermessen ist dein' Macht;
fort[3]) g'schieht, was dein Will' hat bedacht;
wohl uns des feinen[4]) Herren!

3. O Jesu Christ, Sohn eingeborn
deines himmlischen Vaters,
Versöhner der, die warn verlorn,
du Stiller unsers Haders,
Lamm Gottes, heilger Herr und Gott,
nimm an die Bitt' von unsrer Not,
erbarm' dich unser aller!

[1]) D. h. berühren, treffen.
[2]) Nach Kaftan, Katechismus[2], S. 162, Anm. ist die gewöhnliche Interpunktion richtig: „Wir . . . anbeten dich; für deine Ehr' wir danken", weil der lateinische Grundtext des Liedes (Gloria in excelsis) in Übereinstimmung mit dem griechischen Originalliede ebenso verbindet: „Gratias agimus tibi propter magnam gloriam tuam." — Andere (in Übereinstimmung mit dem ursprünglich niederdeutschen Text des Liedes): „anbeten dich für deine Ehr': wir danken, daß . . ."
[3]) D. h. fortan, immerfort.
[4]) D. h. des weisen.

4. O heilger Geist, du größtes Gut,
du allerheilsamst Tröster,
vors Teufels G'walt fortan behüt',
die Jesus Christ erlöset
durch große Mart'r und bittern Tod;
abwend' all unsern Jammer und Not!
Dazu wir uns verlassen.

Nikolaus Hovesch, d. h. aus Hof, gewöhnlich genannt) Decius, seit 15[illegible] vielleicht Prediger an der Nikolaikirche in Stettin [1].

--

31 b. Δόξα ἐν ὑψίστοις θεῷ
Καὶ ἐπὶ γῆς εἰρήνη,
Ἐν ἀνθρώποις εὐδοκία.
Αἰνοῦμέν σε,
Εὐχαριστοῦμέν σοι
Διὰ τὴν μεγάλην σου δόξαν,
Κύριε βασιλεῦ ἐπουράνιε,
Θεὸς πάτερ παντοκράτορ,
Κύριε υἱὲ μονογενὲς Ἰησοῦ Χριστέ,
Καὶ ἅγιον πνεῦμα, κύριε ὁ θεός.
Ὁ ἀμνὸς τοῦ θεοῦ,
Ὁ υἱὸς τοῦ πατρός,
Ὁ αἴρων τὰς ἁμαρτίας τοῦ κόσμου,
Πρόσδεξαι τὴν δέησιν ἡμῶν.
Ὁ καθήμενος ἐν δεξιᾷ τοῦ πατρός,
Ἐλέησον ἡμᾶς,
Ὅτι σὺ εἶ μόνος ἅγιος,
Σὺ εἶ μόνος κύριος,
Ἰησοῦς Χριστός,
Εἰς δόξαν θεοῦ πατρός. Ἀμήν.

31 c. Gloria in excelsis Deo et in terra pax hominibus bonae voluntatis [2],
Laudamus te, benedicimus te, adoramus te, glorificamus te, gratias agimus tibi propter magnam gloriam tuam.
Domine Deus, rex coelestis, Deus pater omnipotens.
Domine fili unigenite, Jesu Christe,
Domine Deus, agnus Dei, filius patris,
Qui tollis peccata mundi, miserere nobis,
Qui tollis peccata mundi, suscipe deprecationem nostram,
Qui sedes ad dexteram patris, miserere nobis.
Quoniam tu solus sanctus, tu solus dominus, tu solus altissimus,
Jesu Christe, cum sancto spiritu in gloria Dei patris. Amen.

31 d. Wir loben dich, wir benedeien dich, wir beten dich an; wir preisen dich, wir sagen dir Dank um deiner großen Herrlichkeit willen, Herr Gott, himmlischer König, allmächtiger Vater!

Herr, du eingeborner Sohn, Jesus Christus! Herr Gott, du Lamm Gottes, Sohn des Vaters, der du die Sünde der Welt trägst, erbarme dich unser! Der du die Sünde der Welt trägst, nimm an unser Gebet! Der du sitzest zur Rechten des Vaters, erbarme dich unser! Denn du allein bist heilig, du allein bist der Herr, du allein bist der Allerhöchste, Jesus

[1] Das Lied beruht auf dem ältesten uns bekannten Liede der griechischen Kirche (31 b, entstanden um das Jahr 200, noch heute in der griechischen Kirche gebraucht), welches von Hilarius, Bischof von Poitiers († 367), dem Vater der lateinischen Hymnendichtung, ins Lateinische übersetzt worden ist (31 c, noch heute in der katholischen Messe gebraucht). In genauerer Übersetzung wird das griechische Lied noch heute in der evangelischen Kirche an Festtagen vom Chor gesungen (31 d, die sogen. große Doxologie; vgl. Nr. 148 d und Quellenb. II, 12, 1). Decius soll das Lied im Hinblick auf den von Kaiser Maximilian I. im Jahre 1495 verordneten allgemeinen Landfrieden gedichtet haben, durch welchen alle Fehden verboten wurden („all Fehd' hat nun ein Ende"). In der Nikolaikirche in Stettin wird dies Lied (dem Dichter zu Ehren) noch heute jeden Sonntag beim Beginn des Gottesdienstes gesungen. — Vgl. aber Theol. Encykl. s. v. Decius.

[2] Nach der Lesart εὐδοκίας statt εὐδοκία (Luk. 2, 11): unter den Menschen des (göttlichen) Wohlgefallens.

Christus, mit dem Heiligen Geiste,
in der Herrlichkeit Gottes des Vaters!
Amen, Amen, Amen.

Eigene Melodie[1].

32. Wir glauben all an einen Gott,
Schöpfer Himmels und der Erden,
der sich zum Vater geben hat,
daß wir seine Kinder werden.
Er will uns allzeit ernähren,
Leib und Seel' auch wohl bewahren,
allem Unfall will er wehren,
kein Leid soll uns widerfahren.
Er sorget für uns, hüt't und wacht,
es steht alles in seiner Macht.

2. Wir glauben auch an Jesum Christ,
seinen Sohn und unsern Herren,
der ewig bei dem Vater ist,
gleicher Gott von Macht und Ehren,
von Maria der Jungfrauen
ist ein wahrer Mensch geboren
durch den heilgen Geist im Glauben[2];
für uns, die wir warn verloren,
am Kreuz gestorben und vom Tod
wieder auferstanden durch Gott.

3. Wir glauben an den heil'gen Geist,
Gott mit Vater und dem Sohne,
der aller Blöden Tröster heißt,
uns[3]) mit Gaben zieret schöne;
die ganz Christenheit auf Erden
hält in einem Sinn gar eben;
hier all Sünd vergeben werden;
das Fleisch soll uns wieder leben;
nach diesem Elend ist bereit
uns ein Leben in Ewigkeit.

Luthers Übersetzung des in der katholischen Messe gebrauchten Bekenntnisses von Nicäa-Konstantinopel. 1524[4].

Eigene Melodie[5].

33a. O du fröhliche, o du selige,
gnadenbringende Weihnachtszeit!
Welt ging verloren,
Christ ist geboren:
freue, freue dich, o Christenheit!

2. O du fröhliche, o du selige,
gnadenbringende Weihnachtszeit!
Christ ist erschienen,
uns zu versühnen:
freue, freue dich, o Christenheit!

3. O du fröhliche, o du selige,
gnadenbringende Weihnachtszeit!
Himmlische Heere
jauchzen dir Ehre:
freue, freue dich, o Christenheit!

33b. O du fröhliche, o du selige,
gnadenbringende Osterzeit!
Welt lag in Banden,
Christ ist erstanden:
freue, freue dich, o Christenheit!

2. O du fröhliche, o du selige,
gnadenbringende Osterzeit!
Tod ist bezwungen,
Leben errungen:
freue, freue dich, o Christenheit!

[1]) Die früher Luther zugeschriebene Melodie ist vielmehr eine alte lateinische Kirchenmelodie. — Da das erste Wort des Liedes „Wir" durch vier Noten gedehnt ist (d a g a), so bildete sich die Sage, Luther habe das getan, um damit die vier Himmelsgegenden zu bezeichnen, in welchen die Christen dieses allen Christen gemeinsame Bekenntnislied singen. — In Wittenberg wird das Lied noch heute stets vor der Predigt gesungen.

[2]) Wie in Strophe 1 und 3, so reimen sich auch in Str. 2 die Zeilen 5 und 7, wenn nach dem fränkisch-thüringischen Dialekt, den Luther sprach, gesprochen wird: Jungfrauwen, Glauwen. [3]) Ursprünglich: und.

[4]) Dieses Lied ist eins von den Katechismus-Liedern Luthers; die Lieder zum ersten Hauptstück sind „Dies sind die heilgen zehn Gebot" (12 Strophen) und „Mensch, willst du leben seliglich" (5 Strophen); das Lied zum 3. Hauptstück beginnt: „Vater unser im Himmelreich".

[5]) Melodie eines sicilianischen Schifferliedes, nach welcher auch gesungen wird das Marienlied: O sanctissima, o piissima, dulcis virgo Maria! Mater amata, intemerata, ora, ora pro nobis!

3. O du fröhliche, o du selige,
gnadenbringende Osterzeit!
Kraft ist gegeben,
laßt uns ihm leben!
Freue, freue dich, o Christenheit!

33c. O du fröhliche, o du selige,
gnadenbringende Pfingstenzeit!
Christ, unser Meister,
heiligt die Geister:
freue, freue dich, o Christenheit!

2. O du fröhliche, o du selige,
gnadenbringende Pfingstenzeit!
Führ', Geist der Gnade,
uns deine Pfade!
Freue, freue dich, o Christenheit!

3. O du fröhliche, o du selige,
gnadenbringende Pfingstenzeit!
Uns, die Erlösten,
willst du, Geist, trösten!
Freue, freue dich, o Christenheit!

Johannes Daniel Falk, † 1825 in Weimar[1]).

D. Die christliche Frömmigkeit.

Nr. 34–39. Vergebung der Sünden.

(20.) Aus tiefer Not schrei' ich zu dir. (Siehe unten Nr. 87.)

Eigene Melodie.

„Ein Danklied für die höchsten Wohltaten, so uns Gott in Christo erzeigt hat." Luther.

34. Nun freut euch, lieben Christen, g'mein[2]),
und laßt uns fröhlich springen,
daß wir getrost und all in ein
mit Lust und Liebe singen,
was Gott an uns gewendet hat,
und seine süße Wundertat;
gar teu'r hat er's erworben.

2[3]). Dem Teufel ich gefangen lag,
im Tod war ich verloren;
mein' Sünd' mich quälte Nacht und Tag,
darin ich war geboren.
Ich fiel auch immer tiefer drein,
es war kein Gut's am Leben mein,
die Sünd' hat mich besessen.

3. Mein' gute Werk' die galten nicht,
es war mit ihn'n verdorben;
der frei' Will' hasset Gott's Gericht,
er war zum Gut'n erstorben;
die Angst mich zu verzweifeln trieb,
daß nichts denn Sterben bei mir blieb,
zur Höllen mußt' ich sinken.

4. Da jammert Gott in Ewigkeit
mein Elend übermaßen;
er dacht' an sein' Barmherzigkeit,
er wollt' mir helfen lassen;
er wandt' zu mir sein Vaterherz,
es war bei ihm fürwahr kein Scherz,
er ließ[4]) sein Bestes kosten.

5.[5]) Er sprach zu seinem lieben Sohn:
die Zeit ist hie zu 'rbarmen;
fahr' hin, mein's Herzens werte Kron',
und sei das Heil dem Armen,
und hilf ihm aus der Sündennot,
erwürg' für ihn den bittern Tod
und laß ihn mit dir leben!

6. Der Sohn dem Vater g'horsam ward,
er kam zu mir auf Erden
von einer Jungfrau rein und zart,
er sollt' mein Bruder werden.
Gar heimlich führt' er sein' Gewalt,
er ging in meiner armen G'stalt,
den Teufel wollt' er fangen[6]).

---

[1]) Die drei Lieder werden auch zu einem Liede vereinigt, indem man die ersten Strophen aneinander reiht. — [2]) „g'mein" = dem in Zeile 3 folgenden: „all in ein". — [3]) Strophe 2 und 3 stellen Luthers Erfahrung im Kloster dar — sie können als ein Seitenstück zu Röm. 7, 7—25 angesehen werden. — [4]) D. h. er ließ es. — [5]) Strophe 5 und 6 haben einen Nachklang gefunden in dem Liede Paul Gerhardts: „Ein Lämmlein geht und trägt die Schuld". — [6]) Diese aus der alten Kirche stammende Betrachtung des Todes Jesu stimmt mit der Bibel nicht überein.

7. Er sprach zu mir: Halt' dich an mich,
es soll dir jetzt gelingen;
ich geb' mich selber ganz für dich,
da will ich für dich ringen;
denn ich bin dein, und du bist mein,
und wo ich bleib', da sollst du sein,
uns soll der Feind nicht scheiden.

8. Vergießen wird er mir mein Blut,
dazu mein Leben rauben;
das leid' ich alles dir zu gut,
das halt' mit festem Glauben.
Den Tod verschlingt das Leben mein,
mein' Unschuld trägt die Sünde dein,
da bist du selig worden.

9. Gen Himmel zu dem Vater mein,
fahr' ich von diesem Leben;
da will ich sein der Meister dein,
den Geist will ich dir geben,
der dich in Trübnis trösten soll
und lehren mich erkennen wohl
und in der Wahrheit leiten.

10. Was ich getan hab und gelehrt,
das sollst du tun und lehren,
damit das Reich Gott's werd' gemehrt
zu Lob und seinen Ehren;
und hüt' dich vor der Menschen G'satz,
davon verdirbt der edle Schatz:
das lass' ich dir zur Letze [1]).

„Die erste Blüte im evangelischen Liedergarten", und das erste Kirchenlied Luthers, gedichtet im J. 1523.

Röm. 3, 28.

Eigene Melodie.

35. Es ist das Heil uns kommen her
von Gnad und lauter Güte;
die Werk', die helfen nimmermehr,
sie mögen nicht behüten;
der Glaub' sieht Jesum Christum an,
der hat g'nug für uns all' getan,
er ist der Mittler worden.

2. Was Gott im G'setz geboten hat,
da man es nicht konnt' halten,
erhub sich Zorn und große Not
vor Gott so mannigfalte;
vom Fleisch wollt' nicht heraus der Geist [2]),
vom G'setz erfordert allermeist;
es war mit uns verloren.

3. Es war ein falscher Wahn dabei:
Gott hätt' sein G'setz drum geben,
als ob wir möchten selber frei
nach seinem Willen leben.
So ist es nur ein Spiegel zart,
der uns zeigt an die sündig Art,
in unserm Fleisch verborgen [3]).

4. Nicht möglich war, dieselbig Art
aus eignen Kräften lassen;
wiewohl es oft versuchet ward,
doch wehrt sich Sünd' ohn' Maßen;
denn Gleißners [4]) Werk Gott hoch verdammt,
und je dem Fleisch der Sünde Schand'
allzeit war angeboren.

5. Noch mußt' das G'setz erfüllet sein,
sonst wär'n wir all verdorben;
darum schickt Gott sein'n Sohn herein,
der selber Mensch ist worden;
das ganze G'setz hat er erfüllt,
damit sein's Vaters Zorn gestillt,
der über uns ging alle.

6. Und wenn es nun erfüllet ist
durch den, der es konnt' halten,
so lerne jetzt ein frommer Christ
des Glaubens recht Gestalte:
nicht mehr denn [5]): „Lieber Herre mein,
dein Tod wird mir das Leben sein,
du hast für mich bezahlet.

7. Daran ich keinen Zweifel trag',
dein Wort kann nicht betrügen:

---

[1]) D. h.: Abschied, Labung; beide Bedeutungen des Wortes passen hier, wie an anderen Orten. — [2]) Röm.: 8, 4 und 7 aus dem sündigen Fleische kommt nicht der Geist, der die Gerechtigkeit wirket. — [3]) Röm. 3, 20: Durch das Gesetz kommt Erkenntnis der Sünde. — [4]) Der Gleißner will durch äußerliche gute Werke vor Gott gerecht werden. — [5]) Zum rechten Glauben gehört nur das Folgende.

nun sagst du, daß kein Mensch verzag',
das wirst du nimmer lügen:
wer glaubt an mich und wird getauft,
demselben ist der Himm'l erkauft,
daß er nicht wird verloren."

8. Er ist gerecht vor Gott allein,
der diesen Glauben fasset;
der Glaub' gibt aus von ihm den Schein,
so er die Werk nicht lasset.
Mit Gott der Glaub' ist wohl daran,
dem Nächsten wird die Lieb' Gut's tun,
bist du aus Gott geboren.

9. Es wird die Sünd' durchs G'setz erkannt,
und schlägt das G'wissen nieder;
das Evangelium kommt zuhand [1])
und stärkt den Sünder wieder;
es spricht: „Nur kreuch zum Kreuz herzu,
im G'setz ist weder Rast noch Ruh'
mit allen seinen Werken."

10. Die Werk', die kommen g'wißlich her,
aus einem rechten Glauben,
denn das nicht rechter Glaube wär',
wollt'st ihn der Werk berauben.
Doch macht allein der Glaub gerecht;
die Werke sind des Nächsten Knecht,
dabei wir'n Glauben merken.

11. Die Hoffnung wart't der rechten Zeit,
was Gottes Wort zusage;
wann das geschehen soll zur Freud',
setzt Gott kein' g'wisse Tage;
er weiß wohl, wann's am besten ist,
und braucht an uns kein arge List:
des soll'n wir ihm vertrauen.

12. Ob sich's anließ', als wollt' er nicht,
laß dich es nicht erschrecken;
denn wo er ist am besten mit,
da will er's nicht entdecken.
Sein Wort laß dir gewisser sein,
und ob dein Herz spräch' lauter Nein,
so laß doch dir nicht grauen!

13. Sei Lob und Ehr' mit hohem Preis
um dieser Gutheit [2]) willen
Gott Vater, Sohn und heil'gem Geist,
der woll' mit Gnad' erfüllen,
was er in uns ang'fangen hat,
zu Ehren seiner Majestät,
daß heilig werd' sein Name.

14. Sein Reich zukomm', sein Will' auf Erd'
g'scheh, wie in Himmelsthrone;
das täglich Brot noch heut' uns werd';
wollst unser Schuld verschonen,
als wir auch unsern Schuldnern tun;
laß uns nicht in Versuchung stahn;
löß' uns vom Übel! Amen. [3])

„Das poetische Gegenbild der Vorrede Luthers zum Römerbrief" (Nr. 137), und ein Seitenstück zu Luthers Lied: „Nun freut euch lieben Christen g'mein", gedichtet im Jahre 1523 von Paulus Speratus (1484—1551), der als Bischof von Pomesanien in Marienwerder (der Hauptstadt des Bistums) gestorben ist.

Röm. 8, 31—39.

Mel.: Valet will ich dir geben.

a. **36.** Ist Gott für mich, so trete
gleich alles wider mich;
so oft ich ruf' und bete,
weicht alles hinter sich;
hab' ich das Haupt zum Freunde
und bin geliebt bei Gott,
was kann mir tun der Feinde
und Widersacher Rott'!

2. Nun weiß und glaub' ich feste,
ich rühm's auch ohne Scheu,
daß Gott der höchst' und beste,
mein Freund und Vater sei,
und daß in allen Fällen
er mir zur Rechten steh'
und dämpfe Sturm und Wellen
und was mir bringet Weh.

[1]) D. h. alsbald. — [2]) D. h. Güte. — [3]) Die beiden letzten Strophen wurden bei der Krönungsfeier des Jahres 1701 am Schlusse der Feier gesungen.

3. Der Grund, da ich mich gründe,
ist Christus und sein Blut;
das machet, daß ich finde
das ew'ge, wahre Gut.
An mir und meinem Leben
ist nichts auf dieser Erd',
was Christus mir gegeben,
das ist der Liebe wert.

9. Sein Geist spricht meinem Geiste
manch süßes Trostwort zu,
wie Gott dem Hilfe leiste,
der bei ihm suchet Ruh',
und wie er hab' erbauet
ein' edle neue Stadt,
da Aug' und Herze schauet,
was es geglaubet hat.

10. Da ist mein Teil und Erbe
mir prächtig zugericht;
wenn ich gleich fall' und sterbe,
fällt doch mein Himmel nicht.
Muß ich auch gleich hier feuchten
mit Tränen meine Zeit,
mein Jesus und sein Leuchten
durchsüßet alles Leid.

13. Die Welt, die mag zerbrechen,
du stehst mir ewiglich.
Kein Brennen, Hauen, Stechen,
soll trennen mich und dich;
kein Hunger und kein Dürsten,
kein Armut, keine Pein,
kein Zorn des großen Fürsten [1])
soll mir ein' Hindrung sein.

14. Kein Engel, keine Freuden,
kein Thron, kein' Herrlichkeit,
kein Lieben und kein Leiden,
kein Angst, kein Herzeleid,
was man nur kann erdenken,
es sei klein oder groß,
der keines soll mich lenken
aus deinem Arm und Schoß.

15. Mein Herze geht in Sprüngen
und kann nicht traurig sein,
ist voller Freud' und Singen,
sieht lauter Sonnenschein;
die Sonne, die mir lachet,
ist mein Herr Jesus Christ;
das, was mich singen machet,
ist, was im Himmel ist.

Paul Gerhardt, Pastor in Mittenwalde, in Berlin und in Lübben, 1607—1676 [2]).

Mel.: O daß ich tausend Zungen hätte.

a. 37. Ich habe nun den Grund gefunden,
der meinen Anker ewig hält:
wo anders, als in Jesu Wunden?
Da lag er vor der Zeit der Welt,
der Grund, der unbeweglich steht,
wenn Erd' und Himmel untergeht.

2. Es ist das ewige Erbarmen,
das alles Denken übersteigt;
es sind die offnen Liebesarmen
des, der sich zu dem Sünder neigt;
dem allemal das Herze bricht,
wir kommen oder kommen nicht.

3. Wir sollen nicht verloren werden;
Gott will, uns soll geholfen sein;
deswegen kam der Sohn auf Erden
und nahm hernach den Himmel ein;
deswegen klopft er für und für
so stark an unsre Herzenstür.

4. O Abgrund, welcher alle Sünden
durch Christi Tod verschlungen hat!
Das heißt die Wunde recht verbinden,
da findet kein Verdammen statt,
weil Christi Blut beständig schreit:
Barmherzigkeit, Barmherzigkeit!

5. Darein will ich mich gläubig senken,
dem will ich mich getrost vertraun,

---

[1]) D. h. des Teufels. Da das Lied schon im Jahre 1653 erschien, so kann der Dichter nicht an den Großen Kurfürsten gedacht haben, mit dem er erst im Jahre 1664 in Konflikt geriet; auch lautet diese Zeile ursprünglich: „Kein Zorn der großen Fürsten".

[2]) Das auf Röm. 8, 31—39 beruhende Lied darf als ein Seitenstück zu Luthers Lied „Ein' feste Burg" bezeichnet werden.

und wenn mich meine Sünden kränken,
nur bald nach Gottes Herze schaun:
da findet sich zu aller Zeit
unendliche Barmherzigkeit.

6. Wird alles andre weggerissen,
was Seel' und Leib erquicken kann,
darf ich von keinem Troste wissen
und scheine völlig ausgetan[1],
ist die Errettung noch so weit:
mir bleibet die Barmherzigkeit.

7. Beginnt das Irdische zu drücken,
ja, häuft sich Kummer und Verdruß,
daß ich mich noch in vielen Stücken
mit eitlen Dingen mühen muß,
werd' ich dadurch oft sehr zerstreut:
so hoff' ich auf Barmherzigkeit.

8. Muß ich an meinen besten Werken,
darinnen ich gewandelt bin,
viel Unvollkommenheit bemerken,
so fällt wohl alles Rühmen hin;
doch ist auch dieser Trost bereit:
ich hoffe auf Barmherzigkeit.

9. Es gehe nur nach dessen Willen,
bei dem so viel Erbarmen ist;
er wolle selbst mein Herze stillen,
damit es das nur nicht vergißt;
so stehet es in Lieb' und Leid
in, durch und auf Barmherzigkeit.

10. Bei diesem Grunde will ich bleiben,
so lange mich die Erde trägt;
das will ich denken, tun und treiben,
so lange sich ein Glied bewegt.
So sing' ich einstens höchst erfreut:
o Abgrund der Barmherzigkeit!

Johannes Andreas Rothe, 1688—1758,
1722—1737 Pfarrer in Berthelsdorf in Sachsen,
zuletzt in Thommendorf bei Bunzlau[2].

Luk. 15.
Mel.: Jesus, meine Zuversicht.

a. 38. Jesus nimmt die Sünder an —
saget doch dies Trostwort allen,
welche von der rechten Bahn
auf verkehrten Weg verfallen.
Hier ist, was sie retten kann:
Jesus nimmt die Sünder an.

2. Keiner Gnade sind wir wert:
doch hat er in seinem Worte
eidlich sich dazu erklärt;
sehet nur, die Gnadenpforte
ist hier völlig aufgetan:
Jesus nimmt die Sünder an.

3. Wenn ein Schaf verloren ist,
suchet es ein treuer Hirte;
Jesus, der uns nie vergißt,
suchet treulich das verirrte,
daß es nicht verderben kann:
Jesus nimmt die Sünder an.

4. Kommet alle, kommet her,
kommet, ihr betrübten Sünder!
Jesus rufet euch, und er
macht aus Sündern Gottes Kinder.
Glaubt es doch und denkt daran:
Jesus nimmt die Sünder an.

5. Ich Betrübter komme hier
und bekenne meine Sünden;
laß, mein Heiland, mich bei dir
Gnade zur Vergebung finden,
daß dies Wort mich trösten kann:
Jesus nimmt die Sünder an.

6. Ich bin ganz getrosten Muts:
ob die Sünden blutrot wären,
müßten sie kraft deines Bluts
dennoch sich in Schneeweiß kehren,
da ich gläubig sprechen kann:
Jesus nimmt die Sünder an.

[1]) D. h.: verworfen, verstoßen.

[2]) Das Lied wurde vom Verfasser für den 26. Mai 1728, den Geburtstag des Grafen von Zinzendorf, seines Patronatsherrn, gedichtet, der dem Dichter zu seinem Geburtstag, dem 12. Mai, im Jahre 1722 ebenfalls ein Kirchenlied gedichtet hatte. Nach der zweiten Zeile des Liedes wurde des Dichters Grabmal mit einem Anker geschmückt, unter welchem die zwei ersten Zeilen des Liedes stehen.

7. Mein Gewissen quält mich nicht[1],
Moses darf mich nicht verklagen;
der mich frei und ledig spricht,
hat die Schulden abgetragen,
daß mich nichts verdammen kann:
Jesus nimmt die Sünder an.

8. Jesus nimmt die Sünder an.
Mich hat er auch angenommen
und den Himmel aufgetan,
daß ich selig zu ihm kommen
und auf den Trost sterben kann:
Jesus nimmt die Sünder an.

Erdmann Neumeister, 1671—1756, 58 Jahre Pastor, zuletzt in Hamburg, Verfasser von etwa 700 Kirchenliedern. Eine Nachbildung dieses Liedes ist das Lied: „Mein Jesus nimmt die Sünder an" von dem Diakonus Lehr in Cöthen († 1744), und wieder eine Nachbildung dieses Liedes das Lied von Woltersdorf (Gründer des Waisenhauses in Bunzlau, † 1761): „Ja, Jesus nimmt die Sünder an" (68 Strophen = 680 Zeilen).

---

1. Timoth. 1, 13.

Mel.: O daß ich tausend Zungen hätte.

39. Mir ist Erbarmung widerfahren,
Erbarmung, deren ich nicht wert;
das zähl' ich zu dem Wunderbaren,
mein stolzes Herz hat's nicht begehrt.
Nun weiß ich das und bin erfreut
und rühme die Barmherzigkeit.

2. Ich hatte nichts denn Zorn verdienet,
und soll bei Gott in Gnaden sein;
Gott hat mich mit ihm selbst versühnet
und macht durchs Blut des Sohns mich rein.
Wo kam dies her, warum geschieht's?
Erbarmung ist's und weiter nichts.

3. Das muß ich dir, mein Gott, bekennen,
das rühm' ich, wenn ein Mensch mich fragt.
Ich kann es nur Erbarmung nennen,
so ist mein ganzes Herz gesagt.
Ich beuge mich und bin erfreut
und rühme die Barmherzigkeit.

4. Dies lass' ich kein Geschöpf mir rauben,
dies soll mein einzig Rühmen sein.
Auf dies Erbarmen will ich glauben,
auf dieses bet' ich auch allein;
auf dieses duld' ich in der Not,
auf dieses hoff' ich noch im Tod.

5. Gott, der du reich bist an Erbarmen,
nimm dein Erbarmen nicht von mir,
und führe durch den Tod mich Armen,
durch meines Heilands Tod zu dir!
Da bin ich ewig recht erfreut
und rühme die Barmherzigkeit.

Philipp Friedrich Hiller, 1699—1769, Pfarrer zu Steinheim in Württemberg, Verfasser von 1073 Liedern.

Nr. 40—52. Vertrauen auf Gott.

Eigene Melodie.

a. **40.** O Gott, du frommer[2] Gott,
du Brunnquell guter Gaben[3],
ohn' den nichts ist, was ist,
von dem wir alles haben;
gesunden Leib gib mir,
und daß in solchem Leib
ein' unverletzte Seel'
und rein Gewissen bleib'!

2. Gib, daß ich tu' mit Fleiß,
was mir zu tun gebühret,
wozu mich dein Befehl
in meinem Stande führet.
Gib, daß ich's tue bald,
zu der Zeit, da ich soll;
und wenn ich's tu', so gib,
daß es gerate wohl!

---

[1]) Urspr.: „beißt mich nicht". — [2]) D. h. freundlich, gut. — [3]) Urspr.: „aller Gaben".

3. Hilf, daß ich rede stets,
womit ich kann bestehen;
laß kein unnützlich Wort
aus meinem Munde gehen;
und wenn in meinem Amt
ich reden soll und muß,
so gib den Worten Kraft
und Nachdruck ohn' Verdruß!

4. Find't sich Gefährlichkeit,
so laß mich nicht verzagen;
gib einen Heldenmut,
das Kreuz hilf selber tragen.
Gib, daß ich meinen Feind
mit Sanftmut überwind',
und, wenn ich Rat bedarf,
auch guten Rat erfind'!

5. Laß mich mit jedermann
in Fried' und Freundschaft leben,
so weit es christlich ist!
Willst du mir etwas geben
an Reichtum, Gut und Geld,
so gib auch dies dabei,
daß von unrechtem Gut
nichts untermenget sei[1])!

6. Soll ich auf dieser Welt
mein Leben höher bringen,
durch manchen sauren Tritt
hindurch ins Alter dringen,
so gib Geduld; vor Sünd'
und Schanden mich bewahr',
auf daß ich tragen mag
mit Ehren graues Haar!

7. Laß mich an meinem End'
auf Christi Tod abscheiden;
die Seele nimm zu dir
hinauf zu deinen Freuden;
dem Leib ein Räumlein gönn'
bei frommer Christen Grab[2]),
auf daß er seine Ruh'
an ihrer Seite hab'!

8. Wenn du die Toten wirst
an jenem Tag erwecken,
so tu' auch deine Hand
zu meinem Grab ausstrecken;
laß hören deine Stimm'
und meinen Leib weck' auf
und führ' ihn schön verklärt
zum auserwählten Hauf!

Johannes Heermann, 1585–1647. Vgl. zu Nr. 19. — Das Versmaß ist das des von Opitz eingeführten Alexandriners. — Das Lied wurde vom preußischen Heere vor der Schlacht bei Leuthen (1757) gesungen; nach der Schlacht wurde gesungen „Nun danket alle Gott". Vgl. das Gedicht von Besser (hinter Nr. 54)!

Psalm 37, 5.

Mel.: Herzlich tut mich verlangen.

a. 41. Befiehl du deine Wege
und was dein Herze kränkt
der allertreusten Pflege
des, der den Himmel lenkt;
der Wolken, Luft und Winden
gibt Wege, Lauf und Bahn,
der wird auch Wege finden,
da dein Fuß gehen kann.

2. Dem Herren mußt du trauen,
wenn dir's soll wohlergehn;
auf sein Werk mußt du schauen,
wenn dein Werk soll bestehn.
Mit Sorgen und mit Grämen
und mit selbsteigner Pein
läßt Gott ihm[3]) gar nichts nehmen,
es muß erbeten sein.

3. Dein' ew'ge Treu und Gnade,
o Vater, weiß und sieht,
was gut sei oder schade
dem sterblichen Geblüt;
und was du dann erlesen,
das treibst du, starker Held,
und bringst zum Stand und Wesen,
was deinem Rat gefällt!

---

[1]) Urspr: „daß kein unrechter Scherf mit untermenget sei". Ein Scherf war ein halber Heller, die kleinste Kupfermünze.

[2]) Urspr.: „bei seiner Eltern Grab".

[3]) D. h.: sich — in der älteren Sprache war „sich" nur der Akkusativ, noch nicht der Dativ.

4. Weg' hast du allerwegen,
an Mitteln fehlt's dir nicht;
dein Tun ist lauter Segen,
dein Gang ist lauter Licht.
Dein Werk kann niemand hindern,
dein' Arbeit darf nicht ruhn,
wenn du, was deinen Kindern
ersprießlich ist, willst tun!

5. Und ob gleich alle Teufel
hier wollten widerstehn,
so wird doch ohne Zweifel
Gott nicht zurücke gehn;
was er ihm vorgenommen
und was er haben will,
das muß doch endlich kommen
zu seinem Zweck und Ziel.

6. Hoff', o du arme Seele,
hoff' und sei unverzagt!
Gott wird dich aus der Höhle,
da dich der Kummer plagt,
mit großen Gnaden rücken;
erwarte nur die Zeit,
so wirst du schon erblicken
die Sonn' der schönsten Freud'!

7. Auf, auf, gib deinem Schmerze
und Sorgen gute Nacht;
laß fahren, was das Herze
betrübt und traurig macht.
Bist du doch nicht Regente,
der alles führen soll;
Gott sitzt im Regimente
und führet alles wohl.

8. Ihn, ihn laß tun und walten;
er ist ein weiser Fürst
und wird sich so verhalten,
daß du dich wundern wirst,
wenn er, wie ihm gebühret,
mit wunderbarem Rat
die Sach' hinausgeführet,
die dich bekümmert hat.

9. Er wird zwar eine Weile
mit seinem Trost verziehn
und tun an seinem Teile,
als hätt' in seinem Sinn
er deiner sich begeben [1]),
und solltst du für und für
in Angst und Nöten schweben,
als fragt' er nichts nach dir.

10. Wird's aber sich befinden,
daß du ihm treu verbleibst,
so wird er dich entbinden,
da du's am mind'sten gläubst.
Er wird dein Herze lösen
von der so schweren Last,
die du zu keinem Bösen [2])
bisher getragen hast.

11. Wohl dir, du Kind der Treue,
du hast und trägst davon
mit Ruhm und Dankgeschreie
den Sieg und Ehrenkron'.
Gott gib dir selbst die Palmen
in deine rechte Hand,
und du singst Freudenpsalmen
dem, der dein Leid gewandt.

12. Mach' End', o Herr, mach' Ende
an aller unsrer Not;
stärk' unsre Füß' und Hände,
und laß bis in den Tod
uns allzeit deiner Pflege
und Treu empfohlen sein,
so gehen uns're Wege
gewiß zum Himmel ein.

Paul Gerhardt, Pastor in Mittenwalde, in Berlin und in Lübben, 1607—1676 [3]).

[1]) D. h.: sich von dir abgewendet.

[2]) D. h.: nicht zu deinem Schaden.

[3]) Die Sage von der Entstehung dieses Liedes ist in einem hier abgedruckten Gedichte von Schmidt von Lübeck dargestellt. Vgl. Nr. 109 B, Anm. Das Lied ist schon im Jahre 1656 erschienen (zehn Jahre vor des Dichters Absetzung).

Paul Gerhardt[1]).

Von Schmidt von Lübeck[2]).

1. Zu Brandenburg einst waltet
Der Kurfürst weit und breit;
Doch neue Lehre spaltet
Des Glaubens Einigkeit.
Es steuern wohl Gesetze
Verbotenem Geschwätze,
Wie das Edikt es nennt.
Doch wird es ihm gelingen,
Den freien Geist zu zwingen
Des Sängers, der die Furcht nicht kennt?

2. Er stand an heil'ger Stätte,
Der Kirche heller Stern,
Durch Lehren und Gebete
Verkündigend den Herrn.
„Und laß dir nimmer grauen,
Mußt droben dem vertrauen,
Des Name Zebaoth!
Und ob des Himmels Schranken
Und alle Festen wanken:
Ein' feste Burg ist unser Gott!"

3. Der Kurfürst aber sandte,
Da kam der fromme Mann;
Des Fürsten Auge brannte,
Und zürnend hub er an:
„Wer nur den eignen Grillen,
Nicht des Gesetzes Willen
Zu folgen, weise fand,
Der hat — es sei gesprochen —
Hat Ehr' und Amt verbrochen,
Und meidet fortan Stadt und Land!"

4. Der Greis versetzt bescheiden!
„Mir ziemt's, das strenge Recht,
Gebieter, zu erleiden,
Mir, dem geringen Knecht.
Wie mag ich anders lehren,
Das Reich des Herrn zu mehren,
Als wie geschrieben steht?
Es bleibt gerecht sein Wille,
Ich will ihm halten stille." —
Und drauf verneigt er sich und geht.

5. Und wehrt daheim dem Jammer,
Und alles[3]) legt er ab,
Und nimmt aus seiner Kammer
Die Bibel und den Stab.
Die Mutter, blaß von Harme,
Das jüngste Kind im Arme,
Das zweite bei der Hand —
So tritt er an die Schwelle,
Und blickt hinauf ins Helle,
Und meidet fröhlich Stadt und Land.

6. Wer geht im fernen Tale
Den müden Pilgergang,
Im heißen Sonnenstrahle
Die flache Heid' entlang? —
Sie wallen froh im Glauben,
Als blühten ihnen Lauben
Der fremden Erde zu.
Und als der Tag verflossen,
So beut, im Wald verschlossen,
Ein gastlich Dach dem Häuflein Ruh'.

7. O schau' den süßen Schlummer
Der Kleinen auf der Bank!
Ins Mutterherz der Kummer,
So viel es kämpfte, sank:
„Wer wird sich doch der Armen
Im fremden Land erbarmen
Und ihr Vertreter sein?
Wer wird das Herz erweichen?
Die harten Menschen reichen
Den Hungrigen für Brot den Stein."

8. Der fromme Dichter lächelt:
„Sie stehn in Gottes Hut!"
Des Glaubens Palme fächelt
Ihm Freudigkeit und Mut;
Und wo sich solche Blüte
Entfaltet im Gemüte,
Ist nimmer fern das Glück.
Er geht hinaus in Eile
Und bringt nach kleiner Weile
Des Trostes goldnes Lied zurück.

9. „Befiehl du deine Wege
Und was das Herze kränkt
Der allertreusten Pflege

---

[1]) Vgl. Nr. 109 B, c. — [2]) Georg Philipp Schmidt von Lübeck (1766—1849) ist auch der Dichter des von Schubert komponierten Liedes „Ich komme vom Gebirge her". — [3]) Die ganze geistliche Kleidung.

Des, der den Himmel lenkt."
Da deucht es ihren Sinnen,
Als ob die Furcht von hinnen
Und alle Sorge flöh';
Denn kaum das Lied vernommen,
Ist über sie gekommen
Der Friede Gottes aus der Höh'.

10. Sie schwören still und schauen
Hinaus in Wald und Nacht,
Und über dunkeln Auen
Der Sterne goldne Pracht;
Sie schwören, ob die Wellen
Bis an die Seele schwellen,
Zu trauen für und für.
Und als der Schwur vollzogen
Und himmelan geflogen,
Da steht die Hilfe vor der Tür.

11. Denn draußen scharrt im Sande
Bereits des Rosses Fuß;
Es bringt aus Sachsenlande
Der Bote diesen Gruß:
„Dem Sänger Heil und Frieden!
Ich bin hierher beschieden
Durch Kurfürst Christian;
Er will den Dulder ehren,
Den, treu in Tun und Lehren,
Die Engel Gottes wandeln sahn."

12. „Er hat dich auserkoren,
Zu weiden eine Herd',
Und was du dort verloren,
Sei dreifach dir gewährt!
Wohlauf, es graut der Morgen,
Dahinten laß die Sorgen,
Und reiche mir die Hand!
Es winken uns die Grenzen;
Eh' wieder Sterne glänzen,
Umfängt dich Freund und Vaterland"[1]).

Vgl. Psalm 127.
Mel.: O Welt, ich muß dich lassen.

a. 42. In allen meinen Taten
laß' ich den Höchsten raten,
der alles kann und hat;
er muß zu allen Dingen,
soll's anders wohl gelingen,
mir selber geben Rat und Tat.

2. Nichts ist es spät und frühe
um alle meine Mühe,
mein Sorgen ist umsonst;
er mag's mit meinen Sachen
nach seinem Willen machen,
ich stell's in seine Vatergunst.

3. Es kann mir nichts geschehen,
als was er hat ersehen
und was mir selig ist.
Ich nehm' es, wie er's gibet;
was ihm von mir beliebet,
das hab' ich willig auch erkiest.

4. Ich traue seiner Gnaden,
die mich vor allem Schaden,
vor allem Übel schützt.
Leb' ich nach seinen Sätzen,
so wird mich nichts verletzen,
nichts fehlen, was mir ewig nützt.

5. Er wolle meiner Sünden
in Gnaden mich entbinden,
durchstreichen meine Schuld.
Er wird auf mein Verbrechen
nicht stracks das Urteil sprechen
und mit mir haben noch Geduld.

6. Leg' ich mich späte nieder,
erwach' ich frühe wieder,
lieg' oder zieh' ich fort,
in Schwachheit und in Banden
und was mir stößt zu Handen[2]),
so tröstet mich allzeit sein Wort.

[1]) Das neue „Vaterland" des Dichters wurde nicht, wie es hier heißt, das Kurfürstentum Sachsen, sondern ein von demselben im Jahre 1657 (wo das Kurfürstentum in vier Teile zerfiel) abgezweigtes Nebenland, welches das Bistum Merseburg und die Niederlausitz umfaßte, und welches erst im Jahre 1738 wieder mit dem Kurfürstentum vereinigt wurde. In der Niederlausitz liegt die Stadt Lübben, wo Gerhardt bis zu seinem Tode (1676) Pastor war. — Daß das Lied der Geschichte nicht entspricht, ist oben dargelegt: Nr. 109 B, c.

[2]) In diesem Ausdruck ist, wie in „allerhand", „abhanden", „vorhanden", der Umlaut nicht durchgedrungen.

7. Hat er es denn beschlossen,
so will ich unverdrossen
an mein Verhängnis gehn;
kein Unfall unter allen
wird mir zu harte fallen,
mit Gott will ich ihn überstehn.

8. Ihm hab' ich mich ergeben
zu sterben und zu leben,
sobald er mir gebeut;
es sei heut oder morgen,
dafür laß ich ihn sorgen,
er weiß allein die rechte Zeit.

9. So sei nun, Seele, seine[1])
und traue dem alleine,
der dich geschaffen hat!
Es gehe, wie es gehe,
dein Vater in der Höhe,
der weiß zu allen Sachen Rat.

Paul Fleming, Arzt in Hamburg, 1609—1640[2]).

Psalm 55, 23.

(Eigene Melodie[3]).

a. 43. Wer nur den lieben Gott läßt walten
und hoffet auf ihn allezeit,
den wird er wunderlich erhalten
in aller Not und Traurigkeit.
Wer Gott, dem Allerhöchsten, traut,
der hat auf keinen Sand gebaut.

2. Was helfen uns die schweren Sorgen?
Was hilft uns unser Weh und Ach?
Was hilft es, daß wir alle Morgen
beseufzen unser Ungemach?
Wir machen unser Kreuz und Leid
nur größer durch die Traurigkeit.

3. Man halte nur ein wenig stille
und sei doch in sich selbst vergnügt,
wie unsers Gottes Gnadenwille,
wie sein' Allwissenheit es fügt.
Gott, der uns ihm[4]) hat auserwählt,
der weiß auch sehr wohl, was uns fehlt.

4. Er kennt die rechten Freudenstunden,
er weiß wohl, wann es nützlich sei.
Wenn er uns nur hat treu erfunden
und merket keine Heuchelei,
so kommt Gott, eh' wir's uns versehn,
und lässet uns viel Gut's geschehn.

5. Denk' nicht in deiner Drangsalshitze,
daß du von Gott verlassen seist,
und daß Gott der im Schoße sitze,
der sich mit stetem Glücke speist;
die Folgezeit verändert viel
und setzet jeglichem sein Ziel.

---

[1]) Ursprünglich: „So sei nun, Seele, deine" d. h. sei unverzagt.

[2]) Aus dem ursprünglichen eigentlichen Reiseliede von 15 Versen (gedichtet für eine große Reise nach Rußland und Persien) ist durch Weglassung von 6 Versen (Vers 6—9 und 13—14) ein allgemeines Pilgerlied des Christen für die Reise zur Ewigkeit geworden. Um dasselbe nach der oben genannten Melodie singen zu können, mußten in der Schlußzeile jedes Verses stets zwei Silben eingeschoben werden; das ist aber in den verschiedenen Gesangbüchern in verschiedener Weise geschehen. — Das Lied ist fast das einzige geistliche Lied Flemings, welches im Gesangbuch Aufnahme gefunden hat. — Der Dichter ist jung gestorben; es ist ihm nicht zuteil geworden, was er nach Vers 13 seines Liedes hoffte: „Gefällt es seiner Güte, und sagt mir mein Gemüte nicht was Vergeblichs zu, so werd' ich Gott noch preisen mit manchen schönen Weisen daheim in meiner stillen Ruh'."

[3]) Diese von Neumark selbst herstammende Melodie hat, wie auch die Strophe des Liedes, die hier zum erstenmal im evangelischen Kirchenliede erscheint, eine ganz außergewöhnliche Verbreitung gefunden; doch ist die ursprüngliche Melodie heute nur noch wenig im Brauch. Von allen Trostliedern unseres Gesangbuches ist dieses Lied neben Gerhardts „Befiehl du deine Wege" wohl das bekannteste.

[4]) D. h.: sich — „sich" war früher nur der Akkusativus.

6. Es sind ja Gott sehr schlechte[1]) Sachen
und ist dem Höchsten alles gleich,
den Reichen klein und arm zu machen,
den Armen aber groß und reich.
Gott ist der rechte Wundermann,
der bald erhöh'n, bald stürzen kann.

7. Sing', bet' und geh auf Gottes Wegen,
verricht' das Deine nur getreu,
und trau' des Himmels reichem Segen,
so wird er bei dir werden neu.
Denn welcher seine Zuversicht
auf Gott setzt, den verläßt er nicht.

Georg Neumark, Kanzlei-Registrator und Bibliothekar in Weimar, 1621—1681[2]).

Georg Neumark.

Von Johann Friedrich Kind.

1. „Sing', bet' und geh' auf Gottes Wegen,
verricht' das Deine nur getreu,
und trau' des Himmels reichem Segen!"
rief Neumark jeden Tag aufs neu',
sang Lieder zu des Höchsten Preis,
trieb Wissenschaft mit regem Fleiß.

2. Die, deren Wandel ist im Himmel,
trifft aber oft viel Mißgeschick,
indessen die im Weltgetümmel
genießen manches Erdenglück.
Auch Neumark fiel in Ungemach,
daß fast die Notdurft ihm gebrach.

3. Schon ward ihm das Gerät entrissen
als Unterpfand für Wuchergeld.
„Wohl mehr noch muß ein Ärmrer missen",
sprach Neumark, floh zu Wald und Feld.
Erst mit des Dichters liebstem Gut,
Dem Bücherschatz, entwich sein Mut.

4. Doch wankt auch jetzt nicht sein Vertrauen,
obwohl die letzte Hülfe schwand;
er läßt nicht ab auf Gott zu bauen
bei harter Kost und leerer Wand,
und sang bei jedem Morgenlicht
ein Lied voll froher Zuversicht.

5. Spät, wenn beim Schein der düstern Lampe
die Schwermut seinen Geist umschlich,
ergriff er die geliebte Gambe[3]),
die er mit fert'gem Finger strich;
beim Finden süßer Melodien
kam Trost des Himmels über ihn.

6. Nichts endlich war ihm mehr geblieben,
als diese holde Trösterin;
von Nahrungssorgen hart getrieben,
trug er sie auch zum Wuch'rer hin,
nahm Abschied von dem teuren Pfand,
gab zitternd es aus seiner Hand.

7. Erst als ihm nun beim Dunkelwerden
der einz'gen Freundin Trost gebrach,
vermißt er jedes Glück auf Erden
und seufzte still ein banges Ach!
Dann rief er, seinem Gott getreu:
„Du weißt's, ob Hülfe ratsam sei."

8. Gott wußt es auch. Am nächsten Morgen
berief ein Graf den Unglückssohn
und sprach: „Man sagt, Ihr lebt in Sorgen.

[1]) D. h.: einfache, leichte.

[2]) Die Sage von der Entstehung dieses Liedes (daß er in großer Not seine Kniegeige versetzt und, als er sie wieder einlösen konnte, das Lied gedichtet habe) ist dargestellt in einem hier abgedruckten Gedicht von Johann Friedrich Kind († 1843, Verfasser des Textes der Oper „Der Freischütz"); sie entspricht der Geschichte nur insofern, als das Lied nach Errettung aus großer Not entstanden ist (wahrscheinlich in Kiel auf der Wanderung nach Königsberg, 1640 oder 1641).

[3]) Viola di Gamba (Kniegeige): ein heute nicht mehr übliches, dem Cello ähnliches Saiteninstrument.

Wie? Wär' dies wohl verdienter
Lohn?
Bewährt mir Eure Kunst und Tat
mit einer Schrift an Schwedens
Staat!"

9. Den Blick empor zu Gott, dem
Retter,
fleht Neumark seinen Beistand an,
durchliest die überreichten Blätter,
betritt voll Muts die neue Bahn.
Kaum weicht die dunkle Mitternacht,
so ist mit Gott sein Werk vollbracht.

10. Und sieh, mit Gott ist's wohl-
gelungen!
Der Graf erhebt es hochvergnügt.
Wie kräftig, wie mit Feuerzungen
der Jüngling Wort an Wort gefügt.
„Nimm", ruft er, „dies aus Dank-
barkeit,
und bleibe meinem Dienst geweiht!"

11. Ja, würdig war die Ehren-
spende
des, der sie gab, des, der sie nahm:
er drückt gerührt des Edlen Hände
mit stummem Dank, mit schöner
Scham;
ihn treibt das volle Herz nach Haus,
dort löst er erst die Gambe aus.

12. Nun grüßt er die verarmten
Mauern,
die er so oft voll Grams geflohn,
mit Jubel, greift mit süßen Schauern
den lieben, lang' entbehrten Ton,
drückt fest die Gambe an die Brust
und stimmet sie mit inn'ger Lust.

13. Nicht länger kann die Glut sich
halten,
er dichtet, spielt mit frommer Hand:
„Wer nur den lieben Gott läßt
walten."
Noch immer singt es Stadt und Land,
und manches Herz, des Kummers
Raub,
schlägt leichter, segnet Neumarks
Staub.

Eigene Melodie.

a. 44. Was Gott tut, das ist wohl-
getan:
es bleibt gerecht sein Wille;
wie er fängt meine Sachen an,
will ich ihm halten stille.
Er ist mein Gott, der in der Not
mich wohl weiß zu erhalten;
drum laß ich ihn nur walten.

2. Was Gott tut, das ist wohl-
getan:
er wird mich nicht betrügen,
er führet mich auf rechter Bahn;
so laß ich mir genügen
an seiner Huld und hab' Geduld,
er wird mein Unglück wenden;
es steht in seinen Händen.

3. Was Gott tut, das ist wohl-
getan:
er wird mich wohl bedenken;
er, als ein Arzt und Wundermann,
wird mir nicht Gift einschenken
für Arzenei; Gott ist getreu,
drum will ich auf ihn bauen
und seiner Güte trauen.

4. Was Gott tut, das ist wohl-
getan:
er ist mein Licht und Leben,
der mir nichts Böses gönnen kann;
ich will mich ihm ergeben
in Freud' und Leid; es kommt die
Zeit,
da öffentlich erscheinet,
wie treulich er es meinet.

5. Was Gott tut, das ist wohlgetan:
muß ich den Kelch gleich schmecken,
der bitter ist nach meinem Wahn,
laß ich mich doch nicht schrecken,
weil doch zuletzt ich werd' ergötzt
mit süßem Trost im Herzen;
da weichen alle Schmerzen.

6. Was Gott tut, das ist wohlgetan:
dabei will ich verbleiben;
es mag mich auf die rauhe Bahn
Not, Tod und Elend treiben,

so wird Gott mich ganz väterlich
in seinen Armen halten:
drum laß ich ihn nur walten.

Samuel Rodigast („Rodegast“ auf dem Grabstein in der Klosterkirche), Rektor des Gymnasiums zum grauen Kloster in Berlin, 1649—1708. — Der Dichter hat nur dieses einzige Lied gedichtet; es war das Lieblingslied König Friedrich Wilhelms III. von Preußen, das auch bei seinem Begräbnis gespielt wurde.

„An Gottes Segen ist alles gelegen“.

Eigene Melodie.

a—1. 45. Alles ist an Gottes Segen
und an seiner Gnad' gelegen
über alles Geld und Gut.
Wer auf Gott sein' Hoffnung setzet,
der behält ganz unverletzet
einen freien Heldenmut.

2. Der mich hat bisher ernähret
und so manches Glück bescheret,
ist und bleibet ewig mein.
Der mich wunderlich geführet
und noch leitet und regieret,
wird forthin mein Helfer sein.

3. Viel' bemühen sich um Sachen,
die nur Sorg' und Unruh' machen
und ganz unbeständig sind.
Ich begehr' nach dem zu ringen,
was Vergnügen pflegt zu bringen
und man jetzt gar selten findt.

4. Hoffnung kann das Herz erquicken,
was ich wünsche, wird sich schicken,
so es anders Gott gefällt.
Meine Seele, Leib und Leben
hab' ich seiner Gnad' ergeben
und ihm alles heimgestellt.

5. Er weiß schon nach seinem Willen
mein Verlangen zu erfüllen;
es hat alles seine Zeit.
Ich hab' ihm nichts vorzuschreiben;
wie Gott will, so muß es bleiben;
wenn Gott will, bin ich bereit.

6. Soll ich länger allhier leben,
will ich ihm nicht widerstreben,
ich verlasse mich auf ihn.
Ist doch nichts, das lang' bestehet,
alles Irdische vergehet
und fährt wie ein Strom dahin.

Im Jahre 1676 zuerst gedruckt.

Matth. 26, 41.

Mel.: Straf' mich nicht in deinem Zorn.

a—1. 46. Mache dich, mein Geist, bereit,
wache, fleh' und bete,
daß dich nicht die böse Zeit
unverhofft betrete;
denn es ist
Satans List
über viele Frommen
zur Versuchung kommen.

2. Aber wache erst recht auf
von dem Sündenschlafe,
denn es folget sonst darauf
eine lange Strafe,
und die Not
samt dem Tod
möchte dich in Sünden
unvermutet finden.

7. Bete aber auch dabei
mitten in dem Wachen,
denn der Herre muß dich frei
von dem allen machen,
was dich drückt
und bestrickt,
daß du schläfrig bleibest
und sein Werk nicht treibest.

10. Drum so laßt uns immerdar
wachen, flehen, beten,
weil die Angst, Not und Gefahr
immer näher treten;
denn die Zeit
ist nicht weit,
da uns Gott wird richten
und die Welt vernichten.

Johann Burchard Freystein, 1671—1718, Hof- und Justizrat in Dresden, ein Freund Speners.

Mel.: Was Gott tut, das ist wohlgetan.

a. 47. Auf Gott und nicht auf meinen Rat,
will ich mein Glücke bauen

und dem, der mich erschaffen hat,
mit ganzer Seele trauen.
Er, der die Welt
allmächtig hält,
wird mich in meinen Tagen
als Gott und Vater tragen.

2. Er sah von aller Ewigkeit,
wie viel mir nützen würde,
bestimmte meine Lebenszeit,
mein Glück und meine Bürde.
Was zagt mein Herz?
Ist auch ein Schmerz,
der zu des Glaubens Ehre
nicht zu besiegen wäre?

3. Gott kennet, was mein Herz begehrt,
und hätte, was ich bitte,
mir gnädig, eh' ich's bat, gewährt,
wenn's seine Weisheit litte.
Er sorgt für mich
stets väterlich;
nicht, was ich mir ersehe,
sein Wille, der geschehe.

4. Ist nicht ein ungestörtes Glück
weit schwerer oft zu tragen,
als selbst das widrigste Geschick,
bei dessen Last wir klagen?
Die größte Not
hebt doch der Tod,
und Ehre, Glück und Habe
verläßt uns doch im Grabe.

5. An dem, was wahrhaft glücklich macht,
läßt Gott es keinem fehlen;
Gesundheit, Ehre, Glück und Pracht
sind nicht das Glück der Seelen.
Wer Gottes Rat
vor Augen hat,
dem wird ein gut Gewissen
die Trübsal auch versüßen.

6. Was ist des Lebens Herrlichkeit?
Wie bald ist sie verschwunden!
Was ist das Leiden dieser Zeit?
Wie bald ist's überwunden!
Hofft auf den Herrn,
er hilft uns gern;
seid fröhlich, ihr Gerechten,
der Herr hilft seinen Knechten.

Christian Fürchtegott Gellert,
Universitätsprofessor in Leipzig, 1715—1769.

Jes. 40, 26.

Mel.: Sei Lob und Ehr' dem höchsten Gut.

a—2. 48. Wenn ich, o Schöpfer, deine Macht,
die Weisheit deiner Wege,
die Liebe, die für alle wacht,
anbetend überlege:
so weiß ich, von Bewundrung voll,
nicht, wie ich dich erheben soll,
mein Gott, mein Herr, mein Vater!

2. Mein Auge sieht, wohin es blickt,
die Wunder deiner Werke;
der Himmel, prächtig ausgeschmückt,
preist dich, du Gott der Stärke.
Wer hat die Sonn' an ihm erhöht?
Wer kleidet sie mit Majestät?
Wer ruft dem Heer der Sterne?

3. Wer mißt dem Winde seinen Lauf?
Wer heißt die Himmel regnen?
Wer schließt den Schoß der Erde auf,
mit Vorrat uns zu segnen?
O Gott der Macht und Herrlichkeit,
Gott, deine Güte reicht so weit,
so weit die Wolken reichen.

4. Dich predigt Sonnenschein und Sturm,
dich preist der Sand am Meere;
bringt, ruft auch der geringste Wurm,
bringt meinem Schöpfer Ehre!
Mich, ruft der Baum in seiner Pracht,
mich, ruft die Saat, hat Gott gemacht:
bringt unserm Schöpfer Ehre!

5. Der Mensch, ein Leib, den deine Hand
so wunderbar bereitet;
der Mensch, ein Geist, den sein Verstand
dich zu erkennen leitet;

der Mensch, der Schöpfung Ruhm
und Preis,
ist sich ein täglicher Beweis
von deiner Güt' und Größe.

6. Erheb' ihn ewig, o mein Geist,
erhebe seinen Namen;
Gott unser Vater sei gepreist,
und alle Welt sag' Amen!
Und alle Welt fürcht' ihren Herrn
und hoff' auf ihn und dien' ihm gern;
wer wollte Gott nicht dienen!

Christian Fürchtegott Gellert,
Universitätsprofessor in Leipzig, 1715—1769.

Mel.: Die Tugend wird durchs Kreuz geübet.

a. 49. Wie groß ist des Allmächt'gen
Güte!
Ist der ein Mensch, den sie nicht rührt,
der mit verhärtetem Gemüte
den Dank erstickt, der ihm gebührt?
Nein, seine Liebe zu ermessen,
sei ewig meine größte Pflicht.
Der Herr hat mein noch nie vergessen;
vergiß, mein Herz, auch seiner nicht!

2. Wer hat mich wunderbar be-
reitet?
Der Gott, der meiner nicht bedarf.
Wer hat mit Langmut mich geleitet?
Er, dessen Rat ich oft verwarf.
Wer stärkt den Frieden im Ge-
wissen?
Wer gibt dem Geiste neue Kraft?
Wer läßt mich so viel Gut's genießen?
Ist's nicht sein Arm, der alles schafft?

3. Schau, o mein Geist, in jenes
Leben,
zu welchem du erschaffen bist,
wo du, mit Herrlichkeit umgeben,
Gott ewig sehn wirst, wie er ist.
Du hast ein Recht zu diesen Freuden,
durch Gottes Güte sind sie dein,
Sieh, darum mußte Christus leiden,
damit du könntest selig sein!

4. Und diesen Gott sollt ich nicht
ehren
und seine Güte nicht verstehn?
Er sollte rufen, ich nicht hören,
den Weg, den er mir zeigt, nicht gehn?
Sein Will' ist mir ins Herz ge-
schrieben,
sein Wort bestärkt ihn ewiglich:
Gott soll ich über alles lieben
und meinen Nächsten gleich als mich.

5. Dies ist mein Dank, dies ist sein
Wille:
ich soll vollkommen sein wie er.
So lang' ich dies Gebot erfülle,
stell' ich sein Bildnis in mir her.
Lebt seine Lieb' in meiner Seele,
so treibt sie mich zu jeder Pflicht,
und ob ich schon aus Schwachheit fehle,
herrscht doch in mir die Sünde nicht.

6. O Gott, laß deine Güt' und Liebe
mir immerdar vor Augen sein!
Sie stärk' in mir die guten Triebe,
mein ganzes Leben dir zu weihn;
sie tröste mich zur Zeit der
Schmerzen,
sie leite mich zur Zeit des Glücks,
und sie besieg' in meinem Herzen
die Furcht des letzten Augenblicks.

Christian Fürchtegott Gellert,
Universitätsprofessor in Leipzig, 1715—1769.

Mel.: Sei Lob und Ehr' dem höchsten Gut.

50. Gott, deine Güte reicht so weit,
so weit die Wolken gehen,
du krönst uns mit Barmherzigkeit
und eilst uns beizustehen.
Herr, meine Burg, mein Fels, mein
Hort,
vernimm mein Flehn, merk' auf mein
Wort,
denn ich will vor dir beten!

2. Ich bitte nicht um Überfluß
und Schätze dieser Erden;
laß mir, so viel ich haben muß,
nach deiner Gnade werden!
Gib mir nur Weisheit und Verstand,
dich, Gott, und den, den du gesandt,
und mich selbst zu erkennen.

3. Ich bitte nicht um Ehr' und Ruhm,
so sehr sie Menschen rühren;
des guten Namens Eigentum
laß mich nur nicht verlieren!
Mein wahrer Ruhm sei meine Pflicht,
der Ruhm vor deinem Angesicht
und frommer Freunde Liebe.

4. So bitt' ich dich, mein Herr und Gott,
auch nicht um langes Leben;
im Glücke Demut, Mut in Not,
das wollest du mir geben!
In deiner Hand steht meine Zeit,
laß du mich nur Barmherzigkeit
vor deinem Throne finden!

Christian Fürchtegott Gellert,
Universitätsprofessor in Leipzig, 1715—1769.

Mel.: Wunderbarer König.

a—2. 51. Gott ist gegenwärtig!
Lasset uns anbeten
und in Ehrfurcht vor ihn treten!
Gott ist in der Mitte!
Alles in uns schweige
und sich innigst vor ihm beuge!
Wer ihn kennt,
wer ihn nennt,
schlagt die Augen nieder,
kommt, ergebt euch wieder!

2. Gott ist gegenwärtig,
dem die Cherubinen
Tag und Nacht gebücket dienen!
Heilig, heilig singen
alle Engelchöre,
wenn sie dieses Wesen ehren.
Herr, vernimm
unsre Stimm',
da auch wir Geringen
unsre Opfer bringen.

6. Du durchdringest alles;
laß dein schönstes Lichte,
Herr, berühren mein Gesichte!
Wie die zarten Blumen
willig sich entfalten
und der Sonne stille halten:
laß mich so
still und froh
deine Strahlen fassen
und dich wirken lassen!

7. Mache mich einfältig,
innig, abgeschieden,
sanfte und im stillen Frieden;
mach' mich reines Herzens,
daß ich deine Klarheit
schauen mag im Geist und Wahrheit!
Laß mein Herz
überwärts
wie ein Adler schweben
und in dir nur leben!

8. Herr, komm' in mir wohnen,
laß mein Herz auf Erden
dir ein Heiligtum noch werden!
Komm, du nahes Wesen,
dich in mir verkläre,
daß ich dich stets lieb' und ehre!
Wo ich geh',
sitz' und steh',
laß mich dich erblicken
und vor dir mich bücken!

Gerhard Tersteegen, Bandweber
zu Mühlheim an der Ruhr, 1697—1769.

Eigene Melodie.

52. Harre meine Seele, harre des Herrn;
alles ihm befehle, hilft er doch so gern!
Sei unverzagt, bald der Morgen tagt,
und ein neuer Frühling folgt dem Winter nach.
In allen Stürmen, in aller Not
wird er dich beschirmen, der treue Gott.

2. Harre, meine Seele, harre des Herrn,
alles ihm befehle, hilft er doch so gern!
Wenn alles bricht, Gott verläßt uns nicht;
größer als der Helfer ist die Not ja nicht.
Ewige Treue, Retter in Not,
Rett' auch unsre Seele, du treuer Gott!

Johann Friedrich Raeder,
† 1872.

53—62. Lob- und Danklieder.

a—2. 53. Herr Gott, dich loben wir.

a.

Te Deum laudamus, te Dominum confitemur.
Te aeternum patrem omnis terra veneratur.
Tibi omnes Angeli, tibi coeli et universae potestates,
Tibi Cherubim et Seraphim incessabili voce proclamant:
Sanctus, Sanctus, Sanctus Dominus Deus Sabaoth,
Pleni sunt coeli et terra majestatis gloriae tuae.
Te gloriosus Apostolorum chorus,
Te Prophetarum laudabilis numerus,
Te Martyrum candidatus laudat exercitus.
Te per orbem terrarum sancta confitetur Ecclesia,
Patrem immensae majestatis,
Venerandum tuum verum et unicum filium,
Sanctum quoque Paraclitum Spiritum.
Tu rex gloriae, Christe,
Tu Patris sempiternus es Filius.
Tu ad liberandum suscepturus hominem non horruisti Virginis uterum.
Tu devicto mortis aculeo aperuisti credentibus regna coelorum.
Tu ad dexteram Dei sedes in gloria Patris.
Iudex crederis esse venturus.
Te ergo quaesumus, famulis tuis subveni, quos pretioso sanguine redemisti.
Aeterna fac cum sanctis tuis gloria munerari.
Salvum fac populum tuum, Domine, et benedic hereditati tuae,
Et rege eos, et extolle illos usque in aeternum.
Per singulos dies benedicimus te,
Et laudamus nomen tuum in saeculum et in saeculum saeculi.
Dignare, Domine, die isto sine peccato nos custodire.
Miserere nostri, Domine, miserere nostri.
Fiat misericordia tua, Domine, super nos, quemadmodum speravimus in te.
In te, Domine, speravi, non confundar in aeternum [1]).

b.

Eigene Melodie.

Herr Gott, dich loben wir,
Herr Gott, wir danken dir!
Dich, Vater in Ewigkeit,
Ehrt die Welt weit und breit!
All' Engel und Himmelsheer
Und was dienet deiner Ehr',
Auch Cherubim und Seraphim
Singen immer mit hoher Stimm':
Heilig ist unser Gott,
Heilig ist unser Gott,
Heilig ist unser Gott,
Der Herr Zebaoth!

Dein göttlich Macht und Herrlichkeit
Geht über Himm'l und Erde weit!
Der heiligen zwölf Boten Zahl,
Und die lieben Propheten all,
Die teuren Märt'rer allzumal
Loben dich, Herr, mit großem Schall!
Die ganze werte Christenheit
Rühmt dich auf Erden allezeit:
Dich, Gott Vater, im höchsten Thron,
Deinen rechten und eingen Sohn,

---

[1]) Ursprünglich ein Lied der griechischen Kirche (das wir aber nicht kennen), angeblich von dem Bischof Ambrosius von Mailand († 397) ins Lateinische übersetzt und als „Ambrosianischer Lobgesang" (seit dem 6. Jahrhundert) allgemein bekannt, aber heute nicht mehr als sein Werk angesehen. Ins Deutsche wurde dies Lied übertragen schon im 9. Jahrhundert, dann von Luther (1529) und auch in der neueren katholischen Kirche (53, c). — Der Lehrer vgl. Theol. Encykl.[3] Bd. 19, s. v. Te deum.

Den heil'gen Geist und Tröster wert
Mit rechtem Dienst sie lobt und ehrt!

Du König der Ehren, Jesu Christ,
Gott Vaters ew'ger Sohn du bist;
Der Jungfrau Leib nicht hast verschmäht,
Zu erlösen das menschlich Geschlecht!
Du hast dem Tod zerstört sein Macht
Und all Christen zum Himmel bracht!
Du sitzst zur Rechten Gottes gleich,
Mit aller Ehr' ins Vaters Reich!
Ein Richter du zukünftig bist
Alles, das tot und lebend ist!

Nun hilf uns, Herr, den Dienern dein,
Die mit dein'm teur'n Blut erlöset sein!
Laß uns im Himmel haben teil
Mit den Heil'gen im ew'gen Heil!
Hilf deinem Volk, Herr Jesu Christ,
Und segne, was dein Erbteil ist!
Wart' und pfleg' ihr zu aller Zeit
Und heb' sie hoch in Ewigkeit!

Täglich, Herr Gott, wir loben dich,
Und ehr'n dein Namen stetiglich!
Behüt' uns heut, o treuer Gott,
Vor aller Sünd' und Missetat!
Sei uns gnädig, o Herre Gott,
Sei uns gnädig in aller Not!
Zeig' uns deine Barmherzigkeit,
Wie unser Hoffnung zu dir steht!
Auf dich hoffen wir, lieber Herr,
In Schanden laß uns nimmermehr!

Amen[1]).

c.

Eigene Melodie[2]).

Großer Gott, wir loben dich,
Herr, wir preisen deine Stärke!
Vor dir neigt die Erde sich
und bewundert deine Werke!
Wie du warst vor aller Zeit,
so bleibst du in Ewigkeit.

2. Alles, was dich preisen kann,
Cherubim und Seraphinen[3]),
stimmen dir ein Loblied an;
alle Engel, die dir dienen,
rufen dir stets ohne Ruh':
Heilig, heilig, heilig! zu.

3. Heilig, Herr Gott Zebaoth!
Heilig, Herr der Kriegesheere!
Starker Helfer in der Not!
Himmel, Erde, Luft und Meere
sind erfüllt von deinem Ruhm;
alles ist dein Eigentum.

4. Der Apostel heil'ger Chor,
der Propheten große Menge
schickt zu deinem Thron empor
neue Lob- und Dankgesänge;
der Blutzeugen große Schar
lobt und preist dich immerdar.

---

[1]) Dr. Martin Luther, 1529. Umdichtung des Tedeum; jeder Vers besteht aus vier Hebungen mit oder bisweilen auch ohne Senkung; vgl. Quellenbuch II, Nr. 12, m. — Das Lied soll eigentlich von zwei Chören gesungen werden, die immer je eine Zeile singen; nur an einer Stelle (Zeile 11 und 12) und das „Amen" (Zeile 53) sollen beide Chöre zusammen singen. Dieser Choral ist, wenn er noch so gesungen wird, heute fast der einzige Repräsentant der von Ambrosius aus der griechischen in die lateinische Kirche aufgenommenen Form des Wechselgesanges. — Seit der Krönung Karls d. Gr. im Jahre 800 ist dieses (lateinische) Lied bei jeder Kaiserkrönung gesungen worden, und fast jedem Feste christlicher Völker gab es (im Urtext oder später in der Übersetzung gesungen) die kirchliche Weihe. Allmählich ist in der evangelischen Kirche an seine Stelle das leichter zu singende Lied „Nun danket alle Gott" getreten. — Von den Umdichtungen des alten Liedes ist die bekannteste die von Graun auf die Prager Schlacht 1757, zuerst gesungen am 30. März 1763 vor Friedrich dem Großen allein in der Schloßkirche zu Charlottenburg. — [2]) Die Melodie stammt nicht von Peter Ritter, Hofkapellmeister in Mannheim, † 1846, sondern von einem uns nicht bekannten Musiker. (Theol. Encykl.[3] 19, S. 468, Zeile 48—58.) — [3]) Der hebräische Pluralis (Seraphim) hat noch die deutsche Pluralendung erhalten.

5. Auf dem ganzen Erdenkreis
loben Große und auch Kleine
dich, Gott Vater; dir zum Preis
singt die heilige Gemeine!
Sie singt Lob auf seinem Thron
deinem eingebor'nen Sohn.

6. Sie lobsingt dem heil'gen Geist,
welcher uns durch seine Lehren
Gnade, Trost und Heil erweist,
der, o König aller Ehren,
der mit dir, Herr Jesu Christ,
und dem Vater einig ist.

7. Du, des Vaters ew'ger Sohn,
hast die Menschheit angenommen,
bist zu uns von deinem Thron
auf die Welt herabgekommen;
Gnade hast du uns gebracht,
von der Sünde frei gemacht.

8. Durch dich steht das Himmelstor
allen, welche glauben, offen;
du stellst uns dem Vater vor,
wenn wir kindlich auf dich hoffen.
Endlich kommst du zum Gericht;
Zeit und Stunde weiß man nicht.

9. Steh', Herr, deinen Dienern bei,
welche dich in Demut bitten,
die dein Tod einst machte frei,
als du für uns hast gelitten.
Nimm uns nach vollbrachtem Lauf
zu dir in den Himmel auf!

10. Sieh dein Volk in Gnaden an;
hilf uns, segne, Herr, dein Erbe!
Leit' uns auf der rechten Bahn,
daß der Feind uns nicht verderbe!
Hilf, daß wir durch Buß' und Flehn
dich im Himmel mögen sehn!

11. Herr, erbarm', erbarme dich;
über uns, Herr, sei dein Segen!
Leit' und schütz' uns väterlich;
steh' uns bei auf allen Wegen!
Auf dich hoffen wir allein;
laß uns nicht verloren sein!

Katholische Übersetzung des Tedeum, verfaßt von Ignaz Franz, Rektor des Alumnats in Breslau, † 1790.

Jesus Sirach 50, 24—26.
Eigene Melodie.

a. 54. Nun danket alle Gott
mit Herzen, Mund und Händen,
der große Dinge tut
an uns und allen Enden[1]),
der uns von Mutterleib
und Kindesbeinen an
unzählig viel zu gut
und noch jetzund getan.

2. Der ewig reiche Gott
woll' uns bei unserm Leben[2])
ein immer fröhlich Herz
und edlen Frieden geben,
und uns in seiner Gnad'
erhalten fort und fort,
und uns aus aller Not
erlösen[3]) hier und dort.

3. Lob, Ehr' und Preis sei Gott,
dem Vater und dem Sohne
und dem, der beiden gleich
im höchsten Himmelsthrone,
dem dreimaleinen Gott,
als er ursprünglich war[4])
und ist und bleiben wird
jetzund und immerdar.

Martin Rinckart, Archidiakonus in Eilenburg in Sachsen, 1586—1649[5]).

---

[1]) Urspr.: aller Enden. [2]) Urspr.: auf unser Leben. [3]) Urspr.: erhalten.
[4]) So nach der ältesten Überlieferung; andere: „Dem dreieinigen Gott, als es im Anfang war." Die Strophe 3 beruht auf dem Schlusse des Introitus der katholischen Messe: Gloria Patri et Filio et Spiritui Sancto, sicut erat [bei uns: „wie es war"] in principio et nunc et semper in saecula saeculorum. Amen.
[5]) Das (im Versmaß des Alexandriners gedichtete) Lied ist wahrscheinlich gedichtet worden im J. 1630 zum hundertjährigen Jubelfeste der Übergabe der Augsburger Konfession. Dieses Lied ist allmählich an die Stelle des schwerer zu singenden Liedes „Herr Gott, dich loben wir" getreten, und darum ist es das deutsche Tedeum genannt worden. Vgl. das hier beigegebene Gedicht „Der Choral

Zu Nr. 54. Der Choral von Leuthen (1757).

Von Hermann Besser (geb. den 17. Juli 1807 in Zeitz, gest. den 25. Dez. 1895 in Dresden — Verf. auch der bekannten Ballade „Die Trommel": „Rings wirbelt die Trommel im Preußenland").

Gesiegt hat Friedrichs kleine Schar.
Rasch über Berg und Tal
Von dannen zog das Kaiserheer im
Abendsonnenstrahl;
Die Preußen stehn auf Leuthen's Feld,
das heiß noch von der Schlacht,
Des Tages Schreckenswerke rings
umschleiert mild die Nacht.

2. Doch dunkel ist's hier unten nur,
am Himmel Licht an Licht,
Die goldnen Sterne ziehn herauf,
wie Sand am Meer so dicht.
Sie strahlen so besonders heut, so
festlich hehr ihr Lauf;
Es ist, als wollten sagen sie: „Ihr
Sieger, blicket auf!"

3. Und nicht umsonst. Der Preuße
fühlt: Es war ein heißer Tag;
Drum still im ganzen Lager ist's,
nicht Jubel, noch Gelag.
So still, so ernst die Krieger all', kein
Lachen und kein Spott —
Auf einmal tönt es durch die Nacht:
„Nun danket alle Gott!"

4. Der Alte, dem's mit Macht ent-
quoll, singt's fort, doch nicht allein,
Kam'raden um ihn her im Kreis,
gleich stimmen sie mit ein,
Die Nachbarn treten zu, es wächst
lawinengleich der Chor,
Und voller, immer voller steigt der
Lobgesang empor.

5. Aus allen Zelten strömt's, es
reiht sich singend Schar an Schar,
Einfallen jetzt die Jäger, jetzt fällt
ein auch der Husar.
Auch Musika will feiern nicht, zu
reiner Harmonie
Lenkt Horn, Hobo' und Klarinett
die heil'ge Melodie.

6. Und stärker noch und lauter noch,
es schwillt der Strom zum Meer;
Am Ende, wie aus einem Mund, singt
rings das ganze Heer.
Im Echo donnernd widerhallt's das
aufgeweckte Tal,
Wie hundert Orgeln braust hinan
zum Himmel der Choral [1]).

Jesus Sirach 50, 24—26.

Mel.: Lobt Gott ihr Christen alle gleich.

a—1. 55. Nun danket all' und
bringet Ehr',
ihr Menschen in der Welt,
dem, dessen Lob der Engel Herr
im Himmel stets vermeld't.

2. Ermuntert euch und singt mit
Gott, unserm höchsten Gut, [Schall
der seine Wunder überall
und große Dinge tut.

3. Der uns von Mutterleibe an
frisch und gesund erhält,
und, wo kein Mensch nicht helfen kann,
sich selbst zum Helfer stellt.

von Leuthen". — Von Rinckart stammt auch das (in deutscher Sprache abgefaßte) Lutherfestspiel: Indulgentiarius confusus, gedichtet 1617 zum ersten Jubelfeste der Reformation (neu herausgegeben 1835 von H. Rembe zu Eisleben). — Der Lehrer vergleiche: Büchting, M. Rinckart (1903), und Holstein, Die Reformation im Spiegelbilde der dramatischen Literatur des 16. Jahrh. 1886.

[1]) Vgl. Theol. Jahresbericht 27, 4, S. 616: Der Sieg bei Leuthen hat einen stark konfessionellen Einschlag. Der besondere Haß der Feinde galt der evangelischen Bevölkerung und ihren Geistlichen, die in der unerhörtesten Weise drangsaliert wurden. So mußte ein evangelischer Pfarrer in vollem Ornat einem das Pferd besteigenden östreichischen Obersten als Fußschemel dienen. Indem Friedrich seine Gegner niederschlägt, triumphiert zugleich die Sache des deutschen Protestantismus. — Vor der Schlacht bei Leuthen hatten die Soldaten gesungen das Lied „O Gott du frommer Gott".

4. Der, ob wir ihn gleich hoch betrübt,
doch bleibet gutes Muts,
die Straf' erläßt, die Schuld vergibt
und tut uns alles Gut's.

5. Er gebe uns ein fröhlich Herz,
erfrische Geist und Sinn,
und werf' all Angst, Furcht, Sorg' und Schmerz
ins Meeres Tiefe hin.

6. Er lasse seinen Frieden ruhn
auf jedem Christenland[1]),
er gebe Glück zu unserm Tun
und Heil in allem Stand.

7. Er lasse seine Lieb' und Güt'
um, bei und mit uns gehn,
was aber ängstet und bemüht,
gar ferne von uns stehn.

8. So lange dieses Leben währt,
sei er stets unser Heil,
und bleib' auch, wenn wir von der Erd'
abscheiden, unser Teil!

9. Er drücke, wenn das Herze bricht,
uns unsre Augen zu,
und zeig' uns drauf sein Angesicht
dort in der ew'gen Ruh.

Paul Gerhardt, 1607—1676, Pastor in Mittenwalde, in Berlin und in Lübben.

---

a. 55 b. Sollt' ich meinem Gott nicht singen.

Paul Gerhardt, Pastor in Mittenwalde, in Berlin und in Lübben, 1607—1676.

Eigene Melodie.

56. Nun preiset alle
Gottes Barmherzigkeit,
lob' ihn mit Schalle
werteste Christenheit!
Er läßt dich freundlich zu sich laden;
freue dich, Israel, seiner Gnaden!

2. Der Herr regieret
über die ganze Welt;
was sich nur rühret,
ihme zu Füßen fällt.
Viel Tausend Engel um ihn schweben,
Psalter und Harfe ihm Ehre geben.

3. Wohlauf ihr Heiden,
lasset das Trauern sein!
Zur grünen Weiden
stellet euch willig ein!
Da läßt er uns sein Wort verkünden,
machet uns ledig von allen Sünden.

4. Er gibet Speise
reichlich und überall;
nach Vaters Weise
sättigt er allzumal;
er gibet früh und spaten Regen[2]),
füllet uns alle mit seinem Segen.

5. Drum preis' und ehre
seine Barmherzigkeit,
sein Lob vermehre,
werteste Christenheit!
Uns soll hinfort kein Unfall schaden;
freue dich, Israel, seiner Gnaden!

Matthäus Apelles von Löwenstern, 1594—1648, Kaiserlicher Rat, später Staatsrat des Herzogs von Münsterberg-Oels. — Das Versmaß des Liedes ist die alcäische Strophe; in diesem Liede finden sich zum ersten Mal Daktylen im Kirchenliede.

Psalm 103, 1—2.

Eigene Melodie.

a—1. 57. Lobe den Herren, den mächtigen König der Ehren,
meine geliebete Seele, das ist mein Begehren.
Kommet zu Hauf,
Psalter und Harfe, wacht auf[3]),
lasset den Lobgesang hören[4])!

2. Lobe den Herren, der alles so herrlich regieret,

---

[1]) Urspr.: „in Israelis Land."
[2]) Die beiden Adjektiva gelten als ein Wort: daher nur eine Endung.
[3]) Vgl. Psalm 57, 9.
[4]) Schöne Änderung des ursprünglichen Textes „Lasset die Musikam hören!"

der dich auf Adelers Fittichen sicher geführet[1]),
der dich erhält,
wie es dir selber gefällt!
Hast du nicht dieses verspüret?

3. Lobe den Herren, der künstlich und fein dich bereitet,
der dir Gesundheit verliehen, dich freundlich geleitet;
in wie viel Not
hat nicht der gnädige Gott
über dir Flügel gebreitet[2])?

4. Lobe den Herren, der deinen Stand sichtbar gesegnet,
der aus dem Himmel mit Strömen der Liebe geregnet!
Denke daran,
was der Allmächtige kann,
der dir mit Liebe begegnet!

5. Lobe den Herren, was in mir ist, lobe den Namen!
Alles, was Odem hat, lobe mit Abrahams Samen[3])!
Er ist dein Licht,
Seele, vergiß es ja nicht;
lobende[4]) schließe mit Amen!

Joachim Neander, 1640—1680, zuletzt reformierter Prediger in Bremen[5]).

Psalm 146.

Eigene Melodie.

a. 58. Lobe den Herren, o meine Seele,
ich will ihn loben bis in Tod;
weil ich noch Stunden auf Erden zähle,
will ich lobsingen meinem Gott.
Der Leib und Seel' gegeben hat,
werde gepriesen früh und spat.
Hallelujah, Hallelujah!

2. Fürsten sind Menschen, vom Weib geboren,
und kehren um zu ihrem Staub;
ihre Anschläge sind auch verloren,
wenn nun das Grab nimmt seinen Raub.
Weil denn kein Mensch uns helfen kann,
rufe man Gott um Hilfe an.
Hallelujah, Hallelujah!

3. Selig, ja selig ist der zu nennen,
des Hilfe der Gott Jakobs ist,
welcher vom Glauben sich nicht läßt trennen
und hofft getrost auf Jesum Christ.
Wer diesen Herrn zum Beistand hat,
findet am besten Rat und Tat.
Hallelujah, Hallelujah!

4. Dieser hat Himmel und Meer und Erden
und was darinnen ist gemacht;
alles muß treulich erfüllet werden,
was er uns einmal zugedacht.
Er ist's, der Herrscher aller Welt,
welcher uns ewig Glauben hält.
Hallelujah, Hallelujah!

5. Zeigen sich welche, die Unrecht leiden,
er ist's, der ihnen Recht verschafft;
Hungrigen will er zur Speis' bescheiden,
was ihnen dient zur Lebenskraft.
Die hart Gebundnen macht er frei,
und seine Gnad' ist mancherlei.
Hallelujah, Hallelujah!

---

[1]) Früher glaubte man, daß der Adler seine noch nicht zum Fluge fähigen oder beim Fliegen ermüdeten Jungen auf (zwischen) seinen Flügeln wieder ins Nest trage. [2]) Wie die Henne über ihre Küchlein.

[3]) Abrahams Same hat zuerst in der Welt Gott in rechter Weise verherrlicht.

[4]) Vgl. Religionszeitschrift, Bd. 4, S. 67: „Lobende" ist die ältere Form des Participiums für „lobend".

[5]) Von ihm hat die Neanderhöhle bei Mettmann in der Rheinprovinz (berühmt durch den Fund eines merkwürdigen Schädels) ihren Namen bekommen, weil er hier einige seiner geistlichen Lieder gedichtet haben soll. — Das obige Lied ist „das beste Loblied in deutscher Zunge" genannt worden.

6. Sehende Augen gibt[1]) er den Blinden,
erhebt, die tief gebeuget gehn.
Wo er kann einige Fromme finden,
die läßt er seine Liebe seh'n.
Sein Aufsicht ist der Fremden Trutz,
Witwen und Waisen hält er Schutz.
Hallelujah, Hallelujah!

7. Aber der Gottesvergeßnen Tritte
kehrt er mit starker Hand zurück,
daß sie nur machen verkehrte Schritte
und fallen selbst in ihren Strick.
Der Herr ist König ewiglich;
Zion, dein Gott sorgt stets für dich!
Hallelujah, Hallelujah!

8. Rühmet, ihr Menschen, den hohen Namen
des, der so große Wunder tut!
Alles, was Odem hat, rufe Amen
und bringe Lob mit frohem Mut!
Ihr Kinder Gottes, lobt und preist
Vater und Sohn und heil'gen Geist!
Hallelujah, Hallelujah!

Johann Daniel Herrnschmidt, Professor der Theologie und Mitdirektor des Waisenhauses in Halle, 1675—1723.

Mel.: Lobt Gott ihr Christen alle gleich.

a. 59. Ich singe dir mit Herz und Mund,
Herr, meines Herzens Lust,
ich sing' und mach' auf Erden kund,
was mir von dir bewußt.

2. Ich weiß, daß du der Brunn der Gnad'
und ew'ge Quelle seist,
daraus uns allen früh und spat
viel Heil und Gutes fleußt.

3. Was sind wir doch, was haben wir
auf dieser ganzen Erd',
das uns, o Vater, nicht von dir
allein gegeben werd'?

4. Wer hat das schöne Himmelszelt
hoch über uns gesetzt?
Wer ist es, der uns unser Feld
mit Tau und Regen netzt?

5. Wer wärmet uns in Kält' und Frost,
wer schützt uns vor dem Wind?
Wer macht es, daß man Öl und Most
zu seinen Zeiten find't?

6. Wer gibt uns Leben und Geblüt?
Wer hält mit seiner Hand
den güld'nen, edlen, werten Fried'
in unserm Vaterland?

7. Ach, Herr mein Gott, das kommt von dir,
und du mußt alles tun;
du hältst die Wach' an unsrer Tür
und läßt uns sicher ruh'n.

8. Du nährest uns von Jahr zu Jahr,
bleibst immer fromm und treu,
und stehst uns, wenn wir in Gefahr
geraten, herzlich bei.

12. Du füllst des Lebens Mangel aus
mit dem, was ewig steht,
und führst uns in des Himmels Haus,
wenn uns die Erd' entgeht.

13. Wohl auf, mein Herze, sing' und spring'
und habe guten Mut;
dein Gott, der Ursprung aller Ding',
ist selbst und bleibt dein Gut.

16. Hat er dich nicht von Jugend auf
versorget und ernährt?
Wie manchen schweren Unglückslauf
hat er zurückgekehrt!

17. Er hat noch niemals was versehn
in seinem Regiment;
nein, was er tut und läßt gescheh'n,
das nimmt ein gutes End'.

---

[1]) „Augen gibt" ist der zweite Daktylus dieses Verses.

18. Ei nun, so laß ihn ferner tun,
und red' ihm nicht darein,
so wirst du hier in Frieden ruhn
und ewig fröhlich sein.

Paul Gerhardt, Pastor in Mittenwalde, in Berlin und in Lübben, 1607—1676. — Nach diesem Liede sehnte sich Winckelmann in Rom, und deshalb ließ er sich aus Stendal ein Gesangbuch schicken; zu seinem großen Ärger war dies Lied als nicht mehr zeitgemäß aus dem Gesangbuch entfernt worden.

---

5. Mose 32, 3.

Mel.: Es ist das Heil uns kommen her.

a—1. **60.** Sei Lob und Ehr' dem höchsten Gut,
dem Vater aller Güte,
dem Gott, der alle Wunder tut,
dem Gott, der mein Gemüte
mit seinem reichen Trost erfüllt,
dem Gott, der allen Jammer stillt:
gebt unserm Gott die Ehre!

2. Es danken dir die Himmelsheer',
o Herrscher aller Thronen,
und die auf Erden, Luft und Meer
in deinem Schatten wohnen,
die preisen deine Schöpfermacht,
die alles also wohlbedacht:
gebt unserm Gott die Ehre!

3. Was unser Gott geschaffen hat,
das will er auch erhalten,
darüber will er früh und spat
mit seiner Gnade walten.
In seinem ganzen Königreich
ist alles recht und alles gleich:
gebt unserm Gott die Ehre!

4. Ich rief zum Herrn in meiner Not:
„Ach Gott, vernimm mein Schreien!"
Da half mein Helfer mir vom Tod
und ließ mir Trost gedeihen.
Drum dank', ach Gott, drum dank' ich dir;
ach danket, danket Gott mit mir:
gebt unserm Gott die Ehre!

5. Der Herr ist noch und nimmer nicht
von seinem Volk geschieden;
er bleibet ihre Zuversicht,
ihr Segen, Heil und Frieden;
mit Mutterhänden leitet er
die Seinen stetig hin und her:
gebt unserm Gott die Ehre!

6. Wenn Trost und Hilf' ermangeln muß,
die alle Welt erzeiget,
so kommt und hilft der Überfluß[1],
der Schöpfer selbst, und neiget
die Vateraugen denen zu,
die sonsten nirgends finden Ruh':
gebt unserm Gott die Ehre!

7. Ich will dich all mein Leben lang,
o Gott, von nun an ehren!
Man soll, Gott, meinen Lobgesang
an allen Orten hören.
Mein ganzes Herz ermuntre sich,
mein Seel' und Leib, erfreue dich:
gebt unserm Gott die Ehre!

8. Ihr, die ihr Christi Namen nennt,
gebt unserm Gott die Ehre!
Ihr, die ihr Gottes Macht bekennt,
gebt unserm Gott die Ehre!
Die falschen Götzen macht zu Spott[2],
der Herr ist Gott, der Herr ist Gott:
gebt unserm Gott die Ehre!

9. So kommet vor sein Angesicht
mit jauchzenvollem Springen:
bezahlet die gelobte Pflicht[3])
und laßt uns fröhlich singen:
Gott hat es alles wohl bedacht
und alles, alles recht gemacht:
gebt unserm Gott die Ehre!

Johann Jakob Schütz, Rechtskonsulent und Reichsrat in Frankfurt am Main, 1640—1690. — Der Dichter hat nur dieses einzige Lied gedichtet.

---

[1]) D. h.: der überreiche Gott. — [2]) Vgl. 1. Könige 18, 39. — [3]) D. h.: was ihr gelobt, versprochen habt.

Joh. 16, 23—30.

Eigene Melodie.

a—1. 61. Dir, dir, Jehovah, will ich singen;
denn wo ist doch ein solcher Gott wie du?
Dir will ich meine Lieder bringen;
ach, gib mir deines Geistes Kraft dazu,
daß ich es tu' im Namen Jesu Christ,
so wie es dir durch ihn gefällig ist.

2. Zeuch mich, o Vater, zu dem Sohne,
damit dein Sohn mich wieder zieh' zu dir;
dein Geist in meinem Herzen wohne
und meine Sinnen und Verstand regier',
daß ich den Frieden Gottes schmeck' und fühl'
und dir darob im Herzen sing' und spiel'.

3. Verleih mir, Höchster, solche Güte,
so wird gewiß mein Singen recht getan;
so klingt es schön in meinem Liede,
und ich bet' dich im Geist und Wahrheit an,
so hebt dein Geist mein Herz zu dir empor,
daß ich dir Psalmen sing' im höhern Chor.

8. Wohl mir: ich bitt' in Jesu Namen,
der mich zu deiner Rechten selbst vertritt;
in ihm ist alles Ja und Amen,
was ich von dir im Geist und Glauben bitt'.
Wohl mir, Lob dir jetzt und in Ewigkeit,
daß du mir schenkest solche Seligkeit!

Bartholomäus Crasselius, Pfarrer in Düsseldorf, 1677—1724.

Eigene Melodie.

a. 62. O daß ich tausend Zungen hätte
und einen tausendfachen Mund[1]),
so stimmt ich damit um die Wette
vom allertiefsten Herzensgrund
ein Loblied nach dem andern an
von dem, was Gott an mir getan.

2. O daß doch meine Stimme schallte
bis dahin, wo die Sonne steht!
O daß mein Blut mit Jauchzen wallte
so lang' es noch im Laufe geht;
Ach, wäre jeder Puls ein Dank
und jeder Odem ein Gesang!

3. Was schweigt ihr denn, ihr meine Kräfte?
Auf, auf, braucht allen euren Fleiß
und stehet munter im Geschäfte
zu Gottes, meines Herren, Preis!
Mein Leib und Seele, schicke dich
und lobe Gott herzinniglich!

4. Ihr grünen Blätter in den Wäldern,
bewegt und regt euch doch mit mir!
Ihr schwanken Gräschen in den Feldern,
ihr Blumen, laßt doch eure Zier
zu Gottes Ruhm belebet sein
und stimmet lieblich mit mir ein!

5. Ach, alles, alles, was ein Leben
und einen Odem in sich hat,
soll sich mir zum Gehilfen geben;

---

[1]) Der Anfang des Liedes klingt an an das Wort in Vergils Äneis VI, 625—627: Non mihi si linguae centum sint oraque centum, ferrea vox . . ., welches wohl sich anlehnt an das Wort in Homers Ilias II, 489—490: Wären mir auch zehn Kehlen zugleich, zehn redende Zungen, wär' unzerbrechlicher Laut [Stimme] und ein ehernes Herz mir gewähret . . . (Interessante Steigerung: 10, 100, 1000!)

denn mein Vermögen ist zu matt,
die großen Wunder zu erhöh'n,
die allenthalben um mich stehn.

9. Wer überströmet mich mit Segen?
Bist du es nicht, o reicher Gott?
Wer schützet mich auf meinen Wegen?
Du, du, o Herr Gott Zebaoth!
Du trägst mit meiner Sündenschuld
unsäglich gnädige Geduld.

11. Ich hab' es ja mein Lebetage
schon so manch liebes Mal gespürt,
daß du mich unter vieler Plage
recht wunderbarlich hast geführt;
denn in der größesten Gefahr
ward ich dein Trostlicht stets gewahr.

12. Wie sollt' ich nun nicht voller Freuden
in deinem steten Lobe stehn?
Wie sollt' ich auch im tiefsten Leiden
nicht triumphierend einhergehn?
Und fiele auch der Himmel ein,
so will ich doch nicht traurig sein[1].

14. Ich will von deiner Güte singen,
so lange sich die Zunge regt;
ich will dir Freudenopfer bringen,
so lange sich mein Herz bewegt;
ja, wenn der Mund wird kraftlos sein,
so stimm' ich noch mit Seufzen ein.

15. Ach, nimm das arme Lob auf Erden,
mein Gott, in allen Gnaden hin;
im Himmel soll es besser werden,
wenn ich ein schöner Engel bin[2];
da sing' ich dir im höhern Chor
viel tausend Hallelujah vor.

Johann Mentzer, Pastor in Kemnitz bei Bernstadt in der Oberlausitz, 1658—1734.

63—69. Morgen- und Abendlieder.

Eigene Melodie.

a. 63. Gott des Himmels und der Erden,
Vater, Sohn und heil'ger Geist,
der es Tag und Nacht läßt werden,
Sonn' und Mond uns scheinen heißt,
dessen starke Hand die Welt
und was drinnen ist erhält —

2. Gott, ich danke dir von Herzen,
daß du mich in dieser Nacht
vor Gefahr, Angst, Not und Schmerzen
hast behütet und bewacht,
daß des bösen Feindes List
mein nicht mächtig worden ist.

3. Laß die Nacht auch meiner Sünden
jetzt mit dieser Nacht vergehn;
o Herr Jesu, laß mich finden
deine Wunden offen stehn,
da alleine Hilf' und Rat
ist für meine Missetat.

4. Hilf, daß ich mit diesem Morgen
geistlich auferstehen mag
und für meine Seele sorgen,
daß, wenn nun dein großer Tag
uns erscheint und dein Gericht,
ich davor erschrecke nicht.

5. Führe mich, o Herr, und leite
meinen Gang nach deinem Wort;
sei und bleibe du auch heute
mein Beschützer und mein Hort!
Nirgends, als bei dir allein,
kann ich recht bewahret sein.

6. Meinen Leib und meine Seele
samt den Sinnen und Verstand,
großer Gott, ich dir befehle
unter deine starke Hand!
Herr, mein Schild, mein Ehr' und Ruhm,
nimm mich auf, dein Eigentum!

7. Deinen Engel zu mir sende,
der des bösen Feindes Macht,

---

[1]) Der Dichter hat das Lied gedichtet, als ihm sein Haus abgebrannt war und er Hab' und Gut verloren hatte. — [2]) Nicht buchstäblich zu fassen!

List und Anschläg' von mir wende
und mich halt' in guter Acht;
der auch endlich mich zur Ruh
trage nach dem Himmel zu[1])!

Heinrich Alberti[2]), Organist an der Domkirche in Königsberg, 1604—1651 (oder 1668).

Eigene Melodie.

a. 64. Wach' auf, mein Herz, und singe
dem Schöpfer aller Dinge,
dem Geber aller Güter,
dem frommen[3]) Menschenhüter[4])!

2. Heint[5]), als die dunklen Schatten
mich ganz umgeben hatten,
hat Satan mein begehret;
Gott aber hat's gewehret[6]).

3. Du sprachst: mein Kind, nun liege
trotz dem, der dich betrüge;
schlaf wohl, laß dir nicht grauen,
du sollst die Sonne schauen.

4. Dein Wort, das ist geschehen:
ich kann das Licht noch sehen;
von Not bin ich befreiet,
dein Schutz hat mich erneuet[7]).

5. Du willst ein Opfer haben[8]);
hier bring' ich meine Gaben:
mein Weihrauch und mein Widder
sind mein Gebet und Lieder.

6. Die wirst du nicht verschmähen,
du kannst ins Herze sehen,
und weißt wohl, daß zur Gabe
ich ja nichts Bess'res habe.

7. So wollst du nun vollenden
dein Werk an mir und senden[9]),
der mich an diesem Tage
auf seinen Händen trage.

8. Sprich Ja zu meinen Taten
hilf selbst das Beste raten[10]);
den Anfang, Mitt' und Ende,
ach Herr, zum Besten wende[11]).

9. Mit Segen mich beschütte,
mein Herz sei deine Hütte[12]),
dein Wort sei meine Speise,
bis ich gen Himmel reise.

Paul Gerhardt, Pastor in Mittenwalde, in Berlin und in Lübben, 1607—1676.

Eigene Melodie.

65. Morgenglanz der Ewigkeit
Licht vom unerschöpften[13]) Lichte,
schick' uns diese Morgenzeit
deine Strahlen zu Gesichte,
und vertreib' durch deine Macht
unsre Nacht.

3. Deiner Güte Morgentau
fall' auf unser matt Gewissen;

[1]) Was für uns unverfänglich ist, ist für einen anderen Standpunkt unberechtigt, als beruhend auf Engelverehrung; so schon bei Gregor von Nazianz († 390), wenn er betet, Gott möge ihm Engel als Führer und Helfer zusenden, und in vielen Liedern der katholischen Kirche. Vgl. Schultze, Untergang des Heidentums II, 364 s.

[2]) Alberti (nicht: Albert): Lyons Zeitschr. für deutschen Unterricht 1903, 6.

[3]) D. h.: gütig. — [4]) Hüter = Behüter.

[5]) Heint d. h.: diese Nacht (hinacht, Accus.); heute = an diesem Tage; heuer = in diesem Jahre; in diesen beiden Wörtern ist aber nicht ein Accusativus, sondern ein Instrumentalis enthalten.

[6]) Ein hier noch folgender Vers wird gewöhnlich weggelassen.

[7]) D. h.: gesund wieder aufstehen lassen.

[8]) Ein Morgenopfer wird im A. T. gefordert: ein Lamm und Räucherwerk (2. Mose 29, 38 und 30, 7); für den Christen sind das „Gebet und Lieder".

[9]) einen Engel (Ps. 91, 11 s). — [10]) D. h.: beschließen.

[11]) Zeile 3 und 4 waren der Lieblingsspruch des General York; er hat ihn auch vor der Schlacht bei Leipzig gebetet. — [12]) D. h.: Wohnung.

[13]) Wohl = unerschaffen, da schöpfen in der älteren Sprache im Sinne von schaffen gebraucht wurde. Der Dichter hat wohl gedacht an den Ausdruck des Nicänischen Bekenntnisses: „Licht vom Licht ... gezeugt, nicht geschaffen".

laß die dürre Lebensau
lauter süßen Trost genießen,
und erquick' uns, deine Schar,
immerdar!

7. Leucht' uns selbst in jene Welt,
du verklärte Gnadensonne!
Führ' uns durch das Tränenfeld
in das Land der süßen Wonne,
da die Lust, die uns erhöht,
nie vergeht!

Christian Knorr von Rosenroth, Geheimer Rat und erster Minister des Pfalzgrafen Christian August von Sulzbach, 1636—1689. — Das Lied ist eine freie Bearbeitung des Liedes von Opitz: „O Licht, geboren aus dem Lichte".

Mel.: Ich dank' dir schon [1]) durch deinen Sohn.

a—1. **66.** Mein erst Gefühl sei Preis und Dank,
erhebe Gott, o Seele!
Der Herr hört deinen Lobgesang:
lobsing' ihm, meine Seele!

2. Mich selbst zu schützen ohne Macht,
lag ich und schlief in Frieden;
wer schafft die Sicherheit der Nacht
und Ruhe für die Müden?

3. Wer wacht, wenn ich von mir nichts weiß,
mein Leben zu bewahren?
Wer stärkt mein Blut in seinem Fleiß
und schützt mich vor Gefahren?

4. Wer lehrt das Auge seine Pflicht,
sich sicher zu bedecken?
Wer ruft dem Tag und seinem Licht,
uns wieder aufzuwecken?

5. Du bist es, Gott und Herr der Welt,
und dein ist unser Leben.
Du bist es, der es uns erhält
und mir's jetzt neu gegeben.

6. Gelobet seist du, Gott der Macht,
gelobt sei deine Treue,
daß ich nach einer sanften Nacht
mich dieses Tags erfreue!

7. Laß deinen Segen auf mir ruhn,
mich deine Wege wallen,
und lehre du mich selber tun
nach deinem Wohlgefallen.

8. Nimm meines Lebens gnädig wahr,
auf dich hofft meine Seele!
Sei mir ein Retter in Gefahr,
ein Vater, wenn ich fehle!

9. Gib mir ein Herz voll Zuversicht,
erfüllt mit Lieb' und Ruhe,
ein weises Herz, das seine Pflicht
erkenn' und willig tue;

10. Daß ich als ein getreuer Knecht
nach deinem Reiche strebe,
gottselig, züchtig und gerecht
durch deine Gnade lebe;

11. Daß ich, dem Nächsten beizustehn,
nie Fleiß und Arbeit scheue;
mich gern an andrer Wohlergehn
und ihrer Tugend freue;

12. Daß ich das Glück der Lebenszeit
in deiner Furcht genieße,
und meinen Lauf mit Freudigkeit,
wenn du gebeutst, beschließe.

Christian Fürchtegott Gellert, Universitätsprofessor in Leipzig, 1715—1769.

Mel.: O Welt, ich muß dich lassen.

a. 67 [2]). Nun ruhen alle Wälder,
Vieh, Menschen, Städt' und Felder,

[1]) Schon ist das alte Adverbium zu schön. — [2]) Der erste Vers des Liedes schließt sich an eine Stelle aus Vergils Äneis an (IV, 522—528):

Nox erat, et placidum carpebant fessa soporem
Corpora per terras, silvaeque et saeva quierant
Aequora, quum medio volvuntur sidera lapsu,
Quum tacet omnis ager, pecudes pictaeque volucres,
Quaeque lacus late liquidos, quaeque aspera dumis
Rura tenent, somno positae sub nocte silenti:
Lenibant curas et corda oblita laborum.

es schläft die ganze Welt[1]).
Ihr aber, meine Sinnen,
auf, auf, ihr sollt beginnen,
was eurem Schöpfer wohlgefällt.

2. Wo bist du, Sonne blieben?
Die Nacht hat dich vertrieben,
die Nacht, des Tages Feind[2]);
fahr' hin, ein' andre Sonne,
mein Jesus, meine Wonne,
gar hell in meinem Herzen scheint.

3. Der Tag ist nun vergangen,
die goldnen Sternlein prangen
am blauen Himmelssaal;
also werd' ich auch stehen,
wenn mich wird heißen gehen
mein Gott aus diesem Jammertal.

4. Der Leib eilt nun zur Ruhe,
legt ab das Kleid und Schuhe,
das Bild der Sterblichkeit[3]);
die zieh' ich aus; dagegen
wird Christus mir anlegen
den Rock der Ehr' und Herrlichkeit.

5. Das Haupt, die Füß' und Hände
sind froh, daß nun zum Ende
die Arbeit kommen sei;
Herz, freu' dich, du sollst werden
vom Elend dieser Erden
und von der Sünden Arbeit frei.

6. Nun geht, ihr matten Glieder,
geht hin und legt euch nieder,
der Betten ihr begehrt;
es kommen Stund und Zeiten,
da man euch wird bereiten
zur Ruh' ein Bettlein in der Erd'.

7. Mein' Augen stehn verdrossen,
im Nu sind sie geschlossen,
wo bleibt dann Leib und Seel'?
Nimm sie zu deinen Gnaden,
sei gut für allen Schaden,
du Aug' und Wächter Israel[4])!

8. Breit' aus die Flügel beide,
o Jesu, meine Freude,
und nimm dein Küchlein ein;
will Satan mich verschlingen,
so laß die Englein singen:
dies Kind soll unverletzet sein.

9. Auch euch, ihr meine Lieben,
soll heute nicht betrüben
kein Unfall noch Gefahr!
Gott laß euch ruhig schlafen,
stell' euch die goldnen Waffen
ums Bett und seiner Engel Schar![5])

Paul Gerhardt, Pastor in Mittenwalde, in Berlin und in Lübben, 1607—1676.

Mel.: Nun ruhen alle Wälder.

68. Der Mond ist aufgegangen,
die goldnen Sternlein prangen
am Himmel hell und klar;
der Wald steht schwarz und schweiget,
und aus den Wiesen steiget
der weiße Nebel wunderbar.

2. Wie ist die Welt so stille
und in der Dämmrung Hülle
so traulich und so hold,
als eine stille Kammer,
wo ihr des Tages Jammer
verschlafen und vergessen sollt.

3. Seht ihr den Mond dort stehen?
Er ist nur halb zu sehen
und ist doch rund und schön;
so sind wohl manche Sachen,
die wir getrost belachen,
weil unsre Augen sie nicht sehn.

---

[1]) Heute hält man es nicht mehr für nötig, den Anfang des Liedes so zu ändern: „Nun ruhet auf den Feldern, in Städten, Dörfern, Wäldern, ein Teil der müden Welt."

[2]) Vgl. Jeremias, Das A. T. im Lichte des alten Orients (1906), S. 35.

[3]) Das Ablegen der Kleider beim Schlafengehen läßt den Dichter an das Ablegen des Leibes beim Sterben denken.

[4]) „Israel" ist als Genitiv anzusehen (vgl.: „Die Kinder Israel").

[5]) Vgl. das alte Volkslied: „Abends wenn ich schlafen geh', Vierzehn Engel um mich stehn."

4. Wir stolzen Menschenkinder
sind eitel arme Sünder
und wissen gar nicht viel;
wir spinnen Luftgespinste
und suchen viele Künste,
und kommen weiter von dem Ziel.

5. Gott, laß uns dein Heil schauen,
auf nichts Vergänglichs trauen,
nicht Eitelkeit uns freun;
laß uns einfältig werden
und vor dir hier auf Erden
wie Kinder fromm und fröhlich sein!

6. Wollst endlich sonder Grämen
aus dieser Welt uns nehmen
durch einen sanften Tod;
und wenn du uns genommen,
laß uns in Himmel kommen,
du, unser Herr und unser Gott!

7. So legt euch denn, ihr Brüder,
in Gottes Namen nieder;
kalt ist der Abendhauch.
Verschon' uns Gott mit Strafen
und laß uns ruhig schlafen,
und unsern kranken Nachbar auch!

Matthias Claudius, 1740—1815, gestorben in Hamburg.

Eigene Melodie.

69. Müde bin ich, geh' zur Ruh',
schließe meine Augen zu;
Vater, laß die Augen dein
über meinem Bette sein!

2. Hab' ich Unrecht heut' getan,
sieh es, treuer Gott, nicht an;
deine Gnad' und Jesu Blut
macht ja allen Schaden gut.

3. Alle, die mir sind verwandt,
Gott, laß ruhn in deiner Hand;
alle Menschen, groß und klein,
sollen dir befohlen sein.

4. Kranken Herzen sende Ruh',
nasse Augen schließe zu;
laß den Mond am Himmel stehn
und die stille Welt besehn!

Luise Hensel, geboren 1798 als Tochter eines evangelischen Geistlichen, seit 1818 katholisch, † 1876.

70abc. Vaterlandslieder.

Mel.: Freu' dich sehr, o meine Seele.

70a. Vater, kröne du mit Segen
unsern König und sein Haus,
führ' durch ihn auf deinen Wegen
herrlich deinen Ratschluß aus!
Deiner Kirche sei er Schutz,
deinen Feinden biet' er Trutz!
Sei du dem Gesalbten gnädig;
segne, segne unsern König!

2. Rüst' ihn mit des Glaubens Schilde,
reich' ihm deines Geistes Schwert,
daß Gerechtigkeit und Milde
ihm des Friedens Heil gewährt!
Mach' ihm leicht die schwere Last,
die du auferlegt ihm hast;
sei in Jesu du ihm gnädig;
schütze, segne unsern König!

7. Breite, Herr, dein Reich auf Erden
auch in unserm Lande aus,
daß wir deine Bürger werden,
ziehen in dein Vaterhaus!
Frieden und Gerechtigkeit
gib uns, Herr, zu aller Zeit;
sei du deinem Volke gnädig;
segne, segne unsern König!

Wilhelm Hülsemann, Pfarrer in Elsey bei Iserlohn in Westfalen, 1781—1865.

Niederländisches Dankgebet.

Eigene Melodie.

70b. Wir treten zum Beten vor Gott, den Gerechten,
er waltet und haltet ein strenges Gericht.
Er läßt von den Schlechten die Guten nicht knechten,
sein Name sei gelobt, er vergißt unser nicht.

2. Im Streite zur Seite ist Gott uns gestanden,
er wollte, es sollte das Recht siegreich sein;
da ward, kaum begonnen, die Schlacht schon gewonnen.
Du, Gott, warst ja mit uns, der Sieg, er war dein!

3. Wir loben dich oben, du Lenker der Schlachten,
und flehen, mögst stehen uns fernerhin bei,
daß deine Gemeinde nicht Opfer der Feinde!
Dein Name sei gelobt! O Herr, mach' uns frei!

Das älteste Kirchenlied des Militär-Gesangbuchs.

70 c. Summe Deus, te rogamus:
Sancte Deus, te rogamus:
Omnem justitiam tibi commendamus;
Salutem nostram tibi commendamus,
Imperium nostrum tibi commendamus.
Per te vivimus,
Per te victores et felices existimus.
Summe, sancte Deus, preces nostras exaudi;
Brachia nostra ad te tendimus;
Exaudi, sancte, summe Deus[1]).

71—79 b. Jesuslieder.

Eigene Melodie.

71. Schönster Herr Jesu,
Herrscher aller Enden,
Gottes und Mariä Sohn,
dich will ich lieben,
dich will ich ehren,
du meiner Seelen Freud' und Kron'.

2. Schön sind die Wälder,
schöner sind die Felder
in der schönen Frühlingszeit.
Jesus ist schöner,
Jesus ist reiner,
der unser traurig Herz erfreut.

3. Schön leucht der Monde,
schöner leucht die Sonne,
schön die Sternlein allzumal.
Jesus leucht schöner,
Jesus leucht reiner,
als all die Eng'l im Himmelssaal.

4. Alle die Schönheit
Himmels und der Erden
ist gefaßt in dir allein.
Nichts soll auf Erden
mir lieber werden,
als du, o Jesu, Liebster mein.

5. Er ist wahrhaftig
hoch von mir geliebet,
Jesus, hoch gebenedeit.
Jesu, dich bitt' ich,
sei du mir gnädig
jetzt und zu meiner letzten Zeit![2])

---

a. 71b. Wie schön leuchtet der Morgenstern,
Voll Gnad' und Wahrheit von dem Herrn.

Philipp Nicolai, 1556—1608, zuletzt Pastor in Hamburg. Vgl. hierzu das Gedicht von Julius Sturm, 1816—1896: „Wie schön leuchtet der Morgenstern — Hab doch kein andres Lied so gern."

---

[1]) Als Licinius, der Mitregent des Constantinus, im Jahre 313 gegen Maximinus Daza zog, da kämpfte auch er, wie Constantinus, als Vertreter des Christentums gegen das Heidentum. Vor der Schlacht ließ er unter die Soldaten Zettel mit dem obigen Gebet verteilen, das ihm angeblich ein Engel des Nachts mitgeteilt hatte. Dieses Gebet ist das älteste Kirchenlied des Militär-Gesangbuchs.

[2]) Das Lied war ursprünglich ein Lied für Prozessionen, bei denen die Hostie in der Monstranz vorangetragen wurde. Die hierauf sich beziehende letzte Strophe ist in den evangelischen Liederbüchern (wie auch oben) umgestaltet und auch noch andere Änderungen im Texte vorgenommen worden. — Nach neueren Forschern ist das Lied ein neueres Lied, zuerst erschienen 1677 in einem katholischen Gesangbuch.

Eigene Melodie.

a. 72. Meinen Jesum lass' ich nicht.
Weil er sich für mich gegeben,
so erfordert meine Pflicht,
klettenweis' an ihm zu kleben.
Er ist meines Lebens Licht;
meinen Jesum lass' ich nicht.

2. Jesum lass' ich nimmer nicht,
weil[1]) ich soll auf Erden leben;
ihm hab' ich voll Zuversicht,
was ich bin und hab', ergeben.
Alles ist auf ihn gericht;
meinen Jesum lass' ich nicht.

3. Laß vergehen das Gesicht,
Hören, Schmecken, Fühlen weichen;
laß das letzte Tageslicht
mich auf dieser Welt erreichen:
wenn der Lebensfaden bricht,
meinen Jesum lass' ich nicht.

4. Ich werd' ihn auch lassen nicht,
wenn ich nun dahin gelanget,
wo vor seinem Angesicht
meiner Eltern Glaube pranget.
Mich erfreut sein Angesicht;
meinen Jesum lass' ich nicht.

5. Nicht nach Welt, nach Himmel nicht
meine Seele wünscht und stöhnet;
Jesum wünscht sie und sein Licht,
der mich hat mit Gott versöhnet,
der mich freiet vom Gericht.
Meinen Jesum lass' ich nicht.

6. Jesum lass' ich nicht von mir,
geh' ihm ewig an der Seiten;
Christus läßt mich für und für
zu dem Lebensbächlein leiten.
Selig, wer mit mir so spricht:
Meinen Jesum lass' ich nicht[2]).

Luk. 10, 38—42. 1. Kor. 1, 30 (vgl. V. 5, 6, 7 u. 8).

Eigene Melodie.

a. 73. Eins ist not! Ach Herr dies Eine
lehre mich erkennen doch!
Alles andre, wie's auch scheine,
ist ja nur ein schweres Joch,
darunter das Herze sich naget und plaget
und dennoch kein wahres Vergnügen erjaget.
Erlang' ich dies Eine, das alles ersetzt,
so werd' ich mit Einem in allem ergötzt.

2. Seele, willst du dieses finden,
such's bei keiner Kreatur;
laß, was irdisch ist, dahinten,
schwing' dich über die Natur;
wo Gott und die Menschheit in einem vereinet,
wo alle vollkommene Fülle erscheinet;
da, da ist das beste, notwendigste Teil,
mein Ein und mein Alles, mein seligstes Heil.

5. Aller Weisheit höchste Fülle
in dir ja verborgen liegt,

[1]) D. h. so lange.

[2]) Als der Kurfürst von Sachsen Johann Georg I. im Jahre 1656 im Sterben lag und sein Oberhofprediger ihn fragte, ob er Jesum im Herzen habe und auch noch des Liedes gedächte, das er im Leben so oft gesungen, „Von Gott will ich nicht lassen", da antwortete ihm der Fürst: Meinen Jesum lass' ich nicht" (nach dem Worte Jakobs 1. Mose 32, 26, bez. 27: „Ich lasse dich nicht, du segnest mich denn"). Über dieses Wort dichtete Christian Keiman (nicht: Keymann), Rektor des Gymnasiums zu Zittau, 1607—1662, das obenstehende Lied, dessen fünf erste Strophen mit je einem Worte dieses Ausspruchs anfangen, und dessen sechste Strophe in den Anfangsbuchstaben der fünf ersten Zeilen den Namen des Kurfürsten enthält: Johann Georg Churfürst zu Sachsen. — Keiman wurde im Jahre 1651 mit dem kaiserlichen Dichterlorbeer gekrönt; der Lorbeerkranz ist noch heute in der Zittauer Stadtbibliothek vorhanden.

gib nur, daß sich auch mein Wille
sein in solche Schranken fügt,
worinnen die Demut und Einfalt regieret,
und mich zu der Weisheit, die himmlisch ist, führet.
Ach, wenn ich nur Jesum recht kenne und weiß,
so hab' ich der Weisheit vollkommenen Preis.

6. Nichts kann ich vor Gott ja bringen,
als nur dich, mein höchstes Gut;
Jesu, es muß mir gelingen
durch dein rosenfarbnes Blut [1]).
Die höchste Gerechtigkeit ist mir erworben,
da du bist am Stamme des Kreuzes gestorben;
die Kleider des Heils ich da habe erlangt,
worinnen mein Glaube in Ewigkeit prangt.

7. Nun, so gib, daß meine Seele
auch nach deinem Bild erwacht;
du bist ja, den ich erwähle,
mir zur Heiligung gemacht.
Was dienet zum göttlichen Wandel und Leben,
ist in dir, mein Heiland, mir alles gegeben;
entreiße mich aller vergänglichen Lust;
dein Leben sei, Jesu, mir einzig bewußt.

8. Ja, was soll ich mehr verlangen?
Mich beströmt die Gnadenflut;
du bist einmal eingegangen
in das Heilge durch dein Blut.
Da hast du die ew'ge Erlösung gefunden,
daß ich nun von Tod und Verdammnis entbunden;
dein Eingang die völlige Freiheit mir bringt,
im kindlichen Geiste das Abba nun klingt.

10. Drum auch, Jesu, du alleine
sollst mein Ein und Alles sein;
prüf', erfahre, wie ich's meine,
tilge allen Heuchelschein!
Sieh, ob ich auf bösem, betrüglichem Stege,
und leite mich, Höchster, auf ewigem Wege!
Gib, daß ich nichts achte, nicht Leben noch Tod,
und Jesum gewinne: dies Eine ist not!

Johannes Heinrich Schröder, Pfarrer zu Meseberg bei Magdeburg, 1666—1699.

Eigene Melodie.

74. Ich bete an die Macht der Liebe,
die sich in Jesu offenbart;
ich geb' mich hin dem freien Triebe,
mit dem ich Wurm geliebet ward;
ich will, anstatt an mich zu denken,
ins Meer der Liebe mich versenken.

2. Wie bist du mir so sehr gewogen,
und wie verlangt dein Herz nach mir!
Durch Liebe sanft und stark gezogen,
neigt sich mein Alles auch zu dir.
Du traute Liebe, gutes Wesen,
du hast mich, ich hab' dich erlesen.

3. Ich fühl's, du bist's; dich muß ich haben;
ich fühl's, ich muß für dich nur sein.
Nicht im Geschöpf, nicht in den Gaben,
mein Ruhplatz ist in dir allein.
Hier ist die Ruh', hier ist Vergnügen;
drum folg' ich deinen sel'gen Zügen.

---

[1]) Ursprünglich: „durch dein rosinfarbnes Blut". Dieses Adjektivum hat nichts zu tun mit Rosine (welches auf dem lateinischen Worte racēmus = Beere beruht), sondern ist mit mittelhochdeutscher (ursprünglich langer) Endung von Rose abgeleitet.

4. O Jesu, daß dein Name bliebe
im Grunde, drück' ihn tief hinein!
Möcht' deine süße Jesusliebe
in Herz und Sinn gepräget sein!
In Wort und Werk, in allem Wesen
sei Jesus und sonst nichts zu lesen.

5. Lob sei dem hohen Jesusnamen,
in dem der Liebe Quell entspringt,
von dem hier alle Bächlein kamen,
aus dem die sel'ge Schar dort trinkt.
Wie beugen sie sich ohne Ende!
Wie falten sie die frohen Hände!

Gerhard Tersteegen, Bandweber zu Mühlheim an der Ruhr, 1697—1769[1]).

Matth. 16, 24—25.

Mel.: Mach's mit mir, Gott, nach deiner Güt'.

a. 75. „Mir nach", spricht Christus, unser Held,
„mir nach, ihr Christen alle!
Verleugnet euch, verlaßt die Welt,
folgt meinem Ruf und Schalle!
Nehmt euer Kreuz und Ungemach
auf euch, folgt meinem Wandel nach!"

2. „Ich bin das Licht, ich leucht' euch für
mit heil'gem Tugendleben;
wer zu mir kommt und folget mir,
darf nicht im Finstern schweben;
ich bin der Weg, ich weise wohl,
wie man wahrhaftig wandeln soll."

3. „Mein Herz ist voll Demütigkeit,
voll Liebe meine Seele;
mein Mund, der fleußt zu jeder Zeit
von süßem Sanftmutsöle;
mein Geist, Gemüte, Kraft und Sinn
ist Gott ergeben, schaut auf ihn."

4. „Ich zeig' euch, das, was schädlich ist,
zu fliehen und zu meiden,
und euer Herz von arger List
zu rein'gen und zu scheiden.
Ich bin der Seelen Fels und Hort
und führ' euch zu der Himmelspfort."[2])

5. „Fällt's euch zu schwer, ich geh' voran,
ich steh' euch an der Seite;
ich kämpfe selbst, ich brech' die Bahn,
bin alles in dem Streite.
Ein böser Knecht, der still darf[3]) stehen,
wenn er den Feldherrn an sieht gehn!"

6. „Wer seine Seel' zu finden meint,
wird sie ohn' mich verlieren;
wer sie um mich verlieren scheint,
wird sie in Gott einführen.
Wer nicht sein Kreuz nimmt und folgt mir,
ist mein nicht wert und meiner Zier."

7. So laß uns denn dem lieben Herrn
mit unserm Kreuz nachgehen,
und wohlgemut, getrost und gern
bei ihm im Leiden stehen.
Wer nicht gekämpft, trägt auch die Kron'
des ew'gen Lebens nicht davon.

Johannes Scheffler (Angelus Silesius), 1624—1677, gestorben als katholischer Geistlicher in Breslau[4]).

---

a. 75 b. Ich will dich lieben, meine Stärke.

Johannes Scheffler (Angelus Silesius), 1624—1677, gestorben als katholischer Geistlicher in Breslau.

---

[1]) Das Lied ist eine verkürzte Umgestaltung eines längeren Liedes („Für dich sei ganz mein Herz und Leben"). Die Melodie, von dem russischen Komponisten Bortniansky († 1828) herstammend, ist die Melodie des im preußischen Heere üblichen Abendgebets.

[2]) Vers 4 ist ein Zusatz des Freylinghausenschen Gesangbuchs von 1740.

[3]) darf im Sinne der älteren Sprache = wagt.

[4]) Von Schefflers 205 Liedern sind 23 in den heute gebrauchten Gesangbüchern enthalten.

Mel.: Lasset uns den Herren preisen.

a–2. **76.** Lasset uns mit Jesu ziehen,
seinem Vorbild folgen nach,
in der Welt der Welt entfliehen
auf der Bahn, die er uns brach,
immer fort zum Himmel reisen,
irdisch noch, doch himmlisch sein,
glauben recht und leben fein,
in der Lieb' den Glauben weisen.
Treuer Jesu, bleib' bei mir!
Gehe vor, ich folge dir.

2. Lasset uns mit Jesu leiden,
seinem Vorbild werden gleich.
Nach dem Leide folgen Freuden,
Armut hier macht dorten reich,
Tränensaat die Ernte lachen;
Hoffnung tröstet mit Geduld:
es kann leichtlich Gottes Huld
aus dem Regen Sonne machen.
Jesu, hier leid' ich mit dir,
dort teil' deine Freud' mit mir!

3. Lasset uns mit Jesu sterben!
Sein Tod uns vom andern Tod
rettet und vom Seelverderben,
von der ewiglichen Not.
Laßt uns töten, weil wir leben,
unser Fleisch, ihm sterben ab,
so wird er uns aus dem Grab
in das Himmelsleben heben.
Jesu, sterb' ich, sterb' ich dir,
daß ich lebe für und für.

4. Lasset uns mit Jesu leben!
Weil er auferstanden ist,
muß das Grab uns wiedergeben.
Jesu, unser Haupt du bist,
wir sind deines Leibes Glieder:
wo du lebst, da leben wir.
Ach, erkenn' uns für und für,
trauter Freund, für deine Brüder!
Jesu, dir ich lebe hier,
dorten ewig auch bei dir.

Sigismund von Birken (Betulius), 1626–1681, gekrönter Dichter und durch den Titel eines Kaiserlichen Pfalzgrafen geehrt, gestorben als „Oberhort" des noch heute in Nürnberg bestehenden Dichterordens der „Pegnitzschäfer".

---

a. **76 b.** Halt' im Gedächnis Jesum Christ.

Cyriacus Günther, 1650–1704, Lehrer am Gymnasium in Gotha. — Das Lied beruht auf 2. Tim. 2, 8.

---

a. **76 c.** Wer ist wohl, wie du, Jesu, süßer Ruh'.

Johannes Anastasius Freylinghausen, 1670–1739, Nachfolger A. H. Franckes als Direktor seiner Stiftungen in Halle.

Psalm 51, 12—14.

Eigene Melodie.

77. Ein reines Herz, Herr, schaff' in mir,
schleuß zu der Sünden Tor und Tür,
vertreibe sie, und laß nicht zu,
daß sie in meinem Herzen ruh'!

2. Dir öffn' ich, Jesu, meine Tür,
ach komm' und wohne du bei mir,
treib' all' Unreinigkeit hinaus
aus deinem Tempel und Wohnhaus!

3. Laß deines guten Geistes Licht
und dein hellglänzend Angesicht
erleuchten mein Herz und Gemüt,
o Brunnen unerschöpfter Güt'!

4. Und mache denn mein Herz zugleich
an Himmelsgut und Segen reich;
gib Weisheit, Stärke, Rat, Verstand
aus deiner milden Gnadenhand!

5. So will ich deines Namens Ruhm
ausbreiten als dein Eigentum,
und dieses achten für Gewinn,
wenn ich nur dir ergeben bin.

Heinrich Georg Neuß, Konsistorialrat und Superintendent in Wernigerode, 1654–1716.

Off. Joh. 2 und 3.

Eigene Melodie.

a–2. **78.** Fahre fort, fahre fort,
Zion, fahre fort im Licht,
mache deinen Leuchter helle,
laß die erste Liebe nicht,
suche stets die Lebensquelle!
Zion, dringe durch die enge Pfort',
fahre fort, fahre fort!

3. Folge nicht, folge nicht,
Zion, folgt nicht der Welt,
die dich suchet groß zu machen!
Achte nichts ihr Gut und Geld,
nimm nicht an den Stuhl des Drachen!
Zion, wenn sie dir viel Lust verspricht,
folge nicht, folge nicht!

7. Halte aus, halte aus,
Zion, halte deine Treu,
laß dich ja nicht laulich finden!
Auf, das Kleinod rückt herbei,
auf, verlasse, was dahinten!
Zion, in dem letzten Kampf und Strauß
halte aus, halte aus!

Johann Eusebius Schmidt, geb. 1669, Pfarrer zu Siebleben bei Gotha 1697—1745.

Mel.: Seelenbräutigam.

a. 79. Jesu, geh voran
auf der Lebensbahn,
und wir wollen nicht verweilen,
dir getreulich nachzueilen;
führ' uns an der Hand
bis ins Vaterland!

2. Soll's uns hart ergehn,
laß uns feste stehn,
und auch in den schwersten Tagen
niemals über Lasten klagen;
denn durch Trübsal hier
geht der Weg zu dir.

3. Rühret eig'ner Schmerz
irgend unser Herz,
kümmert uns ein fremdes Leiden;
o, so gib Geduld zu beiden;
richte unsern Sinn
auf das Ende hin!

4. Ordne unsern Gang,
Jesu, lebenslang;
führst du uns durch rauhe Wege,
gib uns auch die nöt'ge Pflege,
tu' uns nach dem Lauf
deine Türe auf!

Nikolaus Ludwig Graf von Zinzendorf, der Stifter der Brüdergemeinde, 1700—1760. — Das Lied ist zusammengefügt aus Strophen zweier Lieder.

Mel.: Wie könnt' ich ruhig schlafen.
(Von Silcher.)

79b. So nimm denn meine Hände
und führe mich
bis an mein selig Ende,
und ewiglich!
Ich mag allein nicht gehen,
nicht einen Schritt:
wo du wirst gehn und stehen,
da nimm mich mit!

2. In dein Erbarmen hülle
mein schwaches Herz,
und mach' es gänzlich stille
in Freud' und Schmerz!
Laß ruhn zu deinen Füßen
dein armes Kind!
Es wird die Augen schließen
und glauben blind.

3. Wenn ich auch gleich nichts fühle
von deiner Macht,
du führst mich doch zum Ziele
auch durch die Nacht!
So nimm denn meine Hände
und führe mich
bis an mein selig Ende,
und ewiglich!

Julie von Hausmann † 1901.

E. Das Reich Gottes auf Erden und im Himmel.

80—88. Die Gnadenmittel.

Luk. 24, 29.

Mel.: Christus der ist mein Leben.

a. 80. Ach bleib' mit deiner Gnade
bei uns, Herr Jesu Christ,
daß uns hinfort nicht schade
des bösen Feindes List!

2. Ach bleib' mit deinem Worte
bei uns, Erlöser wert,
daß uns beid' hier und dorte
sei Güt' und Heil beschert!

3. Ach bleib' mit deinem Glanze
bei uns, du wertes Licht;

dein' Wahrheit uns umschanze,
damit wir irren nicht!

4. Ach bleib' mit deinem Segen
bei uns, du reicher Herr;
dein' Gnad' und all's Vermögen
in uns reichlich vermehr'!

5. Ach bleib' mit deinem Schutze
bei uns, du starker Held,
daß uns der Feind nicht trutze,
noch fällt' die böse Welt!

6. Ach bleib' mit deiner Treue
bei uns, mein Herr und Gott,
Beständigkeit verleihe,
hilf uns aus aller Not!

Josua Stegmann, Professor der Theologie in Rinteln in Hessen, 1588—1632[1]).

Eigene Melodie.

a—1. 81. Herr Jesu Christ, dich zu uns wend',
dein heil'gen Geist du zu uns send';
mit Hilf' und Gnad' er uns regier'
und uns den Weg zur Wahrheit führ'!

2. Tu' auf den Mund zum Lobe dein,
bereit' das Herz zur Andacht fein;
den Glauben mehr', stärk' den Verstand,
daß uns dein Nam' werd' wohl bekannt,

3. bis wir singen mit Gottes Heer:
Heilig, heilig ist Gott der Herr,
und schauen dich von Angesicht
in ew'ger Freud' und sel'gem Licht!

4. Ehr' sei dem Vater und dem Sohn,
dem heil'gen Geist in einem Thron;
der heiligen Dreifaltigkeit
sei Lob und Preis in Ewigkeit!

Wilhelm, Herzog von Sachsen-Weimar, der Stifter der „Fruchtbringenden Gesellschaft", 1598—1662[2]).

Apostelgesch. 10, 33.

Eigene Melodie.

a. 82. Liebster Jesu, wir sind hier,
dich und dein Wort anzuhören;
lenke Sinnen und Begier
auf die süßen Himmelslehren,
daß die Herzen von der Erden
ganz zu dir gezogen werden!

2. Unser Wissen und Verstand
ist mit Finsternis umhüllet,
wo nicht[3]) deines Geistes Hand
uns mit hellem Licht erfüllet;
Gutes denken, tun und dichten
mußt du selbst in uns verrichten.

3. O du Glanz der Herrlichkeit,
Licht vom Licht, aus Gott geboren,
mach' uns allesamt bereit,
öffne Herzen, Mund und Ohren;
unser Bitten, Flehn und Singen
laß, Herr Jesu, wohl gelingen!

Tobias Clausnitzer, im 30jährigen Kriege schwedischer Feldprediger, dann Pfarrer und Kirchenrat zu Weyden in der Oberpfalz, 1618—1684[4]).

Eigene Melodie.

a. 83. Erhalt' uns, Herr, bei deinem Wort
und steure deiner Feinde Mord,
die Jesum Christum, deinen Sohn,
wollen stürzen von seinem Thron.

2. Beweis' dein' Macht, Herr Jesu Christ,
der du Herr aller Herren bist:
beschirm' dein' arme Christenheit,
daß sie dich lob' in Ewigkeit.

---

[1]) Das Lied ist gedichtet in der Zeit der Drangsale, welche infolge des Restitutionsedikts (1629) über die ganze evangelische Kirche und besonders auch über den Dichter hereinbrachen.

[2]) Der Dichter war, wie seine Brüder Johann Ernst († 1626) und Bernhard († 1629), Feldherr im 30jährigen Kriege, dann Herzog, der Ahnherr der heutigen Großherzöge von Sachsen-Weimar. [3]) D. h. wenn nicht.

[4]) Als schwedischer Feldprediger hat Clausnitzer am 1. Jan. 1649 auf Befehl des schwedischen Generals Wrangel in Weyden die Friedenspredigt gehalten.

3. Gott heil'ger Geist, du Tröster wert,
gib dein'm Volk ein'rlei Sinn auf Erd';
steh' bei uns in der letzten Not,
g'leit' uns ins Leben aus dem Tod!

Martin Luther, 1542[1].

Mel.: Herzlich tut mich verlangen.

a—1. 84. Laß mich dein sein und bleiben,
du treuer Gott und Herr;
von dir laß mich nichts treiben,
halt' mich bei deiner Lehr'[2]!
Herr, laß mich nur nicht wanken,
gib mir Beständigkeit!
Dafür will ich dir danken
in alle Ewigkeit.

Nicolaus Selnecker, 1530—1592, ein Schüler Melanchthons, Mitverfasser der Konkordienformel, der Begründer des noch heute bestehenden Thomaschors in Leipzig, mehrmals seines Amtes entsetzt, † als Superintendent und Professor der Theologie in Leipzig.

Mel: Liebster Jesu, wir sind hier.

a—1. 85. Unsern Ausgang segne Gott,
unsern Eingang gleichermaßen;
segne unser täglich Brot,
segne unser Tun und Lassen;
segne uns mit sel'gem Sterben,
und mach' uns zu Himmelserben!

Letzte Strophe des Liedes: „Nun, Gott Lob, es ist vollbracht, Singen, Beten, Lehren, Hören" — von Hartmann Schenck, Pfarrer in Ostheim vor der Rhön in Sachsen-Weimar-Eisenach, 1634—1681.

Mel.: O, daß ich tausend Zungen hätte

a. 86. Ich bin getauft auf deinen Namen[3],
Gott Vater, Sohn und heil'ger Geist,
ich bin gezählt zu deinem Samen,
zum Volk, das dir geheiligt heißt;
ich bin in Christum eingesenkt,
ich bin mit seinem Geist beschenkt.

5. Ich gebe dir, mein Gott, aufs neue
Leib, Seel' und Herz zum Opfer hin;
erwecke mich zu neuer Treue
und nimm Besitz von meinem Sinn!
Es sei in mir kein Tropfen Blut,
der nicht, Herr, deinen Willen tut!

7. Laß diesen Vorsatz nimmer wanken,
Gott Vater, Sohn und heil'ger Geist!
Halt mich in deines Bundes Schranken,
bis mich dein Wille sterben heißt!
So leb' ich dir, so sterb' ich dir,
so lob' ich dich dort für und für.

Johann Jakob Rambach, 1693—1735, Superintendent und Professor der Theologie, zuerst in Halle, dann in Gießen.

---

[1]) Die zweite Zeile des Liedes lautet bei Luther: „Und steur' des Papsts und Türken Mord." Das Lied war zunächst bestimmt für den auch in Wittenberg angeordneten Gottesdienst zum Gebet wider die Deutschland bedrohenden Türken. Den Untertanen wurde das Ereignis eines drohenden Türkeneinfalls von der Kanzel verkündet und zugleich des Kaisers Befehl verlesen, „daß um früh sechs Uhr im Sommer und im Winter um sieben Uhr eine Viertelstunde geläutet werden müsse, eine halbe Stunde vor und nachher aber aus keiner Ursache eine Kirchenglocke gerührt werden dürfe". Gleichzeitig wurde bestimmt, „es solle während des Läutens jeder fromme Christ und echte Deutsche, wo er nur sei, und in welchen Geschäften er sich befinde, auf die Kniee niederfallen und das sogenannte Türkengebet sprechen. Alle Handwerker, Bauern und Tagelöhner aber sollten mit der Arbeit innehalten. Alle Pfarrer sollten in allen Predigten das Volk ermahnen und das Kriegsgebet vorlesen; und alle Obrigkeiten sollten diese Predigten besuchen, um dem Volke ein gutes Beispiel zu geben." — Dem ursprünglichen Liede sind später von anderen Dichtern noch mehrere Verse zugefügt worden. Wegen der zweiten Zeile wurde von katholischen Obrigkeiten das Singen dieses Liedes an vielen Orten verboten.

[2]) „Deiner", nicht „reiner": Theol. Encykl.[3] 18, 187, Z. 30—41.

[3]) „Getauft auf deinen Namen" entspricht besser dem Grundtext des Taufbefehls als „in deinem Namen".

Psalm 130.

Eigene Melodie.

a. 87. Aus tiefer Not schrei' ich zu dir,
Herr Gott, erhör' mein Rufen!
Dein gnädig Ohren kehr' zu mir
und meiner Bitt' sie öffne;
denn so du willst das sehen an,
was Sünd' und Unrecht ist getan,
wer kann, Herr, vor dir bleiben?

2. Bei dir gilt nichts denn Gnad' und Gunst,
die Sünde zu vergeben;
es ist doch unser Tun umsonst[1])
auch in dem besten Leben;
vor dir niemand sich rühmen kann;
des[2]) muß dich fürchten jedermann,
und deiner Gnade leben.

3. Darum auf Gott will hoffen ich,
auf mein Verdienst nicht bauen;
auf ihn mein Herz soll lassen sich[3])
und seiner Güte trauen,
die mir zusagt sein wertes Wort;
das ist mein Trost und treuer Hort,
des will ich allzeit harren.

4. Und ob es währt bis in die Nacht
und wieder an den Morgen,
doch soll mein Herz an Gottes Macht
verzweifeln nicht, noch sorgen.
So tu' Israel rechter Art[4]),
der aus dem Geist erzeuget ward,
und seines Gotts erharre.

5. Ob bei uns ist der Sünden viel,
bei Gott ist viel mehr Gnade;
sein' Hand zu helfen hat kein Ziel,
wie groß auch sei der Schade.
Er ist allein der gute Hirt,
der Israel erlösen wird
aus seinen Sünden allen.

Martin Luther, 1523, umgearbeitet 1524.

Eigene Melodie.

a. 88. Schmücke dich, o liebe Seele,
laß die dunkle Sündenhöhle,
komm ans helle Licht gegangen,
fange herrlich an zu prangen;
denn der Herr voll Heil und Gnaden
will dich jetzt zu Gaste laden.
Der den Himmel kann verwalten,
will jetzt Herberg' in dir halten.

8. Herr, es hat dein treues Lieben
dich vom Himmel her getrieben,
daß du willig hast dein Leben
in den Tod für uns gegeben
und dazu ganz unverdrossen,
Herr, dein Blut für uns vergossen,
das uns jetzt kann kräftig tränken,
deiner Liebe zu gedenken.

9. Jesu, wahres Brot des Lebens,
hilf, daß ich doch nicht vergebens
oder mir vielleicht zum Schaden
sei zu deinem Tisch geladen!
Laß mich durch dies Seelenessen
deine Liebe recht ermessen,
daß ich auch, wie jetzt auf Erden,
mög' dein Gast im Himmel werden!

Johann Franck, Bürgermeister zu Guben, 1618—1677.

---

[1]) Unser Tun reicht nicht aus, um uns die Vergebung der Sünden zu verdienen.
[2]) D. h. deshalb.
[3]) D. h. sich verlassen.
[4]) D. h. die rechte christliche Gemeinde.

89–90. Kirche und Mission.

Der 46. Psalm.

Deus noster refugium et virtus[1]).

Ein feste burg ist vnser Gott,
ein gute wehr vnd waffen,
Er hilfft vns frey aus aller not,
die vns ytzt hat betroffen.
Der alt böse feind
mit ernst ers ytzt meint,
gros macht vnd viel list
sein grausam rüstung ist;
auff erd ist nicht seins gleichen.

Mit vnser macht ist nichts gethan,
wir sind gar bald verloren,
Es streitt fur vnns der rechte man,
den Gott hat selbs erkoren.
Fragstu wer der ist,
er heist Jhesus Christ,

[1]) Eine Nachbildung des ersten (?) erhaltenen Druckes dieses Liedes findet der Leser in Königs Literaturgeschichte (Beilage Nr. 46). — Diese beiden Überschriften stammen nicht von Luther her; mit Psalm 46 hat unser Lied auch wenig gemein. Entstanden ist das Lied vor dem Jahre 1529 (im Drucke ist es erschienen 1529 oder schon 1528); der älteste erhaltene Druck findet sich in dem Gesangbuch für Riga, herausgegeben von dem Freunde Luthers, Dr. Johann Briesmann, dem Ordner der Rigaschen Kirche (1527—1531). Die spätestens im J. 1530 entstandene Melodie des Liedes wird heute nicht mehr auf Luther, sondern auf den Torgauer Sängermeister Johann Walther zurückgeführt; dieselbe ist uns vielleicht noch in seiner eigenen Niederschrift aus dem Jahre 1530 erhalten. Vgl. Zelle, Ein feste Burg ist unser Gott, Programme von 1895, 1896, 1897, Berlin, Zehnte Realschule, und Religions-Zeitschrift, Bd. 14, S. 24—33.

Das Lutherlied entspricht in der Dreiteilung seiner Strophen (Z. 1—2, 3—4, 5—9), welche sich auch in anderen Kirchenliedern findet, dem Versbau der mittelalterlichen Lyrik, wie sie z. B. die Gedichte Walthers von der Vogelweide zeigen. Der Bau der einzelnen Zeilen entspricht aber nicht mehr dem der mittelalterlichen Verse (Hebung und

Psalm 46[1]).

Eigene Melodie.

a. 89[2]). Ein' feste Burg ist unser Gott,
ein' gute Wehr und Waffen[3]);
er hilft uns frei[4]) aus aller Not,
die uns jetzt hat betroffen.
Der alt böse Feind[5])
mit Ernst er's jetzt meint[6]),
groß Macht und viel List
sein grausam[7]) Rüstung[8]) ist;
auf Erd'n ist nicht[9]) seins gleichen.

2. Mit unsrer Macht ist nichts getan,
wir sind gar bald verloren;
es streit für uns der rechte Mann[10]),
den Gott hat selbst erkoren.
Fragst du, wer der ist:
er heißt Jesus Christ[11]),

[1]) Es ist ein merkwürdiger Zufall, daß Luthers Lied „Ein feste Burg" mit Epiktets Diatribe von der Charakterfestigkeit (I, 29) in überraschender Weise in Ausdrücken und Wendungen übereinstimmt. Theol. Encykl." Bd. 23, S. 643, Z. 5—8. — Das im 18. Jahrh. fast vergessene Lied ist im 19. Jahrh. wieder allgemein bekannt und auch im Kriege von 1914 oft gesungen worden, z. B. von den Soldaten, welche in das eroberte Antwerpen einzogen.

[2]) Vgl. Religionszeitschr. Bd. 14, S. 24—33, und mein Quellenbuch II, Nr. 11.

[3]) Wehr und Waffen (das Waffen) d. h. Schutz- und Trutzwaffe.

[4]) Entweder faßt man „frei" als prädikativ zu „uns": er hilft uns so, daß wir frei werden, oder als Adverbium, aber in verschiedenem Sinne: freiwillig, ungehindert, vollständig, gewißlich.

[5]) Als solchen, d. h. als den Teufel, betrachtete Luther den Papst.

[6]) Meint d. h.: er ist uns feindlich gesinnt. — [7]) D. h. Grauen erregend.

[8]) D. h. Schutz- und Trutzwaffen.

[9]) nicht = nichts.

[10]) D. h. Kriegsmann, Held.

[11]) Luthers Schreibung „Jhesus" beruht auf der alten Abkürzung des griechischen Wortes für Jesus: IHS, aus welcher durch ein Mißverständnis ihs wurde, indem man das griechische

der Herr Zebaoth,
vnd ist kein ander Gott,
das felt mus er behalten.

Vnd wenn die welt vol Teuffel wehr
vnnd wolt vns gar verschlingen,
So fürchten wir vnns nicht zu sehr,
es sol vns doch gelingen.
Der Fürst dieser welt,
wie sawr er sich stellt,
thut er vnns doch nicht,
das macht, er ist gericht,
ein wörtlin kan yhn fellen.

Das wort sie sollen lassen stahn
vnd kein danck dazu haben.

der Herr Zebaoth [1]),
und ist kein andrer Gott [2]);
das Feld muß er behalten.

3. Und wenn die Welt voll Teufel wär'
und wollt' uns gar [3]) verschlingen,
so fürchten wir uns nicht so sehr [4]),
es soll uns doch gelingen [5]).
Der Fürst dieser Welt,
wie sau'r er sich stellt [6]),
tut er uns doch nicht [7]);
das macht, er ist gericht [8]),
ein Wörtlein [9]) kann ihn fällen.

4. Das Wort, sie sollen [10]) lassen stahn
und kein Dank dazu [11]) haben [12]);

Senkung), sondern er zeigt den Charakter der Übergangszeit, welcher Luther hinsichtlich der Metrik angehört: die vier ersten Zeilen sind jambisch gebaut, in den fünf letzten Zeilen sind dagegen die Silben nur gezählt (Zeile 5—7: fünf Silben, Zeile 8: 6 Silben, Zeile 9: sieben Silben). Eine neue Metrik ist bekanntlich erst nach Luther, durch Opitz, begründet worden. Während im Mittelalter die Verse aus Hebungen und Senkungen (betonten und unbetonten Silben) bestanden, wurden zu Luthers Zeit die Silben nur gezählt, ohne Beachtung des Tons (wie im Mittelalter) oder der Quantität (wie seit Opitz). Luther, wie die besseren Dichter seiner Zeit, wurde allerdings durch ein natürliches Gefühl vielfach (wie hier in den vier ersten Zeilen jeder Strophe) auf den richtigen Weg geleitet; aber zu einer bewußten Anwendung des Richtigen ist Luther noch nicht gekommen.

Der Lehrer kann im Anschluß an dieses Lied den Schüler über die Entwicklung der deutschen Metrik in folgender Weise belehren:

a. Die Metrik vor Opitz:
  α. Hebung und Senkung. Alliteration — Reim.
  β. Silbenzählung. („Ein feste Burg", Zeile 5—9.)
b. Opitz:
  Die Verse gebaut nach der Quantität. („Ein feste Burg", Zeile 1—4.)
c. Im ganzen herrscht heute die Metrik von Opitz, aber teilweise Rückkehr zur alten Metrik:

H (E) als ein lateinisches h ansah. — Eine volkstümliche Deutung dieser Abkürzung habe ich aus katholischem Munde in Nordhausen vernommen: „Jesus, Heiland, Seligmacher".

[1]) „HERR" schreibt Luther in seiner Bibel, wenn er den Namen Jehovah übersetzt; Herr Zebaoth d. h. Herr der Heerscharen (Engel und Sterne). Den Gottesnamen Adonaj übersetzt Luther mit HErr, den Namen Elohim mit GOtt.

[2]) „Gott" ist das Prädikat.

[3]) D. h. gänzlich.

[4]) Entweder: nicht so sehr, wie wir uns wohl fürchten dürften, oder: nicht so sehr, daß wir am Gelingen verzweifelten.

[5]) D. h. es ist uns doch bestimmt, den Sieg zu erlangen; soll = wird.

[6]) D. h. wie feindselig er sich uns auch gegenüberstellt.

[7]) Nicht ist die alte (richtige) Form für das heutige nichts; noch heute erhalten in: „mit nichten" und in „zu nichte machen".

[8]) Nach Offenb. Joh. 12 ist der Teufel bereits aus dem Himmel gestürzt, er ist „gerichtet"; siegen kann er nicht mehr, aber der Christ muß doch gegen ihn kämpfen.

[9]) Luther meint entweder Jesum (der Katholik schlägt in diesem Sinne das Kreuz) oder das Wort Gottes, von dem ja in der folgenden Zeile die Rede ist.

[10]) D. h. werden.

[11]) D. h. entweder: für ihr Stehenlassen, oder: noch dazu, obenein.

[12]) D. h. entweder: sie werden das Wort stehen lassen wider ihren Willen

Er ist bey vnns wol auff dem plan
mit seinem geist vnd gaben.
Nemen sie den Leib,
gut, ehr, kindt vnnd weib,
las faren dahin,
sie habens kein gewin,
das reich mus vns doch bleiben.

er ist bei uns wohl[1] auf dem Plan[2]
mit seinem Geist und Gaben.
Nehmen sie den Leib,
Gut, Ehr', Kind und Weib,
laß fahren dahin!
Sie haben's[3]) kein Gewinn:
das Reich muß uns doch bleiben.

Martin Luther, vor dem Jahre 1529.

bei Klopstock reimlose Verse,
bei Goethe und Schiller bisweilen Hebung und Senkung,
bei Jordan Hebung und Senkung und Allitteration.

(Dank = Gedanke, Wille), oder: ohne daß man ihnen dazu d. h. dafür dankt, weil sie es ja nur gezwungen tun.

[1]) D. h. kräftig
[2]) D. h. Kampfplatz.
[3]) Es (Genitiv) = dessen, davon.

Matth. 9, 36—38.

Mel.: Dir, dir Jehovah will ich singen.

a. 90[1]). Wach' auf, du Geist der ersten Zeugen,
die auf der Mau'r als treue Wächter stehn,
die Tag' und Nächte nimmer schweigen,
und die getrost dem Feind entgegengeh'n,
ja, deren Schall die ganze Welt durchdringt
und aller Völker Scharen zu dir bringt!

2. O daß doch bald dein Feuer brennte,
o möcht' es doch in alle Lande gehn!
Ach Herr, gib doch in deine Ernte
viel Knechte, die in treuer Arbeit stehn!
O Herr der Ernt', ach siehe doch darein,
die Ernt' ist groß, da wenig Knechte sein!

7. Ach laß dein Wort recht schnelle laufen,
es sei kein Ort ohn' dessen Glanz und Schein!
Ach führe bald dadurch mit Haufen
der Heiden Füll' in alle Tore ein!
Ja, wecke doch auch Israel bald auf,
und also segne deines Wortes Lauf!

Das erste Missionslied der evangelischen Kirche, gedichtet im Jahre 1735 von Karl Heinrich von Bogatzky, 1690—1774, der wegen seiner Kränklichkeit keine Pfarrstelle übernehmen konnte, aber durch Erbauungsstunden und geistliche Schriften (darunter 411 geistliche Lieder), zuletzt in Halle, segensreich gewirkt hat.

91—100. Tod und ewiges Leben.

Eigene Melodie.

a—1. 91. Mitten wir im Leben sind
mit dem Tod umfangen;
wen such'n wir, der Hilfe tu',
daß wir Gnad' erlangen?
Das bist du, Herr, alleine.
Uns reuet unser Missetat,
die dich, Herr, erzürnet hat.
Heiliger Herre Gott,
heiliger starker Gott,
heiliger, barmherziger Heiland,
du ewiger Gott,
laß uns nicht versinken
in des bittern Todes Not!
Kyrieleison.

2. Mitten in dem Tod anficht
uns der Höllen Rachen,
wer will uns aus solcher Not
frei und ledig machen?

[1]) Verkürzt (14 Strophen).

Das tust du, Herr, alleine,
es jammert dein Barmherzigkeit
unser Sünd' und großes Leid.
Heiliger Herre Gott,
heiliger starker Gott,
heiliger, barmherziger Heiland,
du ewiger Gott,
laß uns nicht verzagen
vor der tiefen Höllenglut!
Kyrieleison.

3. Mitten in der Höllen Angst
unsre Sünd'n uns treiben;
wo soll'n wir denn fliehen hin,
da wir mögen bleiben?
Zu dir, Herr Christ, alleine!
Vergossen ist dein teures Blut,
das g'nug für die Sünde tut.
Heiliger Herre Gott,
heiliger starker Gott,
heiliger, barmherziger Heiland,
du ewiger Gott,
laß uns nicht entfallen
von des rechten Glaubens Trost!
Kyrieleison.

Martin Luther, 1524.

---

91 b. Media vita in morte sumus:
Quem quaerimus adjutorem, nisi te, Domine,
Qui pro peccatis nostris juste irasceris.
Sancte Deus, sancte, fortis, sancte et misericors salvator,
Amarae morti ne tradas nos[1])!

Phil. 1, 21.

Eigene Melodie.

92. **Valet** will ich dir geben,
du arge, falsche Welt,
dein sündlich böses Leben
durchaus mir nicht gefällt.
Im Himmel ist gut wohnen,
hinauf steht mein Begier;
da wird Gott ewig lohnen
dem, der ihm dient allhier.

2. **Rat** mir nach deinem Herzen,
o Jesu, Gottes Sohn!
Soll ich ja dulden Schmerzen,
hilf mir, Herr Christ, davon!
Verkürz' mir alles Leiden,
stärk' meinen blöden Mut,
laß mich selig abscheiden,
setz' mich in dein Erbgut!

3. **In** meines Herzens Grunde
dein Nam' und Kreuz allein
funkelt all Zeit und Stunde,
drauf kann ich fröhlich sein[2]).
Erschein' mir in dem Bilde
zu Trost in meiner Not,
wie du, Herr Christ, so milde
dich hast geblut't zu Tod[3])!

4. **Verbirg mein' Seel' aus Gnaden
in deiner offnen Seit',
rück' sie aus allem Schaden
zu deiner Herrlichkeit!
Der ist wohl hie gewesen,
wer kommt ins Himmels Schloß;
der ist ewig genesen,
wer bleibt in deinem Schoß.**

---

[1]) Nach neueren Forschern gedichtet im 11. Jahrhundert von einem unbekannten Dichter, nicht, wie man früher annahm, im 9. Jahrh. von Notker dem Stammler (Balbulus) im Kloster St. Gallen, als er beim Bau einer Brücke über eine Schlucht die über dem Abgrunde schwebenden Werkleute erblickte. — Dies im Mittelalter in ganz Europa verbreitete Lied war schon vor der Reformation in deutschen Übersetzungen vorhanden, deren eine Luther etwas geändert und um zwei Strophen erweitert hat.

[2]) Über diese vier Zeilen dichtete Caspar Schade († 1698) ein Lied, dessen 12 Strophen sämtlich mit diesen Worten anfangen.

[3]) Die zweite Hälfte dieses Verses beruht auf dem letzten Verse des Liedes des h. Bernhard Salve caput cruentatum (Nr. 22b), und sie hat einen Nachklang gefunden in dem Schlußverse des Liedes von Paul Gerhardt „O Haupt voll Blut und Wunden" (Nr. 22a). Vgl. auch Luthers Wort beim Tode seiner Tochter Magdalene: „O, wer so stirbt, der stirbt wohl."

5. Schreib meinen Nam'n aufs beste
ins Buch des Lebens ein,
und bind' mein' Seel' fein feste
ins schöne Bündelein [1])
der, die im Himmel grünen
und vor dir leben frei:
so will ich ewig rühmen,
daß dein Herz treue sei.

Valerius Herberger, 1562—1627, Pastor zu Fraustadt [2]).

a. 92 b. Alle Menschen müssen sterben.

Johann Georg Albinus, 1624—1679, Pfarrer in Naumburg.

Eigene Melodie.

a—2. 93 [3]). Wer weiß, wie nahe mir mein Ende!
Hin geht die Zeit, her kommt der Tod.
Ach, wie geschwinde und behende
kann kommen meine Todesnot!
Mein Gott, ich bitt' durch Christi Blut:
mach's nur mit meinem Ende gut!

2. Es kann vor Nacht leicht anders werden,
als es am frühen Morgen war;
denn weil ich leb' auf dieser Erden,
leb' ich in steter Tod'sgefahr.
Mein Gott, ich bitt' durch Christi Blut:
mach's nur mit meinem Ende gut!

3. Herr, lehr' mich stets mein End' bedenken,
und wenn ich einstens sterben muß,
die Seel' in Jesu Wunden senken,
und ja nicht sparen meine Buß'!
Mein Gott, ich bitt' durch Christi Blut:
mach's nur mit meinem Ende gut!

Ämilia Juliana, Gemahlin des Reichsgrafen Albert Anton von Schwarzburg-Rudolstadt, 1637—1706, Dichterin von 587 Kirchenliedern.

Eigene Melodie.

94. Es ist bestimmt in Gottes Rat,
daß man vom Liebsten, was man hat,
muß scheiden, muß scheiden,
wiewohl doch nichts im Lauf der Welt
dem Herzen hier so sauer fällt,
als scheiden, als scheiden, ja scheiden.

2. So dir geschenkt ein Knösplein was [4]),
so tu' es in ein Wasserglas,
doch wisse, doch wisse:
blüht morgen dir ein Röslein auf,
es welkt wohl schon die Nacht darauf!
Das wisse, das wisse, ja wisse!

3. Und hat dir Gott ein Lieb beschert,
und hältst du sie recht innig wert,
die deine, die deine:
es wird nur wenig Zeit wohl sein,
da läßt sie dich so gar allein!
Dann weine, dann weine, ja weine!

4. Nun mußt du mich auch recht verstehn,
nun mußt du mich auch recht verstehn:
wenn Menschen auseinandergehn,
so sagen sie: auf Wiedersehn,
auf Wiedersehn, auf Wiedersehn, auf Wiedersehn!

Ernst von Feuchtersleben, † 1849 in Wien (Arzt, Philosoph und Dichter).

---

[1]) Vgl. 1. Sam. 25, 29; Zeile 3—4 dem Sinne nach gleich: „Und bringe meine Seele zur auserwählten Schar" (vgl. Lied 99, 5).

[2]) Das Lied ist während der in Fr. herrschenden Pest, welche 2135 Menschen hinwegraffte, im Jahre 1613 gedichtet worden — das erste der Kreuz- und Trostlieder des 17. Jahrhunderts, das einzige Lied des Dichters. — Die Anfangsbuchstaben der Strophen geben den Vornamen des Dichters. Die Melodie stammt von Melchior Teschner, Kantor der lateinischen Schule in Fraustadt, später Pfarrer des Dorfes Oberpritschen bei Fraustadt.

[3]) Verkürzt (12 Strophen).

[4]) Alte Form für „war".

Eigene Melodie.

95. Wie sie so sanft ruhn,
alle die Seligen,
die gläubig kämpften
den großen Lebenskampf!
Wie sie so sanft ruhn in den Gräbern,
bis sie zum Feste erwecket werden!

2. Du, Herr, Versöhner,
wardst auch ins Grab gesenkt,
da du am Kreuze
hattest für uns vollbracht!
Nicht zum Verwesen lagst du, Heil'ger,
zum großen Feste erstandst du wieder!

3. O, wenn auch wir nun,
wie all' die Seligen,
mit dir bestehen
den schweren Lebenskampf,
dann wirst, Erlöser, du uns rufen
aus unsern Gräbern zum ew'gen Feste!

Gustav Friedrich Ludwig Knak, Pastor in Berlin, 1806—1878.

Mel.: Jesus, meine Zuversicht.

96[1]). Himmelan geht unsre Bahn,
wir sind Gäste nur auf Erden,
bis wir dort in Kanaan
durch die Wüste kommen werden.
Hier ist unser Pilgrimsstand,
droben unser Vaterland.

2. Himmelan schwing' dich mein Geist,
denn du bist ein himmlisch Wesen,
und kannst das, was irdisch heißt,
nicht zu deinem Zweck erlesen.
Ein von Gott erleuchter Sinn
kehrt in seinen Ursprung hin.

3. Himmelan! Die Welt kann dir
nur geborgte Güter geben.
Deine himmlische Begier
muß nach solchen Schätzen streben,
die uns bleiben, wenn die Welt
in ihr erstes Nichts zerfällt.

8. Himmelan wird mich der Tod
in die rechte Heimat führen,
da ich über alle Not
ewig werde triumphieren.
Jesus geht mir selbst voran,
daß ich freudig folgen kann.

9. Himmelan, ach himmelan,
das soll meine Losung bleiben.
Ich will allen falschen Wahn
durch die Himmelslust vertreiben.
Himmelan steht nur mein Sinn,
bis ich in dem Himmel bin.

Benjamin Schmolck, Pastor in Schweidnitz, Verfasser von 1188 Kirchenliedern, 1672—1737.

Eigene Melodie.

97. Laßt mich gehn, laßt mich gehn,
daß ich Jesum möge sehn;
meine Seel' ist voll Verlangen,
ihn auf ewig zu umfangen
und vor seinem Thron zu stehn.

2. Süßes Licht, süßes Licht,
Sonne, die durch Wolken bricht,
o wann werd' ich dahin kommen,
daß ich dort mit allen Frommen
schau' dein holdes Angesicht?

3. Ach wie schön, ach wie schön
ist der Engel Lobgetön!
Hätt' ich Flügel, hätt' ich Flügel,
flög' ich über Tal und Hügel
heute noch nach Zions Höhn.

4. Wie wird's sein, wie wird's sein,
wenn ich zieh' in Salem ein,
in die Stadt der gold'nen Gassen!
Herr, mein Gott, ich kann's nicht fassen,
was das wird für Wonne sein!

5. Paradies, Paradies,
wie ist deine Frucht so süß!
Unter deinen Lebensbäumen
wird uns sein, als ob wir träumen!
Bring' uns, Herr, ins Paradies!

Gustav Friedrich Ludwig Knak, Pastor in Berlin, 1806—1878.

[1]) Verkürzt (10 Strophen).

Matth. 25, 1—13.

Eigene Melodie [1]).

a. 98. Wachet auf, ruft uns die Stimme
der Wächter sehr hoch auf der Zinne,
wach' auf, du Stadt Jerusalem!
Mitternacht heißt diese Stunde,
sie rufen uns mit hellen Munde:
Wo seid ihr klugen Jungfrauen?
Wohlauf, der Bräut'gam kömmt,
steht auf, die Lampen nehmt!
Halleluiah!
Macht euch bereit
zu der Hochzeit:
ihr müsset ihm entgegengehn.

2. Zion hört die Wächter singen,
das Herz tut ihr vor Freuden springen,
sie wachet und steht eilend auf.
Ihr Freund kommt vom Himmel prächtig,
von Gnaden stark, von Wahrheit mächtig,
ihr Licht wird hell, ihr Stern geht auf.
Nun komm, du werte Kron',
Herr Jesu, Gottes Sohn!
Hosianna!
Wir folgen all
zum Freudensaal
und halten mit das Abendmahl.

3.[2]) Gloria[3]) sei dir gesungen
mit Menschen- und mit Engelzungen,
mit Harfen und mit Zymbeln[4]) schön!
Von zwölf Perlen sind die Tore
an deiner Stadt[5]); wir stehn im Chore
der Engel hoch um deinen Thron.
Kein Aug' hat je gespürt,
kein Ohr hat je gehört
solche Freude:
des jauchzen wir
und singen dir
das Halleluiah für und für.

Philipp Nicolai, 1556—1608, seit 1601 Pastor in Hamburg[6]).

---

98 b. Auferstehn, ja, auferstehn.

Friedrich Gottlieb Klopstock, 1724—1803; das Lied wurde bei seinem Begräbnis gesungen.

Psalm 122. Matth. 17, 1—9. Off. Joh. 21.

Eigene Melodie (nur bei diesem Liede gebraucht).

a—1. 99. Jerusalem, du hochgebaute Stadt,
wollt' Gott, ich wär' in dir;
Mein sehnlich Herz so groß Verlangen hat,
und ist nicht mehr bei mir.
Weit über Berg und Tale,
weit über blaches Feld
schwingt es sich über alle
und eilt aus dieser Welt.

2. O schöner Tag und noch viel schön're Stund',
wann wirst du kommen schier?

---

[1]) „Der König der Choräle, dem in unserm gesamten Choralschatze manches wohl nahe, aber nichts gleichkommt." Palmer, Hymnologie (1865), S. 314—315, Anm. — Die Melodie stammt wahrscheinlich von dem Dichter des Liedes.

[2]) Der Urtext der dritten Strophe wäre in unserer Zeit nicht mehr zu brauchen. — [3]) Ehre (sei Gott in der Höhe).

[4]) Tonwerkzeug mit kleinen Glöckchen. Das Wort ist entstanden aus dem griechisch-lateinischen Worte cymbalum d. h. Schallbecken zum Aneinanderschlagen.

[5]) Offenb. Joh. 21, 12 u. 21.

[6]) Das Lied erinnert noch daran, daß der Dichter vorher Hofprediger des Grafen zu Waldeck war: die Verse beginnen mit den Buchstaben: G. Z. W. — Das Lied ist gedichtet während der Pest oder in der Erinnerung an die Schrecken der Pest, die er in Unna im Jahre 1597 miterlebt hat. — In diesem Liede haben die „Wächterlieder" des Mittelalters eine Erneuerung und glückliche Umbildung erfahren. Das herrlichste Kirchenmusikwerk über das Lied ist Bachs Kantate für den 27. Sonntag nach Trinitatis (1731), der bekanntlich selten im Kirchenjahr vorkommt (und dann bei uns als Totensonntag gefeiert wird). — N. war auch der Verfasser sehr heftiger Streitschriften gegen die Calvinisten.

Da ich mit Lust, mit freiem Freuden-
die Seele geb' von mir [mund
in Gottes treue Hände
zum auserwählten Pfand,
daß sie mit Heil anlände[1])
in jenem Vaterland?

7. Wenn dann zuletzt ich an-
gelanget bin
im schönen Paradeis:
von höchster Freud' erfüllet wird der
Sinn,
der Mund von Lob und Preis.
Das Halleluja reine
singt man in Heiligkeit,
das Hosianna feine
ohn' End' in Ewigkeit —

8. mit Jubelklang, mit Instru-
menten schön,
auf Chören ohne Zahl,
daß von dem Schall und von dem
süßen Ton
sich regt der Freudensaal,
mit hunderttausend Zungen,
mit Stimmen noch viel mehr,
wie von Anfang gesungen
das himmelische Heer.

Johann Matthäus Meyfart, Professor der Theologie und Pastor in Koburg und in Erfurt, 1590—1642[2]).

100[3]). Dies irae, dies illa
Solvet saeclum in favilla
Teste David cum Sibylla[4]).

2. Quantus tremor est futurus,
Quando iudex est venturus
Cuncta stricte discussurus.

3. Tuba mirum spargens sonum
Per sepulcra regionum
Coget omnes ante thronum.

4. Mors stupebit et natura,
Quum resurget creatura
Judicanti responsura.

5. Liber scriptus proferetur,
In quo totum continetur,
Unde mundus iudicetur.

6. Judex ergo quum sedebit,
Quidquid latet, apparebit,
Nil inultum remanebit.

7. Quid sum miser tunc dicturus,
Quem patronum rogaturus,
Quum vix iustus sit securus?

8. Rex tremendae maiestatis,
Qui salvandos salvas gratis,
Salva me, fons pietatis.

9. Recordare, Jesu pie,
Quod sum causa tuae viae;
Ne me perdas illa die!

10. Quaerens me sedisti lassus[5]),
Redemisti crucem passus,
Tantus labor non sit cassus.

11. Justae judex ultionis,
Donum fac remissionis
Ante diem rationis.

---

[1]) Der Ausdruck erinnert an die alte Darstellung der Kirche als eines Schiffes. — [2]) Er ist schon gegen den Hexenprozeß aufgetreten.

[3]) Gedichtet, wie man in der Regel sagt, von Thomas von Celano (c. 1250), das Meisterwerk der lateinischen Kirchenliederdichtung, von Mozart komponiert, noch heute bei den Trauermessen gesungen (vgl. Goethes Faust), und auch in das evangelische Gesangbuch aufgenommen in der Bearbeitung eines älteren Liedes durch Bartholomäus Ringwald: „Es ist gewißlich an der Zeit". — Das Lied beruht auf Zephanja 1, 14—18, besonders V. 15—16: „Dieser Tag ist ein Tag des Grimmes, ein Tag der Trübsal und Angst, ein Tag des Wetters und Ungestüms, ein Tag der Finsternis und Dunkels, ein Tag der Wolken und Nebel, ein Tag der Posaune und Trompete wider die festen Städte und hohen Schlösser."

[4]) Die alte Kirche stellte den Propheten die heidnische Wahrsagung zur Seite, als deren Repräsentantin die Sibylla angesehen wurde, deren angebliche Weissagungen noch heute in (von Juden und Christen verfaßten) Sibyllinischen Büchern vorhanden sind. — [5]) Diese Zeile ist noch schöner in der Übersetzung von Daniel: „Hast dich müd' um mich gegangen" (für sedisti).

12. Ingemisco tamquam reus,
Culpa rubet vultus meus;
Supplicanti parce, Deus!

13. Qui Mariam absolvisti
Et latronem exaudisti,
Mihi quoque spem dedisti.

14. Preces meae non sunt dignae,
Sed tu bonus fac benigne,
Ne perenni cremer igne.

15. Inter oves locum praesta
Et ab hoedis me sequestra[1])
Statuens in parte dextra.

16. Confutatis maledictis,
Flammis acribus addictis,
Voca me cum benedictis.

17. Oro supplex et acclinis,
Cor contritum quasi cinis;
Gere curam mei finis[2]).

Lacrimosa dies illa,
Qua resurget ex favilla
Judicandus homo reus,
Huic ergo parce, Deus!
Pie Jesu domine,
Dona eis requiem!

[1]) Spätlateinisches Wort: absondern.
[2]) Die 6 folgenden Zeilen wurden dem Liede erst angefügt, als es in die Meßbücher des Franciskanerordens aufgenommen wurde.

V. 155. Übersichten und Gebete.

1. Die Bücher der heiligen Schrift.

a. Die (39) Bücher des Alten Testaments. (929 Kapitel.)

1. Die Geschichtsbücher.

Die 5 Bücher Mose.
Das Buch Josua.
Das Buch der Richter.
Das Buch Ruth.
Die 2 Bücher Samuel.
Die 2 Bücher von den Königen.
Die 2 Bücher der Chronik.
Das Buch Esra.
Das Buch Nehemia.
Das Buch Esther.

2. Die Lehrbücher.

Das Buch Hiob.
Der Psalter (150 Psalmen).
Die Sprüche Salomos.
Der Prediger Salomo.
Das Hohelied Salomos.

3. Die prophetischen Bücher.

Jesaia.
Jeremia.
Die Klagelieder Jeremias.
Hesekiel (Ezechiel).
Daniel.
Hosea.
Joel.
Amos.
Obadja.
Jona.
Micha.
Nahum.
Habakuk.
Zephanja.
Haggai.
Sacharja.
Maleachi.

Die Apokryphen des Alten Testaments[1]). (150 Kapitel.)

Das Buch Judith.
Die Weisheit Salomos.
Das Buch Tobias.
Das Buch Jesus Sirach.
Das Buch Baruch.
Die 2 Bücher der Makkabäer.
Zusätze zum Buche Esther.
Zusätze zum Buche Daniel, und zwar:
Geschichte von der Susanna und Daniel.
Vom Bel zu Babel.
Vom Drachen zu Babel.
Das Gebet Asarjas.
Der Gesang der drei Männer im Feuerofen.
Zusatz zur Chronik:
Das Gebet Manasses.

b. Die (27) Bücher des Neuen Testaments. (260 Kapitel.)

1. Die Geschichtsbücher.

Das Evangelium des Matthäus.
Das Evangelium des Markus.
Das Evangelium des Lukas.
Das Evangelium des Johannes.
Die Apostelgeschichte des Lukas.

---

[1]) Luther: „Das sind Bücher, so der heiligen Schrift nicht gleich gehalten, und doch nützlich und gut zu lesen sind."

2. Die Lehrbücher.

Der Brief des Paulus an die Römer.
Die 2 Briefe des Paulus an die Korinther.
Der Brief des Paulus an die Galater.
Der Brief des Paulus an die Epheser.
Der Brief des Paulus an die Philipper.
Der Brief des Paulus an die Kolosser.
Die 2 Briefe des Paulus an die Thessalonicher.
Die 2 Briefe des Paulus an Timotheus.
Der Brief des Paulus an Titus.
Der Brief des Paulus an Philemon.
Die 2 Briefe des Petrus.
Die 3 Briefe des Johannes.
Der Brief an die Hebräer.
Der Brief des Jakobus.
Der Brief des Judas.

3. Das prophetische Buch.

Die Offenbarung des Johannes.

2. Zahlen der heiligen Geschichte[1]).

c.*1320 Moses führt die Israeliten aus Ägypten und erobert das Ostjordanland; sein Nachfolger Josua erobert das Westjordanland.
c. 1000 Saul, der erste König der Israeliten.
*970 David, der Stammvater des Königsgeschlechtes vom Reiche Juda, erobert Jerusalem.
950 Salomo, Davids Sohn, baut in Jerusalem den ersten Tempel.
*925 Das Reich zerfällt in die Reiche Israel (Hauptstadt Samaria) und Juda (Hauptstadt Jerusalem)[2]).
c. 860 Ahab, König von Israel, Gemahl der Isebel, Vater der Athalja. — Der Prophet Elias.
738 und 734 Israel und Juda werden den Assyrern untertan.
*722 Salmanassar, König der Assyrer, vernichtet das Reich Israel[3]).
701 Jerusalem von dem Assyrerkönig Sanherib vergeblich belagert. — Der Prophet Jesaias.
621 Reform des Gottesdienstes nach dem 5. Buche Mosis durch den König Josia.
609 Josia fällt im Kampfe gegen den König Necho von Ägypten.
606 Ninive, die Hauptstadt des assyrischen Reiches, wird durch die verbündeten Meder und Babylonier zerstört und das assyrische Reich unter die Sieger geteilt.
*586 Nebukadnezar, König von Babylon, vernichtet das Reich Juda. — Der Prophet Jeremias. — Die Juden im Exil. — Der zweite Jesaias.
*538 Kyros, König der Perser, erobert Babylon und entläßt die Juden aus dem babylonischen Exil. — Der zweite Tempel eingeweiht 516.
444 Die Juden verpflichten sich auf Esras Aufforderung, das Gesetz Mosis zu halten.
301 Die Juden kommen unter die Herrschaft der Ptolemäer in Ägypten.
198 Die Juden werden dem Syrerkönig untertan.

---

[1]) Nur die mit einem Stern bezeichneten Zahlen sind zu lernen.
[2]) In jedem der beiden Reiche 19 Herrscher, in Juda alle aus dem Geschlechte Davids, in Israel aus 9 Geschlechtern.
[3]) Genauer: Sargon, König der Assyrer, vernichtet das schon von Salmanassar angegriffene Reich Israel.

*167 Die Juden gewinnen durch die Makkabäer ihre Unabhängigkeit von den Syrern.
143 Der Makkabäer Simon wird Hoherpriester und Feldherr der Juden.
*63 Die Juden werden durch Pompejus den Römern zinspflichtig.
*40—4 v. Chr. König Herodes der Große; gegen Ende seiner Regierung[1]) wird Jesus Christus geboren.
4 v. Chr. Archelaus (bis 6 n. Chr.), Philippus (bis 34 n. Chr.), Antipas (bis 39 n. Chr.), die Söhne des Herodes, als Herrscher im jüdischen Lande.
6 n. Chr. Judäa (mit Samaria und Idumäa) wird ein Teil der römischen Provinz Syrien.
26—36 Pontius Pilatus als Prokurator in Judäa, Samaria und Idumäa; die Kreuzigung Jesu.
37—41 Herodes Agrippa I., König des jüdischen Landes; nach seinem Tode wieder römische Prokuratoren.
64 (oder 67) Paulus (und Petrus) in Rom unter Kaiser Nero getötet.
66 Beginn des Krieges mit den Römern.
*70 Jerusalem wird durch Titus zerstört. — Spätere Kämpfe der Juden mit den Römern unter den Kaisern Trajanus (115—117) und Hadrianus (132—135; Barkochba). — Der Abschluß des Judentums im Talmud (200—500 n. Chr.).

3. Zahlen der Kirchengeschichte[2]).

°64—311 Christenverfolgungen durch die römischen Kaiser; die Zeit der Märtyrer.
325 Constantinus der Große, der erste christliche Kaiser, beruft das erste allgemeine Konzil nach Nicäa (in Bithynien); Arius und Athanasius; das Nicänum.
c. 350 Erste deutsche Bibel durch den Arianer Wulfila, Bischof der Westgoten.
°381 Zweites allgemeines Konzil zu Konstantinopel.
c. 450 Der römische Bischof Leo I., der Große (viertes Konzil zu Chalcedon 451, Attila in Italien 452).
496 Chlodwig, König der Franken, bekennt sich zum katholischen Christentum.
529 Der Untergang des Heidentums im römischen Reiche (Schließung der letzten heidnischen Schule zu Athen durch Kaiser Justinianus I.).
529 Benediktus von Nursia, der Begründer des Mönchtums im Abendlande.
c. 600 Die Angelsachsen in Britannien durch den römischen Bischof Gregor I., den Großen, bekehrt und der römischen Kirche unterworfen.
°726—842 Bilderstreit in der griechischen Kirche.
754 † Winfrid oder Bonifatius, der „Apostel der Deutschen“, der Begründer der römisch-katholischen Kirche in Deutschland.

---

[1]) Also vor dem Beginn unserer Zeitrechnung!

[2]) Die mit einem Stern bezeichneten Zahlen sind schon in Tertia zu lernen, in Sekunda zu wiederholen; die mit einer Null bezeichneten Zahlen brauchen nicht gelernt zu werden.

755 Gründung des Kirchenstaates durch die Schenkung Pippins, des Königs der Franken.
800 den 25. Dez. Karl der Große empfängt in Rom von Papst Leo III. die römische Kaiserkrone; Unterwerfung und Bekehrung der Sachsen.
831 Anskar, der „Apostel des Nordens“.
863 Methodius und Cyrillus, die „Apostel der Slawen“.
°963 Papst Johann XII. wird von Kaiser Otto I. abgesetzt.
°1046 Absetzung der drei gleichzeitig herrschenden Päpste durch Kaiser Heinrich III. auf der Synode zu Sutri.
1054 Trennung der griechischen von der römischen Kirche.
°1076 Kaiser Heinrich IV. wird von Papst Gregor VII. gebannt und abgesetzt. (Erster Bannspruch über einen deutschen Kaiser.)
1077 Kaiser Heinrich IV. erscheint als Büßer zu Canossa vor Papst Gregor VII. (1073—1085).
1122 Das Konkordat von Worms.
c. °1170 Die Waldenser.
1177 Friedrich I. Barbarossa beugt sich zu Venedig vor Papst Alexander III.
c. 1200 (1198—1216) Innocenz III., der weltherrschende Papst.
°1245 Kaiser Friedrich II. von Papst Innocenz IV. gebannt und abgesetzt. Untergang der Staufer (1268). Die Kaisersage des Mittelalters.
c. 1300 (1294—1303) Papst Bonifatius VIII.
1309—1377 Die Päpste in Avignon, das „babylonische Exil“ der Päpste.
°1346 Kaiser Ludwig der Bayer wird von Papst Clemens VI. gebannt. (Letzter Bannspruch über einen deutschen Kaiser.)
°1374 John Wiclif, Professor zu Oxford.
1378—1409 Zwei Päpste, zu Avignon und zu Rom.
1409 Konzil zu Pisa; drei Päpste.
1414—1418 Konzil zu Konstanz, Ende der Kirchenspaltung; Johannes Huß aus Prag wird als Ketzer verbrannt 1415; Hussitenkrieg 1419—1436.
1431—1449 Konzil zu Basel.
1453 Konstantinopel wird von den Türken erobert, Ende des griechischen Reiches.
*1517 den 31. Okt. Dr. Martin Luther, geb. zu Eisleben den 10. Nov. 1483, schlägt 95 Thesen gegen den Ablaßhandel an der Schloßkirche zu Wittenberg an.
*1518 Luther in Augsburg vor dem Kardinal Cajetan.
1518 Philipp Melanchthon, Professor in Wittenberg (1497—1560).
*1519 Luther in Altenburg vor Miltitz.
*1519 Luthers Disputation zu Leipzig mit Dr. Eck.
*1520 Die Bannbulle des Papstes gegen Luther und seine Anhänger.
*1521 Luther vor dem Reichstage zu Worms und auf der Wartburg; das Wormser Edikt.
*1522—1534 Luthers Bibel.
1524 Reformation in Zürich durch Huldreich Zwingli (1484—1531).
*1526 Reichstag zu Speier: jeder Reichsstand soll sich in Religionssachen verhalten, wie er es gegen Gott und Kaiserliche Majestät zu verantworten sich getraut.

*1529 Reichstag zu Speier: die Evangelischen protestieren gegen die Beschlüsse der katholischen Mehrheit: „Protestanten".
*1529 Religionsgespräch zu Marburg zwischen den Wittenbergern und den Schweizern.
*1529 Luthers Großer und Kleiner Katechismus.
*1530 Reichstag zu Augsburg, die Augsburgische Konfession.
*1531 Schmalkaldischer Bund der Protestanten.
*1532 Nürnberger Religionsfriede.
*1539 Kurfürst Joachim II. führt in Brandenburg die Reformation ein.
°1540 Der Jesuitenorden, gestiftet von dem Spanier Ignatius Loyola, aufgehoben 1773, wiederhergestellt 1814.
°1540 Erneuerung der im Jahre 1215 gestifteten Inquisition.
1541 Johannes Calvin als Reformator in Genf (1509–1564).
1545—1563 Das Tridentiner Konzil.
*1546 den 18. Febr. Luther stirbt zu Eisleben.
*1546—1547 Schmalkaldischer Krieg; das Interim 1548.
*1552 Passauer Vertrag.
*1555 Augsburger Religionsfriede: die Gleichberechtigung der Bekenner der Augsburger Konfession mit den Katholiken wird anerkannt.
1563 Der Heidelberger Katechismus.
1598 Das Edikt von Nantes (aufgehoben 1685).
*1613 Kurfürst Johann Sigismund von Brandenburg tritt von der lutherischen zur reformierten Kirche über.
*1648 Westfälischer Friede; die Bestimmungen des Augsburger Religionsfriedens werden erneuert, ergänzt und ausdrücklich auf die Reformierten ausgedehnt.
1675 Spener, der Begründer des Pietismus.
°1705 Hallisch-dänische Mission in Ostindien.
1710 Cansteinsche Bibelanstalt in Halle, im Anschluß an das im Jahre 1698 von August Hermann Francke gegründete Hallische Waisenhaus.
°1727 Graf Zinzendorf erneuert in Herrnhut die Brüdergemeinde.
°1739 Der Methodismus, gegründet von Wesley und Whitefield.
°1792 Gründung der ersten evangelischen (baptistischen) Missionsgesellschaft in London.
1804 Britische und ausländische Bibelgesellschaft in London.
°1815 Gründung der ersten deutschen Missionsgesellschaft in Basel.
*1817 Union der Lutheraner und der Reformierten in Preußen (und in einigen anderen deutschen Ländern).
°1833 Wichern gründet das Rauhe Haus bei Hamburg; die innere Mission.
°1836 Fliedner gründet das erste Diakonissenhaus in Kaiserswerth.
°1842 Der Gustav-Adolf-Verein.
°1846 Die evangelische Allianz.
1869—1870 Vatikanisches Konzil, Unfehlbarkeit des Papstes (Pius IX., 1846—1878), Ende des Kirchenstaates (1870).
1881 den 17. Nov. Botschaft Kaiser Wilhelms I. an den Deutschen Reichstag hinsichtlich der Fürsorge für die Arbeiter.
*1903 Einigung der deutschen evangelischen Landeskirchen.

4. Fremdwörter in Bibel und Kirche.

A und O (der erste und der letzte Buchstabe des griechischen Alphabets): der erste und der letzte, Anfang und Ende.
Abba (aramäisch): der Vater, o Vater.
Abt (lat. abbas, dem Aramäischen entlehnt): der Vater, der Vorsteher des Klosters.
Almosen (griech. eleēmosynē): (Gabe der) Barmherzigkeit.
Altar (lat. altare).
Amen (hebr. — in alle neueren Sprachen aufgenommen, nur im Französischen übersetzt: ainsi soit-il): gewiß, wahrlich.
Ave Maria (lat.): Gegrüßt seist du Maria (Luk. 1, 28).

Baal (Plural: Baalim, bei den Babyloniern: Bel): der Hauptgott der Kanaaniter.
Beelzebub: Fliegengott, zum Namen des Teufels geworden.
benedeien (lat. benedicere): segnen, preisen.
Bibel (griechisch, früher auch im Deutschen: biblia): die Bücher.
Bischof (lat. episcopus, aus dem Griechischen entlehnt): Aufseher.

Cherub (hebr., Plural: Cherubim): Engel.
Choralbuch (lat.): Melodieenbuch der Kirchenlieder.
Crucifix (lat. crucifixus): der ans Kreuz Geheftete.

Dechant (lat. decanus) = Superintendent (lat.) = Ephorus (griech.): Vorsteher einer Anzahl von Geistlichen.
Der Dekalog (griech.): das Zehngebot.
Dom (lat. domus): das Haus, nämlich: Gottes.
Doxologie (griech.): Lobpreisung (z. B. am Schlusse des Vaterunsers).
dürfen: früher auch = wagen.
Elend: ursprünglich = Ausland.

Engel (griech. angelos): Bote, nämlich Gottes.
Erzengel (griech.): der erste Engel.
Evangelium (griech.): gute Botschaft.

Farre = (junger) Stier.
Feiertag (lat. feria).
Ferien (lat feriae): seit dem 17. Jahrhundert Bezeichnung der Gerichtsferien, seit dem 18. Jahrhundert auch der Schulferien.
Frühregen = Herbstregen.

Glocke (das einzige kirchliche Wort, welches aus dem Keltischen stammt; lat. clocca).

Hallelujah (hebr.): Lobet den Herrn.
Hölle: meist = Totenreich, selten: Ort der Verdammten.
Hosianna (hebr.) in der Höhe: Hilf doch du Gott in der Höhe (Psalm 118, 25).

Immanuel (hebr.): Gott mit uns.

Kanon (griech.): Richtschnur, Regel.
Kanzel (lat. cancelli): die Schranken vor dem Altar mit aufgesetztem Lesepult.
Kapelle (lat. capella): zunächst Aufbewahrungsort für den Mantel (capella) des h. Martin von Tours; dann jedes kleinere Gotteshaus.
Karwoche: Leidenswoche (altdeutsch kara: Trauer, Klage).
Katechismus (griech.): Lehrbuch.
Kirche (griech. kyriakon): Haus des Herrn [1]).
Kloster (lat. claustrum): verschlossener Aufenthaltsort der Mönche und Nonnen.
Körper (lat. corpus): zunächst der Leib Christi im h. Abendmahl.
Kreatur (lat. creatura): Geschöpf.
Kreuz (lat. crux).
Küster (lat. custos): Hüter der Kirche.
Kyrie eleison (griech., auszusprechen: ele-ijon): Herr, erbarme dich.

Liturgie (griech.): der Gebets-Gottesdienst.

Mammon: Geld und Gut.
Märtyrer (griech. martyr): Zeuge, besonders: Blutzeuge.
Melodie (griech.): Singweise eines Liedes.
Messe (lat.: missa est concio, d. h.: die Versammlung ist entlassen).
Messias (hebr.) = Christus (griech.): der Gesalbte (der König des verheißenen vollkommenen Gottesreiches).
Mette (lat. matutina): der Morgengottesdienst.
Mönch (lat. monachus, dem Griechischen entlehnt).
Münster (lat. monasterium): eine größere Kirche.

Nonne (lat. nonna).

opfern (lat. operari).
Orden (lat. ordo, die Ordnung).
Orgel (griech. organon, das Werkzeug).
orthodox (griech.): rechtgläubig.
Ostern: das Fest der Ostara, der altdeutschen Frühlingsgöttin.

Papst (griech.-lat.: papas): Vater.
Paradies: der Garten Gottes in Eden.
Paternoster (lat.: Vaterunser).
Patriarch: Erzvater.
Pein (lat. poena): Strafe.
Pfaffe (griech. papas, d. h. Vater): Geistlicher.
Pfarre (lat. parochia).
Pfingsten (griech. pentekoste): der fünfzigste Tag nach Ostern.
Pfründe (lat. praebenda, das zu Gewährende).

[1]) Das französische Wort église ist entlehnt dem Lateinischen (ecclesia), aber das lateinische Wort selbst dem Griechischen.

Plage (lat. plaga): der Schlag.
predigen (lat. praedicare): verkündigen.
Priester (griech. presbyteros, der Ältere).
Propst (lat. propositus: der Vorsteher).
Proselyten (griech.): Judengenossen (Heiden, welche sich dem Judentum angeschlossen haben).

Rabbi (hebr.): mein Lehrer, der Lehrer.
Regel (lat.: regula).

Sakrament (lat. sacramentum).
Schoß (Röm. 13, 7): Steuer.
segnen (lat. signare): mit dem Zeichen (signum) des Kreuzes versehen.
Sela: musikalisches Wort von unbekanntem Sinne.
Septuaginta (lat.: die Siebzig): die griechische Übersetzung des A. T.
Seraph (hebr., Plur.: Seraphim): Engel.
Speise (lat. expensa, d. h. die den Mönchen zugeteilte Nahrung).
Sündflut, in Luthers Bibel: Sintflut = große Flut.

Tedeum (lat.): Herr Gott dich loben wir (Te Deum laudamus).
Teufel (griech.: diabolos, der Verleumder).
Tradition (lat.): die mündliche Überlieferung.

verdammen (lat. damnare).
Vesper (lat. vespera): der Nachmittags-Gottesdienst.
Vulgata (lat.): die lateinische Übersetzung der Bibel.

weben: hin und her bewegen (Jakob. 1, 6), sich bewegen (Apg. 17, 28.
Weihnachten: die geweihten (heiligen) Nächte (Tage) des beginnenden Winters.

Zebaoth (hebr.): Herr der Heerscharen (d. h. der Engel und der Sterne).

Lieder-Verzeichnis.[1])

A. Weihnachtslieder.

a. 1. Mit Ernst, o Menschenkinder
a. 1b. Macht hoch die Tür, die Tor' macht weit
a. 2. Wie soll ich dich empfangen
a—2. 3. Dein König kommt in niedern Hüllen
4a. Quem pastores laudavere
4b. Nunc angelorum gloria
5. In dulci jubilo nun singet und seid froh
6. Es ist ein Ros' entsprungen
a. 7. Gelobet seist du, Jesu Christ
8. Vom Himmel hoch, da komm' ich her
9. Lobt Gott, ihr Christen, alle gleich
a—2. 10. Gott sei Dank durch alle Welt
a—2. 11. Dies ist die Nacht, da mir erschienen
a. 12. Dies ist der Tag, den Gott gemacht
13. Stille Nacht, heilige Nacht
33a. Vgl. unten Nr. 33
14. Bis hierher hat mich Gott gebracht
a. 15. Nun laßt uns gehn und treten

B. Osterlieder.

16a. Agnus Dei, qui tollis peccata mundi
a—2. 16b. Christe, du Lamm Gottes
a—1. 16c. O Lamm Gottes, unschuldig
17. Christi Blut und Gerechtigkeit
18. Die wir uns allhier beisammen finden
a. 19. Herzliebster Jesu, was hast du verbrochen
a—2. 20. Ein Lämmlein geht und trägt die Schuld
a. 21. O Welt, sieh hier dein Leben
a. 22a. O Haupt voll Blut und Wunden
22b. Salve, caput cruentatum
23. Stabat mater dolorosa
24. Christ ist erstanden
a. 25. Jesus, meine Zuversicht
a. 26. Jesus lebt, mit ihm auch ich
33b. Siehe unten Nr. 33

C. Pfingstlieder.

a—1. 27. Auf Christi Himmelfahrt allein
a—2. 28. Nun bitten wir den heiligen Geist
a—1. 29. Komm' heiliger Geist, Herre Gott
29b. Veni sancte spiritus
a. 30. O heil'ger Geist, kehr' bei uns ein
33c. Siehe unten Nr. 33
a. 31a. Allein Gott in der Höh' sei Ehr'
31b. Δόξα ἐν ὑψίστοις θεῷ
31c. Gloria in excelsis Deo
31d. Wir loben dich, wir benedeien dich
32. Wir glauben all an einen Gott
33a, b, c. O du fröhliche, o du selige

D. Die christliche Frömmigkeit.

Nr. 34—39. Vergebung der Sünden.
34. Nun freut euch, lieben Christen, g'mein
35. Es ist das Heil uns kommen her
a. 36. Ist Gott für mich, so trete
a. 37. Ich habe nun den Grund gefunden
a. 38. Jesus nimmt die Sünder an
39. Mir ist Erbarmung widerfahren

Nr. 40—52. Vertrauen auf Gott.
a. 40. O Gott, du frommer Gott
a. 41[2]). Befiehl du deine Wege
a. 42. In allen meinen Taten
a. 43[3]). Wer nur den lieben Gott läßt walten

[1]) Ein a vor der Nummer des Liedes bedeutet, daß dasselbe in allen 39 oder doch in allen 36 in Deutschland eingeführten Gesangbüchern enthalten ist; a—1, daß es in einem der eingeführten Gesangbücher, a—2, daß es in zweien derselben nicht enthalten ist, usw. Von den in allen eingeführten Gesangbüchern enthaltenen 50 Liedern fehlen im Hilfsbuch nur 8 Lieder: Nr. 1b, 55b, 71b, 75b, 76b, 76c, 92b und 98b.

[2]) Beigegeben ist das Gedicht von Schmidt von Lübeck: Paul Gerhardt.

[3]) Beigegeben ist das Gedicht von Kind: Georg Neumark.

a. 44. Was Gott tut, das ist wohlgetan
a—1. 45. Alles ist an Gottes Segen
a—1. 46. Mache dich, mein Geist, bereit
a. 47. Auf Gott und nicht auf meinen Rat
a—2. 48. Wenn ich, o Schöpfer, deine Macht
a. 49. Wie groß ist des Allmächt'gen Güte
50. Gott, deine Güte reicht so weit
a—2. 51. Gott ist gegenwärtig
52. Harre meine Seele

53—62. Lob- und Danklieder.

53a. Te Deum laudamus
53b. Herr Gott, dich loben wir
53c. Großer Gott, wir loben dich
a. 54[1]. Nun danket alle Gott
a—1. 55. Nun danket all' und bringet Ehr'
a. 55b. Sollt' ich meinem Gott nicht singen
56. Nun preiset alle
a—1. 57. Lobe den Herren, den mächtigen König
a. 58. Lobe den Herren, o meine Seele
a. 59. Ich singe dir mit Herz und Mund
a—1. 60. Sei Lob und Ehr' dem höchsten Gut
a—1. 61. Dir, dir, Jehovah, will ich singen
a. 62. O daß ich tausend Zungen hätte

63—69. Morgen- und Abendlieder.

a. 63. Gott des Himmels und der Erden
a. 64. Wach' auf, mein Herz, und singe
65. Morgenglanz der Ewigkeit
a—1. 66. Mein erst Gefühl sei Preis und Dank
a. 67. Nun ruhen alle Wälder
68. Der Mond ist aufgegangen
69. Müde bin ich, geh' zur Ruh'

70a, b, c. Vaterlandslieder.

70a. Vater, kröne du mit Segen
70b. Wir treten zum Beten
70c. Summe Deus, te rogamus

71—79b. Jesuslieder.

71. Schönster Herr Jesu
a. 71b. Wie schön leuchtet der Morgenstern
a. 72. Meinen Jesum laß' ich nicht
a. 73. Eins ist not
74. Ich bete an die Macht der Liebe
a. 75. „Mir nach", spricht Christus, unser Held
a. 75b. Ich will dich lieben, meine Stärke
a—2. 76. Lasset uns mit Jesu ziehen
a. 76b. Halt' im Gedächtnis Jesum Christ
a. 76c. Wer ist wohl wie du, Jesu süße Ruh'
77. Ein reines Herz, Herr, schaff' in mir
a—2. 78. Fahre fort, fahre fort
a. 79. Jesu geh' voran
79b. So nimm denn meine Hände

E. Das Reich Gottes auf Erden und im Himmel.

80—88. Die Gnadenmittel.

a. 80. Ach bleib' mit deiner Gnade
a—1. 81. Herr Jesu Christ, dich zu uns wend'
a. 82. Liebster Jesu, wir sind hier
a. 83. Erhalt' uns Herr bei deinem Wort
a—1. 84. Laß mich dein sein und bleiben
a—1. 85. Unsern Ausgang segne Gott
a. 86. Ich bin getauft auf deinen Namen
a. 87. Aus tiefer Not schrei' ich zu dir
a. 88. Schmücke dich, o liebe Seele

89—90. Kirche und Mission.

a. 89. Ein' feste Burg ist unser Gott
a. 90. Wach' auf, du Geist der ersten Zeugen

91—100. Tod und ewiges Leben.

a—1. 91. Mitten wir im Leben sind
91b. Media vita in morte sumus
92. Valet will ich dir geben
a. 92b. Alle Menschen müssen sterben
a—2. 93. Wer weiß, wie nahe mir mein Ende
94. Es ist bestimmt in Gottes Rat
95. Wie sie so sanft ruhn
96. Himmelan geht unsre Bahn
97. Laßt mich gehn, laßt mich gehn
a. 98. Wachet auf, ruft uns die Stimme
98b. Auferstehn, ja auferstehn
a 1. 99. Jerusalem, du hochgebaute Stadt
100. Dies irae, dies illa

[1]) Beigegeben ist das Gedicht von Besser: Der Choral von Leuthen.

Gebete für Schule und Haus.

A. Morgengebete und Gebete am Anfang der Religionsstunde.

1. Gott, ich danke dir von Herzen,
daß du mich in dieser Nacht
vor Gefahr, Angst, Not und Schmerzen
hast behütet und bewacht,
daß des bösen Feindes List
mein nicht mächtig worden ist.

„Gott des Himmels und der Erden", V. 2.

2. Führe mich, o Herr, und leite
meinen Gang nach deinem Wort;
sei und bleibe du auch heute
mein Beschützer und mein Hort!
Nirgends, als bei dir allein,
kann ich recht bewahret sein.

„Gott des Himmels und der Erden", V. 5.

3. Meinen Leib und meine Seele
samt den Sinnen und Verstand,
großer Gott, ich dir befehle
unter deine starke Hand:
Herr, mein Schild, mein Ehr' und Ruhm,
nimm mich auf, dein Eigentum!

„Gott des Himmels und der Erden", V. 6.

4. Gelobet seist du, Gott der Macht
gelobt sei deine Treue,
daß ich nach einer sanften Nacht
mich dieses Tags erfreue!
Laß deinen Segen auf mir ruhn,
mich deine Wege wallen,
und lehre du mich selber tun
nach deinem Wohlgefallen!

„Mein erst Gefühl", V. 6 und 7.

5. Das walte Gott, der helfen kann;
mit Gott fang' ich die Arbeit an;
mit Gott nur geht es glücklich fort;
drum sei auch dies mein erstes Wort:
das walte Gott!

Johann Betichius, Pastor in Zerbst, 1650—1722.

6. Ich gebe dir, mein Gott, aufs neue
Leib, Seel' und Herz zum Opfer hin;
erwecke mich zu neuer Treue
und nimm Besitz von meinem Sinn!
Es sei in mir kein Tropfen Blut,
der nicht, Herr, deinen Willen tut!

„Ich bin getauft auf deinen Namen", V. 5.

7. O Gott, du frommer Gott,
du Brunnquell guter Gaben,
ohn' den nichts ist, was ist,
von dem wir alles haben,
gesunden Leib gib mir,
und daß in solchem Leib
ein' unverletzte Seel'
und rein Gewissen bleib'!

„O Gott, du frommer Gott", V. 1.

8. Erforsche mich, Gott, und erfahre mein Herz; prüfe mich und erfahre, wie ich's meine! Und siehe, ob ich auf bösem Wege bin und leite mich auf ewigem Wege!

Ps. 139, 23—24.

9. Weise mir, Herr, deinen Weg, daß ich wandle in deiner Wahrheit; erhalte mein Herz bei dem Einen, daß ich deinen Namen fürchte!

Ps. 86, 11.

10. Der Herr, unser Gott, sei uns freundlich, und fördere das Werk unsrer Hände; ja, das Werk unsrer Hände wolle er fördern!

Ps. 90, 17.

11. Herr, wenn ich nur dich habe, so frage ich nichts nach Himmel und Erde. Wenn mir gleich Leib und

Seele verschmachtet, so bist du doch, Gott, allezeit meines Herzens Trost und mein Teil. Ps. 73, 25—26.

12. Gott, sei mir gnädig nach deiner Güte, und tilge meine Sünden nach deiner großen Barmherzigkeit! Schaffe in mir, Gott, ein reines Herz, und gib mir einen neuen gewissen Geist! Verwirf mich nicht von deinem Angesicht, und nimm deinen heiligen Geist nicht von mir!
Ps. 51, 3 und 12—13.

13. Ein reines Herz, Herr, schaff' in mir,
schleuß zu der Sünden Tor und Tür,
vertreibe sie und laß nicht zu,
daß sie in meinem Herzen ruh'!

Laß deines guten Geistes Licht
und dein hellglänzend Angesicht
erleuchten mein Herz und Gemüt,
o Brunnen unerschöpfter Güt'!

Und mache denn mein Herz zugleich
an Himmelsgut und Segen reich;
gib Weisheit, Stärke, Rat, Verstand
aus deiner milden Gnadenhand!

Heinrich Georg Neuß † 1716.

14. Psalm 23.

Der Herr ist mein Hirte, mir wird nichts mangeln. Er weidet mich auf einer grünen Aue, und führet mich zum frischen Wasser. Er erquicket meine Seele, er führet mich auf rechter Straße um seines Namens willen. Und ob ich schon wanderte im finstern Tal, fürchte ich kein Unglück; denn Du bist bei mir, Dein Stecken und Stab trösten mich. Du bereitest vor mir einen Tisch im Angesicht meiner Feinde. Du salbest mein Haupt mit Öl, und schenkest mir voll ein. Gutes und Barmherzigkeit werden mir folgen mein Leben lang, und ich werde bleiben im Hause des Herrn immerdar.

15. Psalm 121.

Ich hebe meine Augen auf zu den Bergen, von welchen mir Hilfe kommt. Meine Hilfe kommt von dem Herrn, der Himmel und Erde gemacht hat. Er wird deinen Fuß nicht gleiten lassen, und der dich behütet, schläft nicht. Siehe, der Hüter Israels schläft noch schlummert nicht. Der Herr behütet dich, der Herr ist dein Schatten über deiner rechten Hand, daß dich des Tages die Sonne nicht steche, noch der Mond des Nachts. Der Herr behüte dich vor allem Übel, er behüte deine Seele. Der Herr behüte deinen Ausgang und Eingang von nun an bis in Ewigkeit!

Morgenlieder:

Gott des Himmels und der Erden. Lied 63.

Wach' auf mein Herz und singe. Lied 64.

Morgenglanz der Ewigkeit. Lied 65.

Mein erst Gefühl sei Preis und Dank. Lied 66.

Liebster Jesu, wir sind hier. Lied 82.

B. Am Ende des Unterrichts.

1. Unsern Ausgang segne Gott,
unsern Eingang gleichermaßen;
segne unser täglich Brot,
segne unser Tun und Lassen;
segne uns mit selgem Sterben
und mach' uns zu Himmelserben!

Lieder:

2. Ach bleib' mit deiner Gnade. Lied 80.
3. Nun danket alle Gott. Lied 54.
4. Nun danket all' und bringet Ehr'. Lied 55.
5. Lobe den Herren, den mächtigen König der Ehren. Lied 57.

C. Tischgebete.

1. Aller Augen warten auf dich, [Herr], und du gibst ihnen ihre Speise zu seiner Zeit. Du tust deine [milde] Hand auf und sättigest[1]) alles, was lebet, mit Wohlgefallen.

Ps. 145, 15—16.

2. Komm, Herr Jesu, sei unser Gast,
und segne, was du bescheret hast!

3. Danket dem Herrn, denn er ist freundlich,
und seine Güte währet ewiglich!

Ps. 106, 1.

D. Abendgebete.

1. Der ewig reiche Gott
woll' uns bei unserm Leben
ein immer fröhlich Herz
und edlen Frieden geben,
und uns in seiner Gnad'
erhalten fort und fort,
und uns aus aller Not
erlösen hier und dort!

„Nun danket alle Gott", V. 2.

2. Müde bin ich, geh' zur Ruh',
schließe meine Augen zu,
Vater, laß die Augen dein
über meinem Bette sein.
Hab' ich Unrecht heut getan,
sieh es, treuer Gott, nicht an!
Deine Gnad' und Jesu Blut
macht ja allen Schaden gut!
Alle, die mir sind verwandt,
Gott, laß ruhn in deiner Hand!
Alle Menschen, groß und klein,
sollen dir befohlen sein!

Luise Hensel, 1798—1876.

3. Segne und behüte
uns durch deine Güte!
Herr, erheb' dein Angesicht
über uns und gib uns Licht!
Schenk' uns deinen Frieden
alle Tag' hinnieden!
Gib uns deinen guten Geist,
der uns stets zu Christo weist!
Amen, Amen, Amen!
Ehre sei dem Namen
Jesu Christi, unsers Herrn,
denn er segnet uns so gern!

Verf. unbekannt.

Lieder:

Nun ruhen alle Wälder. Lied 67.

Der Mond ist aufgegangen. Lied 68.

Bis hierher hat mich Gott gebracht. Lied 14.

Laß mich dein sein und bleiben. Lied 84.

E. Das Vaterunser.

Vater unser, der du bist im Himmel, geheiliget werde dein Name; dein Reich komme; dein Wille geschehe wie im Himmel also auch auf Erden; unser täglich Brot gib uns heute, und vergib uns unsere Schuld, wie wir vergeben unsern Schuldigern; und führe uns nicht in Versuchung, sondern erlöse uns von dem Übel! Denn dein ist das Reich und die Kraft und die Herrlichkeit in Ewigkeit! Amen.

---

[1]) Grundtext: erfüllest.

Frommannsche Buchdruckerei (Hermann Pohle) in Jena.

FSC
www.fsc.org
MIX
Papier | Fördert gute Waldnutzung
FSC® C083411

Kolibri 360 GmbH
Ferdinand-Jühlke-Straße 7
99095 Erfurt, Deutschland
produktsicherheit@kolibri360.de